21世纪经济管理精品教材·财政与税务系列

财政学

邵学峰 编著

清华大学出版社
北京

内容简介

本教材基于经济学基础理论、汲取国内外财政学(公共经济学)相关学科内容、以中国国情和财政政策实践为出发点和落脚点、坚持"引进"和"本土化"相结合,介绍财政学基本原理及应用问题。本教材包括四个主要部分:预备部分、核心部分(理论与工具)、扩展部分(政策实践)、补充部分,侧重讲授财政基础理论、财政与经济增长、财政与社会分配、财政与经济稳定、财政制度效率等问题。本教材内容注重科研与教学、学术与通识、理论与实践的统一,力求于学生开卷有益,又于社会人士读有裨益。

本书封面贴有清华大学出版社防伪标签,无标签者不得销售。
版权所有,侵权必究。举报:010-62782989,beiqinquan@tup.tsinghua.edu.cn。

图书在版编目(CIP)数据

财政学/邵学峰编著. --北京:清华大学出版社,2015(2023.8重印)
(21世纪经济管理精品教材·财政与税务系列)
ISBN 978-7-302-39262-0

Ⅰ.①财… Ⅱ.①邵… Ⅲ.①财政学-高等学校-教材 Ⅳ.①F810

中国版本图书馆CIP数据核字(2015)第024329号

责任编辑:陆浥晨
封面设计:李伯骥
责任校对:宋玉莲
责任印制:杨 艳

出版发行:清华大学出版社
  网 址:http://www.tup.com.cn,http://www.wqbook.com
  地 址:北京清华大学学研大厦A座 邮 编:100084
  社 总 机:010-83470000 邮 购:010-62786544
  投稿与读者服务:010-62776969,c-service@tup.tsinghua.edu.cn
  质量反馈:010-62772015,zhiliang@tup.tsinghua.edu.cn
印 装 者:三河市君旺印务有限公司
经 销:全国新华书店
开 本:185mm×260mm 印 张:30.75 字 数:709千字
版 次:2015年2月第1版 印 次:2023年8月第2次印刷
定 价:68.00元

产品编号:055530-02

外在该领域的教材提供了很好的案例分析,并且这些案例大多具有客观的分析过程,究竟"政策的天平"向哪一个方向倾斜取决于读者的价值判断而不是从政府层面对政策的进一步解读,这一点对于以财政作为落脚点的一门理论应用类教材尤为重要。当然,关于政府财政经济理论和政策的一本教材离不开大量原汁原味的数据和案例,阅读国外(包括中译本)的教材则很少能够看到有关中国的资料和数据,在这一方面,"本土化"特色并不明显;另外,在理论基础的搭建方面,国外关于财政学的教材缺少马克思主义经济学的研究基础和思想观点。

很多国内高校根据本校的学科特色编写出版了财政学的相关教材,在理论基础上突出了马克思主义经济学的研究范式,并越来越多地融入了西方经济学的分析方法,财政学理论和研究方法得到了极大的丰富。在教材结构上,大多遵循了侧重分析财政政策收支"两翼"的方法和逻辑框架,随着国内分税制财政体制改革的逐渐深入,在财政管理方面的研究和内容大大增多。很多国内的教材引入了较为"新鲜"的案例分析,增加讲授和学生独立阅读的兴趣。当然,由于中国经历了从计划到市场的经济转型,财政理论和财政政策与国外相比,其研究内容、视角和理论基础等都存在着较大的差异,因此,国内现有关于财政学的教材也具有较为鲜明的差异,主要表现为:一类教材侧重于引进国外(尤其是欧美国家)的研究方法,另一类教材偏重于从中国国情和财政政策出发研究相关理论和实践。这种局面给财政学教学工作带来诸多不便,也给学生学习财政理论和研究财政政策带来很多疑惑。

本教材在参考和借鉴国内外已有相关教材的基础上,充分发挥我校经济学学科优势,本着"引进"和"本土化"相结合原则,突出国际化、前沿性和通识性,实现教学和科研相统一。首先,作为经济学科核心基础课程之一,本教材定位于中级,面向已经掌握经济学基础知识的中高年级本科生和部分研究生,在课程体系中"承前启后",为学生进一步学习专业知识夯实基础。其次,本教材在引进国外前沿理论的前提下,挖掘财政学"本土化"的优势,注重理论和实践相结合,提高学生立足理论知识、解决实际问题的能力;本教材也可以成为相关党政机关、企事业单位的参考用书。再次,在方法上,本教材注重案例分析和比较分析,以理论研究为基础,通过对大量鲜活的案例进行分析,客观评价财政理论的实践结果,拓展学生的研究视野。最后,我们还在这本教材中增加了趣味性的元素,通过人物介绍、案例分析、图片漫画等,辅助解读原理至浅显易懂,希求做到即使非专业人士偶尔阅读也得裨益,使读者不仅感觉这部教材"有意义",还很"有意思"。

(三)

我之所以决心编著这部教材,一方面是由于近年来讲授课程的需要;另一方面是由于对这一领域的热爱。

这部教材的产生既属必然也是偶然。近些年来,我从事财政学的教学和科研活动,总希望把一些思考重新整理。恰巧此时,吉林大学"十二·五"规划教材的申报给我提供了一个难得的契机,让我实现这一愿望成为可能。在以处长胡亮教授为首的吉林大学教务团队颇具成效的工作下,在吴宇晖教授、张旭教授、周佰成教授等前辈同人的中肯建议下,

前言

（一）

在人文社会科学这片广袤的土地上，快速成长出一棵参天大树——经济学——在短短的时间内开枝散叶，在科学研究的众多领域中异常醒目。在这棵枝繁叶茂的大树上有一个茂盛的分枝——财政学，在其生长的过程中，非但没有在风霜雪雨的折磨与考验中枯萎凋零，反倒随着岁月的推移、世事的变迁而更加显得流光溢彩。对财政的研究古来有之，亚当·斯密《国富论》的发表标志着财政学作为一门学科正式诞生。纵观国外财政学的理论发展，无论坚持由英国古典学派经济学家所开创的"盎格鲁-撒克逊传统"选择"自由放任"，还是坚持由瑞典学派和奥意学派所开创的"大陆传统"认为财政是"政治和集体选择"，对其研究出现了趋同趋势，突破了传统仅关注税收理论的观点，拓展成为既自成体系又与其他学科门类交叉综合的丰满的研究内容。中国的财政学研究与时俱进，发展至今日，不但涵盖了两种经济体制的有关内容，而且逐渐吸纳了国外财政理论的研究成果。财政学发展至今日，已经成为一门既有丰富理论积淀又兼收并蓄，还与现实生活联系紧密的学科。

《礼记·中庸》中所述"天下达道"。如果说经济学的意义在于"经世济民"，那么财政学的意义则在于"达而经世济民"。在我看来，学习和掌握财政学的意义在于，既可以使人们领悟微观领域中的优化配置资源、合理分配收入、提高社会福利，又可以使人们通晓宏观领域中的保持经济稳定、推动国家发展、实现民富而国强。

（二）

目前，国外（包括中译本）财政学领域的教材在研究内容上大多根植于新古典经济学以来的西方经济主流思想和理论以及第二次世界大战以来、特别是近些年来的主要政策实践，略有区别之处在于有的突出福利最大化的出发点，有的更加强调"公共选择"的分析视角，而有的则是诸多分析的综合。国

I

这部教材得以付梓。

刘柏岩老师向我推荐了几位非常得力的助手。在她的帮助下,形成了教材的编写团队。其中,文编小组的王谐达、余传明、刘津梁、赵志琦、王益、张天和王鹏杰等做了大量的文字录入和整理工作,也提出了很多非常好的建议;美编小组的陈丽和远在国外的大少(笔名)、不绘(笔名)多次和我讨论教材中图片的选取、内涵和景致安排,教材中大部分Q版风格的图幅和漫画均来自于美编小组的原创;校验小组的任春扬、刘丽、李翔宇、邓瑀伽、张竞文、赵荆阳、王新升及薛芳付出了很多辛苦和宝贵时间。编写团队的高效率工作使这部教材的进度大大提前,也为这部教材增添了很多趣味性。

我想在此对清华大学出版社一直与我密切合作的诸多同人,特别是编辑表示由衷的感谢。出版社对我的拖拉工作宽容到我自己都感到汗颜的程度。能够与该社那些提供有益帮助的友好同道一起工作是一件令人愉快的事情,他们的工作态度进一步提升了清华大学出版社的品牌质量。

非常幸运,在编写这部教材之前,我学习和参阅了国内外财政学领域很多优秀而成熟的教材、论文以及其他学术研究成果,为这部教材的编写工作提供了非常有益的帮助和借鉴。教材中引用了很多文献和资料,在教材的页下做了脚注、在参考文献中做了列示;如果有个别参考内容未做标注,则是我们在编著过程中的疏漏,还望谅解。无论如何,在此我谨对学界前辈和同行表示深深的谢意,也诚恳希望得到广大读者的指教。

邵学峰

于吉林大学牡丹园北

预备部分

第1章 开启财政之旅 …… 3
- 1.1 何谓财政学 …… 3
- 1.2 财政学的演化路径 …… 6
- 1.3 财政学的学科定位 …… 9
- 1.4 本教材的内容和结构 …… 10

第2章 "看得见的手" …… 12
- 2.1 有效率的经济 …… 12
  - 2.1.1 帕累托准则 …… 12
  - 2.1.2 消费方 …… 13
  - 2.1.3 生产方 …… 14
  - 2.1.4 帕累托效率的高级条件 …… 15
- 2.2 福利经济学定理 …… 16
  - 2.2.1 定理Ⅰ …… 16
  - 2.2.2 定理Ⅱ …… 17
- 2.3 市场失灵与政府 …… 19
  - 2.3.1 市场失灵 …… 19
  - 2.3.2 政府该做什么？ …… 21
- 2.4 财政职能 …… 25
  - 2.4.1 资源配置职能 …… 25
  - 2.4.2 收入分配职能 …… 26
  - 2.4.3 经济稳定职能 …… 27
- 2.5 小结 …… 27
- 本章要点 …… 28
- 主要概念 …… 29

思考题 ……………………………………………………………………… 29

第3章 财政的内生性 …………………………………………………… 30

3.1 经济增长理论 ……………………………………………………… 31
3.1.1 Solow 模型 ………………………………………………… 31
3.1.2 Ramsey 之后的模型 ……………………………………… 33
3.1.3 经济增长的内生变量 ……………………………………… 35

3.2 有"摩擦"的财政行为：引入交易费用 ………………………… 35
3.2.1 "无摩擦"的经济 …………………………………………… 36
3.2.2 交易费用 …………………………………………………… 37
3.2.3 交易费用度量：基于新古典理论的模型 ………………… 39

3.3 小结 ………………………………………………………………… 42
本章要点 ………………………………………………………………… 43
主要概念 ………………………………………………………………… 43
思考题 …………………………………………………………………… 43

核心部分：理论与工具

第4章 财政与资源配置 …………………………………………………… 47

4.1 公共品理论 ………………………………………………………… 47
4.1.1 公共品的内涵和特征 ……………………………………… 47
4.1.2 纯公共品最优供给的效率条件 …………………………… 50
4.1.3 公共品的提供和生产 ……………………………………… 53

4.2 外部性理论 ………………………………………………………… 55
4.2.1 外部性的内涵与类型 ……………………………………… 55
4.2.2 外部性与资源配置效率 …………………………………… 58
4.2.3 外部性的对策 ……………………………………………… 59

4.3 信息不对称与垄断 ………………………………………………… 64
4.3.1 信息不对称 ………………………………………………… 64
4.3.2 垄断 ………………………………………………………… 67

4.4 中国的实践 ………………………………………………………… 69
4.5 小结 ………………………………………………………………… 70
本章要点 ………………………………………………………………… 71
主要概念 ………………………………………………………………… 71
思考题 …………………………………………………………………… 72

第5章 财政与收入分配 ·· 73

5.1 财政再分配：数据、依据与评价 ··· 73
5.1.1 收入分配状况 ··· 73
5.1.2 再分配的理论依据 ··· 77
5.1.3 支出的归宿 ··· 83

5.2 反贫困的福利政策 ··· 86
5.2.1 反贫困的政策方向 ··· 86
5.2.2 收入获取与就业激励 ··· 89
5.2.3 劳动所得税收抵免 ··· 92
5.2.4 其他反贫困政策 ··· 94

5.3 社会保险 ·· 95
5.3.1 "安全网" ·· 95
5.3.2 社会保障 ··· 96
5.3.3 健康保险 ··· 101
5.3.4 失业补偿 ··· 103

5.4 中国的实践 ·· 104
5.4.1 中国社会保障制度的发展和状况 ··· 104
5.4.2 存在的问题 ··· 107
5.4.3 改革的方向和对策 ··· 108

5.5 小结 ·· 109

本章要点 ·· 110
主要概念 ·· 110
思考题 ··· 111

第6章 税收理论 I ·· 112

6.1 税收原理 ·· 112
6.1.1 税收的内涵与特点 ··· 112
6.1.2 税收制度的要素 ··· 113
6.1.3 税收能力、税收努力与税收比率 ··· 117

6.2 税收负担理论 ·· 118
6.2.1 税收负担的内涵与度量 ··· 119
6.2.2 税负转嫁与归宿 ··· 124
6.2.3 税负转嫁与归宿：局部均衡分析 ··· 125
6.2.4 税负转嫁与归宿：一般均衡分析 ··· 132

6.3 课税评价标准 ·· 136
6.3.1 税收的公平 ··· 136
6.3.2 效率标准 ··· 141

6.4 小结 ········· 148
本章要点 ········· 149
主要概念 ········· 150
思考题 ········· 150

第7章 税收理论Ⅱ ········· 151

7.1 最适税收理论 ········· 151
    7.1.1 对次优理论的简要解释 ········· 151
    7.1.2 最适商品税 ········· 153
    7.1.3 最适所得税 ········· 159
    7.1.4 最适使用费 ········· 162

7.2 税收效应理论 ········· 165
    7.2.1 税收的微观效应 ········· 166
    7.2.2 税收的宏观效应 ········· 176

7.3 税收的局限 ········· 181
7.4 小结 ········· 182
本章要点 ········· 182
主要概念 ········· 183
思考题 ········· 183

第8章 税收制度 ········· 184

8.1 税制类型 ········· 184
    8.1.1 单一税制 ········· 184
    8.1.2 复合税制 ········· 184

8.2 现代税收制度结构 ········· 185
    8.2.1 税制结构演变 ········· 185
    8.2.2 税制结构剖析 ········· 186
    8.2.3 税制模式 ········· 193

8.3 逃税与税收筹划 ········· 193
    8.3.1 概念甄别 ········· 194
    8.3.2 逃税行为 ········· 196
    8.3.3 税收筹划 ········· 205

8.4 中国的税收制度 ········· 207
    8.4.1 中国现行的税制结构 ········· 207
    8.4.2 中国的主要税种 ········· 208

8.5 小结 ········· 218
本章要点 ········· 219
主要概念 ········· 220

思考题 ·· 220

第9章　财政平衡 ··· 221

9.1　政府增长 ··· 221
　　9.1.1　政府增长的特征化事实 ··· 221
　　9.1.2　政府支出的测度指标 ·· 223
　　9.1.3　政府支出增长理论 ·· 224
　　9.1.4　政府支出增长的治理 ·· 228

9.2　政府预算 ··· 228
　　9.2.1　政府预算概述 ··· 228
　　9.2.2　政府预算的主要类型 ·· 231
　　9.2.3　政府预算的目的和特点 ··· 234
　　9.2.4　政府预算的程序 ··· 235
　　9.2.5　政府预算的监督 ··· 239

9.3　公债理论与赤字 ··· 239
　　9.3.1　公债的一般性内容 ·· 239
　　9.3.2　公债的经济效应 ··· 242
　　9.3.3　公债的规模与测度 ·· 244
　　9.3.4　财政平衡与财政赤字 ·· 246

9.4　中国的政府预算与债务 ·· 251
　　9.4.1　中国的政府预算制度改革 ··· 251
　　9.4.2　中国当前地方政府债务 ··· 255

9.5　小结 ·· 257
　　本章要点 ··· 257
　　主要概念 ··· 258
　　思考题 ·· 259

扩展部分：政策实践

第10章　财政选择 ··· 263

10.1　成本—收益分析 ··· 263
　　10.1.1　成本—收益分析概述 ·· 263
　　10.1.2　私人部门成本—收益分析 ··· 264
　　10.1.3　公共部门与私人部门成本—收益的差异 ······························· 269
　　10.1.4　公共支出项目成本—收益分析的一般步骤 ··························· 269
　　10.1.5　进一步讨论 ··· 274

10.2　公共选择理论(2-1)：直接民主制 ··· 277

          10.2.1 民主与强制 ……………………………………………… 277
          10.2.2 一致性规则 ……………………………………………… 280
          10.2.3 多数票规则 ……………………………………………… 282
          10.2.4 互投赞成票 ……………………………………………… 288
          10.2.5 阿罗不可能定理 ………………………………………… 290
    10.3 公共选择理论(2-2)：间接民主制 …………………………………… 292
          10.3.1 选民理论 ………………………………………………… 292
          10.3.2 厂商行为 ………………………………………………… 294
          10.3.3 利益集团 ………………………………………………… 297
          10.3.4 政治人物 ………………………………………………… 299
          10.3.5 官员理论 ………………………………………………… 303
          10.3.6 其他因素 ………………………………………………… 305
    10.4 小结 ………………………………………………………………… 306
    本章要点 ………………………………………………………………… 307
    主要概念 ………………………………………………………………… 307
    思考题 …………………………………………………………………… 308

第 11 章 财政分权 ………………………………………………………… 309

    11.1 政府间财政关系 …………………………………………………… 309
          11.1.1 财政联邦制 ……………………………………………… 309
          11.1.2 公共品受益范围的层次性 ……………………………… 311
          11.1.3 政府间职能划分 ………………………………………… 311
    11.2 第一代财政分权理论 ……………………………………………… 312
          11.2.1 公共品供给"市场解" …………………………………… 313
          11.2.2 蒂伯特模型 ……………………………………………… 314
          11.2.3 奥茨的财政分权理论 …………………………………… 317
    11.3 第二代财政分权理论 ……………………………………………… 319
          11.3.1 地方经济发展中的公共经济政策 ……………………… 320
          11.3.2 预算约束 ………………………………………………… 322
          11.3.3 财政分权理论新进展 …………………………………… 325
    11.4 中国的分税制财政改革 …………………………………………… 326
          11.4.1 分税制财政改革的背景 ………………………………… 326
          11.4.2 现财政体制下的基本框架 ……………………………… 327
          11.4.3 财政体制的绩效 ………………………………………… 328
    11.5 小结 ………………………………………………………………… 333
    本章要点 ………………………………………………………………… 333
    主要概念 ………………………………………………………………… 334
    思考题 …………………………………………………………………… 334

第 12 章 财政政策 ... 335

- 12.1 主要国外经济学派的财政政策理论 ... 335
  - 12.1.1 重商主义与自由放任 ... 335
  - 12.1.2 凯恩斯的财政理论 ... 336
  - 12.1.3 货币学派和哈耶克的财政主张 ... 337
  - 12.1.4 理性预期学派的财政理论 ... 338
  - 12.1.5 供给学派的财政理论 ... 338
  - 12.1.6 公共选择学派 ... 339
- 12.2 财政政策的工具和目标 ... 339
  - 12.2.1 财政政策工具 ... 340
  - 12.2.2 工具的局限性 ... 345
  - 12.2.3 财政政策的期望目标 ... 347
- 12.3 财政政策的传导机制和效应 ... 349
  - 12.3.1 财政政策的传导机制 ... 349
  - 12.3.2 财政政策的效应 ... 351
- 12.4 财政政策的功能和类型 ... 352
  - 12.4.1 财政政策功能 ... 352
  - 12.4.2 财政政策类型 ... 354
- 12.5 财政与货币政策的协调 ... 357
  - 12.5.1 财政政策和货币政策的比较 ... 357
  - 12.5.2 协调路径：基于 IS-LM 模型的一般分析框架 ... 361
  - 12.5.3 政策组合模式 ... 363
- 12.6 小结 ... 364
- 本章要点 ... 365
- 主要概念 ... 365
- 思考题 ... 366

第 13 章 财政风险 ... 367

- 13.1 财政风险的内涵与构成 ... 368
  - 13.1.1 风险与不确定性 ... 368
  - 13.1.2 财政风险的内涵 ... 370
  - 13.1.3 财政风险的构成 ... 372
- 13.2 财政风险的特点和原因 ... 377
  - 13.2.1 财政风险的特点 ... 377
  - 13.2.2 财政风险的原因 ... 380
- 13.3 财政风险防范与财政安全 ... 383
  - 13.3.1 坚持市场导向 ... 383
  - 13.3.2 建构财政应急反应机制 ... 383

　　　　13.3.3　区别不同层次的财政风险 ………………………………………… 384
　　　　13.3.4　财政安全 ………………………………………………………………… 386
　13.4　小结 ……………………………………………………………………………………… 387
本章要点 …………………………………………………………………………………………… 387
主要概念 …………………………………………………………………………………………… 388
思考题 ……………………………………………………………………………………………… 389

补 充 部 分

第 14 章　公共规制 …………………………………………………………………………… 393
　14.1　公共规制基本理论 ……………………………………………………………………… 393
　　　　14.1.1　公共规制理论的产生和发展 ………………………………………… 393
　　　　14.1.2　公共规制的存在理由 …………………………………………………… 397
　　　　14.1.3　公共规制的内涵和分类 ………………………………………………… 399
　14.2　公共规制效率 …………………………………………………………………………… 401
　　　　14.2.1　公共规制的制度设计 …………………………………………………… 401
　　　　14.2.2　公共规制的制度选择 …………………………………………………… 404
　　　　14.2.3　公共规制的效率分析 …………………………………………………… 405
　14.3　公共规制主要方式 ……………………………………………………………………… 409
　　　　14.3.1　公共规制弥补市场失灵的一般原则 ………………………………… 409
　　　　14.3.2　公共规制的政策工具 …………………………………………………… 412
　　　　14.3.3　公共规制的新方式 ……………………………………………………… 414
　14.4　公共规制理论在中国的应用 ………………………………………………………… 415
　　　　14.4.1　国外公共规制理论在中国的适用性 ………………………………… 415
　　　　14.4.2　公共规制理论的启示 …………………………………………………… 416
　14.5　小结 ……………………………………………………………………………………… 417
本章要点 …………………………………………………………………………………………… 417
主要概念 …………………………………………………………………………………………… 418
思考题 ……………………………………………………………………………………………… 418

第 15 章　开放条件下的财政问题 ……………………………………………………… 419
　15.1　国际公共品 ……………………………………………………………………………… 419
　　　　15.1.1　基本内涵 …………………………………………………………………… 420
　　　　15.1.2　国际公共品的主要类型 ………………………………………………… 421
　　　　15.1.3　国际公共品的供给问题 ………………………………………………… 423
　15.2　国际税收 ………………………………………………………………………………… 425
　　　　15.2.1　国际税收的内涵和本质 ………………………………………………… 425
　　　　15.2.2　税收管辖权和国际重复征税 ………………………………………… 426

        15.2.3 避免国际重复征税的方法 ··· 427
        15.2.4 国际税收协调的路径和趋势 ····································· 430
    15.3 关税 ··· 431
        15.3.1 关税的内涵 ··· 431
        15.3.2 关税的发展阶段 ·· 432
        15.3.3 关税的类型 ··· 433
    15.4 小结 ··· 437
    本章要点 ·· 437
    主要概念 ·· 438
    思考题 ·· 438

第16章 国别财政 ··· 440

    16.1 美国"新经济"以来的税制改革 ·· 440
        16.1.1 "新经济"的由来 ·· 440
        16.1.2 克林顿时代的税制改革 ··· 442
        16.1.3 小布什政府的税制改革 ··· 445
        16.1.4 奥巴马政府的税制改革进展 ···································· 449
    16.2 欧盟财政一体化 ··· 451
        16.2.1 财政一体化的理论依据 ··· 452
        16.2.2 欧盟财政一体化的历程回顾 ···································· 452
        16.2.3 欧盟财政一体化的内容 ··· 454
        16.2.4 欧盟财政一体化的挑战 ··· 456
    16.3 日本财政政策的新进展 ··· 457
        16.3.1 政策的简要回顾 ·· 458
        16.3.2 "安倍经济学"的主要内容 ······································ 460
        16.3.3 现阶段日本财政经济政策影响 ·································· 462
    16.4 中国财政改革方向 ·· 464
        16.4.1 中国财政改革的依托和始点 ···································· 464
        16.4.2 中国财政改革的关键环节 ······································ 465
    16.5 小结 ··· 467
    本章要点 ·· 467
    主要概念 ·· 468
    思考题 ·· 468

参考文献 ··· 469

术语 ··· 471

预备部分

第 1 章

开启财政之旅

我们不能借着向肉贩、啤酒商或面包师傅诉诸兄弟之情而获得免费的晚餐,相反地我们必须诉诸于他们自身的利益。我们填饱肚子的方式,并非诉诸于他们的慈善之心,而是诉诸于他们的自私。我们不会向他们诉诸我们的处境为何,相反地我们会诉诸于他们的获利……因此,由于每个个人都会尽力把他的资本用以支持并管理国内的产业,这些产业的生产便能达到最大的价值;每个个人也必然竭力地使社会的年收入尽量扩大。确实,他通常并没有打算要促进公共的利益,也不知道他自己促进了这种利益至何种程度。由于宁愿支持国内的产业而非国外的产业,他只是盘算着他自己的安全;他管理产业的方式在于使其生产的价值能够最大化,他所盘算的也只是他自己的利益。在这些常见的情况下,经过一双看不见的手的引导,他也同时促进了他原先无意达成的目标。并非出自本意并不代表就对社会有害。借由追求他个人的利益,往往也使他更为有效地促进了这个社会的利益,而超出他原先的意料之外。

——[英]亚当·斯密(Adam Smith)《国富论》(*The Wealth of Nations*)

1.1 何谓财政学

每学一门课程之前,我们总要知道这门课程讲的是什么。那么,我们所说的"财政"讲的是什么呢?中国北宋时期的王安石曾经对国家财政做了一个颇具"现代范儿"的解释,即"因天下之力,以生天下之财;取天下之财,以供天下之费"。顾名思义,财政,就是政府的经济活动。经济活动中包括两个组成部分:一个是市场,另一个是政府,二者相互配合发挥作用,其目的在于推动社会福利水平的提高。当市场在数量或者质量上不能满足社会需求的情况下,政府需要弥补市场不足或对市场行为进行必要的纠正。

如果把政府比做一个健康的身体,那么,财政就是肢体中的循环系统,提供活动所必需的营养、能量等。政府从事经济活动需要税收收入、纳税人生活窘迫需要政府提供基本的福利,一个不恰当的比喻是,财政收支活动对于政府而言,就像是战争中的粮草一样重要(当然,财政的职能还不仅仅如此)。

➡ **专栏:乌巢烧粮——曹操赢得官渡之战的关键**

《三国演义》第三十回"战官渡本初败绩,劫乌巢孟德烧粮"有言,关羽斩了颜良、文丑,这两场仗打下来,袁军将士被打得垂头丧气。但是袁绍不肯罢休,一定要追击曹操。监军沮授说:"我们人尽管多,可不像曹军那么勇猛;曹军虽然勇猛,但是粮食没有我们多。所以我们还是坚守在这里,等曹军粮草用完了,他们自然就不战自败了。"

袁绍根本不听沮授劝告,命令将士继续进军,一直赶到官渡,才扎下营寨。曹操的人马也早已回到官渡,布置好阵势,坚守营垒。袁绍看到曹军守住营垒,就吩咐兵士在曹营外面堆起土山、筑起高台,让兵士们在高台上居高临下向曹营射箭;曹军只得用盾牌遮住身子,在军营里走动。

就这样,双方在官渡相持了一个多月。日子一久,曹军粮食越来越少。但是,袁绍的军粮却从邺城源源运来。

袁绍派大将淳于琼带领1万人马送运军粮,并把大批军粮囤积在离官渡40里的乌巢。袁绍的谋士许攸探听到曹操缺粮的情报,向袁绍献计,劝袁绍派出一小支兵马,绕过官渡,偷袭许都,袁绍很冷淡地说:"不行,我要先打败曹操。"

许攸还想劝他,正好有人从邺城送给袁绍一封信,说许攸家里的人在那里犯了法,已经被当地官员逮了起来。袁绍看了信,把许攸狠狠地骂了一通。许攸又气又恨,想起曹操是他的老朋友,就连夜逃出袁营,投奔曹操。

曹操在大营里刚脱下靴子想睡,听说许攸来投降他,高兴得光着脚板跑出来。他拍手欢迎许攸,说:"哎呀,您肯来,我的大事就有希望了。"许攸坐下来说:"袁绍来势很猛,您打算怎么对付他?现在您的粮食还有多少?"曹操说:"还可以支持一年。"许攸冷冷一笑,说:"没有那么多吧!"曹操改口说:"对,只能支持半年了。"许攸装出生气的样子说:"您难道不想打败袁绍吗?为什么在老朋友面前还说假话!"曹操只好实说,军营里的粮食,只能维持一个月,许攸说:"我知道您的情况很危险,特地来给您报个信。现在袁绍有1万多车粮食、军械,全都放在乌巢。淳于琼的防备很松,您只要带一支轻骑兵去袭击,把他的粮草全部烧光,不出三天,他就不战自败了。"

曹操得到了这个重要情报,立刻把曹洪等人找来,吩咐他们守好官渡大营,自己带领5 000骑兵,连夜向乌巢进发。他们打着袁军的旗号,沿路遇到袁军的岗哨查问,就说是袁绍派去增援乌巢的。袁军的岗哨没有怀疑,就放他们过去了。曹军到了乌巢,就围住乌巢粮囤,放起大火,把1万车粮草,烧得一干二净。乌巢的守将淳于琼匆匆应战,也被曹军杀了。

正在官渡的袁军将士听说乌巢起火,都惊慌失措。袁绍手下的大将张郃、高览带兵投降。曹军乘势猛攻,袁军四下逃散。

可见,粮草对于军事的重要性。财政收入,尤其是税收对于政府的经济活动丝毫不亚于"军粮",意义要大很多。

政府的财政经济活动与人们的日常生活息息相关。美国被称为"汽车轮上的国家",

政府为主出资修建的高速公路网络非常发达,全美公路里程约650万千米,其中高速公路8.9万千米,约占世界高速公路总里程的一半,连接了所有5万人以上的城镇。任何一个地区,甚至是相当偏僻的山区,都可以方便地利用高速公路驾车出行。美国高速公路91.2%是个人车辆使用,路上几乎看不到收费站,个别收费的桥涵,使用电子扫描系统,并不影响车辆正常行驶。公路养护和建设资金的来源主要有三块:燃油税、货运卡车公司缴纳的高速公路使用费及部分民间投资,其中燃油税是美国公路养护和建设资金的主要来源①。2003年,中国在部分县(市)试行新型农村合作医疗制度(简称"新农合"),到2010年逐步实现基本覆盖全国农村居民。这是由政府组织引导、支持,农民自愿参加,以财政为重要组成部分,个人、集体和政府多方筹资,以大病统筹为主的农民医疗互助共济制度。新农合实施以来,农民看不起病的情况从此成为历史。对于个人而言,从刚刚出生来到这个世界,就与财政打交道。幼年时期需要定期参加社区的各种保健检查;从小学到中学的义务教育是财政承担;大学教育过程中很多学校是公立的;工作之后要履行纳税义务、缴纳社会保险等;生命终点或者长眠于公墓或者进入政府办的殡仪馆。可见,人们从生到死、从摇篮到坟墓,都与财政息息相关。

　　财政学是研究政府经济活动的学问。目前,学术界对财政学的认识主要有两种视角:一种是传统视角,认为财政学是国家理财之学,是关于政府收支的学问。这种观点专注于财政支出和收入(财政的"两翼")的规模和结构内容,研究内容主要包括财政收支的构成;各收支项目依据、特点及影响经济运行的方式方法;政府的收入和支出活动的制度安排和规则、税制体系、税收的收入和功能及经济调节功能;中央与地方的收支划分;财政监督等。另一种是近些年产生的视角,认为财政学是公共经济学(public economy)、公共部门经济学或政府经济学,是研究政府资源配置的经济学,专注于财政政策和经济的关系,研究内容主要包括:财政收支行为与资源配置、社会福利的关系;财政政策的执行、政策选择及实施绩效;税收制度改革的激励;财政收支对经济的影响;社会保障与收入分配;(国有)经济资源配置;财政预算与货币政策协调;开放条件下的财政政策选择等。前一种视角可称之为狭义的财政学;后一种视角可称之为广义的财政学。当然,上述两种视角是密不可分的,是"你中有我、我中有你"的,都可以纳入到对政府经济活动的研究范畴。近些年来,随着西方公共部门经济学(财政学)的引入,以上述两种视角进行的研究在联系

---

① 吴继锋,蔡晓秋.美国高速公路发展的启示[J].交通管理,2005(04):113-115.

更加紧密的同时,又面临着如何将引进的财政学基本原理在中国"本土化",把国外先进的财政学观点与中国改革开放的实践特色相结合,以避免在学习引进过程中产生"消化不良"甚至开错处方的问题。

1.2 财政学的演化路径

财政学是研究财政理论和政策的科学。从发展演化过程看,它主要遵循"两大传统":一是由英国古典学派经济学家所开创的传统,另一个则是与其相对立的"大陆传统"①,如图 1-1 所示。

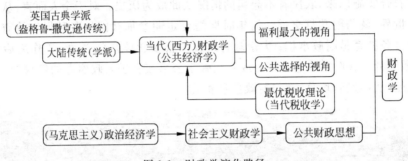

图 1-1 财政学演化路径

古典学派中为公共财政理论做出突出贡献的财政学家,往往也正是那些在一般经济理论方面成就卓著的经济学家。西方财政学作为一门学科也同样发端于亚当·斯密的《国富论》,书中专辟一篇细致阐述了亚当·斯密对于"公共财政"的思想。此后,经过大卫·李嘉图(David Ricardo)、J.S.穆勒(John Stuart Mill)、阿弗里德·马歇尔(Alfred Marshall)和阿瑟·塞西尔·庇古(Arthur Cecil Pigou)等古典或新古典经济学家的阐释而逐渐形成了西方财政学的所谓"盎格鲁-撒克逊传统"。该传统推崇市场机制在资源配置方面的作用,相信存在"看不见的手"会自动将个人利益引导到公共利益,主张"最好的政府是管理最少的政府"。在这一传统居于财政学乃至经济学主导地位的时期,不难理解,财政学的一项重要特征就是注重对税收的研究而忽视或者说很少研究公共支出。赋税原理在财政学理论体系中居于显要位置,公共支出主要用于维持政府部门本身的运转。

在此时期,一些当时"非主流"的经济学家持有不同观点和看法。相对而言,在对国家经济职能的认识方面,一些经济学家更加重视公共支出的积极作用,产生了很多深刻、精辟的分析,逐渐形成了公共财政理论的另一个传统,又被称作"大陆传统"。著名的代表人物包括德国历史学派代表人物弗里德里希·李斯特(Freidrich Liszt)、罗雪尔(W. Roscher)和迪策尔(K. Dietzel),以及 19 世纪后叶的谢夫勒(A. Schaffle)和瓦格纳(A. Wagner),还

---

① 平新乔.财政原理与比较财政制度[M].上海:上海三联书店,1995:24—27;赖У耀.公共财政原理[M].北京大学经济学院内部讲义,1987.对于公共财政学史的更为充分的考察参见马斯格雷夫(Musgrave,1985)"A Brief History of Fiscal Doctrine",载于 Auerbach and Feldstein(1985)"Handbook of Public Economics",Vol.1;或张馨.公共财政论纲[M].北京:经济科学出版社,1999;或刘宇飞.当代西方财政学[M].北京:北京大学出版社,2003.

包括瑞典经济学家维克塞尔(K. Wicksell)和林达尔(E. Lindahl),以及奥地利和意大利的一些财政学家,如萨克斯(Sax)、潘蒂里奥尼(Panteleoni)、马佐拉(Mazzola)和德马科(D. Marco)。其中特别是维克塞尔,他不仅对一般经济理论的发展做出了突出贡献,而且将税收与公共支出结合起来加以研究,认为公共部门的决策实际上是一个政治的和集体选择的过程,大大启发了后来产生广泛影响的公共选择学派的发展。

在众多财政经济学家的共同努力下,以及随着公共部门的重要性日益突出和一般经济理论的不断突破,仅仅侧重于对赋税原理进行的研究已经远远不足以解释和分析公共部门的活动。由此,又经过一系列学者的努力,包括鲍文(C. Bowen)、布莱克(D. Black)、马斯格雷夫(R. Musgrave)、萨缪尔森(P. Samuelson)、阿罗(K. Arrow)、唐斯(A. Downs)、布坎南(J. Buchanan)以及图洛克(G. Tulloek)等人,公共财政理论终于在20世纪50—60年代发生了由传统财政学向当代财政学或称公共经济学的转变。与盎格鲁-撒克逊传统下重视税收分析的财政学相比,当代公共财政学的一个基本特点就是对于公共支出给予了充分的重视,包括对于公共支出必要性的基础理论分析,也包括对于公共部门决策过程及其效率的规范和实证的分析,还包括对各类具体公共支出项目的分析。

→ 专栏:哈维·罗森和他的政府观

哈维·罗森(Harvey S. Rosen),是当今美国新生代的著名财政经济学家之一。他出生于1949年,1974年毕业于哈佛大学并获经济学博士学位,随后在普林斯顿大学经济系任教,并在1993年至1996年期间担任该系主任。同时他还在美国多所高校任教,并兼任政府机构的顾问、白宫经济顾问委员会成员和著名研究机构的研究员。他在世界一流的经济学杂志上发表了很多论文,编辑与撰写了六部专著,其中,最著名的就是《财政学》(Public Finance)。目前,这部书已经被翻译为多种文字在西班牙、德国、加拿大、中国等多个国家出版发行,流行于世界各地,受到普遍的欢迎,成为世界一流大学的首选财政学教材。

《财政学》在诸多方面超越了罗森的老师马斯格雷夫写的《财政理论与实践》,其最鲜明的特色就在于,吸收了近30年来西方财政学理论的新进展。比如关于社会保障,系统地分析了美国的社会保障制度以及它所存在的问题。关于最优税收、税收与公平、税收与效率以及各种税种如何最优设计等问题,罗森都做了深入的分析。关于美国"收费"的制度描述、美国预算外的种种规则等,罗森也做了具体分析。

罗森在这部《财政学》中认为,财政政策取决于政府在经济领域应该发挥的作用。如图1-2所示。概括地说,包括政府有机论和政府机械论两种不同的观点。政府有机论把社会看作是一个自然的有机体,每个人都是这个有机体的一部分,而把政府看作是有机体的心脏。因此,社会凌驾于个人之上,社会目标由国家确定,并引导社会去实现。政府机械论认为,政府不是社会的有机组成部分,而是个人为了更好地实现个人目标而人为创立的东西,其目的在于如何增进个人的利益。政府机械论分为两类。一类是"自由主义",信奉非常有限的政府,反对政府有更多的经济作用;另一类是"社会民主",认为为了个人的利益,政府应该进行大量的干预。罗森的《财政学》偏向于个人而不是群体的观点。

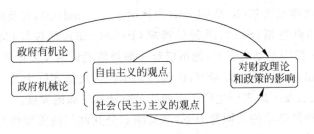

图 1-2 政府有机论和政府机械论

诚然,当代财政学对于公共支出的重视并不意味着在这一领域里经济学家之间没有相左之见。除了在具体政策主张及其效应等方面可能存有不同看法之外,最重要的分歧在于,有些学者偏好福利最大化的分析方法,而另一些学者则偏好从"公共选择"的理论视角分析问题。双方对于政府发挥作用的期望显著不同,所得出的政策结论也有着不同的侧重。前者相信经济学家与政治家之间可以对话和互补,并制定和实施最优的经济政策;而后者则强调通过宪法对于政治中可能出现的偏差加以修正①。

同时,当代财政学对于公共支出的重视也并不意味着它在税收分析方面没有发展。恰恰相反,进入 20 世纪 70 年代以后,税收理论的丰富发展以及重大突破使得公共经济学进入了公认的最为繁荣的时期。特别是戴梦德(Damond)和米尔利斯(James Mirrlees)发表的关于最优税收的一系列经典论文,大大激发了对于税收问题的研究,产生了大量文献。阿特金森(A. Atkinson)和斯蒂格利茨(J. Stiglitz)的《公共经济学》全面地概览和综述了这些有关税收的文献,被看作是公共经济学发展的黄金时期的写照②。

随着中国的改革开放,中国对财政理论和政策研究也走过了一个发展过程。概括地讲,从自然经济条件下的家计财政,到计划经济条件下的国家财政(生产建设财政)及市场经济条件下的公共财政。自然经济条件下的财政,虽然也以国家名义进行活动,形式上也具有某些社会性特征,但是,"普天之下,莫非王土;率土之滨,莫非王臣"的状况,决定了自然经济条件下的整个国家都属于皇家所有,处于"家天下"状态,而财政收支活动在本质上具有个人或私人的性质。在传统的计划经济体制下,国家直接掌握和控制了社会经济生活几乎所有的方面,实行计划、配置、调度、安排的"大管家"式的财政,企业和个人的活动只是服从于围绕着国家和政府的经济计划来开展。在市场经济条件下,作为市场经济主体的政府的经济活动被称作公共经济或公共部门经济,主要表现为政府的收支活动。

进入 21 世纪以来,随着中国融入世界的步伐加快,财政学在总结国内经验的前提下,大量引进了西方财政学的基本理论和思想。客观地说,国外关于政府经济的理论观点既有先进性的一面,也有一定的片面性。当前,学术界亟待思考并实践之处在于,如何在讲授财政学的过程中把西方财政经济思想"本土化",将国外好的、先进的财政思想与中国的财政理论和政策相融合。这是摆在我们面前值得认真研究的议题。

---

① Cullis, Jones. Public Finance[M]. 1992. Chapter 18.
② Pierre Pestieau. The Current State and Future Directions of Public Finance[M]. 1994.

1.3 财政学的学科定位

财政学作为一门偏应用的理论学科,在国内,长期以来是以马克思主义政治经济学的一般原理作为研究的基础。马克思创立了科学的劳动价值学说,创立了科学的再生产理论等,这些经济学原理,对在当代经济改革和经济发展中摆正财政的地位与作用,都具有重要的理论指导意义。

随着中国改革开放的不断深入,财政理论需要不断拓展和丰富,财政政策在实践中也积累了较为丰富的经验。要加快改革开放和提高社会福利水平,必须从中国国情出发,借鉴人类社会创造的一切文明成果,借鉴世界各国包括西方发达国家的一切反映社会化生产和市场经济一般规律的先进经营方法和管理方式。从中国的实际出发,吸收国外财政学中科学的原理和方法。20世纪30年代以来,以凯恩斯(John Maynard Keynes)为代表的经济学家强调财政政策在经济调控中的作用,财政学也因此在西方经济学体系中占据了显赫的位置。凯恩斯抛弃了政府只当"守夜人"的教条,认为财政支出可以直接形成社会有效需求,弥补私人部门需求的不足,使市场经济达到充分就业。在财政收入方面,凯恩斯着重分析了税收调节收入与实现有效需求,从而调节经济运行的作用,并提出构建以直接税为主和以累进税率为特色的租税体系。凯恩斯首次系统地论证了财政赤字的经济合理性,冲击了古典经济学的"量入为出"原则。以萨缪尔森为代表的一些西方经济学者经过补充和发展逐步形成显赫一时的新古典综合派,成为当前西方经济学理论的主流。20世纪70年代后,西方经济学思想进一步发展,吸纳了包括货币主义、供给学派、理性预期学派等;同时,80年代以来,发端于美国总统里根(Ronald Reagan)和英国首相撒切尔夫人(Margaret Thatcher)政府主导并席卷全球的减税浪潮,与同时代的理论研究相得益彰。这些理论研究和政策实践,进一步丰富和完善了财政学的研究。90年代以来,以新制度经济学为代表的理论研究将委托—代理理论、契约理论、交易费用理论等引入财政学研究中,以钱颖一等新生代学者为代表,揭开了财政学有关内容的"黑箱",进一步拓展了该领域的研究范围,深化和丰富了该领域的研究内容。进入21世纪,特别是由美国次贷危机所引发的蔓延全世界的金融危机爆发后,很多曾经占据主流的学术观点受到前所未有的质疑,很多曾经被争相效仿的实践经验也被摒弃,再一次引发了对政府与市场、政府财政职能等诸多问题的反思。

当然,以马克思主义的基本原理为指导和借鉴西方财政学,其目的在于解决中国实际问题,因此,财政学的研究要紧密结合中国实际。偏离了这一宗旨,财政学研究也就失去了一个重要根基。在研究财政学过程中,一个根本的着眼点在于,从中国的国情出发,以马克思主义的基本原理为指导,借鉴西方财政学的某些原理和方法,研究中国的现实问题,创造性地得出符合中国实际的结论。

基于以上认识,对财政学理论和政策的研究和分析,要在充分参考和借鉴国内外已有相关内容的基础上,充分发挥国内高等院校、科研院所的学科优势,本着"引进"和"本土化"相结合原则,突出国际化、前沿性和通识性,实现教学和科研相统一。

1.4 本教材的内容和结构

本教材主要包括四个组成模块,即预备部分、核心部分、扩展部分和补充部分。各部分的章节和主要内容如下。

模块 1 是预备部分,包括三章,是学习财政学理论的基础。以第 1 章"开启财政之旅"展开全书的论述,主要介绍了学习财政学的原因、财政学的发展路径、学科定位以及本教材的内容和结构,为深入研究做铺垫。在第 2 章"看得见的手"中,采用相对规范的方法分析市场中的经济效率,如供求双方的帕累托效率及其实现条件等;同时,分析福利经济学的第Ⅰ、第Ⅱ定理,介绍市场失灵条件下的政府行为,分析财政的主要职能及其实现的机制和条件。在第 3 章"财政的内生性"中,侧重研究财政政策与经济的关系,从分析经济增长理论中 Solow 模型、Ramsey 模型等入手,研究财政的内生性;从"无摩擦"的经济入手,引入交易费用研究有"摩擦"的财政行为,并提出度量标准,以分析财政政策的功能和作用。

模块 2 是核心部分,包括六章,分析财政基本理论和政策工具。在第 4 章"财政与资源配置"中,分析了公共品理论、外部性理论、信息不对称与垄断等导致市场"过弱"或"过强"情况下,政府如何参与市场经济活动的理论问题。在第 5 章"财政与收入分配"中,分析政府应该如何提供市场无法提供的再分配的有关理论和机制建设问题,包括再分配的理论依据、反贫困、社会保险(社会保障、健康保险、失业保险)等一系列社会"安全网"。接下来,利用三章介绍了税收理论和税收制度。在第 6 章,侧重于税收的基本原理,进一步分析了税收负担理论及税负转嫁与归宿的局部均衡和一般均衡,从规范的视角分析了课税评价标准。在第 7 章,侧重分析了最适税收理论、税收效应理论,然后对税收的功能和局限性进行了分析和讨论。第 8 章"税收制度"侧重于应用部分的研究,具体分析了税制类型、现代税收制度结构、逃税与税收筹划等。在第 9 章"财政平衡"中,从政府增长的现实情况入手,分析政府预算的有关内容,进一步分析债务理论与赤字等有关问题。

模块 3 是扩展部分,包括四章,分析财政管理与政策实践。在第 10 章"财政选择"中包括两大部分,第一部分是成本—收益分析,讨论了政府经济活动过程中成本—收益理论、技术与步骤;第二部分是公共选择分析,分别从直接民主和代议制民主框架出发,分析了财政经济政策选择的有关内容。在第 11 章"财政分权"中,以政府间财政关系为基础,讨论了第一代财政分权理论、第二代财政分权理论的有关内容,进一步分析了财政竞争和地方财政的有关问题。在第 12 章"财政政策"中,以国外有关财政政策理论为出发点,讨论了财政政策的目标和工具、传导机制和效应以及财政政策的功能和类型,进一步讨论了财政和货币政策的协调与配合。在第 13 章"财政风险"中,以基本理论为铺垫,讨论了财政风险的特点和原因,进一步分析了如何防范财政风险等内容。

模块 4 是补充部分,包括三章。在第 14 章"公共规制"中,以公共规制的基本理论为出发点,讨论了公共规制的效率和主要方式,进一步分析了国外公共规制对中国的启示和应用。在第 15 章"开放条件下的财政问题"中,侧重分析了国际公共品、国际税收及关税的有关内容。在第 16 章"国别财政"中,分别讨论了美国"新经济"以来几任政府的税收政策改革、欧盟财政一体化的发展变化、日本"安倍经济学"的经济影响及前景预测等,进一步讨论了中国财政改革的发展变化。

本教材各组成部分及主要章节的理论分析都以中国相关改革和政策实践为落脚点。

第 2 章 "看得见的手"

每一个政府当然必须有所行动,而政府的每一行动都要干涉到这样或那样的事。但这并非是问题的关键。重要的问题是个人能否预见到政府的行动,并在制定自己的计划时,利用这种了解作为依据;其结果是政府不能控制公众对于政府机构的利用,而个人精确地了解他将被保护到什么程度以免于来自于别人的干涉,或者政府是否能够阻碍个人的努力。

——[英]弗里德里希·奥古斯特·冯·哈耶克(F. A. Hayek)《通往奴役之路》(*The Road To Serfdom*)

亚当·斯密的《国富论》(1776)中提出了被称为"看不见的手"的原理,认为以利己为动机的市场经济可以实现资源的最优配置。自此以后,论证斯密的"看不见的手"原理成为经济学研究的主要内容。如果每个消费者都为了自身的效用最大化,每个生产者都追求最大利润,那么在完全竞争的经济中,他们的行为会不自觉地使社会达到资源配置的最优状态,即以利己为行为动机的完全竞争的市场经济将会导致经济效率的实现。

2.1 有效率的经济

在对经济或公共政策做出评价的时候,总要使用一些评价方法,经济学家习惯将这些方法分类为实证分析(positive analysis)和规范分析(normative analysis),试图对经济的效率和公平问题做出解释。常使用的例子是吃蛋糕的故事,说的是几个人一起享受蛋糕,大家要首先考虑怎么把这块蛋糕做得足够大(这是效率问题),然后才考虑如何把这块蛋糕在几个人之间合理分配(这是公平问题)。我们在这里更加关注前者,在这一节中从规范分析的角度,介绍"应该如何"把蛋糕做大的问题。

2.1.1 帕累托准则

经济效率的通俗含义是指,所有的资源都在它们具有最高经济价值的用途上被使用。经常用帕累托最优——这一专业性语言描述经济效率。所谓帕累托最优,是指这样一种资源配置的状态:已不存在生产上的其他可行的配置可使得该经济中至少有一个人的状态比其初始状态严格更好,而同时保持其他人至少与其初始状态相比没有变坏。换句话说,如果一种可行的资源配置可以在不损害其他人福利状况的同时至少使一个人的福利状况提高,那么原来的资源配置就不是有效的,而从原来的配置向(福利可以提高的)新配置的转变被称为帕累托改进(Pareto improvement)。当这种帕累托改进不可能再进行下去的时候,这种资源配置的状态就被称为帕累托效率(Pareto efficiency)或帕累托有效(Pareto optimality)。

帕累托效率作为评价资源配置是否合意的判定标准已经被广泛接受,甚至被认为是唯一的可被普遍接受的标准。① 依据帕累托准则,如果当资源配置获得帕累托改进的时候,只有赢家没有输家。既然这样,那么社会福利必定会提高。帕累托准则的优点在于:第一,它是在序数效用论下讨论社会福利问题,避免了基数论下关于效用的衡量和比较等理论难题。第二,它运用了比较严谨的数学推理,综合考虑了生产和消费,不仅提出了明确清晰的规范标准,还给出了达到这些标准所需满足的条件,大大深化了对效率问题的讨论。

经济如果要达到规范的经济效率标准,实现最大化的社会经济福利,应该满足帕累托效率的基本条件。帕累托效率主要包括三个方面的内容,即消费的帕累托效率、生产的帕累托效率以及包含消费和生产的帕累托效率。哈维·S.罗森(Harvey S. Rosen)在他的经典教科书中通过亚当以及夏娃以及两种固定的商品(The two goods between the two people, two-by-two case,两人—两物模型)——苹果(apples, food)和树叶(fig leaves, clothes)——的生产和消费模型,提供了一个精巧而形象的解释。

2.1.2 消费方

假定厂商和消费者都具备条件追求利益最大化,那么,在两人—两物模型下,帕累托效率如何呢?

埃奇沃思框图(Edgeworth box)是可以用来描述两人—两物情况下物品分配的一种规范分析工具,如图2-1所示。两种产品,数量分别为x、y,在A和B之间分配。图中以左下角O为原点,x轴表示x产品的数量,y轴表示y产品的数量。对于A存在着一组传统形状的无差异曲线,代表着他对两种产品x和y的偏好,无差异曲线凸向原点。其中,数越大的无差异曲线,表示对于A的效用越强。同理,图2-1中以右上角O'为原点,x轴表示x产品的数量,y轴表示y产品的数量。对于B存在着一组传统形状的无差异曲线,代表着他对两种产品x和y的偏好,无差异曲线凸向原点。其中,数越大的无差异曲线,表示对于B的效用越强。不同之处在于,框图中B的坐标是按照传统的位置旋转180°而来。

框图中对于A有n条无差异曲线(偏好),而每一条无差异曲线都必然与B的某一条无差异曲线相切。也就是说,在框图中存在着n个A与B无差异曲线相切的点,代表着这两个人在资源约束条件下能够最大化地满足自身效用,那么这一点就被称为帕累托效率点(见图2-1中的p_2、p_3和p_4)。框图中没有达到这一切点的其他点,就存在着帕累托改进的空间,即在不改变其他人效用前提下的自身效用水平的进一步提高(A、B双方中某一方效用曲线不变化而另一方效用曲线的位移)。用经济学术语解释,A与B无差异曲线一旦相切,那么这两条无差异曲线的斜率的绝对值相等,意味着A与B中的一个人愿意以一种商品换取另一种商品额外数量的比率——边际替代率(MRS)——相等,即从消费方角度,帕累托效率实现的一般条件是

$$MRS_{xy}^i = MRS_{xy}^j$$

---

① [英]巴克豪斯.现代经济分析史[M].成都:四川人民出版社,1992:421.

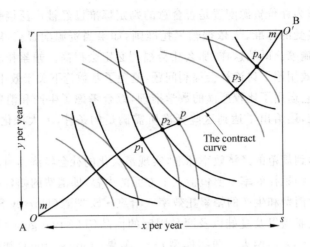

图 2-1 埃奇沃思框图（Edgeworth box）

帕累托效率要求所有商品的边际替代率都相等。

进一步分析，在埃奇沃思框图中存在着一组这样的帕累托效率点，即 A 和 B 在资源既定的前提下有很多种选择，所有帕累托效率点的轨迹称为契约曲线（contract curve），在该曲线上的任意一点都表示在资源既定下的最优选择。

2.1.3 生产方

在社会生产要素 m 和 n 既定的前提下，效率的生产可以满足社会需求。生产可能性曲线（production possibilities）表明，在要素禀赋数量不变的前提下，给定一种产品产量，其他产品产量将达到最大；否则，则存在着增加（某种）产品的生产，而不会减少其他产品的生产的可能性。

如图 2-2(a)所示，CC 为生产可能性曲线，图中显示生产 Ob 的 x 和 Oa 的 y 产品、生产 Od 的 x 和 Oc 的 y 产品，可以实现效率。在给定市场要素利用率最大条件下，如果对 x 产品的需求由 Od 调整为 Ob，则对 y 的生产由 Oc 调整为 Oa 可以实现帕累托效率。这种一种产品的生产转换为另一种产品生产的比率，就是所谓的一种产品替代另一种产品的边际转换率（marginal rate of transformation，MRT），它是图 2-2(a)中 CC 曲线斜率的绝对值。从生产方的角度，帕累托效率的时间条件是

$$\mathrm{MRS}_{xy}^{i} = \mathrm{MRT}_{xy}^{i} = \frac{P_x}{P_y}$$

图 2-2(b)在生产可能性曲线中嵌入了埃奇沃思框图，用以描述约束条件下的消费的帕累托效率条件。

➡ **专栏：该管些什么？**

刘备三顾茅庐请出诸葛亮并拜为军师，而关羽、张飞对其不以为然。没过多久，曹操派大将夏侯惇领十万大军打新野，刘备找诸葛亮商议，诸葛亮说："怕众将不听我令，愿借主公剑印一用。"刘备忙将剑印交给诸葛亮。诸葛亮开始集众点将。命关羽带一千人马埋伏在豫山，放过敌人先头部队，看到起火，迅速出击。张飞带一千人马埋伏在山谷里，待起

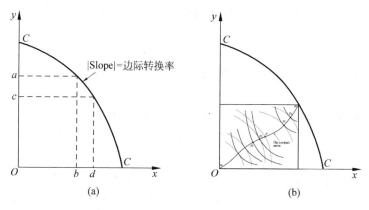

图 2-2 约束条件下的帕累托效率条件

火后,杀向博望城。关平、刘封带五百人马,在博望坡后面分两路等候,敌军一到,立刻放火。又把赵云从樊城调来当先锋,只许败不许胜。刘备带一千人马作后援。关羽忍不住问:"我们都去打仗,先生干什么?"诸葛亮说:"我在城中坐等。"张飞大笑说:"我们都去拼命,先生你好逍遥!"诸葛亮说:"剑印在此,违令者斩!"关羽、张飞冷笑着走了。

在战斗中,各将按诸葛亮吩咐行事,直杀得曹兵丢盔弃甲。诸葛亮初次用兵,神机妙算,大获全胜,使关羽、张飞等佩服得五体投地。

诸葛亮在这个故事中告诉我们:"为帅者,无为而治,何需亲力亲为?!"是不是有这样一个启示,无论对于政府还是个人而言,不能事必躬亲,要有合理分工,才能实现收益最大化。相信,让诸葛亮替代关羽、张飞,或者反之,都将是资源错配。

2.1.4 帕累托效率的高级条件

如果两种产品的生产是可变的,那么对上述两个分别从不同角度研究的帕累托效率进行拓展和一般化,即把生产和消费联系起来。给定资源约束:①对于消费者,消费两种产品的边际替代率相等;②对于生产者,生产产品(所投要素)的边际转换率相等;③消费方和生产方进行交换的市场,任意商品的边际替代率与边际转换率相等,即

$$\text{MRS}_{xy}^{i} = \text{MRS}_{xy}^{j} = \text{MRT}_{xy}$$

在上述条件下,满足帕累托效率。当边际替代率和边际转换率不相等时,则存在着多

生产一种产品或少生产另一种产品,使市场中每个人的状况得以改进、接近帕累托效率的可能性。

2.2 福利经济学定理

亚当·斯密的一些思想实际上已经包含了福利经济学的部分内容,即竞争市场注定是有效率的。自庇古创立福利经济学以来,尤其是新福利经济学的发展,可以更加规范地对经济政策提出意见,成为经济学框架下的重要组成部分。福利经济学定理的现代形式则将竞争市场与帕累托效率联系起来,认为在给定条件下,竞争的均衡必定是帕累托效率的。对这一基本定理的证明需要有高深的数学知识,但即使是粗通数学也不妨碍对它的理解和把握。它无非是证明,均衡价格信号足以协调分散的经济活动,使其以令人满意的方式满足帕累托效率条件。

2.2.1 定理 I

参考罗森和刘宇飞的观点①,某一既定经济如果要实现合意状态,有必要假设,追求利润最大化的厂商和追求效用最大化的消费者所处环境具有以下特征。

(1) 存在门类齐全且数目众多的市场,可以使有关各方就所关心的经济物品通过市场进行互利的交易。

(2) 所有的生产者和消费者的行为都是完全竞争的,厂商和消费者都是既定价格的接受者,按照完全竞争的原则行事,没有人拥有任何垄断权力。

(3) 有关各方拥有完备的信息,可以进行理性选择。

(4) 消费者局部非饱和与商品具有任意可分性,即总能通过消费量的任意改变来增加消费者的满足。

在上述假设前提下,消费方、生产方和市场的行为如下。

(1) 消费方:消费者为了实现效用最大化,总是选择其预算线与其无差异曲线相切之点进行消费,即 $MRS_{xy} = \dfrac{p_x}{p_y}$;又由于消费者是价格的接受者,故全社会每个人 MRS 的都相等,消费的帕累托效率得以实现。

(2) 生产方:生产者为了实现产量最大化或成本最小化,总是选择其成本线与等产量线相切之点进行生产,即 $MRT_{xy} = \dfrac{p_x}{p_y}$;又由于生产者是价格的制定者,故全社会每种商品的 MRT 都相等,生产的帕累托效率得以实现。

(3) 市场:由于生产可能曲线上任意点的切线为生产者可以达到的最高的等利润线,所以其斜率 MRT 等于等利润线的斜率 $\dfrac{p_x}{p_y}$②,而这一价格比率与消费者面对的价格比率

---

① 刘宇飞认为,为了更准确地进行分析,还需要假设凸环境下厂商和消费者行为。参见刘宇飞.当代西方财政学[M].第2版.北京:北京大学出版社,2011:12.

② [美]范里安.微观经济学:现代观点[M].上海:上海三联书店,1992:668-669.

完全相同,也就实现了帕累托效率的高级条件,竞争均衡的帕累托有效性得到了说明。

福利经济学定理Ⅰ把早已认识到的下列见解做了正式的解读,即"自由企业制度在提供商品和服务方面具有惊人的生产性。"①正如马克思和恩格斯在《共产党宣言》第一篇所说:"资产阶级在它的不到一百年的阶级统治中所创造的生产力,比过去一切年代创造的全部生产力还要多,还要大。"它的含义在于,在完全竞争市场经济中,分散化的竞争市场可以通过个人自利的交易行为实现均衡,那么这种均衡就是帕累托效率。

定理Ⅰ认为竞争市场能够有效配置资源,实现帕累托效率,表现为在契约曲线上有无穷多个解,也分别存在着无穷多种收入分配方式。但是,定理Ⅰ的一个缺陷在于对收入分配的公平所提甚少,没有回答什么是合意的收入分配以及它得以实现的规范路径在哪里。

2.2.2 定理Ⅱ

既然定理Ⅰ判定,帕累托效率可以在完全竞争的市场中实现,那么,是不是可以说,政府就是一个可有可无的地位?即使存在政府,也无非仅仅提供法律和秩序、司法和国防等,其他活动都是无关紧要呢?哈维·罗森认为"这种认识非常肤浅"。解答上述疑惑首先要厘清以下两个问题:①判断资源配置好坏的标准是不是仅仅是效率?②如果不是,应该怎么做?

回答第一个问题,如图 2-3 所示。在埃奇沃思框图中,位于契约曲线上的任一点,如 p_1、p_2 及 p_3 等代表了帕累托效率。如果用帕累托效率这一标准来衡量,在契约曲线上的所有点都是效率点,它们之间不能进行排序。q 点没有在契约曲线上,自然,它不是一个帕累托效率点。即使是这样,我们也不能轻易地说 q 点劣于 p_1、p_2 及 p_3 等这些效率点。

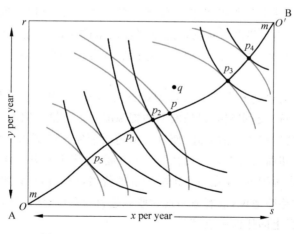

图 2-3 配置的合意:用埃奇沃思框图解读

引入效用可能性曲线(utility possibility curve),如图 2-4 所示,表示在某一方可得效用水平既定的前提下,另一个人的效用最大数量的曲线。将图 2-3 中的点"转移"到图 2-4 中,$\tilde{p}_3$、$\tilde{p}_5$ 分别对应图 2-3 中的 p_3、p_5,$\tilde{q}$ 对应图 2-3 中的 q。在图 2-3 中,由于 q 点不在契

---

① [美]哈维·S.罗森.财政学[M].第 7 版.北京:中国人民大学出版社,2006:36.

约曲线上,因此,图 2-4 中的 $\tilde{q}$ 一定在效用曲线之内。

图 2-4 中,对于 $\tilde{p}_5$ 点,A 的效用大于 B 的效用;对于 $\tilde{p}_3$ 点,B 的效用大于 A 的效用。而在 $\tilde{q}$ 点,存在着一种可能性,即在 A 的效用不变的前提下,通过垂直移动 $\tilde{q}$,提高 B 的效用;反之亦然。使不效率的 $\tilde{q}$ 点移动到效用可能曲线从而实现效率;同时,移动后的这一点相对于 $\tilde{p}_3$ 和 $\tilde{p}_5$ 也具有相对的公平。回到图 2-3 可见:①如果以效率作为衡量标准,当然,p_3、p_5 等在契约曲线上的点都是合意的,而 q 点则相反;②如果在①的基础上再考虑分配的合意性,则通过 q 点的"适当"移动,则可能实现优于诸如 p_3、p_5 点的选择。

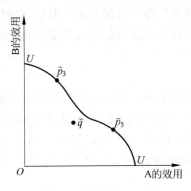

图 2-4 效用可能性曲线

回答第二个问题。根据定理Ⅰ,帕累托效率并不关心合意的收入分配如何实现的问题。与帕累托效率的实现途径从原则上不仅有竞争市场一样,矫正自由放任下收入分配的不公平也有不止一种方式。哈维·罗森强调,"为了实现'公平的'效用分配,政府的干预可能是必要的。"这种干预既可以采取高度集权的方式,也可以采取市场导向的方式。由于高度集权的方式需要借助大量的信息以保证决策的正确和有效实施,所以执行绩效不尽如人意。因此,福利经济学的定理Ⅱ在考虑收入分配的合意性问题上并没有离开竞争市场。

定理Ⅱ表明,社会通过做出初始资源禀赋的适当安排,如一次总付税或转移支付之后,可以通过市场竞争机制实现帕累托效率的资源配置。可供采取的方法是:一方面,小心翼翼地构建国家的转移禀赋的措施,使这一措施既能实现购买力在消费者之间合意的转移,同时又不至于扭曲消费者行为选择;另一方面,对应于考虑了合意的收入分配的帕累托效率条件下的资源配置,存在一个市场均衡的价格,使得消费者的效用和生产者的利润都实现最大化。"粗略地说,政府适当地对收入进行再分配,然后让市场发挥作用,就能得到效用可能性边界上的任何一点。"①

竞争市场存在着有效性,这一观点自亚当·斯密时代起就毋庸置疑,福利经济学的两大定理对此做出了进一步解释。然而,必须看到,正如本书定理Ⅰ之前的分析,福利经济学定理是与完全竞争条件下帕累托效率存在着紧密联系,如果要达到这种理想结果至少必须满足若干假设前提。如果上述假设前提无法满足,那么,完全竞争条件下的帕累托效率能够实现就值得怀疑。这种情况一旦发生,就意味着市场失灵。

---

① [美]哈维·S. 罗森.财政学[M].第 7 版.北京:中国人民大学出版社,2006:39.

2.3 市场失灵与政府

一篇题为《"两桶油"哭穷背后是制度必然》的评论[①]认为,中国的高油价负担是不争的事实,在让百姓承受了高油价负担的同时,国内的石油巨头还是要哭穷喊亏。一直以来,中国公众对于常年霸占国内石油勘探、国际石油进口、成品油加工和成品油销售等多个市场的石油巨头,都存在着这样的疑问——除了会涨价,它们还能干什么(最近,国内油价终于实现了 n 连降)?当前,石化双雄(中国石油、中国石化,俗称"两桶油")的盈利能力已经超过了号称暴利的银行系统,中石油日净利润甚至达到 4 亿元人民币之巨。既然是这样,那么它们为什么还要哭穷?也许这是企业的本能。但更深层次的原因是,中国的能源市场,在缺少强有力的市场竞争的同时,又缺少行之有效的政府管理,这就好比你放出了一头巨兽的同时却并没有充当好驯兽师的角色。而归根结底,这样的能源市场继续成长的结局,只能是全中国的纳税人为其种种问题埋单。从这个角度来说,能源的制度改革弥足珍贵。开放市场、打破垄断,是能源问题上唯一的出路,若非如此,仅靠企业自身的觉悟"为民造福"——这听起来就像是责令"两桶油""温柔地盘剥"一样可笑。

2.3.1 市场失灵

市场的资源配置功能不是万能的,市场机制本身也存在固有的缺陷。也就是说,微观经济行为中不具备帕累托效率所规定的条件,即如果市场不能有效地配置资源,我们就认为市场失灵(market failure)[②]。市场失灵为政府介入或干预提供了必要性和合理性的依据,它的主要表现包括以下几方面。

1. 垄断(monopoly)

市场效率是以完全自由竞争为前提的,然而当某一行业在产量达到相对较高水平之后,就会出现规模收益递增和成本递减问题,这时就会形成垄断。

斯拉法(Sraffa)把垄断归因于完全竞争的内在矛盾。他认为,既然在完全竞争条件下个别厂商可以在既定的市场价格下出售任意数量的商品,其单位成本必然会随着产量的增加而降低,那么也就无法遏止大企业内部生产力无限扩张的趋势,即必然会产生"完全竞争导致完全垄断"的悖论。张伯伦(Chamberlin)极端地认为,产品不同质,即产品间存在着差别,就会产生垄断,垄断程度的大小与产品的替代性的大小刚好相反。

当一个行业被一个企业或几个企业垄断时,垄断者可能通过限制产量,抬高价格,使价格高于其边际成本,获得额外利润,从而丧失市场效率。也就是说,在完全垄断条件下,厂商利润最大化的均衡产量小于完全竞争条件下的均衡产量,厂商利润最大化的均衡价格却高于完全竞争条件下的均衡价格。

垄断导致价格不等于边际成本,垄断者可能通过限制产量来获得较高的价格,帕累托效率条件被破坏,消费者剩余损失和生产者剩余损失增加,社会无谓损失增加。

---

① 资料来源:中国经济网[EB/OL]. http://www.china5e.com/news/news-266645-1.html. 2013-2-18.
② 郭庆旺. 公共经济学大辞典[M]. 北京:经济科学出版社,1999:16.

2. 不对称信息（asymmetric information）

交易中的一方拥有信息，而另一方缺少信息，拥有较多信息的一方在与对方交易过程中充分利用信息优势而导致市场失灵。

竞争性市场的生产者和消费者都要求掌握充分的信息，特别是在现代信息社会的条件下，信息构成生产、消费的最敏感的神经系统[①]。生产者要知道消费者需要什么、需要多少，以适应瞬息万变的变化，消费者要知道产品的品种、性能和质量，生产者之间也需要相互了解，商品营销是生产与消费之间的连接环节，更需要灵敏地掌握生产和消费的信息。在市场经济条件下，生产者与消费者的生产、销售、购买都属于个人行为，掌握信息本身也成为激烈竞争的对象，而信息不充分和信息不对称也是影响公平竞争的重要因素。主要包括逆向选择（adverse selection）和道德风险或败德行为（moral hazard）两种途径。

逆向选择是市场交易中的一方无法观察到另一方重要的外生特征，发生的劣质品驱逐优质品的低效率行为。在保险市场、旧车市场的案例对此进行了非常形象的表述。

道德风险（或败德行为）是市场交易的一方无法观察到另一方所控制和采取的行为，所发生的知情方故意不采取谨慎行为的情形。由于知情方不采取提防行动会招致对另一方的损害，称之为"败德行为"。

败德行为的另一种解释是代理方利用所拥有的信息优势在追求自身利益最大化的同时采取的不利于委托方利益的行动。交易方信息不对称必然导致市场交易成本的增加，使给双方都带来利益的一些交易消失，导致交易量的减少和社会福利的消失，降低了竞争市场的效率。

道德风险细分为隐匿信息的道德风险和改变行为的道德风险。

3. 外部性（externality）

当某一实体（一个人或一个企业）的活动以市场机制以外的某种方式对其他实体（一个人或一个企业）的福利造成有利或有害的影响，产生无法通过市场交易进行付费的收益或无法通过市场交易获得补偿的损失，这种影响被称为外部性。

与通过市场价格传递的影响不同，外部性对经济效率有不良的影响。

当外部性为正或者说存在外部经济（external economy）时，造成外部性一方的活动总是不能完全满足市场的需要规模；当外部性为负或者说存在外部不经济（external diseconomy）时，又总是出现过分提供。

其根源在于有关方面只按照个人边际收益等于边际成本的原则行事，而并不考虑其外部性行为之下的社会边际收益和社会边际成本，造成资源损失或低效率。

4. 公共品（public goods）

市场失灵的一种重要情形是公共品。公共品的特征之一就是可以同时向不止一个人提供收益，即可以同时进入许多人的效用函数或许多厂商的生产函数。公共品有两个特点：其一是非竞争性，其二是非排他性。公共品的存在容易导致"免费搭车"等行为，使帕累托效率的资源配置遭到破坏。在后续章节中将给出进一步的内容。

---

① 陈共.财政学[M].第 7 版.北京：中国人民大学出版社，2012：27.

5. 优效品（merit goods）

马斯格雷夫（R. A. Musgrave,1959）提出了优效品的概念。优效品也被译做有益品、优值品、优美物品，是指社会成员对它的评价低于合理评价，即使社会成员不想要但是也应该提供的产品和服务。

➡ 专栏：诸葛亮是优效品

三国时期，蜀主刘备死后，昏庸无能的阿斗继位，他只知享乐，把国内的军政大权交给诸葛亮处理。诸葛亮联吴伐魏，南征孟获，积极准备两次北伐，在最后一次北伐前夕给阿斗写《后出师表》表示自己为国鞠躬尽瘁、死而后已。

诸葛亮就是蜀国官场勤勉工作的优效品。

"吸烟有害健康"也可以被看作是一种"优效品"，这样做虽然不存在对消费者主权的尊重，但是可以有效矫正消费者不利于其自身最佳利益的选择行为。

Head. J. G（1991）认为，"优效品的主要特点就是它并不以简单化地顺从个人偏好为目标，当然，也不能说'优效品'就是要刻意地与个人的偏好过不去，可以将个人偏好划分等级来更加准确地把握'优效品'的概念。"①

庇古的三个层次偏好分级法

偏好可以分为愿望（desires）、满足（satisfactions）、福利（welfare）三个等级。①愿望是指事前的偏好或者是显露的偏好（revealed preference）；个人以此为基础做出实际的选择，但事后的偏好不一定与事前相一致，可以将事后偏好称为真实偏好（true preference），只有当二者一致时才可称为"满足"。②即使事后"满足"了也不一定意味着符合个人的"真实利益"，只有当二者一致时才可以说改善了个人的"福利"状况。③三者有可能重合，也可能不重合。只有当三者不重合的情况下，才会产生提供优效品的必要性。也就是说，优效品是帮助个人提高其偏好等级的物品，帮助人们获得更高层次的满足。

2.3.2 政府该做什么？

现代政府的经济职能与前面分析的竞争市场的效率有着必然联系，在此情况下，政府只需要行使如防止暴力、偷盗、诈骗和保护产权等最低限度的职能就足矣。② 然而，这种"最小化国家"的目标在人们认识到市场存在着种种失灵之后显得过于狭隘和偏激，政府的职能得到进一步扩充也就成为了应有之意。然而，时至今日，政府究竟应该在经济领域发挥什么作用、发挥多大作用，仍旧存在着很大争议。对这一问题的理解受不同国家和个人的思想观念的影响，根据哈维·罗森的阐述，政府对经济的影响基于两种不同的政府哲

---

① Head J G. Merit Wants: Analysis and Taxonomy[J]. *Retrospectives on Public Finance*, 1992: 229-252.
② 诺齐克（Nozick）持这种观点。参见[英]阿特金森，[美]斯蒂格利茨. 公共经济学[M]. 上海：上海三联书店，1992：424. 转引自刘宇飞. 当代西方财政学[M]. 北京：北京大学出版社，2011：65.

学,会产生截然不同的结果。

1. 有机论(organic view of government)

整个经济体被看作是一个自然的有机体,每个人(厂商)都是这个有机体中的一部分,政府被看作是这个有机体中最重要的、发挥决定作用的部分。社会或国家利益至上,政府决定社会(国家)的发展目标,并引导社会(国家)去实现。个人(厂商)只有作为全社会的一部分才有意义,个人(厂商)利益要服从社会(国家)利益。

对政府有机论的认识,"一个国家是一个有机的整体,正如人体是一个有机的整体一样。它不像是一台机器,可以拆开后再装配在一起。"(Johnson,1983)

根据政府有机论的思想,政府决定社会(国家)的发展目标,这种目标的选择存在着很大差异,有些时候,个体甚至成为政府利益的牺牲品。

阿道夫·希特勒(Adolf Hitler)认为国家的目标是要达到种族的净化:"国家是实现目标的手段,它的目标就是维护和促进一个从生理到心理都具有同质的人种组成的社会。"毛泽东曾提出所谓的"四个存在"——"社会主义社会是一个相当长的历史阶段,在这个历史阶段中始终存在着阶级、阶级矛盾和阶级斗争,存在着社会主义同资本主义两条道路的斗争,存在着资本主义复辟的危险性,存在着帝国主义和社会帝国主义进行颠覆和侵略的威胁。"在此基础上提出的"无产阶级专政下继续革命的理论",导致了中国自1966年到1976年的"文化大革命"。1981年6月27日在中国共产党第十一届六中全会上一致通过的《关于建国以来党的若干历史问题的决议》认为,"'文化大革命'是一场由领导者错误发动被反革命集团利用给党、国家和各族人民带来严重灾难的内乱。"

在有机论框架下,要解决的一个关键问题是让政府如何选择社会(国家)的发展目标。社会为之组织起来的"社会目标"或"共同目的",通常被含糊其词地表达为"公共利益"、"全体福利"或"全体利益"……这些概念没有明确的含义和具体的行动策略,需要尽力去想想才能搞清它的含义。而且,"目标的选择"、"选择的前提"以及"选择的机制"都会因为价值观不同而成为激烈争论的焦点。

列宁(Lenin)认为,无产阶级国家的目标是:"作为工人阶级和被剥削人民的导师、领路人和领袖……引导工人阶级和被剥削的全体人民走向社会主义。"亚当·斯密认为:"试图指导私人以何种方式运用其资本的政治家,不仅是其本人在瞎劳神,也是在僭取一种无论如何也不能安心地授权给枢密院和参议院的权力;由一个愚蠢和专断到幻想自己是适于行使这种权力的人掌握它,是再危险不过的了。"

2. 机械论(mechanistic view of government)

政府不是社会的一个有机组成部分,相反,它是个人为了更好地实现微观主体的目标而人为创立的东西。美国政治家亨利·克莱(Henry Clay,1829)指出:"政府是一个信托机构,政府官员则是受托人;信托机构和受托人都是为了人民的利益而设立的。"处于舞台中心的不是群体,而是个人。

在承认政府的存在是为了个人的利益之后,还需确定究竟什么是人民的利益以及政府应该如何增进人民的利益。实际上,每个人都同意,当政府保护个人免遭暴力侵害时,对个人是有益的。为此,政府必须独家行使强制权力,否则就会出现无政府状态。

就像17世纪哲学家托马斯·霍布斯(Thomas Hobbes)指出的那样:"人们的生活(会变得)寂寞、贫困、险恶、野蛮和短促。"在没有有效的国民政府、暴力行为比比皆是的索马里的情况证实了霍布斯的观察。同样,亚当·斯密也主张政府应该保护"社会免受其他独立社会的暴力与侵犯",并且"尽可能使社会的每一个成员免受该社会中的其他社会成员的欺侮和压迫"。

最小限度的政府是这样的政府,其唯一的职能是使其成员免遭人身侵犯。除此之外,斯密也主张政府有责任"建立和维护某些公共工程与公共机构,而这些公共工程和公共机构是任何个人或少数人出于个人利益永远不会建立和维护的。"这里,可以想到诸如道路、桥梁和下水道等项目。

传统机械论内部出现了两个分支。其一,自由主义,信奉的是职能非常有限的政府,反对政府有更多的经济作用。按照斯密的话说,"每个人,只要他不违反公正的法律,就可以完全自由地以其自己的方式去追求自己的利益。"自由主义者非常怀疑政府改善社会福利的能力。其二,社会民主主义,认为为了个人的利益,政府应进行大量的干预。这些干预可以采用不同的形式,如颁布劳动场所的安全保障规定,制定在住房供给中禁止种族和性别歧视的法律,以及组织对穷人的福利补助。当社会民主主义者遭到非议,即反对者认为这种干预可能会侵犯个人自由时,他们巧妙地答道,"自由"不仅仅是指人身不受侵犯。一个穷困潦倒的人,确实可以自由地按其意愿开销其收入,但这种自由度极其有限。当然,在自由主义者与社会民主主义者之间,关于政府干预的适当程度仍有许多看法。

3. 法治下的自由

上述两种政府哲学思想的架构在现实中都不同程度地存在,对它们的理解和认识也经历了漫长的演变过程。

历史学家劳伦斯·斯通(Lawrence Stone)写到:"在现代社会到来以前,一般认为,无论是家族的、村庄的、还是后来国家的一切社会群体的利益都高于个人的愿望及其特定目标的实现。生命、自由和对幸福的追求都是个人的理想,把它作为一个良好社会的基本目标,这对一个16世纪受过教育的普通人来说是不能接受的。"

但是,自那以后,政府机械论逐渐在英美的政治思想中占据主导地位。然而,这并不是说政府机械论已经主宰了一切。一旦有人声称我们必须为"国家利益"做某些事,而不考虑某些个人或个人团体的利益,那么他已经隐约地坚持了有机论的观点。更为普遍地,即使在一个极端个人主义的社会中,人们有时也会感到有必要为"国家"尽责,甚至在必要的时候为"国家"贡献出自己的生命。

不可否认,现代欧美的主流思想是以传统机械论为始点的脉络展开的。只是在尊重个人的传统中,对政府应该发挥多大作用,存在着很多争论。在对政府的正式规则进行喋喋不休的讨论的时候,政府的作用还取决于非正式规则——传统、文化、意识形态、伦理道德的影响;同时,政治的作用也非常大,很多情况下,政治意图从来都是影响经济(财政)

思想的主要力量之一。

究竟我们大家沿着马路的左边还是右边开车是无所谓的,只要我们大家都做同样的事就行。重要的是,规则是我们能够正确地预测别人的行动,而这就需要它应当适用于一切情况——即使在某种特殊情况下,我们觉得它是没有道理时。(哈耶克,1943)

无论如何,一个自始至终强调国家利益高于个人利益的思想已经无法让人接受,而一味强调自由放任的政策也被实践证明是风险颇大的。每一个政府当然必须有所行动,而政府的每一个行动都要干涉到这样或那样的事情。但这不是问题的关键。重要之处是个人能否预见到政府的行动,并在个人选择的时候,利用这种(对政府的)了解作为依据。这是哈耶克(F. A. Hayek)对当代社会的理解,"自由就是法律至高无上。"

➡ **案例专栏:第二次世界大战后德国的涅槃**

第二次世界大战后,联邦德国如涅槃的凤凰,不仅很快走出困境,而且从20世纪50年代初起就进入了经济腾飞的轨道。20世纪90年代,德国再次实现统一,同时在联合起来的欧洲中起着越来越重要的作用。德国的重新崛起,得益于各种主客观条件,更重要之处在于其在建构"德国特色"社会制度方面的成功。

联邦德国在融入世界的同时,坚持自己的道路特色,获得了平稳发展的制度保障。在神圣罗马帝国前期,德国处于欧洲的领先地位,德国的道路就是欧洲的楷模。然而进入近代以后,法国的启蒙运动领先了,德国从此陷入思想文化上的困境:究竟是紧跟西方,还是坚持自己的独特道路?纳粹制度的溃败,似乎证明了德意志独特道路的失败,战后初期西占区的民主化改造,也在力图消除德国的特色。然而,联邦政府没有放弃自己的努力,以路德维希·W.艾哈德(德语:Ludwig Wilhelm Erhard,1897—1977)为代表的社会精英,在政治上推行民主制度和经济上坚持市场原则的同时,推出了"社会市场经济"模式。由于坚持国家的适度干预,尤其是在其他国家大搞赤字财政时,德国坚持货币的稳定运行,从而当20世纪70年代中期西方国家普遍经受"滞胀"困扰时,德国得以遭受最小冲击。并在20世纪后半叶至今的欧洲乃至世界的政治舞台和经济风云变幻中独树一帜,发挥了越来越重要的作用。

(图片:德国柏林墙旧址,作者摄于2007年)

2.4 财政职能

财政是政府的一种经济行为,是履行和实现政府经济职能的手段,所以财政职能就是政府的经济职能。20世纪30年代,凯恩斯出版的《就业、利息和货币通论》对政府积极利用财政政策调节宏观经济运行给出了重要的理论解释。随后,1956年马斯格雷夫提出了公共财政的三大职能,即资源配置职能、收入分配职能和经济稳定职能,前两项涉及微观经济领域,后一项涉及宏观经济领域。这一分类简洁地勾勒出政府介入经济的主要轮廓,到目前为止它仍是对现代财政职能的准确定位。

2.4.1 资源配置职能

"配置"指的是资源的配置,因此,政府的配置职能强调的是要通过政府的有目的的介入确保资源能够得到有效的利用。财政学是研究稀缺资源经由公共部门进行配置的科学。财政学的这一定义显然并不意味着公共部门要取代市场来独立完成配置资源的任务,而只是指出市场与公共部门是有区别的,可以理解为不仅在职能上存在着互补性,而且还在运行机制上迥然有别。刘宇飞(2011)认为,与市场的配置职能相补充,政府的配置职能可以归纳为两个方面:一是矫正市场的不完全,或者说加强市场的广度;二是矫正竞争的不完全,或者说加强市场的深度。

1. 矫正市场的不完全

外部性、公共品和不对称信息等方面的市场失灵在很大程度上可以归结为没有足够多的市场。所谓"足够多",指的是只要存在对某项经济物品的需求,就应该存在这样一种物品的市场,亦即,可以有效地给该物品定价。不过,针对外部效应、公共品和完备的信息这样的物品,前面已指出过竞争市场的无可奈何,因此,经由政府来矫正这些市场的不完善,就成为政府义不容辞的责任。这些内容我们将在后续的章节中专题分析。

2. 矫正竞争的不完全

我们主要讨论垄断的存在所导致的竞争的不完全。[①] 可以把垄断区分为人为垄断和自然垄断。一般认为,政府在遵循竞争原则矫正这方面的市场失灵时可以采取以下三种对策。

(1) 对私人行为的直接干预。私人之所以可以垄断某种产品的供给和价格,显而易见的直接原因是它占有了资源总量的较大部分,包括信息资源。正是这种优势使私人不按竞争原则行事成为可能。为此,政府相应的措施就应该是"确保所有经济行为者的实际资源和信息量都很少",[②] 这又意味着政府有必要采取像反托拉斯法那样的措施来直接干预私人的行为,通过考察厂商的市场份额及其行为和经营表现来决定是否实施干预。另外,对垄断厂商的直接干预还可针对其定价行为做出,无论是人为垄断还是自然垄断,厂

---

① 此外,竞争的不完全也指竞争中存在不正当的或欺骗行为等。
② 参见莱迪亚德(Ledyard)在《新帕尔格雷夫经济学大辞典》(中文版)所写的词条"市场失灵",经济科学出版社,1992。

商的定价行为都偏离了竞争条件下的边际成本等于价格的原则,因此,政府可直接干预,要求厂商必须按边际成本的大小来确定价格。

(2) 对私人行为的间接激励。除传统的直接干预垄断行为的办法外,较新的建议是创造可竞争市场(contestable market),促使垄断厂商像在完全竞争条件下一样行事。此外,令厂商投标以争取某种商品的经营许可权也是一种设计来激励垄断厂商提供竞争性行为的机制。

(3) 对私人行为的替代。在政府对私人行为的直接干预和间接激励之外,还有第三种办法可保证在自然垄断行业里实行竞争原则,这种办法就是政府干脆自己经营自然垄断行业,亦即建立起相关的公共企业,进而基于社会效率或福利而不是基于财务营利性来确定价格。这固然不错,但是也有值得深入探究的问题。

2.4.2　收入分配职能

政府的分配职能旨在实现收入在全社会范围内的公平分配。现实中对于政府应该行使分配职能来促进社会公平这一点有着广泛的共识,人们普遍同意对于社会所公认的处境悲惨或不利的群体应施以援助。这些群体包括收入在贫困线以下的人或家庭、残疾人及其家庭、抚养儿童的单亲、贫病交加者、失业者、老年人等。很少有人怀疑,这些群体的福利状况得到改进会使整个社会的收入分配状况更加公平。当然,对于政府进行收入再分配应该采用哪些政策工具以及再分配应该到达何种程度等问题仍存在着种种争论。

1. 工具

(1) 税收。最重要的税收工具是累进所得税,旨在通过对高收入者征课较高的税率来缩小收入差距。与这一办法相关,又有两种方案值得指出:一是税收支出或税式支出(tax expenditure),二是负所得税(negative income tax)。所谓"税收支出",指的是所得税并非针对全部所得进行征课,而只是就纳税人将规定的项目从所得总额中减掉之后的"应税所得额"进行征税,这些被减掉的部分,即政府该征税而未征的部分,无异于政府对这些纳税人的一种支出,政府借此可达到一定的再分配目的。[①] 所谓"负所得税",指的是规定一个最低的收入额和一个适当的税率,对于那些挣得的收入较低的人给予补助,补助额随所挣得收入的增加而减少,这种补贴额相当于一种负所得税。我们将在后续有关章节中对此展开叙述。

(2) 公共支出。有人研究发现,税收工具对于从富人向穷人的收入再分配所起的作用不如公共支出的作用明显。那么,利用公共支出这一工具来实施分配职能可以从以下方面入手。首先,可以实施福利性转移支出,主要包括向前面提到的处境不利的人们提供现金和实物救济,以便保证人们能够获得起码的生活保障,维持起码的体面和尊严。其次,可以进行社会保险性质的转移支出,主要包括对退休养老、医疗保健和失业等多种事件进行保险性兑付,亦即强制所有人参加全社会范围内的保险计划,以克服私人保险在上述各方面的不足,当上述事件发生时为全体社会成员提供补偿性支付。最后,还可以通过一些公共支出项目间接地影响收入分配格局。比如政府若投资于某公共项目,则该项目

[①]　当然对此存在很多争议,可参见[美]斯蒂格里茨.政府经济学[M].北京:春秋出版社,1988:484-499.

中的从业者将可获得更多的报酬；又比如，政府加大教育支出，实行高水平的义务教育，这将会提高低收入阶层的挣钱能力，从而可以在事前改变影响收入分配的因素，而不仅仅是等发现穷人收入太少了再进行事后的调节。有关公共支出及其分配效应的具体分析也将在后面章节中展开。

（3）公共管制。在税收和公共支出之外，政府还可以对市场机制进行直接干预，典型的例子是规定企业必须向雇员支付最低工资。与此性质相同的还包括旨在使穷人受惠的其他价格管制政策，比如对生活必需的消费品实行价格上限，又比如实行房租管制等；与此性质不同的是非价格管制，比如规定同工同酬，不得对特定的群体（如妇女）实行工资歧视等。

2. 约束

政府分配职能的实施程度在客观上要受到以下三个方面的制约。首先，从一个时期来看，任何再分配政策都要以可供进行再分配的收入总额为限，也就是说，要看饼有多大。其次，即使饼再大，如何分配还要受制于政治现实，即公共选择的过程，比如，虽然经济学家早已证明现金补贴优于实物补贴，但是实物补贴更易被政治过程所接纳，因此在实际的转移支出中，实物补贴仍占有相当的比例；又比如某项再分配政策如果触犯了某既得利益集团，那么即使是一项根本不会影响生产效率的再分配政策也很可能无法被通过执行。最后，从不止一个时期的观点来看，再分配政策还应以不要使饼变小为限，也就是说，必须要顾及上述再分配工具对效率的影响，因为如果饼能够更大，那么，即使在收入分配格局保持不变的情况下，穷人的处境也会得到改善，更何况是在进行收入再分配之后。当然，也有人坚称，宁可饼小些，只要更公平。但这一观点本身实际上也有一个"限度"，那就是，公平的分配之后应该保证人们能够吃饱，亦即，必须以物质产品已达到一定丰富程度为其前提，否则就是在奢谈公平。

2.4.3 经济稳定职能

对于经济稳定职能，"自动稳定"与"相机抉择"的财政政策是这一方面职能的集中表现。累进税收与社会保障计划自动调节经济的发展。在经济繁荣时期，累进税收下税负增加、社会保障支出减少，自动减少了消费者的可支配收入，从而抑制需求过旺；在经济萧条时期，累进税收下税负减少、社会保障支出增加，相应增加消费者的可支配收入，从而刺激需求、促进经济复苏。"相机抉择"政策则是政府主动选择包括税收优惠、财政补贴、政府投资等政策措施来稳定经济发展。政府扩张性、紧缩性和中性财政政策是"相机抉择"政策应用时的分类。就市场失灵而言，公共财政的经济稳定职能是指在不完全竞争、不对称信息、收入分配不公等问题下调节总需求与总供给，努力达到两者的大致平衡，促进经济的平稳发展。同样，这部分内容在后续章节要深入分析。

2.5 小　　结

每天早上，当你开始一天的忙碌，财政就成为你生活中的一部分。清晨的洗漱使用的是政府公共设施提供的自来水，餐桌上的食物是经过国家农业部门监督和管理的，所使用的器具是国家质检部门认定合格的,乘坐的公交车是政府交通运输部门管理的,道路上指挥交通维持秩序的警官是享受政府开支的,学校的大部分教育是国家教育或财政部门重点支持的……与此同时,你每天消费的吃穿用、每一次旅行等要缴纳各种税费,间接地为你所享受的国家服务付费。当然,一旦你因为有意或者无意而忘掉自己应该履行的纳税义务,那么等待你的是视情节轻重的惩罚。上述的经济现象和行为从一个人出生那天起就注定伴你一生,无论是生活在北美、欧洲,或者是亚洲,甚至位于南太平洋宛如镶嵌在浩瀚蔚蓝洋面上一颗颗璀璨珍珠的小岛上。

本章对与财政学有关的理论做了规范的分析。有效率的市场符合帕累托最优所规定的若干假设前提,通过福利经济学两个定理的分析,帕累托效率可以通过市场"自发"实现,即使定理Ⅱ强调了分配公平,但是仍旧认为市场是可以带来合意的分配结果。然而,帕累托效率的假设前提一旦被进一步放宽,市场效率就无法得到理想化的结果,市场失灵在所难免。无论是来自于市场失灵的哪一个原因,政府以某种方式、某种程度参与市场活动,可以实现对失灵的"纠正"或补充。政府的"看得见的手"究竟有多大或多强,主要取决于哲学意义上不同经济体政府进入市场的思想。虽然对哪一种政府经济观点孰优孰劣进行评价为时尚早,但是法治下的自由至少让我们在受干扰较小的前提下知晓"标准"。

本 章 要 点

≈ 一种可行的资源配置可以在不损害其他人福利状况的情况下至少使一个人的福利状况提高,那么原来的资源配置就不是有效的,而从原来的配置向新配置的转变被称为帕累托改进。当这种帕累托改进不可能再进行下去的时候,那么,这种资源配置的状态就被称为帕累托效率或帕累托有效。

≈ 帕累托效率的实现标准是消费方的边际替代率和生产方的边际转换率都相等。

≈ 福利经济学定理Ⅰ表明,在满足假设前提下,某一既定经济可以实现合意状态。

≈ 福利经济学定理Ⅱ表明,社会通过做出初始资源禀赋的适当安排,如一次总付税或转移支付之后,可以通过市场竞争机制实现帕累托效率的资源配置。

≈ 微观经济行为中一旦不具备帕累托效率所规定的条件,市场则不能有效地配置资源,被称为市场是失灵的。表现为垄断、不对称信息、外部性、公共品、优效品等。

≈ 政府对经济的影响基于两种不同的政府哲学,会产生截然不同的结果。主要分为有机论和机械论。

≈ 有机论认为,整个经济体被看作是一个自然的有机体,每个人(厂商)都是这个有机体中的一部分,政府被看作是这个有机体中最重要的、发挥决定作用的部分。

≈ 机械论认为,政府不是社会的一个有机组成部分,相反,它是个人为了更好地实现微观主体的目标而人为创立的东西。

≈ 法治下的自由强调了制度中正式规则、非正式规则的重要意义。

≈ 资源配置职能、收入分配职能和经济稳定职能是财政的主要职能,前两项涉及微观经济领域,后一项涉及宏观经济领域。这一分类简洁地勾勒出了政府介入经济的主要轮廓。

主 要 概 念

- 帕累托准则
- 帕累托效率
- 帕累托改进
- 埃奇沃思框图
- 契约曲线
- 福利经济学定理
- 市场失灵
- 优效品
- 外部性
- 道德风险
- 逆向选择
- 不对称信息
- 政府有机论
- 政府机械论

思 考 题

- 福利经济学的基本定理。
- 市场失灵的表现形式。
- 财政的主要职能。
- 比较分析政府参与经济的几种不同的思想基础。
- 结合中国实际,分析财政资源配置职能的目标、机制和手段。

第 3 章　财政的内生性

从任何一个角度看,今天的购买力……不足以推动经济体系以较快的速度前进,政府的责任要求我们……在这时对正常的(预算)程序加以补充……并且确保预算增加的部分是充分的。

——[美]富兰克林·罗斯福(Franklin Roosevelt,1938)

转引自 Paul Studenski, Herman E Krooss. Financial History of the United States: fiscal, monetary, banking, and tariff, including financial administration and state and the local finance[M]. New York:McGraw-Hill,1963:408.

宏观经济学所关注的是社会总体的经济行为及其后果,它涉及经济中商品与劳务的总产量与收入、通货膨胀与失业率、国际收支和汇率,以及长期的经济增长和短期波动。由于宏观经济学研究的是国民经济中的总量及其相互关系,因而宏观经济学又称为总量分析或总量经济学。具体而言,宏观经济学主要包括总需求和总供给理论、失业和通货膨胀理论、经济周期与经济增长理论、开放经济理论及宏观经济政策等内容。

如果把国家经济看作一辆满载 GDP(gross dometic product)的马车,拉动经济的"三匹马"就是投资、消费和出口,那么,是不是可以把政府财政看作是驾车的车夫?这位车夫一边手持长鞭驱动着马车向前行驶,一边又目视前方随时警惕、保证车辆行驶稳定和方向正确。本章从经济增长的角度入手,侧重分析财政在经济增长过程中的作用、政府财政增长的原因和理论基础,并尝试引入新制度经济学的方法对已有研究做进一步分析。本章可看作是对上一章内容的延续。

3.1 经济增长理论

宏观经济学模型所关注的对象主要包括消费者(家庭)、厂商和市场,如果分析财政,就需要增加政府行为。龚六堂(2009)认为可以采用下面一个框架来研究。[①] 首先,考虑家庭行为,每个家庭拥有经济的资源,如每个家庭拥有资本和劳动力;它们通过自己的最优行为决定需要多少消费品、如何进行投资和提供多少时间来工作(供给多少劳动力)等。其次,厂商行为,厂商利用资本和劳动力等生产资源生产产品来满足家庭和其他公司的需要;同样,厂商通过自己的最优行为决定需要多少资源,采用何种生产技术和生产多少产品,也就是投入多少资本、投入多少劳动力、选择何种生产技术、生产多少产品。最后,通过市场调节,厂商把生产的产品提供给家庭和其他公司,家庭提供自己的资源(资本和劳动力等),通过市场调节达到每种商品的供给等于需求。本节跳过了逻辑严密而又复杂的推导过程,通过简要的分析,侧重于按照这一分析思路推展下去,分析财政在经济增长中的内生性。

3.1.1 Solow 模型

以罗伯特·索洛(Robert M. Solow,1924—)为代表的新古典增长理论表明,在构建他的经济增长模型时,既汲取了哈罗德-多马经济增长模型的优点,又摒弃了后者的那些令人疑惑的假设条件。[②] 主要假设如下。

(1) 只生产一种产品,此产品既可用于消费也可用于投资。
(2) 产出是一种资本折旧后的净产出,即该模型考虑资本折旧。
(3) 规模报酬不变,即生产函数是一阶齐次关系式。
(4) 两种生产要素(劳动力和资本)按其边际实物生产力付酬。
(5) 价格和工资是可变的。
(6) 劳动力永远是充分就业的。
(7) 劳动力与资本可相互替代。
(8) 存在技术进步。

在以上假设前提下,Solow 方程为

$$\frac{dk(t)}{dt} = sf(k) - (n + g + \delta)k$$

其中,人均产出 $y = \frac{Y}{L} = f(k)$;初始存量资本 $k(0) = \frac{K(0)}{L(0)}$ 给定;s 为消费者储蓄率;

[①] 龚六堂.公共财政理论[M].北京:北京大学出版社,2006:42-78.
[②] 索洛认为,哈罗德-多马模型只不过是一种长期经济体系中的"刀刃平衡",其中,储蓄率、资本-产出比率和劳动力增长率是主要参数。这些参数值若稍有偏离,其结果不是增加失业,就是导致长期通货膨胀。用哈罗德的话来说,这种"刀刃平衡"是以保证增长率(取决于家庭和企业的储蓄与投资的习惯)和自然增长率(在技术不变的情况下,取决于劳动力的增加)的相等来支撑的。索洛认为,二者之间存在脆弱的平衡,原因在于哈罗德-多马模型的劳动力不能取代资本,生产中的劳动力与资本比例是固定的假设。倘若放弃这种假设,二者之间的"刀刃平衡"也就随之消失。基于这一思路,索洛建立了一种没有固定生产比例假设的长期增长模型。

n 为人口增长率;g 为技术进步率;δ 为资本折旧率。该模型表明,人均资本拥有量的变化率 $\frac{\mathrm{d}k(t)}{\mathrm{d}t}$ 取决于人均收入储蓄率 $(n+g+\delta)k$ 和按照既定的资本劳动比配备每一新增长人口所需资本量 $nk(t)$ 之间的差额。通过这个方程,在给定生产函数下,可以得到人均资本存量积累的路径。但是,在多数情形下很难得到方程的显示解,只有借助于动力系统的结论来讨论在均衡点的局部性质。这已经超出了本书的范围[①]。

该模型还表明,一个社会中的人均储蓄率 $sf(k)$ 有两个用途。

一是用于人均资本拥有量的增加量 $\frac{\mathrm{d}k(t)}{\mathrm{d}t}$,即为每个人配备更多的资本装备,这被称作"资本的深化"。

二是用于为每一新增人口提供平均的资本装备 $(n+g+\delta)k$,这被称作"资本的广化"。换句话说,经济中的全部储蓄转化为投资后,一部分用于提高人均资本拥有量(资本的深化),另一部分则用于为新增人口提供平均数量的资本装备(资本的广化)。

如图 3-1 所示,横轴为人均资本拥有量 k,纵轴为人均收入 $f(k)$。集约生产函数曲线 $f(k)$ 表明人均收入随着人均资本拥有量的增加而增加,人均产量即人均收入 $f(k)$ 也相应增加。人均储蓄曲线 $sf(k)$ 位于人均收入曲线 $f(k)$ 的下方,因为储蓄只是收入的一部分,两者间的距离为非储蓄,即消费的部分。

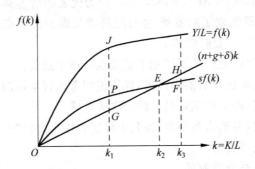

图 3-1　消费水平和储蓄率的关系

当人均资本拥有量为 k_1 时,则此时的人均收入为 k_1J,人均储蓄为 k_1P,这部分人均储蓄一部分用于装备每一新增人口即资本广化的 k_1G,一部分用于人均资本拥有量即资本深化的 GP。这意味着 k 将提高,于是导致 $f(k)$ 增加,因此,k_1 点将右移到 k_2 点。k_2 点资本的深化等于0,全部的人均储蓄都被用于资本的广化,经济达到均衡,形成稳态。

Solow 模型的基本结论如下。

(1) 无论从哪一点出发,经济向平衡增长路径收敛,在平衡增长路径上,每个变量的增长率都是常数。

(2) 在其他外生变量相似的条件下,人均资本低的经济有更快的人均资本的提高,人均收入低的经济有更高的增长率。

(3) 人均产出 $f(k)$ 的增长来源于人均资本存量和技术进步,但只有技术进步才能够

---

① 郭庆旺.现代经济增长模型比较研究[M].大连:东北财经大学出版社,1995.

导致人均产出的永久性增长。

(4) 通过调节储蓄率可以实现人均最优消费和最优资本存量的"黄金律"增长。

(5) 储蓄率的变化只会暂时性地影响增长率,而不会永久性地影响;储蓄率的显著变化对平衡增长路径上的产出变化只有较小的影响,且作用缓慢。

Solow 模型的局限性体现在以下两方面。

(1) 未能够解释长期经济增长的真正来源。把技术进步(劳动的有效性)看成是外生给定的,而这恰恰是长期经济增长的关键。因此,索洛模型是通过"假定的增长"来解释增长的。

(2) 理论预测与实际数据不符。如果资本取得的市场收益大致体现了其对产出的贡献,那么实物资本积累的变化既不能很好地解释世界经济增长,也不能说明国家间的收入差距。

3.1.2 Ramsey 之后的模型

内生增长理论主要以 Ramsey-Cass-Koopmans 模型和 Sidrauski 模型为代表,它的主要任务之一是揭示经济增长率出现差异的原因和解释持续经济增长的可能。尽管新古典经济增长理论为说明经济的持续增长导入了外生的技术进步率和人口增长率,但外生的技术进步率和人口增长率并没有能够从理论上说明持续经济增长的问题。内生增长理论是基于新古典经济增长模型发展起来的,从某种意义上说,内生经济增长理论的突破在于放松了新古典增长理论的假设并把相关的变量内生化。主要结论如下。

1. 储蓄率内生

早期的新古典增长模型假设储蓄率是外生的位置 Cass(1965)和 Koopmans(1965)把 Ramsey 的消费者最优化分析引入到新古典增长理论中,因而提供了对储蓄率的一种内生决定,即储蓄率取决于居民的消费选择或者说对现期消费和远期消费(储蓄)的偏好。

内生储蓄率意味着资本积累速度和资本供给的内生决定,从而决定经济增长的一个投入要素(资本)从数量上得以在模型内加以说明。然而,Ramsey-Cass-Koopmans 模型对储蓄的内生性的技术处理并没有消除模型本身长期人均增长率对外生技术进步的依赖。Ramsey 模型暗示长期增长率被钉住在外生的技术进步率之上。一个更高的储蓄意愿或技术水平的增进在长期中体现为更高的资本或更有效的工人产出水平,但不会引起人均增长率的变化。

2. 劳动供给内生

新古典的另一个关键外生变量是人口增长率。更高的人口增长率降低了每个工人的资本和产出的稳态水平,因而趋于减少对于一个给定的人均产出初始水平而言的人均增长率。然而标准模型没有考虑人均收入及工资率对人口增长的影响——被 Malthus 所强调的那种影响——也没有把在养育过程中所使用的资源考虑在内。

内生增长理论的一条研究路线是通过把迁移、生育选择和劳动—闲暇选择分析整合进新古典模型中来使人口增长内生化。首先,考虑针对经济机会的移入(immigration)和移出(emigration),对于给定的出生率和死亡率而言,这一过程改变了人口及劳动力。其次,引入有关出生率的选择,这是容许人口和劳动力的内生决定的另一条渠道。最后,还有一条与在一个增长框架中劳动供给的内生性有关的研究思路则涉及迁移及劳动—闲暇的选择,即劳动力与人口不再相等。Becker,Murphy and Tamura(1990),Ehrlich and Lui(1991),Rosenzweig(1990)讨论了劳动供给、人力资本投资对经济增长的影响。

3. 技术进步内生

把技术变迁理论包括进新古典框架中是困难的,因为这样做必然导致标准的竞争性假设不可维持。技术进步涉及新观念的创造,而这是部分非竞争性的,具有公共品的特征。在给定有关如何生产的知识水平情况下,假定在标准的竞争性生产要素如劳动、资本和土地中规模报酬不变,则以相同数量的劳动、资本和土地来复制一个企业从而得到两倍的产出是可能的。但是,如果生产要素中包括了非竞争性的观念,那么规模报酬则趋于递增。而这些递增报酬与完全竞争必然是冲突的,特别是非竞争性的报酬与其当前的边际生产成本(等于零)相一致,这将不能为体现新观念的研究努力提供适当的奖励。

➡ **专栏:SOLOW 模型与经济增长理论的主要区别**

以索洛(Solow)为代表的第一代增长模型试图用资本积累解释经济增长。Solow 模型描述了在一个完全竞争的经济中,劳动和资本投入的增加引起产出的增长。其中一个重要假设是,新古典生产函数决定在劳动供给不变时,资本的边际产出递减。实证研究表明,资本积累最多只能解释长期经济增长的 20%,而其余 80% 无法得到解释,索洛将其归于"劳动的有效性"或技术进步。资本积累更无法解释各国人均收入巨大的差距。根据索洛模型,两国之间 10 倍的收入差距,必须来源于 1 000 倍的资本数量差距,而 30 倍的收入差距,其资本数量差距将高达 2 700 倍。现实世界中无法观察到如此巨大的资本积累差距。既然资本积累解释不了长期经济增长,第

Robert Solow

二代增长模型就从技术进步入手,强调知识积累和发明创造。与索洛模型不同的是,第二代模型不再把技术进步、知识积累看作神秘的外部力量,而是经济增长本身的结果,同时又是促进经济增长的主要力量。这就是所谓的内生经济增长模型。内生经济增长理论包括"要素投入的内生增长"和"技术进步的内生增长",后者又包括报酬递增、人力资本、干中学、创新等类型。虽然这一模型可以相当好地解释发达国家的经济增长,却解释不了落后国家为什么就发展不起来。因为知识的传播速度实际上非常快,而且许多知识是公开的免费产品,落后国家可以很容易获取。发达国家很早就开始在落后国家殖民、投资,现代跨国公司更是大规模进入欠发达国家。

总之,Solow 模型和经济增长理论的主要区别在于以下两点。

(1) 由于 Solow 模型把技术看成是外生因素,而且技术进步又是经济增长的关键因素,这就决定了 Solow 模型从根本上无法解释经济增长的源泉和动力所在。而内生经济增长理论恰好对此进行了修正,力图使增长率内生化。

(2) Solow 模型的一个基本结论是资本积累不是经济稳定增长的决定因素。内生经济增长理论也从这一角度进行了深入研究,引入人力资本、技术进步的分析。并得出与 Solow 模型相反的结论,得出经济增长是(人力)资本不断积累的结果。因此,内生经济增

长理论主要对经济增长的内在机制进行了分析,为工业化国家长期的经济增长提供了解释。

3.1.3 经济增长的内生变量

在引进技术创新、专业化分工和人力资本之后,内生增长理论得出以下结论:技术创新是经济增长的源泉,而劳动分工程度和专业化人力资本的积累水平是决定技术创新水平高低的最主要因素,政府实施的某些经济政策对一国的经济增长具有重要的影响。可见,经济增长的内生性因素包括资本、劳动和技术。

然而,随着20世纪70年代新制度经济学(new institutional economics,NIE)的形成和发展,经济增长的内生性因素进一步得到拓展。其代表人物之一道格拉斯·诺斯(Douglass C. North,1920—)认为,新古典主义的分析不能说明经济史中的现象和问题,还存在着一定的"剩余溢出",这就是忽略了一个很重要的因素,即制度。"制度是人类设计的规范人类相互作用的约束。"传统经济学分析经济增长忽视制度是错误的,经济增长的内生因素除了上述三个方面之外,还应该包括制度,而恰恰是制度,才是经济增长的决定因素。

制度在一个更大、更广泛的理论框架下具有内生性。进一步研究制度与经济发展的关系,二者之间存在着清晰的双向互动关系。一方面,制度会影响经济发展的水平和进程;另一方面,经济发展可以而且切实地导致制度变迁。在这个框架下,无论是任何组织和个人以及他(它)们的行为约束可以是经济的、政治的和社会的。制度变迁对经济发展的路径依赖很强,同时,制度对经济发展产生影响,这一点无论在发达国家和发展中国家都是可以验证的。同时,制度选择受制于国家发展战略,财政作为国家经济发展的重要的政策工具之一,也内生于国家经济发展。在这一方面,胡书东(2006)以中国财政制度变迁为例进行了一个很好的分析。

财政的制度内生性问题不仅可以解答困惑传统经济学的问题,还可以进一步拓展以后分析的广度。比如,从宏观的角度,①可以解释世界的多样性问题。不同的国家或地区,即使是初始的资源禀赋大体相同,因为采取了不同的国家(财政)经济、社会发展战略,导致经济收敛到不同的均衡点。②继续①的思路,可以解释"贫困陷阱"的问题。不同国家(地区)资源禀赋差异不大,但是,制度变迁的路径不同,对经济的推动方向不同,以某一个初始的发展均衡点,"好的制度"会将国家(地区)推向"发达"的行列,反之,"坏的制度"则会将国家(地区)推向"贫困"的行列。③正是有了上述这种差异的可能性,制度的重要性才尤其关键,俨然成为经济发展的"大推动"(big push),国家的财政经济政策、经济发展战略,国际间的政策协调与合作成为经济增长、社会财富水平提高的关键性因素。

3.2 有"摩擦"的财政行为:引入交易费用

自20世纪80年代发展起来的以福利经济学和Arrow-Debreu一般均衡模型为代表的经济学主流,将研究重点着眼于资源配置,所采用并发展起来的分析范式随着新古典经济学的兴起而获得巨大成功。没有人否定这些传统经济学分析方法的作用,但是,新制度经济学(new institutional economics，NIE)的兴起，至少对新古典经济学进行了前所未有的补充。

在新古典经济学意义上，微观经济学实际上是制度中性的。在此基础上，传统分析方法发挥了重要作用，因为它让经济学家可以在一个完全信息和有预见力的理想特征化(ideal-typical)的条件下揭示效率问题。而且，即使没有任何制度分析，经济决策中相对价格的作用也能够得到很好的证明。但是，上述理论"确实具有很大局限，它的脆弱性正是体现在制度中性上，即没有严格地考虑制度约束和交易费用。因此，新古典经济学理论职能在高度抽象的意义上研究资源配置问题。"[①]

的确，我们的这部教材仍旧沿用在新制度经济学家看来"传统"的分析方法，相信在不久的将来，我们会看到在这一领域的更多的融入新方法的研究成果。这一节所延续的思路和分析角度更多地参考了埃里克·弗鲁伯顿(Eirit G. Furubotn)和鲁道夫·芮切特(Rudolf Richter)经过综合归纳的不完全契约理论，引进新制度经济学的核心概念之一——交易费用——分析财政学的有关内容。这仅仅是一个最初的尝试。

3.2.1 "无摩擦"的经济

建立和运行任何制度(或组织)并保证它们的规则得以遵守需要投入真实的资源，即这些活动都涉及费用。宽泛地说，这些费用被认为是交易费用。交易费用不仅无处不在，而且在现代经济体制中也是至关重要的。

新古典模型是直接建立在零交易费用这一假定之上的，尽管长期以来它并没有明显地承认这一事实。初看上去，这样一种简化似乎是有益无害的，而且也较易分析。然而，如此评价是有问题的。零交易费用的理念已经对微观经济理论产生了深远的影响，并导致一种与对真实世界的解释并不一致的理论模型。在这种"无摩擦"的零交易费用这样一个理想的世界里，决策制定者被认为是，只要他们想要，他们就能够不耗费任何费用即可获取和拥有任何信息。他们具有完美的预见力，因而，能够签订完全合约——这些合约能够在毫不出错的情况下被监管和执行。无论什么形式的权利，都完全由政府垄断拥有。因此，没有罢工，没有抵制，没有静坐示威，没有必要进行政治上的纠错或者借助其他形式的社会压力，强制力完全掌握在政府手中，所有的财政政策都是在完全信息条件下"平滑"地进行。于是，事情变得似乎非常简单，新古典经济学假设经济活动处于一个非常特定的环境中，完全远离真实世界，体现在公共政策上，似乎这个世界真的变得"和谐"，财政行为就是一位没有成本的"账房先生"。尽管抽象是有益的，但有理由认为新古典分析方法过于抽象，没有足够的能力处理理论学家和政策制定者感兴趣的许多现实问题。

不仅如此，零交易费用假设对于新古典理论看待制度的方式具有重要的影响。一般的认识是，制度安排在经济发展过程中的影响并不重要。政治、法律、财政、货币和其他制度的存在得到承认，但这些制度对于经济的影响被认为是中性的，因而在相当大的程度上被忽视了。换句话说，制度被认为是"配置中性的"，也即无关紧要的，它们不会改变市场

---

① [美]埃里克·弗鲁伯顿，[德]鲁道夫·芮切特.新制度经济学——一个交易费用分析范式[M].上海：上海三联书店，2006：2.

和选民决策。① 在这种情况下，我们"抽象"掉了相关的影响因素，仅从新古典理论出发研究财政政策对经济的内生性影响，会发现世界是如此简单，以至于我们觉得上一章谈到的市场失灵等相关问题根本不可能实现。

由此可见，新古典理论具有明确的制度中性思想。在某些情况下，忽视制度安排似乎并不影响经济分析的结论。但是，这种假设意味着，决策制定者具有完全信息和预测力。然而，个人具有超级理性的假设必然影响其结论。在一个无摩擦世界所得出的结果，即使非常精确和清晰，也并不适用于真实的世界中。正如 Stigler(1972)所说，"与没有摩擦力的物理世界一样，零交易费用世界是稀奇古怪的。"② 还要注意到，在新古典理论中，价格机制被认为是唯一指引各种经济活动的（明确的被模型化的）工具。管理指挥则被忽视了，因为一般认为这种指挥在由市场指引的体制中是不需要的。因此，制度如企业中的指挥被看作是在"黑箱"之内。也就是说，只要是被认为发生在直接市场交易之外的活动在模型中就不予考虑。

一般来说，NIE 的代表人物并不满足于仅仅对传统的新古典理论进行批评。相反，他们一直试图构建新的理论体系，解释以前一直被忽视的经济生活的方方面面，并证明为什么新古典理论在真实生活中是站不住脚的。第一步显然是，考察为什么正交易费用的存在使得我们在构建经济模型的时候必须将制度视为内生变量。答案当然是，在真实世界中，制度结构会对交易费用和激励机制产生影响，并进而影响经济行为。一旦承认它们之间的这些关系，新的更为精细的经济模型的产生就是自然而然的事情了。

3.2.2 交易费用

1. 内涵

交易费用是一个全新的概念。经济学家对交易费用的理解如下。

Williamson(1985)提出过这样一种定义：交易之发生，源于某种物品或服务从一种技术边界向另一种技术边界的转移。此时，一个行为阶段结束，另一个行为阶段宣告开始。③

根据这一解释，该术语限于这样一种情形，资源的"转移"在有形意义上确实发生了。这种转移可能发生在政府、市场或企业内部。因此，可以将它们说成是内部交易（internal transactions）和外部交易（external transactions）。

亚当·斯密的制针例子很好地描述了企业内交易这一基本思想。他注意到，制针者的工作可以被分为一系列程序："一个人抽铁线，一个人拉直，一个人切断，一个人削尖线的一端，一个人磨另一端……"

在这个例子中，针在企业内每换手一次，"交易"显然就发生一次。在市场交易的情形中，一个重要的认识是，分工受限于市场的范围，交易也因此而产生。

---

① 早期的公共选择学派对制度规则也没有过多地关注。
② Stigler G J. The Law and Economics of Public Policy: A Plea to Scholars[J]. *Journal of Legal Studies*, 1972(1): 1-12.
③ Williamson O E. *The Economics Institutions of Capitalism*[M]. New York: FreePress, 1985: 1.

制度经济分析的目标关注的并非仅仅是经济交易,还包括某些其他"社会行为"(Weber,1968)。最重要的社会行为是建立、维持或改变社会关系。在这个意义上,经济交易是一种特殊的社会交易,也即那些对于经济活动赖以存在的制度结构的形成和维持必不可少的社会行为。这里涉及正式或非正式的规则,以及它们执行上的特点。政治交易同样也显得尤为重要。也就是说,必须解释政治家、官僚和利益集团之间的交易,并考察这些集团在实施它们的公共权威时所展开的讨价还价和有计划活动(政治交易),还要考察官僚们以司法决策和管理行为的形式对其日常政治权威的实施过程。

对于财政政策的实行,无论是从提高社会福利的角度,还是从政策选择的角度,都会产生基于制度构建、政策推行以及政治博弈所导致的交易费用。Williamson(1979)用三个关键特征来描述经济交易和政治交易,可以提供对财政行为研究的基本路径:①不确定性;②交易发生的频率;③交易专用性投资的程度。新制度经济学认为,交易中所有这三个特征会对经济行为产生系统性的影响。加入上述这几个要素进一步研究财政的内生性问题,研究的范围和深度都大大增加。

概括地说,交易费用就是在市场或者组织(政府、公司或个人)之间交换经济资产所有权、确定排他性产权的成本(思拉恩·埃格特森,Thrainn Eggertsson)。Arrow(1969)将交易费用定义为经济制度运行的费用。① 财政政策在施行过程中,一方面存在着政策选择的各种费用,另一方面政策运行改变了微观组织的产权。财政行为产生的交易费用需要进一步细化。那么,如果基于交易费用分析财政,财政主要包括哪些具体的内容呢?

2. 分类

除了日常性的费用之外,交易费用还包括建立、维持或改变体制基本制度框架的费用。因此,相对于正式制度,可以说交易费用是源自于建立、使用、维持和改变法律意义上的制度(如宪法的修订)和权利意义上的制度(如一种基于自愿达成的劳务合约)所涉及的费用。

弗鲁伯顿和芮切特将交易费用分为三类:市场型交易费用(market transaction costs)、管理型交易费用(managerial transaction costs)和政治型交易费用(political transaction costs)。具体的内容包括在表3-1中。

表 3-1 交易费用分类

类　　型	具 体 内 容
市场型交易费用 (market transaction costs)	合约的准备费用(搜寻费用、信息费用); 决定签约的费用(谈判成本、决策成本); 监督费用、(合约义务的)履行费用
管理型交易费用 (managerial transaction costs)	建立、维持和改变组织的费用(设计费用); 组织的运行费用(作业成本,activity-based costs)
政治型交易费用 (political transaction costs)	建立、维持和改变体制的正式或非正式组织的费用; 政治体制运行的费用

---

① Arrow K J. The Organization of Economic Activity: Issues Pertinent to the Choice of Market versus Non-Market Allocation[M]//Joint Economic Committee. *The Analysis and Evaluation of Public Expenditures: The BB-system*. Washington, D C: Government Printing Office, 1969:48.

由上面的分析可见,如果从交易费用视角研究财政,至少要从政策的供给方和需求方两个角度进行分析。无论从哪个方面分析,都主要涉及以下六个方面的具体内容。

(1) 搜寻费用。搜寻与这项政策相关的一些现象、问题等,不可避免地会产生费用。这些费用的产生可能是因为需要发生的直接支出(比如调研、论证等),或者是一些相关的间接费用(比如筹建一个新的机构而支出的办公成本等);同时,还包括在政策供求双方之间进行的沟通、宣传而付出的成本等。

(2) 信息费用。为了使财政政策可行性更强,具有可操作性,需要在政策出台前尽可能多地掌握大量信息,比如政策试点、实验和工作流程等方面的费用,对供求双方的影响以及对政策评价等。

(3) 讨价还价费用。财政政策不会一蹴而就,往往是一个逐渐论证、日渐清晰的过程。在此过程中,通过某种沟通机制,实现双方在某种意义上的妥协,在很多时候甚至需要法律的介入。在信息不对称前提下,这种无效率的结果更加容易出现并且代价高昂,针对财政政策(制度与执行)也会存在不同程度的困难。

(4) 决策费用。主要包括收集各类信息所涉及的费用、支付顾问的费用以及团队内部形成决策的费用等,而这种决策成本还与政治结构、经济体制有密切的关联。

(5) 监督费用。这类费用的产生主要是因为一项财政政策的实施效果是需要检验的,它的执行效果如何,不仅取决于正式规则,还取决于非正式规则以及运行机制的优劣。对预期的偏离不仅会具有再分配的效果,而且会造成总产出水平或福利水平的损失。

(6) 执行费用。把财政政策看作是一种国家与选民之间的合约,合约的执行存在高昂的费用,会产生各种欺骗或机会主义行为等不良后果,违约的发生在某种程度上是不可避免的。各种机会主义行为虽然可以通过适当的制度安排加以避免,但是其本身是对一项制度的"负能量"。

3.2.3 交易费用度量:基于新古典理论的模型

考察交易费用之前,有两个问题值得关注。

(1) 给定制度框架,如何模型化交易费用?

(2) 如何将组织当作减少交易费用的工具来进行分析,或者至少进行描述?

第二个问题是 Williamson 分析制度的核心所在。对此,新制度经济学的代表人物是通过回答如下的问题来进行处理的,即同样包含交易费用的活动为何常常通过不同的方式来组织?在他们看来,制度学派作者尤其关心合约(即古典市场合约和各种类型的不完全市场合约)治理结构的细节,以及其他组织形式。

对第一个问题的分析,采取的则是完全不同的方法。一些文献试图通过对新古典微观经济学进行简单的拓展来回答这个问题。根据这种认识,"交易"活动或过程可以由现存的微观经济单位(消费者和企业或者零售商和金融中介等)来完成。沿着这种思路,"作为活动的交易"(transaction-as-activity)分析方法并没有对组织细节给予足够的关注。然而,更为重要的是,这种分析方法不考虑交易费用与决策者的信息拥有情况之间的关系。

给定现有文献,我们采用埃里克·弗鲁伯顿和鲁道夫·芮切特的分析,对新古典理论中"作为活动的交易"做简要回顾,该传统假定决策制定者是"完全理性"的。

(1) 假设用一种商品来交换货币。交易中有两个人——厂商(p)和消费者(c)。但是，不可避免地，这一购买合约的发起、签约、监督和执行会产生交易费用，这种费用被假定是用商品的数量来度量的。

假设厂商试图出售1个单位商品给消费者，但是后者只能得到0.9个单位商品。这个例子中的商品的交易费用为0.1个单位商品，或生产出来的1单位商品的10%。这一关系的表达式可以用以下的"交易函数"来表示：

$$Y_c = F(Y_p)$$

这里，下标 p 表示厂商，c 表示消费者。交易函数的几何表示如图3-3所示。其中，OA 之间的距离是厂商出售的产品数量——"交易投入"，AB 之间的距离是消费者购买到的相应(净)数量——"交易产出"。关系式

$$K = Y_p - Y_c$$

表示交易费用 BD。显然，可以看出，如果交易费用为正，交易曲线必然位于45°线以下。

交易费用曲线的斜率还可以被称为交易过程的边际生产率，它表示当厂商提供额外1个单位的商品时，消费者将会得到的商品数量。如图3-2所示，交易过程中的边际生产率随着交易规模的增加而减少。一个特殊的情况是，假设边际生产率(交易费用)随着未来交易数量的增加而增加。从某个角度来看，随着交易规模的增加，卖者和买者搜寻可能的交易对方变得越来越困难，并且会花费更多的精力监督交易过程。交易各方在监督和执行方面需要付出更多的努力以防备机会主义行为，机会主义行为可能会来自合约(如包括财政在内的政府部门、广大纳税人)的任何一方。

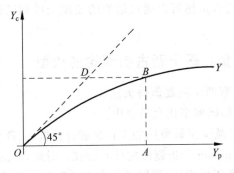

图3-2 交易费用曲线

(2) 进一步假设，"交易"活动是由一个特殊的交易型组织(比如一个中介、商业实体)来承担的。这个组织从厂商那里按照价格 Y_p 购买过来，然后按照价格 Y_c 出售给消费者。这个交易型组织就可以被看作是在交易函数的约束下最大化其利润，即

$$\max R = P_c Y_c - P_p Y_p$$
$$\text{s.t.} \ Y_c = F(Y_p)$$

于是，交易型企业的利润最大化的必要条件即变为

$$\frac{dY_c}{dY_p} = \frac{P_p}{P_c}$$

图 3-3 是上述部分的几何描述。理想的或利润最大化的交易计划 Q 是位于等利润曲线(SS)和交易曲线相切处。根据假设,交易曲线的斜率将会位于小于 1 的任何地方,可见

$$\frac{dY_c}{dY_p} < 1$$

而且,这种交易型组织实现均衡的条件是:$\frac{Y_c}{Y_p} < 1$ 或者 $P_c < P_p$

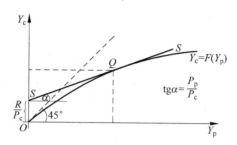

图 3-3 利润最大化交易安排

由上述分析可见,消费者(买方)为购买商品所支付的要比厂商(卖方)所得到的多。当然,其中的差就是交易费用。如果假设"交易"活动存在规模递减收益递减,那么,中间型交易企业就存在着规模最优。

然而,将上述情况的假设进一步放宽,就会发现:首先,专业化的交易型组织从厂商那里购买产品的交易费用没有被考虑在函数条件范围内。其次,同样没有考虑到消费者的"未支付"活动所涉及的交易费用损耗。

(3) 上述交易活动可以进一步拓展到很多组织形式,比如说政府财政经济组织。① 如果对这一组织形式进行分析,"交易"显然可以整合到所有相关的政策的供给和需求双方。从量的角度看,这种情形可以通过官僚机构实现的预算最大总产出(在给定的经济技术条件下)减去相应的交易费用来估计。这样,净产出曲线就位于总产出曲线之下。② 如图 3-4 所示。Y 代表财政预算支出,Z 代表政策的投入。政府的传统最优化考虑现在就与净产出的曲线(或函数)有关了。政府如果只付出 OA 单位的财政支出是无法完成 OB 单位的政策目标的。换言之,为了能够实现 OB 单位政策的净产出,政府将需要投入 OE 单位的支出。如果以这种公共品与服务度量的交易费用为正,则净产出 F^+ 曲线(即总产出曲线减去交易费用)将总是位于总产出曲线以下。在每单位投入的地方,净产出曲线的斜率,也即净边际生产率,要比相应的总边际生产率小。

以此类推,刚刚所讨论的技术关系可以用来解释总生产函数。在一个给定的技术知识水平下,社会中经济活动的合作效率越低,净产出曲线就越低于总产出曲线。比如,由于糟糕的立法活动,该经济体中的净生产函数曲线 F^+ 会低于立法情况较好的情形,即便每一种情形中的制度都具有同样的技术条件。

---

① 这部分内容涉及公共选择的相关分析方法,在后续的章节中会系统介绍,这里仅采用这些方法进行分析。
② 我们姑且不区分财政的政策产出和资金支出,假定财政的资金支出与政策的数量是同步的。

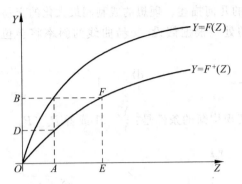

图 3-4　总产出曲线和净产出曲线

政府财政经济政策成本一旦过高,就可能会阻碍这种政策交易的发生。某项公共品和服务的交易费用也许会很高,以至于生产成本和交易费用的累加远远大于选民的支付意愿,导致在市场失灵基础上的政府失灵。高水平的技术条件也可能会因为糟糕的制度政策而导致经济上的无效率。在此情况下,选民可能会寻求"制度市场"的变革——体制机制创新——而不是即期市场。可见,制度会比其他生产要素变得更加重要,这正是新制度经济学所关注的内容。

3.3　小　　结

赢得连任的美国第 44 任当选总统巴拉克·奥巴马(Barack Obama)当地时间(EST)2013 年 1 月 21 日中午在华盛顿国会山宣誓就职。在奥巴马的就职演说中,他对美国乃至世界经济以及政府的责任进行了概括,"我们身处危机之中……国家的经济也受到严重的削弱,一部分原因是一些人的贪婪和不负责任,但更为重要的是,我们作为一个整体在一些重大问题上决策失误,同时也未能做好应对新时代的准备。我们的人民正在失去家园,失去工作,很多企业倒闭。社会的医疗费用过于昂贵、学校教育让许多人失望,而且每天都会有新的证据显示,我们利用能源的方式助长了我们的敌对势力,同时也威胁着我们的星球。"[1]作为美国民主党候选人奥巴马,经过艰苦的竞选,击败共和党总统候选人威拉德·米特·罗姆尼(Willard Mitt Romney),成功连任不久,美国已经在多个方面呈现经济复苏的前兆。然而,无论从经济增长、物价稳定、通货膨胀还是国际收支平衡等多个宏观经济指标上看,奥巴马所需要付出的努力不会比竞选少很多。

很多人会理解财政是关注微观的,从而把财政局限于一个狭小的领域。这一点,马斯格雷夫在他那部著名的著作中已经清晰表述,上述这种有失偏颇的理解仅表明至少应该再多读一本书。对于国家经济发展,财政能够并且的确发挥过并正在发挥重要的作用。

---

[1]　选自美国第 44 任总统巴拉克·奥巴马宣誓就职词。原文是"Our nation is at war…Our economy is badly weakened, a consequence of greed and irresponsibility on the part of some, but also our collective failure to make hard choices and prepare the nation for a new age. Homes have been lost; jobs shed; businesses shuttered. Our healthcare is too costly; our schools fail too many; and each day brings further evidence that the ways we use energy strengthen our adversaries and threaten our planet."资料来源:沪江网,http://sz.bendibao.com/news,2013-01-22.

如果说存在着争议,也仅仅停留在某一阶段的财政工具是否有效,而不是有没有、该不该的问题。规范的对财政的研究总是在看到支出增长的同时希望它更合理而不是更少,或者对支出增长做出各种各样的解释。无论如何,这般规范的分析却忽略了财政制度的巨量成本。如果考虑了财政的交易费用,也许亚当斯密就会重新对"自由放任"做出表述。

本 章 要 点

- Solow 模型表明,人均资本拥有量的变化率取决于人均收入储蓄率和按照既定的资本劳动比配备每一新增长人口所需资本量之间的差额。
- 内生增长理论放松了新古典增长理论的假设并把相关的变量内生化,认为储蓄、劳动供给以及技术都是内生于经济增长的。
- 制度选择受制于国家发展战略,财政作为国家经济发展的重要的政策工具之一,内生于国家经济发展。
- 从交易费用视角研究财政,至少要从政策的供给方和需求方两个角度进行分析。主要涉及六个方面的具体内容:搜寻费用、信息费用、讨价还价费用、决策费用、监督费用和执行费用。
- 基于新古典理论模型对财政的交易费用进行度量,"交易"可以整合到所有相关的政策的供给和需求双方。

主 要 概 念

- Solow 模型
- 内生增长理论
- 交易费用

思 考 题

- Solow 模型的主要内容。
- 内生增长理论的主要内容。
- 从交易费用视角研究财政的主要内容。

核心部分：理论与工具

第4章 财政与资源配置

虽然效率问题为政府干预经济提供了机会,但这些问题的解决似乎并不需要政府干预。市场决定的资源配置不完善并不意味着政府能够做得更好。况且,政府和个人一样,也会犯错误。虽然这种观点过于极端,但还是强调了一个事实,即在辨别哪些情况下政府干预可能会提高效率方面还是有用的。

——[美]哈维·罗森,特德·盖亚《财政学》

在中国有一个非常著名的寓言故事——三个和尚挑水的故事。最初山上只有一个小个子和尚,他每天挑水、念经、敲木鱼,给观音菩萨案桌上的净水瓶添水,夜里不让老鼠来偷东西,生活过得安稳自在。不久来了大个子和尚,他一到庙里,就把半缸水喝光了,小个子和尚叫他去挑水,大个子和尚心想一个人去挑水太吃亏了,便要小个子和尚和他一起去抬水,两个人只能抬一只水桶,而且水桶必须放在扁担的中央,两人才心安理得,这样总算还有水喝。后来,又来了个胖和尚,他也想喝水,但缸里没水。小个子和尚和大个子和尚叫他自己去挑,胖和尚挑来一担水,立刻独自喝光了。从此谁也不挑水,三个和尚就没水喝。大家各念各的经,各敲各的木鱼,观音菩萨面前的净水瓶也没人添水,花草枯萎了,夜里老鼠出来偷东西,谁也不管,结果老鼠猖獗,打翻烛台,燃起大火。三个和尚这才一起奋力救火,大火扑灭了,他们也觉醒了。从此三个和尚齐心协力,水自然就更多了。这个寓言故事反映了公共品和私人产品的提供及其效率问题,值得进一步研究和讨论。

4.1 公共品理论

本节将讨论政府在参与市场经济行为中的重要领域——公共品的供给与均衡问题,主要包括公共品的内涵和特征、公共品的均衡、公共品的提供和生产等方面的内容。

4.1.1 公共品的内涵和特征

1. 公共品的内涵

公共品这一思想最早由苏格兰哲学家大卫·休谟(David Hume)在其著作《人性论》中提出。他提出的"公共草地排水"案例——邻居之间都应该打扫共有的草地,没有人愿意单独打扫本属于大家共有的草地[①],这一案例反映了公共品和搭便车(free ride)的问题。1776年,亚当·斯密在《国富论》中对公共品进行了更深入的分析。他认为,那些对社会有益的一些公共机构和公共工程很难由私人提供,应该由政府出面解决。在这之后的许多学者,林达尔、萨缪尔森、布坎南等也都提出了许多具体的理论模型分析公共品。

---

① [英]大卫·休谟. 人性论[M]. 北京:商务印书馆,1983.

其中,萨缪尔森在1954年首次对公共品做了相对规范的定义:"每个人对这种物品的消费都不会导致其他人对该物品消费的减少。"①

目前被学术界广泛接受的定义是:"公共品(public goods)是指既具有非竞争性,又具有非排他性的物品。"这两点是公共品的特征所在,同时也是辨别公共品和私人产品(private goods)等其他物品的特征条件。同时具备上述两种特征的产品就是"纯"的公共品(pure public goods),比如,传统意义上的国防可以看作是典型的公共品,它不会因为人口数量的增多而减少任何人所享有的国防安全保障。

2. 公共品的一般特征

需要同时满足以下两个条件,才能被认定为纯公共品。

(1) 非竞争性(non-rivalrous),是指对某种产品的消费或使用,增加一个消费者并不会减少其他消费者对该产品的消费数量或质量,其他消费者消费或者使用该产品的额外成本为零。换句话说,就是增加一个消费者的边际成本是零。它的含义主要有两点:一是增加一个消费者,由增加该消费而产生的社会边际成本为零;二是消费者在消费某种公共品时是互不干扰的,每个人都能享受到整个产品而不是该产品的某一部分所带来的服务。比如一处100户家庭的小社区里面,有一个非常美丽的池塘,大家都可以去游赏玩耍,池塘不会因为多一个人或者少一个人而影响到其他人的使用。

(2) 非排他性(non-excludable),是指一个人对某种产品的消费或使用不能阻止或排除其他人对该产品的消费,即使可以阻止,也要付出很大的代价或者产生很大的成本。它的含义是即使某种公共品对于某个社会成员来说是不必要的或者不情愿的,但他也无法拒绝,只能消费这类产品。比如公路,一个人行驶在公路上不能排除其他人不走这条公路。再比如公园的景色和舒适的环境,一个人无法排除其他人对公园的享受(公园具有有限的非排他性)。

3. 公共品分类

在现实生活中,同时具有非排他性和非竞争性的纯公共品并不常见,很多情况下,这两种特征并不一定同时存在。纯公共品必须以"不拥挤"为前提,一旦拥挤,增加一个消费者就会影响别人的消费,便会影响公共品的性质。实际生活中,拥挤的程度是会发生变化的。一个大图书馆,在读者少的时候可对任何人开放,此时它就是公共品;但是随着读者人数的增加,就会发生拥挤问题,影响学术氛围,此时它便不再是纯粹的公共品。公共品和私人产品就像是一个线段上的两个端点,一侧是纯的公共品,另一侧是纯的私人产品,处在中间的则是不同时具备公共品两大特点的产品。因此,按照公共品的这种"消费特征"分类,可以将公共品分为纯公共品和"不纯"的公共品。

如图4-1所示,除纯的公共品之外,还有纯的私人产品。所谓私人产品(private goods),是指既具有竞争性也具有排他性的产品。表现为:一方面,增加消费者就意味着产品的追加投入,很有可能导致产品供不应求;另一方面,消费者对某一产品支付价格之后,其他人就无法再享用该产品所带来的服务。

除此之外,两个非竞争性和非排他性不够充分的产品,我们称之为"不纯"的公共品,

---

① Samuelson. The Pure Theory of Public Expenditures [J]. The Review of Economics and Statistics, 1954.

	非竞争性	
	低	高
非排他性 高	公共资源（海里的鱼）	纯的公共品（国防）
非排他性 低	纯的私人产品（晚餐的面包）	集体品(俱乐部产品)（高清电视节目）

图 4-1　公共品分类

包括公共资源和集体品（俱乐部产品）两大类。

公共资源（common resources）是指具有非排他性和低的非竞争性的产品。它和纯公共品一样向所有人提供服务，但由于其具有一定的竞争性，消费者从自身利益最大化出发，比较容易导致集体的不理性，而且所产生的外部性常常会殃及自己，比如过度捕捞公海的鱼类、过度开发公共矿山等。著名的"公地悲剧"案例就是这样产生的。

▶ **专栏：众人逐兔**

《三国演义》第六十回：刘璋派法正出使荆州向刘备求援，而张松、法正等欲将刘璋的益州送予刘备，刘备因与刘璋同宗而犹豫不决。法正对刘备说："益州天府之国，非治乱之主，不可居也，今刘季玉（刘璋）不能用贤，此业不久必属他人。今自付与将军不可错失，岂不闻'逐兔先得'之语乎？"这里的"逐兔先得"引用的是古俗语"万人逐兔，一人获之，贪者悉止，分定故也。"意思是谁先抓到手，就算是谁该当占有，别人不能再争。

所以在这里，那人可能是想暗示你应该下手去做某件事，不应该有顾及，先做了就是你的了。通俗点讲，就是当产权一旦不明确，那么对于理性人来说，"抢"可能是最好的策略。

集体品，也称俱乐部产品（club goods），是指具有非竞争性和低的非排他性的产品。布坎南曾经提出："有这样的物品和服务，它们的消费包含着某些'公共性'，在这里，适度的分享团体多于一个或一家人，但小于一个无限的数目。'公共'的范围是有限的。"顾名思义，集体品（俱乐部产品）提供的服务只供其有限的少数成员共同消费，单个成员对这种产品的消费不会影响其他成员对同一产品的消费，而对于不是成员的消费者则具有排他性。例如上网，上网要交上网费，排除了那些没有交上网费的消费者，同时在网络饱和之前不会因为增加一个消费者而增加成本；高清电视节目的播放也是如此。

除了按照产品的"消费特征"进行分类之外,我们发现,现实生活中将一些产品排除在外了,主要包括混合产品和公共中间品。

所谓混合产品(mixed goods),可以理解为具有较大范围的正外部性的私人产品,或者同时具有公共品和私人产品性质的产品。比如,私人接受疫苗注射,首先受益的是接受注射者本人,但同时也为所有他可能接触到的人带来了正的外部性。再比如,个人接受良好的教育,首先是这个人自身受益,可以找到高薪水的工作,更具判断能力,诸如此类;但同时,也可使其他人受益,可能导致劳动生产率的提高等。对于这类产品,由于个人只考虑私人受益的大小,所以总是会供给不足。但是,正如前面指出的那样,它们与公共品是不同的,因为私人在最初总是可以得到较为充分的激励进而提供这种产品,尽管可能数量不足;而公共品的最初供给则总是得不到这种激励①。

所谓公共中间品(public intermediate goods),可以理解为没有被最终消费,而是被用作投入,进入生产过程的政府产品和服务。与前面对公共品讨论的不同之处在于使用公共中间品的是厂商而不是消费者,但是实际上,厂商对这类产品的使用与消费者对公共消费品的使用在特点上极为相似②。

4.1.2 纯公共品最优供给的效率条件

在讨论纯公共品最优供给条件之前,有必要对私人产品的供给条件进行分析,以对比二者之间的区别和联系。

1. 私人产品的供给均衡

为简单起见,我们假定一个社会中只有 A 和 B 两个消费者,他们对产品的需求曲线是已知的,分别为 D_A 和 D_B,而产品的市场供给曲线为 S,如图 4-2 所示。

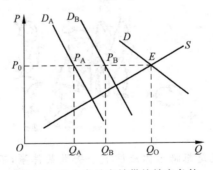

图 4-2 私人产品有效供给效率条件

---

① 有关混合产品的分析可参见马斯格雷夫(Musgrave,1984)Public Finance in Theory and Practice,pp. 71-73;格里斯和琼斯(Gullis&Jones,1992)Public Finance and Public Choice,pp. 67-69;平新乔. 财政原理与比较财政制度[M]. 上海:上海三联书店,1992:51-53;刘宇飞. 当代西方财政学[M]. 第2版. 北京:北京大学出版社,2011:81-84.

② 有关公共中间品的分析参见奥克兰(Oakland,1987)"The Theory of Public Goods",载于 Auerbach and Feldstein(1987)Handbook of Public Economics, V01. I, pp. 493-494. 亨德森(Herderson,1974)"A note on the Economics of Public Intermediate Inputs",载于 Economica,1974,August,pp. 323-327. 转引自刘宇飞. 当代西方财政学[M]. 第2版. 北京:北京大学出版社,2011:84.

在完全竞争的私人产品市场中,消费者 A、B 都是市场价格的接受者,即 $P_A = P_B = P_0$。要想求出私人产品的市场需求曲线,只要把每个消费者在每一价格水平上对产品的需求量加在一起即可。因此,要找出任一价格水平的市场需求,就要把该价格下每条私人需求曲线与纵轴的水平距离相加,即水平相加,就会得到需求曲线 D,实现 $Q_A + Q_B = Q_0$。由此表明,市场需求曲线 D 和供给曲线 S 的交点决定了该私人物品的均衡数量 Q_0 和均衡价格 P_0。在这个产量水平上,实现产品的供求平衡。我们学过,供给曲线代表了每个供给量水平上的边际成本,需求曲线代表了每个需求量水平上的边际收益。所以当供给量为 Q_0 时,边际成本为 $Q_0 E$。在价格为 P_0 时,消费者 A 和 B 的需求量分别为 Q_A 和 Q_B;根据需求曲线 D_A 和 D_B,相应的边际收益为 $Q_A P_A$ 和 $Q_B P_B$,由图 4-2 可知,$P_A Q_A = P_B Q_B = Q_0 E$,即每个消费者的边际收益均等于边际成本,也就是 $MC = MR = P$。

2. 公共品的供给均衡

按照私人产品均衡的思路分析,我们仍然假定一个社会中有 A 和 B 两个消费者,他们分别对公共品的消费曲线仍然是已知的,为 D_A 和 D_B,公共品的市场供给曲线为 S,如图 4-3 所示。

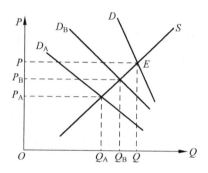

图 4-3 公共产品有效供给效率条件

与私人产品不同,由于公共品具有非竞争性和非排他性的特点,如果为某一种公共品筹资,需要全部成员在完全偏好表露情况下,按照支付意愿为公共品提供资金。因此,公共品的价格代表了全部成员支付意愿的总价值,即对该公共品的消费所支付的价格是所有消费者支付的价格总和,对个人需求曲线进行纵向相加,得到 $P = P_A + P_B$。或者通过他们各自的收益情况来决定各自支付的价格,即 $MR_A = P_A$,$MR_B = P_B$。而每个消费者所消费的公共品数量都相等,并且都等于市场需求总量,即 $Q_A = Q_B = Q$。要实现公共品的市场均衡,需要满足边际成本等于边际收益的条件,即 $MR = MC$。所以在市场需求曲线和供给曲线的交点 E 处实现了公共品的均衡,均衡价格为 P,均衡数量为 Q。由图 4-3 可知,公共品的边际成本等于 A 和 B 所支付的价格之和,即 $MC = MR = P = P_A + P_B$。

通过上述的私人产品和公共品的对比分析可以发现,私人产品的市场需求曲线是个人需求曲线的横向相加,也就是每个消费者的边际收益与边际成本相等;公共品的市场需求曲线是个人需求曲线的纵向相加,也就是每个消费者的边际收益之和与边际成本相等。两者具有对称性,换言之,对于私人产品,每个人面临相同的价格,然后人们决定他们需求的数量;而对于公共品,每个人面临相同的数量,人们决定他们愿意支付的价格。

3. 公共品实现效率的问题

虽然已经分析了公共品的均衡点,但是许多经济学家认为这样的讨论是没有意义的,因为公共品供求均衡是在理想状态下的情况。在多数情况下,由于偏好表露不足和免费搭车等问题,常常会使公共品的供给不足。

首先,人们通常无法清楚了解公共品的价格,也就无法明确自己对公共品的需求和价格的关系,即使消费者了解自己对公共品的偏好,通常也会隐瞒不报,而社会又无法完全了解每个社会成员的偏好和经济水平,这就导致市场不能提供有效数量的公共品,从而导致市场失灵。这样,就有可能产生人们少报或隐瞒边际效益而减少自己的出资份额的动机。

其次,由于公共品具有非排他性,社会成员不会因为支付价格减少而降低公共品带来的服务,这样就会有一些消费者在不付出任何代价的情况下享受到同等的服务。这样的消费我们称之为"免费搭车"行为。

➡ **专栏:免费搭车**

免费搭车是一种经济现象,首先是由美国经济学家曼柯·奥尔逊于1965年发表的《集体行动的逻辑:公共利益和团体理论》一书中提出的,很大程度上与产权配置的无效率有关。通常是指一些不付出任何代价就得到利益的社会成员。这种现象会导致公共品由市场提供的无效率性,引起市场失灵。

齐宣王使人吹竽,必三百人。南郭处士请为王吹竽,宣王悦之,廪食以数百人。宣王死,湣王立,好一一听之,处士逃。

意思是:齐宣王让人吹竽,必须三百人一起吹。南郭处士请求为齐宣王吹竽,宣王很高兴,发给他同其他三百人同样的口粮,齐宣王去世了,齐湣王继位,他喜欢听一个一个的演奏,于是南郭处士逃走了。

近几年来,非法使用明星肖像代言各类产品的现象越来越严重,那些跟风搭便车的企业利用行业先导者的声势进行投机行为,付出较低的成本却获得可观的收入,使得一些付出高额代言费的先导企业的生产和销售受到影响,同时损害了明星的形象和声誉,一些经纪公司联合企业共同控告其违法行为,都使这些企业因搭便车的投机行为付出了惨重的代价。

故事一中的南郭处士就是搭便车者,他不会吹竽,却能混在乐队里装模作样,得到跟其他乐师一样的报酬。我们假想一下,如果被其他乐师发现他的投机行为,就会有人也怀有冒充的想法,那么就会出现一部分人演奏,一部分人假装演奏,齐宣王有可能会处罚所有乐师,这样对那些演奏的人是极其不公平的,那么将会影响他们下次演奏的积极性,齐宣王想再听到三百人的合奏基本上就不可能了。

上述例子都说明了免费搭车者的投机行为以及引发的后果,之所以产生这一现象,主要原因是公共品的非排他性,只要有公共品的提供,那么任何人都可以获得不支付就消费的权利,每个消费者都可以搭便车,也就是利益同分,责任和成本却由每个人承担,就容易产生这种现象,而这一现象的发生必然导致提供公共品的厂商长期得不到回馈而不再提供这种产品,使得总体效率降低,甚至损害整个集体利益。

因此,在现实生活中,我们应该制定相关政策并且合理运用法律法规来维护自己的合法权益,按劳分配,减少"免费搭车者"搭便车的投机心理和行为。

4.1.3 公共品的提供和生产

1. 公共品的提供

公共品的供给效率表明,公共品的单个消费者对产品的需求都等于该产品的市场需求,而价格是所有消费者支付的价格之和,因而也就要求社会了解每个社会成员的真实偏好,使得每个社会成员都为公共品付费。然而,由于偏好表露不足和免费搭车者现象的存在,市场无法有效提供公共品。也就是说,没有相关条件或者制度的保障,市场无法通过自身的调节提供公共品,应该通过其他方面的渠道。

公共品供给的最主要方式是政府提供。政府的目的是追求社会福利最大化,它可以使用强制手段(如征税)来为公共品融资,从而可以保证提供有效的公共品数量。但是政府提供也有一定的局限性,由政府提供公共品可能会产生"挤出效应",即将部分私人提供的产品挤出市场之外。另外,由于环境的不确定性和信息的不完全性,政府不可能将资源的配置达到帕累托最优,往往会出现提供不足或者过度提供的问题。因而,公共品的提供必须向多元化的趋势发展。

近些年来,越来越多的私人捐赠被用作慈善事业,这些具有公益性的产品和活动具有公共品属性,而这种自愿提供的方式有效减少了搭便车的投机行为,一定程度上弥补了政府失灵和市场失灵的缺陷,但是自愿提供也存在一定的局限性。

➡ 专栏:中国式过马路:不得已而为之?

中国式过马路,在维基百科中是这样解释的,是指"有中国特色的"横过马路的方式。指中国大陆出现的凑够一撮人就可以一起走而与红绿灯状态无关的横过马路方式。

中国式过马路　　　　　　朱慧卿 作

中国式过马路确有违背现代文明之嫌,对交通拥堵危害之大不言而喻。但是"凑够一撮人"过马路者,也是不得已而为之的行为。现在很多城市交通越来越复杂,机动车数量与日俱增,违章停车愈演愈烈。非机动车道成了临时停车场,骑电动车、自行车者只能穿行其间。人行道被商铺和停放的自行车、电动车占领了大半,行人几乎无路可走。有红绿灯的人行道横线,摩托车、电动车主们似乎觉得这些红绿灯只为了机动车而设立,照样横冲直撞。再者,有的红绿灯时间间隔太短,行人根本来不及通过。行人为了安全,自然就要"凑够一撮人"再过马路了。

为什么会这样？其原因既有规则意识淡薄的原因，也有规则本身不完善的因素。如果一味指责公民素质不佳，显然并未看到问题的全部。行人不顾红绿灯急切通行的背后，与缺乏安全意识、大家扎堆闯红灯"从众"的心理等不无关系，但通行区域规划不科学、绿灯时间过短、人车关系处理失衡现实问题的存在，往往也使人们按照红绿灯划定的时空难以顺利过马路，甚至还可能面临危险。

破解中国式过马路，不仅事关公民素质，还关系到社会管理和公共资源的合理利用问题，考验着管理者的智慧与能力，也需要民意的参与和监督。

(图片来源：《北京晨报》，2013-03-22。资料来源：谢霄凌."中国式过马路"不只是公民素质问题[N].邢台日报，2012-10-19)

2. 公共品的生产

公共品的提供必然引出公共品的生产。政府提供和政府生产是不同的概念。政府提供是说要由国家部门提供，并且不额外收取费用，但是不一定由国家部门生产，也可以由私人部门生产；同理，私人提供也不一定由私人部门生产，同样可以由政府部门生产，两者可以有多种组合方式。

由于市场提供的低效率，一部分公共品必然需要政府提供，而这一部分由政府提供的公共品究竟应该由政府部门生产还是由私人部门生产仍然存在分歧。主要有两方面的分歧：一方面，政府应该在多大程度上参与经济活动；另一方面，公共品由政府部门和私人部门生产的相对成本。

一些学者认为应该由政府部门生产并提供，理由在于，公共品一旦被生产出来，就容易产生免费搭车者现象，如果由私人部门生产，企业付出的成本长期得不到弥补，没有盈利，就没有继续生产的激励，会影响公共品的提供。而政府部门的权力具有强制性，可以通过税收等手段为公共品的生产筹集资金，以此来保证公共品的顺利生产和提供。还有一些学者认为应该让政府把公共品的生产承包给私人部门，以激发私人部门利用该产品取得利润的动力，从而降低成本。

针对上述两种分歧，提出的可能解决方案包括以下几种。

(1) 合同契约制，指政府和私人部门签订合同，对于公共品生产的质量、运行以及维护等进行详细的规定。对于一些日常活动，如果由私人部门生产比由政府部门生产的成本要低，那么承包给私人部门生产会更有效率；而对于一些具有很多不确定因素的项目，一般就由政府部门负责生产，因为私人部门存在追求自身利益最大化的首要目标，在这种情况下，有可能会导致私人部门向有利于自己而不利于社会的方向发展。

(2) 信誉。信誉本身就是契约的一种类型，其中最重要的是对质量的承诺。有良好的质量信誉，就会得到更多的合同，更广泛地被大众所接受。比如，同一产品的中外两种品牌，消费者更愿意选择相信外国品牌的质量保证，这是我们国家需要认真反思的地方。

(3) 竞争性。处于垄断地位的产品通常都会产生垄断利润，低成本、高价格，效率低下，而在自由竞争情况下，价格和需求往往最接近均衡水平。凯夫斯和克里斯滕森曾得出结论：“人们常常提起的政府、企业的低效率，大多源于缺乏有效竞争，而非公有制本身。”①因此，由政府部门生产或者私人部门生产，究竟谁更有效率，这一问题的关键在于谁更具竞争性。

4.2 外部性理论

想象一幅画面，美丽的风景画中，夕阳西下、海波荡漾、微风习习。几位悠闲的老人坐在旁边的长椅上，欣赏着远处的风景、窃窃私语、含饴带笑。突然，一声刺耳的手机铃声传遍了整个海滩，旁边钓鱼的一位"绅士"拿起手机，粗声大气、旁若无人地和连线的另一端聊着什么，海滩的静谧顿时被打破。长椅上的老人们投来不快的眼神，掸掸衣襟，起身离去。虽然风景依旧美丽，但心境已然改变。

4.2.1 外部性的内涵与类型

很多活动都会给那些与该活动有一定关系的其他人造成损失或带来收益，而这种结果通常意义上是无意识的，却产生了扭曲经济行为的影响，导致本不应该发生的行为选择。

1. 外部性的内涵及特征

英国经济学家、剑桥学派的亨利·西奇威克（Henry Sidgwick）通常被认为是外部性研究的奠基人之一。西奇威克曾在其《政治经济学原理》一书中提到"个人对财富拥有的权利并不是在所有情况下都是他对社会贡献的等价物"，表明了外部性的存在。他认为在经济活动中，私人成本与社会成本、私人收益与社会收益并非常常一致。对外部性首次进行界定的是新古典经济学派的阿尔弗雷德·马歇尔（Alfred Marshall），他把企业内分工而带来的效率提高称作内部经济，而把企业间分工而导致的效率提高称作外部经济。

简单地说，外部性（externality）是指在经济活动中，某一生产者或者消费者所进行的活动对其他生产者或者消费者所产生的有利或有害的影响。

关于外部性，其具有以下特征。

（1）企业和消费者都可能产生外部性。并非所有的外部性都是由企业产生的。在挤满人的房间里吸烟的人，耗用了稀缺的资源——新鲜空气，降低了其他人的效用。美丽安静的风景区被嘈杂的游客干扰、被隔壁邻居的吵闹声惊醒等体现了市场交易机制以外的人与人的经济关系。当然，过量排放废气、废液、废渣等，是企业生产难以逃脱的责任。

（2）外部性具有相互性。两个企业——造纸厂和捕鱼厂——在同一条河边，造纸厂排放废水对捕鱼厂造成外部性，这很好理解。但是，如果捕鱼厂通过一些方式（法律途径，也许，还可能蓄意破坏），对造纸厂造成外部效应，也会增加造纸厂的生产成本。

（3）不仅有正的外部性，也有负的外部性。天花等诸如此类的传染病的疫苗，不仅治愈了自身的疾病，还减少了其他人患病的可能性，因此，接种疫苗是具有正向的外部性。某一生产者或者消费者所进行的活动对其他消费者或者生产者所产生的影响有可能是负

---

① [美]哈维·S.罗森.财政学[M].第6版.北京：中国人民大学出版社，1990：247-248.

向的,也可能是正向的。

(4) 公共品可以被看作是一种特殊的外部性产品。当一个人的行为导致了一种有益于全社会每一位成员的结果发生,就产生了纯公共品。而当他的行为仅产生了有益于(或有害于)小范围内的个体的时候,则是外部性的意义所在。有时候,公共品和外部性产品的界限有些模糊。

2. 外部性的类型

(1) 按照外部性的影响效果分类,可分为正外部性和负外部性。

一方面,正外部性,指某一生产者或者消费者的经济活动能给社会上的其他社会成员带来积极影响,即私人收益小于社会收益。比如学校出资给图书馆配备几台电脑以供同学们检索书籍,这一活动给学生带来了极大的方便并且节省了许多时间。又如公共泳池配置了洗浴区,这一行为给游泳者带来了极大的方便,并且可以吸引更多的顾客。

另一方面,负外部性,指某一生产者或者消费者的经济活动能给社会上的其他社会成员带来消极影响,即私人成本小于社会成本。比如隔壁邻居吵闹声太大影响周围人休息,那么隔壁邻居就对周围人产生了负的外部性;又如某一户人家因为生火而产生的浓烟影响了周围邻居的呼吸,那么该户人家就给其邻居带来了负的外部性。

(2) 按照经济活动主体的不同分类,可分为生产的外部性与消费的外部性。

一方面,生产的正外部性和负外部性。当生产者(企业或个人)所进行的某项经济活动给其他社会成员带来了有利的影响,而自己却不能从中得到报酬,也就是私人收益小于社会收益时,就产生了生产的正外部性。比如某一食品企业认真检查其食品制作过程的卫生和安全问题,保证了广大消费者食用该食品的健康问题,该企业的行为就产生了正的外部性。而与此相对应,当生产者(企业或个人)所进行的某项经济活动使得其他社会成员付出了代价而未给他人进行补偿,也就是私人成本小于社会成本时,就产生了生产的负外部性。比如某一企业为追求自身利益最大化,将劣质产品混在正常产品中一起销售给消费者,使一些消费者遭受损失,该企业的行为就产生了负的外部性。

另一方面,消费的正外部性和负外部性。当消费者(企业或个人)所进行的某项经济活动给其他社会成员带来了积极影响,而自己却不能从中得到补偿,也就是私人收益小于社会收益时,就产生了消费的正外部性。比如在冬天,某户人家将自家门前的积雪打扫干净,避免他人因为积雪而滑倒或受伤,这显然使经过该户人家门前的居民都得到了好处。当消费者(企业或个人)所进行的某项经济活动给其他社会成员带来消极影响而未补偿他人,也就是私人成本小于社会成本时,就产生了消费的负外部性。比如某户人家为图方便将垃圾堆在靠近邻居的地方,这就造成了周遭空气的污染,同时也会带来许多小虫子,该户人家的行为显然带来了负的外部性。

另外,还可以根据空间将外部性分为代内外部性和代际外部性,根据其方向性分为单向的外部性和交互的外部性,根据稳定性分为稳定的外部性与不稳定的外部性等。总之,对外部性理论进行深入研究,如果能将其与发展经济学、人口学、环境学等其他学科交叉研究,与其他理论相结合,那么将会有更深刻的理解。

上述外部性在生活中处处都会发生,单个消费者或者生产者的某一经济活动可能不会产生多大的影响,但是所有消费者或者生产者的经济活动加总起来所产生的正的外部性和负的外部性的影响十分巨大,进而会对社会福利造成影响。

→ **专栏:地位外部性**

美国罗伯特·H.弗兰克(Robert H. Frank)和本·伯南克(Ben S. Bernanke)在其所著的《微观经济学原理》中介绍了地位外部性。他们首先举例,前网球冠军史蒂芬·格拉芙凭借自己在1992年网球公开赛中的优异战绩获得了超过160万美元的网球奖金,而来自赞助商与广告方面的收入总额更是奖金总额的数倍。

任何合理的评价指标都足以表明她是一名技术全面的网球选手,然而她却一而再、再而三地成为劲敌莫尼卡·塞莱斯的手下败将。但是1993年4月,塞莱斯被疯狂的球迷用匕首刺伤背部,从而不得不退出当时的比赛。在之后的数月里,尽管格拉芙的技术水平并没有发生什么变化,但她获得的网球奖金累计额却几乎涨到她1992年全年奖金总额的两倍。

地位外部性取决于相对表现的回报

在职业网球赛以及其他充满竞争的众多事件里,人们获得的回报往往不仅取决于自身表现的绝对水平,也取决于自身表现与最直接竞争对手表现之间的相对水平。在这些情况下,竞争者会有强大的动力采取增加自身获胜概率的措施。例如,网球选手往往会聘请私人体能教练与运动心理医生陪伴他们参加比赛,以增加获胜的可能性。不过竞争所蕴含的简单数学机理告诉我们,这种投资所带来的个体回报总和会大于整体的回报。例如,在任何网球比赛中,每位选手通过聘请体能教练与运动心理医生,可以获得自身水平较大的提升,但是不管选手的投资有多高,每场比赛都必定会有一个胜利者与一个失败者。网球观众由此获得的总收益会是一个比较小的数,而选手们作为一个整体带来的总收益一定为0。当每个竞争者的回报在一定程度上取决于他的相对表现时,从整体角度来看,进行这种投资的激励就显得过于强烈了。

地位的军备竞赛和控制协议

类固醇药物问题是地位外部性的一个例子。只要某一竞争者的报酬至少在一定程度上取决于他相对于对手的表现情况,那么任何改善自身相对地位的措施都一定会恶化其他人的处境。地位外部性的存在会弱化"看不见的手"的市场调节作用,经常会导致竞争者为改善自身表现而进行一系列不断增大的但实际上效果会相互抵消的投资行为。我们把这种支出结构称为地位的军备竞赛。

由于地位军备竞赛会产生缺乏效率的结果,因此人们总是希望能够对这种行为进行控制。如禁止服用合成代谢类固醇药物等,旨在减少地位军备竞赛行为的各种手段,也因而被称为地位军备控制协议。

一旦你开始注意地位军备竞赛这种行为,你就会发现,这样的例子几乎到处都是。有时候,地位军备控制协议是通过强行规定正式准则或者签订法律合同的方式实现的。如在美国总统竞选过程中对竞选费用的限制、中国中小学取消择校就近入学的规定等。

(摘自:[美]罗伯特·H.弗兰克,本·伯南克.微观经济学原理[M].第5版.潘艳丽,吴秀云,等,译.北京:清华大学出版社,2013.281-283)

4.2.2 外部性与资源配置效率

外部性是市场失灵的表现之一。在没有外部性存在的情况下,边际个人收益和边际成本与边际社会收益和边际成本是相等的,也就是说资源的配置是有效率的。而在外部性存在的情况下,其均衡点就会偏离效率性,出现边际个人收益和边际成本与边际社会收益和边际成本不相等的状态,这就会导致整个资源配置的无效率性。

1. 正外部性的配置效率

正的外部性是说某种产品收益的外部化导致边际个人收益小于边际社会收益,表现为个体企业供给数量不足,导致市场资源配置效率低下。同时,供给不足引起消费不足,两者都属于资源的浪费,也就意味着社会福利的损失。正的外部性最典型的例子就是疫苗的使用。该疫苗一旦发明并用于临床,任何人都可以受益,而在研发该产品的过程中则需要巨大的成本投入,这对发明者是不公平的,会影响其积极性和效率,因此应该有相应政策来保护发明人的权益和知识产权。经济学中用边际外部收益(marginal external benefit,MEB)表示每增加一单位正外部性产品的产出所获得的收益。同时还有边际个人收益(marginal personal benefit,MPB)和边际社会收益(marginal social benefit,MSB),如图 4-4 所示。

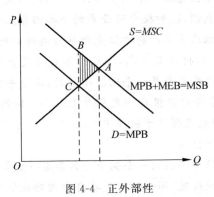

图 4-4 正外部性

图 4-4 中,横轴代表正外部性产品的产量,纵轴代表产品的成本或价格。为了简单起见,我们假定需求曲线 D 代表边际个人收益 MPB,供给曲线 S 代表边际社会成本 MSC。对于个体厂商,在完全竞争市场下,C 点是效率均衡点,此时 $D=\text{MPB}=\text{MSC}=S$。但是对于社会,由于正外部性的存在,每一单位产品的边际个人收益小于社会收益,C 点不再是均衡点,此时应该给边际个人收益增加边际外部收益以使其与边际社会成本相等,即 $\text{MPB}+\text{MEB}=\text{MSB}=\text{MSC}$。在图 4-4 中就是需求曲线上移与供给曲线 S 形成的新的交点 A,表示为新的帕累托效率点。

2. 负外部性的配置效率

负的外部性是说某种经济活动的边际个人成本小于边际社会成本,也就是说,某种产品的负外部性存在时,与正外部性的情况正好相反,生产商会忽略外部成本而加大产量,从而造成产品的供给量大于帕累托最优数量,使得社会资源得不到有效配置,造成社会福利的损失。负外部性最典型的例子就是环境问题。不论是工厂排出的污水污染了河流从而影响了在河流周围生活的居民的健康,还是由于烧秸秆或者排放的废气导致雾霾天气,都严重地威胁着居民身体健康和生活质量,而治理污染的大笔费用最终还是要由纳税人即公众承担,有失公平,同时影响了社会资源的有效配置,产生无谓损失。在经济学中,我们常用边际外部成本(marginal external cost,MEC)来表示每增加一单位某种产品或劳务所需要付出的成本。同时还有边际个人成本(marginal personal cost,MPC)和边际社会成本(marginal social cost,MSC),如图4-5所示。

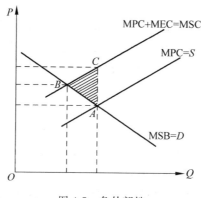

图 4-5 负外部性

同图4-4相对应,图4-5中的横轴表示产量,纵轴表示成本或价格。我们假定产品的需求曲线 D 代表边际社会效益 MSB,供给曲线 S 代表边际个人成本 MPC。对于个体厂商,在完全竞争市场中,市场会自动调节至 A 点为均衡点,也为帕累托最优点,由需求曲线和供给曲线共同决定,此时 $D=MSB=MPC=S$。但是,对于社会,由于负外部性的存在,边际个人成本小于边际社会成本,厂商并没有考虑边际外部成本 MEC。因此,从全社会角度,A 不再是均衡点,边际社会成本等于边际个人成本与边际外部成本之和,即 $MSC=MPC+MEC$。在图4-5中表示为供给曲线上移。效率要求在做出一种产品的生产决策时,应考虑到其全部的边际社会成本,此时的效率点是 B 点,也即帕累托最优点,该点的均衡条件是 $MSC=MPC+MEC=MSB$,避免了三角形 ABC 负的外部净效应的发生。

总之,无论是正的外部性还是负的外部性,都会影响社会资源的有效配置,如果不能有效地控制这些影响,就会导致整个社会资源配置的无效性,从而产生大量社会福利损失,不利于整个社会的健康发展。

4.2.3 外部性的对策

为了实现资源配置效率,减少或消除由于外部性的存在而带来的效率损失,需要采取相关的对策。而从现有的研究结果来看,就是要对产品或劳务的边际成本或边际收益进行调整,使决策者在进行决策的过程中将个人没有承担(或受益)的部分考虑进来。如产生负外部性时,要将边际外部成本加入到个人成本中进行决策;而在产生正外部性时,应将边际外部收益加入到边际个人收益中进行决策,实现外部性内部化。对此,有两种不同观点:一种认为应该由政府机制干预,坚持在外部性情况下,市场不具有任何优势,而政府应该发挥其作用实现资源配置的有效性,减少社会福利损失;另一种认为应该由市场机制干预,坚持市场失灵的地方政府也不一定做得更好,甚至有可能会造成更大的损失,因此,只要提供市场所需要的必要条件就可以修复外部性带来的低效率。

1. 市场对外部性的纠正

这种观点认为,只要给市场提供必要的条件,市场本身就有克服外部性的机制,主要表现在以下几个方面。

1) 一体化(unitization)

一体化也可以称作合并、外部性内部化,即在存在外部性的情况下进行初始交易,必定会有一方受益一方受损。一体化的做法就是通过扩大规模,组织一个足够大的经济实体来将外部成本或收益内部化,从而纠正外部性带来的效率损失。这一方式首先是由英国著名经济学家詹姆斯·爱德华·米德(James Edward Meade)提出的,他认为外部性是指某个人未参与某项决定的决策,但他的利益却受到该决定的或好或坏的影响,因此,纠正的最明显的一个方法就是对社会的组织制度进行重组,使利益受到某项决定影响的人,在做出该决定时能作为参与者发挥作用[①]。例如,生产商 A 的经济活动影响到生产商 B。如果产生的影响是正的(即正外部性),那么 A 厂商的生产就会低于社会最优水平;如果产生的影响是负的(即负外部性),那么 A 厂商的生产就会超过社会最优水平。按照一体化的思路,如果将 A 和 B 两个厂商合并为一体,成为一个厂商 C,此时外部性的影响就消失了,即被内部化了。合并后的厂商为了自身利益就会将生产决策定在其边际收益等于边际成本的水平上,而此时也不存在外部性的影响,厂商 C 的边际成本与边际收益就等于边际社会成本和边际社会收益,于是资源配置达到帕累托最优。

2) 科斯定理(Coase theorem)

科斯定理是对科斯的《社会成本问题》(*The Problem of Social Cost*)思想的归纳,科斯自己却从未明确定义过科斯定理。因此,许多西方经济学家给出了许多不同的表达方式,这些表达方式大体上是相同的,但仍然存在着细微的差别。较为流行的一种说法是:只要产权是明确的,在交易成本为零或者很小的情况下,无论初始状态产权赋予哪一方,都会通过市场交易的方式实现帕累托最优。

对科斯定理的理解离不开以下几点。

首先,产权通常指的是某种资源的所有权、使用权、用益权和转让权等。比如人们拥有自己发明的专利权,这是受到法律界定并保护的,因此,要想使用该发明成果,就必须向这一权利的所有者支付相应报酬或者征得他的同意。科斯定理是以产权的明确或者可转让作为前提条件的。因为明确的产权可以使得边际个人成本(或收益)与边际社会成本(或收益)趋于一致。如图 4-5 所示,就是使得个人边际成本曲线(MPC)趋于上升,直到与边际社会成本曲线(MSC)完全重合,从而最优均衡点达到 B 点。具体来说,就是如果将产权明确赋予某人,并且假设该权利可以自由买卖,那么产权就是一种特殊商品,它和其他商品一样,无论是自己本身拥有的还是在市场上购买的,都是生产成本的一部分。在这种情况下,生产者在生产商品时就存在两种成本:一种是生产产品本身的成本,即边际个

---

① [美]米德.效率、公平和产权[M].北京:经济学院出版社,1992.

人成本；另一种是使用产权产生的边际成本。效率要求生产者的成本应该是所有成本之和，则要将使用该产权的边际成本加到生产的边际成本当中，在完全竞争的条件下，就会导致总成本与边际社会成本趋于一致，从而个体的帕累托最优与社会生产的帕累托最优趋于一致。

其次，科斯定理另外一个前提条件是交易成本为零或者很小。所谓交易成本，包括时间、付出的努力以及确定交易对象、谈判交易品种、签订合同并承担相关风险等[1]。科斯在《社会成本问题》中提出了一个具有深远影响的思想，即在产权给定的前提下，如果不存在信息成本与谈判成本，则两个对手通过谈判，可以将外部性内在化。他所强调的是，无论产权配置的初始状态是怎样的，只要交易成本为零，有效的结果都可由谈判来达到。近些年来，在处理环境污染问题上，许多国家都纷纷借鉴科斯定理的思想来处理，对交易成本为零或者很低这一条件进行了引申，认为，只要自愿谈判所达成的交易所得超过实现这种交易所必需的交易成本，人们就会通过自愿谈判的方法来解决产品的提供，处理所有市场失灵的问题，即"理性的当事人必定会通过资源交易或资源谈判达到帕累托有效，无论交易成本有多高"[2]。例如，某人为了吃到新鲜蔬菜，便找了一片空地种植蔬菜，有一户人家的羊常常去这片空地吃草，影响了蔬菜生长，两户人家就这一问题进行争吵。如果这片空地明确规定了其产权是属于种蔬菜的人家，两家都同意自愿和解进行谈判，另一户人家就对其做出补偿；相应地，如果这片空地的产权属于有羊的那户人家，那么另一户人家就必须在自己的收益和损失之间进行衡量决策；或者，如果两家争执不下，决定要控诉对方，这一行动产生的成本超过了种蔬菜人家所获得的收益或者放羊人所得到的好处，那么选择种蔬菜或者放羊都不是有效率的行为，因为这样做会使双方都遭受损失。

运用科斯定理解决实际生活中的问题需要关注以下几方面内容。

一是明确产权。生活中有一些资源例如空气等，是大家共有的财产，很难将其明确地划分归为某人，并且，明确产权归属的过程本身是有成本的，而这种成本并没有归于交易成本之中。如果在明确产权过程中产生过高的成本，难免会引发其他更严重的问题。另外，在转让产权过程中，将随着谈判人数增加而导致交易成本上升，或者谈判人因信息不充分等原因会导致产权无法正常转让，同样也会影响其明确界定。

二是资源能否实现最优配置。在明确界定产权归属的前提下，市场是否能够真的达到帕累托最优状态，实现市场的均衡。在现实生活中，产权的界定与分配与公众的收入分配有很大关系。产权界定的变化会引起收入分配的变化，而收入分配的变化又会导致许多其他社会问题，进而造成社会的不稳定，在这种情况下就更加无法解决外部性的问题了。

因此，用科斯定理解决外部性问题，在实际运用过程中则需要面对很多现实性情况，有关的理论也正在研究之中。

3）社会制裁（social sanction）

社会制裁也称作社会习俗，本质上是一种对个人行为的道德作用，是对于个人来说的

---

[1] David N Hyman. Public Finance[M]. 北京：北京大学出版社，2006.
[2] 平新乔. 微观经济学十八讲[M]. 北京：北京大学出版社，2001.

最优策略。中国有句俗语"己所不欲,勿施于人"。例如,在电梯里明确贴着"禁止吸烟"的标牌,但仍然有人视若无睹,坚持吸烟,这是有违道德品质的,这时如果有人被烟味呛到咳嗽,吸烟者可能会觉得自己的行为不合适,就会停止这种给周围人带来负外部性的行为;又比如在公共场合大声喧哗,在别人指出以后立刻改正,小声说话,这就是一种道德约束力量,或者可以说道德制裁。

2. 政府对外部性的纠正

政府纠正外部性影响的常用措施包括税收、补贴、政府管制和法律制度等。

1) 税收

税收的最早提出者是英国经济学家阿瑟·塞西尔·庇古,因此税收也被称作"庇古税"。税收是一种实现外部性内在化的重要手段,对造成负外部性的企业,国家应该课税,其数额应该等于该企业给社会其他成员造成的损失,从而使该企业的边际个人成本恰好等于边际社会成本。同时,有关当事人也会把该税收纳入成本核算考虑范围内,在决策的时候充分考虑到这些成本可以避免效率损失。

庇古税是根据污染所造成的危害对排污者征税,用税收来弥补私人成本和社会成本之间的差距的一种纠正负外部性的方法和机制。它遵循的是"谁污染谁付费"的原则,如图 4-6 所示。

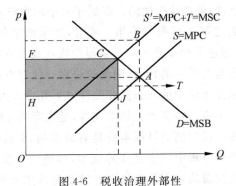

图 4-6 税收治理外部性

图 4-6 中,横轴表示某一企业生产的产量,纵轴表示价格。假定单位产出的边际外部成本为 MEC,则相应税收 $T=\text{MEC}$。由于税收的作用,生产者的成本上升,即供给曲线由 $S=\text{MPC}$ 上升至 $S'=\text{MPC}+T=\text{MSC}$,市场的均衡点也由 A 点移至 C 点,此时该企业的产量下降,价格也下降。如图 4-6 所示,图中阴影部分面积 $CFHJ$ 即为税收收入,恰好等于外部总成本。由于税收的作用,企业的污染成本下降了。

上述是对生产者进行征税,实际上也可以对消费者进行征税,效果相同。

然而,庇古税在实际操作中并没有上面分析的那样简单,面临着许多实际问题。比如应该如何制定一个最优税率。政府缺乏对企业边际生产成本、边际个人收益等信息的具体了解,也无法对企业污染所带来的损失进行准确评估,因此无法给出一个最适合的税率来计算税收。虽然很难计算,但征税仍然是政府纠正外部性影响的可行方法之一。

2) 补贴

补贴是指政府对生产者(或消费者)采取补贴的办法,使得生产者(或消费者)的个人收益与社会收益相等。也就是说,政府可以对生产者(或消费者)进行补贴,使其边际个人成本与边际社会成本趋于一致,从而降低外部性造成的影响。

对于正外部性的治理,如图 4-7 所示。

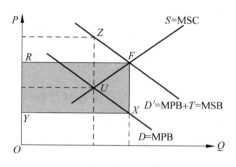

图 4-7 补贴治理正外部性

如图 4-7 所示,假定边际外部收益为 MEB,则政府的补贴 $T=$ MEB,政府的补贴政策使得产品的需求上升,图 4-7 中需求曲线由 $D=$ MPB 上升至 $D'=$ MPB$+T=$ MSB,新的均衡点也由 U 上升至 F,此时需求量上升,消费者消费的价格下降。而在均衡点 F 处,可以看到图 4-7 中的阴影部分 $RFXY$ 的面积就是由于财政补贴而产生的福利。所以,财政补贴降低了厂商的边际生产成本,从而使供给量扩大,实现资源的有效配置。在现实生活中,政府通常提供很多补贴政策,有些甚至是以低于边际成本的价格提供给消费者。

补贴不仅可以应用于产生正外部性的方面,还可以应用于负外部性的行为。比如向排污的企业提供补贴,使其增加对污染治理的投入,从而减少污染的排放。对于负外部性的补贴,庇古认为相当于对产生外部性的厂商和个人征收的一种负税,即"庇古补贴",指产生负外部性的厂商或个人如果降低产量,可以通过政府补贴的方式弥补由于降低产量所带来的收益降低,如图 4-8 所示。

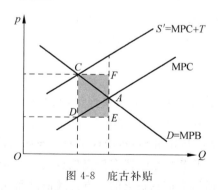

图 4-8 庇古补贴

如图 4-8 所示,假定需求曲线为边际个人收益 $D=$ MPB,由于外部性的存在,边际个人收益等于边际个人成本 MPB$=$ MPC。假定厂商的污染数量是固定的,通过向污染厂商支付费用可以使其不污染,可以取得效率水平。假设每停止生产 1 单位污染品,政府补贴额为 CD。在此情况下,厂商降低产量,均衡点从原来的 A 点调整为 C 点,边际损失内部化。此时,负外部性得以治理,对该厂商的补贴额为 $CDEF$ 的面积。

通过补贴的方式对外部性的行为进行治理,在实际操作中存在困难。首先,这一理论的前提是政府具有完全信息,知道外部性的确切数量,通过补贴可以"准确"地消除外部性,而现实中这种情况难度很大。其次,对产生负外部性的行为进行补贴有违公平正义——产生污染的企业难道还需要纳税人去补贴么?因此,这类政策在执行过程中必须慎重。

需要指出的是,上述税收和补贴政策都不一定完全将外部性内在化,或者将外部性影响降为零,它们只是在一定程度上有内在化的作用,在某种程度上缓解边际个人收益和边际个人成本与边际社会收益和边际社会成本的偏离,从而使资源配置得到帕累托改进。

3)政府管制

政府管制是指政府为了限制企业排污等带来负外部性的经济行为,通过适当的管制机构进行管理和控制。这种办法简单明确,有助于信息的披露;同时由于政府机构具有权威性,可以快速对可能产生负外部性的经济行为加以制止,保证资源的有效配置和经济的顺利运行。但是,该方法也产生了很多实际问题。

4)法律制度

法律制度也是纠正外部性作用的重要手段。通过法律明确规定产权归属,制定相关的法律措施,如环境保护法和相关的污染控制法等,可以使生产者明确自己的责任和义务,同时帮助消费者了解自己的权利和义务。例如,消费者可以起诉污染的企业以获得赔偿,可以使其负外部性内在化。法律对生产者和消费者的行为都具有巨大的约束力,是维护经济正常运行和减少不确定因素的重要途径。

4.3 信息不对称与垄断

完全竞争是给定完备信息的,也就是说,如果要保证市场满足资源配置的帕累托效率条件,那么,商品的供求双方应是信息对称的。然而,现实情况是信息在买卖双方之间存在着不对称,导致市场竞争的低效。另一方面,市场完全竞争的条件无法满足,达到垄断、寡头的程度,导致市场竞争机制失效。上述两种情况都是对社会福利的弱化。为了减少这两种情况对社会福利的弱化,需要市场之外的力量来纠正它们带来的负面影响。

4.3.1 信息不对称

信息不对称是信息经济学中的一个重要理论,它是由三位美国经济学家——约瑟夫·尤金·斯蒂格利茨(Joseph Eugene Joe Stiglitz)、乔治·阿克尔洛夫(George A. Akerlof)和迈克尔·斯彭斯(Michael Spence)提出的。该理论认为,市场中卖方比买方更了解有关商品的各种信息;买卖双方中拥有信息较少的一方会努力从另一方获取信息;掌握更多信息的一方可以通过向信息贫乏的一方传递信息而在市场中获益;买卖双方中拥有信息较少的一方会努力从另一方获取信息;市场信号显示在一定程度上可以弥补信息不对称的问题;信息不对称是市场经济的弊病,要想减少信息不对称对经济产生的危害,政府应在市场体系中发挥强有力的作用[①]。这一理论对很多市场如商品市场、保险市

---

① 资料来源:http://baike.baidu.com/link? url = 1xpVn-vSvPpJrS8ug089K69oN9VAHMclDdTzN8NTu-HnKOMmnSI3dgs4fiSZJD44.

场、股票市场等发生的现象给予了解释,帮助人们更好地了解经济现象。比如在就业市场上,一个正在找工作的人对于他自己的能力和特长的了解要比雇主的信息多,之所以有凭文凭找工作和面试环节,就是为了更多地了解求职者的信息,降低信息不对称所引起的低效率发生的可能性,从而使得雇主可以雇佣到自己想要的人才,同时也可以帮助求职者寻找到真正合适自己的工作。

信息不对称产生的原因主要有以下几点。第一,买卖双方都不能完全掌握对方的信息。比如消费者通常无法知道产品的真正价值,当然也就不能确定当前买家给出的价格是否合理,只能通过保质期的长短和价格的变化等渠道来估计产品的真正价值,但是这种估计并不一定是准确的,这就是信息不对称。第二,社会分工的细致化。如今社会中有许许多多不同的行业,每一个行业都有许多专家学者进行研究,同一行业的专家研究的侧重点都不一样,专家之间都未必了解对方所研究的知识,对于不同行业的人来说更不可能了解,所掌握的知识的差距越来越大,从而就会形成信息的不对称。第三,个人信息的存在。每个人都是独立的个体,每个人都有不同的喜好,由于人本身是复杂而又难以捉摸的,就会隐藏一些个人的信息,导致信息的不对称性。

由于信息不对称的存在,拥有较多信息的一方就有可能利用其优势进行一些欺诈行为等,为自己谋取私利,而这种行为往往都是建立在损害对方利益的基础之上的。更主要的是,由于信息的不对称性导致市场无法通过自我调节达到帕累托最优的均衡状态,从而导致市场资源配置的无效性,进一步导致市场失灵。

信息不对称可以有很多种形式。根据发生的时间不同,在交易双方签订合约之前的称为事前信息不对称,在交易双方签订合约之后的称为事后信息不对称。而我们通常把研究事前信息不对称的理论称为逆向选择(adverse choice/adverse selection),这一现象通常发生在商品市场中;把研究事后信息不对称的理论称为道德风险(moral hazard),这一现象通常发生在保险市场中。下面我们就对这两个理论进行具体分析。

1. 逆向选择

逆向选择是由乔治·阿克洛夫于1970年发表的《"柠檬"市场:品质不确定性与市场机制》一文中开创的,是指在合同签约之前,一方已经掌握了比另一方更多的信息,并且利用这一优势做出对自己有利而损害他人的决策。这一现象会导致市场无法有效配置资源,从而影响经济效率和市场效率。逆向选择一般发生在商品市场买卖双方的经济活动中。例如,在正常情况下,商品价格下跌,需求量就会上升,商品价格上升,需求量就会减少,但是由于信息不对称性,消费者有理由认为价格上升,商品的平均质量会随之上升,对消费者而言,商品质量如果太低,即使价格很低也不会购买,而商品价格很高,若是质量很好,消费者也会购买。

逆向选择的例子很多,其中"二手车"最为经典。在旧车交易市场中,如果一个人买了一辆新车,刚驾驶几天就想把它卖掉,此时该车就为二手车,你必须降价才能把它卖出去。如果该旧车市场是完全竞争市场,没有涉及质量问题。引入质量问题后,如果消费者及其他人都拥有完全信息,消费者将根据不同旧车的质量支付不同的价格,市场资源得到了有效配置。但是,如果旧车市场信息不对称,也就是说,消费者只知道旧车有不同的质量,但无法辨别哪些旧车质量高,哪些旧车质量低。在这种情况下,消费者往往根据价格判断旧车的平均质量,并且有理由相信,随着某种商品价格的上升,该商品的平均质量也将上升。消费者愿意接受的价格只是所有旧车价值加权得到的平均值,如果按照平均值支付,就会导致一些质量高于平均水平的卖者退出交易市场,只留下质量较低的产品,也就是旧车市场逐渐就会演变成只有低质量的二手车出售的市场,而没有高质量的二手车出售,低质量的旧车将高质量的旧车挤出了交易市场。这就是出于信息劣势的消费者由于逆向选择引发的必然情况,其结果就是随着消费者出价越来越低,留在交易市场上旧车的质量也越来越低,旧车的数量也越来越少,最终导致没有交易,市场彻底萎缩,即整个市场的失灵现象。但是,一旦消费者能够完全掌握旧车的质量,就不会发生这样的现象,每个人都可以按照自己的愿望买到自己想要的车,这样买卖双方都会有收益,是双赢的状态,而信息不对称断送了双方互惠互利的机会。

2. 道德风险

道德风险是 20 世纪 80 年代西方经济学家提出的一个经济哲学范畴的概念,也可以称为败德行为。与逆向选择相对应,道德风险是指在交易双方签约后,一方在使自身利益最大化的同时损害了另一方的利益,而且不承担由此造成的全部后果。也就是说,在签约前,交易的一方向另一方隐瞒实情,使另一方在无法掌握全部信息的情况下做出决策;然而在签约后,一方做出对另一方不利的事情。道德风险其实是一种特殊的博弈,决策者选择不同行动和策略的博弈,同时这种选择会影响结果。

道德风险主要发生在保险市场上保险公司与投保人之间。在保险市场中,保险是一种特殊的商品,它由专门的保险公司提供,其价格就是保险费用。以汽车保险为例,在购买汽车保险的人群当中,有一些人开车不谨慎,有一些人喜欢酒后开车等。如果保险公司能够在所有购买保险的人中辨别出这些具有高危驾车行为者,并提高他们的保险金额,就会弥补可能产生的损失。然而由于信息的不对称,这些人通常都会对保险公司隐瞒自己的弱点,导致保险能做的只是在续签保险合同的时候,对那些出过事故的人提高保险价格。然而,总会有一些积极购买汽车保险的高危人群,在购买保险之前将自己伪装得很好,开车小心翼翼,生怕出现闪失从而发生损失;一旦购买到保险就会恢复本性,不再像以前那样认真开车,因为这时候发生的损失不再只由投保人自己承担,保险公司也会承担一部分甚至全部。我们将这样的行为称为"败德行为"。

另外,道德风险也存在于"委托-代理"过程中。代理人利用其拥有的信息优势采取委托人所无法观测和监督的隐藏行动或不行动,从而导致委托人受损或者代理人受益的可能性。对于这种现象产生的低效率结果,我们通常采用激励机制解决。比如将委托人和代理人"捆绑"起来,两者的利益是一致的,代理人获益的同时委托人也会获益,委托人损失代理人不可避免地也会遭受损失;或者委托人可以利用股权激励或者报酬激励的办法使代理人朝着为委托人谋利益的方向发展,从而保证市场资源的有效配置和正常运行。

详细地分析信息不对称及逆向选择和道德风险的问题已经超出了我们这部教材的内容,有兴趣的读者可以参看相关书目,这里不再赘述。

3. 信息不对称的对策

由于信息不对称的存在,市场资源无法得到有效配置,从而导致市场失灵,进而影响经济的正常运行。这一问题迫切需要得到解决。

首先,市场机制本身可以解决一部分问题。在市场经济中,厂商需要根据消费者的偏好生产商品,但是,生产者无法了解全部消费者的偏好信息。这种情况,在市场经济中并不会影响厂商决策,因为它们只要掌握商品的价格和销售数量,就可以计算出商品的边际收益,从而测算出最优产量。

其次,树立良好的信誉。信誉在此处的作用是可以区分市场,即信誉高的市场和信誉低的市场。信誉高的市场商品价格自然就高,但是购买人数仍然很多,因为人们相信它的质量;信誉低的市场即使商品价格很低,也很少有人购买,因为大家都知道质量不好。因此,高质量→高价格→高销售鼓励了企业进一步保证产品的质量和销售,同时也惩罚了生产劣质商品的企业,使其难以在市场中生存。简单地说,就是信誉提高了企业诚信的收益和欺骗的成本。

最后,政府进行信息披露。市场机制并不能完全解决这一问题,在市场机制无法办到的方面就由政府解决。信息披露是指政府要保证生产者和消费者能够充分准确地获得市场上的信息,增加信息的透明度,从而有效地帮助生产者和消费者做出正确的决策,保证市场资源的有效配置。

4.3.2 垄断

垄断,通常是指少数企业为了获得高额利润,通过相互协议或者联合,对一个或几个部门商品的生产、销售和价格进行操纵和控制,即垄断厂商可以控制和操纵市场价格。

形成垄断的原因主要有:独家厂商控制了某种资源的全部供给;厂商拥有生产某种商品的专利权;政府的特许,如政府在铁路、煤电等行业实行垄断政策[①]。特别是自然垄断(natural monopoly),即由于市场的自然条件而产生的垄断,经营这些部门如果进行竞争,则可能导致社会资源的浪费或者市场秩序的混乱[②]。也就是说,这种行业可能始终呈现规模报酬递减的特征,若由两家或两家以上的厂商生产,将产生较高的平均成本,从而造成社会资源的浪费。比如电力、石油、天然气、自来水等行业。自然垄断的形成,使得一个大规模厂商能够依靠自己的规模经济来降低生产成本,使得规模经济的好处由该厂商充分加以说明。

1. 垄断的低效率

参见图 4-9,横轴表示产量,纵轴表示价格。曲线 D 和 MR 分别表示该垄断厂商的需求曲线和边际收益曲线。按照利益最大化原则,垄断厂商生产的最优点应该是边际收益等于边际成本,即 $MR=MC$,也就是图 4-9 中的 c 点。

然而在 c 点处,商品的价格高于其边际成本,并没有达到帕累托最优状态,仍然有消费者愿意额外增加一单位产量。由图 4-9 可知,垄断厂商每增加一单位产量,其总利润就会进一步提高,同时消费者的福利也会增加。而如果垄断厂商愿意在帕累托最优点 a 处生产,那么就会导致垄断厂商的利润下降。因此,为了弥补这一损失,需要消费者与垄断

[①] 高鸿业.西方经济学[M].北京:中国人民大学出版社,2010.
[②] 资料来源:http://baike.baidu.com/link? url=b5w0XsMMJhgWei1nLQ5Jwrzh8noH3uBC9tflhmXnovknHFr_3ssBMPYv1rk1G3Yv.

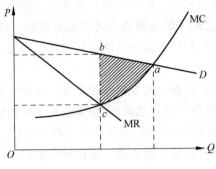

图 4-9 垄断的利润

厂商达成协议,将三角形面积 abc 的全部利益在垄断厂商和消费者之间进行合理分配(三角形 abc 的面积表示垄断厂商同意将生产由 c 点移至 a 点所产生的收益),使双方都能得到好处。

但是,在实际生活中,帕累托效率总是难以实现,因为垄断厂商和消费者之间难以协商达成一致,容易产生如何对由增加生产所得的收益在厂商和消费者之间的分配的分歧以及消费者之间如何相互分配承担垄断厂商利润的损失。另外,还有一部分消费者不愿意承担损失而享受所带来的收益,即免费搭车现象。这些都导致生产无法达到帕累托效率,从而形成低效率的资源配置状态。

2. 垄断的纠正

由于垄断常常会导致市场资源配置缺乏效率,影响经济的正常运行,因而政府有必要对其进行干预,从而有效缓解垄断带来的损失。政府对垄断的管理有很多种方式,概括地说,主要有以下几种方式。

1) 价格管制

如图 4-9 所示,根据利润最大化原则,垄断厂商的生产决策遵守边际收益等于边际成本原则,即 MR=MC。由于垄断厂商是市场价格的制定者,厂商可以自行制定高价获得垄断利润,从而扭曲了社会分配结构,降低了消费者福利。在图中显示就是在没有管制的情况下,垄断价格大于边际成本,其均衡点是缺乏效率的。如果政府进行价格管制,使价格等于边际成本,这一做法是可以提高效率的,并且实现了帕累托最优。但是,在上述管制下,由于垄断厂商的价格仍有可能大于平均成本,也就是说,垄断厂商仍然可以得到利润。政府为了公平起见,使价格等于平均成本,此时就会发生价格过低、产量过高甚至亏损的现象。

那么,政府应该如何应对这种两难境地呢?主要的解决办法就是建立一个合理的使用费(user fee)机制。从理论和世界各国的实践经验看,目前比较常见的是平均成本定价、边际成本定价加一次总付税及拉姆齐法则定价。这些内容在后续章节中将有详细阐述,这里不再赘述。

2) 税收调节

政府可以通过对垄断企业征税,将垄断厂商凭借垄断地位所获得的垄断利润转移至政府手中,政府再将这笔税收投入到公共事业中去,实现资源的再配置,从而弥补由垄断造成的资源配置的无效性。

3) 法律

针对垄断行为,国家最强烈的反应就是制定反垄断法或反托拉斯法。西方很多国家都制定了相关法律,最为突出的就是美国。美国推出了一系列法案反对垄断,例如谢尔曼法、克莱顿法等,统称为反垄断法。美国的这些反托拉斯法规定,限制贸易的协议或共谋、垄断或企图垄断市场、兼并、排他性规定、价格歧视、不正当的竞争或欺诈行为等,都是非法的。

4.4 中国的实践

新中国成立以来,特别是改革开放之后,我国的经济发展取得了举世瞩目的成就,但与此同时,诸如公共品供给数量和质量、资源环境状况局部恶化也使我们付出了巨大的代价。

以环境问题为例,国家每年发布的环境状况公报以及环境监测指数都表明,目前中国面临的环境形势不容乐观。2012年开始,有的省份和地区开始不断出现持续性大面积雾霾天气,环境污染状况不仅没有得到改善,甚至出现加剧恶化的态势。

当代中国环境政策的形成是在1972年联合国人类环境会议后开始起步的,到如今已有30余年的历史。30年中,中国的环境政策伴随着市场经济体制的逐步建立而不断发展,由最初的完全政府管制到开征以市场为基础的矫正性税收和排污费,而后在2001年出现排污权试点。

20世纪70年代到80年代,中国的环境政策主要是直接管制型的环境政策。特点就是以政府为主导,通过制定法律法规和行政命令来强制性控制污染,注重末端治理。这个时期代表性的环境政策很多。1973年国务院成立环境保护领导小组及其办公室,并在全国推动工业"三废"(废气、废水、废渣)的治理。1979年颁发《环境保护法(试行)》。20世纪80年代起形成"预防为主、防治结合"、"谁污染谁治理"、"强化环境管理"三项政策和"环境影响评价"、"三同时"、"排污收费"、"目标责任"、"城市环境综合整治"、"限期治理"、"集中控制"、"排污登记与许可证"八项制度。

根据污染者付费原则(polluter pays principle, PPP),1978年12月31日,中共中央批准了国务院环境领导小组的《环境保护工作汇报要点》,第一次正式提出要实施排污收费制度。并在1979年颁布的《中华人民共和国环境保护法(试行)》第十八条中规定:"超过国家规定的标准排放污染物,要按照排放污染物的数量和浓度,根据规定收取排污费。"这是市场化工具在中国环境政策领域第一次以法律形式得到确认。到目前,中国已经制定了污水、废气、废渣、噪声、反射性五大类100多项排污收费标准。1988年国家环境保护局颁布了《水污染物排放许可证管理办法》。排污收费以及排污许可证工具的目的是使企业污染的边际成本等于边际收益,这样能够达到有效地鼓励企业进行技术改造以减少污染行为,但在具体实践中,排污收费工具往往成为政府部门获取收益的重要手段,排污收费工具的积极效应有限。进入21世纪以来,中国环境发展过程中所带来的环境问题越来越严重,国家在发展经济和保护环境之间平衡的道路上,尝试着循环经济、绿色GDP以及科学政绩观等在环境政策导向中的作用。排污收费工具、排污权交易工具、税收以及绿色信贷工具在国家政策层面不断完善,在环境污染领域探索逐步成熟。环境税作为一种新型的环境政策中的市场化工具,从是否应该征收这个层次上的讨论转化为如何征收这一层次的讨论,其间可以看出市场化工具越来越受到关注。

在环境政策的市场化过程中,排污权交易制度在中国得到发展。1999年国家环境保护总局与美国环保局开展国际合作,在理论层次上对中国引入二氧化硫排污权交易活动进行可行性分析。2002年在亚洲开发银行和其他科研机构的帮助下,山西省太原市政府制定了《太原市二氧化硫排污交易管理办法》,同年3月国家环境保护总局印发了《关于开展"推动中国 SO_2 排放总量控制及排污交易政策实施的研究项目"示范工作的通知》,决定在山东省、山西省、江苏省、河南省、上海市、天津市及广西壮族自治区柳州市开展"两控区"SO_2 排放总量控制及排污交易政策实施的研究项目示范工作,之后又追加华能集团作为试点企业集团进入总量控制和排污交易试点,即"4+3+1"项目(四省三市一企业)。2007年11月10日,国内第一个排污权交易中心在浙江嘉兴挂牌成立,标志着中国排污权交易逐步走向制度化、规范化和国际化。2009年4月8日,受浙江省杭州市环保局委托,杭州产权交易所在杭州市公共资源交易中心拍卖厅对排污配额进行公开交易,总成交额达2 980万元人民币;2013年10月23日,江苏省首次大气排污权交易在苏州环境能源交易中心顺利进行,总成交额约5 300万元人民币;河北省环保厅印发通知要求河北省未开展排污权交易的区市和定州市、辛集市开展排污权交易。

4.5 小　　结

福利经济学的基本观点是高度个人主义,它和"理性人"的假设是一样的,即人们都在追求个人利益最大化的目标。好的社会和经济情况是能够使国家的每个社会成员都感到幸福。然而现实生活中,由于人们的利己性,常常会做出一些有利于自己但有损于他人的行为,使得资源无法得到有效配置。这就为政府干预创造了条件。政府会利用自身的优势,比如权威性等来制定一些政策或者法律法规来规范和引导市场的健康运行,从而保证市场资源的有效配置。但是并不是所有的市场失灵政府都可以有效弥补,或者说市场失灵的地方政府也不一定能够做得更好,在某些问题上,由政府部门解决外部性或其他问题产生的成本,可能会超过该问题本身产生的成本,例如寻租问题,这样就会导致市场资源配置更加无效,市场就会混乱。

另外,还可以利用福利经济学来评价公共政策的有效性。政府干预市场失灵必然会使资源重新配置,那么就可以利用福利经济学来评价这种配置是否合理,是否能够缓解市场失灵问题,是否能够使社会大众感到幸福或者说使大众认为自己的福利增加了。如果答案是肯定的,那么我们就会继续按照这样的配置方式调节资源,使资源配置得到进一步的优化;相反,如果答案是否定的,我们就应该重新审视配置方式。考虑是否应该由政府继续干预,或者寻找其他的干预方式优化资源配置,比如可以将政府干预与市场干预有效地结合起来,使两种干预方式都充分发挥各自的优势,取长补短,共同实现优化配置社会资源的目标。

本 章 要 点

- 公共品的特征是非竞争性和非排他性。并且它的有效提供要求每个消费者的边际效益之和等于边际社会成本。
- 公共品的特征决定了其不能由市场机制有效提供,而应该由政府来提供。
- 政府提供不等于由政府部门生产,政府提供也可由私人部门生产。
- 外部性包括正外部性和负外部性。正外部性是一个人的经济活动会给他人带来好影响。负外部性是指经济活动会给他人带来损失。
- 不论是正外部性还是负外部性,都会导致市场资源不能有效配置,因此就需要将边际外部收益和边际外部成本考虑在边际个人收益和边际个人成本之内,实现边际社会收益和边际社会成本相等。
- 对外部性的纠正措施主要有市场机制和政府机制。其中市场机制主要包括一体化、科斯定理和社会制裁。政府机制主要包括税收、补贴、政府管制和法律制度等。
- 科斯定理是指在产权明确的条件下,只要交易成本为零或很小,则无论开始产权归属于谁,市场均衡的最终结果都是有效率的。但它也有局限性。
- 庇古税是由庇古提出的对污染征收的一种税收,它遵循"谁污染谁付费"的原则对污染者进行征税,从而保证污染者的边际私人成本与边际社会成本相等。
- 信息不对称是指一方所掌握的信息多于另外一方,这也容易引起一方对另一方的欺诈行为,影响市场资源的有效配置。信息不对称可以根据时间发生的不同划分为逆向选择和道德风险问题。
- 逆向选择通常发生在商品市场上买卖双方之间,指在交易之前,一方掌握比另一方更多的知识,从而做出有利于自己的行为决策。
- 道德风险通常发生在保险市场,指在签约之后,一方在使自己利益最大化的过程中损害另一方的利益,并且不对其承担任何责任。
- 垄断也是导致市场失灵的原因之一,由于垄断厂商可以自行决定产品的价格,从而可以获得高额垄断利润,这一行为导致市场资源分配缺乏有效性。

主 要 概 念

☞ 公共品
☞ 私人产品
☞ 准公共品
☞ 俱乐部产品
☞ 免费搭车者
☞ 公共资源
☞ 外部性

- 科斯定理
- 一体化
- 庇古税
- 信息不对称
- 逆向选择
- 道德风险
- 垄断

思 考 题

- 公共品的特点。
- 公共品和私人产品的区别。
- 免费搭车者问题。
- 外部性对市场资源配置的影响。
- 市场机制纠正外部性影响的办法。
- 政府机制纠正外部性影响的办法。
- 简述科斯定理。
- 信息不对称产生的原因。
- 简述逆向选择理论。
- 简述道德风险理论。
- 简述垄断与市场失灵的关系。

第5章 财政与收入分配

> 严重的不平等不受社会欢迎,而极端的不平等,某些人会认为,简直就是野蛮状态。不仅如此,不平等的感觉还可能侵蚀社会的凝聚力,某些类型的不平等甚至还会阻碍实现效率。
>
> ——[印]阿马蒂亚·森《以自由看待发展》

社会产品分配包括初次分配和再分配。市场经济体制下,国民收入分配的初始阶段客观上决定于要素分配,即各种收入首先是以要素投入为依据,要素收入决定要素产出。市场自发运行的结果所呈现的收入、财富和福利分布,经常和社会认同的公正标准相悖,造成分配不公平,使社会公众难以接受,这样,客观上要求有一种实现公平的再分配机制。政府在财政经济活动过程中不仅要充当"配置阀"的角色,还要当分配的"安全网",既参与由价格形成的起始阶段的要素分配,又参与在要素分配基础上的再分配,在社会产品分配和再分配过程中都发挥了不可替代的作用。政府的最大支出并不是体现在资源配置方面,而是将社会财富如何合理地从一个群体再分配到另一个群体,保证全社会个体成员能够以合理的方式、经济的过程享受到充分的福利和帮助。孔子曾经说过,"大道之行也,天下为公,选贤与能,讲信修睦。故人不独亲其亲,不独子其子;使老有所终,壮有所用,幼有所长,鳏寡孤独、废疾者皆有所养……是谓大同。"这段话勾勒出一幅美好的图景,也是政府存在的理由和努力方向之一。

本章的目的,在于阐述财政的收入分配职能。首先对分配的相关理论进行分析,在此基础上,探讨社会分配的"短板"——贫困及贫困者阶层的状况改善,再次,分配覆盖全社会的重要的社会保障问题。我们还将对中国改革开放以来的实践进行分析和研究。

5.1 财政再分配:数据、依据与评价

不平等是生活中的一个普遍事实。帕累托提到了"20/80"规律,他注意到,在大多数社会中不是平均分配的,大约20%的人口控制了80%的财富。他进而明确推断出一个更为一般性的规律,即"小部分的要素几乎总是产生大部分的结果"。事实上,现实生活中同时存在着结果的不平等和收入的不平等,许多围绕当前和预期中的政府支出和税收政策的分析和评论都对收入分配政策的影响以及这些政策是否公平或者公正的问题予以了关注。

5.1.1 收入分配状况

1. 特征化事实

对收入分配基本状况进行描述的方法主要有两种:一种是社会财富在全社会不同收

入阶层之间的分布,另一种是社会低收入水平的人口比重。以美国为例,用上述方法得到以下数据化事实。

1) 社会财富在全社会不同收入阶层之间的分布

美国人口普查局(United States Census Bureau)公布的20世纪60年代以来部分年度的收入分配数据显示,美国社会收入分配不公平的程度很大。如表5-1所示,到2012年,最富有的20%人口的收入占总收入的比重已经超过50%,而最穷的20%人口的收入占总收入的比重不到3.5%;不仅如此,按照时间序列考察,不公平的程度提高了,2012年收入水平最低的40%人口收入比重(11.7%)比30年前(1982年的14%)低了2.3%。

表5-1 部分年度的家庭收入分配

年度	比重					
	最低20%	次低20%	中间20%	次高20%	最高20%	最高5%
1967	4.0	10.8	17.3	24.2	43.6	17.2
1977	4.2	10.2	16.9	24.7	44.0	16.8
1982	4.0	10.0	16.5	24.5	45.0	17.0
1987	3.8	9.6	16.1	24.3	46.2	18.2
1992	3.8	9.4	15.8	24.2	46.9	18.6
1997	3.6	8.9	15.0	23.2	49.4	21.7
2002	3.5	8.8	14.8	23.3	49.7	21.7
2004	3.4	8.7	14.7	23.2	50.1	21.8
2011	3.4	8.4	14.3	23.0	51.1	22.3
2012	3.4	8.3	14.4	23.0	51.0	22.3

注:包括货币收入、实物转让价值。

资料来源:U.S. Bureau of the Census. 2005b(Table H-2)&2012(Table 2).

这种不公平的情况不仅出现在美国,在所有发达国家都存在,只是程度轻一些(Glaseser,2005)[1]。那么,其他类型的国家呢?是否也具有此类现象?

2) 低收入人口比重

为了说明问题,引入贫困线(poverty line)这一概念,用以描述维持最低生活水平所需要的相对固定的实际收入水平。根据美国社会保障管理局(The Social Security Administration)的莫里·奥山斯凯(Mollie Orshansky)于1963年提出的一个方法,官方贫困线是由一个成员数量既定的普通家庭花费在食品上的收入份额决定的。官方贫困线在不同年度要根据生活成本的变化进行调整。与此相关的还有其他几个概念。贫困率(poverty rate)是货币收入(税前收入加上来自于政府现金形式的转移支付收入)低于官方贫困线的人们或者家庭在总量中所占的比重。比如,两个人分别拥有低于贫困线2 000元的收入较之于一个人拥有低于贫困线5 000元收入的情况是否更加糟糕呢?这的确需要依靠价值判断标准。为解决这个问题,政府开始测定贫困差距(poverty gap),也被称为收入赤字(income deficit),是指每一个收入低于贫困线的居民(家庭)的实际收入与贫困

---

[1] 转引自哈维·罗森.财政学[M].第8版.北京:中国人民大学出版社,2009:245.

线之间的差额。按照这个标准,如果有两个人拥有低于贫困线 2 000 元的收入,那么贫困差距就是 4 000 元;有一个人拥有低于贫困线 5 000 元的收入就意味着贫困差距是 5 000 元。诸如此类,不一而足。不过,按照罗森的意见,虽然在确定何为"维持"时存在着明显的人为判断,但是,贫困线仍然是一个很有说服力的基准概念。表 5-2 显示了美国 2011 年以家庭为单位的贫困标准。例如一个六口之家,包括丈夫、妻子、两名不满 18 周岁的小孩、两位老人,那么按照年收入计算,贫困线为 31 643 美元。

表 5-2 美国家庭贫困标准(2011)

Size of family unit	Weighted average thresholds	Related children under 18 years								
		None	One	Two	Three	Four	Five	Six	Seven	Eight or more
One person(unrelated individual)	11 484									
Under 65 years	11 702	11 702								
65 years and over	10 788	10 788								
Two people	14 657									
Householder under 65 years	15 139	15 063	15 504							
Householder 65 years over	13 608	13 596	15 446							
Three people	17 916	17 595	18 106	18 123						
Four people	23 021	23 201	23 581	22 811	22 891					
Five people	28 251	27 979	28 386	27 517	26 844	26 434				
Six people	30 847	32 181	32 309	31 643	31 005	30 056	29 494			
Seven people	35 085	37 029	37 260	36 463	35 907	34 872	33 665	32 340		
Eight people	39 064	41 414	41 779	41 027	40 368	39 433	38 247	37 011	36 697	
Nine people or more	46 572	59 818	50 059	49 393	48 835	47 917	46 654	45 512	45 229	43 487

Source:U. S. Census Bureau.

图 5-1 显示了美国处于贫困线以下的人口数量和比率的变化情况。由图可知,2012 年美国有 15% 的人口处于贫困线以下,人口数量达到 4 650 万人。

那么,在总的贫困人口中,哪一类人群贫困水平较高呢?表 5-3 显示了美国 2012 年不同人口群体中处于贫困线以下的人口比例。表中显示,贫困现象尤为普遍,其中,黑人和西班牙裔的贫困率远远高于总人口的贫困率;18 岁以下、单身家庭贫困率较高。

表 5-3 贫困人口结构性分布(2012)

组 别	贫困率/%	组 别	贫困率/%
全部人口	15	—	—
其中:白人	12.7	18 岁以下	21.8
黑人	27.2	19～64 岁	13.7
亚裔	11.7	65 岁以上	9.4
西班牙裔	25.6	单身母亲	30.9
其他	—	单身父亲	16.4

资料来源:U. S. Bureau of the Census. 2012(Table 4).

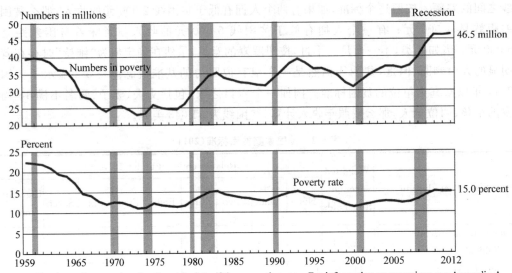

图 5-1 美国贫困人口数量和贫困率(1959—2012)

2. 收入分配的测度

1) 五分法和十分法

表 5-1 中列示了从所选年度的美国社会收入分配数据中获取的有关收入在家庭间进行规模分配(size distribution)的情况。为了获得规模分配的情况,根据家庭每年的现金收入(含实物转让价值)进行排列,并分成五组,每一组包含了家庭总数的五分之一。第一组家庭是收入水平最低的20%家庭,第二组是收入水平次低的20%家庭……以此类推,第五组是收入最高的20%家庭。该表列示了在每一个五等分组中家庭所获得的收入在总收入中的比重情况,这种划分收入的方法被称为五分法。收入是以现金形式进行测定的,它也包括来自于政府的转移性收入,如社会保障和福利支票等,但排除了非现金形式收入,如来自于雇主的附加福利(fringe benefits)和政府实物性质的转移支付,如健康保险制度(medicare)或医疗补助计划(medicaid)。这种测定方法也将资本利得排除在外,而且测定的是税前收入。

以 2012 年为例,如果把全社会所有家庭的总收入看作是一个大馅饼,五分法把家庭按照收入水平分为五个组成部分,其中,收入水平最低的20%家庭仅占有馅饼的3.4%,收入水平次低的20%家庭仅占有馅饼的8.3%,收入水平最高的20%家庭占有51%。如果再细分,可以把家庭按照收入水平分为 10 个组成部分,每 10% 划分为一个组,这称为十分法;同理,还可以把家庭按照收入水平分为 20 个组成部分,每 5% 划分为一个组……如表 5-1 的最后一列显示了收入水平最高的 5% 家庭占有总收入的 22.3%。

2) 洛伦兹曲线和基尼系数

一张图可以抵得上千言万语,因而对收入的分配进行图解是很有用的。洛伦兹曲线(Larenz curve)提供了一种对收入分配的解释。如图 5-2 所示,纵轴表示不同比重的家庭所获得收入比重的累计情况;横轴表示按照收入进行排序的家庭数量比重累计情况;对角线是公平线(equality line)，表示每一组家庭获得收入的假定情况。因为收入不是平等地分配的，洛伦兹曲线位于公平线之下，不平等程度越大，洛伦兹曲线偏离公平线的距离就越远。如果洛伦兹曲线为对角线(45°角)的直线，表示收入分配绝对平均；如果与正方形的底边和右边重合，表示绝对不公平。实际收入分配都是处于两种极端情况之间，显示为凸向横轴的曲线。

作为说明，图 5-2 中的洛伦兹曲线是这样画出来的：将某一年度家庭收入情况进行排列，并按照五分法进行分组。其中，a 点表示最低收入的一组家庭得到 4.2% 的收入，b 点表示最低收入和较低收入的两组家庭获得 14.1% 的份额，c 点表示从最低到中等收入的三组家庭总共获得 29.8% 的收入，d 点表示从最低到较高收入的四组家庭获得 52.7% 的收入。

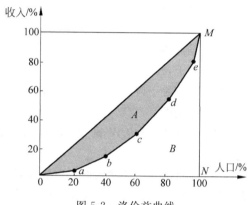

图 5-2　洛伦兹曲线

基尼系数(Gini ratio)，也被称为收入集中程度系数(coefficient of income concentration)，由意大利经济学家基尼(Corrado Gini，1884—1965)于 1912 年提出，是国际上用来综合考察居民内部收入分配差异状况的一个重要分析指标，也是目前测度收入分配的公平程度最为流行的做法。如图 5-2 所示，基尼根据洛伦兹曲线进行测度。设实际收入分配曲线和收入分配绝对平等曲线之间的阴影部分面积为 A，实际收入分配曲线右下方的面积为 B，以 A 除以 $(A+B)$ 的商表示不平等程度，这个数值被称为基尼系数或称洛伦兹系数。它是一个比值，数值在 0 和 1 之间。如果 A 为 0，基尼系数为 0，表示收入分配完全平等；如果 B 为 0 则系数为 1，收入分配绝对不平等。收入分配越是趋向平等，洛伦兹曲线的弧度越小，基尼系数也越小；反之，收入分配越是趋向不平等，洛伦兹曲线的弧度越大，那么基尼系数也越大。

除了上述指标外，库兹涅茨指数、阿鲁瓦利亚指数、贫困指数以及沃尔森的极化系数等也可以作为测度标准。

5.1.2　再分配的理论依据

收入分配无疑是不公平的。要想使这种不公平的状况得以缓解，首先考虑的问题在于基于什么理论构建公平，因为毕竟，100 个人分一个馅饼，每人获取 1% 或根据制作馅饼过程中劳动付出大小获取相应比例的标准截然不同。这里，我们讨论在这个问题上的几个主要的观点。

1. 简单的功利主义

19世纪初,英国的功利主义哲学家杰瑞米·边沁和英国古典经济学家约翰·斯图亚特·穆勒提出了功利主义社会福利函数(utilitarian social welfare function),它的基本论点是,社会的福利取决于该社会成员的福利。如果社会上有 n 个人,第 i 个人的效用为 U_i,则社会福利 W 与个人效用具有的函数关系为

$$W = F(U_1, U_2, U_3, \cdots, U_n)$$

其意义在于,假定在其他条件相同的情况下,任何一个人的效用 U_i 增加,W 就会增加。任何变化,只要使某人的境况变好,而又不使任何人的境况变坏,就会增加社会福利。

功利主义对政府是否应该进行收入再分配给出了直截了当的观点,即只要能增加 W,就要进行收入再分配。上面函数的一个特例在于

$$W = U_1 + U_2 + U_3 + \cdots + U_n$$

即社会福利是个人效应的简单加总,被称为可加的社会福利函数(additive social welfare function)。衍生的意义在于,社会福利固然希望所有人的境况都不变坏,但是如果总福利提高,即使有些个人的福利是下降的,而有些人的福利是提高的,只要下降之和小于提高之和,也是社会福利可接受的。

以该理论为依据,政府的预期在于,给定 W 最大化,在满足以下假设条件的情况下,能够实现社会福利最大化目标。

(1) 每个人都有相同的效用函数,并且这种函数仅取决于各自的收入。

(2) 效用函数存在着边际效用递减,即随着收入递增,境况会变好,但是变好的速度是递减的。

(3) 可获得的收入总量是固定的。

但是应该看到,虽然所得到的结果比较乐观,但是这种乐观是建立在理想化的前提之上的。理由在于以下几点。

(1) 个体的效用函数是否相同无法确定。

(2) 虽然某一物品的消费存在着边际效用递减,但是全部物品的边际效用是否如此则值得推敲。

(3) 收入总量可能是固定的,在这里是假定效用取决于收入。但是,除了收入外,效用是否还可能取决于其他因素呢?比如闲暇?如果把它加入评价效用的函数,为了使效用最大化,应该在闲暇、收入之间如何实现匹配呢?同时,税收和补贴的作用如何影响收入总量以及由此带来的对效用的影响呢?

因此,我们得出结论,简单的功利主义在实现政府分配政策目标过程中的确是"简单"了些。

以下的埃奇沃思箱型的最优收入分配模型(optimal income distribution model)比较形象地揭示了简单功利主义的理论内涵,见图5-3。

如果具有较低收入家庭的分配权数大于具有较高收入家庭的权数,政府是否应当对收入进行再分配直到他们的收入相等呢?埃奇沃思(F. Y. Edgeworth)分析指出,在某些假设条件下,均等确实是收入的"最优"配置。如图5-3所示,收入在两人之间进行分配。

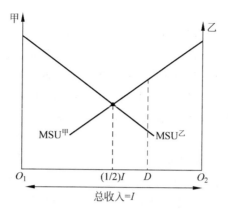

图 5-3　最优收入分配模型

假定经济中收入总量不变,等于 O_1O_2 的距离;参与人甲获得的收入数额用原点 O_1 右边的部分表示,而参与人乙获得的收入数额则由原点 O_2 左边的部分表示。由参与人甲额外增加 1 元收入所增加的社会福利,被称为参与人甲收入的社会边际效用(用 $MSU^甲$ 表示),用左边的纵轴表示,而参与人乙的社会边际效用($MSU^乙$)则用右边的纵轴予以表示。向下倾斜的 $MSU^甲$ 曲线表明,随着参与人甲的收入的增加,他的收入的社会边际效用下降,因为社会福利无差异曲线反映了不公平偏离度(纵向公平)。$MSU^乙$ 显示了参与人乙的同样的情况。由于参与人甲和乙的效用函数相同,$MSU^甲$ 和 $MSU^乙$ 互为映象,理由在于社会福利无差异曲线是对称于公平线(横向公平)的。两条社会边际效用曲线以下的面积之和等于社会福利水平。

假定当前的收入分配点在 D 点,此时参与人甲获得收入 O_1D,而参与人乙则获得收入 O_2D。在这种分配情况下,甲收入的社会边际效用就小于乙收入的社会边际效用(因为甲的收入更多)。如果采取某种措施,比如课税,将收入多的甲的一部分收入征收上来,并转移支付给收入少的乙,那么社会福利水平(两条曲线下方的面积之和)将得到提高。当两条曲线相交时,社会福利获得最大化,在埃奇沃思假设条件下,当经济中的总收入被这两个人平均获得时就会出现这一结果。当参与人甲和乙获得同样数量的收入时,他们的社会边际效用是相等的。显而易见,纵向公平要求政府实施这一项激进的税收和转移支付政策,使得收入在家庭之间得以"熨平"。

2. 极大极小准则(maximin criterion)

极大极小准则也称罗尔斯标准,是美国哲学家、伦理学家约翰·罗尔斯(John Rawls,1921—2002)在其于 1971 年出版的《正义论》中对收入分配提出的洞见。他认为,财政政策目标应该是实现社会状况最差的人的福利最大化。

罗尔斯首先把正义观念确定为"作为公平之正义",并用两个正义原则——平等原则和差异原则——来保障,即规定了两条"优先性原则",以明确两个正义原则中各要素的权重,第一条优先性原则确立了"自由的优先性",第二条优先性原则确立了正义对于效率和福利的优先性。

实现社会公平正义要关注社会底层成员,强调的是处在收入分配最下层中的那些人

效用的最大化,即

$$W = \min(U_1, U_2, U_3, \cdots, U_n)$$

这一福利函数表明,社会福利仅取决于社会效用最低的人的效用。罗尔斯认为,在初始状态下,每个社会成员处于无知状态,每个社会成员都是风险厌恶者。在这种情况下,他们都同意资源的平均分配,如果不能平均分配,就应该使福利最低者的个人福利能够增加。只有当效用最低的人的处境得到改善时,社会福利才有增长。他指出,最大化标准并不会导致一个完全平等的社会,因为那样会使人们失去勤奋工作的努力,从而造成社会总收入的减少,穷人的状况会更加恶化。在收入上可允许一定限度的不平等,因为不平等可以增强激励,从而最终提高帮助穷人的社会能力。罗尔斯社会福利函数看起来具有较强的平均主义倾向,实际上它的核心思想是强调要关注弱势群体的福利;同时,也改善优势群体的福利。

罗尔斯的分配正义论更为关心的是最不幸的社会成员,要求政府的收入分配政策向他们倾斜,选择公正的收入分配政策,目的是让社会上效用最低的人福利最大化。为此,政府推行收入分配平等化的公共政策,把富人收入转移给穷人,使社会增进了效用最低的福利,力求使社会中的每个人都能从这种不平等的改进中获益,这种分配才是正义的。政府的收入再分配是社会保险的一种形式,在向富人征税来补助穷人时,每一个社会成员也就为防止自己成为穷人进行了保险,使每个人生在一个有保险的社会中。

然而罗尔斯的理论也引起了很大的争议。首先,一些学者认为人们理性的自利的行为不一定会同意以改善最差处境人的福利为优先。其次,多数人都是风险厌恶的,不愿意冒任何风险减少自己的利益;但是,如果有可以得到更高收入的机会,人们也许会愿意冒变穷的风险。最后,少数人的利益和群体的集体利益很有可能会发生矛盾。费尔德斯坦曾说过:"有一个新机会,能使境况最差的人的福利稍有增加,但除了个别人因此而成为极富有的人之外,几乎所有其他人的境况都明显变差。"由于关注的是社会上境况最差的人的福利,因此,从直觉上说,这种做法貌似不得人心。

3. 帕累托效率收入再分配

简单的功利主义、极大极小准则的函数关系假定显示,再分配虽然可以使某些人的境况变好,但是也会使另一些人的境况变坏。从使所有人的境况至少不坏于目前状况的角度看,上述再分配政策不是一种帕累托改进。另外,上述再分配理论认为,每个人的效用仅取决于他(她)们自身的收入。那么,能不能有一种再分配政策,在保证其他人福利状况至少不变坏的前提下,提高自身的福利状况,即符合帕累托改进的基本假定呢?

假定社会上存在着高收入者和低收入者,高收入者是利他主义者,他(们)的效用不仅取决于自己的收入,还取决于低收入者的收入。在此情况下,高收入者准备给低收入者1元钱。导致的结果是:①高收入者从赠予中获得的满足感大于其减少1元钱的消费带来的损失;②低收入者从获赠1元钱中增加了效用;③高收入者的境况没有变坏,低收入者的境况变好,两个(类)人的境况都因为这一行为而得到改善。严格地说,效率要求,收入再分配直到使得低收入者获得1元钱的效用增加等于高收入者减少1元钱消费的效用损失。在交易成本不为零的前提下,高收入者独立完成对低收入者的识别、转让等是困难的,存在交易费用,在此情况下,政府如果能代理高收入者(们)进行这一行为,也许会降低交易费用、提高效率。

从形式上看,上述行为体现了外部性。低收入者的行为以市场之外的某种方式影响了高收入者的福利。一般来说,在这种情况下,政府有可能提高效率。再进一步说,社会上不同收入群体受到不公平的影响,调节不公平的再分配政策在市场无法提供的情况下,可以看作是(政府提供的)公共品。如果收入分配因此而变得公平,则每个人的境况都得以改善。这种改善单凭一个人的行为——把收入赠予低收入者——存在交易费用或者意愿不强;而如果以政府的强制力量作为保证,迫使每个高收入者向低收入者再分配,则有助于经济效率的提高。

尼尔·布鲁斯(2005)分析了私人部门慈善捐赠数量的低效率,为政府参与此类活动提出了解释。假定高收入者具有利他主义偏好,即他们从对低收入者的善举中获得效用满足。因此,他们对于捐赠给低收入者(或遭受不幸者)的捐赠品具有边际支付意愿(marginal willingness to pay,MWTP)。如同任何其他形式的支出一样,存在"捐赠边际支付意愿越低,慈善程度越高"的假定。然而,慈善的程度不但取决于一个人自己的捐赠品,也取决于他人的捐赠品,即换句话说,慈善是一项非竞争性的活动,一个人向不幸者进行捐赠也使关心不幸者的其他人受益。

假定某一高收入者甲,在街上看到无家可归的人,他会走上前去通过给钱来帮助他们。尽管他这样做可能是为了提高自己的效用,但他的善举也使同样具有利他偏好的邻居高收入者乙受益。然而,慈善除了具有非竞争性外,也具有非排他性,因为高收入者甲不能因为高收入者乙从其捐赠中获得了收益而向乙收费。而且,高收入者甲的捐赠很可能降低了高收入者乙向贫困者捐赠的动机,因为随着总捐赠数额的增加,高收入者乙对慈善捐赠的边际支付意愿下降。尽管他们都具有利他偏好,但同时也都倾向于"免费搭车",希望自己捐赠较少而他人会有更多的捐赠。因此,总的慈善数量将会低于每个人所希望的慈善水平。

如图5-4所示,假定高收入者甲和乙对慈善捐赠具有同样的边际支付意愿曲线,都用 d 表示,g 代表每个人所捐赠的数额,G 代表对低收入者的总慈善水平(捐赠额)。由于假定甲与乙具有完全相同的边际支付意愿曲线,所以 $G=2g$,也就具有相同的捐赠额。假定每一个捐赠者捐赠额 $g=5$ 元,则 $G=10$ 元。

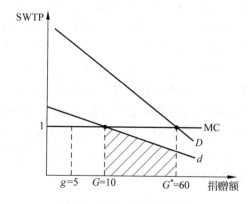

图5-4 私人慈善捐赠效率

为了实现效率配置,慈善水平应当达到两人对捐赠的边际支付意愿总和等于捐赠的边际成本的水平上,从而符合公共品实现效率数量所需达到的"萨缪尔森条件"。通过对各自的边际支付意愿数据进行垂直加总,得到图 5-4 中的曲线 D,慈善的效率数量对应于 D 曲线与慈善的边际成本直线的交点。在图 5-4 中可见,即使是把两个人的捐赠额加总,数量也低于社会需要的捐赠数量,存在着明显的捐赠数量不足的低效率。更一般地,如果有更多的人参与其中,私人的捐赠数量则将更加不足。此时,政府可以通过包括征税在内的方式对低收入者提供更多的慈善捐赠(通过对低收入者的转移支付),从而提高捐赠效率。

对基于帕累托效率的再分配理论有三点值得继续思考。

(1) 利他主义并不仅仅为政府的再分配政策提供依据。虽然利他主义在人类行为中发挥了重要作用,但是不等于说,这种动机能解释政府的收入再分配。这一论点假定,如果没有政府强制,人们向低收入者的赠予将低于有效数量。但是,很多人的观点和事实都表明,如果人们真的想资助穷人,他们即使没有政府强制和支持,同样可以做得很好。

(2) 基于帕累托效率的收入再分配不仅仅因为利他,很多人出于自身利益的考虑,也会赞成这种收入再分配。一个理由在于,人们总是存在着因为不可预见、不可控制的外力(如自然灾害)而变穷。收入再分配政策就像是给自己增加了一份保险。当比较富裕的时候,通过缴税、捐赠等形式向现在的穷人支付"保险费";当自己遭遇不测时,"保单"会提供补偿而得到救助。在这种情况下,由于社会群体量大数众,很难达到效果,政府恰恰可以提供这个安全网。这种想法由来已久,17 世纪的托马斯·霍布斯(Thomas Hobbes)指出:"许多因意外事故而不能凭他们的劳动来维持生活的人,不应成为私人施舍的对象,而应当由国家的法律提供生存所需要的保障。"

(3) 这种利他的收入再分配有助于换取社会稳定。如果低收入者过多过穷,他们就可能从事犯罪、暴乱之类的危害社会安全的活动。正如一位挪威商人在评价政府的再分配政策时所说:"需要付出代价,但可能实现社会和谐。"[①]但是,社会稳定与收入再分配之间是否存在平稳联系还有待观察。

4. 非个人主义观点

上述关于收入再分配的理论有一个共同之处,即社会福利都是个人效用的某种函数。有些思想家对基于个人主义的观点做了拓展,分析了在不考虑个人偏好、从有利于全社会的视角,收入分配应该如何解释。比如,柏拉图曾认为,在一个良好的社会里,最富的人的收入与最穷的人的收入之比最高不能超过 4∶1。与此密切相关的另一个观点是,不公平本身就是不合意的。例如,假定在低收入者的境况不变差的同时,高收入者的收入增加。简单的功利主义者会认为这对于社会是件好事;而反对不公平的人则认为这是一件坏事,理由在于他们通常认为,收入的公平分配是首要原则。与此相比,不太极端的观点认为,社会中某些特殊的商品应该公平分配,被称为商品平均主义(commodity egalitarianism),比如选举权、基本教育、基本保健。但是,究竟哪些"商品"是人们有共识应该平均分配的呢?这也许很难给出一个标准答案。

---

① 转引自哈维·罗森.财政学[M].第 8 版.北京:中国人民大学出版社,2009:253.

➡ 专栏：是什么让我们被歧视？

《杂文选刊》有一文提到，最近常听人们讨论"歧视"的问题，我发现它实际上很普遍。

西方人买房子，会很介意上一任屋主是印度人或中国人，原因是厨房会有很浓的咖喱或酱油味。而一个老外在酒吧里喝多了，多数人都会猜他是美国人。由此可见，全世界范围内，歧视不是单向的，每个种族、阶层对其他种族、阶层都会有偏见。

然而，一个值得注意的趋势是，最近针对中国人的歧视和偏见越来越明显。在国外开车，有人拼命摁喇叭，人们的第一反应常常是，司机是不是从中国来的？

更加奇怪的是，现在最歧视中国人的好像反而是中国人自己。很多华人移民在国外为孩子找学校时，最关心的问题是："这所学校有没有中国学生？比例是多少？"如果答案是很多，他们绝对不会把自己的孩子送到那里去。

在一些欧美国家，很多没什么背景的华人移民可以很容易通过自身努力成为"杰出人士"，儒雅有礼，事业春风得意，而且备受尊重。但当我和几个国内来的"土豪"朋友在加拿大吃饭时，他们却满腹抱怨，说外国的医疗服务太差，排队都要排几个小时。显然他们是拿在国内享受到的"特权"和这里的"平权"相比。这些"土豪"所生长的整个生态体系，充斥的全是"成功学"，只有得失，不论是非。按照这个逻辑，富了就代表你成功了，成功了就可以获得别人的尊敬，但现实情况又是怎样呢？

今天，加拿大70%以上的豪宅都是被中国人买走的。然而你会发现，就算别人把房子卖给了你，却没有在心里尊重你。

一位华人女性在加拿大开豪车违反了交规，英语说得不利索，就断定警察罚她是因为嫉妒她有钱——这种逻辑多可笑！当我们穷得只剩下"钱"、以为钱可以成为万能通行证时，就注定了会被人所轻视。

意识不到这一点，还是固守"以利益为核心"的思维，结果只能是与这个世界越来越格格不入。

（选自《杂文选刊》2014年6月上半月版，第15页。原载2014年3月24日《学习时报·参考文摘》，作者周航。插图/为钱折腰/丁聪）

5.1.3 支出的归宿

我们已经讨论了政府是否应该采取再分配政策、应该遵循什么理论依据，接下来，我们讨论政府再分配绩效评估，即支出归宿（expenditure incidence）问题——财政支出政策是否实现了收入再分配的效果？从再分配角度，财政的政策工具包括以税收为代表的收入调节和支出调节，我们在这里侧重支出调节，讨论支出不同形式——实物转让和现金转让——之间的差异。

实物转让，很多情况下是对低收入者的一种支出计划，如食品券等。在有些情况下，中上收入者也是实物转让计划的受益者，如义务教育就是一例。实物转让这种政府支出行为有别于纯公共品，区别在于它的受众者是特定的人群。从实物转让计划的供给方——政府看，每增加1元钱的实物转让，相当于受益者增加1元的收入（或节省1元的支出）；然而，从需求方——受众者角度看，实物转让所带来的价值却很难估算，多数情况下，不能认为受益者也以1∶1的方式来评价实物转让。以下的模型将对此进行说明。

假设某低收入者甲是一个福利计划受益者，月收入300元，消费某食物和其他物品两大类，其中，某食物市场价格是2元，其他物品市场价格是1元。如图5-5所示，横轴表示某食物消费数量，纵轴表示其他物品消费数量。在每月300元的约束下，该人预算约束线为AB。假定他追求效用最大化，则消费的商品组合在E_1点达到效用最大化，此时，他每月消费20个单位的某食物（40元）、260个单位的其他物品。

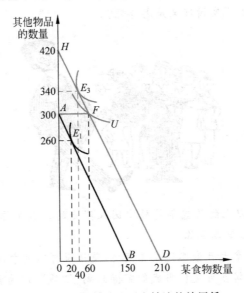

图5-5 实物转让比现金转让的效用低

现在假定政府每月向该低收入者提供60个单位的某物品实物转让，并规定该物品不得在市场上转让出售。那么，政府的这种转让计划会导致该人的境况发生怎样的变化呢？如图5-5所示，无论其他物品的消费处于什么水平，该人目前可以比以前多消费60个单位的某食物。图5-5中显示他的预算线向右侧方移动，得到AFD曲线。在这一预算约束下，他的无差异曲线最高位曲线U，与该预算约束线在拐点处（F点）相切。此时，该人消费某食物的数量为60个单位、其他物品为300个单位。注意，与最初消费组合相比较，该人消费的某食物、其他物品的数量都增加了。由于政府免费向他提供某食物，他可以把本来用于购买某食物的钱购买其他物品。

再假定,政府发给该人的不是 60 个单位的某食物,而是相当于这一数量的现金 120 元(请注意,每个单位的某食物是 2 元)。增加的这 120 元,使其预算线向右上方平移,每个点恰好高出 120 个单位,如图 5-5 中的 HD 线。此时,现金转让允许该人沿线段 HF 消费。这样的机会在实物转让计划下是没有的,因为在实物转让条件下,政府不允许他用转让的实物换取现金或其他物品。面对新的预算线 HD,该低收入者会在 E_3 点实现效用最大化。在该点,他每个月消费某食物的数量为 40 个单位、其他物品的数量为 340 个单位。

比较实物转让和现金转让计划的差异,即效用最大化点 E_1 和 E_3 得出以下结论:①在现金转让条件下,消费的某食物数量少,消费的其他物品多;②相同价值条件下,现金转让对低收入者的境况改善效用更高,如图 5-5 中可见,现金转让条件下的预算线与无差异曲线的切点位置(E_3)高于实物转让条件下预算线和无差异曲线的切点(F)。

进一步,实物转让与现金转让不等价是否是常态?答案是否定的。图 5-6 显示了低收入者乙的境况改变情况。初始假设条件与低收入者甲相同,差异在于乙与甲有不同的消费偏好,更偏好于某食物的消费,参与转让计划前每个月消费 82 个单位某食物、136 个单位其他物品,他的无差异曲线为 E_4。接受实物转让计划后,他每个月消费 126 个单位某食物、168 个单位其他物品;这种预算约束与接受现金转让是没有差异的。在图 5-6 中,由于某食物转让及计划已经使他在 HD 找到最偏好的点,所以即使实施现金转让计划,境况也不会变得更好(也许更坏)。

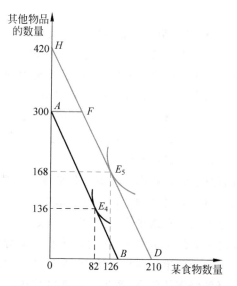

图 5-6 实物转让与现金转让的效用相同

至此,我们是不是应该得出结论,即对实物转让的评价要低于现金转让的评价?但事实上得出这样的结论还为时尚早。一方面,需要通过实证去检验;另一方面,对某项财政支出的评价还需要考虑政策供给方——政府或者某一部门——的管理成本和利益。经验地看,一项研究表明,从受众方看,以食品券形式发放 1 美元,仅与以现金形式发放的 0.8 美元等值(Whitmore,2002)。实物转让的管理成本的确比现金转让要大得多。另一方面,实物转让可以发挥商品平均主义的作用、减少福利欺诈行为的发生,而且,的确,从公共选择的角度来看,政府或某一部门发放实物,不仅帮助了受益者,而且也帮助了实物生产方,何乐而不为?

5.2 反贫困的福利政策

贫困的复杂性和综合性使其涉及政治、经济、文化等各个领域,贫困问题也引起不同领域学者们的兴趣与关注。伴随着多年的探索和研究,人们对于贫困的认识和理解无论是在内涵方面还是在外延方面都越来越深入。本节侧重讨论国家财政经济政策在减少贫困过程中发挥的机制和作用。

5.2.1 反贫困的政策方向

贫困是当今世界发展面临的最大挑战之一,反贫困不仅是各国人民的共同心愿,而且对世界上大多数国家来说,也是一项迫切需要解决的现实问题。目前,理论界针对反贫困的研究视角很多,如后凯恩斯经济学提出的"恶性循环贫困"理论、发展经济学派提出的"循环积累因果关系"以及阿玛蒂亚·森提出的机会均等公平等。概括地说,导致贫困的原因是多方面的,如经济增长的影响、收入不平等、机会不平等等因素。在此,我们从推动收入平等和机会均等两方面具体讨论。

1. 收入平等

由收入的不平等导致的贫富差距是世界各国非常关注的问题,各个国家也都在纷纷采取措施减少这样的差距,这就涉及效率和公平问题。一般来说,收入的分配都是以效率优先,这就是说要承认个人的天赋能力的差别、承认后天努力的差别、承认努力的结果的差别,总之,承认一切合法和合理的差别,并把这些差别与它们的结果即收入联系起来,这里的合理和合法是指上述的天赋、努力或运气之类的因素造成的差别,而不包括利用各种非法手段造成的差别。但是效率的提高并不能自然而然地改善收入分配,随着效率的提高,分配的状况有可能会变好,也有可能会恶化。

因此为了保证经济的健康运行,我们必须促进公平性。在某些情况下,收入的平等化可能会有助于效率的提高。比如,过低的工资不仅会影响工人的工作态度,而且也会影响他们的工作能力,因为在过低的工资水平下,他们无法享受到基本的教育和保健服务。在这种情况下,如果能够提高工人的工资水平,从而改善收入的分配状况,就能够提高他们的生产效率,从而提高整个社会的生产效率。然而,在另外一些情况下,收入的平等化不仅不能够提高,而且还会降低经济的效率,产生反刺激的影响。举一个极端的例子,如果收入的分配是绝对平均的,即不管每一个人的干劲多大、成绩如何,最后得到的收入都完全一样,那就很难保证人们工作、储蓄和投资的积极性。即使是那些较小的平等化努力,也仍然会扭曲市场经济中的机制,从而影响人们工作和投资的积极性。

总之,要改善贫困状况,需要制定合理的政策。就改善收入分配而言,提高那些处于底层的人的收入是最重要、最有效的方法,这就需要政府干预进行收入再分配。

(1) 政府支出。政府的支出计划在改善收入分配方面具有明显的效果。在西方社会，我们可以在很多方面看到政府支出能够明显地改善收入分配状况，包括对基本食品消费的补助计划，公共卫生，关于退休、伤残、失业人员的社会保障计划，农业发展计划等方面，这些政府支出项目常常能够在一定程度上提高贫穷人口和贫困地区的实际收入水平，降低整个社会的收入不平等程度。但是有些政府支出的项目也不一定有利于收入分配的改善，所以应该合理发挥各种支出项目的特点。

(2) 税收政策。税收是政府用来改变收入分配状况的一个重要手段。税收的再分配作用包括以下两个方面：一是它通过对不同的人征收不同数量的税收而直接地改变收入的分配，二是它通过改变市场的相对价格而间接地改变收入的分配。几个关键方向在于：首先，针对反贫困的税收政策应当将重点放在整个税收制度上而不是某一个或某几个特殊的税种上；其次，要分析税收归宿，对个人所得税来说，被征税对象和税收归宿基本上是一回事，但对于许多其他种类的税收就不一定如此了，在许多情况下，税收具有转嫁作用；最后，要关注税收的累进特征，如果随着收入的增加，税收在收入中所占的比例变得越来越大，这就是累进税，反之则为累退税，累进税可以改善收入的分配、促进平等，累退税则恰好相反，会进一步拉大收入分配的差距。

(3) 其他措施。政府除了采取以上两个手段来直接改变收入分配以外，还可以通过价格管制、重新分配产权等来间接地达到同一个目的。西方政府对价格的管制有多种形式，其中包括关税、最低工资发放、农产品价格支持、加速折旧、工资—价格控制等，政府对价格的管制也会影响市场的价格结构，并通过这种影响来改变收入的分配状况。而政府重新分配产权的形式也是多种多样的，比如颁布污染控制的标准、颁布食品卫生标准等。

2. 机会均等

很多经济学家都认同，当前收入不平等加剧是由于机会不均等造成的。但实际上，收入的不平等既可以在机会均等的基础上产生，也可以在机会不均等的基础上产生。相比较而言，由于机会不均等而造成的收入不平等显得更加不公平。其理由在于，如果人们是在同一条起跑线上同时起跑的，那么，无论最后的名次如何，其结果至少在道义上是无可指责的；但是，如果人们在起跑线所处的位置就不一样，则这种比赛就很难称得上是一种真正的比赛了。在现实生活中，一个机会比较均等的社会常常意味着其收入分配也比较平等；反之，机会不均等则常常会扩大收入不平等的程度。实际上，在很多情况下，收入不平等主要反映的是机会不均等，这样，消除机会不均等就成了改善收入分配的一条重要途径。不仅如此，很多的机会不均等也是影响经济效率的重要障碍。

机会不均等可能来自以下几个方面：一是天生能力的差别，比如天生的体能或智力方面不同引起的能力差别；二是家庭背景的差别，比如出身富裕家庭的子女能够比出身贫穷家庭的子女受到更多和更好的教育；三是社会待遇的差别，比如有些人（比如女性）可能在就业和受教育问题上受到各种公开的或隐蔽的歧视。当然，要制定一条明确的机会均等的起跑线并非一件容易之事。受到这些因素的影响，就有可能产生富人更富、穷人更穷的现象，贫困现象仍然得不到解决。

为了促进机会均等，从而相对减少贫困，需要关注以下几方面：一是争取在就业机会方面有更大程度的平等，也就是说，要减少在就业问题上的歧视；二是争取在受教育机会方面有更大程度的平等，使学生不会因为暂时付不起学费而被学校拒之门外；三是要争取更大的共享信息的机会均等。许多的收入不均等和机会不均等，最后都可以溯源到信息不均等，因此，向全社会，特别是贫穷人口和贫穷地区提供最广泛的就业、教育、科技和市场等方面的信息，也是改善收入分配、反贫困的一条重要途径。

以上是从平等角度分析反贫困、寻求反贫困的办法。我们知道，造成贫困的因素很多，除了上述平等角度外，还有人口控制、资源与环境保护等。我们要在控制人口增长的同时保护或再生资源，必须恢复已被破坏的生态环境，它是人类赖以生存的载体，是生产发展的原生条件；还有社会稳定因素，要使总体发展水平超越贫困线，需要一个稳定持续的社会经济发展过程，社会动荡是不可能发展生产的，混乱的经济秩序只能对不法者有利等。总之，反贫困是一个持续的发展过程，必须将各种因素综合考虑，共同发展，最终实现反贫困的目标。

➡ 专栏：穷人借款为何难？

华南师范大学董志强教授曾经讲过的一个现象很值得思考。许多人指责银行"嫌贫爱富"。是的，穷人获得贷款要比富人难得多。在许多发展中国家，贫困农村的金融信贷体系非常脆弱，许多穷人即使拥有很好的商业创意或项目，但却得不到贷款来进行投资，当然也就难以改变贫穷的命运。这几乎是一个恶性循环：穷，贷不到款，于是更穷，更贷不到款……

银行为什么会嫌贫爱富呢？难道就没有一家银行有一点爱心或社会责任吗？经济学家对此有另外一个解释，问题不是出在银行有没有爱心或社会责任上，而是在于信息不对称。其道理很简单：面对素不相识且没有借贷记录的陌生顾客，银行难以判断他的诚信程度和偿债能力；如果银行不加区别地将贷款发放出去，那么就会造成大量的呆账坏账。所以，银行必须借助某些手段来甄别顾客的诚信程度和偿债能力，或者想要贷款的人必须向银行表明自己的偿债能力。而揭示一个人偿债能力的最好指标，莫过于这个人的财产。所以，如果一个人愿意将财产抵押给银行，银行也就乐于为他提供贷款。这样，银行就避免了将贷款大量发放给无偿债能力借款人的逆向选择。

但问题是，穷人通常没有财产可以抵押，所以穷人就更难得到贷款。穷人当然可以承诺自己的项目一定会赚钱，而且赚钱后将付给银行一定的利息回报。但是，银行既无法判断项目的投资收益性是否良好，也无法在没有抵押品的情况下相信穷人的还款承诺。当然，考虑到贷款给穷人的风险很大，银行可以提高对他们的贷款利率，但这只会使得那些更具风险性（因而违约率也更高）的项目才会申请贷款。银行将面临着对自己不利的选择。

所以，很多时候，为了让贫困农民获得金融支持，往往是政府来为他们提供担保获取贷款。即便如此，政府也将面临于己不利的逆向选择，因为农民还不了钱或者拒绝还钱，那么政府就要背负农民的那些债务。所以，政府担保，常常只是小额贷款，而且要求农民必须将贷款用于农业生产，政府才肯提供担保。

（摘自：董志强.无知的博弈：有限信息下的生存智慧[M].北京：机械工业出版社，2009：72-73）

5.2.2 收入获取与就业激励

在欧美一些发达国家,向低收入者提供救济的很多项计划统称为"福利",只有那些经济来源低于一定水平的人或家庭才有资格获得。针对低收入者的福利构成也是多方面的,如短期失业后的临时补助、劳动所得税收抵免、失业保险、贫困家庭补助、医疗补助等。这些福利政策为低收入者提供了最基本的生活质量保证,有效地压缩了社会分配不公。然而,在政策实施过程中也出现了"福利病",表现为政府开支规模过多过大而政策效果不明显,经济增长放缓且资本投资下降,政策受众者激励不强,即使有劳动能力也宁可躺在国家"福利的温床"之上等。那么,福利一定会降低工作努力、增强对政府的依赖程度么?如何修正政策机制,既能达到消除贫困的政策目标,又能推动受众者不依赖国家福利政策而积极获取劳动收入?本节将以美国对贫困家庭的临时补助计划(temporary assistance for needy families,TANF)为例对部分福利政策进行讨论[①]。

1. 变量间关系

如果把 TANF 的许多复杂的东西抽象化,可以用下面的公式表示变量之间的关系特征,即

$$B = G - tE$$

其中,G 表示基本补助,即如果没有工作能够获得的政府补助金额;t 表示补助减少的比率,且 $t \geq 0$,即当福利受益者(再工作)赚到钱后,按其收入抵减补助的比率,类似于税率,并且这种抵减直到受益者的收入高到他再也不能享受福利为止;E 表示该低收入者(福利受益者)再工作后的劳动收入水平;B 表示实际获得的补助金额。

从公式上看,当 $B=0$ 时,则 $E=\dfrac{G}{t}$。表示的实际意义如下。

(1)受该福利政策的制度成本(B 的总量)约束,基本补助(G)越大,补助抵减比率(t)越高,以有利于有工作能力的失业者努力寻找工作。

(2)受基本补助额(G)的约束,补助抵减比率(t)越低,再工作后的劳动收入水平(E)越高,受补助范围内的规模就越大,制度成本(B 的总量)越高。

(3)当实际补助金额(B)为 0 的时候,该受补助对象收入水平已经超过了应该接受补助的范围。可见,政府制定这一政策,力求实现三个目标:第一,降低贫困;第二,受补助者工作激励;第三,控制预算。如何平衡这三者之间的关系呢?或者当三者不能全部实现的时候,如何做出取舍呢?

---

① 1996 年,美国通过了《个人负担与工作机会调和法案》(Personal Responsibility and Work Opportunity Reconciliation Act),产生了一个新的福利计划替代了原有的对有儿童家庭的补助计划(aid to families with dependent children,AFDC),这个新的福利计划被称作贫困家庭的临时补助计划(temporary assistance for needy families,TANF)。与前一个政策相比较,TANF 的进益之处在于加入了一些限制性条件,主要包括以下几点。①工作前提:身体健康且从事(过)与工作有关的活动并接受提供的就业时,才能领取转移支付款;②时间限制:一生中只能获得最长五年的福利补助;③家庭结构:预期减少非婚供养子女的数量。引自哈维·罗森.财政学[M].第 8 版.北京:中国人民大学出版社,2009:263-270.

2. 模型分析

分析建立在时间禀赋(time endowment)模型基础上,该低收入者(姑且再次命名为甲)在每个阶段利用所有的可利用时间,其中,有一部分时间用于非市场活动(休闲),有一部分时间用于市场活动(工作),如图 5-7(a)所示。

假设 1:横轴上的任何一点同时表明了闲暇时数和工作时数。极端的情况是所有的时间用于闲暇,即图 5-7(a)中横轴 OT,则没有任何时间用于工作,也即收入为零;每增加一小时工作,则减少一小时休闲时间;在点 a,Oa 小时用于闲暇,aT 表示工作的时数。

假设 2:预算线 DT 同时也是时间禀赋价值转换线,因为斜率为 ω,表示每 1 小时的劳动价值,在纵轴体现。

如图 5-7(b)所示,在已有的预算约束和时间禀赋框架下,甲具有自己在工作—休闲的偏好,即图 5-7(b)中 E_1 点。在该点,甲将 OF 的时间用于休闲,将 FT 的时间用于工作,在斜率为 ω 下,每个月获得 OG 的收入,在 (OF, OG) 下达到效用最大化。

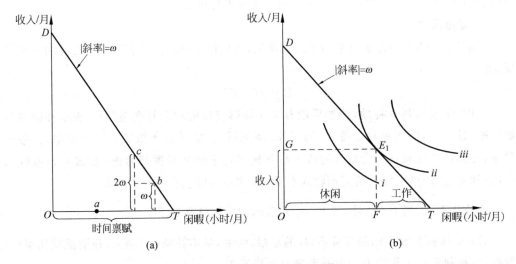

图 5-7 预算约束:闲暇与工作

假设 3:甲收入低,有资格参加 TANF。
假设 4:甲所在州的基本补助额是每月 100 元。
假设 5:福利计划的补助抵减率是 25%。

那么,TANF 如何改变甲的预算约束呢?

如图 5-8 所示,在没有福利的情况下,甲每月工作 FT 小时,收入 OG。如图 5-8(a)所示,在有 TANF 的情况下,一种选择是 Q 点,甲不参加劳动,但得到福利补助 100 元。如果甲工作 1 小时,他从雇主那里获得 ω,与此同时,补助额减少 $\frac{1}{4}\omega$,仍然给他留下 $\frac{3}{4}\omega$,正如预算约束线上的另一点是 U,它是在 Q 左边的 1 小时,在它之上是 $\frac{3}{4}\omega$。以此类推,甲继续获得实际小时工资的 $\frac{3}{4}$,直到工作至 VT 小时为止,在该点,他的收入已经达到不能再获得福利补助的水平。可见,预算约束是弯折线 DSQ,DS 段的斜率绝对值是 ω,SQ 段的斜率绝对值是$\frac{3}{4}\omega$。在此情况下,他的工作—闲暇组合是否发生变化呢?回答是可能的,这取决于个人偏好。如图5-8(b)所示,甲的工作时间低于实施TANF前的工作时间。TANF之前的劳动时间是FT,而补助之后的劳动时间是KT。结论就是,这位低收入者工作—闲暇组合发生了变化,工作时间缩短、休闲时间增多,TANF的激励效果如何?

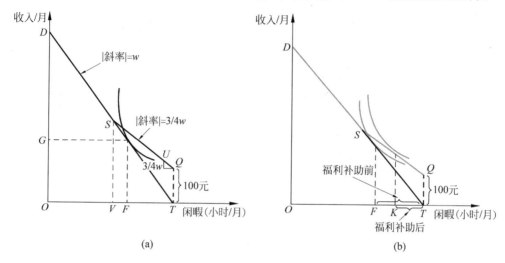

图5-8 反贫困补助下的工作激励(1)

事实上,在财政分权体制作用下,美国各州的补助抵减率(t)是不同的,所以,我们可以对前面的假设5加以修正。当补助抵减率(t)等于100%的时候,会发生什么情况?当然,也可以考虑补助抵减率(t)等于0的时候,会发生什么情况?这一点留给同学们自己思考。

假设5′:福利计划的补助抵减率是100%。在此情况下,如图5-9(a)所示。如果甲每工作1小时,将从P点向左移动1小时,并从其雇主那里获得工资ω,但与此同时,他的福利等额减少($t=100\%$)。工作让甲什么都没得到——他的总收入即使工作,也是不工作时候的888元,在图5-9(a)中的P_1点。这一过程一直持续到R点,超过R点,每工作1小时将使其收入增加ω元。由此可见,预算约束是弯折线DRP,DR段的斜率绝对值为ω,RP段的斜率为0。

在此情况下,甲如何改变工作—休闲组合?图5-9(b)给出了一种可能的答案,即他将在P点实现效用最大化,不提供任何劳动,依旧、宁可选择低收入水平下的政府福利。一个理性的人在小时区间$(0,RP)$内绝对不会工作,因为如果不工作照样能得到同样的收入,那为什么还要工作?

当然,还有另一种可能,即补助抵减率(t)为100%的福利并不必然诱使人们放弃工作。如图5-9(c)所示,在既定预算约束条件下,由于加入福利计划前的偏好不同,即使施行了工作激励计划,也不会改变工作—休闲组合。因此,低收入者的工作激励政策究竟是否会改变他们的工作—休闲组合,尚有待于实证研究的检验。

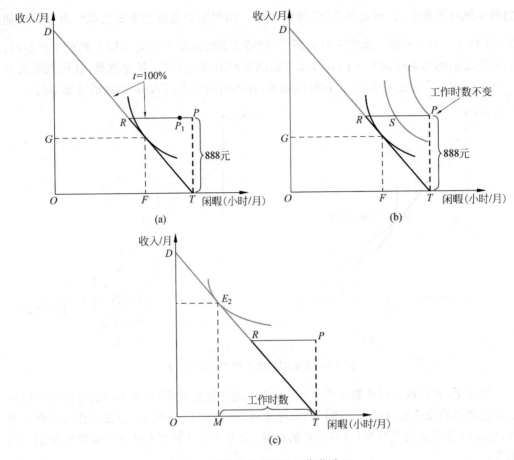

图 5-9 反贫困补助下的工作激励(2)

5.2.3 劳动所得税收抵免

美国的 EITC 政策，即劳动所得抵免（earned income tax credit），是指低收入者获得福利的多少与其自身劳动所得的多少有一定联系的福利政策。这种福利政策，不仅将劳动者的福利和经济增长联系在一起，还对申请福利的纳税人产生了积极的就业激励。EITC 是目前世界上比较流行的用于解决在职劳动者贫困问题的可返还性税收抵免制度。一旦纳税人获得的税收抵免超过应纳税额，则超过部分可以现金的方式支付给纳税人，所以 EITC 事实上是一项工资补贴政策。在美国，EITC 是最重要的反贫困福利政策，每年帮助脱离贫困线的家庭数目超过任何其他联邦扶贫计划。2007 年，该项支出在税式支出预算中达到了 447 亿元[①]。其中，88% 的抵免额直接返还给了纳税人。很多州政府也以联邦 EITC 制度为蓝本将其引入州所得税体系。有资格获得抵免的纳税人除劳动所得必须低于一定水平外，投资所得也不得高于一定水平。欧洲很多国家在 20 世纪 90 年

---

① 白重恩，钱震杰. 国民收入的要素分配：统计数据背后的故事[J]. 经济研究，2009(03).

代也纷纷引入该政策①。

按照美国这项福利政策,2006年拥有两个小孩的家庭EITC与劳动所得额的关系如图5-10所示。纳税人可以有四种方式获得抵免:一是减少纳税义务,二是在年终从国库获得现金支付(如果纳税人的收入尚未达到纳税标准而无须申报的话),三是减少纳税与现金支付的结合,四是通过调整扣缴额获得预先支付。可获得抵免额的多少则取决于抵免参数,包括抵免率、抵免递减率、最大抵免的最小劳动所得、最大抵免额、递减起始所得以及最大投资所得。抵免额的确定采用分段函数的形式。

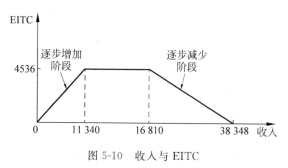

图 5-10 收入与EITC

EITC的分段式结构会使纳税人的边际税率发生四种变化。在抵免额递增阶段,纳税人的额外1元收入不仅无须纳税,而且还可获得相当于抵免率的抵免额,所以,实际边际税率为负,大小等于抵免率。此时,EITC事实上就是一项工资补贴制度,对工作有正的激励。在抵免额不变阶段,纳税人虽然无须纳税,但是抵免额也不会增加,所以实际边际税率变为零。此时,抵免额不因劳动所得的增加而增加,因而对工作的激励作用受到了一定限制。在抵免额递减阶段,纳税人不仅要为额外的1元收入交税,而且还减少了相当于递减率的抵免额。因此,此时面临的实际边际税率是法定边际税率(即税法规定的税率)与抵免递减率的加总。这就导致纳税人的实际边际税率显著高于法定边际税率。此时,该项制度就是一种负激励。在最后阶段,也即纳税人的收入水平使得其自动丧失了获得抵免资格时,由于抵免归零,所以纳税人的实际边际税率就是法定边际税率。这种边际税率的变化过程见图5-11。

此外,Floor(1999)等人根据荷兰的具体情况设计了一种以减少低技能劳动者失业为基本目标而建立在小时工资之上的EITC政策。只要纳税人的小时工资不高于最低工资的180%就有资格获得。这种EITC制度对于解决低技能和无技能的劳动者失业问题有着很强的针对性,而这正是困扰荷兰社会的一个问题。但这种EITC政策的缺点在于对激励劳动者接受继续培训以提高技能有一定的反作用,从而影响劳动生产率的提高;还有它的正确实施要依赖于对工作时间的准确把握,这种信息要求加大了纳税人虚假申报的可能性;再者,这种制度往往会偏离政府帮助那些低工资的单身年轻人或是没有养老金的失业者实现再就业的目标,原因在于初次进入劳动力市场的劳动者往往容易获得这种抵免。这就使得这种变形的EITC政策并未付诸实践。

---

① 余显财.EITC、最低工资与福利制度创新[J].财贸经济,2010(03):53-60.

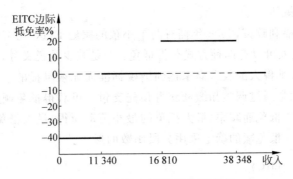

图 5-11 EITC 下的隐性边际税率

5.2.4 其他反贫困政策

美国等西方国家的反贫困福利政策除了上述几项主要的计划之外,在"篮子"里面还有其他的计划可供补充。

(1) 食品券。食品券是政府发放的只能用来购买食品的凭证(动物食品、酒、烟和进口食品不在其内)。在美国,食品券的直接成本由联邦政府承担,但该计划的管理(包括食品券的分配)则由各州负责。所有穷人都有资格得到食品券,包括没有儿童的贫困家庭和没有孩子的单身男女。由于食品券不能用来购买食品以外的任何东西,因此,对领取它的低收入者来说,食品券比等额现金价值要低。同时,美国大约只有70%的合格家庭参与了这项计划。为什么人们不利用这个计划呢?一种可能是人们不知道他们符合条件;另一种可能是"耻辱感",人们觉得参与这项计划丢人,然而,经验证据表明,怕丢人并不是食品券领取率低的主要原因(Currie,2004)①。

(2) 住房补贴。美国从1937年开始向穷人提供住房补贴。直到最近,最大的补贴计划仍然是公共住房。公共住房由政府开发、所有和经营,地方政府的公共住房管理以市、县或几个县的联合体为单位,联邦政府对建房费用和房客负担的部分营运费用给予补贴。

(3) 教育、就业和职业培训。大部分扶贫支出是为了提高穷人现有的消费水平。与此不同,有些计划是为了提高他们未来的自立能力,其中包括教育和就业培训计划。一个流行的观点认为,大部分贫困现象的根源在于缺乏教育,如果人们接受了更多更好的教育,就能挣更多的钱,因而也就不大可能陷于贫困。当然,也有一些相反的研究结果。另外,针对贫困的另一个可能的原因——缺乏劳动市场所需技能,政府提供职业技能培训的机会也许是摆脱贫困的举措之一。实证研究表明,虽然其影响并不足以使很多享受者摆脱贫困,但是,提供寻找工作的技能补助似乎是成功的,因为以工资增加形式表现出的收益大于该计划的成本,但是,这些增加的收入并没有大到足以使生活水平出现很大改观。

---

① 转引自哈维·罗森.财政学[M].第8版.北京:中国人民大学出版社,2009:278-279.

5.3 社会保险

现代意义的保险制度起源于德国。追溯到中世纪,德国的矿工们筹建了集体金库,用以资助遇难或贫困成员;1836年,德国企业家艾尔弗雷德·克虏伯以自己的企业为基础,为员工及其家属提供了应对生病和死亡的保险等,这些社会福利保险实践为社保法案提供了重要的社会基础。19世纪末,工业的迅速发展使产业工人人数剧增,他们在很大程度上处于无保护地位,微不足道的工资收入使他们三餐难继,如遭遇疾患和意外事故则家徒四壁,这些都对社会保险业的兴起起到了推动作用。1883年德国出台了《疾病保险法》,在当时的宰相奥托·冯·俾斯麦(Otto Eduard Leopold von Bismarck,1815—1898)的推动下,开创了社会保险福利的时代。虽然俾斯麦在主观上并不是自觉地、主动地为维护工人阶级的利益而开创社会福利保险立法的,但是,这一政策日渐成为现代国家的基本社会制度和文明的重要标志。德国再一次做出了历史性的贡献。

时至今日,社会保险日渐完善,在世界范围内迅速传播。目前,社会保障已经成为一个普遍的补助项目。甚至美国的一些政治家将其看作是政治的"第三条高压线",触及就会死亡。健康保健,是为参保者提供医疗方面保障的项目,也是很普遍的补助项目。社会保障和健康保健是美国最大的社会保险项目。另两项主要的社会保险项目是失业补偿和伤残救助。与上一节向贫困者提供补助的转移性项目不同,这些社会保险项目并不依据收入情况,参加社会保险项目缴款的人(不管他们是否富裕)都会在退休后获得补助金。上述的一系列政府财政经济安排构成了很多国家社会保险体系的组成部分。

5.3.1 "安全网"

从内容上看,欧美等国家的社会保险体系已经形成了包括社会保障、健康保险、失业补偿在内的完整体系。其中,社会保障的主要内容以OASDI概括,即代表老年人、鳏寡、残疾人(old age,survivor,and disability)保障,里面的OASI部分是向退休者或者在其死后向遗嘱支付的终身现金补助金(lifetime cash benefits),DI部分则是将补助扩展至因残疾而不能够工作的没到退休年龄的人;健康保险以HI概括,也被称为健康保险(health insurance),是向达到退休年龄的人提供医疗上的保险;还有失业补偿(unemployment insurance),以UI概括,是向短暂失业的人提供的失业救助。

(1) 逆向选择。由于市场上存在着不对称信息,即交易的一方拥有而另一方没有的信息,因此,可能会导致保险市场无效率。以人寿保险为例,保险公司关心购买者的预期寿命。从保险公司的角度讲,理想的顾客是长生不老的顾客。由于潜在的保险购买者对他们的健康状况要比保险公司知道得多,这就导致一种信息不对称情况。当保险公司无法知道不同人的预期寿命时,它必须对每个人提供相同的保单。那么,哪种类型的参保人最受益?当然是那些健康不佳最有可能领取保险金的人。与此同时,这些人也是保险公司不想把他们作为顾客的人,因此,保险公司会把那些有损于其利益的买主挑出来,所采取的策略就是提高保费。这样做的结果是,健康而不太需要保险的"好的"顾客会退出,而留下来的大多是不很健康(或很不健康)而对保险有需求的顾客。这种逆向选择的价格上调,会进一步逐出"好的"顾客,使问题更加恶化。总之,在信息不对称的情况下,逆向选择会降低市场效率,私人市场一般只能提供有限数量的此类商品,或者说私人市场提供这种保险将是非常昂贵,甚至是难以得到的。如果政府不提供这些保险,大部分人将无保险可投或没有保障。

(2) 道德风险。与上述逆向选择相关的一个观点是,当人们为自己退休积攒了一定资金用于退休生活,如果没有参加保险,他们有理由相信,当自己陷入生存困境时,政府会承担一定支持。如果出现这种观念或预期,他们在工作期间就不会为自己的退休生活认真谋划或积累更多,即政府的援助可能会导致私人储蓄过低,而导致工作期间基于工作—退休保障的道德风险。通过强制性的社会保险,在一定意义上可以减少私人储蓄过低和社会保障问题。

(3) 家长主义。有人认为,如果让自己为基于生命周期理论的财产做筹划,大多数个人都不会积累足够的资产,以保证退休后的适当消费水平。这可能源于人们的缺乏远见,不能为自己的将来做适当打算。或许是人们非常清楚自己的未来,但是因为偏好差异,节省的钱不足以达到社会认可的标准。在上述可能下,家长主义的观点是,政府有必要提供强制性的参与性社会保险制度,使人们在退休后保持适当的生活水准。

(4) 收入再分配。通过参加强制而实现的社会性保险制度,高收入者在社会保险上的获益远远小于低收入者,从这个层面上看,社会保险具有再分配意义。而这种具有再分配意义的社会保险又因为政府的强制性,而又能保证那些受益较少的人不会退出。

5.3.2 社会保障

在社会保障项目实施过程中,政府努力实现两个目标:第一,个体平等(individual equity),即缴款者享有根据缴款数额获取补助金的权利。这一目标既具有经济目的,也具有政治目的。美国总统罗斯福谈到"政治无处不在。我们将基于薪金收入的缴款储存起来,给予缴款者合法的、道义上的以及政治上的权利来领取他们的养老金……(因此)没有任何该死的政治家能够废止我们的社会保障项目"。[①] 第二,社会充足(social adequacy),即缴款者即使在过去较低的薪金水平下也会获得足够的养老补助金,作为一个再分配项目进行运作。目前,社会保障已经成为社会保险体系中最重要的组成部分。

1. 计算依据

在欧美社会保障缴款体系比较完善的国家,社会保障金的计算依据是工薪税。所谓工薪税,是对不超过某个数额的雇员年工资总额课征的统一比例税。工薪税的一半由雇主缴纳,另一半由雇员缴纳。立法者的用意显然是要使社会保障计划的费用由雇主和雇员均摊。然而,雇主也许会以降低税前工资的形式,把他们那部分费用部分或全部地"转嫁"给雇员。这种转嫁是否会发生,是一个复杂的问题,但至少可以知道,要真正做到社会保障费用的五五开是极不可能的。在养老金随着时间推移而增加的同时,工薪税率也在提高。以美国为例,现行税率为 6.2%(对雇主和雇员各征 6.2%)。1977 年通过的法律规定,最高应税收入额应随着平均工资增加而自动提高。同时,这一比例并不包括为老年

---

① 转引自尼尔·布鲁斯. 公共财政与美国经济[M]. 北京:中国财政经济出版社,2005:283.

保健医疗提供的缴款部分。目前,该部分的税率为1.45%,分别对雇员和雇主课征。根据法律,其税基为全部工资所得。这样,在美国,对于一个工资收入低于社会保障缴款最高课税额的人来说,为社会保障和老年保健医疗筹资的工薪税的综合税率为

$$15.3\% = 6.2\% \times 2 + 1.45\% \times 2$$

2. 筹资形式

筹集足够的资金是社会保障制度得以顺利实施的重要前提条件,一般有三种方法。

(1) 完全积累制(fully funded),是在对影响费率的相关因素进行长期测算后,确定一个可以保证在相当长的时期内收支平衡的平均费率,并将所收保险费全部形成保险基金的一种财务制度。在工作年份内,个人把薪金的一定比例存入某种基金;随着时间推移,该基金会积累生息,到退休年龄,本金和应计利息用来支付退休金。实行这一制度的好处在于:首先,它能够缓解养老保险制度所受到的人口老龄化的冲击,避免了现收现付所需要的工薪税的增加;其次,它完全靠劳动者本人融资,没有收入再分配的功能,不会造成政府额外的财政负担;再次,由于每个成员都有明确的个人账户,对自己所缴的费用有充分的权益,不会期待政府的补助和津贴,因此这一模式不会扭曲个人的工作和储蓄行为;最后,该模式会产生更多的储蓄,有助于资本积累。但同时,这一制度的缺陷也很明显,一是在制度运行初始就要求较高的费率;二是基金受通货膨胀的压力较大,如果基金运用得当,不但社会保险制度能从中受益,而且整个经济也将由于基金的有效配置而受益,反之,如果基金不能保值增值,则这一制度比现收现付制度的成本更高。

(2) 现收现付制(或非积累制,pay-as-you-go,or unfunded),是指当期所收保险费用于当期的给付,使保险财务收支保持大体平衡的一种财务制度。现在退休者领取的养老金是由现在正在工作的这一代人支付。养老保险采用这一制度有利有弊。其最大的优点是费率计算简单,同时因为没有巨额基金,不会有保值增值的压力,不会受到货币贬值的不利影响。但这一制度的缺点也是明确的,即必须经常重估财务结构,调整费率,而由于人口结构趋于老化和福利水平的刚性等原因,费率一般是日益提高的。同时,从分配关系看,在退休保险方面,现收现付制度实质上是代际间的再分配关系,日益上升的费率会加深代际矛盾,导致有关的政治问题。

(3) 部分积累制(partly funded),是现收现付制和完全积累制的混合。在初始时,它的费率高于现收现付制而又低于完全积累制;在准备金方面,它会多于现收现付制而低于完全积累制。这一制度是要在迎接人口老龄化和初始的高保费制度中寻找一条中间道路。通常的做法是将原来现收现付制所交保费中的一部分积累于个人账户制度,或在原来制度之上提高费率,并将增量部分全部积累于个人账户制度。这一制度也同样面临基金的管理和保值增值问题。

上述三种方式各有利弊,在实际运用中,各个国家都是根据各自的情况以及社会保障内容的不同特点,选择符合本国国情的社会保障资金的筹集方式。

3. 支付

美国的雇员退休后,将分类型从政府按期获得基本保障金支付。这种保障金是通过指数化处理计算而来的。所谓月均指数化收入(average indexed monthly earnings,AIME),是以不变购买力价格测算退休雇员职业生涯的平均薪金收入的一种方法,它要

求将雇员退休前三年(62岁)最好的35年职业生涯里每一年的薪金收入乘以一个指数化系数,以使得它们转变成以不变购买力价格计算的金额,加总后再除以420(35年中有420个月),得到该雇员的月均指数化收入。

1) 单身雇员

单身退休雇员的完全补助就是基本保障额(primary insurance, PI),是根据该雇员月平均薪金进行指数化处理后得到的。图5-12是基本保险金与月均指数化收入关联起来的情况。在该指数化标准下,存在两个拐点,基本保险金以税率形式增加。

假设该雇员平均薪金指数化后为4200美元,通过将月均指数化收入起初656美元的90%加上随后的3299美元的32%,再加上剩余245美元的15%,就可以得到基本保障额为1682.8美元。以后年度的基本保障额则是根据生活费用情况通过指数化处理得到。如果该雇员在三年后退休,而这期间的生活费用提高了10%,那么退休后第一年的补助金就是1851美元(1682.8美元乘以110%)。

根据月均指数化收入计算基本保险金有三个层次,这在图5-12中已经清楚地显示出来。在第一个层次上,基本保险金的增量等于月均指数化收入的90%,一位拥有较低月均指数化收入(低于656美元)的雇员将获得等于指数化月平均薪金90%的补助;第二个层次,具有较高月均指数化收入的雇员将得到较高的补助,但比例低于90%;在第三层次上,月均指数化收入每增加1美元,基本保险金的增量只有15美分。如果雇员就薪金收入支付了相同的社会保障税,该图就意味着薪金收入较低的雇员得到的社保补助金净额(补助金减去缴款额)要高于薪金较高雇员所获得的净额。这就是社会保障项目的收入再分配机理。

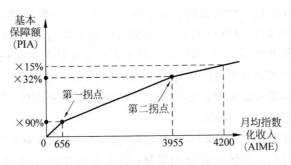

图5-12 月均指数化收入标准

2) 已婚雇员

基本保障额是退休的单身雇员所获得的社会保障补助。已婚雇员的配偶退休后也可以获得等于投保雇员基本保险金50%的补助金。即使该雇员的配偶没有进行社保缴款,该项补助也将支付。与投保雇员结婚超过10年的配偶在与该雇员离婚后,如果在该雇员存活期间没有再婚的话,也可以获得配偶补助。如果配偶双方都进行社会保障缴款,补助就可以被重叠支付。一位有权获得重叠支付的缴款者可以在等于自己基本保险金100%的补助金和等于其配偶基本保险金50%的补助金之间选择金额较大者。如果一位投保的雇员死亡,尚存活的配偶退休后可以在已故雇员100%的补助金和自己应得的补助金之间选择金额较大者。

4. 效应

社会保障在社会保险体系中举足轻重。经济学家就社会保障对居民决策的影响进行了研究，主要侧重于对私人储蓄和对年老雇员劳动力供给决策等方面的影响。

1) 对私人储蓄的影响

基于生命周期理论(life-cycle theory)来分析。生命周期理论的主要思想是，人们为了在一生中平稳地消费而储蓄。人们在生命周期内获取的收入是不稳定的，在职业开始阶段赚取的收入较少，在中年阶段收入较高，而在退休阶段收入再次降低。人们期望在上述各个阶段获得平稳的消费水平。

如图 5-13 所示，将一生划分为两个时期，即工作时期和退休时期。第一个时期(工作时期)的收入和消费状况在横轴上表示，第二个时期(退休时期)的消费情况则在纵轴上表示。假定该雇员在第一个时期有收入 E，而在第二个时期没有任何收入。如果此人未对第一时期的收入进行储蓄，他在无社会保障的情况下将在退休时期没有任何消费。一位进行储蓄的人在第一时期消费得较少，但在退休后则可以用储蓄和利息进行消费。跨期预算约束线(inter-temporal budget line) $E'E$ 表示不同时期消费间的替代关系，其斜率的绝对值为 $1+i$。为了简化起见，假定没有所得税，而且不存在通货膨胀。

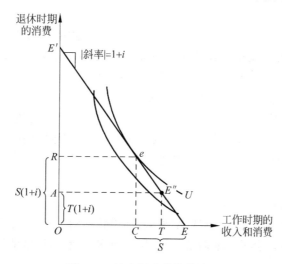

图 5-13 社会保障的储蓄效应

为了确定在第一时期有多少收入被储蓄下来，需要了解此人的偏好。人们通过在每一个年度进行消费而在一生的期间内获得效用。生命效用(lifetime utility)是测定该雇员在一生中的满意度的方法。同等效用程度的工作期间的消费和退休期间消费的总和是通过一生无差异曲线给出的。这些无差异曲线与一般的无差异曲线具有同样的特征。

生命周期理论假定，一个人通过选择工作期间的储蓄数量使一生的效用最大化。假定一个人在预算约束线上选择 e 点，即在工作时期消费 OC，而将剩余部分(CE)储蓄起来。储蓄用 S 表示，退休后的消费 OR 等于所储蓄的财富及其增值 $S(1+i)$。在点 e，跨期预算线与可获得的最高的一生无差异曲线相切。

第 5 章 财政与收入分配

假定政府设立了一项社会保障项目，在第一时期向某个人征收缴款 TE，而在第二时期给予补助金 OA。为简化起见，假定社会保障项目所支付的利息与金融市场的利息相同，因此 $OA=TE(1+i)$。该项目的结果是将跨期预算约束线变换为 $E'E''T$。尽管税后的收入在第一时期降至 T（使得预算约束线向左下弯折），但该员工仍在第二时期获得了补助金 OA。在图 5-13 中，假定社会保障缴款低于没有社会保障项目情况下的储蓄数额。因为社会保障与储蓄所支付的利息率相同，所以社会保障财富从保险精算统计的角度来看是公平的，是对私人财富的理想替代。这意味着这个人的跨期约束线没有变化，在存在社会保障和不存在社会保障的情况下，生命效用最大化的当前消费水平和退休后的消费水平都是一样的。

社会保障对储蓄产生了三个方面的影响。

第一个效应是财富替代效应（wealth substitution effect）。尽管这个人第一期的消费水平没有改变，由于社会保障项目改变了收入获取的时间，因而储蓄受到了影响。为了在第一期消费同样的数额，该员工必须降低在金额上等于社会保障缴款的储蓄。因此，该员工在第二期就只能有较少的个人财富，但这部分可以由社会保障财富来弥补。该效应反映的是这样一个事实，即员工将社会保障财富看作是个人财富的替代，作为退休后消费的资金来源。

根据财富替代效应，个人储蓄降低的数额与社会保障缴款的数额相等。由该模型也可以推断出，社会保障财富由于在转化为现金方面流动性较差或者支付的利率不同等原因并非是个人财富的一项理想替代。即使社会保障财富不是个人财富的一项理想替代，我们认为财富替代效应理应在一定程度上发生。

第二个效应是退休效应（retirement effect）。社会保障会促进人们提早退休。如果一个人的退休时间延长，他不工作的年限就会延长；而这期间的消费必须要有资金来源，但积累资金的工作时间减少了，为了达到退休后的消费水平，在工作期间要加大储蓄数量。

第三个效应是遗赠效应（bequest effect）。储蓄存在另外一个动机，就是把遗产留给后代。由于收入存在着从子女（雇员/纳税人）那里转移到父母（退休者/养老金领取者）那里，作为反馈，父母也许会更多地储蓄，以便留下更多的遗产，以抵消社会保障对其子女收入的影响。

2) 对退休决策的影响

以美国为例。1950 年，雇员平均在 68 岁退休；到了 1995 年，雇员平均在 64 岁之前退休。较早的退休年龄大大减少了在职的年老雇员。如在 1950 年，65 岁以上的男性中有 46% 仍属于劳动力人群，而到 1995 年这一数字就降至 17%。

那么，是什么决定了一位雇员何时退休？社会保障是如何影响这方面的决策的？在多数情况下，退休的决定可以被视为打算消费更多闲暇时间的决策，因而可以基于时间禀赋框架下的劳动—休闲模型来就社会保障对退休的影响进行分析。这一模型意味着，政府项目可以通过变动收入和休闲成本来影响劳动—休闲之间的决策。

由于社会保障增加了潜在的退休者的退休收入，所以就会产生收入效应。因为休闲是一项正常品（随着收入的增长而增加消费数量），如果人们因这一项目而使境况得以改善，对休闲的需求就会增加，这增强了他们退休的愿望。对于接近退休年龄的雇员而言，社会保障对退休决策的收入效应取决于他们期望在退休后从社会保障中获得补助的情况。

社会保障项目也改变了雇员退休后闲暇时间的成本。早一年退休的成本是收入成本。在没有社会保障的情况下，早一年退休的成本就等于雇员的税后薪金收入；在有社会保障的情况下，如果替代率低于100%，因退休而付出的代价就是雇员年收入的一定比例。

综合以上两种情况，对社会保障很难推断出其是否会影响退休决策。更多的情况取决于实证研究。许多企业采取在65岁强制退休的做法。其他一些实证研究试图利用一个被称为社会保障财富（social security wealth）的指标来度量，即对社会保障对退休的影响进行定量分析。社会保障财富是指那些一旦退休就有资格领取养老金的雇员能够领取的养老金现值。一个人在决策是否再工作一年时，重点关注的是他的社会保障财富会发生什么变化。如果社会保障财富变化是正的，这将增加他工作的道德工资，从而提高工作激励；反之，如果社会保障财富变化是负的，就会降低其再工作一年的激励。

5.3.3 健康保险

健康保险起源于西欧，可追溯到中世纪。随着资产阶级革命的成功，家庭作坊被大工业所取代，出现了近代产业队伍。工作环境恶劣，以及流行疾病、工伤事故的发生使工人要求获得相应的医疗照顾，但是他们工资较低，个人难以支付医疗费用，于是许多地方的工人便自发组织起来，筹集一部分资金，用于生病时的开支。18世纪末，民间保险在西欧发展起来，并成为国家筹集医疗经费的重要途径；1883年，德国颁布了《疾病和社会保险法》。现如今，世界各国都采用了不同的健康保险模式，如英国的全民卫生服务的健康保险模式、美国私人健康保险体制的医疗保障模式等。

健康保险是通过国家立法，强制性地由国家、单位和个人缴纳健康保险费而建立健康保险基金，当个人因疾病需要获得必需的医疗服务时，由健康保险经办机构按规定提供医疗费用的一种社会保险制度。它具有普遍性和复杂性的特点，是一种短期的经常性的保险。

1. 筹资

1）筹资原则

首先，健康保险是一种不以营利为目的的强制性社会保险，它与商业性保险不同，在制定费率时，不计入保险机构的利润，但是健康保险也不完全是一项社会福利，在市场经济条件下，社会保险是一种经济活动。其次，健康保险机构虽不是营利性企业，但负有使健康保险基金保值和增值的任务，这使其本身具有经营属性，追求经济效益也就成了健康保险机构的基本行为。再次，名义上国家对社会健康保险机构的财务状况负有最后的责任，但是政府对于社会保障的宏观管理越来越偏重于从法律制度上保证社会保障体制的建立、规范社会保险机构的行为和控制服务提供者的价格，而不是包办健康保险的费用；同时，由于健康保险所承担的疾病风险具有极大的不确定性，因此在筹措和管理保险基金时，还应略有结余以备不测。

2）资金来源

健康保险的资金来源由整个社会共同承担。首先，被保险人要按照规定及时缴纳保险费；其次，单位或者雇主也要按照规定及时缴纳保险费，这两种都是筹资的主要来源；最后，政府会资助一部分，比如政府为其政府雇员缴纳保险费，为某些没有劳动能力的人缴纳保险费，当保险基金出现赤字时给予补助等。

2. 支付

1）支付方式

从付费的时间来看，可以分为后付制和预付制。后付制是指在医疗服务机构提供了医疗服务之后，健康保险机构根据医疗费用开支的多少，向医疗服务机构或病人支付医疗费用。预付制是指在医疗服务机构提供医疗服务之前，健康保险机构就按合同向医疗服务机构提前支付费用。

2）支付类型

一般来说，支付类型主要包括以下五种。

一是按服务项目收费。这是健康保险中传统且运用最广泛的一种费用支付方式，是指健康保险机构根据医疗机构所提供的医疗服务的项目和服务量，对它们进行费用补偿，此付费方式最大的特点是医院的收入与其向病人提供服务的服务项目的多少有关。缺点是会导致过度医疗，管理成本较高。

二是按人数付费。这是指医疗机构按合同规定的时间，根据定点医院服务对象的人数和规定的收费标准，预先支付医疗服务提供机构一笔固定的服务费用。这实际上是一定时期、一定人数的医疗费用包干制。缺点是可能导致减少应提供的服务，降低医疗质量。

三是总额预付制。这是由政府或健康保险机构同医疗提供方协商，事先确定年度预算总额，在该年度内，医疗机构的医疗费用全部在总额中支付。缺点是诱导医疗机构不合理减少医疗服务的提供，从而降低服务质量。

四是定额支付。这是指首先按一定标准将医疗提供的一系列医疗服务划分为若干服务单元，然后根据往年资料并综合考虑其他影响因素，制定出每一服务单元的费用标准，然后再按照医疗机构提供的服务单元的数量进行付费。缺点是会导致过度医疗，分解门诊，导致质量下降。

五是按病种分类付费。这是指将疾病诊断作为确定支付标准的公式，视医疗机构对每个病人提供的整个医疗服务过程为一个产出，对疾病诊断下整体产出确定一个统一支付标准。缺点是导致诊断升级，诱导病人住院，分解住院次数。

3. 改革

健康保险改革一直是困扰世界许多国家的难题，无论是发达国家还是发展中国家都致力于向广大民众提供廉价、方便的医疗服务，但几乎没有一个国家的医疗制度模式能达到理想效果。各国和各个地区都在医改的道路上不断探索，试图寻找到让公众满意的方案。

众所周知，美国拥有世界上最先进的医疗技术和专业素质一流的医护人员，病人在选择医疗服务方面拥有极大的自由，无论是卫生总费用、人均医疗费用或总费用占国内生产总值的比例,美国均为全世界最高。尽管美国推出了各种扶持弱势群体的医疗补助计划,但仍有许多人被排除在健康保险体制之外,整个医疗体制效率低、浪费大、公平性较差、分配不合理,这些问题多年来一直都困扰着美国社会。美国总统奥巴马一上台就把医疗改革放在经济复苏计划的重要位置,目标在于降低医疗费用、扩大医保覆盖范围等,而全民医保是主张实施措施的重点。但是,鉴于美国目前财政赤字高耸,如何筹集资金成为改革面临的最大难题。

5.3.4 失业补偿

美国的失业保险计划(UI)建立于1935年,该计划的目标是弥补失业引起的收入损失。抵御失业可能性的保险为何要由政府来提供?理由在于,在逆向选择和道德风险比较严重的条件下,私人市场无法提供足够的保险,而失业恰恰满足这些条件。那些最有可能失业的工人对失业保险的需求最大(逆向选择)。因此,试图提供这种保险的私人企业必须收取相当高的保费才能获利,这导致许多想投保的人放弃投保。同时,那些设法得到保险的人,也许比没有保险的人更容易失业(道德风险)。由于承保人难以确定工人被解雇是否是该工人的"过错",所以私人保险公司很可能要支付大笔的假索赔款。总之,对私人保险公司来说,很难想象提供失业保险是一笔有利可图的买卖。同理,逆向选择使雇主不愿意为雇员提供失业保险。原因在于,雇主提供失业保险作为附加福利,可能会吸引一些对长期劳资关系不重视的工人。

强制性的政府计划可以避免逆向选择问题。因此,政府提供失业保险有可能增进效率,但是政府提供失业保险并不能消除道德风险。正如下面将要看到的,这使得设计失业保险制度的问题更加复杂化。

接下来我们讨论失业保险计划如何运作。概括而言,主要包括以下两点。

(1) 失业救济金。个人可以领取失业救济金的周数是由一个复杂的公式计算的,该公式取决于个人的工龄、工作地等。在美国的大部分州,一般的最长时间是26周。然而,如果该州失业率超过一定水平,这个时间还可以延长,如"9·11"事件之后,这个时间延长了13周。在多数州中,失业救济金公式的设计要使得毛替换率(gross replacement rate)[①]在50%左右。

(2) 资金来源。失业保险的资金来源是工薪税。在美国,与社会保障制度不同,在大部分州,这种税仅由雇主支付,而不是由雇主和雇员共同支付。雇主为某职工应缴纳的失业保险税额,等于雇主的失业保险税率乘以该职工不超过失业保险税最高限额的年度收入额。联邦法律规定,失业保险税的税基至少包括每一投保工人年收入的前7 000美元。目前,美国有42个州的失业保险税的税基高于联邦税基,在夏威夷州,课税收入高达30 200美元(US House of Representatives Committee on Ways and Means, 2004)。

工薪税的一个重要特点是,税率在不同雇主之间是有差别的,因为失业保险属于经验费率法(experience rated),即税率取决于企业的解雇情况。如果企业解雇的员工相对较多,对失业保险的需求也大,对这类企业,税率规定得就比较高。但是,如果一个工人被解

---

① 所谓毛替换率,即失业保险金取代税前收入的比率。

雇了,比较高的税率给雇主增加的成本一般低于工人领取的失业保险金。

5.4 中国的实践

5.4.1 中国社会保障制度的发展和状况

1. 发展演变

客观地说,中国社会保障制度是在新中国成立初期建立的。1969年2月政务院颁布了《中华人民共和国劳动保险条例》(以下简称《条例》),这成为新中国的第一个社会保障条例。以后该条例又经几次修订补充,从而奠定了中国社会保障制度的基础。《条例》规定:企业职工的短期病假工资、产假工资、丧葬补助由企业在成本中列支,实报实销;职工及其家属的医疗费由企业按工资总额的一定比例从成本中提取医疗基金来支付;养老金、伤残补助金、长期病假工资等由企业从成本中提取的劳保基金中支付。企业每月按工资总额的3%提取和缴纳保险金,其中30%上缴上级工会,统筹举办集体保险事业和作为调剂基金,70%存于各单位工会的账户上,用于职工应得的各项保险待遇;如有剩余,应按月上缴地方总工会,不足时则由地方总工会予以调剂。可以看出,这时的社会保险基金的筹集不与企业退休人员多少挂钩,且具有社会统筹的性质。

"文化大革命"期间,各级工会组织受到严重破坏,社会保险基金的管理陷入瘫痪。鉴于这种状况,财政部于1969年2月发布《关于国营企业财务工作中几项制度的改革意见(草案)》,规定国有企业停止提取社会保险基金,同时规定企业的退休费用、长期病假工资和其他社会保险开支,改在营业外列支。这一改变使社会保险失去了它原有的统筹、调剂职能,变成了"企业保险",导致了企业之间的退休负担畸轻畸重,有的企业无法发放退休工资,给整个国民经济和社会安定都带来了不良影响。

随着经济的发展,上述社会保险越来越不能适应社会经济发展的要求。为此,20世纪80年代,按照建立社会主义市场经济体制的要求,社会保障制度与企业改革紧密配合,改革和探索建立城镇职工基本养老、基本医疗、失业等社会保险和城镇居民低保制度,实现了由单位保障向社会保障的根本性转变。

21世纪以来,中国陆续建立了新农合、农村低保、城镇居民医保、城镇居民养老保险等制度,实现了社会保障制度安排从城镇到农村、从职业人群到城乡居民的重大发展,覆盖人群迅速扩大。到2013年9月底,中国城镇职工和城乡居民参加基本养老保险、基本健康保险人数的覆盖率分别达到80%和95%,各项统计数据如表5-4所示。

表5-4 截至2013年第三季度末人力资源社会保障数据统计

社会保险	城镇职工基本养老保险	基本健康保险	失业保险	工伤保险	生育保险	城乡居民社会养老保险
人数/万人	31 626	56 359.8	16 195	19 603	16 061	49 030

中国社会保障标准不断提高。全国企业退休人员月平均基本养老金从1998年的413元提高到2013年的1 900多元;各级政府对城乡居民基本健康保险的财政补助从

2007年的年人均不低于40元提高到2013年的280元；基本医保报销范围、支付比例和最高支付限额都不断提高，在一定程度上缓解了看病贵的问题；工伤、失业、生育保险待遇及城乡低保和医疗救助标准也在逐步提高。为充分保障参保人员在就业状态变动时的社会保障权益，提高社会保障制度一体化水平，各地积极探索建立基本养老保险、基本健康保险各项制度之间的衔接办法，鼓励有条件的地区推进城乡社会保障制度并轨。

2009年，江苏省专门出台办法，通过补交或折算的办法，实现了农民在城乡之间流动就业时城镇职工医保、城镇居民医保、新农合三项基本健康保险制度之间的关系转换。全省有26个统筹地区实现了城镇居民医保和新农合的并轨。作为全国首个"统筹城乡社会保障典型示范区"的苏州市，目前养老保障政策体系已涵盖城乡全体劳动者和居民，建立起保障多层次、资金多渠道、制度可衔接、转接无障碍、服务社会化的全民养老保险体系。2012年，天津市城镇化率达到81.6%，天津市把完善社会保障作为推进城镇化的重要支撑，形成了"6＋4"社会保障模式，通过实行用人单位及其职工参加养老、医疗、失业、工伤、生育和意外伤害六项保险，城乡居民参加养老、医疗、生育和意外伤害四项保险，基本实现了"人人享有社会保障的目标"。

2. 主要的保险项目

（1）养老保险。2012年年末全国参加城镇基本养老保险人数为30 427万人，比上年年末增加2 036万人。其中，参保职工22 981万人，参保离退休人员7 446万人，分别比上年年末增加1 416万人和619万人。年末参加基本养老保险的农民工人数为4 543万人，比上年年末增加403万人。年末参加企业基本养老保险人数为28 272万人，比上年年末增加1 988万人。企业退休人员基本养老金待遇提高，且全部按时足额发放。年末纳入社区管理的企业退休人员共5 328万人，占企业退休人员总数的78.3%，比上年年末提高1个百分点。全年城镇基本养老保险基金总收入20 001亿元，比上年增长18.4%，其中征缴收入16 467亿元，比上年增长18.0%。各级财政补贴基本养老保险基金2 648亿元。全年基金总支出15 562亿元，比上年增长21.9%。年末基本养老保险基金累计结存23 941亿元。

（2）健康保险。2012年年末全国参加城镇基本健康保险人数为53 641万人，比上年年末增加6 298万人。其中，参加城镇职工基本健康保险人数为26 486万人，比上年年末增加1 258万人；参加城镇居民基本健康保险人数为27 156万人，比上年年末增加5 040万人。在职工基本健康保险参保人数中，参保职工19 861万人，参保退休人员6 624万人，分别比上年年末增加913万人和346万人。年末参加健康保险的农民工人数为4 996万人，比上年年末增加355万人。全年城镇基本健康保险基金总收入6 939亿元，支出5 544亿元，分别比上年增长25.3%和25.1%。年末城镇基本医疗统筹基金累计结存4 947亿元（含2012年年末城镇居民基本健康保险基金累计结存760亿元），个人账户累计2 697亿元。

（3）失业保险。2012年年末全国参加失业保险人数为15 225万人，比上年年末增加908万人。其中，参加失业保险的农民工人数为2 702万人，比上年年末增加311万人。年末全国领取失业保险金人数为204万人，比上年年末增加7万人。全年共为72万名劳动合同期满未续订或提前解除劳动合同的农民合同制工人支付了一次性生活补助。全年失业保险基金收入1 139亿元,比上年增长23.4%,支出451亿元,比上年增长4.1%。年末失业保险基金累计结存2 929亿元。

(4) 工伤保险。2012年年末全国参加工伤保险人数为19 010万人,比上年年末增加1 314万人。其中,参加工伤保险的农民工人数为7 179万人,比上年年末增加352万人。全年认定(视同)工伤117.4万人,比上年减少2.8万人;全年评定伤残等级人数为51.3万人,比上年增加0.3万人。全年享受工伤保险待遇人数为191万人,比上年增加28万人。全年工伤保险基金收入527亿元,支出406亿元,分别比上年增长12.9%和41.9%。年末工伤保险基金累计结存737亿元,储备金结存125亿元。

(5) 生育保险。2012年年末全国参加生育保险人数为15 429万人,比上年年末增加1 537万人。全年共有353万人次享受了生育保险待遇,比上年增加88万人次。全年生育保险基金收入304亿元,支出219亿元,分别比上年增长38.4%和57.6%。年末生育保险基金累计结存428亿元。

目前,中国已初步形成了以社会保险、社会救助、社会福利为基础,以基本养老、基本医疗、最低生活保障制度为重点,以企业年金、慈善事业、商业保险为补充的社会保障体系框架。

近年来,中国坚持深化社会保障制度改革,大幅度增加资金投入,不断完善工作机制,加大工作力度,社会保障事业取得长足发展。党的十八大报告明确提出:"要坚持全覆盖、保基本、可持续方针,以增强公平性、适应流动性、保证可持续性为重点,全面建成覆盖城乡居民的社会保障体系。"十八届三中全会发布的《中共中央关于全面深化改革若干重大问题的决定》中也提出:"要建立更加公平可持续的社会保障制度。坚持社会统筹和个人账户相结合的基本养老保险制度,完善个人账户制度,健全多缴多得激励机制,确保参保人权益,实现基础养老金全国统筹,坚持精算平衡原则。推进机关事业单位养老保险制度改革。整合城乡居民基本养老保险制度、基本健康保险制度。推进城乡最低生活保障制度统筹发展。建立健全合理兼顾各类人员的社会保障待遇确定和正常调整机制。完善社会保险关系转移接续政策,扩大参保缴费覆盖面,适时适当降低社会保险费率。研究制定渐进式延迟退休年龄政策。加快健全社会保障管理体制和经办服务体系。健全符合国情的住房保障和供应体系,建立公开规范的住房公积金制度,改进住房公积金提取、使用、监督机制。"

经过多年改革和发展,中国社会保障资金规模不断扩大,实力持续增强,监管措施不断加强。2012年中国实现了城乡居民社会养老保险制度全覆盖,这意味着覆盖城乡居民的社会保障体系初步形成,从此进入全民社保的新时代,目前正朝着全面实现人人享有社会保障的目标迈进。然而,中国社会保障事业的发展水平与发达国家相比还有一定差距,与广大人民群众的期盼还有距离。目前,还有约2亿人没有参加基本养老保险;由于资源参保和城乡衔接不畅等原因,有几千万人仍游离在基本医保制度之外。特别是面对老龄化高峰临近、城镇化加速、经济结构调整等带来的机遇和挑战,围绕社会保障体系稳定运行、永续发展的目标,要求十分迫切,任务非常艰巨。

➡ 专栏:曹操的"社保机制"

曹操作为一个政治家,他理解、关心(起码是想到了)人民的疾苦。连年的战乱,使生产遭到了严重破坏,再加上自然灾害,"百姓大饿,布粮食亦尽",甚至供战争之需的军粮都无处筹集。曹操采纳枣祗、韩浩等人的建议,实行屯田。贷给农民耕牛和田地,用官牛的收成按官六客四分成,用私牛的对半分成。屯田的目的主要是为了解决军粮之需,同时也使一些无牛和田地的农民生计得到解决。屯田的租税直接交官,也避免了地主的盘剥,军粮也不会都是农民负担。军队的粮食有了保证,不仅有利于作战,也减少了军队随意掠夺百姓,无论怎么说都是对百姓有益的。同时,曹操对黎民百姓的苦处还能予以照顾。打败袁绍后他曾下令:"河北罹袁氏之难,其令无出今年租赋!"因战乱免去了百姓一年的租税,曹操还具体规定:"自顷以来,军数征行,或遇疫气,吏士死亡不归,家室怨旷,百姓流离,而仁者岂乐哉?不得已也。其令死者家无基业不能自存者,县官无绝廪,长吏存恤抚循,以称吾意。"对于战争中的阵亡官兵家属没有基业无法生存的,官府供给他们粮食,长吏要经常去看望他们。而对待百姓,曹操也下令,"女的年纪七十以上没有丈夫儿子,年纪在十二岁以下,没有父母兄弟,以及眼睛看不见,失去劳动力,又没有妻儿父兄和产业的,由国家供养他们终身。""命令各郡县都要提倡和重视文献典籍的研究和学校建设。满五百户的县要设置学官,挑选本地优秀子弟给予教育。"曹操的这些关于发展生产、照顾人民生活疾苦、发展教育、减少农民租税负担的政策,在封建统治阶级当中十分开明和进步的,也肯定能得到人民的拥护。

5.4.2 存在的问题

经过多年的不断改革,中国的社会保障制度已初具规模,但仍存在许多弊病,主要包括以下几点。

1. 群体间差距过大

部分社会成员享有比较完备的社会保障,其保障项目较多且保障待遇较高,而另一部分社会成员只能享受较少的社会保障项目,或其保障待遇较低。以医疗保障为例,工薪劳动者适用职工基本健康保险制度(其中国家机关事业单位职工还有公务员医疗补助),农民适用新型农村合作医疗制度,城镇非就业居民适用城镇居民基本健康保险制度,部分领导干部则享受基本免费的干部保健制度。目前,四类人群的健康保险筹资额度之比大约为:农民∶城镇居民∶企业职工∶公务员=1∶1∶8∶12。另外,在生育保险方面,机关、企事业单位职工有生育保障,但农民则无法享受这种保险;同样是劳动,国家机关和企事业单位职工有职业伤害风险保障,但农民也无法享受这种保险。人群分等,制度分设,待遇悬殊,使得社会保障对于缩小收入差距、改善收入分配状况的贡献不大。

2. 筹资潜伏危机

现行社会保障体系中的若干重要项目,由于制度设计的缺陷,其基金难以实现长期平衡,影响着制度的持续健康运行,其风险因素如下。

(1) 社会保险系统老龄化,即在社会保险参保人群中,存在实际缴费人群相对减少而享受人群相对扩大的趋势。这主要是由人口老龄化引起的,同时又与社会保险制度设计和运行环境有关。

(2) 社会保险缴费基数不实。由于缺乏严格的规范,一些用人单位瞒报工资总额,缩小缴费基数,导致社会保险收入减少,费率虚高。

(3) 社会保障待遇非理性调整。由于规则不清晰,加上决策机制缺陷,社会保障部分项目的待遇调整缺乏理性和系统性,给社会保障基金埋下了隐患。例如职工基本养老保险连续九次大幅度调高待遇标准,破坏了养老金待遇的正常调整机制,增加了基金的压力,进一步扩大了社会保障领域的城乡差距。

3. 管理和运行机制不完善

(1) 社会保险关系转移接续不畅。现行社会保险统筹层次较低,而不同地区之间缺乏有效的利益协调机制,导致社会保险关系跨地区转移和异地就医结算、报销的困难。

(2) 社会救助、福利制度与户籍紧密联系。现行社会救助制度和社会福利制度以户籍为基础,但在劳动力和人口流动的背景下,实际生活居住地与户籍所在地分离的人越来越多,这一庞大的群体无法享受其居住地的社会救助和社会福利以及其他公共服务。

(3) 部分项目的保障服务对象认定方法滞后。例如,由于缺乏有效的家庭收入调查制度和评估方法,社会救助和社会福利对象的认定发生困难。

4. 服务能力不足

随着社会保障业务的发展,服务项目增多,服务对象增加,服务范围扩展,但经办力量没有同步增加,尤其在基层,人手严重不足。同时,社会保障管理服务专业化程度亟待提高,在社会保障制度和政策设计、风险评估、精算分析、基金管理,老年人、残疾人和儿童照护服务等方面,专业人士都很缺乏。

5.4.3 改革的方向和对策

中国社会保障的发展既要符合经济体制改革的要求,更加注重社会保障资源的优化配置和社会保障制度的公平性、科学性和持续性,又要注重社会保障制度运行的效率和服务的质量。

1. 完善体系

(1) 加快机关事业单位退休保障制度改革,为社会养老保险制度一体化奠定基础。

(2) 加快推进新型农村社会养老保险制度与城镇居民社会养老保险制度整合,形成城乡居民社会养老保险制度,选择合适的时机,改善职工基本养老保险制度,创造条件逐步实现全体国民基本养老保险。

(3) 整合城乡居民社会健康保险制度,为建立全民健康保险制度创造条件,稳步提高其保障待遇水平和筹资水平,并创造条件逐步与职工基本健康保险制度并轨,朝着全民健康保险制度的方向努力。

2. 优化设计

社会保障是一项永久性的事业,要顺应人口老龄化、城市化、劳动力市场一体化和就业形式多样化的趋势,优化制度设计,降低基金风险,实现可持续发展。

(1) 建立健全社会保障制度转换与衔接机制。建立职工基本健康保险制度、城镇居民基本养老保险制度、新型农村合作医疗制度之间的衔接机制,重点解决农民、城镇居民与企业职工之间和机关事业单位职工与企业职工之间因身份转换而引起的社会养老保险和健康保险关系转换的接续问题。

(2) 建立社会保障待遇确定和调整机制。要根据社会成员的基本风险保障需求和政府职责,合理确定社会保障项目,建立合理而有效的自然增长机制。

(3) 完善社会保障筹资机制。通过调整财政支出结构,增加财政对社会保障领域的投入,逐步将社会保障支出占财政总支出的比率增加;建立健全社会保险精算制度,增强社会保险基金管理的科学性;加快制定并实施社会保险基金投资运营规则,实现基金保值增值。

3. 提高管理服务水平

在经历了快速发展之后,中国社会保障将逐步进入规范运行、精细管理和高效服务的阶段。因此,社会保障规范化、信息化、专业化将是今后的重点。

(1) 加强社会保障服务网络建设,整合公共服务机构设施,延伸基层公共服务网络。

(2) 提高信息化、标准化建设。推行社会保障一卡通,尽快实现社会救助、社会保险、社会福利、社会优抚、医疗卫生等社会保障相关信息系统的衔接,实现协同共享。

(3) 建立健全社会保障评估体系。

(4) 完善社会保障法。在完善社会保险法规体系的同时,加快社会救助、社会福利和慈善事业等领域的立法,形成比较完善的社会保障法律体系。

(5) 改善社会保障制度运行环境。社会保障制度的持续健康运行,既要有科学的制度设计,又要有适宜的社会环境。适时适度调整人口生育政策,调整退休政策,改革医药卫生体制等。

5.5 小　　结

财政三大职能之一在于实现收入分配。政府在财政经济活动过程中不仅要充当"配置阀",还要当"安全网"。无数的证据表明,不同经济体内部收入差距越来越大,高收入和低收入相差悬殊,用任何衡量指标都可以得到相同的结果。有鉴于此,财政在消除贫困方面首当其冲。财政的再分配职能从两大视角入手。一方面,财政发挥了转移支付的作用和功能,通过实物和现金转让、收入抵免、发放食品券和住房补贴以及进行教育和职业培训等方式,为低收入者提供必要的支持。另一方面,则是通过建立社会保险体系,为社会构建"安全网"。

以财政再分配政策为主导的社会福利体系在西方发达国家曾经发挥了重要作用,但是也成为"福利病"的根源之一。因此,改革再分配的福利政策和机制也成为题中应有之义。中国很早就建立了社会保险的内容和项目,然而,近年来所体现出来的问题也不容忽视,改革应成为常态。

本章要点

- 对收入分配基本状况进行描述的方法主要有两种:一种是社会财富在全社会不同收入阶层之间的分布,另一种是社会低收入水平的人口比重。
- 对收入分配的测度采取的主要方法包括:五分法和十分法、洛伦兹曲线和基尼系数等,除此之外,库兹涅茨指数、阿鲁瓦利亚指数、贫困指数以及沃尔森的极化系数等也可以作为测度标准。
- 再分配的理论依据主要包括简单的功利主义、极大极小准则、帕累托效率收入再分配、非个人主义观点等。
- 对贫困者的救助主要凭借实物转让和现金转让计划进行,二者之间可能相等,也可能不等。
- 反贫困的政策方向主要是收入平等、机会均等。
- 反贫困的工作激励显示,基于时间禀赋框架,不同的补助标准、抵免标准、偏好等对工作—休闲组合构成了影响。
- 劳动所得税收抵免(EITC)事实上是一项工资补贴政策,用于解决在职劳动者贫困问题的可返还性税收抵免制度。
- 美国其他反贫困政策还包括发放食品券、住房补贴、提供教育和培训等。
- 欧美等国家的社会保险体系从内容上看包括社会保障、健康保险、失业补偿在内的完整体系。
- 社会保障以 OASDI 概括,即代表老年人、鳏寡、残疾人保障,除此之外,还有失业补偿,即向短暂失业的人提供的失业救助。
- 由于逆向选择、道德风险、家长主义和收入再分配等原因,社会保险要由政府强制提供。
- 社会保障的筹资形式主要包括完全积累制、现收现付制、部分积累制。
- 社会保障的支付与月均指数化收入相关联。在该指数化标准下,存在两个拐点,基本保险金以税率形式增加。
- 中国很早就建立了社会保险体系,发展速度也很快,但是目前存在着一些不足和困难,有待进一步完善。

主要概念

☞ 五分法
☞ 洛伦兹曲线
☞ 基尼系数

- 极大极小准则
- 劳动所得税收抵免
- 社会保障
- 完全积累制
- 现收现付制
- 部分积累制
- 基本保障额
- 月均指数化收入
- 经验费率

思 考 题

- 怎样理解洛伦兹曲线和基尼系数？
- 怎样理解简单的功利主义原则？
- 试分析最优收入分配模型。
- 怎样理解帕累托最优收入再分配？
- 试分析私人慈善捐赠的效率。
- 试分析实物转让和现金转让的效率。
- 反贫困的政策方向有哪些？
- 如何理解对低收入者的就业激励？
- 社会保险作为安全网，你是如何认识的？它包括的主要内容有哪些？
- 试分析社会保障的筹资形式。
- 怎样认识社会保障支付的月收入指数化？
- 怎样认识社会保障的私人储蓄效应？
- 怎样理解社会保障的工作决策？
- 分析中国社会保险存在的问题和对策。

第 6 章 税收理论 Ⅰ

> 取于民有度,用之有止,国虽小必安。取于民无度,用之不止,国虽大必危。
>
> ——《管子·权修》

税收是一个古老的经济范畴,它已有几千年的历史。历史上有关税收的故事很多,其中有一则讲的是朱元璋为了严肃茶叶专卖制度,增加赋税,执法如山,就是驸马犯法也严惩不贷。明朝洪武末年,驸马都尉欧阳伦(安庆公主的丈夫)奉使至川、陕,眼见川茶私运出境销售,可赚大钱,便利令智昏,自恃皇亲国戚,不顾茶禁之严,派管家周保大做起私茶生意。对欧阳伦这种明目张胆的犯法行径,大小官员莫敢过问。陕西布政使(相当于省长)甚至趁机巴结,要下属为其"开放绿灯",提供运茶车辆等种种方便。一次周保贩私茶至兰县渡河,河桥司巡检依法前往稽查,反被辱打。这位河桥小吏气愤不过,便大着胆子向朱元璋告发了欧阳伦的不法行为。虽然欧阳伦是朱元璋的爱婿,但朱元璋懂得"有法必行,无信不立"的道理,知道不能私废公法,便将欧阳伦赐死,将周保等诛杀,茶货没收入官①。这个故事的个中道理显示了税收的诸多独特之处,值得反思。

6.1 税 收 原 理

在市场经济中,政府不拥有生产资料,必须向个人和企业索取它所需要的资源。正如马克思所说,"赋税是政府机器的经济基础,而不是其他任何东西。"②"国家存在的经济体现就是捐税。"③但是,在早期社会,当权者攫取所需要的资源;而在现代社会,政府通过税收立法获取所需要的资源。正是由于以法律的形式规范政府的征税行为和公民的纳税行为,税收这种政府收入形式才具有了鲜明的特性和规范的制度。

6.1.1 税收的内涵与特点

税收不仅仅是一个重要的经济问题,也是一个敏感的政治问题。学习税收理论之前必须要知道什么是税收。对税收的理解必须基于以下几点:第一,税收是与国家(或政府)的存在直接联系的,是政府机器赖以存在并实现其职能的物质基础,或者说是为政府提供公共品筹措资金的一个手段;第二,税收是一个分配范畴,是政府参与并调节国民收入分配的一种工具,更具体地说是一种再分配工具;第三,税收是国家在征税过程中形成的一种特殊的分配关系,即以国家为主体的分配关系,因此,税收的性质取决于社会经济

---

① 资料来源:http://wenda.so.com/q/1365654232068164? src=120,2013-07-22.
② 马克思,恩格斯. 马克思恩格斯全集[M]. 北京: 人民出版社,1963:32.
③ 马克思,恩格斯. 马克思恩格斯全集[M]. 北京: 人民出版社,1965:342.

制度的性质和国家的性质。

税收具有"三性",即税收的强制性、无偿性和固定性。这"三性"是税收区别于其他财政收入的形式特征,同时具备"三性"的财政收入形式就是税收。

税收的强制性,指政府凭借政治权力依法征税,任何单位和个人都不得违抗。征税权力或许是政府强制权力的最明显的表现。在政府参与社会产品的分配过程中,通常凭借两种权力,即所有者权力和政治权力。前者依据对生产资料和劳动力的所有权取得收入,后者凭借政治权力占有收入。政府运用税收参与这种分配,就意味着政治权力凌驾于所有权之上,任何形式的与税法不一致的行为都是违法行为。

税收的无偿性,指国家征税以后,税款即为自家所有,既不需要偿还,也不需要对纳税人付出任何代价。税收的这种无偿性,不仅相对于私人交易而言,也与其他政府收入形式不同。在私人交易中,一般都要遵循等价交换原则。在其他政府收入形式中,公债到期后,政府不仅要还本,还要支付利息;就是同样作为政府强制性收入的行政收入(如使用费、规费等),由于政府提供了特定的服务,也伴随着给付与返还的关系。但是,也应该注意到,税收的无偿性与强制性一样,都是相对的。如果从财政平衡的角度考察,税收又具有对全体国民享受一般利益的返还性,就不能说税收是无偿征收的了。不过,在这种情况下,税收是通过财政支出实现对全体纳税人的一般性返还,而不是对每个纳税人的分别返还。所以,针对具体的纳税人来说,纳税后并未直接获得任何报偿,从这个意义上说,税收不具有偿还性或返还性。从这一角度分析,税收这一特点更类似于"非对称补偿"的特点。

税收的固定性,指征税前以法律的形式规定纳税人、征税对象和课征标准等。一般来说,纳税人只要取得了税法规定的收入,发生了应该纳税的行为,拥有了应税财产,就必须按规定标准纳税,不得违反。同样,政府也只能按预先的规定征税,不得随意更改。当然,对税收的固定性的理解也不能绝对化,并不是说税法规定一成不变。随着社会经济条件的变化,税法内容的改动是必然的。

6.1.2 税收制度的要素

尽管世界各国的税收制度千差万别,但规定税制内容的基本要素大致相同。

1. 纳税人(taxpayer)

纳税人又称为纳税主体,是指税法规定的负有纳税义务的微观经济行为主体,主要包括法人组织(公司、单位)和自然人(公民、居民个人)。

税法上规定具有纳税义务的人并不一定就是实际负担税收的负税人。负税人(tax bearer)是指最终负担税款的单位和个人。在税负不转嫁的情况下,负税人与纳税人是一致的;在税负转嫁的情况下,负税人与纳税人不一致。这一内容将在后续章节中专门讨论。

与纳税人有联系的一些概念还有扣缴义务人和税务代理人。扣缴义务人是指税法规定负有代扣代缴、代收代缴税收义务的单位和个人;税务代理人是指依法接受纳税人、扣缴义务人委托代为办理各项纳税事项的人。

2. 课税对象(objects of taxation)

课税对象又称税收客体,是指税法规定的征税的目的物。每一种税首先要明确对什么征税,每种税的课税对象不会完全一致。课税对象是一种税区别于另一种税的主要标志。比如,以所得为对象征税,称为所得税;而在所得税系中,对个人所得课征的税就叫个人所得税,对企业所得课征的税就叫企业所得税。

与课税对象密切相关的概念是税源(source of taxation)、税基(tax base)和税目(items of tax)。

税源是指税收的经济来源。不同的税种有不同的经济来源。有的税种的课税对象与税源是一致的,如所得税的课税对象和税源都是纳税人的所得。有的税种的课税对象与税源不同,如财产税的课税对象是纳税人的应税财产,但税源往往是纳税人的财产收益。特别是各种商品课税,课税对象是各种应税商品和服务,税源则是这些商品和服务的销售收入。由于税源是否丰裕直接制约着税收收入规模,因而积极培育税源始终是税收征管工作的一项重要任务。

税基是一个比较复杂的概念,包括两个层面:广义层面,指被征税的项目或经济活动,是税收的经济基础,通常分为三大类,即收入(所得)、消费和财富。这是在税收经济分析时经常使用的一般性解释,与上述课税对象几乎没有差异。狭义层面,指计算税额的基础或依据,简称计税依据(tax basis),通常是在具体计算应纳税额时使用。

税目是指税法对课税对象的细化所形成的具体征税品种和项目。税目规定了一个税种的征税范围,反映了征税的广度。一般来说,一个课税对象往往包括多个税目,如关税就有近百个税目,当然也有不再划分税目的税种。税目的划分,可以使纳税人更透彻地了解税收制度,也可以使国家灵活地运用税收调节经济,如对各个税目规定不同的税率,就是调节经济的方式之一。

3. 税率(tax rate)

税率是指政府征税的比率。税率是税收制度的核心,反映的是对税基征税的程度,体现国家的税收政策。税率可以从两个角度划分:从税法角度,税率可划分为定额税率、比例税率和累进税率;从经济分析角度,税率可划分为平均税率和边际税率。

1) 定额税率(fixed-sum tax rate)、比例税率(proportional tax rate)和累进税率(progressive tax rate)

(1) 定额税率,指按税基的一定计量单位直接规定一个固定的税额,是以绝对数的形式表示的税率。定额税率在计算上比较简便,而且由于采用从量计征办法,不受价格变动的影响。但是,由于它是一个固定的数额,随着税基规模的增大,纳税的比例变小,故税率具有累退的性质。定额税率是典型的累退税率(regressive tax rate)。如图6-1所示,这种税率表现出来的缺点是负担不尽合理,缺少公平性。

(2) 比例税率,指对同一税基统一按一个比例征税。在比例税率下,同一课税对象的不同纳税人的负担相同,具有鼓励生产、计算简便的优点,也有利于税收征管。比例税率的缺点是不能体现量能课税原则。

(3) 累进税率,指税基规模越大,纳税比例越高的税率。具体来说,按税基数额的大小,划分若干档次,每个档次由小到大相应规定由低到高的税率。在实际应用中,累进税

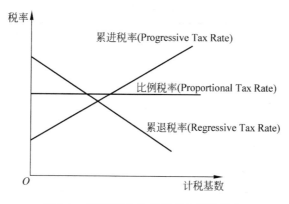

图 6-1　定额税率、比例税率和累进税率

率又分为全额累进税率、超额累进税率和超率累进税率。全额累进税率是按税基对应的最高档次的税率统一征税,超额累进税率和超率累进税率是按每个档次的税率分别计税并进行加总。

2) 平均税率(average tax rate,ATR)和边际税率(marginal tax rate,MTR)

(1) 平均税率,指纳税总额占税基的比例。计算公式为

$$ATR = \frac{纳税总额}{税基}$$

(2) 边际税率,指随着税基增加,额外一单位税基的税额比例。计算公式为

$$MTR = \frac{\Delta 纳税总额}{\Delta 税基}$$

在确定可能引起效率损失的行为变化时,边际税率比平均税率更为重要。平均税率描述的是纳税人的纳税比例,通过收入效应影响纳税人的行为。边际税率描述的是税基价值增加部分的纳税比例,通过替代效应影响纳税人的行为。当平均税率与边际税率相等时,边际税率是影响纳税人行为的决定性因素。例如,假若某人拟增加工作时间,他的这一行为的净收益等于他的税后净收入。如果他的收入适用 50% 的边际税率,他只能获得其额外收入的一半。但是,由于只是超过某一特定数额的收入才适用 50% 的税率,这个人的平均税率就会低于 50%。可见,边际税率的高低直接决定了额外收入的实际获得数量,成为影响纳税人行为或决策的主要因素。

▶ **专栏:ATR 和 MTR 对比例税率、累进和累退税率的衡量**

用平均税率和边际税率来定义比例税率、累进税率和累退税率,可以发现以下内容。

比例税率是平均税率等于边际税率的税率。其原因在于,税率不随税基价值的变化而改变,税基增加额所适用的税率与税基价值未增加时适用的税率相同,如图 6-2(a)所示。

超额累进税率是指随着税基价值增加平均税率上升但始终低于边际税率的税率。如一个应纳税行为,适用有 8 个纳税档次的超额累进税率,如表 6-1 所示。可以计算出各纳税档次的平均税率,图 6-2(b)显示了累进税率情况下的边际税率和平均税率。

表 6-1　累进税率示例

应纳税所得/元	边际税率①	本档次上限的平均税率②
不高于 3 500	0(0)	0(0)
超过 3 500 但不高于 5 000	3(45)	0.9(45)
超过 5 000 但不高于 8 000	10(300)	4.3(345)
超过 8 000 但不高于 12 500	20(900)	10.0(1 245)
超过 12 500 但不高于 38 500	25(6 500)	20.1(7 745)
超过 38 500 但不高于 58 500	30(6 000)	23.5(13 745)
超过 58 500 但不高于 83 500	35(8 750)	26.9(22 495)
超过 83 500(假定：100 000)	45(7 425)	29.9(29 920)

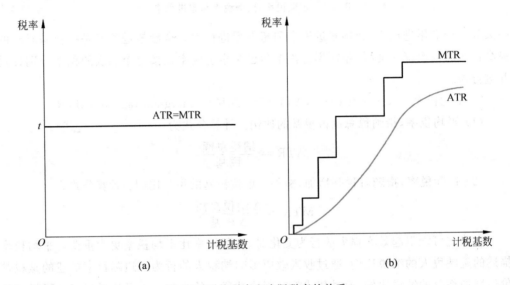

图 6-2　平均税率和边际税率的关系

累退税率是指随着税基价值的增加平均税率下降但始终高于边际税率的税率。如图 6-3 所示，以美国的社会保障税为例。由雇主和雇员按年工资总额缴纳社会保障税(12.4%)和医疗保险工薪税(2.9%)，二者合并税率是 15.3%，最高应税收入额每年随平均工资增加而自动提高。以 2006 年为例，最高应税收入额为 94 200 美元，即对年工资总额在 94 200 美元以内按照 15.3% 的边际税率课税，超过部分的边际税率为零。每个工人每年缴纳的最大税额为 14 412.6 美元（即 94 200×15.3%）。每年工资不超过 94 200 美元的工人，其平均税率和边际税率相等，都是 15.3%。可是，如果年工资高于 94 200 美元，他的平均税率就会下降。如年工资为 150 000 美元，他的平均税率是 9.6%，低于边际税率 15.3%。如图 6-3 所示，超过最大应税工资额之后平均税率呈现下降趋势。对于超过最大应税工资额的工资来说，边际税率为零，平均税率无疑大于边际税率。

理论上，常常把以流转额为计税依据的各种商品服务税看作累退税。严格说来，这些

---

① 括号前面的是税率(%)，括号里面的数字为税额(元)。
② 同上。

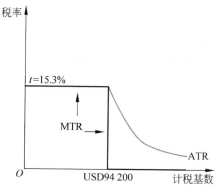

图 6-3 累退税率

税种基本上是以消费为税基适用比例税率的税种。可是,由于随着收入的增加,消费占收入的比例趋于下降,因此,虽然对消费课征的是比例税率,但相对于收入而言是累退的。可见,那些认为销售税、营业税等税种是累退税的人,其实是从不同于这些税实际课征的税基角度来评价这些税种的,即他们认为这些税种相对于收入税基而言是累退的。

4. 起征点(tax threshold)与免征额(tax exemption)

起征点,是指税法规定的对课税对象开始征税的数额。免征额,是指税法规定的对课税对象全部数额中免予征税的数额。起征点与免征额的相同点在于,当课税对象小于起征点和免征额时,都不予征税。两者的区别在于,当课税对象大于起征点和免征额时,起征点制度要求对课税对象的全部数额征税,而免征额则要求仅对课税对象超过免征额部分征税。在税法中规定起征点和免征额是对纳税人的一种照顾,但二者照顾的侧重点显然不同,前者照顾的是低收入者,后者则是对所有纳税人的照顾。

5. 税收优惠(tax preference)和税式支出(tax expenditure)

税收优惠,狭义理解是一国政府为了实现特定的目标而在税收法规中规定的照顾和鼓励措施,广义理解还包括在税收执法和司法阶段给予当事人的某些便利,以减轻纳税人经济上、精力上、时间上以及心理上的负担。通常理解,就是税法明确规定的那些照顾和鼓励措施。

税式支出,也称为税收支出,是指政府通过税收优惠把本来应该收取的一部分税款无偿转让给了纳税人,实际上是属于一种间接的政府支出。在西方学者看来,税式支出是政府因实施税收优惠而放弃的税收收入。

6.1.3 税收能力、税收努力与税收比率

税收比率是衡量一国的税收水平或税收规模大小的指标。税收比率的大小除了受人均收入水平、分配政策和分配制度等因素的影响外,在理论上,对政府支出的需要、非税收资金来源(包括借债和货币创造等)的可用性和利用意愿也是很重要的决定因素。所有这些因素在一定程度上也可以用税收能力和税收努力这两个概念来概括。郭庆旺、赵志耘(2002)对此做了很好的概括[1]。

---

[1] 郭庆旺,赵志耘.财政学[M].北京:中国人民大学出版社,2002:316-319.

简单地说,税收能力(tax capacity)是指政府应当能征收上的税收数额,它包括两种能力:一是纳税人的纳税能力(ability to pay taxes),二是政府的征税能力(ability of collect taxes)。纳税能力主要取决于一国的人均收入水平,征税能力主要取决于税务管理效率,而税务管理效率又取决于税务人员的人数、技能、敬业精神以及纳税人的合作情况。

税收努力(tax effort)是指税务部门征收全部法定应纳税额的程度,或者说是税收能力被利用的程度[①]。把税收比率表达为税收能力和税收努力的函数:

$$\frac{t}{Y} = F\left(\frac{t'}{Y}, E\right)$$

其中,t 为现实税收收入,Y 为GDP,t' 为预期(应征)税收收入,E 为税收努力。根据上式,可以推导出税收努力比率或税收努力指数

$$E = \frac{\frac{t}{Y}}{\frac{t'}{Y}},$$

即

$$E = \frac{t}{t'}$$

可见,税收努力比率是现实税收收入与预期(应征)税收收入的比率。国外学术界特别是IMF经济学家在20世纪60年代提出税收努力概念,并在20世纪70年代进行了大量的税收努力分析,旨在比较各国间税收努力指数的高低。他们认为用税收努力比用税收比率作为国际税收比较分析的指标更能说明问题。税收努力分析超越了简单的税收比率的国际比较。它强调的是:①税收努力指数比较低并不意味着该国应该增加税收;同样,税收努力指数比较高也不表明该国应当降低税收。这种决策应当主要考虑的是财政支出的需要、各种资金来源、可能要改变的特定税种的影响、管理能力以及在政治上能否接受等。②税收努力分析的最大作用在于告诉政府从何处着手解决预算问题。预算赤字过大的国家在税收努力指数比较低的情况下,可以通过适当地增加税收来解决预算赤字问题,但是,如果税收努力指数比较高,政府就应当削减预算支出。

6.2 税收负担理论

网上流传有这么一个故事,建安五年,刘备等人在古城县休养生息。此时,曹操、袁绍都已经很强大,刘备心里很清楚,想要生存,必须要守住一方土地,积聚实力,尽可能地壮大自己。在古城县,刘备采取了各种手段,其中的一项就是课税,制定了新的税收政策,古城县的居民缴税额达到了三分之一。而汉朝末年,官府征税一般是九抽其一。刘备的横征暴敛在古城搞得怨声载道,没有人会忍受把自己三分之一的收入白白上缴。关于古城

---

① 在郭庆旺、赵志耘看来,目前很多人把Tax Capacity和Tax Effort分别译做"纳税能力"和"征税努力"。这种翻译虽然容易理解,但也易造成曲解。把Tax Effort译成征税努力尚可接受,因为这主要说的是政府课税的行为,而把Tax Capacity译成纳税能力就有所偏颇,因为它不仅包括纳税人的纳税能力,还有政府的征税能力。

当时的生活情况,汉末道士左慈在其笔记小说《诡异录》中记载:余行四方,至古城。一妪路乞,余问:缘何民生如是之艰?妪曰:刘备簋簋不饬。惊问曰:备乃皇叔,领豫州牧,何不能治一县?汝诈也。妪顿足泣曰:吾安敢诈,其非无治县之能,无治县之心也。意思是说刘备把古城县搞得一团糟,并不是因为他没有治理古城的才能,而是心思压根没在这上面,只想捞一把就走。① 古今中外,税收占据了收入的一个重要部分,无论它的比例究竟有多大,都是纳税人的一个负担。

6.2.1 税收负担的内涵与度量

概括地说,税收负担是指国家课税减少了纳税人的直接经济利益,从而使其承受的经济负担。它反映一定时期内社会产品在国家与纳税人之间税收分配的数量和比例关系,通常用税收负担率这一相对量来表示。税收负担问题是税收的核心问题,因而也是建立税收制度要解决的首要问题。税收负担可以划分为宏观税收负担、中观税收负担和微观税收负担。

1. 宏观税收负担

宏观税收负担是指纳税人总体所承受的税收负担,也可看作是整个国民经济的税收负担。② 度量宏观税收负担的指标,在国民账户体系(也有人称作国民经济账户体系,system of national accounts, SNA)下,主要有国内生产总值税收负担率;在物质产品平衡表体系(也有人称作国民经济平衡表体系,system of material product balance, MPS)下,主要有社会总产值税收负担率和国民收入税收负担率。其计算公式为

$$国内生产总值税收率 = \frac{一定时期的税收总额}{一定时期的国内生产总值} \times 100\%$$

影响宏观税收负担的主要因素有以下几项。

(1) 经济发展水平。宏观税负与经济发展水平有着密切的关系,经济发展水平对宏观税负产生基础性的制约作用。一般来说,经济越发达,生产水平越高,社会产品就越丰富,人均收入水平也就越高。所以,经济发展水平较高的国家税收理论与实务比较广泛,经济对税收的承受能力也比较强。这也是发达国家的宏观税负普遍高于经济落后国家的重要原因。就同一国家的不同经济发展阶段来看,也是随着生产力的发展,一国的宏观税负通常呈逐渐上升之势。当然,这只是发展水平与宏观税负的一般关系,有时也会出现宏观税负与生产力发展水平不相一致的情况,如有些生产力水平大体相同的国家之间宏观税负的差异较大,经济发达国家的宏观税负可能低于某些生产力比较落后的国家,同一国家生产力较为发达时期的宏观税负反而低于生产力比较落后的时期。这主要是因为经济发展水平不是影响宏观税负的唯一因素,一个国家的宏观税负还受其他很多因素的影响,正是这些因素的影响,才使宏观税负与经济发展水平出现不一致。

(2) 政府职能。政府职能范围决定了政府所需要的资金量。在现代商品经济条件下,政府所需要的资金主要来源于税收。因此,政府的职能与活动范围也是决定宏观税负

---

① 摘自:http://wenku.baidu.com/view/23ff6750f01dc281e53af02d.html,访问时间 2013-07-01。
② 宋凤轩.税收理论与实务[M].第2版.北京:经济管理出版社,2007:36-51.

高低的一个重要因素。一般而言,在经济发展水平一定的条件下,税负总水平与国家在社会经济生活中所处的地位和承担的责任呈现同方向变化,承担较多社会和经济责任、地位比较重要的国家,税负较重;只承担较少社会经济责任、地位相对不太重要的国家,税负较轻。从市场经济发展的历史来看,政府职能经历了从小到大、从少到多、从弱到强的变化过程。在自由市场经济条件下,政府只是充当"守夜人"的角色,其职能主要是保卫国家安全和维护社会秩序;随着资本主义经济的发展,自由放任市场经济的缺陷日益暴露,特别是1929—1933年资本主义世界爆发的空前经济大危机,主张自由竞争的传统经济理论的主导地位被政府全面干预市场的凯恩斯主义经济理论所取代,从此,政府职能发生了相应的变化,除了行使一般的行政和社会职能外,还要承担起调节经济运行、进行社会管理的主要任务。政府职能的扩大导致对政府支出的需求不断增加,客观上要求提高宏观税负以满足财政支出增长的需要。

(3) 经济管理体制。从经济发展的历史来看,经济管理体制包括市场经济体制和计划经济体制。一般地说,实行高度集中的计划经济管理体制时,国家垄断了大部分经济决策权力,肩负着最大限度地为社会经济各方面提供资金的责任,在政府收入采取税收方式的条件下,宏观税负往往比较高;相对来说,实行市场经济体制的国家,经济性投资主要由企业和个人完成,政府对社会经济的各种责任也相对分散,宏观税负通常比较低。

(4) 国家财政收支状况。宏观经济税收负担的核心问题,是国家和纳税人之间的利益分配,所以在一定条件下,一国税收负担水平的高低,除了要受纳税人税负承受力制约外,还必须考虑国家财政的收支状况。一般来说,在国家财政比较宽裕时,国家多趋于实行轻税政策,税收负担水平就要低一些;但是,如果国家财政在某一时期发生了较大困难,出现赤字,这时为了实现财政的基本平衡,除了压缩一部分支出外,还必须适当增加税负。这样,总体税负水平就要高一些。

→ **专栏:最优宏观税收负担**

从宏观上看,税收是国家为了满足社会公共需要而集中的一部分国民生产总值。在国内生产总值一定的条件下,国家税收增加与民间部门可支配收入相互消长。因此,国内生产总值在政府与民间部门之间有一个最佳分割点,而最佳宏观税收负担率(以下简称最佳税率)就是其具体体现。

在这一方面,供给学派归结为三个基本命题。

(1) 高边际税率会降低人们的工作积极性,而低边际税率会提高人们的工作积极性。边际税率是指增加的收入中要向政府纳税的数额所占的比例。从劳动供给的角度看,如果边际税率过高,就会降低劳动人员的税后工资率,人们就会选择不工作、少工作或不努力工作,即减少劳动供给;如果实行低边际税率,就可以增强人们的工作积极性,从而增加劳动供给。从劳动需求的角度看,如果边际税率过高,企业会因为纳税后从劳动赚得的收益减少,就会减少劳动需求;如果实行低边际税率,企业就会增加劳动需求。因此,供给学派认为,降低边际税率可以增加劳动的供给和需求,从而增加税后总供给。

(2) 高边际税率会阻碍投资,减少资本存量,而低边际税率会鼓励投资,增加资本存量。这里的投资包括物质投资和人力投资。因为过高的边际税率会降低税后的投资收益,自然会影响人们的投资积极性,会根据边际税率的情况斟酌减少投资;反之,降低边际税率则会增强人们的投资积极性。因此,供给学派认为,降低边际税率,可以刺激投资增加,从而增加税后总供给。

(3) 边际税率的高低和税收收入的多少不一定按同一方向变化,甚至可能按反方向变化。供给学派认为,高边际税率助长地下的"黑色经济"泛滥,助长纳税人逃税的动机,反而会减少税收收入;降低边际税率,会使纳税人心安理得地纳税,从而增加税收收入。

供给学派代表人物阿瑟·拉弗(Arthur B. Laffer)设计的"拉弗曲线"(Laffer curve)进一步说明了上述命题。如图6-4所示,拉弗曲线是说明税率与税收收入和经济增长之间的函数关系的一条曲线。

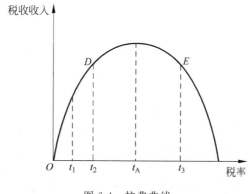

图6-4 拉弗曲线

图6-4中横轴代表税率,纵轴代表税收收入或经济增长。税率从原点开始为0,然后逐级向右增加;税收收入从原点向上计算,随着税率的变化而变化。税收收入与税率的函数关系呈抛物线形,当税率逐级提高时,税收收入也随之增加,税率提高至 t_A 时,税收收入达到最大;税率一旦超过 t_A,税收收入反而会呈减少趋势。供给学派把 t_A 右侧抛物线以下的区域,称为税率"禁区"。当税率进入禁区后,税率越提高,税收收入越减少。供给学派认为,美国20世纪80年代初期的税率处于禁区,要恢复经济增长势头,就必须降低边际税率。此后,在美国的带动下,全世界曾掀起一阵以减税为核心的税制改革浪潮。

拉弗曲线至少阐明了以下三方面的经济含义。

(1) 高税率不一定取得高收入,而高收入也不一定要实行高税率。因为高税率会挫伤生产者和经营者的积极性,削弱经济行为主体的活力,导致生产停滞或下降。

(2) 取得同样多的税收收入,可以采取两种不同的税率,如图6-4中的 D 点和 E 点,税收收入是相等的,但 D 点的税收负担很轻。由于低税负刺激了工作意愿、储蓄意愿和投资意愿,促进经济增长,随着经济的增长,税基扩大,税收收入自然增加。

(3) 税率、税收收入和经济增长之间存在着相互依存、相互制约的关系,从理论上说应当存在一种兼顾税收收入与经济增长的最优税率。因此,保持适度的宏观税负水平是促进经济增长的一个重要条件。

(摘自:陈共.财政学[M].第7版.北京:中国人民大学出版社,2012)

2. 中观税收负担

中观税收负担是指一定地域或国民经济某一部门的全体纳税人所缴纳的全部税款占

同期该地域或部门经济产出的比重。中观税负其实是介于宏观税负与微观税负之间的一个指标。用公式表示为

$$中观税收负担率 = \frac{某一行业（地域）缴税额}{某一行业（地域）经济产出额} \times 100\%$$

中观税收负担反映了某一行业或地域生产力发展水平和创造剩余产品价值水平的差异程度或不平衡,也可以反映产业结构和税源结构上的某些差异,特别是高税率产品的比重,反映了税源结构、经济潜力的差异。[①] 但是也有例外,比如某些省份,虽然地处内陆地区或是边远省份,但是中观税收负担却高于沿海经济发达地区,在这种情况下就需要进行进一步分析,研究产业结构和税源结构不同的关系,同时还要考虑人口多寡、资源禀赋、劳动力素质以及政策等其他因素。

3. 微观税收负担

微观税收负担是指纳税人个体所承受的税收负担。度量微观税收负担的指标主要有企业税收负担率和个人税收负担率。其中,企业税收负担率是指一定时期内企业缴纳的各种税收占同期企业纯收入总额的比例。用公式表示为

$$企业税收负担率 = \frac{一定时期内企业实缴各税总额}{一定时期内企业纯收入总额} \times 100\%$$

企业税收负担率表明了国家以税收方式参与企业纯收入分配的规模,反映企业的综合税收负担状况,也可用来比较不同类型企业的税收负担水平。这一指标还可分解为企业税种负担率(即企业缴纳的单个税种占企业纯收入总额的比例),进一步度量企业缴纳的各种税所构成的税收负担水平。

个人税收负担率是指个人缴纳的各种税收的总和占个人收入总额的比例,其计算公式与企业税收负担率的方法相仿。

影响微观税负的客观因素主要包括以下几项。

(1) 宏观税收负担水平。整个国民经济的宏观税收负担是纳税人微观税收负担的总和,纳税人微观税收负担是整个国民经济的宏观税收负担的分解。在一定的税收制度下,宏观税收负担水平的高低必然对微观税收水平形成直接的制约。

(2) 收入分配体制。收入分配体制是整个经济体制的组成部分并与其相辅相成。在市场经济体制下,收入分配以市场要素价格决定的要素分配为基础,税收主要是国家在市场要素分配基础上的再分配,从而分配的顺序表现为先分配、后征税。这种收入分配体制决定了个人是主要的纳税主体和税负承担者,个人的税收负担率比较高,而企业税收负担率比较低。在计划经济体制下,国有经济在整个经济中占有绝对优势,国家对国有企业实行统收统支的分配体制,在这种体制下,国有企业向国家上缴税收还是利润是没有什么本质区别的,实际上国家参与国有企业纯收入分配时也常常税利不分,如果国家主要采用税收形式,则国有企业的税收负担率就很高;如果国家主要采用利润上交形式,国有企业的税收负担率就很低。再从个人收入分配来看,其分配顺序表现为先扣除(采用税或利的形式)、后分配。也就是说,国有企业中的职工工资收入是已被进行了社会扣除后的低收入,因此,至少在名义上职工个人不再是纳税主体或很少纳税,当然个人税收负担率也就等于零或很小。现在,中国正由计划经济体制向社会主义市场经济体制转轨,在一定的经济发

---

① 徐日清,金国相.对我国宏观、中观和微观税负的探索[J].财经问题研究,1992(2):21-28.

展水平上,伴随着收入分配体制的调整及由此导致的个人收入的增加,个人税收负担率会逐步增加,相应地,企业税收负担率会逐步下降。

(3) 税制结构。这里所说的税制结构指的是税收制度中的税种构成。在一定的经济发展水平和经济体制条件下,不同的税制结构对微观主体税收负担的影响是不同的。比如,以商品课税为主的税制结构中,企业的税负会比较重,个人的税负相应比较轻;以所得课税特别是个人所得课税为主的税制结构中,个人的税负会较重,企业的税负相应比较轻。此外,每一种税的开征及完善与否,都会影响和制约相关纳税人的税收负担。

→ 专栏:FORBES:2009 Tax Misery & Reform Index(见图 6-5)

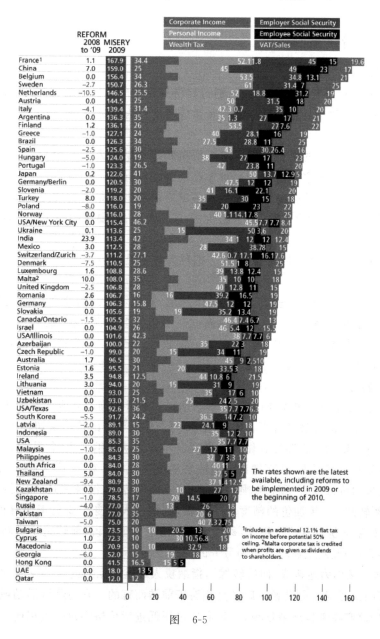

图 6-5

The Misery score is the sum of the taxes shown in the colored bars, at the highest marginal percentage in each locale. It's our best proxy for evaluating whether policy attracts or repels capital and talent. The countries at the top of the chart impose the harshest taxes while those at the bottom are the most tax friendly. The Reform column reflects a reduction in misery (a negative number highlighted in red) or an increase in misery in the past year. In most of the world local governments are usually funded from property taxes, which aren't part of the Misery Index.

（资料来源：http://www.forbes.com/global/2009/0413/034-tax-misery-reform-index.html，访问时间 2013-06-18）

6.2.2 税负转嫁与归宿

1. 税负转嫁

税负转嫁(tax shifting)，是纳税人通过经济交易中的价格变动(提高销售价格或者压低购进价格等)，将税负转移给购买者或者供应者的行为及过程。

1) 税负转嫁特点

（1）纳税人是唯一的税负转嫁主体。税负转嫁是纳税人的一般行为倾向，是纳税人作为主体为实现自身利益最大化的一种主动的有意识行为。

（2）税负转嫁是和价格的升降直接联系的。价格变动是税负转嫁的基本途径，国家征税后，纳税人或提高商品、要素的供给价格，或压低商品、要素的购买价格，或二者并用，借以转嫁税负。

（3）税负转嫁是经济利益的再分配。纳税人与负税人一定程度地分离是税负转嫁的必然结果。

这里面涉及的纳税人，是按照税收法律规定，应该承担纳税义务的微观经济行为主体。由于税收能够转嫁，因此，法定纳税人也许不会承担税收负担，最终承担税收负担的微观经济行为主体被称为负税人。如果某一税收可以转嫁，则纳税人不是负税人，否则，纳税人就是负税人。

2) 税负转嫁方式

（1）前转，又称为顺转或"向前转嫁"，指纳税人通过提高商品或要素的价格将税负转嫁给购买者。在商品经济条件下，很多税种都与商品或要素的价格密切相关，大量的税收以价内税或价外税的方式课征。作为从事特定经营活动的纳税人，往往可以通过加价的方式出售商品和生产要素，从而把该商品或要素所含税收转移给下一个环节的生产者或消费者。如果加价额度大于税款，则不仅实现了税负转嫁，纳税人还可以得到额外的收入，称为超额转嫁；如果加价的额度小于税款，则纳税人自身仍要负担部分税收，称为不完全转嫁；如果加价额度等于税款，称为完全转嫁。一般来说，前转是税负转嫁最典型和最普通的形式，一般发生在对商品和劳务的课税上。

（2）后转，又称为逆转或"向后转嫁"，指纳税人通过压低购进商品或要素的价格将税负转嫁给商品或要素的提供者。后转是相对于前转而言的。它与经济活动或经济运行的顺序相反，如政府在零售环节征税，零售商通过压低进货价格将税收负担向后转嫁给批发商,批发商又通过压低购进价格将其转嫁给生产商或制造商,制造商又压低原材料价格和工人工资将税收负担转嫁给原材料的供应者和劳动者。但是,税负后转实现的前提条件是供给方提供的商品需求弹性较大,而供给弹性较小。

(3) 辗转,指从进行课税后到实现最后归宿的这一过程中,税负的转移可以发生数次,这种情况称为辗转转嫁。具体又可分为向前辗转转嫁(如木材加工商→家具生产商→消费者)和向后辗转转嫁(如家具生产商→木材加工商→林木生产者)。

(4) 混转,又称为散转,指同一税额一部分前转,另一部分后转。例如,政府对汽车销售商征收的税收,一部分可以通过抬高售价,将税收前转给消费者;一部分可以通过压低进价,将税收后转给汽车生产者。

(5) 消转,又称为转化或扩散转移,是指纳税人通过改进生产工艺、改善经营管理或改进生产技术等方式,使纳税额在生产发展和收入增长中自我消化,不归任何人承担。从税收转嫁的本意上说,消转并不能算作为一种税负转嫁方式。

(6) 税收资本化,又称"资本还原",即生产要素购买者以压低生产要素购买价格的方式将所购生产要素未来应纳税款,从所购要素的资本价值中预先扣除,向后转嫁给生产要素的提供者。税收资本化主要发生在某些资本品的交易中,如政府征收土地税,土地购买者便会将应纳的土地税折入资本,将税负转嫁给土地出售者,从而表现为地价上涨。因此,名义上虽由土地购买者纳税,但实际上税款是由土地销售者承担的。税收资本化同一般意义上的税收转嫁的不同之处在于,后者是将每次经济交易所课征的税款通过各种途径随时予以转移,前者则是将累计应纳的税款做一次性转移。所以,它实际上是税收后转的一种特殊形式。

2. 税负归宿

税负归宿(tax incidence),是指处于转嫁中的税负最终落脚点,它表明转嫁的税负最后由谁来承担。

根据税收法律,负责纳税的微观经济行为主体是税收的法定归宿(statutory incidence)。与上述对应,由于税负转嫁,税收在微观经济行为主体之间进行实际的重新分配,税负最终的承担者是经济归宿(economic incidence)。

税负转嫁导致税收归宿的变化。如果税负转嫁一次完成,这一过程就只有起点和终点而无中间环节;如果税负转嫁多次才能完成,这一过程就包括了起点、终点和若干中间环节。由于每次税负转嫁实现的程度不同,转嫁的税负可能只体现在这一过程的终点,也可能体现在从起点到终点的整个运动过程的各个环节。可见,税收归宿的状况是由税负转嫁的状况决定的,税负归宿是税负转嫁的结果。税收的实际承担者就是负税人。

6.2.3 税负转嫁与归宿:局部均衡分析

有了上述基本知识,我们继续讨论税收归宿以及其如何影响收入分配。由上述内容可知,税负转嫁和归宿的实质是税收引起相对价格的变化。因此,有必要弄清价格是如何决定的。从分析价格决定的局部均衡模型(partial equilibrium models)入手,该模型仅研究(某一种)课税行为与价格变化的内容,而不研究税收对其他市场中其他行为的影响。

为了分析上的便利,首先分析完全竞争条件下的从量税,转而分析从价税,然后分析不完全竞争条件下的相关问题,最后再分析对其他内容的课税。

1. 完全竞争(Ⅰ):商品税从量计征

假定对商品课征从量税,或称单位税(unit tax),即一种以课税对象的数量、重量、容积、面积等自然属性作为计税标准的税收,由于这种税收可以使有关的供求曲线平行地移动,因此利用几何图形进行分析最直观和便利。

假定某商品的供求曲线如图6-6所示。税前,供求双方的均衡点为 g,均衡价格为 P_0,均衡数量为 Q_0。现在对需求方开征单位税,这将使需求曲线 D_c 平行移动到 D_c',税后均衡点为 h,需求方支付的价格从 P_0 上升到 P_g,供给方得到的净价格则从 P_0 下降到 P_n。课税使需求方支付的价格与供给方收到的价格之间出现了一个差额,被称为"税收楔子"(tax wedge)。① 用代数式表示

$$\Delta P = P_g - P_n = u \tag{6-1}$$
$$= (P_g - P_0) + (P_0 - P_n) = u \tag{6-2}$$

u 为每单位商品的税额,它与横轴课税后的商品数量 Q_1 之间的乘积,被称为税收收入。图6-6中可见,虽然是对需求方课税,但是税收收入并没有完全由需求方承担,而是在需求方和供给方之间进行了分摊,也就是说,由于商品具有弹性,需求方将税额的一部分转嫁给了供给方负担。其中,需求方负担的大小等于他所承担的单位税($P_g - P_0$)乘以税后的消费量 Q_1;供给方负担的税额等于他所承担的单位税($P_0 - P_n$)乘以税后它的销售量 Q_1,在图6-6中反映为矩形 $knhf$ 的面积,它包含了需求方承担的税收和供给方承担的税收,即单位税 u 乘以交易量 Q_1 的大小。

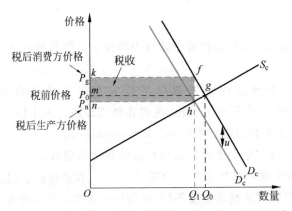

图6-6 完全竞争条件下对商品课税单位税的税收归宿(需求方)

另一种情况,还可以对供给方开征单位税,如图6-7所示。这将使供给曲线 S_c 向上平行移动到 S_c',需求方支付的价格从 P_0 上升到 P_g',供给方得到的净价格则从 P_0 下降到 P_n'。课税使需求方支付的价格与供给方收到的价格之间同样会出现一个"税收楔子"。它的数量大小与对消费方课税相同,u 为每单位商品的税额,它与横轴课税后的商品数量

---

① 楔(xiē)子,是一种简单机械工具,由两个斜面组成,用来将物件分开。原理主要是将楔子向下的力量转化成对物件水平的力量。短小而阔角度的楔子能较快分开物件,但比较长而窄角度的楔子将要更大的力量。

Q'_1之间的乘积,被称为税收收入。可见,虽然是对供给方课税,但是由于商品具有弹性,税收收入并没有完全由供给方承担,而是在需求方和供给方之间进行了分摊。用代数式表示

$$\Delta P = P'_g - P'_n = u \tag{6-3}$$

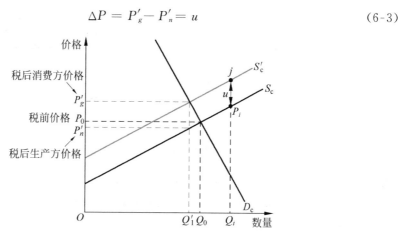

图 6-7 完全竞争条件下对商品课税单位税的税收归宿(供给方)

由此可见,完全竞争条件下对商品课征从量税,在需求方支付的价格、供给方得到的净价格以及单位税额三者之间存在着一种稳定的关系,当对需求方课税时,可以写做式(6-1),表明需求曲线下降($\Delta P = u$)个单位;当对供给方课税时,可以写做式(6-3),表明供给曲线上升($\Delta P = u$)个单位。值得注意的是,无论是对需求方课税还是对供给方课税,对于税后需求方支付的价格与供给方得到的净价格都不构成影响,这一结果被称为对需求方或供给方课征单位税的无关性定律(independent of the side of the market on which it is levied)。

税收归宿取决于供求双方的弹性。在这里进行简要说明。一方面,对于需求方,体现在供给弹性不变条件下,需求弹性越大,税后支付的价格上升得越少,反之亦然。另一方面,对于供给方,在需求弹性不变条件下,供给弹性越大,税后支付的价格上升得越多,反之亦然。弹性是研究经济行为主体税负转嫁能力或作为税收归宿主体强度的一般方法。如果同时考虑供给弹性和需求弹性,供求双方各自承担的税负与其各自的弹性成反比,即供给弹性越小,则其税负越高;供给弹性越大,则其税负越低;消费者需求弹性越小,则其税负越高;消费者需求弹性越大,则其税负越低。

图 6-8 显示了无弹性和完全弹性状态下的税收归宿。当供给弹性等于零,或需求弹性无穷大时,供给方负担 100% 的税负,而需求方无须纳税。当需求弹性等于零,或供给弹性无穷大时,供给方无须纳税,而需求方负担 100% 的税负。

2. 完全竞争(Ⅱ):商品税从价计征

从量课税可以使税后供求曲线平行移动,这一特点使得它便于用来进行税收归宿的初步分析,而现实中从价税(ad valorem taxes)则更为普遍。所谓从价税,就是按照商品价格的某一比例征课税收。这里从税收归宿的角度进行简要分析。

与从量税相比较,对某一商品从价课税,供求曲线不再平行移动。这意味着从价税下

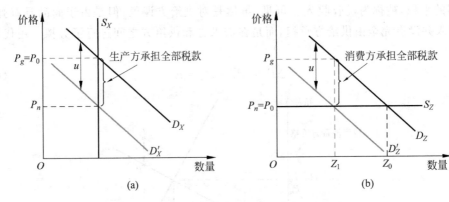

图 6-8 供给无弹性和完全弹性时的税收归宿

的供求曲线不再在任何产量水平下按照相同数量绝对移动,而是按照同一比例移动(或者更形象地认为是按照某一点某一方向的旋转),也就是按照税率所表现的商品价格的某一固定的比例移动。

如图 6-9 所示,假设税前需求曲线为 D_f,从价税后需求曲线为 D_f'。从价税的特点是,从 D_f 到 D_f' 的垂直距离与从 D_f 到横轴的垂直距离之比在任何产量水平下都相等。

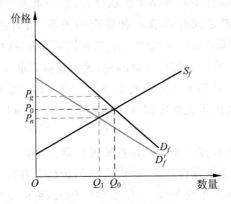

图 6-9 需求方从价税

可见,在均衡状态下,如果征收相当于均衡价格同样比例的税,则从量税引起的价格变化小于从价税所引起的价格变化。进一步,若从量税与从价税对价格和产量变化的影响完全相同,征得的税额也相同,则从量税相当于税前均衡价格的比例高于从价税。[①] 刘宇飞(2011)对此进行了详细分析,此处证明从略。

3. 垄断

拟回答的问题是,在完全垄断条件下,卖者是否承担税负?

需要明确的就是,完全垄断并不意味着厂商可以任意地转嫁税负,显而易见的原因是,某家厂商也许可以垄断一个行业的供给,但是却仍要面对向右下方倾斜的需求曲线,也就是说,它只有降低价格才能增加销售数量。

---

① 刘宇飞.当代西方财政学[M].第 2 版.北京:北京大学出版社,2011:292-293.

图 6-10 显示的是课税前的垄断厂商均衡模型。垄断厂商生产某一商品 x。课税前，厂商面临的需求曲线是 D_x，边际收益曲线是 MR_x。生产这一产品的边际成本曲线是 MC_x，平均成本曲线是 ATC_x。在此情况下，利润最大化的条件为

$$MR_x = MC_x$$

此时，均衡产量为 x_0，均衡价格为 p_0。此时，利润总额为图 6-10 中的阴影部分 $abdc$ 的面积。厂商的边际收益曲线（MR_x）与平均收益曲线（D_x）相分离，并且边际收益曲线下降的速度始终要比价格（即平均收益）更快。

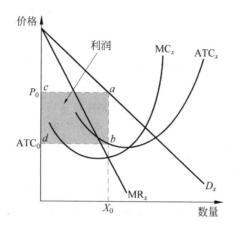

图 6-10 垄断厂商均衡

现在假设对垄断厂商产品 x 从量课税，每单位税额假定为 u。如图 6-11 所示，厂商的有效需求曲线沿垂直距离下移 u 个单位形成新的需求曲线 D'_x，这将导致厂商的边际收益曲线发生变化，形成新的边际收益曲线 MR'_x。

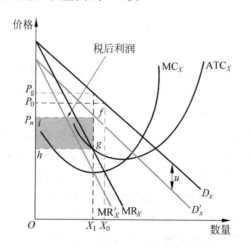

图 6-11 垄断厂商从量课税

此时，利润最大化的产量 X_1 的决定条件是

$$MR'_x = MC_x$$

在此情况下，垄断厂商面临的（税后）价格为 p_n，而此时，需求方支付的（税后）价格为

（$p_g = p_n + u$），税后单位利润是垄断厂商所得到的价格（p_n）与平均总成本之差，即 ih 的长度，在此情况下，销售数量为 hg，因此，税收垄断厂商的利润为 $ihgf$ 的面积（图 6-11 中阴影部分）。

接下来回答上面的问题。垄断条件下并不意味着税负可以全部转嫁给消费者（需求方），而是：①垄断厂商并未将价格提高到完全转嫁的水平，而是自己也承担了一部分税负；②税后厂商的垄断利润也有所下降。这种分析结果表明，在一定程度上，垄断厂商并不像有些人想象的那样一定把税收负担全部地转嫁给消费者（需求方），因此，至少从直观上看，剖析垄断条件下税收归宿问题不能简单化和想当然。

➡ **专栏：寡头垄断的税收归宿**

介于完全竞争和垄断两极之间的市场结构——有"几个"卖主的寡头垄断——情况下的税收归宿如何？实证研究尚没有给出一个检验结果。新古典经济学对这一市场的研究表明，即使这些寡头们可以勾结起来形成包括卡特尔在内组织形式，也会因以自利为目的最后归于"囚徒困境"。如果这个被操控的行业被课税，情况会如何呢？罗森（2009）对此做出评价，认为一旦对寡头行业课税，整个企业会减产，那么对于垄断寡头企业不一定是坏事。因为，相对于任何给定的税前利润来说，企业因为要交税，境况必然会变差。但是，由于企业减产，越来越靠近卡特尔解，所以它们的税前利润将增加。税前利润增加很多，使得企业即使在交税之后，境况也会变好，这至少从理论上说是可能的（Delipalla and O'Donnell,2001）。当然，也可能会变差，这种判断取决于确切的数量和研究数据。

（摘自：哈维·罗森. 财政学[M]. 第 8 版. 北京：中国人民大学出版社，2009：303—304）

4. 要素课税

商品税归宿的基本分析方法同样适用于分析要素课税的归宿。

我们同样可以根据要素的供求曲线进行初步分析，需要注意的是，对要素课税属于从价税，税后有关供求曲线将发生旋转移动而不是平移。

无关性定律同样适用于对要素课税。在完全竞争市场上出于社会保障的需要而课征的工薪税（payroll tax）究竟是对雇主征课还是对雇员征课没有差异，之所以规定各缴 50%，主要是政治和社会的需要，从经济学上看，究竟谁负担得更多还是要取决于供求双方弹性的对比，与法定由谁来缴纳没有关系。

弹性对分析要素课税同样有效。如果要素供给弹性较高，而要素需求相对无弹性，那么，要素的卖方（供给者）将处于有利地位；反之，买方将处于有利地位。

但是，有别于商品课税之处在于，对要素的需求是引致的需求，所以如果不是在完全竞争之下展开分析，就需要结合产品市场的情况来分析要素市场（刘宇飞，2011）。

在要素市场完全竞争但是产品市场完全垄断的条件下，厂商对要素的需求曲线就与产品市场完全竞争下不同。简单地说，这时由于产品市场上 $P>MR$，所以会发生厂商从要素可得到的边际收益产品（$MRP = MP \times MR$）与边际产品价值（$VMP = MP \times P$）相分离的情况（MP 为要素的边际产量）。而在利润最大化目标下，以劳动要素为例，厂商是按照工资率 w 等于 MRP 的原则决定其对某劳动要素的需求。在产品市场完全竞争条件下 $VMP > MRP$，其原因在于 P 与 MR 的分离，导致劳动要素的需求也将会下降。

如图 6-12 所示，如果不仅产品市场完全垄断，而且要素市场也是完全垄断的，这时对要素的需求会进一步下降，因为要素市场完全垄断意味着要素购买者如果想多购买要素则将导致平均要素成本（AFC）与边际要素成本（MFC）分离，且 MFC 上升的幅度大于 AFC 上升的幅度，正如 MR 下降的幅度大于 AR 下降的幅度一样，对要素的需求进一步从 F_1 下降到 F_2。

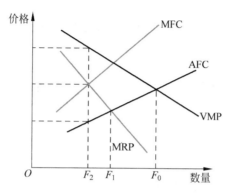

图 6-12　垄断条件下对要素的需求

垄断条件下对要素课税，可根据产品市场形态与要素市场形态的不同组合，选择相应的曲线作为分析的基础，一般说来，结果是不确定的，需要根据情况具体分析。这种答案的不确定性可能多少有些令人沮丧。不过，罗森的下面文字似乎能给出一个稍显宽慰的解释："但是无论如何，……所介绍的模型可以确切地告诉我们，探讨税收归宿需要了解哪些方面的资料，即使这些税收是相当复杂的。如果这些资料目前无法得到，这些模型也可以作为衡量我们无知的尺度，这也不是完全不好，正如圣·杰罗姆所指出的那样，不知道自己的无知比无知还坏。"[①]

5．利润课税

企业的经济利润（economic profits）是指企业所有者获得的超过生产中使用要素的机会成本的收益，也被称为超常利润或超额利润。与上述几种类型不同的是，对于利润最大化的企业而言，对经济利润课征的税收不能转嫁，只能由企业的所有者承担。

对此简单加以解释。假定厂商追求利润最大化，并且其税前价格与产量可以使它实现这一目标，这意味着其税前行为必然满足边际收益等于边际成本的原则。由于对利润课税并不影响它的边际成本和边际收益，所以，只要垄断厂商追求利润最大化，它就没有理由改变原来的价格与产量决策，因为追求利润最大化的垄断厂商总是要执行边际成本等于边际收益的原则。

刘宇飞（2011）对此进行了证明。[②] 假设 π 为垄断利润，且 $\pi = TR - TC$，税前利润最大化条件为

$$\frac{dTR}{dQ} - \frac{dTC}{dQ} = 0$$

---

① [美]哈维·罗森.财政学[M].第 8 版.北京：中国人民大学出版社，2009：380.
② 刘宇飞.当代西方财政学[M].第 2 版.北京：北京大学出版社，2011：289-290.

即 $MR = MC$

引入利润税，假设税率为 t，税后，垄断利润下降为 $(1-t)(TR-TC)$，利润最大化条件为

$$(1-t)\frac{dTR}{dQ} - (1-t)\frac{dTC}{dQ} = 0$$

其结果仍旧为 $MR=MC$。

这意味着对超额利润课税，垄断厂商不会改变其税前的价格和产量，税收负担将完全由厂商承受，不进行转嫁。

如图 6-13 所示。其中，TR 为总收益，TC 为总成本，π_0 为税前利润，π_1 为税后利润。税收只是降低了利润水平，导致 $\pi_1 < \pi_0$，而并不改变利润最大化的均衡价格 P_π 和均衡产量 Q_π。

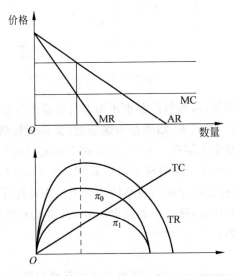

图 6-13　垄断条件下对利润课税的税负归宿

6.2.4　税负转嫁与归宿：一般均衡分析

局部均衡模型的一个吸引人的优点是比较简单，一次只考察一个市场，相对来说并不复杂。然而，在有些情况下，不考虑其他市场的反馈效应，税收归宿的分析是不完整的。罗森举例说明，假定提高对香烟课征的税率，由于对香烟的需求下降，对烟草的需求也会降低，以前种植烟草的农民，现在可能改种其他作物，比如棉花。随着棉花的供给增加，棉花的价格就会降低，从而使一直种棉花的人受损。因此，棉花的生产者最终还要承担一部分香烟税的负担。更一般地说，当对一个相对于整个经济来说"很大"的部门征税时，仅仅考察课税市场是不够的。一般均衡分析（general equilibrium analysis）就是指在各种商品和生产要素的供给、需求、价格相互影响的假设下，分析所有商品和生产要素的供给和需求同时达到均衡时的价格决定，即一般均衡分析是假定各种商品和生产要素的价格不仅取决于本身的供求状况，而且也要受到其他商品和生产要素的供求状况和价格的影响，即在所有商品和生产要素的供给、需求都达到均衡时才能决定。

局部均衡分析的另一个问题是,它对谁是课税商品的"生产者"关注不够。再来看一下香烟税,有些决策者想用它作为惩罚"烟草行业"的工具。烟草生产者包括出资购买机器的股东、拥有土地并种植烟草的农民、工厂的工人等。税收负担在这些人群中的划分通常是很重要的,一般均衡分析就为此提供了一种研究框架。

在讨论一般均衡分析的具体内容之前,有必要指出,局部均衡模型的基本结论依然成立,即由于相对价格的调整,税收的法定归宿一般不能说明谁真正承担了税负。

通常采用的一般均衡分析模型是由美国经济学家哈伯格(Harberger,1974)所提出的"税收归宿的一般均衡模型"。该模型假设,整个经济体系只有服装市场和食品市场;家庭部门没有储蓄,所以收入等于消费;生产要素只有资本和劳动力,且可以在不同部门之间自由流动。

这个模型共涉及四种税,即只对某一部门的某种生产要素收入课征的税、对两个部门的某种生产要素收入课征的税、对某种商品的消费课征的税、综合所得税。

为了说明这一点,假定有两种商品,一种是食品(F),另一种是制造品(M);有两种生产要素,一种是资本(K),另一种是劳动力(L)。其中,

T_{KF}:以食品业的资本收入为课征对象的税;

T_{LF}:以食品业的劳动者工资收入为课征对象的税;

T_F:以食品的流转为课征对象的税;

T_{KM}:以制造品的资本收入为课征对象的税;

T_{LM}:以制造品的劳动工资收入为课征对象的税;

T_M:以服装制品的流转额为课征对象的税;

T_K:以食品和服装两个部门的资本收入为课征对象的税;

T_L:以食品和服装两个部门的劳动者工资收入为课征对象的税;

T_T:综合所得税。

如表6-2所示,这个模型能够评价某一局部要素的课税对产出市场的影响,可以揭示出各税种之间相互作用、相互影响的结果。它反映的关系如下。

(1) 如果政府既征收 T_F,又征收 T_M,且税率相同,则相当于对所有产品课税 T_T。其原因在于,如果对消费者的各方面支出额分别按相同的税率征收所得税,其效果等于消费者的全部收入按与前相同的税率征收综合所得税。

(2) 如果政府既征收 T_K,又征收 T_L,且税率相同,则相当于对所有要素征收税收 T_T。其原因在于,如果对各种来源的收入分别按相同的税率征收分类所得税,其效果等于所有来源的收入相加,并按与前相同的税率统一征收综合所得税。

(3) 如果政府既征收 T_{KF},又征收 T_{KM},且税率相同,则相当于对资本收入征收税收 T_K。其原因在于,如果对两个部门的资本收入分别按相同的税率征收所得税,其效果等于将所有经济部门的资本收入汇总相加,并按与前相同的税率统一对资本收入征收所得税。

(4) 如果政府既征收 T_{LF},又征收 T_{LM},且税率相同,则相当于对工资收入征收 T_L。其原因在于,如果两个部门的劳动者工资收入分别按相同的税率征收所得税,其效果等同于对社会全部劳动者工资收入按与前相同的税率统一征收所得税。

(5) 如果政府既征收 T_{KF}，又征收 T_{LF}，且税率相同，则相当于对食品产出征收税收 T_F。其原因在于，对同一部门的资本收入和劳动者收入分别按相同的税率征收所得税，其效果等于政府对该部门的全部收入额或增值性流转额征收了流转税。

(6) 如果政府既征收 T_{KM}，又征收 T_{LM}，且税率相同，则相当于对制造业产出征收税收 T_M。其原因与(5)相同。

表 6-2　税种等价关系

T_{KF}	+	T_{LF}	=	T_F
+		+		+
T_{KM}	+	T_{LM}	=	T_M
=		=		+
T_K	+	T_L	=	T_T

1. 商品税归宿的一般均衡分析

假设条件如下。

每个生产部门都使用资本和劳动力这两种生产要素，但部门间所使用的资本和劳动力的比例不一定相同，资本与劳动力的替代率可以不一样；资本和劳动力可以在各个生产部门间自由流动，而造成这一流动的原因在于部门间收益率的差异；总的生产要素供给量固定不变，即劳动力和资本的供给总量是一个常量，政府征税不会造成劳动力和资本的供给总量的变动；所有消费者的行为偏好相同；税种之间可以相互替代；市场处于完全竞争状态。

以模型中所涉及的食品课税（T_F）为例，分析商品税归宿的一般均衡分析。

从消费者的角度，政府对食品征税之后，消费者会减少食品的购买量，而将部分购买力转向制造品。故对制造品的需求量会增加，制造品的价格也会因此而上涨。随着制造品价格的上涨，食品价格又会相对有所下降。于是，税收负担的承担者从食品的消费者扩展到所有其他商品的消费者。也就是说，食品税的负担不仅会落在食品消费者身上，也同样会落在所有其他商品的消费者身上。

从生产者的角度，政府对食品征税之后，随着食品业收益率的下降，食品业的生产要素会向制造业流动。假定两个行业资本和劳动力之间的替代率不同，食品业属劳动力密集型行业，制造业则是次劳动力密集型的行业。这就意味着，随着社会商品结构的变化，各种生产要素的需求结构也会发生变化。食品业流动的劳动力相对较多，资本相对较少。而制造业扩大生产规模所需要吸收的劳动力相对较少，资本相对较多。这就造成制造业劳动力供给相对宽松，资本供给则相对紧张。食品业流出的劳动力若要为制造业所吸收，劳动力的相对价格必然下降。而劳动力的相对价格一旦下降，税收负担就会有一部分落在劳动者的身上。而且，不仅食品业的劳动者要承担税负，制造业的劳动者也要承担税负。如果情况相反，食品业属次劳动力密集型行业，制造业是劳动力密集型行业。那么，由于食品业流出的劳动力相对较少，资本相对较多，而制造业扩大生产规模所需要吸收的劳动力相对较多，资本相对较少。制造业的劳动力供给相对紧张，资本供给相对宽松，也会造成资本相对价格的下降。随着资本相对价格的下降，税收负担就会有一部分落在资本所有者的身上。而且，不仅食品业的资本所有者要负担税收，制造业的资本所有者也要负担税收。

上述分析可见，对某一生产部门的产品课税，其影响会波及整个经济。不仅该生产部门产品的消费者要承担税负，其他生产部门产品的消费者也要承担税负。不但该生产部门的生产者和生产要素提供者有可能承担税负，其他生产部门的生产者和生产要素提供者也可能承担税负。据此得出结论：整个社会的所有商品和所有生产要素的价格，几乎都可能因政府对某一生产部门的某一产品的课税而发生变动。包括消费者、生产者和生产要素提供者在内的所有人，几乎都有可能成为某一生产部门的某一产品税收的直接或间接的归宿。

2. 要素税归宿的一般均衡分析

政府对制造业资本收入征税之后，会产生两个方面的影响，即收入效应和替代效应。

从收入效应来看，政府对制造业资本收入征税，而对食品业资本收入不征税，会造成制造业资本收益率相对下降，从而应税的制造业资本向免税的食品业流动。伴随这一流动过程，制造业的产品数量减少，资本收益率上升。食品业的产品数量增加，资本收益率下降。只有当两个行业的资本纯收益率被拉平时，资本的这种流动才会停止，其结果为不仅制造业的资本所有者承担了税负，通过资本从制造业向食品业的流动以及由此而带来的资本收益率的平均化，使食品业的资本所有者也承担了税负。也就是说，政府对制造业资本收入的课税负担，最终要被应税的制造业和免税的食品业的资本所有者所分担。

从替代效应来看，政府对制造业资本收入征税，而对劳动力收入不征税，会促使制造业生产者倾向于减少资本的使用量，而增加劳动力的使用量，即以劳动力替代资本，从而造成制造业资本相对价格的下降。进一步看，随着制造业生产要素向食品业的流动，这种替代效应也会在食品业发生。不仅制造业资本所有者的税负会加重，食品业资本所有者的税负也会出现同样的情形。也就是说，政府对制造业资本收入的课税，会通过生产要素配置比例的变化（如多使用劳动力，少使用资本），导致两个行业的资本所有者承受政府所征税额较重的负担。这是因为，以劳动力替代资本的过程，就是对劳动力的需求相对增加，而对资本的需求相对减少的过程，同时也是劳动者的工资率相对上升，而资本的收益率相对下降的过程。

上述分析得出的结论在于：政府对某一生产部门的某一种生产要素收入课税，其影响也会波及整个经济。不仅该生产部门的资本所有者要承担税负，其他生产部门的资本所有者也要承担税负。整个社会资本的所有者不但要承担相当于政府所征税收的负担，还有可能承担较政府所征税收更多的额外负担。

通过哈伯格的一般均衡模型还可以得出：[①]①对全部产品征收一种同样比例的税，其效应相当于对全部要素开征一种税率相等的要素税；②对某种供给弹性为0的要素征税不会造成效率成本，只要税收不改变对产品的相对需求，也不改变别的要素的供给量，那么，资源配置将不受影响，税收将完全由课税要素承担；③对一种劳动密集型产品征税，会使劳动者状况恶化，并且肯定会降低效率；④对于劳动密集型产业中的劳动征税，会使

---

① 谭光荣.税收学[M].北京：清华大学出版社，2013：52-53.

全社会的劳动者的状况恶化。当然,哈伯格的一般均衡模型是一种静态、封闭的两部门模型,西方经济学的其他学者在此基础上进行了完善,增加了一些部门。如肖文发现个人课税归宿呈"U"形,收入最低和收入最高的家庭承担的税负占绝大比例。这主要是因为收入最低的家庭有许多老人,他们基本上以资本收益作为退休生活来源;而收入最高的家庭也由于他们在资本收益中能够获得较高的比重,因此缴纳了较重的公司税。而费尔德斯坦则指出,如果储蓄由于税后资本收益降低而减少,那么,长期的税收负担会因为经济中的资本—劳动比率降低而转嫁到劳动者身上。这些研究都进一步增强了税收归宿一般均衡分析对实践工作的指导意义。

6.3 课税评价标准

什么是符合理想标准的、"好"的税收制度?我们有必要对这一问题进行一个相对规范的归纳。对这一领域的分析结论表明,也许我们对税收制度"要求颇高",即将学到的两大标准体系让税收看起来非常完美(如果这种税收制度存在的话)。无论怎样,如何构建税收制度不是"应该如何"可以回答并完成的,而是对前述章节内容的不断深化。

6.3.1 税收的公平

政府如何在税制中实现公平标准呢?由于这些公平原则之间也会发生冲突,因此,这个问题很难回答。这里我们给出一个研究框架。

税收的社会公平

税收的社会公平,是指纳税人缴纳的税款与其缴税能力相适应。对它的研究存在着一个发展过程。早期的社会公平是指税收的绝对公平,即要求每个纳税人都应该缴纳同等数额的税款,比如人头税和定额税等。对税收社会公平的理解发展到相对公平阶段,指付出的税款相对于获得的收入是公平的。以下重点分析相对公平的标准。

1. 公平标准(equity criterion)

(1) 横向公平(horizontal equity),要求纳税能力相同的人同等纳税,反之,纳税能力相同的人缴纳不同税额就违背了横向公平标准。

一旦某一支付能力的测定方法被采用,比如说根据收入来测定,横向公平就要求同样收入的居民缴纳同样数额的税收,而不管他们的收入来源是什么。不同收入来源不征税或者征较轻的税(与其他收入来源相比),那么具有不同收入来源而收入水平相同的人将缴纳不同数额的税。尼尔·布鲁斯(Neil Bruce)举例认为,假定对从美国赚得的收入课税而对从另一个国家的公司取得的收入不课税。有这样两位纳税人,一位的收入来自于美国公司,另一位的收入来自于其他国家的公司,即使收入相同,他们缴纳的税额也是不同的。基于这一原因,如果要实现横向公平,应当尽可能地将应税收入界定得宽一些,也就是说,应该包含所有来源的收入,并以同样的税率征税。[①] 如果对某些形式的收入,比如对资本利得以较低的税率课税,将产生横向不公平。

---

① [美]尼尔·布鲁斯.公共财政与美国经济[M].第2版.北京:中国财政经济出版社,2005:410-412.

另外，为了实现横向公平，收入相同的纳税人不管他们的支出情况如何，都应该缴纳相同的税额。如果某人因为按照某些方式进行支出而使他所缴纳的税额较少，那么也会出现收入相同的纳税人缴纳不同税额的问题。例如，在美国大多数州中，人们在消费的时候都要缴纳营业税，营业税的课税对象包括绝大部分物品，但也对许多服务项目免税，在这种情况下，收入相同的两位纳税人，一位购买物品而另一位购买服务，他们所缴纳的税额就会产生差别。因此，为了实现横向公平，营业税的税基应尽可能宽一些，应当对所有物品课税。

可见，对更多的物品和服务以较低的税率征税（拓宽税基），同样可以使政府取得其所需要的税收收入，同时还可以使产生的超额税收负担降低。现在我们还了解到，税基宽的税收可以实现更大程度的横向公平。基于这一理由，经济学家们提倡实施宽税基税收，反对给予某些特殊行业税收优惠政策。比如，目前世界不同国家都在考虑对电子交易课征税收，至少从税收横向公平看，是可取的。

（2）纵向公平（vertical equity），要求纳税能力较低的人缴纳较少的税，纳税能力较高的人缴纳较多的税。纵向公平的观点认为，1美元的税收对纳税能力较低的人比对那些纳税能力较高的人会形成更大的"税痛"（tax misery）。

从最低限度上讲，纵向公平要求收入较高的人缴纳较多的税收。然而，有人认为这还不够。从定义上讲，拥有10万美元收入的居民比拥有1万美元收入的人多缴纳1美元的税收，那么该税种就是纵向公平的。多数人认为拥有10万美元收入的居民的纳税额应至少是1万美元收入居民的10倍才行。换句话说，纵向公平要求税制不应是累退的（参见6.1节）。实际上，许多人，尽管不是全部，都认为纵向公平要求税制具有累进性，因此拥有10万美元收入的居民所缴纳的税额应当是1万美元收入的居民应纳税额的10倍。换句话说，应纳税额占收入的比重应随着收入的增加而提高。尽管这一问题仍处于争议之中，但我们可以先接受这一观点，即纵向公平要求税收是累进的。关于所得税累进税率与分配公平的内容，我们在下一章最适所得税中继续讨论。

2. 公平的度量

（1）受益标准（benefit approach）。简单地说，纳税人和政府之间是一种契约关系，政府通过提供公共品或服务使纳税人获得利益，而纳税人应当通过自觉纳税回报政府，政府与纳税人形成利益交换和税收投资关系。纳税人应该向政府缴纳多少税，税收负担为多重，要根据纳税人从政府所提供的产品或者劳务中所享受到的利益大小来决定。享受利益多的缴纳较多的税，享受利益少的缴纳较少的税，没有享受到利益的人不缴纳税收。

这种标准直接把预算的收入与支出彼此联系起来。在受益标准下，衡量福利水平的标准随特定的税收—支出结构而定。当政府提供某种特定服务时，就要依据受益情况，收取一定的费用或者税收。因此，从一定意义上看，受益标准不仅用于评估税收制度，还用于评估整个税收—支出结构。

但是，这种标准在应用上也出现了诸多不足。一是受益标准因集体消费的内在性质而受到极大限制。由于公共品具有排他性，集体消费不能有效地适用于经济物品的所有利益，必然导致"免费搭车"现象，很多公共品不受市场定价的约束，不能依据受益标准提供，税收负担分配中就会出现基于受益数量和品质上的差异性。二是受益标准因公共品的内在性质难以确定受益的多少。在有些情况下,受益标准可以直接应用,如对桥梁、高速公路的收费(税);但是,在另一些情况下,政府的支出带有公共利益性,如国防、法律、公安等,人们都从中获益,然而,如何衡量、怎么衡量,估计每个人获得的公共品的数量和利益是不可能的。三是受益标准很可能导致某些税种带有较大的扭曲性,基于这一标准课税,会改变一些人对公共品使用上的替代,降低资源配置的效率。

(2) 支付能力标准(ability to pay approach)。简单地说,支付能力是纳税人支付税收的能力。支付能力强的纳税人应该多纳税,支付能力弱的纳税人应该少纳税,没有支付能力的纳税人则不纳税。只有这样才符合公平、正义的原则,同时也有利于矫正社会财富的分配不均。

对于支付能力的衡量,西方学者存在分歧,主要有客观说和主观说两种观点。

① 客观说

客观说认为支付能力大小应根据纳税人拥有的财富来决定,由于财富是由所得、支出和财产表示的,因此,纳税支付能力可分为收入、支出和财产三种尺度。

主张以收入为支付能力标准的学者认为,纳税人的所得最能反映支付能力,所得多的必然支付能力强,反之则弱;而且与收入相联系的所得税比其他税更易于采用累进税率,体现税收社会公平原则。但是,该标准对以货币形式支付的收入可以衡量,如果采用以实物支付收入,衡量就缺乏比较的科学性;同时,对不同收入形式的收入(如劳动收入和不劳而获收入)统统作为一般收入统一课税也不公平。

主张以支出为支付能力标准的学者认为,消费可以衡量一个人的支付能力,消费多的支付能力就强,必然多纳税,反之就少纳税。但是,按照支出课税并不能真实反映纳税人实际的财富水平。

主张以财产为支付能力标准的学者认为,财产可以作为衡量纳税人支付能力的尺度,主张对纳税人财产课税能公平分配社会财富。但是,纳税人相同的财产数量并不一定会带来相同数量的收益,如果课以相同税收则必然导致不公平;同时,计算上的复杂性也使财产难以准确计算。

可见,无论哪一种支付标准都带有一定的片面性,试图通过单纯一种标准达到税收的公平绝非易事。现实可行的办法就是以一种或两种衡量尺度为主,其他尺度兼顾,达到税收的广泛而公平。

② 主观说

主观说认为课税不应该以纳税人的财富多少作为标准,而应该以纳税人缴税所牺牲(sacrifice)的效用为标准。税收公平就是指每个纳税人通过纳税所牺牲的效用相同。

穆勒最早提出了牺牲相等。[①] 他认为,"课税公平作为一条政治公理意味着牺牲的相等",并且指出,"这意味着,以分担政府开支为目的而指定的每个人的贡赋应使每个人从其上缴的比例中所感受到的不便既不比别人多,也不比别人少"。在穆勒看来,这时可以达到一种最小牺牲的境界,也就是功利主义所追求的境界。穆勒之后,牺牲相等思想并没有沿着单一的轨迹发展,大体上看有两条线索。

---

① 转引自刘宇飞.当代西方财政学[M].第2版.北京:北京大学出版社,2011:228-230;Kiesling. Taxation and Public Goods[M]. 1992:40.

一是沿着功利主义思想发展,提出边际牺牲(或最小牺牲)相等(equal marginal sacrifice),主要代表人物是埃奇沃思和庇古。埃奇沃思考察了两个自利的参加者,在缺乏竞争的条件下达成契约,从长期看,不可能有任何一方可指望得到总福利的更大的份额,因此,那种使集体效用总和在每一情况下最大化的原则从长期看最有可能给每个人带来最大效用,而集体效用总和的最大化就意味着税收带给各人的边际牺牲相等,否则,如果税后边际效用不相等,必然导致社会总福利的减少。如图 6-14 所示,横轴为个人收入,个人 A 的收入由左向右衡量,个人 B 的收入由右向左衡量,MU_A 与 MU_B 分别为个人 A 和 B 各自收入的边际效用曲线,线下面积等于总效用。可见,只有在二人边际效用相等的点 I^*,二人效用总和才会达到最大化,偏离点 I^* 则会有净效用损失,调整收入结构将会发生效用水平的增减,大小正如阴影部分 $cdfe$ 所示。

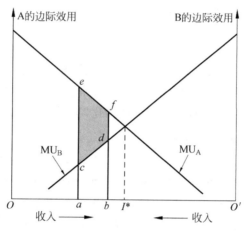

图 6-14 边际牺牲与福利

庇古在其 1928 年的著作《公共财政研究》中继续持典型的功利主义观点,认为财政政策应直接导向福利最大化,并将该一般规则用于税收公平方面,认为应接受"最小牺牲"作为绝对的原则,进而断言,选择边际牺牲相等原则具有令人信服的基础。

另一条线索是在牺牲相等的总体思想下提出其他的牺牲相等原则,西奇威(Sidgwick)和马歇尔主张绝对牺牲相等(equal absolute sacrifice),认为"每一纳税人因纳税而损失的总效用应该相等";科恩·斯图亚特(Cohen Stuart)和巴斯泰伯尔(Bastable)主张比例牺牲相等(equal proportional sacrifice),认为"每一纳税人因纳税而损失的效用与其各自税前的总效用之比应该相等"。尽管这两种标准都受到埃奇沃思和庇古等人的批驳,但仍不失为堪与功利主义的边际牺牲相等标准相提并论的"牺牲相等"思想,所以马斯格雷夫于 1959 年在其《公共财政理论》中将边际牺牲(或最小牺牲)、绝对牺牲、比例牺牲并列为三大牺牲相等原则。

简单地说,在假定个人偏好已知且相同,并随着所得增加总效用递减,即所得的边际效用递减的前提下,课征总额既定的税收,边际牺牲相等要求纳税人的税后边际效用都相等,绝对牺牲相等要求纳税人税后损失的总效用都相等,比例牺牲相等要求纳税人税后损失的效用与各自税前的总效用之比相等。

毫无疑问,仅仅给出牺牲相等标准的定义并不是按照支付能力课税的主要分析目的,更为重要的是要借此得出具体的、有助于实现税收公平的税收政策,特别是确定合适的税率结构,仅有简单分析是不够的。三种牺牲相等标准都主张征课累进税,且比例牺牲相等标准要求的累进程度高于绝对牺牲相等标准所要求的累进程度,边际牺牲相等标准要求最高的累进程度,但这并不一定普遍适用,有必要进行更为严谨的分析。

税收的经济公平

税收的经济公平要求,一方面对所有从事经营的纳税人同样对待,建立适合纳税人合法经营的税收环境,促进经营者公平竞争,即税收要保持分配上的中性;另一方面对于客观上不可避免的不公平因素,如资源禀赋差异等,通过差别税收进行调节,压缩基于先天和后天造成的不平等对公平的扭曲,创造大体相同或者大体公平的环境。

对于税收的经济公平的度量主要体现在以下两方面。

第一,机会公平,即通过税收使纳税人"站在同一起跑线上",通过课税规范经济主体的行为,使其在市场规律下运用正当手段参与竞争。

第二,分配结果的公平,通过课税降低由于要素差别导致的分配差距的拉大,提供相对公平的竞争环境。同时需要强调的是,税收的经济公平不是倾向于均等分配,过度均等分配会挫伤高质量贡献的效率,助长低素质的惰化,不利于全社会合理有序地持续发展。

➡ **专栏:早期西方国家的课税标准**

威廉·配第(William Petty,1623—1687)作为英国古典政治经济学的奠基人和财政理论的先驱,在其著作《赋税论》和《政治算术》等中,分析了税收与国民财富、税收与国家经济实力之间的关系,提出征税必须遵循的原则是公平、便利和节省。

尤斯蒂(Johann Heinrich Justi,1705—1771)作为德国的重商主义(官房学派)的代表,结合当时德国的特殊政治经济环境,在其代表作《国家经济学》中提出税收六原则,即促进自发纳税的课税方法、不得侵犯臣民的合理自由、平等课税、具有明确的法律依据、挑选征收费用最低的货物课税、纳税手续简便与时间得当。

法国古典经济学派的西斯蒙第(Jean Charles Leonard Simonde de Sismondi,1773—1842)在资本主义工业革命之后,随着税收成为国家财政收入的主要来源,税制日渐复杂,提出了税收四原则,即税收不可触及资本、不能以总收入作为课税对象、税收保证纳税人的最低生活标准、税收不可使资本流向国外。

亚当·斯密 1723—790

亚当·斯密(Smith Adam,1723—1790)作为英国古典经济学的重要代表人物和财政税收理论体系的奠基人,比较系统地提出了税收四原则,即平等(equality)、确定(certainty)、便利(convenience)和最小成本(minimum cost)。这四项基本原则阐明了如何使税收负担和税收的征收合理,其真正的意义是针对当时重商主义经济政策侵害个人自由、压迫国民经济、对税收缺少考虑,反而造成国库减少的状况,主张恢复税收应有的形象。斯密提出的税收四原则对后世的影响很大。

6.3.2 效率标准

税收的效率标准(efficiency criterion)主要包括经济效率和制度效率两方面的内容。

税收的经济效率

1. 税收中性(tax neutrality)

所谓税收中性,是指课税不影响微观经济行为主体的行为选择和资源配置状况。如果课税改变了市场活动中以获取最大效用为目的的消费者行为,或改变了以获取最大利润为目的的生产者行为,则会改变私人部门原来的(税前)资源配置状况,这种改变即为税收的非中性(tax non-neutrality)。

从逻辑上分析,一种税收若想不对微观经济行为主体产生影响,它就应该具备令人来不及改变自己行为的特点,即不可预期(unpredictability)。不难想象,如果微观经济行为主体事先知道政府要对某种相关的行为和产品课税,那么,他们就会做出相应调整。即使是普遍认为与行为无关的一次性总付税(lump sum tax),也有可能以某种极端的方式影响人们的行为,比如根据对这种税的厌恶程度和改变这种税的成本和可能性,纳税人可能会采取抗议示威、移民甚至自杀等方式抱怨或退出。所以,不影响人们行为的税收应是符合"出人意料原则"(principle of surprise)的,它可使人猝不及防,从而不会产生对行为的改变。不过,现实中微观经济行为主体不可能听任完全出人意料的税收的存在,因为那无异于允许税务当局横征暴敛。即使假定政府在不会滥用权力的前提下,课一种说不定以什么作为税基的税收,只要潜在的纳税人确知政府肯定会以某种方式课税,就会调整行为,比如他可以像买彩票那样估算自己可能被征税的税率,以计算预期的税收负担,进而选择适应性行为。不难看出,完全符合税收中性的课税行为在现实中是不可能存在的。从这一点上,不难理解法国政治家赫尔伯特(Jean-Baptiste Colbert)的名言:"征税的艺术就是拔最多的鹅毛又使鹅叫声最小的艺术。"(Armitage-Smith,1907)[①]

从经济学上说,在市场有效运行的前提下,"不影响人们的行为"可以意味着税收应该不影响资源有效配置的一系列帕累托效率条件。在第2章我们了解到,帕累托效率条件是

$$\text{MRS}_{xy} = \text{MRT}_{xy} = \frac{P_x}{P_y}$$

在对消费的 x 商品课征税率为 t 的税收之后,

$$\text{MRS}_{xy} = \frac{(1+t)P_x}{P_y}$$

而此时,由于在消费方增加的部分(t)没有转移到生产方,也即 $\text{MRT}_{xy} = \frac{P_x}{P_y}$,所以,在 $t \neq 0$ 情况下,

$$\text{MRS}_{xy} \neq \text{MRT}_{xy}$$

由于税收楔子的存在,资源有效配置的必要条件不能得到满足,理想的税收中性难以实现。

[①] [美]哈维·罗森.财政学[M].第8版.北京:中国人民大学出版社,2009:346.

2. 税收的超额负担(tax excess burden)

与理想的税收中性不同,现实中的税收是非中性的,对资源配置产生一定的影响,导致税收超额负担的形成。所谓税收的超额负担,也被称作福利损失(welfare losses)、无谓损失(dead-weight losses)等,是指税收扭曲资源配置,微观经济行为的纳税主体福利损失超过了缴纳税收,承受了超过税款以外的额外负担。

罗森(2009)对税收的超额负担进行了直观的分析。在初始状态情况下,某消费者存在着对两种产品的需求。为了简化起见,假定边际社会成本不随产量的增减而变化。如图 6-15 所示,横轴表示对产品 1 的消费数量 Q_1,纵轴表示对产品 2 的消费数量 Q_2,预算线 AD 的斜率 $k_{AD}=-\dfrac{P_1}{P_2}$(P_1 和 P_2 分别代表两种产品的价格)。在此情况下,消费者对两种产品的需求在 E_1 点效用最大化,无差异曲线 i 与预算线 AD 相切。

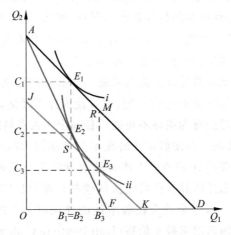

图 6-15 税收的超额负担

现在假定对两种产品中的一种——产品 1——按照一定比例课税,税率为 t。这样,对于消费者而言,消费产品 1 的价格就变成了 $(1+t)P_1$。在不改变对产品 2 消费数量的前提下,对产品 1 的消费数量因为价格提高而减少。在此情况下,预算线由原来的 AD 调整为 AF,消费者形成了自己的新的效用最大化曲线 ii 与 AF 相切于点 E_2。此时,课征的比例税单位税额为 E_1E_2,即纵轴上 C_1 到 C_2 的距离①。

在此情况下我们发现,在税后形成的新的无差异曲线 ii 与税前的无差异曲线相比,效用水平下降了许多。而这条税后无差异曲线还可以由另一种渠道获得,即如果不考虑对产品 1 课税,仅考虑对消费者以某种方式减少收入规模而不改变消费结构,这样也会使他的无差异曲线从 i 移动到 ii。这种衡量方法被称为等价变化(equivalent variation),即为了维持税后福利水平而愿意支付的(与对某一种产品课税所导致的福利水平相等的)货

---

① 有两点需要说明:第一,回忆此前所讲的比例税税收归宿的内容中关于单位税收的内容,课税后的税额为新预算线切点与原来预算线的垂直距离。第二,这里纵轴为消费产品 2 的数量,而如果把税收理解为价值形式,可以简化认为,这里的产品 2 的单价为 1,这样,税收就可以理解为从 C_1 到 C_2 的距离了;实际上,税收用产品的数量来表示为什么不可以呢?!

币数量。如果从收入规模减少而形成了这条无差异曲线,与之相切的预算线即为 JK,这条预算线与无差异曲线 ii 相切于 E_3 点且与 AD 平行。ME_3 为收入降低而导致的福利水平下降幅度。

有趣的是,图 6-15 中的 ME_3 与 E_1S 相等,即
$$ME_3 = E_1S = E_1E_2 + E_2S$$

其中,E_1E_2 为导致福利水平下降的单位税额,福利水平下降的幅度($ME_3=E_1S$)大于单位税收,超过的幅度为 E_2S。这意味着,课税导致了纳税人境况的变差,其程度超过了课税所产生的收入,福利损失(用等价变化衡量)超过了所征的税收的数量,产生了因为课税且超过了税收本身的负担(E_2S)。

1) 马歇尔-哈伯格的超额税收负担模型

哈伯格最早地利用了马歇尔的基数效用理论(cardinal utility approach)作为超额负担的基本说明,后称之为马歇尔-哈伯格超额负担理论模型。这种理论在计算税收的超额负担时,利用了消费者剩余和生产者剩余的概念,并以消费者剩余的大小作为衡量消费者在消费某种商品时获得净福利多少的标准。

如图 6-16 所示,某一种商品的市场,D 是这种商品的需求曲线,S 是供给曲线。征税前的均衡点是 i,产量为 q_0,价格为 p_0。假定政府对这种商品课征从量税,供给曲线 S 将向左上方移动至 $S+t$,税后市场均衡点为 f,产量减少至 q_1,生产者获得的价格为 p_s,消费者付出的价格为 p_d,且 $p_d-p_s=t$,这已经在前面的章节中进行了分析。这种税的税收收入总额是图 6-16 中的 gh(边际税额)乘以 he(销量),即 $gfeh$ 的面积。消费者因课税而损失的消费者剩余是 $gfib$ 的面积,生产者因课税而损失的生产者剩余是 $heib$ 的面积,这两种损失合计为不规则图形 $gfieh$ 的面积,显然大于政府的税收收入 $gfeh$ 的面积。二者间的差额 fei 就是课税的超额负担。这说明,纳税人不仅向政府纳税 $gfeh$,而且还因商品价格上升,产量(消费量)减少,消费者可能要转向消费其他商品,使消费者在商品间的行为受到扭曲。

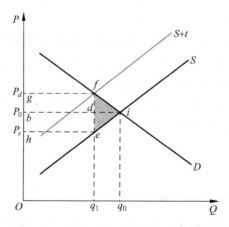

图 6-16 基于基数效用理论的超额负担

进一步假定该产品的边际社会成本在 p 处保持不变,因而供给曲线就成为一条水平的直线 S,如图 6-17 所示。D_b 是消费者对商品的一般需求曲线,S 是在没有税收情况下

初始价格 p 上的需求数量。于是消费者剩余就是在该需求曲线之下、价格线之上的面积,即三角形 ahi 的面积。现在考虑对该商品按税率 t 从价征收一种税,它的消费者价格因此上升到 $(1+t)p$,即 $S+t$,导致对商品的需求数量从 q_1 下降到 q_2。与税前状态相比,消费者剩余现在下降为梯形 $gfih$ 的面积,其中,长方形 $gfdh$ 的面积代表支付的税收总额,而这种税的超额负担是三角形 fdi 的面积,即消费者剩余的减少超过应纳税额的部分。我们现在要考虑的是,这个三角形面积所代表的税收超额负担究竟受什么因素影响?

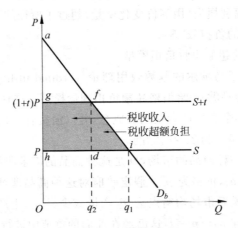

图 6-17　商品税的税收超额负担

这一分析为计算税收超额负担的实际影响因素提供了简便方法。三角形的面积是其底边(课税引起的数量变化)与高(单位税额)乘积的一半。这个乘积可以用代数式表示为[①]

$$EB = \frac{1}{2}\eta pqt^2$$

其中,EB 代表税收超额负担,η 为商品的需求价格弹性的绝对值。

这一代数式的经济意义在于以下几点。

第一,需求价格弹性(η)越高的商品,课税后税收的超额负担越大;反之亦然。

第二,超额税收负担还取决于花费在商品上的总支出($p \times q$ 的乘积),花费在商品上的(税前)支出越大,超额负担就越大;反之亦然。

第三,超额税收负担与税率(t)的平方成正比。这种情况表明,对许多商品按照较低的税率课税,要比对少量集中商品课以较高的税率理想,即低税率宽税基要比高税率窄税基产生较少的超额负担。

---

① 公式推导:超额负担三角形 fdi 的面积为 $S = \frac{1}{2} \times$ 底边 $\times$ 高,即 $S = \frac{1}{2} \times di \times fd$,其中,$fd$ 为含税价格和不含税价格之差(Δp),因此 $fd = \Delta p = (1+t)p - p = tp$;同时,$di = \Delta q$。在这里,价格弹性 $\eta = \frac{\Delta q}{q} \div \frac{\Delta p}{p}$,通过换算,$\Delta q = \eta \frac{q}{p} \Delta p$。因为 $\Delta p = tp$,则 $\Delta q = \eta \frac{q}{p} \Delta p = \eta \frac{q}{p} \times tp = \eta qt$。将 $S = \frac{1}{2} \times di \times fd = \frac{1}{2} \times \Delta q \times \Delta p$ 中的($\Delta q \times \Delta p$)分别替换,则 $S = \frac{1}{2} \times \eta qt \times tp = \frac{1}{2}\eta pqt^2$。

2）希克斯（Hicks）的超额税收负担

希克斯为了避免计算问题，提出用补偿需求曲线（compensated demand curve）代替一般需求曲线（ordinary demand curve）。① 补偿需求曲线是从任何价格变动的间接收入效应中抽象出来的，它完全以替代效应为基础，描述一种商品的价格与需求量之间的关系。表明一般需求曲线与补偿需求曲线之间的关系，见图 6-18。

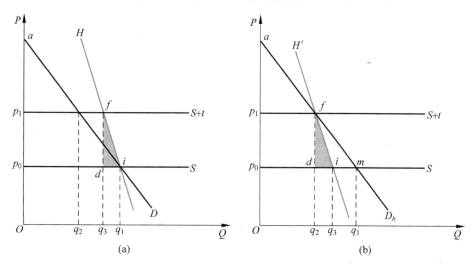

图 6-18　希克斯的税收超额负担

如图 6-18(a)所示，由于税收导致价格从 p_0 上升到 p_1，这使得商品的需求数量从 q_1 下降到 q_2，这与以前的情况一样。现在假设消费者在价格上升的同时得到一定的货币补偿，而这一货币补偿正好足以抵消其对福利的不利影响。于是就很容易推断出，q 需求数量的减少在有补偿的情况下（如从 q_1 到 q_3）要比在没有补偿的情况下（如从 q_1 到 q_2）低得多。因此，从初始状态如 i 点开始，价格的每一变动，在消费者得到完全补偿后都可以确定一个点，如 f 点。连接所有这样的点的曲线就是与既定初始状态相对应的补偿需求曲线 H。由于替代效应，这条补偿需求曲线斜率总是负值，而且只要有关的商品是一种正常品，即需求的收入弹性为正值的商品，它就总是要比一般需求曲线的倾斜度更陡。

由于补偿需求曲线的意义在于就价格变动的间接收入效应完全补偿消费者，所以，按照定义，沿着这条曲线移动将保持消费者的福利水平不变。为了确保任何价格变动下福利水平不变，需要补偿的数量即补偿变量（compensating variation）可以用补偿需求曲线下新旧价格线之间的不规则四边形的面积来计算，即在图 6-18(a)中，价格从 p_0 上升到 p_1 时 p_0p_1fi 的面积。然而，在有补偿的情况下，消费者对商品的需求量将是 q_3，他的应纳税额将是长方形 p_0p_1fd 的面积。因此，根据希克斯的补偿变量，税收的超额负担就是三角形 fdi 的面积。显然，这一面积小于马歇尔-哈伯格超额负担的相应面积。

对于一般需求曲线上的每一个点，我们都可以得到一条独立的补偿需求曲线，它们分

---

① Hicks. The Terminology of Tax Analysis[J]. Economic Journal, 1964；Hicks. Public Finance[M]. Cambridge: Cambridge University Press, 1947.

别代表消费者在那一点的特定福利水平。在图 6-18(b)中,与税后状态(即一般需求曲线上的 f 点)相对应的那条补偿需求曲线是 H'。由于 f 点的价格高于 m 点的价格,因此图 6-18(b)中与 H' 相对应的福利水平必然低于图 6-18(a)中与 H 相对应的福利水平。因此,一旦消费者处于税后状态,他为了消除这种税而维持其税后福利水平所愿意支付的货币数量即通常所说的等价变量,通常与接受这种税而维持其与税前相同的福利水平所需要的货币补偿数量(即上述的补偿变量)不同。等价变量可以用图 6-18(b)中的不规则四边形 $p_0 p_1 fi$ 的面积来计算。根据希克斯的等价变量,税收的超额负担就是三角形 fdi 的面积。这一面积也小于马歇尔-哈伯格超额负担的相应面积。

在计算一种税的效率损失中,希克斯的计算方法强调的是参照点的选择,因为消费者对其收入状况变化的估价通常与其收入水平有关,例如,他在相对贫困时要比在相对富裕时对边际 1 元的估价高。换句话说,税收的超额负担的大小通常不是唯一的,而是取决于许多因素,这些因素规定了计算估价超额负担的参照点。同时,在不同的场合,还要适当选择不同的希克斯变量。例如,在新设置一种税时,补偿变量用来计算超额负担可能比较合适;在废除一种税时,等价变量用来计算超额负担可能比较合适。

与马歇尔-哈伯格超额负担理论相比,希克斯方法的缺点在于比较复杂。尽管在经济学中估计补偿需求曲线的方法很先进,但它们需要的信息通常过于严格,以致大多数情况下比较难以应用。

3. 税收经济效率的度量

第一,税收要保证公共收入充分且有弹性。税收要为政府活动提供充裕资金,保证政府实现其职能;税收收入决不是越多越好,税收质量要照顾整个社会利益,要兼顾政府部门和纳税人两个角度合理做出判断;税收不仅要满足公共支出增长的需要,还要促进宏观经济的发展与稳定,税收要根据经济状况适当弹性变动,发挥自动稳定作用。

第二,税收要中性而有校正性。政府应该采取不偏不倚的无差别税收政策,使不同产品、服务以及要素反映其相对成本,降低税收对资源配置的破坏;政府要通过对需要校正的产品或者服务课征额外的税收,以使外部成本内在化,或者对外部经济的产品或者服务给予税收优惠或补贴,使外部效益内部化。

第三,税收要保持税源,不触及税本。税源是税收的源泉,为了保护和发展国民经济,税收的征收要趋利避害,慎重选择税源,保护税本不受课税行为的干扰,促进经济有序发展。

税收的制度效率

税收制度的设计与实施,不仅要考虑到筹措收入的能力、对经济活动的影响,还要考虑到税收制度是否能够有效地运行。郭庆旺、赵志耘(2002)认为,度量税收制度的效率,一般可以用两个指标,一是质量指标,二是成本指标。

1. 质量指标

衡量税收制度效率的质量,一般从税种结构、税基大小、时滞长短以及执行程度等方面考察,分别归类为集中性指标(concentration index)、侵蚀性指标(erosion index)、时滞性指标(lags index)以及执行性指标(enforcement index)。倘若集中性指标高,侵蚀性指标、时滞性指标低,处罚程度适中,那么,这种税收制度就是高效率的制度。

（1）集中性指标说明在某种既定的税制体系下，如果相对少量的税种和税率就能筹措到大部分税收收入，那么，这种税制就是优良的税制。因为一般而言，集中程度越高，税制的透明度就越高，管理就越容易。倘若大部分税收是通过许多分散的小税种或某一特定税种的许多分散的税率征收的，那么，要实行连贯的税收政策虽然并非不可能但极其困难。例如，要想通过税收的变化来实现稳定政策目标就相当困难，因为这需要对许多税种进行立法和估价。

（2）侵蚀性指标用以估算实际税基与潜在税基相接近的程度。不论是发展中国家还是发达国家，税基侵蚀都是税收制度的主要问题之一。税基侵蚀一般有两种原因，一是合法措施，如免税期、税收豁免、纳税扣除、进口关税减免、零税率等；二是非法行为，如逃税、走私等。不管是合法措施还是非法行为，其结果都是使实际税基大大低于其潜在税基。由于税基侵蚀的因素大量存在，国家为了取得税收收入不得不对其他可征收到的税基实行高税率或另辟其他税种。这不仅会降低集中性指标，而且必然会使逃税现象更加严重；高税率连同小税种增多，必然加重税务管理负担；同时，这对横向公平的实现以及国民经济的正常运行也会产生不利影响。因此，侵蚀性指标要求一国的实际税基要尽可能地接近于它的潜在税基水平，或者说，某种税的侵蚀性指标越小越好。

（3）时滞性指标衡量的是税款的实际缴纳（入库）时间与其应缴纳时间的差距，也称为征收时滞（collection lags），可分为合法时滞（legal lags）和拖欠时滞（delinquency lags）。征收时滞之所以有合法时滞之说，是因为税法本身或更多的是管理规定允许纳税人在产生纳税义务的特定事件（如取得收益、产品销售、进口业务等）发生之后的一段时间内才纳税。特别是资本来源所得的合法时滞比较长，在某些工业化国家，这种时滞时常达到几年之久。[①] 拖欠时滞是指纳税人因种种原因或故意拖延纳税时间。当然，纳税人拖延缴纳税款也与对滞纳行为惩罚很轻有关。特别是在高通货膨胀的情况下，征收时滞越长，对纳税人越有利，而对政府越不利。因此，高效率税制的一种表现是征收时滞越小越好。

（4）执行性指标是指如果一种税制由于来自纳税人的阻力而得不到有效执行，法定税制与有效税制之间的偏差就可能大到足以使合法税制失去其存在的意义。这种情况常常与不重视对不遵章纳税行为的处罚制度有关。[②] 由于政府一般不花任何货币成本就可以加重处罚，而改善管理通常需要追加支出，所以，有人建议与逃税行为做斗争的最好方法是实行重罚而不是改进管理。但这种方法至少存在两个问题：一方面，一旦处罚过重，则难以执行；另一方面，虽然对政府来说处罚成本很低甚至为零，但随之而来的其他成本（政治的、社会的）不能忽视。我们在后续章节中将专门分析。

2. 成本指标

从成本指标角度来说，税收的制度效率就是指政府设计的税收制度能在筹集充分的收入基础上使税务成本最小化。税务成本（taxation cost）是指征纳双方在征税与纳税过程中所发生的费用，一般包括管理成本或征税成本（administrative cost or collection cost）、纳税成本或服从成本（compliance cost）以及政治成本（political cost）。

---

① OECD. Income Tax Collection Lags(OECD Studies in Taxation)[J]. OECD,1983.
② Sisson C. Tax Evasion：A Survey of Major Determinants and Policy Instruments of Control[J]. IMF,1981.

（1）征税成本是指税务当局为保证税法顺利实施和及时、正确、足额地计征税款所需要花费的费用，由政府承担。这项成本主要包括税务当局在征收管理过程中发生的公务员工资、津贴、办公用设备、用品及工具等费用。从国家来看，征税成本占税收收入的比重，有些国家为2%～3%，而有些国家为7%～8%甚至更多。从税种来说，一般销售税和外贸税的征税成本大大低于所得税。

（2）纳税成本是指纳税人在对自己负有纳税义务的课税对象依法计算、交纳税款过程中发生的费用，由纳税人承担。纳税人的纳税成本在下列四种情况下可能发生：第一，自行申报纳税制度下，纳税人首先要对其在本纳税期限内的应税事项向税务机关提出书面申报，估定税额。第二，纳税人按税法要求，必须进行业务登记，保持完整的账簿。第三，纳税人为了正确地执行比较复杂的税法，要聘请税务顾问；在发生税务纠纷时，还要聘请律师，准备翔实的材料。第四，纳税人为了在不违反税法规定的同时尽量减少纳税义务，需要进行税收筹划。

尽管纳税成本既有货币成本，又有时间成本和精神成本，而且纳税人对其在履行纳税义务过程中会发生各种明确费用一般不登记造册，难以量化，但政府在修订税法、改革税制、改进征收方法时，决不能忽略纳税成本。因为，纳税成本有超过征税成本的趋势，强化了纳税人的逃税动机。

（3）政治成本是指纳税人试图影响税法所发生的费用，由政府和纳税人共同承担。税法总是处于变动之中，这种变动的压力来自于两个方面，即税务当局和纳税人。纳税人为了自身的利益，时常通过院外压力集团要求政府改变税法。例如，美国在1986年税制改革之前，房地产经纪人花了大量费用雇用院外压力集团的说客，向政府游说，保留联邦所得税的大宗扣除项目——房产抵押利息扣除。这种例子不胜枚举。

6.4 小　　结

商务印书馆《英汉证券投资词典》中有一个词条——里根经济学，即英文的Reaganomics，缘于美国第40任总统罗纳德·里根推行的经济政策，主要内容包括支持市场自由竞争、降低税收和公共开支、降低政府对企业经营的控制等。这些政策带来了美国20世纪80年代后的经济持续繁荣。里根经济学实际上是以供给学派（supply side economics）作为理论基础。供给学派的减税政策正好顺应里根低税收的价值理念。里根的伟大之处就在于他能用极通俗的话并富有感情地将复杂的经济学理论传递给美国大众，即减少税收、刺激经济、创造就业，通过经济和财富的增量反而能在低税率的前提下增加国家税收收入，同时增加大众的财富。当时，美国的多数选民接受了减税的"里根经济学"，是因为支持里根的选民在理念和直觉上对里根经济政策有了认同。里根减税案的结果是占美国人口1%的最高收入纳税人的个人所得税比重从1981年的17.9%上升到1990年的25.6%，而占人口50%的较低收入者的税负比重则从1981年的7.4%下降为1990年的5.7%。

税收是政府履行职责的必需之处，然而，不同国家、不同时期对税收的理解在理念上的确有所区别（姑且考虑在技术上大体相同）。征纳双方（国家或政府、纳税人）存在着较大的观念上的差异。从国家或政府的角度,更多地强调如何筹集更多的税收实现"应收尽收"或满足财政预算平衡;而从纳税人的角度,则需要揣度不同经济行为的税收负担并适时做出决策的调整,甚至,选择用激进行为或违法行为(如抗税、偷税)来表露自己的偏好。以税收为核心,貌似这种利益再分配关系不可调和。的确,历史上国家富足的社会都与低税负相伴。我们总是理想化地把"国富"和"民强"联系起来,这样虽然有些"鸡生蛋还是蛋生鸡"的嫌疑,但还是想说,当二者不能两全的时候,优先选择哪一个?当纳税人为税痛而选择逃避或反抗的时候,是不是应该反思我们的税收政策?当一个国家或政府以税收积累了财政收入,并美其名曰为纳税人创造更好的服务的时候,有没有想过,纳税人在享受到那些或有服务之前,已经不仅为这些服务支付了税收成本,还付出了"超级的"税收成本——超额税收负担;而且,这还仅仅是诸多成本的一部分。如果说"好"税收的评价标准离我们尚远,而现实的税收的超额负担又颇重,那么是不是应该继续思考,如何将二者的距离缩短以创造一个最优或者接近最优的税收制度演变逻辑?下一章我们将继续讨论。

本 章 要 点

- 税收是与国家(或政府)的存在直接联系的,是政府机器赖以存在并实现其职能的物质基础,或者说是为政府提供公共品筹措资金的一个手段。税收具有"三性",即税收的强制性、无偿性和固定性。包括纳税人(纳税主体)、课税对象(税收客体)、税率、起征点和免征额、税收优惠和税式支出(税收支出)等要素。
- 税收负担是指国家课税减少了纳税人的直接经济利益,从而使其承受的经济负担,可以划分为宏观税收负担、中观税收负担和微观税收负担。
- 税负转嫁是纳税人通过经济交易中的价格变动(提高销售价格或者压低购进价格等),将税负转移给购买者或者供应者的行为及过程。包括前转、后转、辗转、混转、消转和税收资本化。税负的最终落脚点是税收归宿。
- 课税使需求方支付的价格与供给方收到的价格之间同样会出现一个"税收楔子"。无论是对需求方课税还是对供给方课税,对于税后需求方支付的价格与供给方得到的净价格都不构成影响,这一结果被称为无关性定律。
- 垄断厂商并未将价格提高到完全转嫁的水平,而是自己也承担了一部分税负,税后厂商的垄断利润也有所下降。
- 对商品、要素课税可以转嫁,对利润课税不能转嫁。
- 对某一生产部门的产品课税,其影响会波及整个经济。整个社会的所有商品和所有生产要素的价格,几乎都可能因政府对某一生产部门的某一产品的课税而发生变动。
- 税收公平包括社会公平和经济公平。其中社会公平包括纵向公平和横向公平,通过受益标准和支付能力标准度量。经济公平要求课税要体现机会公平和分配结果公平。
- 税收效率包括经济效率和制度效率。经济效率要体现税收中性。

≋ 课税不仅导致税收负担,还产生税收的超额负担。税收的经济效率就是如何度量并降低税收的超额负担。税收的制度效率包括质量指标和成本指标两大标准。

主 要 概 念

- 纳税主体
- 纳税客体
- 起征点
- 免征额
- 税式支出
- 税收能力
- 税收努力
- 税负转嫁
- 税收归宿
- 无关性定律
- 税收楔子
- 超额税收负担
- 税收中性

思 考 题

- 税收的主要特点。
- 税率的基本构成。
- 影响税收负担的主要因素。
- 税负转嫁的方式和特点。
- 课税的局部均衡分析。
- 简述无关性定律。
- 税收公平的收益标准和支付能力标准。
- 税收中性标准的内涵。
- 税收的超额负担及其度量。

第7章

税收理论 Ⅱ

> 法院一再强调,为使税负尽可能低而对自己的活动做出安排,无可厚非。不管是富人还是穷人,每个人都可以这样做;而且,都这样做是对的,因为没有人有缴纳超过法律要求的公共税负的义务……以道德的名义要求多交税只是说教而已。
>
> ——Judge Learned Hand,Commissioner v. Newman(1947)

7.1 最适税收理论

此前已经针对税收的超额负担理论进行了讨论。我们已经知道,理想状态下,一次总付税不会产生超额负担,那么为什么这种税在现实中没有得到广泛应用呢?给出的解释是,一方面,一次总负税对收入水平有差异的两个纳税人是不公平的(同样都缴纳1 000元的穷人和富人,二者的税痛无疑是不同的);另一方面,如果按照支付能力课征,则就不能称其为"一次总付"的税了。可见,"这种税收最好被看作是理想中的效率标准,而不是现代经济中的主要的税收政策选择"(哈维·罗森)。

在研究现实的税收问题之前,"我们需要消除两种谬误,一种提出过分简单的方法,另一种指出,世界如此复杂,以至于没什么可谈。这两种谬误误导了对税制设计的探讨。"[①] 既然超额负担总是存在,消除超额负担进而实现经济效率的"最优"的选择"一般不会有"。本节讨论最适税收理论(theory of optimal tax)。我们试图放宽假设,探讨在什么情况下,可以使这种税收超额负担"尽可能地小",同时兼顾与公平的均衡?

7.1.1 对次优理论的简要解释

1956年,经济学家李普西(R. G. Lipsey)和兰卡斯特(K. Lancaster)总结其他学者已有的理论分析,创立了次优理论(theory of the second best)。简单地说,次优理论是"如果在一般均衡体系中存在着某些情况,使得帕累托最优的某个条件遭到破坏,那么即使其他所有帕累托最优条件得到满足,结果也未见得是令人满意的。换句话说,假设帕累托最优所要求的一系列条件中有某些条件没有得到满足,那么,帕累托最优状态只有在清除了所有这些得不到满足的条件之后才能达到"。通俗而言,次优理论的含义是,"假设达到帕累托最优状态需要满足十个假设条件,如果这些条件至少有一个不能满足,即被破坏掉了,那么,满足全部剩下来的九个条件而得到的次优状态,比满足剩下来的九个条件中一部分(如满足四个或五个)而得到的次优状态更加接近于十个条件都得到满足的帕累托最优状态"。次优理论的基本思想还可以用英国经济学家米德(J. E. Meade)所讲的一个比

[①] [美]约瑟夫·E. 斯蒂格利茨. 公共部门经济学[M]. 第3版. 北京:中国人民大学出版社,2005:466.

喻来说明。设想一个人,他想登上群山的最高点。在朝着最高点行进的途中,他将不得不先爬上一些较低的山峰,然后再下山。因此,下面的说法并不正确,即为了达到最高点,这个人应该始终向山上爬。再者,由于最高的那座山被不同高度的群山环绕着,因此,当他爬到一座山后,很可能要攀登的是另一座较低的山。所以,只要朝着最高点移动,一定都会把这个人带到更高的位置这种说法是错误的。总结上述观点,由于原有意义上的帕累托最优受到某些条件的破坏而未能实现,因而实现的某些条件被破坏后的最优结果通常被冠以"次优"。相应地,上述结论也被西方经济学界称为"次优定理"或"次优理论"。进一步延伸到对税收的分析,我们发现,在已有税收导致扭曲的情况下,孤立地看能降低效率的政策反而会提高效率,而这种更为宽泛的观察也许是一种"次优"的政策选择。

如图 7-1 所示,消费者同时消费两种商品 A 和 B,它们的需求曲线分别为 D_A 和 D_B,税前价格分别为 P_A 和 P_B(价格代表了边际社会成本,并假定不变)。现在对图 7-1(b)中的 B 课以税率为 t_B 的税,故它的价格为 $(1+t_B)P_B$。这在对 B 的消费市场上产生超额负担 abc。现假定对图 7-1(a)中的 A 课以税率为 t_A 的税,在 A 消费者所支付的价格与 A 生产者所收到的价格之间加进了一个楔子,这在对 A 的消费市场上也产生了超额负担,为 edf。

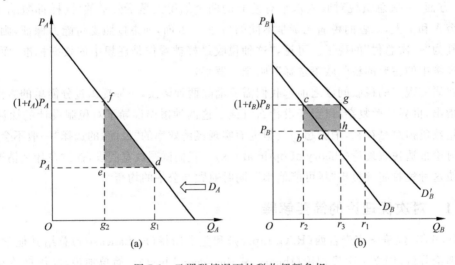

图 7-1 已课税情况下的税收超额负担

如果 A 和 B 可以相互替代,对 A 课税引起的 A 消费价格上涨,会使 B 的需求曲线向右位移,比如说向右位移到 D'_B。结果,B 的需求量从 r_2 增加到 r_3,即 cg 的距离。对于 r_2 到 r_3 之间的每个商品 B 来说,人们为购买它所支付的价格为 $(1+t_B)P_B$,比社会成本(P_B)高出 cb。这样,每个商品 B 的社会收益 cb 乘以数量 cg,就得到总的社会收益 $cbhg$ 的面积。

可见,在已对 B 课税的情况下,对 A 课税会在 A 市场上产生 edf 的超额负担,同时在 B 市场上减少 $cbhg$ 的超额负担。如果 $cbhg$ 足够大,则对 A 课税实际上能减少总体超额负担。这是次优理论的一个例子,它表明,在已有扭曲的情况下,孤立地看能降低效率的政策反而会提高效率,反之亦然。

这一讨论是下列结论的一个特例,即一组税的超额负担一般不仅取决于这组税种的税率,还取决于各种商品之间的替代和互补程度。具体来说,假定对 n 种商品征税。令 P_i 是第 i 种商品的税前价格,t_i 是对第 i 种商品课征的从价税率,S_{ij} 是第 i 种商品对第 j 种商品价格变化的补偿性需求反应。这样,总体超额负担(TEB$_t$)为

$$\text{TEB}_t = -\frac{1}{2}\sum_{i=1}^{n}\sum_{j=1}^{n}t_iP_it_jP_jS_{ij}$$

例如,在上述讨论的两种商品 A 和 B 的例子中,总体超额负担为

$$\text{TEB}_t = -\frac{1}{2}(t_B^2P_B^2S_{BB} + 2t_BP_Bt_AP_AS_{AB} + t_A^2P_A^2S_{AA})$$

可见,前面章节描述了帕累托有效资源配置的特征,但是,经济效率所有必需的条件很少得到满足。在这样的情形中,次优理论关注的是,如何在一些无法被消除的扭曲的环境中制定经济政策。研究的结论表明,大多数情况下,两种小的扭曲比一个大的扭曲更可取。次优理论告诉我们,我们不能盲目地应用最优经济学的经验。当一些扭曲存在时,找出我们应该做什么,常常是一件困难的事,但它不是不可能的(Joseph E. Stiglitz,2005)。寻找"最适合"而不是"最优"的税收政策往往是现实的选择。

7.1.2 最适商品税

皮特罗·维里(Pietro Verri)曾经说过,课税在两种情况下可能使一国衰败。第一种情况是,税收数量超过国力,与社会总财富不相称;第二种情况是,税收数量虽然在总体上与国力相称,但负担极不合理。世界上任何一个国家的税收制度都不同程度地受到了抨击和质疑,这也许是税制改革成为一个不可停止的、永恒的话题的原因之一。

接下来要考察的是,在政策目标旨在使超额负担最小且不使用一次总付税的情况下,课税对纳税人的影响。假设某人消费两种商品 x 和 y 以及闲暇 z。x 的价格为 p_x,y 的价格为 p_y,工资率作为闲暇的机会成本(价格)为 w。假设他每年最大的可利用的时间——时间禀赋(time endowment)——固定为 T,即除了睡眠之外所剩下的时间总量。这样,他(除了睡觉之外)的时间一部分用于休闲,剩下的时间全部用于工作,赚取收入。则工作的时间为 $(T-z)$,工作的总收入为 $w(T-z)$,为这位潜在纳税人消费量中产品的预算约束,即

$$w(T-z) = p_xx + p_yy \tag{7-1}$$

稍做变换则为

$$wT = p_xx + p_yy + wz \tag{7-2}$$

表示时间禀赋的价值和使用结构。

现在假定对消费的两种商品 x、y 和 z 课征从价税,税率相同,都是 t。该税使 x 的有效价格提高到 $(1+t)p_x$,y 的有效价格提高到 $(1+t)p_y$,z 的有效价格提高到 $(1+t)w$。因此,税后的预算约束变成

$$wT = (1+t)p_xx + (1+t)p_yy + (q+t)wz \tag{7-3}$$

稍加变化为

$$\frac{1}{1+t}wT = p_xx + p_yy + wz \tag{7-4}$$

比较式(7-2)和式(7-4)可知,对包括闲暇在内的所有商品按相同的比例税率 t 征税,相当于时间禀赋的价值从 wT 减少到 $\frac{1}{1+t}wT$,即相当于对时间禀赋课征了一个比例税,实际上就是一种一次总付税。可见,对包括闲暇在内的所有商品按照统一税率课税,不会产生超额负担。

然而,如何对闲暇课税呢?至少对闲暇本身是不可能的,本例中仅能在商品 x 和 y 中课税。因此,一旦在时间禀赋框架下,对某些商品课税而对另一些商品无法课税,就产生了相对价格的改变,也即会产生基于税收超额负担的扭曲。

既然某些超额负担一般是不可避免的,最适商品税的目标是,选择对商品和的课税税率,使筹措必要税收收入的超额负担尽可能地小。

1. 拉姆齐法则(Ramsey Rule)

为了能在超额负担最小的情况下筹措税收收入,应当如何确定对 x 和 y 课征的税率呢?要使总体超额负担最小化,从每种商品筹措到的最后 1 单位税收收入的边际超额负担必须相同。否则,可以通过提高边际超额负担较小商品的税率,或通过降低边际超额负担较大商品的税率,来降低总体超额负担。

罗森(2009)对这一结论进行了比较典型的分析。① 出于简化,假定 x 和 y 是不相关商品——它们彼此之间既不是替代品,也不是互补品。这样,任何一种商品的价格变化,只影响其自身的需求,而不影响另一种商品的需求。图 7-2 显示出该消费者对 x 的补偿性需求 D_x。假定当价格为 P_0 时,他能买到他想买 x 的所有数量,因而 x 的供给曲线是水平线。

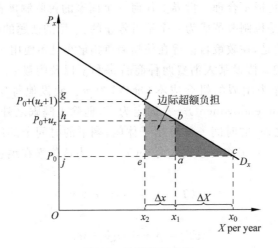

图 7-2 边际超额负担

假定对 x 课征一种单位税,税率为 u_x,使需求量从 x_0 降低到 x_1,即图 7-2 中的 ΔX。如上一章所述,该税的超额负担是三角形 abc 的面积。现假定把该税率提高 1 个单位,变成 (u_x+1)。总价格是 $p_0+(u_x+1)$;需求量下降到 x_2,降低了 Δx;相应的超额负担是三角形 fec。边际超额负担是这两个三角形的差额,即梯形 $feab$。该梯形的面积等于它的

---

① [美]哈维·罗森.财政学[M].第 8 版.北京:中国人民大学出版社,2009:339-341.

高(Δx)乘以其底边之和(u_x+u_x+1)的一半,即

$$边际超额负担 = \frac{1}{2}\Delta x(u_x + u_x + 1)$$
$$= \Delta x u_x + \frac{1}{2}\Delta x$$
$$= \Delta x u_x^{①}$$

又因为$\frac{1}{\Delta x}=\frac{u_x}{\Delta X}$,所以,$\Delta X = \Delta x u_x$,即

$$边际超额负担 = \Delta X$$

同时,边际税收收入等于税率从u_x提高到(u_x+1)所引起的税收收入的变化。观察到,当税率是u_x时,税收收入是$u_x x_1$(每单位税额乘以出售单位数量),即图7-2中长方形$hbaj$。同样,当税率是(u_x+1)时,税收收入是$gfej$。比较这两个长方形面积,我们看到,当税率上升时,政府受益是面积$gfih$,损失是面积$baei$。这样,税收收入的变化就是($gfih-baei$),即

$$边际税收收入 = x_2 - (x_1 - x_2)u_x$$
$$= x_1 - \Delta x - (x_1 - x_1 + \Delta x)u_x$$
$$= x_1 - \Delta x(1 + u_x)$$

又因为$\frac{1}{\Delta x}=\frac{u_x}{\Delta X}$,所以,$\Delta X = \Delta x u_x$,即

边际税收收入 $= x_1 - \Delta X - \Delta x = x_1 - \Delta X^{②}$

可见,每增加1个单位税收收入的边际超额负担为$\frac{\Delta X}{x_1 - \Delta X}$。

完全相同的推理表明,如果对y课征税率为u_x的单位税,最后1个单位的税收收入的边际超额负担是$\frac{\Delta Y}{y_1 - \Delta Y}$。

由于使总体超额负担最小化的条件是,每一种商品的最后1个单位的税收收入的边际超额负担相同,故

$$\frac{\Delta X}{x_1 - \Delta X} = \frac{\Delta Y}{y_1 - \Delta Y}$$

整理后得到$\frac{\Delta X}{x_1} = \frac{\Delta Y}{y_1}$

上式的经济意义在于,为了使总体超额负担最小化,税率的确定应当使各种商品的需求量按相同的比例递减,即所谓的拉姆齐法则(Ramsey Rule),也被称作需求(量)等比例递减法则。

需要强调的是,为什么有效率的课税应当使需求量发生等比例变化,而不是使价格发生等比例变化呢?这是因为,超额负担是数量扭曲的结果。要使总体超额负担最小化,就

---

① 该梯形面积是$\frac{1}{2}\Delta x(u_x + u_x + 1)$,或者是$\Delta x u_x + \frac{1}{2}\Delta x$,它可以近似为$\Delta x u_x$,因为第二项对应于三角形$fib$,相对而言很小,可以忽略不计。

② 只要u_x相对于1而言很大,Δx就足够小,该式可以近似等于$x_1 - \Delta X$。

第7章 税收理论 II

要求所有这些变化是同比例的。

探讨拉姆齐法则与需求弹性之间的关系是有益的。假设 η_x 是 x 的补偿性需求弹性，t_x 是对 x 课征的税率，此时它是从价税率而不是单位税率。① 根据需求弹性的性质可得

$$\eta_x = \frac{\Delta q_x}{q_x} \div \frac{\Delta p_x}{p_x}, \quad 即$$

$$\frac{\Delta q_x}{q_x} = \eta_x \cdot \frac{\Delta p_x}{p_x}$$

因为 $t_x = \frac{\Delta p_x}{p_x}$，所以 $\frac{\Delta q_x}{q_x} = \eta_x \cdot t_x$

拉姆齐法则的需求(量)等比例递减法则，税收超额负担最小化要求商品的需求量按相同的比例递减，那么

$$\frac{\Delta q_x}{q_x} = \frac{\Delta q_y}{q_y}, \quad 可得$$

$$\eta_x \cdot t_x = \eta_y \cdot t_y \quad 或 \frac{t_x}{t_y} = \frac{\eta_y}{\eta_x}$$

上式被称作逆弹性法则(Inverse Elasticity Rule)，只要商品在消费上不相关，两种商品的税率就应当与弹性成反比例，才能保证税收的超额负担最小。这就是说，η_y 相对于 η_x 越大，t_y 相对于 t_x 应该越小，效率并不要求所有税率都整齐划一。

反弹性法则的直观含义一目了然。商品的需求弹性越大，扭曲的可能性越大。因此，效率课税要求，对相对无弹性或低弹性的商品课征相对高的税率。

拉姆齐法则对最适商品税提出了非常有价值的理论见解，其结论也清晰而明确，但它并不是完美无缺的。对它的批评主要集中在并没有完全解决前面已经指出的超额负担研究中的各种遗憾。比如，它仅仅考虑了结合不同商品的需求弹性确定最优税率问题，仍然没有考虑商品之间可能存在的具有替代或互补的关系，也没有专门处理诸如闲暇这类商品的课税问题。同时，按照逆弹性法则，虽然可以更加准确地确定不同商品之间理想的相对税率，但是如果有一种无弹性的商品，根据该法则，则会把所有的税收都加到该商品的头上。这样一来，就暴露了该法则的一个非常严重的问题，即认为分配问题只能由所得税去解决，而事实并非如此。

2. 科利特—黑格法则(Corlett & Hague Rule)

科利特和黑格(1953)道出了一个人们感兴趣并普遍认可的效率准则，即在有两种商品的情况下，效率课税要求，对与闲暇呈互补关系的商品，应课以较重的税；对与闲暇呈替代关系的商品，则应课以较轻的税。为了直观地理解这一点，回忆一下，如果有办法对闲暇课税，就可能得到一个"最优"结果——在没有任何超额负担的情况下筹措到收入。虽然税务当局不能对闲暇课税，但能对那些与闲暇联合消费的商品课税，从而间接地降低闲暇的需求。如果对计算机游戏课征很高的税率，人们就会少买它们，从而花费在其上的时间也就少了(罗森，2005)。因此，对闲暇的互补品课以重税，实际上是对闲暇的间接"课征"，从而得到接近于对闲暇征税才会出现的那种完全有效率的结果，在一定程度上矫正

---

① 在任何竞争性市场中，单位税都可以选择一个适当的从价税来代替。

人们工作-休闲选择的扭曲。

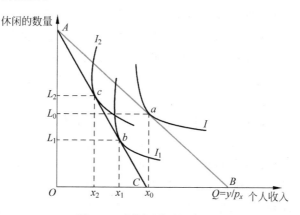

图 7-3 对休闲课税的路径

布朗和杰克逊(Brown & Jackson,1990)举例说,如果对教科书这样的补偿需求弹性较高的商品课税较重,那么对教科书的需求量就会急剧下降,人们会把收入更多地用于休闲,这样既扭曲行为又不会增加税收收入。而如果把与休闲互补的低弹性商品课较重的税,则可以有效地实现对休闲的课税。如图 7-3 所示。纵轴表示休闲的数量,横轴为个人收入(y)。个人用全部收入购买 x 可以获得的数量表示其收入,则横轴上的 B 点是将全部收入按照 x 的税前价格购买 x 可得到的最大数量 $\left(\dfrac{y}{p_{x0}}\right)$,此时,个人的休闲水平为 L_0,税前预算线为 AB。

现在对 x 课税。税后实际收入下降,可购买的 x 产品最大数量下降,税后的预算线变成 AC。如果 x 是一种补偿需求弹性较高的商品,税后需求急剧下降,即图 7-3 中无差异曲线 I_2 与 AC 的切点 c 决定的需求量 x_2,而休闲增加到 L_2。如果 x 是一种补偿需求弹性较低的商品,税后无差异曲线 I_1 与 AC 的切点 b 决定的需求量 x_1,而休闲减少到 L_1。可见,通过对与休闲有关的商品课税来间接实现对休闲的课税是可行的。

3. 拉姆齐法则的修正

至此,你可能怀疑效率课税论会有令人不快的政策含义。即,逆弹性法则就要对缺乏需求弹性的商品课以比较重的税率。这公平吗?低弹性的商品往往是生活必需品,高弹性的商品往往是奢侈品。我们真想有一种其大部分收入来自对维持生命的如胰岛素制剂课税的税制吗?

答案是否定的。效率只是评价税制的一个标准,公平同样重要。为了不把拉姆齐法则置于不顾分配正义的境地,从最适税收的原则出发,理所当然地要对拉姆齐法则进行适当修正。税制应当具有纵向公平,即它应当在支付能力不同的人之间公平地分配税负。

斯特恩(Stern,1987)概括了修正后的结论。一种商品的分配特征值越高,则税收引起的该商品补偿需求减少的比例应该越低,即使这样做会带来较大的效率损失。毕竟,税收的标准不仅仅是效率,基于公平的考虑,对于高所得阶层尤其偏好的商品,无论弹性是否很高也应该确定一个较高的税率;对于低所得阶层尤其偏好的商品,即使弹性很低也应该确定一个较低的税率。

罗森(2009)举例说明。同富人相比,穷人将其收入的更大比例花在商品 x 上,而同穷人相比,富人则将其大部分收入用于购买商品 y,x 可能是面包,而 y 可能是鱼子酱。进一步假定,在社会福利函数中,穷人的效用比富人的权数大。这样,即使 x 的需求弹性比 y 的小,最适课税也要求对 y 课征的税率比对 x 的高。确实,对 y 课以高税率会产生比较大的超额负担;但是,它也往往使收入的再分配有利于穷人。社会可能宁愿以较大的超额负担,换取更加公平的收入分配。

刘宇飞(2011)对拉姆齐法则的修正做了评论并提出以下两点:[①]

(1) 做出上述修正并不等于说拉姆齐法则不再有任何意义。之所以这样认为,在于,对那些既非富人也非穷人偏好的商品,或者说既非奢侈品也非必需品的商品,还是可以遵循拉姆齐法则。同时,社会到底在什么程度上考虑低收入阶层的利益取决于一个社会选择了什么样的社会福利函数,或者说取决于在社会福利函数中给予低收入阶层多大的权重,这意味着,对于拉姆齐法则的偏离程度取决于社会福利函数的性质。

(2) 有人针对社会希望通过商品税的适当设计更好地实现公平目标这一点提出异议,认为商品税无须承担收入分配的功能,因为收入弹性高的商品往往价格弹性也很高,如果对于这类因收入高而需求也高的商品课征高税,那么高税收的价格效应将使对它们的需求又会受到相反方向的影响,从而很可能既造成严重的扭曲,又无法增加多少税收收入。也许应该承认这种观点所说的可能性是存在的,但是同样也必须承认的是,出于显示身份、自尊、习俗、炫耀等多种原因,现实中确实存在着许多收入弹性高而价格弹性低的商品,提供了通过对这些商品课税改进收入分配的可能性。

➡ **专栏:谁为奢侈品付税?**

1990年,美国国会决定对游艇、私人飞机、珠宝、皮草、豪华轿车这类奢侈品征收新的奢侈品税。支持这项税的人认为,这些奢侈品全部由富人消费,这种税也必然由富人承担。向富人收税以补助低收入者,平等又合理。但实施之后反对者并不是富人,而是生产这些奢侈品的企业与工人,其中大部分是这项税所要帮助的低收入者。为什么这些并不消费奢侈品的人反而反对这项税呢?这就涉及弹性与税收归宿问题。

我们知道,需求弹性是某种物品价格变动所引起的需求量变动程度,用需求量变动百分比与价格变动百分比的比值来表示。一般商品分为需求富有弹性与需求缺乏弹性两种情况。当一种商品需求量变动百分比大于价格变动百分比时,该商品就是需求富有弹性。反之,当一种商品供给量变动百分比小于价格变动百分比时,该商品就是需求缺乏弹性。需求缺乏弹性说明消费者对这种商品的依赖性越大,即使价格大幅度上升,需求量减少也很少。因此,需求缺乏弹性的商品当价格由于税收而上升时,需求量减少有限,税收就主要由消费者承担。相反,需求富有弹性的商品当价格由于税收而上升时,需求量可以大幅度减少,税收就主要由生产者承担。

供给弹性是某种物品价格变动所引起的供给量的变动程度,用供给量变动百分比与价格变动百分比的比值来表示。一般商品分为供给富有弹性与供给缺乏弹性两种情况。

---

① 刘宇飞.当代西方财政学[M].第2版.北京:北京大学出版社,2011:264-265.

当一种商品供给量变动百分比大于价格变动百分比时,该商品就是供给富有弹性。反之,当一种商品供给量变动百分比小于价格变动百分比时,该商品就是需求缺乏弹性。供给缺乏弹性说明生产者改变产量的可能性越小,即使价格大幅度变动,产量变动也很有限。因此,供给缺乏弹性的商品当由于价格上升需求量减少时,供给量减少有限,税收就主要由生产者承担。相反,供给富有弹性的商品当价格由于税收上升时,需求减少,供给也减少,税收就主要由消费者承担。

总之,一种商品需求越富有弹性而供给越缺乏弹性,税收就主要由生产者承担;需求越缺乏弹性而供给越富有弹性,税收就主要由消费者承担。

(摘自:http://blog.renren.com/share/244320623/5729870465,2013-07-30)

7.1.3 最适所得税

与最适商品税从效率开始讨论相反,最适所得税的讨论是从公平问题开始的。上一章对税收公平的评价标准,也提到了一些关于这一问题的主要思想。可以说,传统的对于税收公平的争论还是要落实到选择什么样的社会福利函数,一旦可以得到理想的社会福利函数形式,就可以明确采取哪种税收政策能够实现社会公平。前面学过,社会福利函数(W)的基本形式是

$$W = U_1 + U_2 + U_3 + \cdots + U_n$$

其中,U_i 是第 i 个人的效用,n 是社会中的人数。

人们的效用函数完全相同,且仅取决于他们的收入。这些效用函数表现出收入的边际效用递减——即随着收入的增加,人们的境况改善,但改善的速度递减;同时,可获得收入总额是固定的。在这些假设条件下,税收制度的建构应该使社会福利(W)最大化。而如果达到最大化的结果,则要求每个人的收入的边际效用相同。如果效用函数是相同的,那么只有当收入相等时才能实现(回忆一下前面章节的内容)。因此,这对税收政策的要求是清楚的,即税种的设置应当使税后收入分配尽可能地平等,尤其是,应该首先收取富人的收入,因为他们失去的边际效用要比穷人的小;如果在收入分配已达到了完全平等的情况下,政府还需要更多的收入,则增加的税收负担就应当平均分配。这样,社会福利函数暗示的是一种累进程度很高的税制——削减最高收入者的收入,直到完全平等为止,甚至,不惜对高收入者课征的边际税率为 100%。

然而,这样虽然可以实现社会公平,但是这种政策很可能会破坏效率。传统的最适税收理论忽视了效率问题的讨论,借鉴最适商品税的内容,既然对所得课税总会引起超额负担,那么,最优的原则应该做到,从每个纳税人那里征得的最优一个单位的税后所引起的效率损失相等。由这一边际效率损失相等的原则还可以得到逆弹性法则的应用,即所得税税率的确定应该按照不同纳税人之间的税率之比与劳动力的补偿供给弹性之比成反比。与对最适商品税的分析一样,这一逆弹性法则在所得税领域的应用也同样存在着公平问题,因为低所得纳税人劳动供给弹性一般总是要比高所得纳税人低得多,在他这种境遇下再课以高税率,就会使这些人的福利状况更加恶化,这从伦理上实在难以接受。

经济学的基本分析提供了一个兼顾公平与效率的最适所得税的基本理解。对此,奥肯(Okun,1975)曾经认为,任何粗通经济学的人都可以滔滔不绝地说出公式化的原则,

即,增进平等应达到这样一点,使更多的平等所增加的好处恰好等于更大的非效率所增加的代价;或者更具体一些,可以说,累进所得税税率的确定应该达到这一点,使得它所引起的社会边际收益(即低所得个人从社会得到的利益)恰好等于社会边际成本(即高所得个人的福利损失)。这一原则,甚至这一句型在经济学基础教程中都不难见到。但正如奥肯的尖刻评论一样,这类原则至多是提供了洞察力,而并不适用于现实世界[①]。

米德委员会(1978)给出了更具现实指导意义的结论,认为评价最适税收的一般原则应该是:①高收入者应该按照高平均税率纳税,低收入者应该按照低平均税率纳税。②收入级别的最高档和最低档的边际税率都应该特别低。第一条原则要求税率具有累进的性质,以更好地促进公平;第二条原则要求在促进公平的同时也要促进效率,因为当个人处于收入的最高级别的时候,再高的边际税率也不会再使税收增加,所以对其规定一个特别低的边际税率并不会破坏公平,而一旦高收入纳税人受到几乎为零的边际税率的激励,就会更少地选择休闲,从而有可能使税收数额不降反增,更加有助于公平的实现。

刘宇飞(2011)认为,这两条原则政策含义是明确的,但对其认识还需要再回到经济学的理论分析上来。即使是对一些所得税的内容进行理论分析,在很大程度上,还是处于"洞察力"阶段,而不是精确的具体政策的建议[②]。

可见,最适所得税的研究,侧重于在社会福利最大化前提下,实现更加平等所付出的代价(超额负担)。在此,斯特恩(Stern,1987)研究了一个类似于埃奇沃思模型的模型,不同的是,个人在收入与休闲之间进行选择。为了简化分析,斯特恩假定,从一个人那里征收上来的税收收入由下式给定:

$$税收收入 = -\alpha + t \times 收入$$

其中,α 和 t 均为正数。这一所得税税制意味着,即使收入为零,也可以从政府那里得到价值为 α 的一个归总转移支付(lump sum transfer);当收入到达某一点之前,个人的应纳税额为负值,是这一税制下的净收益者;随着收入的进一步增加,个人将成为这一税制的净支付者;但应纳税额始终按照不变的比例增加,所以被称作线性所得税(linear income tax schedule)或统一所得税(flat income tax)。如图7-4中的 T_E 所示。通过将图7-5中 T_E 曲线延伸至横轴以下而得以表示。收入小于 B 的居民不仅不纳税,而且还将获得来自政府的补助(负的税负,净收益)。补助额通过将收入 B(被称为平衡收入)与纳税人实际收入的差额乘以税率而得。收入为 M_0 的纳税人可以获得数额为 R_0 的政府补助(即支付负税)。随着收入的增加,射线的斜率增大,这说明随着收入的增加,税收占收入的比重提高。

> **专栏:α 和 t 的"最佳"组合**
>
> 最适所得税问题就是要找到 α 和 t 的"最佳"组合,即在征收上来的既定收入量(超过必要的转移支付)前提下,使社会福利最大化的 α 和 t 的值。
>
> 斯特恩(Stern,1987)的研究发现,考虑到休闲和收入之间的替代程度适中,且必需的政府收入等于个人收入的20%,则 t 值大约在19%时,能使社会福利最大化。这比埃奇

[①] [美]奥肯.平等与效率:重大的抉择[M].北京:华夏出版社,1987:82.
[②] 刘宇飞.当代西方财政学[M].第2版.北京:北京大学出版社,2011:266.

沃思分析中 t 值为 100% 要小得多。即使激励效应很小，对最适边际税率的影响也是很大的。顺便说一句，斯特恩计算出来的这个税率，比西方许多国家的现实边际税率还低很多。就拿美国联邦个人所得税来说，在 2006 年，最高法定边际所得税率为 35%，而实际却常高达 90%。

斯特恩证明，更为一般地说，在其他条件相同的情况下，劳动供给弹性越大，t 的最适值就越低。直观地看，再分配收入的代价是它产生的超额负担。劳动供给弹性越大，劳动课税的超额负担就越大。因此，劳动供给弹性大，意味着收入再分配的代价也大，从事的再分配应当越少。

斯特恩还分析了不同的社会福利函数如何影响结论，并重点分析了对穷人和富人的效用赋予不同的权数所产生的影响。认为，更为平等主义的偏好表现为，赋予穷人效用的权数比富人的大。一个有趣的极端例子就是极大极小准则，根据这一准则，社会福利函数中唯一被赋予权数的人是效用最小的那个人。斯特恩发现，极大极小准则要求的边际税率是 80% 左右。毫不奇怪，如果社会持有极端平均主义的目标，就会要求高税率，但即便如此，税率仍不到 100%。

（选自：哈维·罗森.财政学[M].第 8 版.北京：中国人民大学出版社，2009：349）

所得税可通过另外两种方式实现累进。

一种方式是对某一既定数量的收入免税，而对高于这一数量界限的所有收入都以定额税率征税。如图 7-4 所示，纳税人的收入在横轴表示，纳税期纳的税收在纵轴表示。曲线 OBT_E 表示平均税率。其中，OB 阶段不纳税；拥有收入 M_1 的纳税人缴纳了税收 R_1，平均税率等于 $\frac{R_1}{M_1}$；另一拥有较高收入 M_2 的纳税人缴纳了税收 R_2，则平均税率较高，即 $\frac{R_2}{M_2}$。这从射线的坡度越来越大就可以看得出来。纳税人的收入越高，射线的斜率越大，平均税率就越高；收入较低的纳税人缴纳的税收占其收入的比重较低，这是因为免税部分的收入 B 在其收入中所占比重较高的缘故。

还有一种方式是将税率分级。图 7-4 中曲线 T_G 分成两级，低于 M_T 的收入按照低税率征税，而高于 M_T 的收入则以较高税率征税。而且，拥有较高收入的纳税人所支付的税收占其收入的比重高于较低收入的人的税收比重。

虽然拓宽税基一般可以使一项税收更有效率且更加公平，然而在许多情况下，试图使一项税收更加公平却会使其降低效率（且引起较大的额外负担）。虽然在所得税中设置较高的免征额可以实现更高程度的纵向公平，但同时也会使税基变窄，因此就需要以更高的税率来征税以获得既定的收入，这样就会使税收的额外负担增加得更多。同样，通过对食品杂货免税来降低营业税累退性的做法也会使税基变窄，因此就需要对其他物品课以更高的税率来取得足够的收入。

在另外一些情况下，使一项税收增强纵向公平会使其降低横向公平。例如为了获取更高程度的纵向公平而对食品杂货免征营业税，那么收入相同但用于食品杂货支出不同的居民将缴纳不同的税额，这会违背横向公平的标准。如同大多数经济选择一样，在这些相互冲突的目标中必须进行相互间的交换。

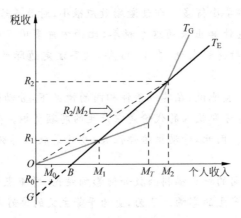

图 7-4 最适所得税类型的选择

7.1.4 最适使用费

至此,我们一直假定,所有生产都是在私人部门进行的,政府的唯一职责就是制定决定消费者价格的税率。然而,在很多时候,政府本身也是一种物品或服务的生产者。倘若如此,政府就必须直接选择使用费(user fee)——由使用政府提供的物品或服务的人支付的价格。和往常一样,我们想要确定可能"最优"的使用费。从理论上看,最适税收和最适使用费问题密切相关。在这两种情况下,政府确定消费者支付的最终价格。在最适税收问题上,政府通过选择税率,间接地确定该价格;而在最适使用费问题上,政府则直接规定。

政府相关管理部门通过一定程序和规则制定提供公共物品的价格和收费标准,即公共物品价格和收费标准的确定,就是所谓的确定最适使用费(也称公共定价)。应当指出,使用费的确定是政府保证公共物品提供和实施公共物品管理的一项重要职责,它的对象自然不仅包括公共部门提供的公共物品,而且包括私人部门提供的公共物品。

政府应当在何时选择生产某一物品而不是从私人部门购买这种物品呢?当某种物品或服务的使用出现平均成本持续递减,即产量越大,单位成本越低的情况时,政府直接生产可能是适当的。在这种情况下,这种服务的市场不大可能是竞争性的。一家企业可以凭借规模经济,至少在一个很大的地区把全行业的产量都包了,这种现象就是常说的自然垄断(natural monopoly)。在有些情况下,这些物品由私人部门生产,由政府管制;在其他情况下,这些物品由公共部门生产。这里,我们虽然只研究公共生产,但其中的许多重要结论也适用于政府对私人垄断的管制。概括地说,使用费的确定主要包括以下两种类型:一是纯公共定价,即政府直接制定自然垄断行业(如能源、通信和交通等公用事业和煤、石油、原子能等基础产品行业)的价格;二是管制定价(价格管制),即政府规定涉及国计民生而又带有竞争性行业(如金融、农业、高等教育和医药行业)的价格。

之所以要确定最适使用费,其目的在于:一是提高整个社会资源的配置效率,使公共物品得到最有效的使用,提高政府支出的效益;二是能够保证居民的生活水平和生活安定。最适使用费的确定要考虑诸多因素,主要包括价格水平和价格结构。一方面,定价水平。提供每一单位的物品和服务的定价(收费)是多少。在管制行业里,定价水平依据正常成本加合理报酬得到的总成本计算。另一方面,价格结构(定价体系)。把费用结构(固定费用和可变费用的比率)和需求结构(家庭享用或企业使用、少量需求或大量需求等不同种类的需求、高峰负荷和非高峰负荷等不同负荷的需求等)考虑进来的各种定价组合。

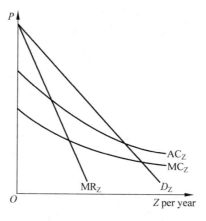

图 7-5 自然垄断

如图 7-5 所示。横轴表示自然垄断的产量 Z,纵轴为价格 P。AC_Z 表示平均成本。根据假定,它随着相关产量的增加而不断下降。由于平均成本不断下降,边际成本(MC_Z)肯定小于平均成本。因此,边际成本线在 AC_Z 之下。Z 的需求曲线是 D_Z,相应的边际收入曲线为 MR_Z,它表示 Z 的每一个产量水平所对应的增量收入。

平均成本持续下降常常导致公共部门生产或私人部门生产受管制,这是为什么?要说明这一点,我们可以考察,如果 Z 由不受管制的垄断者来生产,情况会怎样。如果垄断者追求利润最大化,其产量就要达到边际收入等于边际成本的那一点。在图 7-6 中,该产量水平是 Z_m,与之对应的价格是 P_A,沿需求曲线 D_Z 向上寻找,垄断利润等于销售的产品单位数乘以每单位利润,为图 7-6 中上方的阴影长方形面积。

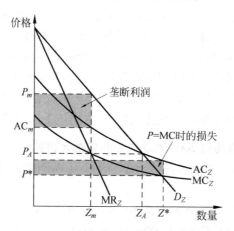

图 7-6 自然垄断的各种定价选择

产量 Z_m 是有效率的吗？根据福利经济学理论，效率要求价格等于边际成本——人们对商品的估价必须等于生产该商品的社会增量成本。在 Z_m 点，价格大于边际成本，因此，Z_m 是无效率的。由于它是无效率的，再加上社会可能不赞成有垄断利润，这就为政府接管 Z 的生产提供了理论依据。

对于政府来说，明显的政策处方似乎就是：政府增加生产，直到价格等于边际成本为止。在图 7-6 中，$P=MC$ 时的产量由 Z^* 表示，相应的价格为 P^*。然而，这里存在的问题是：当产量为 Z^* 时，价格低于平均成本。价格 P^* 太低，生产经营是亏损的。亏损总额等于销售的产品单位数 Z^* 乘以每单位亏损额。单位亏损额等于产量 Z^* 时的需求曲线与 AC_Z 之间的垂直距离。在图 7-6 中，亏损额就是下方的阴影长方形面积。

最适使用费提出的一些解决办法主要包括以下几种。

（1）平均成本定价。根据定义，当价格等于平均成本时，既没有利润，也没有亏损，企业刚好处在收支平衡点上，不用担心经营会有亏损。从图 7-6 中可以看到，这对应于需求曲线和平均成本曲线的交点，此时的产量为 Z_A，价格为 P_A。注意，Z_A 小于 Z^*。虽然按平均成本定价比按利润最大化定价时的产量要多，但它仍然低于效率产量。

（2）边际成本定价加一次总付税（也称二部定价方法）。由两种要素构成：一是令 $P=MC$，并通过征收一次总付税（"基本费"）来弥补亏损，然后按使用量收取"从量费"。因此，这种付费方式是定额定价和从量定价的"二者合一"，也是反映成本结构的定价体系。让 $P=MC$ 可以保证 Z 市场有效率，而对社会其他部门征收一次总付税来筹措弥补亏损的资金，能保证既弥补了亏损，又不会产生新的无效率。然而，这个办法存在两个问题。

第一，如上所述，一次总付税一般不可行。亏损不得不用像所得税或商品税这样的扭曲性税种来弥补。倘若如此，这一税种造成的扭曲程度大于市场效率提高的程度。

第二，人们普遍认为，公平性要求公共提供服务的消费者要为其消费付费，即所谓的受益原则。如果严格按照这一原则，用一般税收来弥补亏损就不公平。

（3）负荷定价法（也称拉姆齐定价法）。假定政府正在经营若干家企业，且作为一个集团来说，不会有亏损，但其中的单个企业可能有亏损。又假定政府打算从这些企业提供的服务的使用者那里筹钱。每一服务的使用费应比其边际成本多出多少？负荷定价法显示，应该对不同时间段或时期的需要制定不同的价格。在电力、煤气、自来水、电话等行业，按需求的季节、月份、时区的高峰和非高峰的不同，有系统地制定不同的价格，以平衡需求状况。在需求处于最高峰时，收费最高；而处于最低谷时，收费最低。这种定价方法规定的使用费能使每种商品的需求按比例减少，它实质上与最适商品税的内容相类似。

➡ **专栏：美联邦政府将对 SAC 处以约 100 亿美元罚款**

一位消息人士透露，美国政府将在 SAC Capital Advisors 内幕交易案中提出约 100 亿美元的处罚要求。

美国曼哈顿地区检察官办公室在周四（北京时间 2013 年 7 月 25 日，注）公布的民事诉讼书中表示，将没收 SAC Capital Advisors 的全部财产，但没有透露具体金额。消息人士称，SAC 拥有约 140 亿美元资产，但 2013 年以来，因投资者提出约 50 亿美元的撤资要求，该公司的资产规模不断萎缩。

美国联邦检察官 Preet Bharara 周四(同上,注)在新闻发布会上称,政府知悉此案对第三方投资者造成的影响,正与 SAC 协商如何确保客户资金的安全。他并未透露对 SAC 的处罚金额以及是否会向投资者追回收益(clawback)。

美国检方对 SAC Capital 及其子公司提起四项证券欺诈指控和一项电信欺诈指控。政府在起诉书中称,此案涉及的内幕交易是"实质性的、普遍的、史无前例的"。

SAC Capital Advisors 是一家成立于 1992 年的对冲基金,总部位于美国康涅狄格州 Stamford,在旧金山、波士顿、伦敦与中国香港则设有办公室,创办人为 Steven A. Cohen。该公司估计有 800 名员工,投资专家则约有 150 名,根据公开揭露信息,SAC Capital Advisors 负责管理约 160 亿美元资产。虽然还有比 SAC Capital Advisors 更大规模的对冲基金,但是由于其操作策略与现金控管方式不同,该公司往往在股票定价中发挥显著影响力。与一般对冲基金收取占总管理资产 2% 的费用以及获得每年 20%～30% 的投资收益不同,SAC Capital Advisors 可收取占总管理资产 3% 的费用、每年则可获得 50% 的投资收益。虽然收费高昂,但由于获利表现突出,仍然吸引大批投资人参与。据 Forbes 杂志估计,SAC 创办人 Steven Cohen 名下约拥有 80 亿美元资产,名列美国 400 大富翁第 36 名。

美国政府对微观经济行为主体的政府管制是多方面的,在处罚上也是严格遵照法律、保护投资者和消费者利益的。对此次处罚 SAC 的天价罚款,有网友评论说:"这才是对违法违规行为真正有分量的震慑,天朝需要学习!"

(选自《华尔街日报》,Jenny Strasburg/Chad Bray,2013-07-26;DIGITIME 中文网,http://www.digitimes.com.tw/tw)

7.2 税收效应理论

"税收是我们向文明社会的付款",曾任美国最高法院大法官的奥利沃·温德尔·霍尔姆斯(Oliver Wendell Holmes)在 1927 年的这句话代表了许多人对税收的理解。课税增加了人们的负担,改变了资源配置,影响了人们的选择。不仅仅如此,我们更期待的是,一如美国联邦政府课征的消费税四种类型之一——对酒精饮品、烟草和赌博征收的所谓"罪过税"(sin taxes)——一样,其原因在于迫使购买此类物品的人为获得这种权利而付款,从而抑制这些行为的发生。

我们这里分析的税收效应,主要侧重于税收对经济行为的影响。当然,税收政策对政治、社会等也有影响,但不在这里讨论。

税收的经济效应,是指纳税人因政府课税而在其经济选择或经济行为方面做出的反应,或者从另一个角度说,是指政府课税对微观经济行为或宏观经济发展的影响,也就是通常所说的税收的职能及其调节效果。

7.2.1 税收的微观效应

一般而言,政府课税除了为满足财政需求之外,总是要对经济施加某种影响。但其影响的程度和效果如何,不一定会完全符合政府的初衷,纳税人对政府课税所做出的反应可能和政府的意愿保持一致,也可能与政府的意愿背道而驰。比如税率或高或低、课税环节偏差、课税方式不健全等,都会影响纳税人的经济行为。又如政府课征某一种税,是想促使社会资源配置优化,但执行的结果可能导致社会资源配置更加不合理。

1. 税收作用机理

税收的微观经济效应在理论上可大体分为正效应与负效应、收入效应与替代效应、中性效应与非中性效应、激励效应与阻碍效应等。[①]

1) 正效应与负效应

某种税收的开征必定使纳税人或经济活动做出某些反应。如果这些反应与政府课征该税时所希望达到的目的相一致,税收的这种效应就称为正效应;如果课税实际产生的经济效果与政府的课税目的相违背,税收的这种效应则称为负效应。例如,中国曾开征的烧油特别税,课征的主要目的是为了通过对工业锅炉和窑炉烧用的原油和重油征税,以达到限制和压缩烧油,实现以煤代油。如果有充分的数据说明,通过一年或若干年的课税之后,政府课征该税所取得的收入越来越少,则说明工业锅炉和窑炉烧用应税油品的现象在逐渐减少,该税发挥的效应是正效应。税收负效应一个最明显的例子是英国课征的窗税(见本节专栏),征税的目的是想取得财政收入,但其结果是一些纳税人为逃避该税而纷纷将窗户堵塞。显然政府通过该税的课征不仅未能使财政收入逐渐增大,反而使纳税人将窗户封塞而减少了舒适。

政府课征某种税究竟是在产生正效应还是在产生负效应,可用课征该税取得收入的环比增长率来测定。用公式表示如下:

$$\text{收入环比增长率} = \frac{\text{本期收入} - \text{上期收入}}{\text{上期收入}} \times 100\%$$

如果政府课征该税的主要目的是为了筹集财政收入,上式中收入环比增长率为正时,则课税产生的效应是正效应;如果比率为零或为负,则说明该税没有产生正效应甚或产生了负效应。

如果政府课征该税的主要目的不是为了筹集财政收入,而是为了限制经济活动向原有方向发展或促进其向新的方向发展,那么上式中收入环比增长率为负时,则该税产生的效应为正效应。如果比率为零或为正,则说明该税无效应或产生了负效应。

[①] 宋凤轩.税收理论与实务[M].第2版.北京:经济管理出版社,2007:52-54.

在这里,政府的职责在于有必要经常对税收的正、负效应进行分析,要根据产生负效应的原因及时修正税则,使课税产生的效果和政府的初衷保持一致。

2) 收入效应(income effect)与替代效应(substitution effect)

从税收对纳税人的影响来看,一般可产生收入效应或替代效应,或两者兼有。

(1) 税收的收入效应是指税收将纳税人的一部分收入转移到政府手中,使纳税人可自由支配的所得下降和改变了纳税人的相对所得状况,从而降低商品购买量和消费水平。税收的收入效应本身并不会造成经济的无效率,它只表明资源从纳税人手中转移到政府手中。但因收入效应而引起纳税人对劳动、储蓄和投资等所做出的进一步反应则会改变经济的效率与状况。

如图7-7(a)所示。水平轴和垂直轴分别代表两种商品(S_1和S_2)的数量。假定纳税人的收入是固定的,而且全部收入用于购买S_1和S_2,两种商品的价格也是不变的,则将纳税人购买两种商品的数量组合连成一条直线,即图7-7(a)中的AB线,此时纳税人对S_1和S_2的需要都可以得到满足。纳税人的消费偏好可以由一组无差异曲线来表示,每条曲线表示个人得到同等满足程度的情况下在两种商品之间选择不同组合的轨迹。

由于边际效应随数量递减,无差异曲线呈下凹状。AB线与无数的无差异曲线相遇,但只与其中一条相切,即图7-7(a)中的I_1,切点为P_1。在这一切点(P_1)上,纳税人以其限定的收入购买两种商品所得到的效用或满足程度最大。

若政府决定对纳税人课征一次性税收(如个人所得税),税款相当于AC乘以S_1价格或BD乘以S_2价格,那么,该纳税人购买两种商品的组合线由AB移至CD。CD与另一条无差异曲线I_2相切,切点为P_2。在这一切点上,纳税人以其税后收入购买两种商品所得到的效用或满足程度最大。

可以看出,由于政府课征一次性税收而使纳税人在购买商品的最佳选择点由P_1移至P_2,这说明在政府课税后对纳税人的影响,表现为因收入水平下降从而减少商品购买量或降低消费水平,而不改变购买两种商品的数量组合。

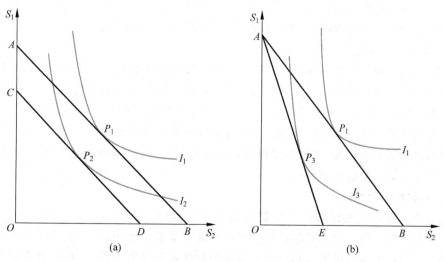

图7-7 税收的收入效应和替代效应

(2) 税收的替代效应,是指税收对纳税人在商品购买方面的影响,表现为当政府对不同的商品实行征税或不征税、重税或轻税的区别对待时,会影响商品的相对价格,使纳税人减少征税或重税商品的购买量,而增加无税或轻税商品的购买量,即以无税或轻税商品替代征税或重税商品。例如,累进税率的提高,使得工作的边际效益减少,人们就会选择休闲来代替部分工作时间;又如,对某种商品课税可增加其价格,从而引起个人消费选择无税或轻税的商品。税收的替代效应一般会妨碍人们对消费或活动的自由选择,进而导致经济的低效或无效。

如图 7-7(b)所示。假定政府不征税或征税前纳税人购买两种商品的组合线为 AB,最佳选择点仍为 P_1。现假定只对 S_2 征税,税款为 BE 乘以 S_2 价格,对 S_1 不征税。在这种情况下,该纳税人则会减少 S_2 的购买量,对购买两种商品的组合线便由 AB 移至 AE,与其相切的无差异曲线则为 I_3,切点为 P_3。在这一切点上,纳税人以税后收入购买商品所得效用或满足程度最大。

由于政府对 S_2 征税而对 S_1 不征税,改变了纳税人购买商品的选择,其最佳点由 P_1 移至 P_3,这意味着纳税人减少了 S_2 的购买量,相对增加 S_1 的购买量,从而改变了购买两种商品的相对价格和数量组合,也使消费者的满足程度下降。

3) 中性效应与非中性效应

中性效应是指政府课税不打乱市场经济运行,即不改变人们对商品的选择,不改变人们在支出与储蓄之间的抉择,不改变人们在努力工作还是休闲自在之间的抉择。能起中性效应的税被称为中性税。中性税只能是对每个人一次征收的总额税,如人头税。因为人头税不随经济活动的形式变化而变化,所以它对经济活动不会发生什么影响。但人头税由于课及所有的人,它可能会影响到纳税人家庭对人口多少的规划。所以,即使是人头税,在一般情况下,也不可能是完全中性的。可以肯定地说,在现实社会,完全意义上的中性税是根本不存在的。

与中性效应相反,非中性效应是指政府课税影响经济运行机制,改变了个人对消费品、劳动、储蓄和投资等的抉择,进而影响到资源配置、收入分配和公共抉择等。几乎所有的税收都会产生非中性效应,因而现代社会的税收均属非中性税收。

4) 激励效应与阻碍效应

税收激励效应是指政府课税(包括增税或减税)使得人们更热衷于某项活动,而阻碍效应则是指政府课税使得人们更不愿从事某项活动。但政府的课税究竟是产生激励效应还是产生阻碍效应,取决于纳税人对某项活动的需求弹性。弹性很小,则政府课税会激励人们更加努力地工作,赚取更多的收入,以保证其所得不因课税而有所减少;如果纳税人对税后所得的需求弹性大,则政府课税会妨碍人们去努力工作,因为与其努力工作,赚取收入付税还不如少赚收入不付税。

2. 税收与劳动供给

从供给方研究微观经济行为的税收效应,我们侧重选择生产过程中的要素——劳动——进行分析。劳动力的供给在社会生产中起着重要的作用,是产品供给要素中最活跃的部分。税收对劳动供给的影响主要表现为对各项劳动所得的课税,这种课税对劳动供给同时产生两种不同的效应,即收入效应和替代效应。下面以时间禀赋为参考,对税收的劳动供给效应进行分析。

通常情况下,可以把每个劳动者用于市场用途(工作)和非市场用途(休闲,leisure)的时间(如小时数)称为时间禀赋(time endowment)。在时间禀赋框架下,每个人都有权利根据自己的偏好选择安排。

假定(1),时间禀赋仅且仅在工作和休闲之间调整,劳动者用一部分时间通过劳动获得收入,用另一部分时间休闲。

如图 7-8 所示。横轴 OT 表示时间禀赋,全部长度代表所有时间都用于工作,没有任何休闲的时间。模型中 TD 代表预算约束线,即在工资率既定的前提下,一个人可以获得的休闲和收入的组合。

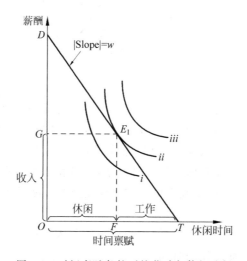

图 7-8 时间禀赋条件下的劳动与休闲选择

在单位工资率每小时 w 既定(斜率=w)的前提下,极端的结果是劳动者将全部时间用于工作,以此换回的收入为纵轴上 OD 的长度。在预算线 TD 上面任意一点,都代表了劳动者的一个选择。

假定(2),劳动者选择工作和休闲的偏好,可以用正常的凸向原点的无差异曲线表示。

假定(3),在不考虑其他税种和其他税率的前提下,为了简化起见,下面仅从课征比例所得税方面进行分析。

图 7-8 中 i、ii 和 iii 为三条无差异曲线,其中只有 ii 这条无差异曲线与预算线相切于 E_1 点。在这一点上,这位劳动者用 OF 的时间长度休闲,而选择用 FT 的时间长度工作以换取收入 OG,效用实现最大化。

加入税收元素,如图 7-9 所示,对劳动课征比例所得税,税率为 t。税收使每 1 小时的劳动工作报酬缩减到了 $(1-t)w$,或者可以理解为税收使每 1 小时的休闲的机会成本降低到 $(1-t)w$。那么如果全部时间都用于工作的话,换取的收入就不再是图 7-8 的 OD,而是图 7-9 的 OH,即预算线调整为 TH。课税导致劳动力所有者的劳动时间缩减为 IT 而休闲的时间增加到 OI,在 E_2 点达到均衡。得出的结论是,课税导致劳动者劳动时间变少而休闲时间增加。

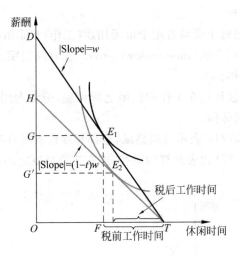

图 7-9 比例所得税对劳动供给时数的影响(1)

为什么会这样？答案在于：①课税改变了劳动者的偏好，使他更倾向于多休闲而少劳动。②课税同时产生收入效应和替代效应。一方面，课税导致了纳税人可支配收入降低，改变了纳税人的相对所得状况，从而降低休闲的使用；另一方面，表现为课税后休闲的机会成本降低，改变了工作和休闲的相对价格，使纳税人减少征税的劳动的量，而增加休闲的消费。最终的结果取决于收入效应和替代效应的强度对比。在图 7-9 中，无疑，替代效应强于收入效应。

但是，在图 7-10 中却显示出相同假设条件下的收入效应强于替代效应，表现为课税后，纳税人的劳动时间增加而休闲时间减少。

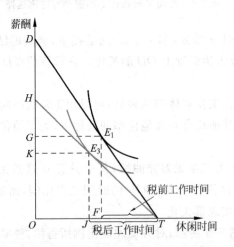

图 7-10 比例所得税对劳动供给时数的影响(2)

进一步，放宽上面假定(3)，考虑采用累进税率课征所得税。如图 7-11 所示。假定该人面临着递增的边际税率：第一个 5 000 元收入适用税率是 t_1；第二个 5 000 元收入适用税率是 t_2；10 000 元收入适用税率是 t_3。税前预算线仍旧是 TD，税后预算线为弯折线

$TLMN$。税前所得在 5 000 元以内的部分,单位时间的休闲成本为 $(1-t_1)w$,即线段 TL 部分的斜率的绝对值,在 L 点的税后所得为 $(1-t_1)5\,000$ 元。在线段 LM 部分,其斜率的绝对值为 $(1-t_2)w$,LM 比 TL 平直,原因是 $t_2>t_1$,在 M 点的税后所得为 $[(1-t_1)5\,000+(1-t_2)5\,000]$ 元,即 L 点的税后所得加上获得额外 5 000 元按照 t_2 课税后的增量所得。最后,在线段 MN,斜率为 $(1-t_3)w$,更为平直。劳动者根据自己的收入和偏好,选定 $TLMN$ 上任一点,确定自己的税后工作时数,这里为 PT。

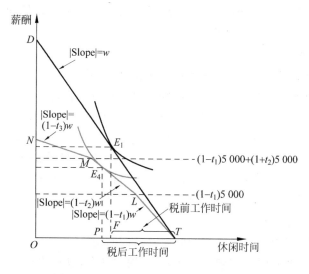

图 7-11 累进所得税下的工作-休闲选择

3. 税收与储蓄行为

储蓄是国民收入决定中的一个重要因素,储蓄的大小直接影响投资规模,涉及总供求的平衡与增长。储蓄包括国内储蓄和来自国外的储蓄。其中,国内储蓄包括政府储蓄、企业(公司)储蓄和居民个人储蓄,国外储蓄包括国外政府的储蓄和国外社团组织的储蓄以及国外私人储蓄。税收对储蓄的影响,主要是通过税收政策的改变,影响不同的储蓄主体倾向及全社会储蓄率的改变。下面重点讨论税收对国内储蓄的影响。

1) 税收与居民储蓄

① 所得税对储蓄的影响

对个人所得是否征税及征税多少,会减少个人实际可支配收入,并减少个人的储蓄率。如果用 S 表示储蓄,β 表示边际消费倾向,Y 表示收入,C 表示消费,那么税前个人储蓄 S_1 为

$$S_1=(1-\beta)Y$$

其中,$(1-\beta)$ 表示边际储蓄倾向,则

$$1-\beta=\frac{Y-C}{Y}$$

在对个人收入征收所得税以后,税后个人储蓄 S_2 为

$$S_2=(1-t)(1-\beta)Y$$

式中，t 为个人所得税税率。

当 $t>0$ 时，$S_2<S_1$，即在个人收入 Y 和边际消费倾向不变的情况下，对个人收入课税将减少个人储蓄额。

根据所得税的税率形式，所得税可以分为比例所得税和累进所得税两种。其中，比例所得税采用比例税率，而累进所得税采用累进税率，对于高收入者显然累进税率的收入损失大于比例税率。根据边际消费倾向递减规律，收入越高，边际储蓄倾向越大，所以累进所得税纳税人的边际储蓄倾向小于比例所得税纳税人的边际储蓄倾向。这说明累进所得税对储蓄的替代效应强于比例所得税。

② 利息税对储蓄的影响

对储蓄利息征利息税，会减少储蓄人的收益，从而降低储蓄报酬率，影响个人的储蓄和消费倾向。一方面，对储蓄利息征税，会减轻储蓄倾向，促进个人增加消费额；另一方面，由于储蓄行为属于潜在消费，在对储蓄利息征税之后，会迫使储蓄人提高储蓄水平，以保证未来的消费水平。因此，利息税对储蓄的影响是双重的，既有减轻的效果，也有提高的效果。罗森用生命周期模型（life-cycle model）为基础对储蓄的税收效应进行了分析。他主要分析了两种情况，一种是利息支付可扣除、利息收入课税；另一种是利息支付不可扣除、利息收入课税。在这两种情况下，收入效应和替代效应都不同程度地发挥作用。限于篇幅，这里暂不详细分析。①

当今世界绝大多数国家都对储蓄利息征税，同时对一些特定储蓄项目的利息免征或减征利息税，这些利息项目一般包括养老基金、退休基金，以及政府机构、慈善机构和非营利性事业组织的利息所得，这表明各国政府试图发挥税收对利息所得的调节功能。

③ 间接税对储蓄的影响

间接税主要通过改变消费倾向来影响储蓄。从理论上讲，在提高储蓄率方面，间接税的作用要强于所得税。因为尽管征收间接税也会减少个人可支配收入，但它所影响的主要是消费支出。在储蓄率或社会平均储蓄水平一定的情况下，个人的储蓄水平通常是不会降低的，即在西方经济学中所表述的"替代效应"不存在，居民个人只能采取减少消费支出的办法，去抵消税收上的支出。

2）税收与企业储蓄

企业储蓄是指企业将在征收所得税和进行分配之后的净利润存入金融机构的行为。其目的一是为了获取利息收益，二是将一部分闲置资金保存下来进行扩大再生产。对企业利息征收所得税，其直接影响是减少企业的税后留利，对企业的扩大再生产产生不利影响，其结果是降低企业的储蓄愿望。

3）税收与政府储蓄

政府储蓄是指政府将财政收入中经常性收入大于经常性支出的部分存入金融机构的行为。税收对政府储蓄的主要影响，体现在税收收入规模对预算收入的影响方面。从原理上讲，所有提高税收总量的行为，都对政府储蓄产生有利的影响。但提高税收水平也不是随意的，它受经济发展水平的制约。一国税负总水平的改变，必须以不损害经济均衡发

---

① 有兴趣的读者可选读[美]哈维·S.罗森.财政学[M].第8版.北京：中国人民大学出版社，2009：408-415.

展为前提,所以,最有效的途径不是提高税率,而是完善税制,并不断提高税收征收管理水平。总之,税收对政府储蓄有积极影响,但这种影响必须建立在强化税收管理的基础之上。

4. 税收与投资行为

投资可以按不同的标准分类。① 按投资的方式划分,投资可分为实际投资和证券投资,实际投资又可分为物质资本投资和人力资本投资。按投资的来源划分,在开放的经济体系中,投资可分为国内投资和国外投资。按投资的主体划分,投资可分为政府投资、企业投资和个人投资。税收对投资的效应,主要表现为刺激投资与抑制投资两个方面。

➡ **专栏:赋重无余饷,边荒不种田**

明末清初的著名女诗人方维仪,是明末复社四公子之一方以智的姑妈,更是桐城望族方家那个家庭诗派的核心人物。著有《清芬阁集》七卷的她和著有《纫兰阁诗集》十四卷的姐姐方孟式、著有《茂松阁集》的堂妹方维则,以及嫂子吴令仪(即方以智的母亲)及其妹妹吴令则,都是能诗能画的才女。她们的诗文造诣,不可能不给方以智以滋养和熏陶。而"方氏三节"所守持的气节和妇道,也同样会作为一种精神灌注于方以智的血液中。如此说来,方以智日后的出人头地,也很是有他姑妈们的一份功劳。"十七丧其夫,十八孤女殇"的方维仪,显然在用她的诗和画充实生活和坚定自己的信念。在她的诗作中,甚至不时地反映出超越小我而关注大局、眼光跨越深院高墙的家国关怀。其有税事内容的诗《出塞》便是这样的作品:

辞家万里戍,关路隔风烟。
赋重无余饷,边荒不种田。
小兵知有死,贪吏尚求钱。
倚赖君王福,何时唱凯还?

1) 税收对私人投资的效应

在此把非政府行为的投资,即企业投资和个人投资归类为私人投资。这类投资的基本特征是以投资利益最大化为目标,它与政府投资的目标有着原则性的区别。税收对私

---

① 宋凤轩.税收理论与实务[M].第 2 版.北京:经济管理出版社,2007:59-61.

人投资的影响,可以是鼓励性的,也可以是限制性的,它主要是通过税收负担的高或低来完成政府在不同时期和不同经济发展阶段的政策目标。

投资是经济增长的主要动力,各国政府一般都致力于扩大私人投资,并且利用税收政策来鼓励和刺激私人投资。特别是当经济增长缓慢、需要扩大投资时,政府在税收政策上常采取降低边际税率(表现为降低税收负担)、扩大税收优惠和允许加速折旧等措施来刺激投资。在这方面,直接影响资本成本的公司所得税充当重要角色。公司所得税从两个方面来影响公司的投资决策:一是对资本的边际收入征税,可能使投资的边际收入下降,抑制投资行为;二是允许某些资本成本项目进行扣除,产生"节税",降低资本成本,鼓励投资行为。因此,在其他条件不变的情况下,任何旨在提高资本成本的税收措施,都将抑制投资的增长;而任何旨在使资本成本下降的税收优惠措施,都将刺激投资意愿。

第一,从降低税收负担看,对投资人影响最为直接的是公司所得税税负的调整,即公司所得税税负的高低直接影响投资者税后利润的多少。公司所得税税负越高,可供投资人分配的实际所得越少;反之,投资人所得就越多。因此,从理论上讲,在其他条件相同的情况下,无税(即公司所得税税率为零)对投资的刺激效果是最理想的,但实际上除少数避税地以外,世界上大多数国家都对投资行为征税。问题的关键不在于是否征税,而在于征多少税。理想的目标是,设计合理的税负水平,以尽量减少公司所得税对投资决策的影响。

第二,从税收优惠的方法看,鼓励税收的措施通常采取免税、减税和再投资退税等办法。免税分为全部免税和分项免税两种。全部免税是对投资者的投资所得在一定时期内不征税,以鼓励投资者的积极性,但政府仍保留征税的权力,当政府的目的达到之后,则恢复征税;分项免税是指政府对部分需要扶持的特殊行业、特殊项目、特殊产品给予免税的优惠,而对其他投资行为依法征税,如对基础产业、农业投资所得的免税,对部分外商投资者投资所得的免税等。减税是对投资者的所得少征一定比例的所得税,以达到鼓励投资的目的。再投资退税是政府将已经征收的税款,在投资者将投资收益进行再投资时予以退还,以鼓励其扩大投资规模。

第三,从折旧的方法看,公司所得税所规定的折旧政策对投资具有较大的效应。在税法上允许加速折旧和允许考虑通货膨胀对折旧的影响是鼓励投资的主要措施。如果公司税制中允许的折旧率高于实际应该折旧率,则企业的计税所得就会相应减少,其公司所得税负就会减轻,投资人就得到了税收鼓励的好处而可能加大投资。在通货膨胀的情况下,传统意义上的折旧方式通常采取直线折旧法,重点考虑的是资本的原始成本,其折旧费不足以补充资本的重置消耗。当折旧比例与通货膨胀率达到同步时,对投资人是有利的,体现了税收的激励措施,至少没有限制投资的效应。

与税收对投资的激励效应相对应,税收对投资也有抑制效应。当经济发展过热,需要抑制投资时,国家可在税收上采取限制性措施,如提高税负、减少税收优惠和降低在税法上允许的折旧率,相应加大投资人的税收负担而使其减缓或削减投资。

2) 税收对政府投资的效应

税收对政府投资的效应,主要体现在税收数量或总规模的改变,可以改变政府的投资总量和投资结构。政府投资的目标是公共利益最大化。所谓公共利益,主要是指社会大众的公共利益,包括基础设施、公共设施和社会服务等。从性质上说,为社会公共需求而进行的支出,一般无法用经济关系中的投入产出比例进行衡量,因为大部分投资项目可能无利可图,甚至是负产出。但政府又必须承担这些义务,因为它们是社会的必需品。政府要进行公共投资,必须通过相应的方式取得资金来源。税收是政府取得收入的基本形式,在现代经济生活中,各国税收是政府收入的主要来源。政府课税对投资的效应,主要体现在对投资总量、投资结构的影响上。

第一,税收对投资总量的影响。在一定时期之内,社会投资总量由私人投资(含企业投资)和政府投资组成。当私人投资规模一定时,政府投资规模的大小就决定投资总量的大小。政府投资越多,投资总量越多,对经济增长的影响越大;反之就小。通常,政府可以利用这一原理,通过投资数量的改变发挥其对经济运行的周期性调节作用。由于投资具有"乘数效应",通过扩大投资,可以刺激消费,拉动相关产业,扩大社会需求,并增加工资和利润。政府投资的目标比私人投资更明确,特别是在经济萧条时期,政府通常通过运用财政政策扩大投资、拉动需求、推动经济增长。当然,政府为扩大投资,必须增加税收,以便于政府的再分配,因此税收总量与政府投资规模之间是互为依存的关系。在政府经常性支出一定的条件下,税收规模越大,则可供政府投资的规模就越大。

第二,税收对投资结构的影响。投资结构是指各种投资行为在不同产业和不同地区之间的分布和格局,它是衡量投资效果的重要指标之一。政府投资会对投资结构发生两个层次的影响:一是政府投资的不同方向、不同组合,直接构成投资结构的组成部分;二是政府通过不同的税收政策,影响投资者的决策,最终影响投资方向。显然,税收政策目标和政府的经济政策目标具有一致性,它是一国政府政策目标的重要组成部分,有鲜明的政策倾向,因而能对投资结构产生重要效应。

3) 税收对国外投资的效应

国外投资包括来自国外的投资和向国外投资两方面。税收对国外投资的效应也表现在这两方面。当今世界各国通常在税收政策上对这两种投资有所区别,特别是发展中国家,由于资金不足,通常采取鼓励投资的措施。

一般认为,东道国的税收对吸引国外投资的影响主要通过三个变量来实现,即外国投资者在东道国实现的税后收益率、东道国资本的总体税后收益率,以及对外国人拥有的东道国资本课征的税率与对东道国投资者拥有的本国资本课征的税率的相对高低。这可以归结为两个问题:一是外国投资者在东道国从事的边际投资项目的实际税负是多少;二是东道国鼓励外商投资的税收优惠措施,其效果如何取决于居住国的税收制度。通常情况下,东道国的税收法律是内外一致的,但为了吸引外资,一般采取优惠的税收政策鼓励投资,主要体现在公司所得税优惠方面,包括免税、减税、再投资退税等措施。免税包括定期免税和长期免税,前者是指在一定时期内的免税,后者是指无限期的免税,即不征收所得税,这只是原则上的规定,实际上难以做到。减税是对投资者降低税收负担,包括税基、税率和税额的减税方法。再投资退税是指对外国投资者从外商投资企业取得的利润再投资给予的退税,以此鼓励外商投资。

在国际经济一体化的今天,对于向国外投资,各国一般也从税收上给予鼓励,其主要措施是税收减免和抵免,以促使本国经济向外扩展。但是,影响国外投资的因素很多,包括政治、经济、文化、国际关系等多方面,税收只是其中一个要素。

➡ **专栏：英国的窗税**(window tax)

英国的窗税(window tax)是1697年威廉三世在位期间,政府通过制定《解决削边钱币不足法案》(Act of Making Good the Deficiency of the Clipped Money)而开征的税,当时的用意是希望通过税收来满足财政需求。选择开征窗税的另一原因,是因为当时舆论反对开征入息税,结果政府以窗税代替。此外,引入窗税以前,英国曾经开征过壁炉税(hearth tax),按房屋的壁炉多寡收税。不过,由于壁炉在屋外往往难以观察,收税人员要进屋才能确知楼宇的壁炉数目,被指侵犯隐私,该税于1689年被废除。

窗税最初设立时,共分两部分,第一部分是对每座楼宇统一收取固定的2先令税款,第二部分的税款则按楼宇窗户数目的多寡而确定。按当初规定,一座楼宇凡拥有10扇或以上窗户,都要缴交第二部分的税款,拥有10~20扇窗户的楼宇交4先令,多于20扇窗户的要交8先令。1766年,政府对条例进行了数次修改。窗税还规定,任何人士,凡因贫困原因而获豁免缴纳教会税(church rate)或济贫税(poor rate),都可免缴窗税。

一般而言,窗税的评税工作相对其他税容易,房屋越大,窗户越多,业主就要相对缴交更多的税。然而,窗税尤其对当时的中产阶级造成很大负担,使之相当不受欢迎,有舆论更认为此举无异于向"光和空气"征税。不少人为了减轻负担,索性将一些窗户封起。时至今日,英国到处仍可见到一些窗户被封起的历史建筑。相反,对富有人家而言,房产拥有大量窗户却变成了标榜身份及地位的手段,所以不少富家大族都偏好在他们的房产多辟窗户。

窗税在1697年首年开征就为库房带来120万英镑的收入,自1747年至1808年间,税率曾经上调至少6次,但税率后来于1823年下调。在1850年及1851年之交的冬天期间,英国舆论强烈要求废除窗税,最终在1851年7月24日正式废除窗税,取而代之的是房产税(house duty)。

(选摘自：http://baike.baidu.com/view/9272734.htm,访问时间2013-04-20)

7.2.2 税收的宏观效应

税收的宏观效应是从宏观经济总量和结构性运行的角度研究税收的影响。它是以微观经济效应为基础,是无数个微观效应的集中。二者之间存在有机联系,但是也有本质上的区别。

1. 税收与经济增长

世界上任何一个国家、经济体要保证经济的增长速度,在诸多核算指标中,国民生产总值(GNP)是一国生产要素在一定时期内提供生产性服务所得报酬的总和。假设一个三部门经济社会由消费者、厂商和政府三个经济部门的活动组成,通过对总供给和总需求的构成进行分析,可以得到总产出,即国民生产总值(GNP)的决定公式。

1) 总供求中的税收

从供给看,总产出是指一定时期内各生产要素收入总和,具体包括工资、利息、利润、地租,可将其分解为消费(C)、储蓄(S)和政府税收(T),即

$$Y = C + S + T \tag{7-5}$$

从需求看,总产出是指一定时期内各项支出的总和,可以将其分解为消费(C)、投资(I)和政府支出(G),即

$$Y' = C + I + G \tag{7-6}$$

如果 $Y=Y'$,则

$$C + S + T = C + I + G \tag{7-7}$$

由于总需求和总供给在实际生活中经常出现变化会形成经济波动,因此,税收(T)与政府支出(G)则可以作为政府调节经济的杠杆,维持总供给与总需求的平衡。具体表现为,当($C+I$)不足时,引起失业人数增加,经济增长缓慢,政府可以通过增加政府支出(G)或减少税收(T)来维持总供求平衡,刺激经济增长。反之,当($C+I$)过多引致通货膨胀时,政府则可以减少政府支出(G)或增加税收(T)来实现。

可见,税收是构成总产出的一个重要因素,在保持经济健康增长、促进总量平衡方面发挥着特殊的调节作用。

2) 税收乘数及其对经济效应

如上面分析,在不考虑进出口的前提下,当($I+G$)一定时,消费函数决定国民收入,即

$$C = \alpha + \beta y \tag{7-8}$$

其中,α 为消费函数中的常数,也就是说,人们即使在短期没有收入也要消费,也可被视作最低生活水平的消费;β 为边际消费倾向;y 为可支配收入,是扣除税收(T)后的收入,即

$$y = Y - T \tag{7-9}$$

在 $Y=Y'$ 的前提下,将上面的式(7-6)、式(7-8)和式(7-9)联立,可得

$$Y = \alpha + \beta Y - \beta T + I + G \tag{7-10}$$

即

$$Y(1-\beta) = \alpha + (-\beta T) + I + G \tag{7-11}$$

假定在公式(7-11)中,只有税收(T)发生变动,而其他为常量,则对其求导可得

$$K_t = \frac{dY}{dT} = \frac{-\beta}{1-\beta}$$

K_t 即为税收乘数,表示税收的变动(包括税率、税收收入的变动)对总产出的影响程

度。税收乘数的作用机制在于以下几点。

(1) 税收乘数是一个负数,这表明税收与总产出之间是一种反向运动关系。当政府增加税收时,总产出则成倍减少;当政府减少税收时,总产出则成倍增加。

(2) 税收乘数的大小由边际消费倾向(β)决定。从税收乘数公式看,边际消费倾向(β)越大,则税收乘数的绝对值越大,对总产出的影响倍数也越大。下面举例说明税收与总产出的乘数关系。假设政府增税 100 亿元,若边际消费倾向为 0.9,则税收乘数 $K_t=-9$,意味着总产出将减少 900 亿元(9×100 亿元);若边际消费倾向为 0.8,则税收乘数为 $K_t=-4$,意味着总产出将减少 400 亿元(4×100 亿元)。假如政府变增税为减税而其他条件不变,则总产出将会增加,增长量与增税时总产出的减少量相同。

如果考虑到增税和减税对纳税人消费偏好的不同影响,增税带来的总产出减少往往大于减税带来的总产出增加。原因是:当增税时,纳税人可支配收入下降或者实际收入降低,此时,边际消费倾向上升,而边际储蓄倾向则下降;当减税时,纳税人可支配收入或实际收入水平增加,边际消费倾向下降,而边际储蓄倾向则上升。增税时边际消费倾向上升和减税时边际消费倾向下降,使增税引致的总产出减少大于同一数量的减税引致的总产出增加。

税收乘数对总产出的影响还应结合政府购买支出乘数和政府转移支付乘数来分析。这一点,在后续的章节中再深入讨论。

2. 税收与收入分配

税收对收入分配的调节功能主要从两个方面来实现:一方面,从收入来源方面减少个人可支配的收入;另一方面,从个人可支配收入的使用方面减少货币的实际购买力。

1) 税收对收入分配的影响

第一,个人所得税是调节收入分配的重要工具。

个人所得税直接减少个人的可支配收入,而且作为一种直接税,它具有税负难以转嫁的特点,纳税人与负税人相同,使得该税种成为政策制定者经常使用的收入分配调节手段。多数国家的个人所得税使用的是累进税率,即税率随着收入的增加而上升,对高收入者征收较高的个人所得税,而对低收入者征收较低的个人所得税,在这一点上,累进的个人所得税很好地体现了税收的公平原则。但是,累进性越高的个人所得税所带来的效率损失也越大,过高的累进性可能会损耗高收入者的工作积极性,从而不利于整个社会的经济发展,所以,多数实行累进的个人所得税的国家在设计税率时,都既要考虑公平的需要,又要适当地选择税率,以避免过多的效率损失。

通常情况下,个人所得税具有广泛的税基,因为其要求对纳税人所有形式、所有来源的收入纳税,包括工资、薪金、股息、利息、资本收益、租金及各类转移支出等,且无论是货币收入还是实物收入。但是,有时候国家出于一些政策或政治考虑,会对某些收入予以免除或优惠。如对纳税人从政府获得的转移支出免纳税义务或对资本收益给予免税优惠,这在一定程度上会对税基形成"侵蚀",但是,其调节收入分配的效果却各有不同。对转移支付免税会增加低收入者的可支配收入,而对资本收益免税,则会在一定程度上增加个人所得税的累退性,因为通常只有高收入人群才有能力获得资本收益。

第二,对商品和劳务征收的间接税也是调节收入分配的重要工具。

对商品和劳务征收的间接税主要是从降低纳税人的货币实际购买能力来发挥调节作用的。同时,利用间接税对收入分配进行调节具有两个明显的优点:一是间接税由于其易于转嫁并且多数直接包含在最终消费品的价格中,因此较为隐蔽,不易被察觉,容易为纳税人所接受。二是间接税在一定程度上具有促进储蓄的作用。间接税仅对纳税人的消费支出征税,因此不存在对储蓄所得重复征税的问题,从而有利于储蓄。

如果对所有消费品都征收一般比例税率,那么,在存在边际消费递减的情况时,间接税的税收负担将出现累退性质,即低收入者承担的税收负担要高于高收入者承担的税收负担,因为对高收入者来说,普通消费品在其所有收入中所占的比重低于这些消费品在低收入者的所有收入中占的比重,这种累退性对于收入分配会产生不利影响。因此,多数国家都对生活必需品免税而仅对奢侈品征收消费税,由于购买奢侈品的通常都是高收入者,这样实际上就免除了低收入者缴纳消费税的义务,税收仅由高收入者负担,从而在一定程度上调节了收入分配不公的现象。

第三,财产税也可以对收入分配进行调节。

在市场经济条件下,财产的拥有者可以运用其财产所有权参与收益的分配,获得各种收入,而这些收入通常都是非劳动收入,它们的存在既不利于鼓励劳动者供给,又可能挫伤劳动者的劳动积极性。因此,对财产征税,尤其是对无偿获得或转让的财产所有权征税,如遗产税、赠与税,可以对财产的积累形成一种制约,促进社会财富的公平分配。因此,财产税可以弥补直接税和间接税对收入调节的不足。

第四,遗产税和赠与税可以限制财富过度集中。

遗产税是对财产所有人死亡时所遗留的财产课征的一种税。按纳税人和课税对象不同,遗产税可分为总遗产税、分遗产税和总分遗产税(即混合遗产税)三种类型。不同类型的遗产税对收入分配影响的程度有所差别。遗产税不能单独实现财富公平的目标,因为如果财产所有人在死亡前就将财产转让给继承人,那么遗产税的课税对象就会消失,因此遗产税必须和赠与税相互配合才能实现其功能。遗产税和赠与税是税收防止财富过度集中的最直接、最有效的制度工具,对降低分配不公、补充个人所得税的不足具有重要意义。

2) 税式支出对收入分配的调节

所谓税式支出,是指政府以特殊的税收法律条款规定的,给予特定类型的纳税人以各种税收优惠待遇而形成的税收损失。政府通过税式支出,可以间接增加低收入阶层的实际收入。实现这一目标的途径有两条:一是对低收入阶层的许多纳税项目给予税收优惠,允许更多的费用税前扣除;二是对间接增加最低收入阶层收入的行为给予税收优惠,如对那些向慈善机构、公益事业捐赠财物的企业和高收入者,在其纳税时给予适当税收优惠,以鼓励他们继续慷慨解囊。

3) 税收指数化减轻通货膨胀对收入分配的扭曲

在累进所得税税制下,通货膨胀会增加纳税人的名义收入,使纳税人适用的税率档次提高,从而加重低收入阶层的税收负担,扭曲了累进所得税收入分配效应。税收指数化是消除这种扭曲的有效方法。这里的税收指数化是指根据每年物价指数做出制度性安排,使所得税制能自动确定应税所得的适用税率和纳税扣除额等,以剔除通货膨胀时名义所得上涨的影响。税收指数化的方法较多,各国最常用的是"指数调整法",即依据物价指数或相关的某些指标指数来调整个人所得税中的免税额、扣除额以及课税级距等,以消除通货膨胀带来的名义所得增加部分。应该注意的是,虽然税收指数化能够有效减轻通货膨胀对收入分配的扭曲效应,但同时它也会削弱所得税制内在稳定器的功能,而且税收指数化只作用于政府收入,而不涉及政府支出,这样会影响到财政收支平衡。

3. 税收与经济稳定

经济稳定是指在经济发展过程中,经济运行平稳,波动幅度小。经济过热和经济萧条都属于经济不稳定。一般认为,一个稳定的经济体应该达到四个目标,即经济增长、物价稳定、充分就业和国际收支平衡,特别是物价稳定,这是经济稳定的主要特征。要实现这四个目标,最重要的条件是要实现社会总供给和总需求的平衡。

1) 税收的经济稳定作用

税收在维护经济稳定、熨平经济波动方面,能发挥逆向调节作用。税收逆向调节可以通过两种方式来实现。一种方式是制度性的调节机制,当经济形势发生周期性变化时,政府税收会自动发生增减变化,从而自动抵消经济波动的部分影响。这种自发的制度性调节机制在累进税制下体现得最充分。当经济高涨时,国民收入增加,纳税人适用的累进税率提高,税收增幅高于国民收入增幅,抑制了社会总需求;当经济衰退时,国民收入减少,纳税人适用的累进税率降低,税收减幅小于国民收入减幅,增加了社会总需求。这种调节机制称为内在稳定器。另一种方式称为相机抉择,是指政府根据经济运行的不同状况,相应地采取灵活多变的税收措施,以消除经济波动,谋求既无失业又无通货膨胀的稳定增长。由于相机抉择是一种人为的政策调节,因而针对性很强。比如,在经济高涨时期,政府实行增税的紧缩性税收政策,通过提高税率、设置新税、扩大征收范围、降低起征点和免征额,以缩小总需求;当经济衰退时,政府则实行减税的扩张性税收政策,通过降低税率、增加减免税、提供税收优惠等措施增加纳税人可支配收入水平,从而增加消费支出和投资支出,以提高总需求。

需要说明的是,在宏观总量调控中,税收杠杆的运用必须与采用国内支出手段和货币调控手段相结合。税收和财政支出是紧密结合的。一收一支对总需求的效应相反但又不能相抵,因此,如果要实行紧缩政策,增税就必须与预算盈余或减少赤字相配合。如果要实行扩张政策,减税还必须和扩大赤字或减少盈余相结合。

2) 税收与社会总供求

如果具体分析税收对总供给和总需求的影响,可以发现,无论是税收收入水平的变化,还是税制结构的变化,都会产生一定的需求效应和供给效应,从而影响价格。凯恩斯学派经济学家只重视税收政策对总需求的影响,通过调节总需求以平衡总供求关系,实现物价稳定,消除通货膨胀。而20世纪80年代兴起的供给学派经济学家,则强调税收政策对总供给的影响,通过调节总供给来达到总供求均衡的目标。由于税收政策对总需求的影响较直接,而对总供给的影响,则须先改变资本存量才能影响总供给,因而是间接性的,所以以调节总需求为目标的税收政策可能比以调节总供给为目标的税收政策在稳定物价、抑制通货膨胀方面更易操作。

从反通货膨胀角度分析税收政策如何影响总供给和总需求。当总需求过旺时,我们可以选择的税收政策有两种:一种是抑制总需求过旺的税收政策,主要是通过对所得特别是个人所得的增税政策,减少民间部门可支配收入,以抑制需求,实现社会总供给与总需求的均衡,防止或减轻通货膨胀;另一种则是增加总供给的税收政策,主要是通过对个人所得和公司所得的减税政策,刺激劳动投入和资本投入的增加,以实现总供给的均衡,抑制通货膨胀。两种政策侧重点不同,但最终目的是一致的。

7.3 税收的局限

税收是一个非常有效的政府政策工具,它的功能、特点以及运行的内部机理已经了解够多。正是因为有了这些非常有效也是获得争议的评价(我一直认为,对一件事情有争议绝对不是因为这件事情一无是处,反而是因为它的个性很鲜明),在现代经济学理论中,税收才占有非常稳定的一席之地。少数时期,很多决策者也许会高估税收的作用,所以对税收进行理论剖析的最后,正视其局限性尤为必要。陈共(2012)在他的经典教科书中对税收的局限性进行了很好的梳理,主要包括三个方面。

第一,课税会进一步导致效率损失,产生超出税收负担之外的超额税收负担。市场配置本身已经存在着一定程度的低效率,对经济行为课税后,就会在市场资源配置中打进一个税收楔子,使得买者愿意支付的价格和卖者愿意提供的价格之间产生差异,干扰市场价格讯号,进一步增加市场效率的损失,使市场以价格为导向的行为会因为税收存在而进一步受到影响。这已经在上一章和本章做过比较详细的分析,这里不再赘述。

第二,税收调节的时滞。马斯格雷夫将时滞分为认识时滞、执行时滞和反应时滞三种类型。[①] 税收调节时滞突出表现为认识时滞和执行时滞。一方面,政府要做出判断,对经济现象和发展趋势存在一个认识上的过程,需要依赖于充分及时的信息以及丰富经验;另一方面,税种设置、税率调整以及有关政策变动,都要经历论证以及立法等程序,旷日持久的政策出台常常会导致税收的调节指向时过境迁,使原本有效的调节无法发挥应有的运行效果。这种政策的滞后使税收调节的传导机制发生严重损害,导致税收低效运行甚至恶化。

第三,税收调节效果的有限性。税收不是万能的,其调节效果具有一定的限度,主要表现为两种局限性:一是由于税收制度不健全或者不完善而导致的局限性,是税收调节的内在局限性;二是在税收制度健全甚至完善的情况下,由于税收外在环境以及管理机制等因素,税收调节仍旧不可避免地具有局限性,是税收调节的外在局限性。这两种局限性将会导致税收调节的目标和效果扭曲,降低税收质量的水平,无法达到税收资源配置和宏观调控效果,弱化税收调节分配作用,扩大收入差距,导致一系列的结构性问题,甚至会影响社会稳定和宏观经济发展。

---

① [美]R. A. 马斯格雷夫,P. A. 马斯格雷夫. 美国财政理论与实践[M]. 北京:中国财政经济出版社,1987:469-471.

7.4 小　　结

　　无论如何,在任何情况下研究"最优"都貌似是乌托邦的内容。税收既然能产生非中性的效率损失,那么一次性总付税所描述的境界就是一种海市蜃楼。现实中要建构的就是如何在"次优"中寻找负担"尽可能地低"。引入最适商品税、最适所得税以及最适定价的一些探讨之后,我们发现,即使拥有有限的"洞察力",也会发现一些值得继续深入探讨的路径。

　　税收无论在微观领域还是宏观领域都会对经济产生影响。在微观的劳动、储蓄、投资等方面,税收的收入效应和替代效应就像一对孪生兄弟,哪里有税收,哪里就有它们的影响。正是因为它们的存在,即使一件貌似很简单的课税行为,也会变得有些扑朔迷离。究竟能不能达到预期,并不是那些政府官员们在做案头工作的时候就能够看到结果的。在宏观领域,税收更像是财政的一个助理,帮助财政这架机器推动着经济增长、公平分配以及经济稳定的实现。很多对税收功能的讨论,无论是来自于利益集团还是学者们空洞乏味的解释,都显示税收"无所不能",翻看中国改革开放最初10年对税收的认识可见一斑。税收的局限性很强,无论是来自于政治对它的约束,还是来自于其自身所具有的属性。

　　有鉴于此,在税收制度的构建过程中,要关注税收有关效率和公平的"核",也要关注税收的功能,还需要兼顾社会对税收的诸多关注、监督与评价。因此,一套完整的税收制度是复杂的,也是各方的阶段性博弈成果。也许这也是税制改革逐渐成为常态的原因。下一章我们将就税收政策的主要内容继续进行探讨。

本 章 要 点

- "次优理论"表明,在已有税收导致扭曲的情况下,孤立地看能降低效率的政策反而会提高效率。
- 为了使总体超额负担最小化,税率的确定应当使各种商品的需求量按相同的比例递减,即所谓的拉姆齐法则,也被称作需求(量)等比例递减法则。
- 只要商品在消费上不相关,两种商品的税率就应当与弹性成反比例,才能保证税收的超额负担最小,这被称作逆弹性法则。
- 在有两种商品的情况下,效率课税要求,对与闲暇成互补关系的商品,应课以较重的税;对与休闲呈替代关系的商品,则应课以较轻的税。
- 出于公平的考虑,对于高所得阶层尤其偏好的商品,无论弹性是否很高也应该确定一个较高的税率;对于低所得阶层尤其偏好的商品,即使弹性很低也应该确定一个较低的税率。
- 米德委员会认为:①高收入者应该按照高平均税率纳税,低收入者应该按照低平均税率纳税。②收入级别的最高档和最低档的边际税率都应该特别低。
- 最适所得税的研究,侧重于在社会福利最大化前提下,必须考虑到实现更加平等

〰 所付出的代价(超额负担)。
〰 政府本身也是一种物品或服务的生产者,必须直接选择使用费。从理论上看,最适税收和最适使用费问题密切相关。
〰 税收效应分为微观效应和宏观效应。
〰 税收影响劳动供给。一方面,可能导致增加劳动时数;另一方面,也可能减少劳动时数。最终的结果取决于收入效应和替代效应的强度对比。
〰 税收对储蓄的影响,主要是通过税收政策的改变,影响不同的储蓄主体倾向及全社会储蓄率的改变。
〰 税收对投资的影响可以有不同的分类。最终的结果也取决于收入效应和替代效应的强度对比。
〰 税收对宏观层面的经济增长、收入分配和经济稳定同样构成影响。
〰 税收的局限性主要表现在:课税会进一步导致效率损失、税收调节时滞、税收调节效果的有限性。

主 要 概 念

☞ 最适商品税
☞ 拉姆齐法则
☞ 等比例法则
☞ 逆弹性法则
☞ 线性所得税
☞ 公共定价

思 考 题

☞ 拉姆齐法则的具体内容。
☞ 所得税如何实现效率与公平?
☞ 最适定价的方式。
☞ 税收对储蓄的效应。
☞ 税收对劳动供给的影响。
☞ 税收的局限性。

第8章 税收制度

各国民应当完纳的赋税,必须是明确的,不得随意变更。完纳的日期,完纳的方法,完纳的数额,都应当让一切纳税者及其他的人了解得十分清楚明白。如果不然,每个纳税人,就多少不免为税吏的权力所左右。……赋税如果不确定,哪怕是不专横不腐化的税吏,也会由此变成专横和腐化。

——亚当·斯密

8.1 税制类型

所谓税制类型(type of tax system),是一国征收一种税还是多种税的税制。在一个税收管辖权范围内,只征收一种税的税制称为单一税制(single tax system),同时征收两种以上税种的税制称为复合税制(multiple taxes system)。

8.1.1 单一税制

对税制类型的研究,大多从单一税制入手。虽然这种税制类型大多只停留在理论研究上,并没有在哪个国家真正实施过,但对其进行研究则有利于进一步研究税制的其他类型。单一税制的理论主张较多,而且都与不同时期的政治主张和经济学说相呼应,其理论依据及其经济基础各有差异,大致可归为四类,即单一土地税(single tax on land)、单一消费税(single tax on consumption)、单一财产税(single tax on property)和单一所得税(single tax on income)。单一税制在税收的历史长河中一直停留于理论上的探讨,至今没有哪个国家付诸实施。虽然单一税制的主张符合便利原则,但是在财政收入上、社会政策上、促进经济发展等方面都是弊大于利的。单一税制的主要弊端在很大程度上被复合税制所克服。因而,各国大多实行复合税制。

8.1.2 复合税制

所谓复合税制,是在一个税收管辖权范围内,同时课征两种以上税种的税制。各国之所以采用复合税制,主要是因为这种税制符合经济运行的要求。就复合税制本身而言,在税制体系内部税种之间,有相互协调、相辅相成的作用;就财政收入而言,税源广、灵活性大、弹性充分;就税收政策而言,具有平均社会财富、稳定国民经济的功能;就税收负担而言,既公平合理又普遍。因此,复合税制是一种比较科学的税收制度。

既然复合税制是由多种税组成的,而每一种税又是对不同的课税对象或不同的纳税人课征的,那么,为了保持复合税制应有的优势,就要慎重选择税种和税源。[①] 经济学家

---

① 郭庆旺,赵志耘.财政学[M].北京:中国人民大学出版社,2002:420-423.

们认为,税种的选择,首先,要考虑到各税种能否符合税制原则的要求,也就是要从财政收入上、经济发展上以及社会政策上考虑每种税的可行性。其次,还要考虑每种税之间的关系,使其各自有自己的税源,达到既不影响政府收入又不增加人民负担的目的。税源的选择不能侵及税本。税源可分为财产、所得和收益。一般认为,适宜作为税源者是所得和收益,而所得则是最适宜的税源。因为,以所得作为税源,在既不侵蚀资本又不影响国民消费的情况下就会有源源不断的所得发生。选择税率则要视不同税种而定。一般来说,古老的直接税适用定额税率,商品课税适用比例税率,所得课税适用累进税率。

在理论上,对复合税制结构的分类多种多样。以存续性划分,分为经常税和临时税;以课征对象划分,分为对人课税、对物课税和对行为课税;以缴纳方式划分,分为实物税、货币税和劳役税;以课税目的划分,分为一般税和特别税;以课税客体性质划分,分为所得税、商品劳务税和财产税等。不过,最为普遍的分类方法是以税收负担方式为标准,划分为直接税和间接税。复合税制下的税种不论怎样归类,其中的各税种都是在一定条件下产生和发展起来的;不论是社会政治因素、经济状况,还是财政经济理论的影响,归根到底都是由生产力发展水平决定的。在不同的生产力发展阶段,复合税制的主体税种是不同的。

8.2 现代税收制度结构

税制结构(structure of tax system),是指一国各税种的总体安排。税制结构是在具体的税制类型条件下产生的。如上所述,税制类型一般有两种,一是单一税制,二是复合税制。只有在复合税制下,才有税制结构问题。但在税制结构中,不同税种的相对重要性差异很大,形成了不同的税制模式(model of tax system)。税制模式是指在一国的税制结构中以哪类税作为主体税种。税制结构特别是其中的主体税种,决定着税制系统的总体功能。本节从三个方面讨论这一问题。

8.2.1 税制结构演变

如图 8-1 所示。郭庆旺、赵志耘(2002)的分析表明,税制结构的演变过程,大体经历过三个阶段。第一阶段,简单(或传统)的直接税制,大体指农业经济时期以土地和其他不动产的多少作为测度纳税能力强弱的依据,税收大部分都以土地收益税为核心;仅有少量市场税(即商品进入市场、利用市场设施及享受市场保护时的课税)和入市税(即商品运入市场时的课税)作为辅助税种。第二阶段,从简单的直接税制发展到间接税制,大体指农工经济时代,工业生产逐渐发展阶段,商业日益繁荣,社会分配分散,商品流转环节增加,税源比较分散,因此,需要对货物及交易等课征间接税(如营业税、销售税、国内消费税或称货物税以及关税)以保证财政收入。第三阶段,从间接税制发展到现代直接税制,指随着工业化的进程加快,社会生产力得到大力发展,剩余产品大量增加,税源充裕;同时,资本主义原始积累结束,资本急剧集中,收入分配严重不公,因此,以关税、消费税等间接税为主体税种的税制结构逐渐被以所得税等直接税为主体税的现代税制结构所取代[①]。

---

① 值得一提的是,也有一些国家如法国、德国和意大利等还创立了具有间接税性质的增值税(VAT),在调整所得税的同时,不断完善间接税。

可见,复合税制的发展演变过程,是生产力不断发展、社会经济体系不断进步、财政经济理论不断发展的结果。

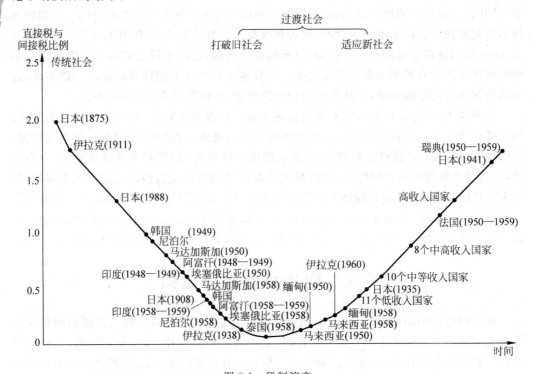

图 8-1 税制演变
来源:郭庆旺,赵志耘.财政学[M].北京:中国人民大学出版社,2002:424.

8.2.2 税制结构剖析

概括而言,虽然在理论上有许多标准和方法对税收进行分类,但现实常用的主要有两类:一是以税种的税收负担是否能转嫁为标准,将税种划分为直接税和间接税;二是以课税对象的性质为标准,所有税种可以划分为对所得课税、对商品和(劳动)服务课税以及对财富与财产(行为)课税。在这里按课税客体的性质,将税制体系划分为三个子系统,分别考察各税系的性质、优缺点和类型。

1. 对所得课税

1) 性质

所得税是直接税的主要税种。各国所得税制正逐步从分类所得税向一般所得税或综合所得税制变化,一般所得税或综合所得税的课税范围很广,一切财产和劳动所得以及财产与劳动相结合的营利事业所得归于纳税人(自然人与法人)所有者,都是所得税课征的对象。然而,税收上"所得"这个概念,多年来一直争论不休。不过,财政学家常用黑格-西蒙斯的所得定义,即所得是在一定时期内个人消费能力净增加部分的货币价值,等于实际消费额加上财富的净增加额。财富的净增加额——储蓄也包括在内,是因为它们代表潜在消费能力的增加。按照这一定义,所得不仅包括工薪收入、营业利润、租金、版权收入、利息和股息收入,还包括资本利得、实物所得、各种转移支付款项等。所得税具有以下性质。

第一,所得税是对人课税,对纳税人(自然人和法人)在一定时期内的各种所得进行课征。在课税时,虽然要综合纳税人的所有所得,但考虑纳税人的经济情况,规定起征点或免征额和其他一些必要的扣除项目,最后确定计税依据。

第二,所得税是直接税。一般情况下,税负不能转嫁,纳税人即是负税人。

第三,所得税制是累进税,而且一般实行超额累进税率。应税所得额高者,税率高,应税所得额少者,税率低,体现了健全税制的"多取富者,少取贫者"的基本准则。

第四,所得税是一种混合(或综合)税。所得来源渠道繁多,而且性质不一。从来源而言,既有劳动所得,又有财产所得;从性质而言,既有经常所得,又有临时所得;从形式而言,既有货币所得,又有实物所得。

2) 优缺点

从优点看,第一,所得税有较强的再分配功能,税负相对公平。所得课税是以纯收入或净所得为计征依据,实行多所得多征、少所得少征的累进征税办法,合乎能力课税的标准;同时,所得课税往往规定起征点、免征额及扣除项目,可以在课税上照顾低收入者,不会影响纳税人的基本生活。第二,所得税有较强的宏观经济调节功能。累进税率具有"内在稳定器"的功能,可以利用差别税率发挥自动调节作用,减轻经济波动;同时,所得税的变化能够直接影响纳税人的可支配收入,对消费、投资、储蓄、生产要素供给产生影响,调节宏观经济能力较强。第三,所得税一般不存在重复征税问题,不影响商品的相对价格。所得课税是以纳税人的总收入减去准予扣除项目后的应税所得额为课征对象,征税环节单一,只要不存在两个以上课税主体,则不会出现重复征税,因而不致影响市场的运转。所得税的应税所得额不构成商品价格的追加,且不易转嫁,因而一般不会干扰各类商品的相对价格。第四,所得税有利于维护国家的经济权益。在国际经济交往与合作不断扩大的现代社会,跨国投资和经营的情况极为普遍,于是就必然存在跨国所得。对跨国所得征税是任何一个主权国家应有的权益,这就需要利用所得税可以跨国课税的天然属性,参与纳税人跨国所得的分配,维护本国权益。第五,课税有弹性,税源可靠。所得来源于经济资源的利用和剩余产品的增加,从长远来看,随着资源利用效率的提高,剩余产品也会不断增长,因而所得课税不仅税源可靠,而且可根据国家的需要灵活调整,以适应政府支出的增减。

当然,所得税也具有很多不足,表现在:第一,所得税的开征及其财源受企业利润水平和人均收入水平的制约;第二,所得税的累进课税方法会在一定程度上压抑纳税人的生产和工作积极性的充分发挥;第三,计征管理也比较复杂,需要较高的税务管理水平,在发展中国家广泛推行往往遇到困难;第四,所得税也许会泄露个人或公司在经营上的机密,引起纠纷。

3) 类型

所得税具有不同类型,大致可分为以下三类。

第一,分类所得税。分类所得税也可称个别所得税,它是将纳税人的各种应纳税所得分为若干类别,对不同类别(或来源)的所得适用不同的税率,分别课征所得税。例如,把应税所得分为薪给报酬所得、服务报酬所得、利息所得、财产出租所得、营利所得等,根据这些所得类别,分别规定高低不等的税率,分别依率计征。分类所得税一般采用比例税率,并以课源法征收。这种税制的优点是征收简便、税源易控,可有效地防止逃税行为,但其缺点是不能按纳税能力原则课征。此种类型的所得税发端于英国,但目前实行纯粹分类所得税的国家已不多见。

第二,综合所得税。综合所得税是对纳税人个人的各种应税所得(如工薪收入、利息、股息、财产所得等)综合征收,故也称为一般所得税。这种税制多采用累进税率,并以申报法征收。其优点是能够量能课税,公平税负。但这种税制需要纳税人纳税意识强、服从程度高、征管手段先进、工作效率高。综合所得税最先出现于德国,现为世界各国所普遍采用。

第三,分类综合所得税。这是取上述两种所得税之长的税制,即把分类所得税与综合所得税综合起来,采用并行征收制。先按分类所得税课征,然后再对个人全年总所得超过规定数额以上的部分进行综合加总,另按累进税率计税。这种税制既体现量能课税,又征收简便。

➡ **专栏:青蛙最幸福**

　　清代初期的著名女诗人倪瑞璇的一首税事诗也很是奇巧,居然从蛙叫想到了征税,就如当年那个把桃花与征税联系起来的元朝人一样匪夷所思。

《闻蛙》

草绿池清水面宽,
终朝阁阁叫平安。
无人能脱征徭累,
只有青蛙不属官。

倪瑞璇诗中的阁阁蛙声,表达的是青蛙自鸣得意的情感。它看到人类——社会底层的人们,农民、工人、士兵等,背着沉重的"征徭"的枷锁,无人能够摆脱;相比之下,青蛙们感到了自己的优越性:"普天之下,莫非王土;率土之滨,莫非王臣",那是说你们人类,不

包括我们青蛙,普天之下只有我们青蛙不属于官家管辖,我们无须抛家破产去服从"征徭",也无须离乡背井以躲避"征徭"。作为青蛙,我们把"平安"看作幸福,以"平安"为骄傲,"平安"是我们美好的梦,"平安"是我们心中的歌。青蛙越得意,人类越可怜;诗人表现青蛙的得意,无疑就是表达对于人类的同情,也是对于官府横征徭赋的抗议。

2. 对商品劳务课税

1) 性质

商品劳务税是对从事生产经营活动的法人和自然人就其提供给社会消费的商品与服务课征的税。商品课税具有种种特性,使它成为名副其实的间接税。

第一,与所得税相比,商品课税征于产品交易的卖方,即企业单位的毛收入或增值额;而所得税则课征于生产要素交易的卖方,即个人家庭或公司的纯所得。所以商品课税是以商品价值的流转额为课税基础,而不是以净所得为基础。

第二,商品课税是对物税,只就纳税人的销售(营业)额全部课税,而不设立起征点、免征额等扣除规定,而且适用比例税率。

第三,商品课税要确定课征环节。从商品流通过程来看,商品从原材料到产成品,要经过产制、批发和零售等环节,方能到达消费者手中,经过的阶段和交易的次数有多有少。正因为商品流通存在着阶段性,因而课税的环节(阶段)不同,税收收入和对商品生产及流通的作用就不同。

第四,由于商品课税存在着课征环节问题,每经过一次市场流通环节就要课征一次税,因而容易形成重复课税。

第五,商品课税是在商品流通中进行的,纳税人很可能通过提高商品价格转嫁给消费者,或压低收购价格而转嫁给供给者,因而存在税负转嫁现象,导致纳税人和负税人不一致。

2) 优缺点

这类税的优点在于:第一,税收涵盖范围的广泛性。商品劳务税是对商品生产、交易和消费的各个环节实施课税,能够根据需要合理设置,针对性比较强;同时,商品劳务税是对商品流通各个环节的增值部分或者需要特殊调节的部分课税,参与商品流通和消费的纳税人(自然人或法人)都参与了税收实现过程,税收涵盖的范围十分广泛。第二,税收收入的有效性。商品劳务税主要以商品流转额、营业收入为课税对象,课税环节放置在流通交易环节,只要发生应税流转额就会发生纳税义务,就要依率缴纳税款;同时,商品劳务税税额与成本费用无关,企业只要不间断生产就会产生增值或产生劳务费用,商品劳务税的收入功能比较明显。第三,税收征缴的隐蔽性,"税痛"不明显。多数情况下,商品劳务税的纳税人和负税人是分离的,纳税人在商品流通环节缴纳税款,由于税款转嫁给最后消费者负担,最终负税人难以确切了解自己为流转各个环节所承担的税负,商品劳务税的税收征缴比较隐蔽。第四,课征普遍。商品课税以商品交换并形成销售收入为前提。在现代社会中,商品是社会生产、交换、分配和消费的对象,商品生产和商品交换是社会生产的主要形式,对商品的课税自然是最具普遍性的税类。

→ 专栏：中国的"营改增"（2013年8月1日实施）

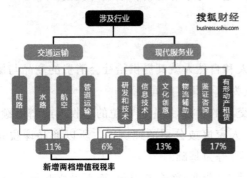

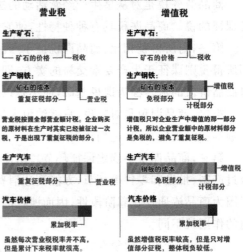

摘自：搜狐财经

这类税的不足在于：第一，不符合支付能力标准，纳税人的所得未必与其消费成正比，税收负担具有累退性。商品劳务税一般采取比例税率（个别税目采取从量税）。表面上看，消费数量多的缴税较多，消费数量少的缴税较少；对奢侈品消费缴纳高额税收，似乎该税收符合公平原则。在社会财富分配不均和所得高低悬殊的条件下，商品课税不区别纳税人的经济状况、负担能力，一律按消费量的多寡承担税负，使税收具有明显的累退性，不符合税收的公平标准。第二，商品劳务税缺乏弹性。商品劳务税一般采用比例税率，有的甚至实行定额税率，导致商品税缺乏收入弹性。

3) 类型

在再生产过程中，存在着无数种商品和劳务形式，每一种商品，从生产到消费，要经过无数次流通。对不同商品和服务以及在不同阶段征税，就形成了不同的商品课税类型。根据马斯格雷夫夫妇的分析，把商品课税分为13种形式，如表8-1所示。在商品劳务税类型表中，从横向看，体现各种税的不同课税基础，第一栏是以全部消费品为课税基础，第二栏是以选择的某些商品为课税基础，第三栏是以消费品与资本品两者为课税基础。从纵向看,体现各种税的不同课征环节,在单一阶段的课税中,包括零售、批发和生产制造三个课征环节;在多阶段的课税中,有增值税和流转税(或营业税)。

按照郭庆旺、赵志耘(2002)的分析,商品课税可以采取多种形式。

第一,它可以是单一阶段征收,也可以是多阶段征收。有些国家(如美国)只采用单一阶段的销售税,而许多国家普遍采用多阶段销售税;很长一段时期,营业税(商品周转税)在西欧各国十分流行。由于这种税是对产品每个阶段的总销售额或总交易额征税,因此,只要用一个比较低的税率就能带来大量的财政收入。从政治上来说,这是一个富有吸引力的特点。但是,由于它是对全部交易额课税,对于那些需要经过许多阶段才能到达消费者手中的产品特别不利,而且它有碍于专业化生产的发展,因而许多欧洲国家用增值税取代营业税(商品周转税)。

表 8-1 商品课税类型

阶 段	税 基			
	消费品		消费品与资本品	全部交易额
	一般型	选择型		
单一阶段				
零售	(1)	(5)	(9)	—
批发	(2)	(6)	(10)	—
生产制造	(3)	(7)	(11)	—
多个阶段				
增值	(4)	(8)	(12)	—
商品周转	—	—	—	(13)

来源:郭庆旺,赵志耘.财政学[M].北京:中国人民大学出版社,2002:441.

第二,课税范围可宽可窄。因为一个广阔的课税范围比一个狭窄的课税范围能用较低的机会成本产生相同的收入,因而最广阔的税基应该包括最终销售的消费品和资本品,对这些项目课征商品劳务税,在效率方面大致相当于对所得征收的比例所得税或增值税。不过,一般做法是把资本品排除在商品劳务税之外。

第三,可以按单位征收(从量税),也可以按价征收(从价税)。如果商品课税是按每个单位来课征,即每个生产单位和销售单位的税额是相同的,则这种税的总收入直接与销售量和生产量相关;如果按照价值总额课征一定的百分比,则这种税的总收入取决于零售价的高低。

3. 对财产(行为)课税

1) 性质

财产(行为)税是课征于纳税人的财产价值。就其性质来说,它是一种对人的行为课税。财产税与收益税或所得税的关系紧密,但它们的课征客体(或标准)不同。根据财产或资本的实际数量或实际价值,即对存量课征是财产税;根据由财产或资本所带来的净收益或所得,即对流量课征是收益税或所得税。

财产(行为)税与商品劳务税也有密切关系,二者的区别主要在于课征对象的相对耐久性不同。土地是财产,砂糖是商品,而房屋与机器就耐久性而言,则介于二者之间。但在实践中,区别财产税与商品劳务税主要是看税收是定期课征,还是仅课征一次。如果是定期课征,课税对象是财产,则为财产税;如果仅课征一次,课征对象是商品劳务,则为商品劳务税,但这个标准也不是绝对的。

2) 优缺点

财产(行为)税的优点体现在:第一,不易转嫁。纳税人使用其占有的财产,一般不与他人发生经济联系,故没有机会和条件转嫁税负。第二,有利于促进社会资源合理使用。对财产的课税可以促进社会资源合理配置,限制挥霍和浪费。对资源的课税可以促进自然资源的合理开发和使用,防止资源的无效损耗。第三,税收收入比较稳定。财产税依据现有财产的价值课税,一般不受社会经济变动的影响,课征对象相对稳定。

财产(行为)税的缺点体现在:第一,违背能力标准。财产不足以测度纳税人的负担能力,在商品货币经济体系中,个人的财富并不完全表现为财产,更体现在所得,所得的来源和形式多种多样,财产多者也许不能说明其现有所得多,而所得多者,其财产可能很少,故不能以财产作为测度纳税能力的唯一或主要的依据。第二,财产税的收入缺乏足够的弹性,不能随着财政需要的多寡缓急提供资金。第三,课税难以普遍。对不动产和少数动产课征较容易,而对于其他动产诸如证券票据、贵重物品等价值大者查实困难,因此有些国家对这些动产不予课税。

3) 类型

根据不同的标准,财产税可从五个角度区分为不同类型。[①]

第一,按照课税方式不同,可分为一般财产税(或综合财产税)与个别财产税(或特种财产税)。前者对个人所拥有的一切财产综合课征,课征时考虑日常生活必需品的免税、一定货币数量以下的财产免课以及负债的扣除等,在技术上较为困难;后者是对个人所有的土地、房屋、资本或其他财产分别课征。

第二,按照课税对象不同,可分为静态财产税与动态财产税。前者是对一定时间的静态财产(如土地、房屋),依其数量或价值进行课征;后者是对财产的转移、变动(如财产继承、财产增值等)进行课征。也有经济学家把静态财产税视为财产税,而把动态财产税视为收益税或流通税性质。

第三,按照课税标准不同,分为财产价值税与财产增值税。前者是按财产的价值课征的税收,一般是按财产总价值、财产净价值、财产实际价值等几种标准征收;后者是按财产的增值额课征的税收,不考虑财产的购入和净值等,只对其增加的价值部分课税。

第四,按照课税时间不同,可分为经常财产税与临时财产税。前者为每年都课征,具有经常性税性质;后者只是在非常时期为筹措经费而临时开征。

第五,按照计税依据不同,可分为估价财产税和市价财产税。前者针对应税财产的估定价值征税,后者则对应税财产的市场价值或售价征税。对没有发生财产所有权转移的财产,按估定价值征税;否则,按市场价值和销售价值征税。

---

① 郭庆旺,赵志耘.财政学[M].北京:中国人民大学出版社,2002:444-445.

8.2.3 税制模式

不同国家由于经济发展水平不同、政府职能范围有所区别、税收政策目标侧重点不同以及税收征收管理因素不同,在税收制度变迁过程中逐渐形成了"嵌入"本国经济社会文化的税收制度和模式。概括起来,主要有以下三种模式类型。

1. 以所得税为主体的税制模式

以所得税为主体的税制模式就其内部主体税特征而言,可进一步分为以下三种类型。

(1) 以个人所得税为主体。经济发达国家,个人收入水平较高,收入差异较大,需要运用个人所得税来稳定财政收入,促进个人收入的公平分配。

(2) 以企业所得税为主体。经济比较发达国家,在由间接税制向直接税制转换过程中,有可能选择以企业所得税而不是以个人所得税为主体税。当然,受客观条件,如信息化程度等的制约,税制模式也可能无法达到个人所得税的要求。

(3) 以社会保障税为主体。近年来,社会保障税逐渐发展成为一个不可忽视的税种,很多国家都对其迅速接受,社会保障项目、范围都不断扩大,税率不断提高,税收收入逐渐增长。在一些福利经济国家,为实现社会福利经济的政策,税制结构已经由以个人所得税为主体转向以社会保障税为主体。

2. 以商品劳务税为主体的税制模式

以商品劳务税为主体的税制模式就其内部主体税特征而言,可进一步分为以下两种类型。

(1) 以一般商品劳务税为主体。对全部商品和劳务,在零售、批发和生产制造及劳务服务等各个环节普遍课税。一般商品劳务税具有普遍征收、收入稳定、调节中性的特点,在课税对象确定上既可以对收入全额课税,也可以只对增值额征税。前者被称为(商品)周转税,虽然征收简单易行,但是存在重复课税,不利于专业化分工与协作;后者被称为增值税,可以避免重复课税,但是对征收管理存在较高的要求。

(2) 以选择性商品劳务税为主体。对部分商品和劳务,在零售、批发与生产制造及劳务服务等某些特定环节进行选择性课税。选择性课税具有特殊调节的作用。

3. 以商品劳务税和所得税为双主体的税制模式

双主体税制模式,是指在全部的税收制度体系中,商品劳务税和所得税所课征的税收收入占全部收入的比重比较接近,在财政收入和调节经济方面共同发挥着重要的主导性作用。从发展的角度看,这种税制模式是一种过渡性的模式,最终会被以其中一种主体税为主的税制模式所取代。

8.3 逃税与税收筹划

税收制度是国家法律法规的重要组成部分,任何微观经济行为主体只要发生了税法规定的交易行为,就应该履行纳税义务。税收与广大纳税人的切身利益息息相关,不仅体现在依法纳税是每一位纳税人应尽的义务,还体现在纳税活动意味着降低了纳税人的可支配收入,甚至改变纳税人的经济行为。因此,自从有税收活动以来,就有政府和纳税人之间基于缴纳税收的博弈。这其中，有一些是在符合税收法律法规框架下的活动，有一些是游离于"法与不法"之间甚至跳出了法律所允许的范围而成为违法活动。因此，纳税人如果想追求自身利益最大化，不仅要考虑如何充分了解国家税收制度以减少自身纳税负担，还要考虑不能违反国家税法，这就是本节讨论逃税与税收筹划（tax evasion & tax planning）的意义所在。

8.3.1 概念甄别

广大纳税人要按照国家税收法律制度履行纳税义务，但是履行纳税义务必然降低自身可支配收入，因此，如何既履行纳税义务，又使自身可支配收入尽可能地不降低呢？概括分析，主要包括以下几条路径。

节税，也称税收节减，是在税法规定的范围内，当存在着多种税收政策、计税方法可供选择时，纳税人以税负最低为目的，对企业经营、投资、筹资等经济活动进行的涉税选择行为。节税是在符合税法规定的前提下，在税法允许甚至鼓励的范围内进行的纳税优化选择。例如，考虑到对存货处理的几种方法对纳税的影响，企业在会计处理上可以选择先进先出法或后进先出法；而考虑到不同的公司形式在纳税处理上的不同，一个企业在开设新公司时可以选择新立一个分公司还是一个子公司。

避税（tax avoidance），是纳税人在不违反国家法律的前提下，利用不同国家或地区、不同所有制、不同税种等的税收制度差异甚至税制要素的差异等，通过对自身经营、投资、理财等活动的精心安排，以期达到纳税义务最小化的经济行为。例如，在内外资所得税没有统一之前，按照税法规定，中国的一些企业为了享受外资企业的税收优惠，从国外请来客商，不要求其进行实物或货币的投资，只是借其名义，成立所谓的合资企业。尽管纳税人的行为在主观上是一种有意识地减少纳税负担的行为，被形容是"挖空心思、冥思苦想，千方百计地钻税法的漏洞"，但由于其并不违反法律规定，根据大陆法系和英美法系都有的"法律无明文规定者不为罪"原则，避税在法律上是非违法的，但也得不到法律的保护。事实上尽管避税在法律上是非违法的，但在国际上越来越多的国家在税法中加入了被税务专业界称为反避税条款的内容，并逐步加大反避税措施。

尽管在税务实务中避税和节税有时会难以区分，在一国是合法的节税，在另一个国家就有可能是非违法的避税，但是两者还是存在区别：节税是合法而且合理运用税法的行为，符合国家政策导向；而避税是钻税法的漏洞，不符合甚至违背国家政策导向。由于节税具有合法性和政府鼓励性，因此，一般来说，节税都被明确是税收筹划的重要手段之一。那么具有非违法性、政府反避税性的避税该不该是税收筹划的手段呢？纳税人钻税法的漏洞，这固然不好，但从两个方面看，第一，税法本身确实存在不可否认的漏洞，这在发展中国家在所难免，不能因此反过来惩罚利用这些漏洞的纳税人；第二，既然税法存在漏洞，就要完善税制，尽快立法，补上漏洞，而纳税人避税有助于政府发现这些漏洞。事实上在有些国家，税务当局对发现税法漏洞并加以应用的纳税人，不仅不处罚，还要进行奖励，可以说这是完善税制必须经历的过程和需要付出的代价，因此避税也是税收筹划的重要手段之一。

有必要对耳熟能详的税收筹划这一概念进行解释。荷兰国际财政文献局在《国际税收词汇》中是这样下的定义:"税收筹划是指纳税人通过对经营活动或个人事务活动的安排,实现缴纳最低的税收。"印度税务专家N.J.雅萨斯威在《个人投资和税务筹划》一书中说:"税收筹划是纳税人通过对财务活动的安排,充分利用税务法规提供的包括减免在内的一切优惠,从而享得最大的税收利益。"美国南加州大学W.B.梅格斯博士在与别人合著的《会计学》中阐述:"人们合理而又合法地安排自己的经营活动,以缴纳可能的最低的税收。他们使用的方法可称为税收筹划……少缴税和递延缴纳税收是税务筹划的目标所在……在纳税发生之前,有系统地对企业经营或投资行为做出事先安排,以达到尽量减少缴纳所得税,这个过程就是筹划。"综上所述,所谓税收筹划,是纳税人在不违反现行税法的前提下,在对税法进行精细比较后,对纳税支出最小化和资本收益最大化综合方案的纳税优化选择,它是涉及法律、财务、经营、组织、交易等方面的综合经济行为。[①]

当然,使纳税人少纳税的手段和方式还有很多,如偷税、抗税、骗税、逃税等。其中,所谓偷税,是纳税人伪造、变造、隐匿、擅自销毁账簿、记账凭证,或者在账簿上多列支出或者不列、少列收入,或者经税务机关通知申报而拒不申报或者进行虚假的纳税申报,不缴或者少缴应纳税款的行为。所谓抗税,是纳税人在发生应税行为后,以暴力、威胁方法拒不缴纳税款的违法行为。所谓骗税,一般是指纳税人通过假报出口、虚报出口、提供假出口发票或者其他欺骗手段骗取出口退税的行为。除此之外,还有逃税。广义的逃税是指纳税义务人采用各种手段逃避纳税的一种行为,具体可分为两种:一是采用非法手段少纳或不纳税的行为,从这一点看,在西方国家一般称逃税,在中国具体分为偷税、抗税和漏税;二是采用合法手段少纳或不纳税的行为,称为避税。狭义的逃税是指纳税人采用非法手段少纳或不纳税的行为。

对上述行为的处罚,在任何国家都有明确规定。例如中国的《中华人民共和国税收征收管理法》(以下简称《税收征收管理法》)第六十三条和《中华人民共和国刑法》(以下简称《刑法》)第二百零一条规定,对纳税人偷税的,由税务机关追缴其不缴或者少缴的税款、滞纳金,并处以不缴或者少缴的税款50%以上5倍以下的罚款;对构成犯罪的,依法追究刑事责任,其中最高的处以3年以上7年以下有期徒刑,并处以偷税数额1倍以上5倍以下的罚金。按照中国的《税收征收管理法》第六十六条和《刑法》第二百零四条有关规定,以假报出口或者其他欺骗手段,骗取国家出口退税款的,由税务机关追缴其骗取的退税款,并处以骗取税款1倍以上5倍以下的罚款;构成犯罪的,对其处罚最高的可以处以10年以上有期徒刑或者无期徒刑,并处以骗取税款1倍以上5倍以下罚金或者没收财产。按照中国的《税收征收管理法》第六十七条和《刑法》第二百零二条有关规定,对于抗税,除由税务机关追缴其拒缴的税款、滞纳金外,还将依法追究刑事责任。情节轻微,未构成犯罪的,由税务机关追缴其拒缴的税款、滞纳金,并处以拒缴税款1倍以上5倍以下的罚款;情节严重的将处以罚款及3年以下或3年以上7年以下有期徒刑;以暴力抗税致人重伤或者死亡的,还将按照伤害罪、杀人罪从重处罚。可见,偷税、抗税、骗税、逃税等方法都是以少缴纳国家税款为目的的故意行为,是违反国家税收法规的违法行为,国家应予以严厉打击。本节内容从理论角度,侧重分析广义的逃税行为和合法的税收筹划等具体内容。

---

① 王兆高.税收筹划[M].上海:复旦大学出版社,2003:6-8.

> 专栏：前 Valentino 主席被指逃税漏税

英国 VOGUE 官网报道，Valentino 前主席涉嫌逃税漏税。报道称，2007 年，Valentino 家族以 7.82 亿欧元的价钱出售了瓦伦蒂诺时尚集团（Valentino Fashion Group）29.9% 的股份。通过卢森堡的一家名为 International Capital Growth 的公司进行掩护，从而让 Marzotto 家族逃避意大利的高税收政策。

英国版 VOGUE 官方网报道，前 Valentino 主席 Matteo Marzotto 被指逃税漏税，金额高达 7 100 万欧元。同时被指控的还有另外三人，其中包括他的妹妹，他们将在今年年底或者明年年初接受审讯。

检察官 Gaetano Ruta 和 Laura Pedio 称 ICG 公司实际上就是一家名义上在卢森堡成立的公司，实则是在米兰进行全程操控。据 WWD 称，他们之所以成立这家公司，就是为逃税做掩护。

ICG 的 8 名合伙人已经选择认罪求情协议，希望从轻处罚减为 6 个月的牢狱之灾。但 Matteo Marzotto 却拒不承认，辩称他在该公司中完全没有承担任何角色。

2008 年离开 Valentino 后，Marzotto 于 2009 年接管 Vionnet，并且出版了一本自传《飞得更高》（Matteo Marzotto）。2013 年 1 月又辞去该公司的职务。

（摘自：YOKA 男士，http://fashion.163.com/13/0806/10/95JA32N100264NEJ.html）

8.3.2 逃税行为

逃税行为涉及采用违反法律手段逃避纳税义务，从经济理论的视角衡量，影响甚至损害经济效率和扩大社会分配不公；从税收制度的角度衡量，减少国家税收和财政收入；从法制社会构建的角度衡量，是阻碍社会公平正义的障碍。然而，从纳税人所具有的天然"自利"的角度看，却是其处于自身利益最大化的选择。逃税行为的存在，不会因为经济政策多么完善或税收管理性漏出如何最小化而完全消失，本节中所探讨的内容，是对纳税方而言的"最适水平"或对征税方而言的"最大容忍度"的问题。

几个世纪前，柏拉图就曾指出，"如果开征所得税，两个人的收入相同，正直的人就会比不正直的人交的税多"。然而，近年来，逃税现象引起了公众特别多的关注。受到国际关注的一个案例就是电视真人秀《幸存者》（Season 1）冠军里查德·哈奇（Richard Hatch）。2006 年，税务局指控他对其赢得的奖金未缴纳大约 300 000 美元的税款。[1]

逃避税收行为的隐蔽性，使得对它的衡量极其困难，只有采用推断的方法，因而做出的估计都只能是十分粗略的。一些学者对有关数据进行了研究。最早出版的对逃税的研究之一是 1965 年雷（Rey）对意大利一般销售税的研究。[2] 他估计，此项税收的收入占 GNP 的比例大约为 4%，而逃税的数额约占实际收入的 52.46%，可见，逃税程度相当大。格特曼（Guttman）估计，1976 年美国的非法经济活动约相当于其合法经济活动的 10%，这一结论与美国国内税务署的估计一致，即 1976 年的未申报收入在 750 亿～1 000 亿美元，大约占申报收入的 7%～9%，由此造成的税收损失在 128 亿～171 亿美元。法伊格

---

[1] [美]哈维·罗森.财政学[M].第 8 版.北京：中国人民大学出版社，2009：357.

[2] Myles. Public Economics[M]. NewYork：NewYork Press，1995：384.

(Feige)在1979年运用不同的方法衡量格特曼考察的经济活动。他的结论是,1976年,美国未被统计的部门规模为3 690亿美元,占GNP的22%;1978年,为7 040亿美元,占GNP的33%。1981年,法伊格运用同样的方法分析英国,结论是,1979年英国未被观测的部门的生产占GNP的15%。美国国内税收署估计,目前,纳税人自觉缴纳的数额大约只占实际应纳税额的80%,表明逃税是一个非常严重的问题。

1. 标准模型

最早严谨地讨论个人逃税政策的理论模型是由阿灵罕姆和桑得莫(Allingham and Sandmo)于1972年在《公共经济学杂志》第一卷提出的。他们在当时新出现的关于犯罪的经济学(Becker,1968)和风险与不确定性经济学(Arrow,1970)基础上,分析了逃税者的最优决策以及影响逃税决策的主要因素。国内学者刘宇飞(2011)对此进行了很好的介绍。

设故意低报所得是逃税者选择的逃税方式,它是非法的。如果被查出,将要受到处罚。因此,纳税人面临的决策是:应该向税务当局申报多少收入,才能在存在被抓住并处罚的可能性下获得预期效用的最大化。

在这一模型中,纳税人不做道德判断,既不为逃税而逃税,也不会因为在其纳税义务问题上撒谎而内疚,他只是理性地追求其预期效用的最大化。设个人的效用只取决于其收入的大小,并且个人是风险回避者。再设个人决策只涉及一个时期,这一假设当然是不现实的,因为本期的逃税决策会受到上期决策的影响。如果上期未逃税而本期逃税,那么,收入流的异常变化将会引起税务当局的注意。所以,某种"生命周期模型"可能更加合适。但作为基本模型,那将会过于复杂。

设个人实际收入为I,t为他适用的税率,不随收入变化而变化;D为申报的收入;ρ为逃税被查出的概率;f为每单位未申报收入须支付的罚款,设$f>t$。

在以上假定下,可写出逃税后的个人税后净收入为

$$y = I - tD \tag{8-1}$$

$$z = I - tD - f(I - D) \tag{8-2}$$

其中,式(8-1)表示纳税人逃税却没有被发现,式(8-2)表示纳税人逃税被发现。这里y为逃税却没有被发现时的税后收入,z为被发现后的税后收入,显然,$y>z$。

再设个人效用函数$U(D)$可以写做预期效用函数的形式,个人追求这一预期效用函数的最大化,即

$$\max \exp U(D) = (1-\rho)U(y) + \rho U(z) \tag{8-3}$$

可见,如果不申报一定的收入可以增加其预期效用,那么他将会选择逃税。如果预期的对未申报收入的惩罚(ρf)小于就申报的收入应缴的税收t,那么个人就会决定逃税。可见,预期效用最大化的申报收入(D^*)取决于

$$D^* = D^*(t, \rho, f, I) \tag{8-4}$$

图8-2对个人逃税决策进行了分析。其中,横轴为逃税却没有被发现情况下的个人收入(y),纵轴为逃税被发现的个人收入(z)。设个人收入(I)既定,若如实申报,则45°线上的A点为税后个人预算线上的一点,两种情况下的收入相同。若个人全部收入都不申报,则税后个人面临两种可能的结果,一种是如果没有被发现,则获得收入(I);另一种是

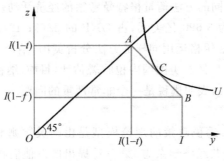

图 8-2 最优逃税

如果逃税行为被发现,则获得收入 $I(1-f)$,因此,B 点将是个人预算线上的另一点。连结 AB,个人在完全申报与完全不申报之间的逃税决策将给纳税人带来的收入组合完全在这一预算线上。而个人将在这条线上选择使其预期效用最大化的一点。设 U 为个人的一条无差异曲线,与 AB 切于 C 点,则 C 点决定了最优的纳税申报的水平(征收方),亦即最优的逃税水平(纳税方)。

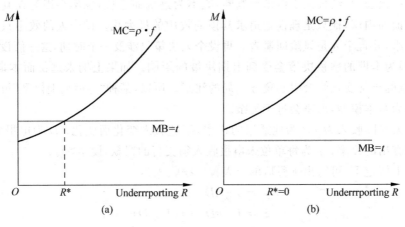

图 8-3 逃税额的确定

式(8-4)中,各解释变量对逃税行为的影响,可以体现在以下结论中。

(1) 税率(t)。税率对于逃税行为的影响是不确定的,税率提高,逃税有可能增加,也有可能减少,需要进一步考虑个人回避风险的程度。

(2) 逃税被发现的概率(ρ)。可以证明,逃税被发现的概率(ρ)越高,个人申报的收入(D)越高,逃税程度越低;反之亦然。

(3) 逃税被发现后的罚款率(f)。可以证明,逃税被发现后的罚款率(f)越高,个人申报的收入(D)越高,逃税程度越低;反之亦然。

(4) 个人实际收入水平(I)。个人实际收入水平对于逃税行为的影响是不确定的,个人实际收入水平提高,逃税有可能增加,也有可能减少,仍需考虑个人回避风险程度。

罗森从逃税的边际成本和边际收益相等(MC=MB)角度实现逃税收益最大化考虑,得出以下结论。

图 8-3(a)表示在税率(t)、逃税被查出的概率(p)以及如果被查出受到的罚款额(f)既定的情况下,逃税的最优数额为 R^*;图 8-3(b)表示在税率(t)、逃税被查出的概率(p)以及如果被查出受到的罚款额(f)既定的情况下,逃税的最优数额为 0。在这种分析结果中,与上述结论不完全相符之处在于,该模型预测,当边际税率(t)上升时,欺骗行为将增加。理由在于,较高的税率(t)会提高逃税的边际收益,使边际收益曲线上移,从而使它与边际成本曲线相交在较高的数值上。这一预测与一些证据一致。如最近波罗的海的爱沙尼亚共和国的统一税率为 26% 的所得税,取代了其边际税率不仅高且还不断提高的税制。前总理马特·拉尔(Mart Laar)说,这项改革将大大减少逃税,因"在现实中,富人有办法逃避高税收。实行统一税,他们就不再为隐藏收入或从事地下工作而担惊受怕"(Tierney,2006)。该模型的预测也得到了经济计量研究的证实。比如菲斯曼等(Fisman and Wei,2004)发现,中国的高关税导致大量逃税。据他们估计,进口税率提高 1%,进口商的逃税数额将增加 3%。[①] 这些虽然有一些有益的启发,但与上述结论相矛盾,还是需要引起重视。

2. 实证检验

理论上的模棱两可使得人们转而尝试搜集经验证据。大体上,研究逃税问题的经验方法可以分为三类:一是通过问卷、会晤等对纳税人逃税态度进行的调查;二是设计规则与环境,进行逃税的实验或游戏(game);三是利用标准的或调查得来的统计资料进行计量经济学的分析。[②]

1)纳税人态度的问卷调查

这类调查主要是通过问卷方式去发现个人对税收制度的看法,派尔(Pyle)指出,诚然对这一方法可以提出很多疑问,比如逃税者会填写问卷吗?如果填写了,一定说真话吗?反应者是前后一贯的吗?因此的确需要对这类调查的结果小心对待,但是,不管怎样,这类调查总是提供了一定的信息,不但十分有趣,而且也可能有用。

宋和雅布劳(Song and Yarbrough)在 1975 年对美国北卡罗来纳的一项调查表明,尽管大多数接受调查的人认为逃税是一种犯罪,但是他们并不认为有义务向税务当局揭发逃税者。进而,有近一半的人觉得当他们受到审计时,他们没有义务向税务当局自愿地提供信息。调查中还发现,大多数人认为,很少有人会傻到不想从税收中得益,大多数人都会夸大开支并且不会报告他们的全部收入。

刘易斯(Lewis)在 1977 年调查了英国巴斯地区(Bath)的 200 名男性,基本结论是:接受调查的人一般都不赞成大规模地逃税,并且主张通过法律严厉处理,但是对于小规模的逃税活动则态度不那么明朗,高收入者、中产阶级和老年人觉得应该相当宽厚仁慈地处理。此外,从总体上看,接受调查的人认为,减税不会对逃税产生太大的影响。

迪恩、基南和肯耐(Dean,Keenan and Kenney)在 1977 年对苏格兰某地 424 名成人进行了调查,有 93% 的人认为所得税过高,并且许多人认为他们支付了与别人相比过多的

---

① [美]哈维·罗森.财政学[M].第 8 版.北京:中国人民大学出版社,2009:359.
② Pyle. The Economics of Taxpayer Compliance[M]//PM Jackson. Current Issues in Public Sector Economics. England:Macmillan Press Ltd,1993:58-93.

所得税,因为他们知道别人逃税了。2/3 的受调查者认为全部或大多数纳税人会充分利用机会小规模地逃税,只要他们认为有这样的机会。与刚才提到的在北卡罗来纳和巴斯的调查一样,这一调查也没有表现出对小规模逃税的强烈的道德上的指责。在被问到"人们为什么逃税"时,最普遍的回答是,税收的总水平过高;也有人称税制不够公平;还有人将其归因于各种经济动机,比如贪欲、贫困或财务危机等。

2) 逃税的实验

最著名的一个实验是弗里德兰、麦道和路腾博格(Friedland, Maital and Rutenberg)在 1978 年给出的。参与者被告知每期的收入和一套有关税收和惩罚参数的信息,然后让参与者做出逃税决策。为保证实验结果真实可信,测试者对实验进行了若干轮,并且每轮最后要对获得最高净收入的人给予小额的现金奖励。实验的基本结果是:逃税随着税率提高而增加,随着罚款的提高而减少。进一步的结果是,女性比男性更经常地逃税,但数量上要比男性少。彩票的购买者(一般假定他们较少回避风险)并不比非购买者更有可能逃税,但是他们一旦逃税,则数额巨大。

斯派瑟和贝克尔(Spicer and Becker)在 1980 年考察了逃税与感受到的税收待遇的不公平之间的关系。参与者被告知其税率应为 40%,但有 1/3 的人被通知平均税率为 65%,1/3 的人被告知平均税率为 15%,还有 1/3 则被告知平均税率为 40%。结果表明,上述第一个 1/3 的人逃税额占应纳税额的 33%,第二个 1/3 的人的逃税额占应纳税额的 12%,最后一个 1/3 的人的逃税额占应纳税额的 25%。

斯派瑟和希罗(Spicer and Hero)在 1985 年考察了逃税水平与感受到的其他人逃税的关系。1/3 的参与者被告知在上一轮游戏中其他人只报告了应缴税款的 10%,1/3 的参与者被告知在上一轮游戏中其他人只报告了应缴税款的 50%,剩下的 1/3 的参与者被告知在上一轮游戏中其他人只报告应缴税款的 90%。结果表明,尽管被告知的其他人逃税水平差别很大,但是对于参与者的逃税决策没有显著的影响。

鲍德瑞(Baldry)在 1988 年对比了两组实验,考察了社会和道德标准对于逃税决策的影响。第一个实验中令参与者在给定条件下做出逃税决策,结果是有些人从来不逃税。第二个实验是一个简单的赌博游戏,给定与前一个实验同样的支付,结果是所有的参与者都乐于赌一下,并且下了最大的赌注。对这两个实验可以得出结论,对于逃税决策的做出,道德和社会准则有着重要的意义。

3) 对"标准"统计资料的计量分析

有些学者认为上述研究方法中人为设计的环境与真实的环境并不相同,认为纸面上的对非法活动的惩罚是一回事,现实中则完全可能是另一回事。因此,他们更偏好于利用"标准"的统计资料分析个人真实的行为方式。

柯罗菲尔特(Clotfelter)在 1983 年利用美国国内税务署 1969 年关于纳税人奉行的衡量计划考察了边际税率与未申报所得之间的关系,基本结论是:低报收入随着税后收入和边际税率提高而增加。

柯兰和诺扎得(Crane and Nourgad)在 1986 年对于美国 1949 年至 1981 年国民账户中有关收入与支出数字之间的差异进行分析,虽然他们主要关注的是通货膨胀导致逃税增加,但是他们的结果也表明了与柯罗菲尔特同样的结论:边际税率提高会使逃税增加。

不过,纪洛姆和威尔莫茨(Geeroms and Wilmots)在1985年的结论却刚好相反,他们运用比利时的资料精确地说明,税收增加会导致更少的逃税。

由上述分析可见,即使是计量分析也并未解决税率(t)与逃税之间关系的模糊性。

➡ **专栏:2009年辽宁十大偷税漏税案**

(1) 沈阳庞大水泥有限公司,私营有限责任公司,法定代表人原为钱玉财,现变更为钱玉林,增值税一般纳税人,主要生产经营水泥及水泥制品。经查,该企业利用购货方是本地区不索要发票的混凝土生产企业和个人,采取设置"账外账"等手段,将这部分收入不向税务机关进行申报纳税。2005年至2007年间,共在账簿上不列或少列销售收入7 617万元(人民币,下同),造成少缴纳增值税431万元,少缴纳城建税、企业所得税等地方各税费285万元,少代扣代缴法定代表人个人所得税7.18万元,累计偷税723.18万元。少缴上述税款的行为定性为偷税,追缴税(费)款723.18万元,并处所偷税款50%罚款,按日加收滞纳金,并以涉嫌偷税罪将其移送公安机关。钱玉财被判处有期徒刑一年零六个月。

(2) 绥中金利港务有限公司隐匿收入1 600万元,漏缴税费87.2万元。已被追缴税款、滞纳金、罚款共268.8万元。

(3) 辽阳双兴房地产开发建设有限公司涉税案,辽阳市地税局稽查局依法对其做出补缴税款210.56万元,加收滞纳金62.07万元、罚款206.79万元的税务处理和行政处罚决定。

(4) 锦州军供宾馆利用假收据偷税案,共应补缴营业税及附加、企业所得税合计56万元。

(5) 本溪富佳粮食集团饲料有限公司租赁土地偷税案,依法对其做出补缴税(费)款89.59万元、加收滞纳金和罚款44.51万元的税务处理、行政处罚决定。

(6) 凌海市宏大建筑维修有限公司利用购买、开具假发票偷税案,逃避缴纳营业税等税费共计4.52万元。锦州市地税局稽查局按照相关税收法律规定,除追缴上述税款外,还对该公司给予所偷逃税款三倍罚款,违法开具发票行为处以10 000元罚款。

(7) 辽阳灯塔市柳河子镇前堡福利采选矿烧结厂水泉分厂偷税案,辽阳灯塔市国家税务局稽查局对该企业查补税款53万元,罚款53万元,依法按日加收滞纳金,并将其以涉嫌虚开增值税专用发票罪移送公安机关。

(8) 阜新"6·24"特大制售假发票案,共抓获犯罪嫌疑人17人,端掉5个制造、储存假发票窝点,收缴各类假发票55万余份,发票可开具金额高达556亿元,税额85.6亿元。

(9) 锦州彭立英等人倒买倒卖发票案,查获各类假发票1 909本,可开具金额达52.9亿元,共涉及6个省32个地区,另有其他各类假证件、假车牌500余件。涉案人员被判刑或处罚金。

(10) 抚顺新宾满族自治县嘉烨矿业有限责任公司虚开增值税专用发票案,非法购买增值税发票230组,票面金额1 123万元,税额191万元;对外虚开增值税专用发票111组,票面金额1 087万元,税额185万元。犯罪嫌疑人已批捕或取保候审。

(资料来源:沈阳晚报[EB/OL],http://news.163.com/10/0401/08/635VVQS4000146BB.html,2010-04-01)

3. 逃税的经济影响

1) 对税收收入的影响

一般说来，逃税会导致一国税收收入减少。假定一个政府的预期的税收收入为

$$R = tD + \rho f(I - D) \tag{8-5}$$

右边第一项为无论是否查出纳税人逃税，政府均可收上来的收入；第二项是查出逃税后的罚款收入。对该式求一阶导数，则

$$\frac{dR}{dD} = t + \rho f(-1) = t - \rho f \tag{8-6}$$

不考虑心理成本等，上式右侧实际上是纳税人选择逃税的净收益。[①] 若 $t - \rho f < 0$，即 $t < \rho f$，纳税人将不会逃税，申报收入 D 将等于实际收入。若 $t - \rho f > 0$，即 $t > \rho f$，纳税人存在逃税的动机和行为，这时 $\frac{dR}{dD} > 0$，表明申报收入 D 下降，即逃税增加时，税收收入 R 也下降，二者呈正相关。[②]

不仅如此，逃税行为还会恶化课税环境，破坏横向公平。同样的收入水平，诚实的纳税人要多缴税，而少申报的逃税者则少纳税，没有公平可言。进一步，在公共支出水平既定的情况下，流失了的税收将会转移到诚实纳税人身上，进一步加重诚实纳税人的负担，不公平的程度会加深。随着不公平程度的加大，诚实的纳税人有可能转向不诚实地纳税，以对税制的不公平做出自己的反应，而这样一来，税法被进一步削弱，陷入恶性循环。

2) 对社会福利的影响

逃税会对社会公平程度造成破坏，不诚实的逃税者福利水平的提高是以诚实的纳税人福利水平的下降为代价。假定原本经济处于社会福利最大化状态，则逃税者效用提高将导致社会福利水平降低。如图 8-4 所示。横轴表示逃税人的效用水平，纵轴表示诚实纳税者的效用水平。mn 为效用可能性边界，W_1 为与 mn 相切于 A 点的一条无差异曲线。引入逃税后，效用的分布发生变化，由 A 点移动到 B 点，逃税者的效用水平提高，诚实者的效用水平下降，社会福利水平降低到 W_0，即过 B 点的一条社会无差异曲线所代表的福利水平。

3) 对资源配置的影响

"税收道德"弱化以后，更多的资源会转移到可逃税的部门，这一问题的极限是公共品的提供将出现难以融资的局面，因为为消除免费搭乘而施行的税务当局的强制力量遭到了致命削弱，市场失灵的情景将会再现。

4) 对政府信用的影响

逃税活动会使官方统计的真实性受到破坏。由于逃税活动的"不可观测"的特点，

[①] 刘宇飞.当代西方财政学[M].第 2 版.北京：北京大学出版社，2011：350.

[②] 当然，值得提出的是，在一定条件下也可能会得到相反的结论，即逃税增加反而有可能增加税收收入。这一结论最早是由皮科克和肖(Peacock and Shaw,1982)提出的，他们基于简单的凯恩斯模型表明，如果逃税的收入完全在经济中支出，未申报的经济活动可能会有一种乘数效应，那么税收收入的损失将会被高估，甚至有可能根本不会有税收收入的损失。这一结论引起了不少学者的关注，激起了对这一问题的讨论，陆续提出了若干使上述结论得以成立的各种条件，比如赖清中等(Ching-Chong Lai,1995)的证明，如果工会与厂商能够谈判达成有效的工资—就业契约，那么，逃税程度的上升可以改善税收的总量，而不是抑制它。

GDP水平会被低估,而失业水平会被高估,这会引起严重的政策问题,因为经济学家正是根据这些数字提出宏观经济政策的建议的,逃税将会使本来就已经很困难的工作又增加一层复杂性。

当然,在以上逃税的消极影响之外,也有学者指出了逃税活动可能的两点"积极"之处:一是它可被看作是纳税人针对试图最大化其收入的政府采取的自我保护的措施;二是从资源配置方面看,地下经济(underground economy)部门被认为可以冲抵正规部门由于逃税所造成的资源配置的低效率[①]。

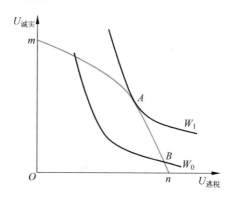

图 8-4 逃税对社会福利的影响

4. 政策选择

尽管存在一些为逃税行为进行的辩解,但总的来说,逃税的弊大于利,所以有必要讨论针对逃税的政府政策。我们已经分析了影响个人逃税行为的主要因素,在此基础上结合这些分析探讨减少逃税的针对性具体政策。

1) 基本政策:ρ 和 f 对逃税的校正

此前已经证明,逃税被查出的概率(ρ)与罚款率(f)与申报的收入之间存在着确定的关系,若提高 ρ 或 f,则申报的收入会上升,从而减少逃税。所以,针对逃税的最基本的政策应该是加强税务稽查,提高逃税被发现的可能性或加大处罚程度,从而减少逃税行为的发生和增加税收收入。

考虑简单的情形。按照此前提到的标准模型,假定纳税人不做道德判断,回避风险,追求预期效用最大化;面对给定的被稽查的概率、不变的税率和针对每单位逃税收入的一个固定比率的罚款。在这一条件下,理性的个人将只有在预期的每单位逃税收入的处罚小于税率,即 $t > \rho f$ 时才会选择逃税。基于这种考虑,激励纳税人合法纳税(不逃税)的必要条件是 $t < \rho f$。

如图 8-5 所示。横轴代表罚款率(f),纵轴代表稽查概率(ρ),曲线表示现有税率(t),即 $t = \rho f$。理想的稽查概率(ρ)和罚款率(f)应落在图 8-5 中曲线右上方阴影部分,这时,可以完全消除逃税行为。当然,这里没有考虑执行政策的成本,仅考虑合适的不同政策的

---

① 地下经济既包括那些合法但容易躲避税务当局的经济活动(如房屋维修),也包括本身就犯罪的工作(如卖淫、贩毒)。这些地下经济的规模很难衡量,……但当边际税率上升时,加入地下经济的可能性也随之增加(罗森,2009)。

组合。那么，可以得出以下两点。

第一，稽查概率(ρ)和罚款率(f)的多种组合都可以达到同样的消除逃税行为的效果，而且两种政策是可以相互替代的，即，提高稽查率(ρ)到一定水平，则罚款率(f)可以考虑保持在较低的水平；或者提高罚款率(f)到一定水平，则可以使稽查率(ρ)保持在较低的水平，而对于政策后果不产生影响。

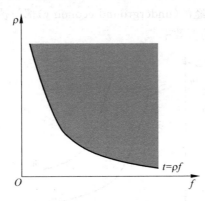

图 8-5　针对逃税的稽查概率(ρ)和罚款率(f)及其组合

第二，考虑到提高稽查率(ρ)需要追加预算支出，将会有更多的资源消耗在税务稽查管理过程中，而提高罚款率(f)则基本上不需要支付什么成本，并且如前所述，稽查率(ρ)和罚款率(f)又是可以互相替代的政策工具，所以很自然地对于稽查率(ρ)和罚款率(f)的政策是，尽可能降低稽查率(ρ)而让罚款率(f)尽可能提高，则可以实现零成本（至少从预算角度）、增加政府收入（税收、罚没）和减少逃税的多重目的。

然而，仔细推敲这一政策组合，将发现诸多不妥之处。

首先，诚然，逃税是一种犯罪，理当受罚，但量刑过重并不一定会制止犯罪，反而有可能驱使罪犯铤而走险。比如，假定对逃税的惩罚是终身监禁，与谋杀犯的刑罚一样，那么，任何逃税者都会得到激励去谋杀任何知道他们非法活动的人。因此，对犯罪行为的惩罚应该恰好使罪犯罪有应得，在消除逃税这一问题上，令罚款率(f)尽可能大（以至于趋向于无穷大）并不可取。

其次，从现实来看，罚款率(f)的确定需要由公共选择的过程决定，如果人口中的多数对于逃税活动都有一定程度的同情、支持甚至参与，那么就不可能允许罚款率(f)过大。此外，从具体执行来看，惩罚更可能由法庭做出裁决而不是税务部门决定。

第三，如果稽查率(ρ)尽可能小，逃税被发现的可能性极小，那么逃税被发现面临惩罚这一规定则不会产生震慑效果。同时，被发现的逃税者与未被发现的逃税者之间的待遇将会差别极大，这会导致收入分配产生进一步的不公平。

第四，需要指出一点，如果选择最优的稽查率(ρ)和罚款率(f)是为了保证政府获得的收入最大化，那么就偏离了前面在既定收入下追求社会福利最大化的目标。

2）差别稽查

差别稽查即针对不同的纳税人规定不同的稽查概率。可能的选择是或者针对不同收入群体（富人、穷人）、或者结合已有的纳税诚信记录将纳税人分为几个部分（纳税记录好、

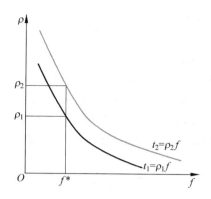

图 8-6 按照收入群体分类稽查

一般和差),有针对性地制定不同的稽查概率(ρ),从而尽量降低管理成本,也避免过低的稽查率(ρ)导致逃税活动不能得到充分抑制。

图 8-6 以按照收入群体进行分类稽查为例,描述了这种区别对待。图中设富人适用的税率为 t_2,而穷人为 t_1,有两条双曲线 $t_2=\rho_2 f$ 和 $t_1=\rho_1 f$,在法定的罚款率(f^*)相同的情况下,应对穷人与富人分别制定 ρ_1 和 ρ_2 的稽查概率。可见,若统一规定稽查率为 ρ_2,则成本过高;若统一规定稽查率为 ρ_1,则又无法有效消除富人的逃税活动。

3) 降低税率

从 $t<\rho f$ 可消除逃税这一条件可见,给定稽查率(ρ)和罚款率(f)时,还可以通过减税来消除逃税。如图 8-6 中 $t=\rho f$ 曲线向原点移动,从而较低的稽查率(ρ)和罚款率(f)的组合也可以位于曲线的右上方。

但是降低税率以消除逃税并非良策。首先,税率的调整不是税务局可以任意使用的手段,而是由政府部门考虑多种目标确定下来的,比如收入分配目标、对储蓄和风险承担的激励效应等,所以不可能灵活运用这一政策工具来消除逃税。其次,降低税率以消除逃税的办法有可能对政府收入来源的稳定性产生影响。第三,这一政策也没有得到经验证据的支持。格雷兹和威尔德(Gratetz and Wilde)发现,尽管资本利得税相对而言税率已属较低,但是,低报资本利得现象仍很严重,在总的低报收入中占有相当比重。所以他们的结论是,只要有机会低报收入,人们就会低报,而不会管税率是高是低。

4) 从源扣缴

扩大采用这一措施被认为是最方便有效的,不过这一方法也存在以下几个问题:一是它对自我雇佣者无效;二是它有可能激励人们转向自我雇佣的部门;三是这一方法虽然成本较小,但毕竟有关企业和机构不得不运行一个更复杂的报酬制度,对其影响尚需进一步研究。

8.3.3 税收筹划

纳税人在充分了解税收政策、法规的基础上进行税收筹划,当存在多种纳税方案的选择时,以纳税支出最小化和资本收益最大化的方式来处理财务、经营、组织及交易事项的复杂筹划活动。因此要有效开展税收筹划,获取最大的经营利益,必须把握进行税收筹划应该遵循的原则,这些原则是税收筹划取得成功的基本前提。

概括而言,税收筹划的基本原则包括以下几项。

(1) 守法原则。税收筹划是在不违反现行税法的前提下进行的,是以国家政府制定的税法为研究对象,对不同的纳税方案进行精细比较后做出的纳税优化选择。纳税人进行税收筹划所安排的经济行为必须合乎税法条文与立法意图,纳税人的税收筹划行为及其后果应该与税收法的内在要求相一致,应该不影响或不削弱税收的法律地位,也不能影响或削弱税收各种职能及功能。守法原则是税收筹划的最基本原则或是税收筹划的最基本的特征。

(2) 自我保护原则。这实质上是守法原则的一种延伸。纳税人开展税收筹划,需要具备自我保护意识。既然税收筹划要在不违法的前提下进行,那么纳税人就应该随时警惕与不合法的"筹划"行为保持距离,这就是纳税人的一种自我保护意识。

(3) 有针对性原则。纳税人在进行税收筹划时,要针对企业不同的生产经营情况,根据企业所处的不同环境,采取具有针对性的税收筹划方案,做到有的放矢。这是因为不同的地区、行业、部门、生产经营规模,国家对其都有着不尽相同的税收政策。因此,在具体的筹划过程中,所形成的思路、看问题的角度,以及采取怎样的筹划方式、运用何种计算方法及最后筹划的效果都会不尽相同。纳税人必须要了解自身从事的业务处于不同地区的税收政策倾斜、涉及的税种、税收政策、法律和法规、适用税率等,准确、有效地利用这些因素来开展税收筹划,以达到预期目的。

(4) 节约便利原则。税收筹划可以使纳税人获得利益,节约原则就是要求税收筹划要尽量使筹划成本费用降低到最小程度,使筹划效益达到最大限度。

(5) 综合利益最大化原则。有人认为,税收筹划就是要使企业的纳税额降到最低点,以为税负最轻的方案就是最优方案。其实不然,从根本上讲,税收筹划属于企业财务管理的范畴,它的目标是由企业财务管理的目标决定的,即实现企业所有者财富最大化。也就是说,在筹划税收方案时,不能一味地考虑税收成本的降低,而忽略因该筹划方案的实施引发的其他费用的增加或收入的减少,必须综合考虑采取该税收筹划方案是否能给企业带来综合性的收益,包括经济利益与社会利益、潜在利益与显性利益、短期利益与长远利益等。

国内学者王兆高等认为,税收筹划目的在于使纳税人的纳税支出最小化,主要包括节税筹划、避税筹划和转嫁筹划三个方面。

(1) 节税筹划,即纳税人采用合法的手段,充分利用税法中固有的起征点、减免税等一系列税收优惠,通过对筹资活动、投资活动以及经营活动的巧妙安排,达到少缴或者不缴税的目的。

(2) 避税筹划,即纳税人在充分了解现行税法的基础上,通过掌握相关会计知识,在不触犯税法的前提下,对经济活动的筹资、投资、经营等活动做出巧妙的安排,达到规避或减轻税负目的的行为。

(3) 转嫁筹划,即纳税人为了达到减轻税负的目的,采用纯经济的手段,利用价格的调整和变动,将税负转嫁给他人承担的经济行为。纳税人在商品流通过程中通过提高销售价格或压低购进价格,将税负转移给购买者或供应商的做法来降低税收负担。

→ 专栏：AMERICANS TAX REFROM

美国国内税务署

An editorial in The T and D cited Americans for Tax Reform's research on the Obamacare mandates arriving in 2014："Obamacare foes get more ammo against new law"

"Other Obamacare mandates slated for next year include, according to research by Americans for Tax Reform, a nonprofit lobbying organization in Washington that opposes tax increases, and the South Carolina Policy Council, the conservative Columbia-based group that says its mission 'is to promote freedom, protect freedom and prove that freedom works':

* New annual taxes on health insurers tied to insurance premiums collected that year; fully imposed on companies with ＄50 million in profits.

* A 3.8 percent surtax on investment income for joint filers with adjusted gross incomes above ＄250,000 (above ＄200,000 for individuals).

* A Medicare payroll tax hike of 0.9 percent on earned income over ＄250,000 for joint filers (over ＄200,000 for individuals).

* A 2.3 percent excise tax on medical device manufacturers. In South Carolina, there are more than 800 listed medical and equipment device companies, according to the online business site manta.com."

（资料来源：http://thetandd.com/news/opinion/editorial/obamacare-foes-get-more-ammo-against-new-law,2013-08-06）

8.4 中国的税收制度

新中国成立以来，税制变迁先后经历了几个主要阶段，即 1949—1978 年之间税收制度的初创阶段、1979—1993 年之间税制的发展完善阶段以及自 1994 年至今的税收制度的过渡与深化改革阶段。中国目前的税收制度结构，是与当前市场经济条件和经济发展水平相适应，以流转税为主、所得税辅助的逐步趋向双主体税制模式的发展路径。

8.4.1 中国现行的税制结构

经过 1994 年这一号称"新中国范围最广、程度最深、影响最大"的一次税制改革，建立了以增值税为主体的流转税体系;2008年颁布实施了统一的企业所得税,建立了以个人所得税、企业所得税为主体的所得税体系。截至2013年1月,中国现有18个有效税种,按照其性质和作用大致可以分为五类,如图8-7所示。

(1) 流转税类,主要包括增值税、消费税、营业税、关税(海关征收)、车辆购置税和烟叶税。其中需要说明的是,2006年4月28日颁布的《烟叶税暂行条例》规定,收购烟叶的单位为烟叶税的纳税人,在收购晾晒烟叶、烤烟叶环节按照20%的比例税率课税。由于对烟叶的征收原属于农业税的税目,属于流转类范畴;而且,该税种在商品流转环节征收,因此,我们将其归为此类税。

(2) 所得税类,主要包括企业所得税和个人所得税。这两个税种随着中国经济的逐步发展,在税收收入中所占的比重越来越大。

(3) 财产税类,主要包括房产税和契税。

(4) 行为税类,主要包括城市维护建设税、车船税、船舶吨税(海关征收)和印花税四个税种。

(5) 资源税类,主要是对不可再生的资源课征的几个税种,包括资源税、土地增值税、城镇土地使用税和耕地占用税四个税种。

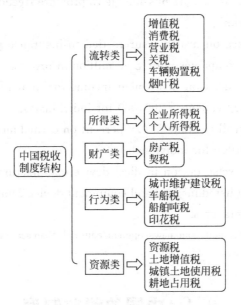

图8-7 中国税收种类和税种划分

8.4.2 中国的主要税种

衡量一种税种是否为主体税种,主要看该税种筹集收入是否在税收总收入中占据很显著的比例、该税种是否可以发挥重要的调节作用等。从中国(2008—2012年)各税种收入占全部税收收入比重情况可见,增值税、营业税、企业所得税、个人所得税属于主要税种范畴;而随着资源类税收的重要地位逐渐上升,消费税、资源税在经济调节中的作用越发显著。

本节选取占国家税收收入比重较大,同时又对经济调控具有显著功能的增值税、消费税、企业所得税和个人所得税进行简要分析。

1. 增值税

增值税是对生产、销售商品或提供劳务过程中实现的增值额征收的一个税种,1954年在法国首先推行。据 OECD 统计,截至 2006 年,世界上约有 136 个国家和地区实行了增值税(value added tax)或商品服务税(goods and service tax)。中国于 1979 年引进增值税并开始进行试点。1984 年 9 月 18 日,国务院发布了《中华人民共和国增值税条例(草案)》,标志着增值税作为一个法定的独立税种在中国正式建立。1993 年 12 月 13 日,国务院发布了《中华人民共和国增值税暂行条例》,12 月 25 日,财政部制发了《中华人民共和国增值税暂行条例实施细则》,自 1994 年 1 月 1 日起施行。现行增值税与消费税、营业税、关税等相配合构成中国流转税新体系,并成为流转税体系中的重要税种,也是中国现阶段税收收入所占比重最大的税种。

(1) 课税范围的一般规定

增值税征收范围包括在中国境内销售货物和提供加工、修理修配劳务以及进口货物,即不仅包括货物的生产、批发、零售和进口商品,而且包括提供加工、修理修配劳务;同时,对视同销售货物、混合销售行为和兼营行为做出特殊规定。

(2) 纳税义务人

增值税的纳税义务人是所有销售应税货物或提供加工、修理修配劳务及进口货物的单位和个人。这里的单位包括企业、事业单位、军事单位、社会团体及其他单位,个人包括个体工商户和其他个人。

(3) 税率

为了简化税制,除对一般纳税人设置了 17% 的基本税率、13% 的低税率和出口零税率之外,还对不同的小规模纳税人的征收率做出具体规定。其中,17% 的基本税率适用于下列两种应税项目,一是纳税人销售货物或进口货物,二是提供加工、修理修配劳务;13% 的低税率,适用于 10 类商品,即粮食、食用油、鲜奶,自来水、暖气、冷气、煤气、天然气等,图书、报纸、杂志,饲料、化肥、农药、农机(不包括农机零部件)、农膜,农产品,食用盐,音像制品,电子出版物,二甲醚,其他货物。零税率,适用于国家鼓励出口的货物,一是在出口货物报关出口环节免征增值税;二是对出口货物在报关出口以前各环节承担的增值税实行退税,最终使出口货物价格中不含增值税。

除此之外,考虑到小规模纳税人的经营范围小、会计核算不健全,难以按照上述税率正确计税,对小规模纳税人实行按征收率计税的简易征收办法,即小规模纳税人统一按 3% 的征收率征收。

(4) 实行价外计税

将含税价格中的价与税分开,并以不含税价格作为计税依据,在零售以前各环节销售商品时,专用发票上要求分别填写税金和不含税金的价格。比如,原商品的含税价格中税款所占的比重平均为 14.5% 左右,即 100 元的商品价格中大体包含税款 14.5 元。现行增值税实行价外计税办法以后,首先要求按现行税率将原含税价格换算为不含税价格,即

$$\text{不含税价格} = \frac{\text{含税价格}}{1+\text{税率}} = \frac{100}{1+17\%} = 85.5(\text{元})$$

可见,这里的应交税款为

$$\text{应交税款} = \text{不含税价格} \times \text{税率} = 85.5 \times 17\% = 14.5(\text{元})$$

可见,由于实行价外计税办法,实行17%的基本税率,但是仍保持原来的总体税负水平,更不意味着在原含税价格(100元)之外另加17%的税金。在零售环节,消费者购买的商品为自己使用,已不存在税款抵扣问题,为了照顾广大消费者的习惯心理,零售环节的价、税仍实行合一的办法。

→ 专栏:增值税类型

增值税的税基,从理论角度看,是商品销售收入扣除产品中已税的物耗部分后的增值额,相当于纳税单位或劳动新创造的净产值或国民收入。如表8-2所示,从应用的角度看,根据其扣除范围的大小,可以分为以下三种类型的税基。

(1) GNP型税基。这一类型的税基是商品销售收入扣减原材料、辅助材料、燃料、动力等投入的中间性商品之后的余额,它相当于工资、利润、利息、租金和折旧之和。从国民经济整体上看,税基就是国内生产总值,故称之为GNP型税基或生产型税基。

GNP型税基组成 = 消费 + 投资 = 销售收入 − 中间产品购买支出
= 工资 + 利润 + 利息 + 租金 + 折旧

表8-2 增值税各类型比较

	GNP型	NNP型	消费型
税基	工资、利润、利息、租金、折旧	工资、利润、利息、租金	工资、利润、利息、租金、折旧、投资
特点	厂房、机器、设备等资本品折旧不从税基中扣除,消费品和投资品均被课税	税基中不包括折旧,企业在财务上随着折旧逐步扣除购入固定资产的已纳税额	全部固定资产价值予以从税基中扣除,只对消费货物生产中每一增量部分课税
优点	①在同税率下,比其他税率税收收入多、财政作用大;②如果采用单一比例税率,有一定的自动稳定器的作用	消除了重叠征税、税负不平的弊端	①将全部投资在购入时一次从税基中扣除,可以将对投资的不利影响减少到最小;②有较强的激励作用;③计算简便
缺点	难以区分消费品和投资品,存在重叠征税,对经济产生负影响	企业需垫支资本投资,限制了资本投资	①税基相对狭小,税收收入较其他类型少;②预防经济波动的作用差,缺少自动稳定作用,需人为调整税率弥补缺陷

资料来源:联合国货币基金组织;董鼎荣.国际增值税改革趋势[J].上海财税,1992(5):34.

(2) NNP型税基。这一类型的税基为销售收入减除原材料、辅助材料、燃料、动力等投入生产的中间性产品价值和资本品折旧后的余额,相当于工资、利润、利息、租金之和。从国民经济整体看,税基就是国民生产净值或国民收入,故称之为NNP型税基或收入型税基。

NNP型税基组成 = 消费 + 投资 − 折旧 = 销售收入 − 中间产品购买支出 − 折旧

＝工资＋利润＋利息＋租金

（3）消费型税基。这一类型税基是销售收入减除用于生产的中间性产品的价值和同期购入的资本品的全部价值后的余额，相当于国民收入中的消费部分。从国民经济整体看，税基中仅包括全部消费品的价值，不包括固定资产等一切资本品的价值，故称之为消费型税基。其特点是全部固定资产价值予以从税基中扣除，只对消费货物生产中每一增量部分征税。

消费型税基＝消费＝销售收入－中间产品购买支出－资本品购买支出
＝工资＋利润＋利息＋租金－折旧－投资

5）应纳税额

（1）一般纳税人应纳税额的计算

一般纳税人的应纳税额，实行根据发货票注明税金进行税款抵扣制度。

应缴税款＝当期销项税额－当期进项税额

其中，销项税额是纳税人销售货物或者提供应税劳务，按照销售额和规定的税率计算并向购买方收取的增值税税额。计算公式为

销项税额＝销售额×税率

进项税额是购买方购进货物或劳务时所支付或负担的增值税税额。准许从销项税额中抵扣的进项税额限于下列几类：增值税扣税凭证上注明的增值税税额或按照规定扣除率计算的计算税额，即从销售方取得的增值税专用发票上注明的增值税税额；从海关取得的海关进口增值税专用缴款书上注明的增值税税额；购进农产品除取得增值税专用发票或者海关进口增值税专用缴款书外，按照农产品收购发票或者销售发票上注明的农产品买价和13%的扣除率计算的进项税额；购进或者销售货物以及在生产经营过程中支付运输费用的，按照运输费用结算单据上注明的运输费用金额和7%的扣除率计算的进项税额；混合销售行为所涉及的非应税劳务的进项税额。

不得从销项税额中抵扣的进项税额包括：纳税人购进货物或者应税劳务，取得的增值税扣税凭证不符合法律、行政法规或国务院税务主管部门有关规定的；用于非增值税应税项目、免征增值税项目、集体福利或者个人消费的购进货物或应税劳务；非正常损失的购进货物及相关的应税劳务；非正常损失的在产品、产成品所耗用的购进货物或者应税劳务；国务院财政、税务主管部门规定的纳税人自用消费品；上述项目中规定的货物的运输费用和销售免税货物的运输费用。

（2）小规模纳税人应纳税额的计算

小规模纳税人销售货物或者提供应税劳务，按照销售额和《中华人民共和国增值税暂行条例》规定的3%的征收率计算应纳税额，不得抵扣进项税额。计算公式为

应纳税额＝销售额×征收率

由于小规模纳税人在销售货物或应税劳务时，只能开具普通发票，取得的销售收入均为含税销售额。为了符合增值税作为价外税的要求，小规模纳税人在计算应纳税额时，必须将含税销售额换算为不含税的销售额后才能计算应纳税额，换算公式为

$$可抵免税额 = \frac{价款}{1+3\%} \times 3\%$$

当期应纳税额不足以抵免的,未抵免部分可以在下期继续抵免。

(3) 进口货物应纳税额的计算

申报进入中国境内的货物,除另有规定外,均应缴纳增值税。适用税率与国内销售货物的适用税率一致。

进口货物按照组成计税价格和规定的税率,计算进口环节应纳增值税税额,不得抵扣任何税额。组成计税价格和应纳税额的计算公式为

$$组成计税价格 = 关税完税价格 + 关税$$

$$应纳税额 = 组成计税价格 \times 税率$$

属于征收消费税的进口货物,还需在组成计税价格中加入消费税,即

$$组成计税价格 = 关税完税价格 + 关税 + 消费税$$

关税完税价格一般以海关审定的成交价格为基础的到岸价格确定。

2. 消费税

消费税是国际上普遍采用的对特定的某些消费品和消费行为征收的一种间接税。中国最早于1950年开征此税种。在总结以往经验和参照国际做法的基础上,顺应社会和经济发展的需要,1993年12月13日国务院颁布了《中华人民共和国消费税暂行条例》,同年12月25日财政部发布了《中华人民共和国消费税暂行条例实施细则》,自1994年1月1日起,对11种需要限制或调节的消费品开征了消费税;2006年4月1日起,进一步调整征税范围,将税目数量调整为14个。对消费品有选择地征收消费税,可以根据国家产业政策的要求,合理地调节消费行为,正确引导消费需求,间接调节收入分配和引导投资流向。消费税与增值税、营业税、关税相配合,构成了中国流转税新体系。

1) 纳税义务人

在中华人民共和国境内生产、委托加工和进口应税消费品的单位和个人,为消费税纳税义务人。

单位是指国有企业、集体企业、私营企业、股份制企业、外商投资企业和外国企业以及其他企业和行政单位、事业单位、军事单位、社会团体及其他单位。

个人是指个体经营者及其他个人。

在中华人民共和国境内是指生产、委托加工和进口属于应当征收消费税的消费品的起运地或所在地在中华人民共和国境内。

2) 税目

现行消费税主要选择了部分特殊消费品、奢侈品、高能耗消费品、不可再生的稀缺资源消费品和税基宽广、消费普遍、适当征税不至于影响人们生活水平,但又具有一定财政意义的消费品征税。共分为五种类型,即属于过度消费会对人类健康、社会秩序和生态环境等方面造成危害的特殊消费品;奢侈品或非生活必需品;高能耗及高档消费品;属于不可再生或不可替代的石油消费品;具有一定财政意义的消费品。按照《中华人民共和国消费税暂行条例》(以下简称《消费税暂行条例》)规定,2006年调整后,确定征收消费税的有烟、酒、化妆品等14个税目,有的税目还进一步划分为若干子目。

3) 税率

消费税属于价内税,并实行单一环节征收,一般在应税消费品的生产、委托加工和进口环节缴纳,在以后的批发、零售等环节中,由于价款中已包含消费税,因此不必再缴纳消费税。消费税采用比例税率和定额税率两种形式,以适应不同应税消费品的实际情况。

消费税根据不同的税目或子目确定相应的税率或单位税额。例如,粮食白酒税率为20%,摩托车税率为3%等;黄酒、啤酒、汽油、柴油等分别按单位重量或单位体积确定单位税额。根据2008年发布的《中华人民共和国消费税暂行条例》以及其部分消费品税率变动整理汇总的消费税税目、税率(税额)如表8-3所示。

表8-3 消费税税目、税率(税额)一览表

税 目	税 率
一、烟	
1. 卷烟	
(1) 甲类卷烟	56%加0.003元/支(生产环节)
(2) 乙类卷烟	36%加0.003元/支(生产环节)
(3) 批发环节	5%
2. 雪茄烟	36%
3. 烟丝	30%
二、酒及酒精	
1. 白酒	20%加0.5元/500克(或500毫升)
2. 黄酒	240元/吨
3. 啤酒	
(1) 甲类啤酒	250元/吨
(2) 乙类啤酒	220元/吨
4. 其他酒	10%
5. 酒精	5%
三、化妆品	30%
四、贵重首饰及珠宝玉石	
1. 金银首饰、铂金首饰和钻石及钻石饰品	5%
2. 其他贵重首饰和珠宝玉石	10%
五、鞭炮、焰火	15%
六、成品油(2015年1月13日更新)	
1. 汽油	1.52元/升
2. 柴油	1.2元/升
3. 航空煤油	1.2元/升
4. 石脑油	1.52元/升
5. 溶剂油	1.52元/升
6. 润滑油	1.52元/升
7. 燃料油	1.2元/升
七、汽车轮胎	3%

续表

税　　目	税　率
八、摩托车	
1. 汽缸容量（排气量，下同）在 250 毫升（含 250 毫升）以下的	3%
2. 汽缸容量在 250 毫升以上的	10%
九、小汽车	
1. 乘用车	
（1）汽缸容量（排气量，下同）在 1.0 升（含 1.0 升）以下的	1%
（2）汽缸容量在 1.0 升以上至 1.5 升（含 1.5 升）的	3%
（3）汽缸容量在 1.5 升以上至 2.0 升（含 2.0 升）的	5%
（4）汽缸容量在 2.0 升以上至 2.5 升（含 2.5 升）的	9%
（5）汽缸容量在 2.5 升以上至 3.0 升（含 3.0 升）的	12%
（6）汽缸容量在 3.0 升以上至 4.0 升（含 4.0 升）的	25%
（7）汽缸容量在 4.0 升以上的	40%
2. 中轻型商用客车	5%
十、高尔夫球及球具	10%
十一、高档手表	20%
十二、游艇	10%
十三、木制一次性筷子	5%
十四、实木地板	5%

4）计税方式

消费税的征收采用从价定率征收、从量定额征收、从价定率和从量定额混合的计税方式。

3. 企业所得税

企业所得税是指国家对企业的生产经营所得和其他所得征收的一种税。它是国家参与企业利润分配，处理国家与企业分配关系的一个重要税种。2007 年年底之前，中国的企业所得税按内资、外资企业分别立法，外资企业适用 1991 年第七届全国人民代表大会第四次会议通过的《中华人民共和国外商投资企业和外国企业所得税法》，内资企业适用 1993 年国务院发布的《中华人民共和国企业所得税暂行条例》。为进一步完善中国的社会主义市场经济体制，为各类企业的发展提供统一、公平、规范的税收政策环境，第十届全国人民代表大会第五次会议于 2007 年 3 月 16 日审议通过了《中华人民共和国企业所得税法》（以下简称《企业所得税法》）并于 2008 年 1 月 1 日起施行。在原有国营企业所得税、集体企业所得税和私营企业所得税合并的基础上，废除了《中华人民共和国外商独资企业和外国企业所得税法》，对内资、外资企业使用统一的企业所得税法。

1）纳税义务人

在中华人民共和国境内，企业和其他取得收入的组织（以下统称企业）为企业所得税的纳税义务人，均需依照企业所得税法的规定缴纳企业所得税。个人独资企业、合伙企业不适用企业所得税法。

企业分为居民企业和非居民企业，这是根据企业纳税义务范围进行的分类，目的是更好地保障税收管辖权的有效行使。税收管辖权是一国政府在征税方面的主权,是国家主权的重要组成部分。根据国际通行做法,中国选择了地域管辖权和居民管辖权的双重管辖权标准,以最大限度地维护中国的税收利益。

居民企业是指依法在中国境内成立,或者依照外国(地区)法律成立但实际管理机构在中国境内的企业。在中国境内成立的企业,包括依照中国法律、行政法规在中国境内成立的企业、事业单位、社会团体以及有生产、经营所得和其他所得的其他组织。实际管理机构,是指对企业的生产经营、人员、账务、财产等实施实质性全面管理和控制的机构。

非居民企业是指依照外国(地区)法律成立且实际管理机构不在中国境内,但在中国境内设立机构、场所的,或者在中国境内未设立机构、场所,但有来源于中国境内所得的企业。

上述所称的机构、场所,是指在中国境内从事生产经营活动的机构、场所,包括:管理机构、营业机构、办事机构;工厂、农场、开采自然资源的场所;提供劳务的场所;从事建筑、安装、装配、修理、勘探等工程作业的场所;其他从事生产经营活动的机构、场所。

2)课税对象

(1)确定课税对象的标准

企业所得税是对所得征税,但并不是说企业取得的任何一项所得都是企业所得税的征税对象。确定企业的一项所得是否属于征税对象,需遵循以下标准。

一是必须是有合法来源的所得,即企业的所得必须是国家法律允许并保护的。对企业从事非法行为取得的所得,不是企业所得税的征税对象。

二是应纳税所得是扣除成本费用以后的纯收益。企业取得任何一项所得,都必然要有相应的消耗和支出,只有企业取得的所得扣除为取得这些所得而发生的成本费用支出后的余额,才是企业所得税的应纳税所得。

三是企业所得税的应纳税所得必须是实物或货币所得。各种荣誉性、知识性及体能、心理上的收益,都不是应纳税所得。

四是居民企业应当就其来源于中国境内、境外的所得缴纳企业所得税。非居民企业在中国境内设立机构、场所的,应当就其所设机构、场所取得的来源于中国境内的所得,以及发生在中国境外但与其所设机构、场所有实际联系的所得,缴纳企业所得税;非居民企业在中国境内未设立机构、场所的,或者虽设立机构、场所,但取得的所得与其所设机构、场所没有实际联系的,应当就其来源于中国境内的所得缴纳企业所得税。

(2)课税对象的具体内容

企业所得税的课税对象是指企业的生产经营所得、其他所得和清算所得。所得,包括销售货物所得、提供劳务所得、转让财产所得、股息红利等权益性投资所得、利息所得、租金所得、特许权使用费所得、接受捐赠所得和其他所得。

(3)课税对象的来源地

依据《企业所得税法》及其实施条例的规定,所得来源地的确定要符合以下标准。

一是销售货物所得,按照交易活动发生地确定。

二是提供劳务所得,按照劳务发生地确定。

三是转让财产所得。不动产转让所得按照不动产所在地确定;动产转让所得按照转让动产的企业或者机构、场所所在地确定；权益性投资资产转让所得按照被投资企业所在地确定。

四是股息、红利等权益性投资所得，按照分配所得的企业所在地确定。

五是利息所得、租金所得、特许权使用费所得，按照负担、支付所得的企业或者机构、场所所在地确定，或者按照负担、支付所得的个人的住所地确定。

六是其他所得，由国务院财政、税务主管部门确定。

3）税率

中国企业所得税实行比例税率。比例税率简便易行，透明度高，不会因征税而改变企业间的收入分配比例，有利于促进效率的提高。规定如下。

基本税率为25％。适用于居民企业和在中国境内设有机构、场所且所得与机构、场所有关联的非居民企业。

低税率为20％。适用于在中国境内未设立机构、场所的，或者虽设立机构、场所但取得的所得与其所设机构、场所没有实际联系的非居民企业。但在实际征收时适用10％的税率。

4）纳税形式

纳税人每一纳税年度的收入总额减去准予扣除项目后的余额为应纳税所得额。纳税人的收入总额包括生产经营收入、财产转让收入、利息收入、租赁收入、特许权使用费收入、股息收入和其他收入。准予扣除的项目是指与纳税人取得收入有关的成本、费用和损失，《企业所得税法》对准予扣除项目的范围和标准以及不得扣除的项目做了明确的规定。同时还规定，纳税人在计算应纳税所得额时，其财务、会计处理办法同国家有关税收的规定有抵触的，应当依照国家有关税收的规定计算纳税。

4. 个人所得税

个人所得税是对个人（即自然人）或自然人性质的企业取得的应税所得征收的一种税。新中国最早在1950年政务院公布的《税政实施要则》中就曾列举有对个人所得课税的税种，当时定名为"薪给报酬所得税"。至1980年以后，为了适应中国对内搞活、对外开放的政策，相继制定了《中华人民共和国个人所得税法》、《中华人民共和国城乡个体工商业户所得税暂行条例》以及《中华人民共和国个人收入调节税暂行条例》。上述三个税收法律法规发布实施以后，对于调节个人收入水平、增加国家财政收入、促进对外经济技术合作与交流起到了积极作用，但也暴露出一些问题，主要是按内外个人分设两套税制、税政不统一、税负不够合理。为了统一税政、公平税负、规范税制，中国于1993年10月31日通过了《全国人大常委会关于修改〈中华人民共和国个人所得税法〉的决定》，发布了修订后的《中华人民共和国个人所得税法》（以下简称《个人所得税法》），1994年1月28日国务院配套发布了《中华人民共和国个人所得税法实施条例》，规定自1994年1月1日起施行。1999年8月30日对个人所得税法进行第二次修订，规定"对储蓄存款利息所得征收个人所得税的开征时间和征收办法由国务院规定"，恢复对储蓄存款利息所得征收个人所得税。2005年10月27日进行第三次修订，主要调整内容包括：一是将工资、薪金所得减除费用标准由800元/月提高至1600元/月；二是进一步扩大了纳税人自行申报范围。修改后的新税法自2006年1月1日起施行。2007年6月29日进行第四次修订，将原税法第十二条"对储蓄存款利息所得征收个人所得税的开征时间和征收办法由国务院规定"

修改为"对储蓄存款利息所得开征、减征、停征个人所得税及其具体办法,由国务院规定",国务院据此做出了减征利息税的决定。2007年12月29日对个人所得税法进行第五次修订,将工资、薪金所得减除费用标准由1600元/月提高到2000元/月,自2008年3月1日起施行。2011年6月30日第六次修订《个人所得税法》,规定从当年的9月1日起,工资、薪金所得按月减除标准提高到3500元,所使用的超额累进税率由九级调整为七级,第一级税率为3%。

1) 纳税义务人

在中国境内有住所,或者无住所而在境内居住满一年的个人,从中国境内和境外取得的所得,依照本法规定缴纳个人所得税。在中国境内无住所又不居住或者无住所而在境内居住不满一年的个人,从中国境内取得的所得,依照本法规定缴纳个人所得税。

2) 课税对象

现行个人所得税实行分类课税,即对纳税人取得的不同所得项目分项定征税。下列11项个人所得应纳个人所得税,即工资、薪金所得;个体工商户的生产、经营所得;对企事业单位的承包经营、承租经营所得;劳务报酬所得;稿酬所得;特许权使用费所得;利息、股息、红利所得;财产租赁所得;财产转让所得;偶然所得;经国务院财政部门确定征税的其他所得。

3) 税率

如表8-4所示,工资、薪金所得,适用超额累进税率,税率为3%~45%。

表8-4 工资、薪金所得税率表

级数	全月应纳税所得额	税率/%	速算扣除数
1	不超过1 500元的	3	0
2	超过1 500元至4 500元的部分	10	105
3	超过4 500元至9 000元的部分	20	555
4	超过9 000元至35 000元的部分	25	1 005
5	超过35 000元至55 000元的部分	30	2 755
6	超过55 000元至80 000元的部分	35	5 505
7	超过80 000元的部分	45	13 505

注:本表所称全月应纳税所得额是指依照本法以每月收入额减除3500元以及附加减除费用后的余额。

如表8-5所示,个体工商户的生产、经营所得和对企事业单位的承包经营、承租经营所得,适用5%~35%的超额累进税率。

表8-5 个体工商户的生产、经营所得和对企事业单位的承包经营、承租经营所得个人所得税税率表

级数	全月应纳税所得额	税率/%	速算扣除数
1	不超过15 000元的	5	0
2	超过15 000元至30 000元的部分	10	750
3	超过30 000元至60 000元的部分	20	3 750
4	超过60 000元至100 000元的部分	30	9 750
5	超过100 000元的部分	35	14 750

注:本表所称全年应纳税所得额是指依照规定,以每一纳税年度的收入总额减除成本、费用以及损失后的余额。

稿酬所得,适用比例税率,税率为20%,并按应纳税额减征30%,故实际税率为14%。

劳务报酬所得,适用比例税率,税率为20%。对劳务报酬所得一次收入畸高的,可以实行加成征收,具体办法由国务院规定。所谓的"劳务报酬畸高",是指个人一次取得劳务报酬,其应纳税所得额超过20 000元。具体加成征收办法为,对应纳税所得额超过20 000元至50 000元的部分,依照税法规定纳税后再按照应纳税额加征五成;超过50 000元的部分,加征十成。因此,劳务报酬所得实际上适用20%、30%和40%的三档超额累进税率。如表8-6所示。

表8-6 劳务报酬所得税税率表

级数	每次应纳税所得额	税率/%	速算扣除数
1	不超过20 000元的	20	0
2	超过20 000元至50 000元的部分	30	2 000
3	超过50 000元的部分	40	7 000

注:本表所称每次应纳税所得额,是指每次收入额扣减费用800元(每次收入额不超过4 000元)或者扣减20%的费用(每次收入额超过4 000元)后的费用。

特许权使用费所得,利息、股息、红利所得,财产租赁所得,财产转让所得,偶然所得和其他所得,适用比例税率,税率为20%。出租居民居住用住房适用税率为10%。

4) 免征和减征

下列各项个人所得,免纳个人所得税,即省级人民政府、国务院部委和中国人民解放军军以上单位,以及外国组织、国际组织颁发的科学、教育、技术、文化、卫生、体育、环境保护等方面的奖金;国债和国家发行的金融债券利息;按照国家统一规定发给的补贴、津贴;福利费、抚恤金、救济金;保险赔款;军人的转业费、复员费;按照国家统一规定发给干部、职工的安家费、退职费、退休工资、离休工资、离休生活补助费;依照中国有关法律规定应予免税的各国驻华使馆、领事馆的外交代表、领事官员和其他人员的所得;中国政府参加的国际公约、签订的协议中规定免税的所得;经国务院财政部门批准免税的所得。

从2008年10月9日开始,暂免征储蓄存款利息的个人所得税。

可以减征个人所得税的部分主要包括残疾、孤老人员和烈属的所得;因严重自然灾害造成重大损失的;其他经国务院财政部门批准减税的。

8.5 小　　结

现代税收制度结构更加关注税种类别之间的相互配合,通过对所得、财产和流转的课征,以保证税收的制度性漏出(tax institutional leak)最小化。然而,我们的税收制度所构成的"税网"与本国的经济发展水平、信息化程度以及纳税文化都是息息相关的,特别最重要的因素是经济发展会不断创造新的税源并且产生新的课税对象,例如网上交易等,这必然导致我们必须对所使用的"税网"不断进行修修补补。进一步而言,即使这种"税网"消除了制度性漏出的可能性,还会存在这样或那样的管理性漏出(tax leak of management），成功逃税就是其中一例，而合理的税收筹划则被看作是对上述两种漏出的利用。

中国到目前为止尚属于中等收入国家，虽然按照 GDP 衡量已经成为世界第二，但是，税收制度尚处于不断改革、完善和补充的阶段，在这里，我们谓之为从税收的初始模式向目标模式转化过程中的阶段——过渡模式。借鉴经济发达国家税收制度的路径可以看到，中国税收制度在改革过程中不断完善，很多方面已经颇有起色，我们乐见其成。税收的征纳双方总是存在着利益矛盾。政府作为征收一方，无论其税收理念来自于满足预算平衡还是所谓的"应收尽收"，都是对纳税方的再分配；纳税人（自然人和法人）总是希望税收的负担尽量小并且还能享受到政府提供的好的公共品与服务。因此，如果对税收的研究仅限于税收则略显偏颇，更多的时候，还需要从政府平衡和预算的角度把握这部精密仪器所运转的机理与绩效。

本 章 要 点

- 税制类型是一国征收一种税还是多种税的税制。在一个税收管辖权范围内，只征收一种税的税制称为单一税制，同时征收两种以上税种的税制称为复合税制。
- 税制结构是一国各税种的总体安排。税收结构是在具体的税制类型条件下产生的。
- 税制模式是在一国的税制结构中以哪类税作为主体税种。税制结构特别是其中的主体税种，决定着税制系统的总体功能。
- 虽然在理论上有许多标准和方法对税收进行分类，但现实常用的主要有两类：一是以税种的税收负担是否能转嫁为标准，将税种划分为直接税和间接税；二是以课税对象的性质为标准，所有税种可以划分为对所得课税、对商品和（劳动）服务课税以及对财富与财产（行为）课税。
- 所得税是直接税的主要税种，可分为三类，即分类所得税、综合所得税和分类综合所得税。
- 商品劳务税是对从事生产经营活动的法人和自然人就其提供给社会消费的商品与服务课征的税。商品课税具有种种特性，使它成为名副其实的间接税。
- 财产（行为）税是课征于纳税人的财产价值，是对人的行为课税。
- 税收筹划，是纳税人在不违反现行税法的前提下，在对税法进行精细比较后，对纳税支出最小化和资本收益最大化综合方案的纳税优化选择，它是涉及法律、财务、经营、组织、交易等方面的综合经济行为。
- 广义的逃税是指纳税义务人采用各种手段逃避纳税的一种行为，狭义的逃税是指纳税人采用非法手段少纳或不纳税的行为。
- 逃税所关注的变量在于收入水平、税率、被发现的概率以及罚款率。
- 中国现有 18 个有效税种，按照其性质和作用大致可以分为五类，即流转税类、所得税类、财产税类、行为税类和资源税类。其中主体税种是增值税和所得税。

主 要 概 念

- 税制类型
- 税制结构
- 税制模式
- 避税
- 税收筹划
- 逃税
- 增值税
- 消费税
- 个人所得税

思 考 题

- 所得税的性质、优缺点和主要类型。
- 商品劳务税的性质、优缺点和类型。
- 财产(行为)税的性质、优缺点和类型。
- 税制模式的主要分类。
- 逃税行为的标准模型、经济影响和应对政策。
- 税收筹划内涵、遵循的原则和主要内容。
- 中国的税制结构和主要税种。
- 中国企业所得税的纳税义务人、课税对象。
- 中国的增值税、消费税和所得税的税率形式和主要内容。

第 9 章 财政平衡

> 没有"尽善尽美"的战略决策,人们总要付出代价。对相互矛盾的目标、相互矛盾的观点及相互矛盾的重点,人们总要进行平衡。最佳的战略决策只能是近似合理的,而且总是带有风险的。
>
> ——[美]彼得·费迪南德·德鲁克(Peter Ferdinand Drucker)

财政收支矛盾是财政分配的基本矛盾。任何国家在任何经济发展阶段的财政都面临财政收支总量关系的处理问题。如果一个国家在一定时期(通常为一年)财政收支大致相等,我们就说这个国家的财政是平衡的。财政收支平衡是指在一定时期内(通常为一个财政年度)财政收入与财政支出之间的等量对比关系。事实上,财政收入与支出在总量上的平衡,只有在编制预算时才能存在。预算执行结果收入与支出恰好相等的绝对平衡状态是很少见的,通常不是收大于支,就是支大于收。由于超过收入的支出在资金和物资上是没有保证的,往往会给经济带来不利影响,所以,为了稳妥起见,人们往往习惯上把收大于支、略有结余的情况称为财政平衡。但是也有另一种观点认为,既然预算执行结果无法做到收支绝对平衡,那么略有结余或略有赤字都应视为财政平衡。

中国早在奴隶社会就有"量入以为出"的记载(见《礼记·王制》)。在中国以外,自由资本主义时期的国家财政一般也要求收支平衡,其出发点在于简政节支,以适应资本主义经济自由放任、自由竞争的要求。到了垄断资本主义时期,尤其是20世纪30年代出现严重经济危机之后,许多资本主义国家相继采取赤字财政政策,试图通过扩大政府开支来扩大就业,增加有效需求,从而刺激经济发展,以缓和经济危机。赤字财政已成为现代资本主义财政的一个基本特征,各国政府不得不放弃周期平衡理论和赤字财政政策,纷纷寻找救治经济危机的新药方。

政府财政收支出现矛盾,其原因很多。一方面是政府自身支出规模的不断提高,另一方面是以政府支出推动经济周期良性发展为目标而导致的收支矛盾。以下的几个部分,我们将对上述内容进行具体分析。

9.1 政府增长

政府的职能是经济社会不可或缺的部分,因此,其运行的过程必然要消耗一定的社会资源,形成政府支出。本节要讨论的内容在于,政府支出的基本特征、理论及其治理策略。

9.1.1 政府增长的特征化事实

从各国财政支出的变化情况看,各国政府的支出规模普遍呈现出日益增长的趋势。数据显示,英国1995年度财政支出为2 927亿英镑,2010年年底已经达到6 692.6亿英镑；美国1995年度财政支出为15 907亿美元，到2012年其三级财政支出总额已经达到61 886.51亿美元；日本2010财年预算案提出财政支出达到创纪录的92.299万亿日元，为此前最高水平，到2012/2013财年其预算额度达到71万亿日元，举债上限维持在44万亿日元；印度2008—2009财年中央政府财政支出预算在89 897.6亿卢比基础上又依次追加支出10 561.2亿卢比（10月）和4248亿卢比（12月），在此基础上，每年仍旧以5%~7%的速度增长。从各国财政支出的相对规模来看，无论是发达国家还是发展中国家，其财政支出规模都呈现出一种不断扩大的发展趋势。政府开支增长已经成为经济模型不能回避的变量。政府活动一旦出现困难，将会影响到社会经济的方方面面。

➡ 专栏：美政府"关门"伤不起

美国政府"关门"（US government shutdown），预算拨款案无法批准，美国政府没钱可花。预算拨款权力掌握在美国国会手中，国会不通过预算案，就意味着政府不能花钱，很多需要花钱的工程无法继续，员工的工资也将难以支付。

中新社华盛顿记者张蔚然2013年10月2日撰文对近期政府关门进行评述写到，美国政府"关门"进入第二天，白宫与国会对峙僵局未破。

"每过一天，国务院都必须做出更艰难的决定，哪些工作可以继续，哪些工作需要停下。"哈夫说。

国家情报总监克拉珀说，他不认为哪位雇员是非必要的，但必须做出痛苦的决定，让70%的员工回家休假，"关门已严重损害情报部门保卫国家安全的能力和对美国军事和外交工作的支持，更可怕的是，只要关门继续，损害会逐步累积"。

就连白宫也在高调"晒愤怒"。打开白宫官网，只见黑乎乎的页面中央显示：由于国会没能通过法案为政府提供资金，您在本网站看到的信息可能不是最新的，一些意见可能无法提交，我们可能无法回应您的询问。

面对白宫的"高调"，一些共和党人认为，白宫此举是在尽己所能让民众在政府"关门"期间体会更多痛苦，有时候不必如此"作秀"。

但在更多情况下，普通人感受到的是"实实在在"的不便。一些进入"休假"模式的政府雇员在国会门口打出标语向议员喊话，"把你们的工作干好，这样我才能干好自己的工作"。据华盛顿邮报网站报道，迈克·卡西诺和妻子计划本周末在托马斯·杰斐逊纪念堂的草坪上举行婚礼，但由于纪念堂关门，婚礼无法实现。国家公园管理处一位负责相关事务的发言人对此表示"同情"但无能为力。10月份将有24场婚礼预约在该纪念堂举行，如果政府继续停摆，婚礼都会泡汤。

显然，没人喜欢"关门"，但华盛顿政治僵局依然在继续，两党没有达成妥协。参议院民主党领袖里德2日致信众议院议长博纳，称"必须停止愚蠢游戏，美国人民指望我们像成年人一样行事，要坐下来谈"。里德建议，政府一旦重新开张，参众两院召开会议，解决政府面临的长期财政挑战。但他没有放弃自己的前提条件，众议院必须通过不附加条件的临时拨款议案。

（摘编自：中国新闻网http://www.chinanews.com/gj/2013/10-03/）

对政府增长的解释，我们无意于从雇员人数方面去分析，仅从经济支出的角度去解释。对这一方面的理解,更多的观点可参见罗森(2009)。根据国际货币基金组织(International Monetary Fund,IMF)的《政府财政统计》(GFS)所做的分类,政府开支根据其经济性质可分为:①资本性开支,用于生产或购买耐用品,提供社会所需公共品;②经常性支出,用于支付政府雇员工资、购买非耐用品和服务、支付利息和补贴,维护社会秩序、保护公民权利和自由,再分配产权。IMF还有另一种分类是根据支出的功能分类:①经济服务,如交通、通信、电力和农业等;②社会服务,如教育、健康等;③一般政府服务,如用于一般性的公共管理、国防、公共秩序和安全等;④其他功能。不可否认的是,即使是控制了通货膨胀,世界上不同经济体政府支出同样也会出现增长的动态。

政府增长表现出来的另一特征在于,尽管发展中国家的财政支出与发达国家财政支出都有明显的不断在增长的趋势,但两者相比,还存在一些明显的差异,主要体现在:①多数发展中国家的财政支出比例低于发达国家,可能的解释在于发达国家财政支出中的社会保险和福利支出较多。②发展中国家的政府部门作为一个投资者,可以比发达国家发挥更大的作用,抽样调查显示发展中国家政府投资(包括国有企业的投资)在社会总投资中所占的比例要比工业国普遍高,可能的解释在于发展中国家在基础设施上需要比发达国家有更多的投资,而在发展基础设施方面,政府投资能够发挥更大的作用。③多数发展中国家的社会保险和福利开支比例很小,主要的支出项目是补贴,例如对食品消费的补贴、对城市公共交通的补贴。

9.1.2 政府支出的测度指标

目前,能够反映财政支出规模及其变化的指标主要包括以下三个种类。

(1) 财政支出增长率,表示为 $\Delta G\%$。财政支出增长率表示当年财政支出比上年同期财政支出增长的百分比,即所谓的"同比"增长率。用公式表示为

$$\Delta G\% = \frac{\Delta G}{G_{n-1}} = \frac{G_n - G_{n-1}}{G_{n-1}}$$

式中,ΔG 代表当年财政支出比上年增减额,G_n 代表当年财政支出,G_{n-1} 代表上年财政支出。

(2) 财政支出增长的弹性系数,表示为 E_g。财政支出增长弹性系数是指财政支出增长率与GDP增长率之比。弹性系数大于1,表明财政支出增长速度快于GDP增长速度。用公式表示为

$$E_g = \frac{\Delta G\%}{\Delta \text{GDP}\%}$$

其中,$\Delta \text{GDP}\% = \frac{\Delta \text{GDP}}{\text{GDP}_{n-1}} = \frac{\text{GDP}_n - \text{GDP}_{n-1}}{\text{GDP}_{n-1}}$,表示 GDP 增长率。

(3) 财政支出的边际增长倾向(marginal growth propensity,MGP),表示财政支出增长额与GDP增长额之间的关系,即GDP每增加一个单位的同时财政支出增加多少,或财政支出增长额占GDP增长额的比例。用公式表示为

$$\text{MGP} = \frac{\Delta G}{\Delta \text{GDP}}$$

通过政府财政支出的测度指标,比财政收入指标更有说服力。理由在于:①财政支

出占 GDP 的比重能够确切反映和衡量财政集中程度。财政支出无论采取何种形式，都表现为财政对 GDP 的实际使用和支配的规模，而财政收入则只是标示了财政可能使用和支配的规模，并不代表实际发生的规模，二者比较，财政支出具有比较强的指标功能。②财政支出更能直接地影响社会再生产规模和结构。财政收入反映的是财政参与 GDP 分配过程中的活动，财政支出反映的则是财政在 GDP 使用过程的活动。通过财政支出的规模和结构实现资源的配置，直接影响社会再生产的规模和结构。③财政支出更能全面而准确地反映财政对宏观经济运行的调控能力。虽然财政收入和财政支出都体现了财政对宏观经济运行的调控，但后者效果更加突出，财政的职能特别是其中的配置资源职能，更主要的是通过财政支出来实现。

9.1.3 政府支出增长理论

各国财政经济学家针对政府支出绝对规模和相对规模不断增长的事实进行了大量研究。这些理论从不同的研究视角出发提出了有见地的观点，所限之处在于一般都只强调单一的或少数几个因素对财政支出的独立影响，而没有哪一种理论能够单独解释整个现象。

1. 瓦格纳法则

德国经济学家阿道夫·瓦格纳(Adolph Wagner)考察了 18 世纪至 19 世纪几个工业先进国家近百年的财政支出后，于 1882 年提出了"公共支出不断增长法则"，又称瓦格纳法则(Wagner's Law)或财政支出扩张论。但是瓦格纳关于公共支出增长的含义究竟是财政支出在 GDP 中的份额上升，还是指它的绝对增长，这一点在当时并不清楚，按照美国财政学家马斯格雷夫(R. A. Musgrave)的解释，瓦格纳法则指的是财政支出的相对增长。于是瓦格纳法则可以表述为：随着人均收入的提高，财政支出占 GDP 的比重也相应提高。图 9-1 为财政支出与 GDP 之间的函数关系。

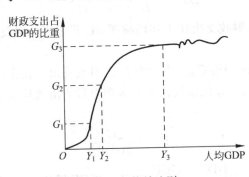

图 9-1 瓦格纳法则

瓦格纳法则的一般意义在于以下几点。

(1) 经济社会对公共部门服务的需求增加。一方面，随着社会发展，对国内外法律规章及维护社会秩序的需求增加，以保证市场机制发挥作用所必需的社会"环境条件"；另一方面，在经济工业化和随之而来的管理集中化、劳动力专门化条件下，经济结构及当事人之间的关系越来越复杂化，所有这些都有赖于公共部门活动的加强。

(2) 进入工业化发展阶段后,一些新行业要求大规模的投资。这些投资要么由于规模过大而使得私人难以有效融资,要么私人可以融资但却会导致私人垄断,因而不利于促进社会目标的达成。为了保障社会经济的有效运作和良性发展,政府有必要直接介入大规模的投资生产领域,政府参与直接生产活动日益增加。

(3) 工业化推动了城市化和人口的居住密集化,由此产生拥挤等一系列外部性问题,这需要政府进行有效干预和管理。

(4) 瓦格纳把对教育、娱乐、文化、保健与福利服务财政支出增长归因于需求的收入弹性。随着GDP的增加,这些项目的支出增长快于GDP增长。

因此,随着经济社会发展,政府原有职能不断扩大,新的职能陆续出现。于是随着国家职能的扩展,政府从事的各项活动不断增加,所需经费也相应上升。

瓦格纳法则虽然没有从根本上回答财政支出增长速度快于GDP增长速度的原因,但是,该法则正确预测了财政支出的增长趋势,而且为后人研究财政支出增长规律奠定了理论基础。不过,它的局限性在于以下几点。

(1) 瓦格纳法则是在特定的工业化条件下产生的。工业化是当时特定阶段经济增长的动力,也是财政支出扩张的源泉;可是,一旦经济发展到成熟阶段或处于滞涨时期,以这一法则去理解财政支出膨胀趋势则显得不足。

(2) 该理论在解释财政支出增长时忽略了政治制度、文化背景及公共选择等因素的影响。比如,如果公共选择的结果是充分私有化,财政支出不论是在绝对规模还是在相对比率上都有可能随着人均收入的提高而下降。

(3) 瓦格纳法则主要站在需求角度来解释财政支出的增长。该法则只解释了公共品需求的扩张压力,而没有从供给角度考察财政支出的增长。

2. 梯度渐进增长理论

英国经济学家皮科克(Alan T. Peacock)和怀斯曼(Jaok Wiseman)对财政支出的增长做了经典性的分析。在《英国财政支出的增长》一书中,他们研究了英国1890—1955年的财政支出增长史以后,发现英国财政支出的增长是"阶梯的"、"非连续的",财政支出的水平在正常年份随税收收入的增长而呈逐渐上升趋势。当社会经历战争、危机或自然灾害等突发事件时,财政支出会急剧上升。但这些突发事件结束后,财政支出的水平虽有所下降,但并不会降到原来的水平上,为了解释这一现象,皮科克和怀斯曼提出了梯度渐进增长理论(也称替代—规模效应理论)。

他们认为,通常情况下,财政支出的增长会受到公共选择的影响。尽管公众一般来说既希望多享用公共品,又不愿为此多纳税而承担成本,但在不同的经济和社会现实条件下,他们会受到外部环境的影响,做出不同的选择。他们将财政支出不断增长的原因归结于两类因素,即内在因素和外在因素。

(1) 内在因素,是指公民可以忍受的税收水平的提高。一般来说,政府的意愿是财政支出越多越好,这样可以使政府的权力不断扩大;而民众的意愿是税收负担越低越好。政府的征税水平一旦超过了公众的忍受程度,他们就会通过手中的选票行使否决权。因此,财政支出水平在一定程度上受到税收水平的制约。但是,随着经济的发展和人均收入水平的提高,即使税率保持不变(大多数国家的税制具有累进性),税收收入也会随之增加,财政支出便与产出同步增长。因此,产出↑→人均收入↑→税收收入↑→财政支出↑这种逻辑过程,揭示出在正常情况下财政支出呈渐进增长趋势的内在原因。

(2) 外在因素,是指社会动荡对财政支出造成的压力。在危急时期,私人部门无法解决战争、饥荒、经济危机等所造成的种种社会经济问题,只有政府采取行动才能缓解这些灾难对社会、经济的消极影响。因此,此时的财政支出必然呈阶梯式上升。皮科克和怀斯曼认为,下面三个相互联系的效应可以分析非常时期的财政支出增长过程。

一是置换效应(displacement effect),包括对以前财政支出水平的置换和对私人部门的支出的置换。前者是指在危急时刻,新的、较高水平的支出(税收)替代了以前的、较低的支出(税收)水平;而在危急时期过后,这种新的支出水平因公众的税收容忍程度(纳税能力)提高而不会逆转;即使支出水平有所下降,也不会低于原来的趋势水平。后者是指在社会总资源配置中,私人部门的份额因公共部门的份额增加而减少。也就是说,在危急时刻,财政支出在一定程度上会取代私人支出,而且财政支出的增加呈阶梯状。

二是审视效应(inspection effect)。社会动荡暴露出许多社会问题,迫使政府和公众重新审视公共部门和私人部门各自的职责,认识到有些社会经济活动应当纳入政府的活动范围,公共部门需要提供一些新的公用品。与此同时,随着公众觉悟水平的提高,可容忍的征税水平在危急时期过后明显增加。这样,公共部门规模的扩张、财政支出规模的增长趋势不可避免。

三是集中效应(concentration effect)。在非常时期,中央政府显然要集中较多的财力,甚至会发行大量公债以满足其猛增的需求。不仅如此,即使在正常时期,为了促进经济增长,中央政府的经济活动在整个公共部门的经济活动中所占的比重也具有明显提高的倾向。

总之,梯度渐进理论强调的是财政支出增长趋势的时间格局,并认为战争等社会动荡因素(外在因素)是财政支出忽然猛增的根本原因,税收容忍度提高(内在因素)是正常年景财政支出水平居高不下的主要原因。不可否认,梯度渐进增长论是基于英国历史数据的经验总结,应用于其他国家时可能有一定的局限性。比如,从该理论的分析中可以看出,外在的置换效应是决定财政支出增长趋势的主要因素,可是它无法解释和平年代和经济繁荣时期的财政支出比率长期上升趋势,也无法解释瑞典和瑞士这样的中立国家财政支出比率大幅度上升的现象。又如,集中效应不能解释像美国等一些国家的情况,因为美国联邦政府支出占全部政府支出的比重自1946年开始下降,且后来一直稳定在72%左右;虽然在1980—1984年间,联邦政府占全部政府支出的比重又回升到74%,但从1985年开始下降,降低到1996年的69.8%。尽管如此,皮科克和怀斯曼的研究仍然非常重要,不仅因为他们在数据收集上做了有益工作,更重要的是自此激起经济学家重返瓦格纳法则,从社会经济、政治制度的角度研究财政支出增长趋势的原因。

3. 经济发展阶段理论

马斯格雷夫(R. A. Musgrave)和罗斯托(W. W. Rostow)用经济发展阶段论来解释公共支出增长的原因。这一理论在罗斯托的《经济成长的过程》、《经济成长的阶段》等著作中得到了集中体现。他们的观点如下。

(1) 在经济发展的早期阶段,由于公共品尤其是经济发展所必需的社会基础设施(如公路、铁路、桥梁、法律和秩序、电力、环境卫生、供水系统、通信、教育等)供给不足,政府公共投资往往要在社会总投资中占有较高比重。因为这些公共投资对于帮助早期阶段的经济"起飞",直至进入发展的中期阶段来说,都是必不可少的前提条件。

(2) 当经济发展进入中期阶段后,社会基础设施供求趋于平衡,政府公共投资在社会总投资中的比重有可能降低。但公共支出总规模并不一定下降甚至有可能继续上升,其原因在于:当经济、社会发展进入中期阶段后,市场失灵问题日益突出,并成为阻碍经济发展进入成熟阶段的关键因素,这就要求政府加强对经济的干预,以矫正、补充、完善市场机制的不足。但是政府对经济干预范围的扩大和干预力度的加强必然引致财政支出增长。

(3) 随着经济发展由中期阶段进入成熟阶段,公共财政支出结构会发生很大变化,即从以社会基础设施投资支出为主的结构,转向以教育、保健和社会福利为主的支出结构,购买性支出相对下降、转移性支出相对上升。从长期来看,公共支出结构的这种变化趋势,引起了公共支出规模的不断扩大。

4. 鲍莫尔法则

美国经济学家鲍莫尔(W. J. Baumo)通过分析公共部门平均劳动生产率状况,对财政支出不断增长的原因进行了解释。他在 1967 年发表的《不均衡增长的宏观经济学》论文中指出,随着时间的推移,既定数量的公共品价格相对于既定数量的私人产品之间的价格会上升,如果对于公共部门活动的需要是无弹性的,就必须造成财政支出不断增长的趋势。

在《不均衡增长的宏观经济学》一文中,鲍莫尔按技术进步的程度将经济部门划分为两个部门:进步部门和非进步部门。由于技术进步的规模经济造成人均劳动生产率大幅提高的部门称为进步部门,劳动生产率提高缓慢的部门称为非进步部门。这两个部门的差异源于技术和劳动发挥的作用不同。在进步部门中,劳动只是一种基本手段,它被用来生产最终产品,因而劳动可以由资本替代,如在生产中用机器来代替劳动,而这并不会影响到生产出来的产品的性能。而在非进步部门中,劳动往往是最终产品,因而劳动投入的减少就可能引发产品性能的改变,如政府的服务、手工业等劳动密集型产业,这些部门的劳动生产率并不是没有可能提高,只是其提高的速度相对缓慢而已。

私人部门劳动生产率的提高,将引起部门工资水平的上升。而公共部门为了得到应有的劳动投入量以向社会提供足够的服务,其工资水平的提高必须与私人部门保持同步。这将使得公共部门提供服务的单位成本相对上升,从而导致既定数量的公共品相对于既定数量的私人产品之间的价格上升,于是就必然会形成财政支出不断增长的趋势。由于鲍莫尔是从公共部门和私人部门劳动生产率的差异所导致的产品单位成本的不同来分析财政支出增长的,因此其理论假说一般被称为非均衡增长理论或鲍莫尔法则。

应当说,从现实来看,鲍莫尔的分析不无道理。特别是在有些公共部门中,保持劳动密集型本身就是社会的要求。例如,在公共教育部门中,如果教师相对于学生的比例过小,那么教学质量一般来说是难以保障的;再如在社会医疗保障体系下,如果相对于病人来说,医生和护士的密集度过低的话,那么受损害的将是病人。当然,既然是理论分析,就难免在分析中会有些简化的成分,例如,一方面,公共部门并非都是劳动密集型的,私人部门也不全是资本密集型的;另一方面,即使是对那些劳动密集型的公共部门来说,也完全可以在保证公共服务质量的前提下提高工作效率。

9.1.4 政府支出增长的治理

在财政支出增长的过程中,加强财政支出控制非常重要。在现实中,财政支出增长有一部分是合理的增长,有一部分是不合理的增长,但难以对其进行一一辨别。如果不对支出进行控制,则财政支出的增长会失去控制,加大政府负担,而且还会影响经济的发展。一些西方发达国家的财政支出发展历程表明,财政支出的过猛增长,会给政府带来沉重的债务负担,会日益加剧对各方面的负面影响。

对财政支出的控制包括两个方面的内容:一是对财政支出总量的控制,二是对财政支出结构的控制。对于财政支出总量的控制而言,就是政府财政支出不应超过国民收入的一定比率,要求政府支出只能在一定比率范围内波动。这种支出比率控制既考虑了财政支出要随国民经济的发展而增长,又对财政支出的增长速度进行了控制,因而是一种可行的控制支出增长的方法。

对财政支出增长控制的另一方面是结构控制。结构控制包括两个方面:一是对中央政府和地方政府的财政支出进行划分,明确双方的职权范围;二是对各类支出的比重、数量进行协调。随着经济发展和社会进步,对社会保障、文教科卫等方面的支出比重相应上升,但对行政管理支出却应实行严格控制,保证其不超过国民收入的一定比率。比如,西方国家在经济发展过程中的很多年份都出现了行政管理支出大幅上升的现象;中国改革开放以来,由于经济体制转轨,原有的管理职能特别是经济管理职能被削弱,而新的政府职能还未能有效建立起来。这种"越位"和"缺位"的调整,就行政管理职能而言比计划经济时期要精简一些,因此,随着经济的发展,对行政管理支出进行强有力的控制,防止出现大规模膨胀是必要的。总之,通过对财政支出总量和结构的控制,使政府支出保持一种有控制的增长,使财政支出的增长与国民经济的发展有机地结合在一起。

9.2 政府预算

美国第35任总统约翰·菲茨杰拉德·肯尼迪(John Fitzgerald Kennedy,1917—1963)在任期间曾经说过:"稳定经济的任务,要求我们能够控制住经济,使之不至于偏离持续高就业之路太远。就业率过高将导致通货膨胀,而过低又意味着衰退。灵活审慎的财政政策和货币政策,能够帮助我们在这两条路中间穿过一条'狭窄的通道'。"其要义在于,政府有必要在国家经济发展过程中发挥作用。而政府在参与经济、处理日常活动中必不可少的一项政策机制就是政府预算。

9.2.1 政府预算概述

1. 政府预算的内涵和功能

西方经济学家通常从几个角度给预算下定义。在家计经济学中,预算被定义为在一定时期内家庭生活支出的计划安排;在有关宏观经济政策的讨论中,预算被视为执行财政政策的有效途径；在政治生活中，预算被解释为政府行政首脑每年年初向立法机关呈送的文件。但就公共财政本身而言，预算是指政府预算，是政府在每一个财政年度的全部公共收支结构一览表。简言之，政府预算是经法律程序批准的政府年度公共财政收支计划。

政府预算作为政府的公共财政收支计划，它的功能首先是反映政府的活动范围和方向。从形式上看，政府预算按一定标准将公共收入与支出分门别类地列入特定表格，它不仅表明了政府各部门是如何使用其经费的，也表明了政府的各项收入从何而来、如何筹措，从而能够清楚地反映政府的财政活动，成为反映政府活动的镜子。从实际内容来看，政府预算的编制是政府对公共收支的计划安排，预算执行是公共收支的筹措和使用过程，预算的执行结果又会形成决算，所以政府预算反映了政府介入经济社会生活的范围、规模和程度。

政府预算的另一个重要功能就是控制政府支出的规模。一方面，政府的全部收支项目及其规模都纳入预算，预算能够全面反映政府的收支状况。另一方面，政府预算必须经过国家立法机关的审批才能生效，并最终形成国家的重要立法文件，这一规定将政府的支出置于立法机关和全体公民的监督和制约之下，实际形成了对政府支出规模的有效控制。

政府预算在产生之初是十分简单的，政府将财政收支数字按一定程序填入规定的表格，预算就编制完成了。在这里，政府预算就是政府的财政收支一览表。但是，随着社会经济生活和财政分配活动的日趋复杂化，政府预算也由单一的收支表格逐步演变为包括多种预算形式和预算方法的复杂系统。这就需要对其进行科学、规范的管理。

2. 政府制定预算的原则

政府预算的原则是指政府选择预算形式和体系应遵循的指导思想，也是制订政府财政收支计划的方针。政府预算的原则是伴随着现代预算制度的产生而产生的，并且随着社会经济和预算制度的发展、变化而不断变化。

一国的预算原则不仅要依据预算本身的属性，而且还要结合本国的经济实践，体现国家的政治、经济政策。因此，预算原则不是绝对的。

在资本主义早期的萌芽和发展阶段，为了限制甚至于剥夺封建君主的财政权，一些欧洲学者提出一系列预算原则，致力于将政治上的可靠性和有效的行政控制引入到政府预算管理当中。这些原则包括：①预算必须具有完整性。一国的政府预算必须包括政府所有的财政收支，全面反映它的财政活动。在政府预算范围之外，不应另有其他的财政收支，一切财政活动不应脱离预算管理。②预算必须具有包括性。这就是要求政府预算应该包括预算单位的一切收支。预算收入和支出都要按统一方法和口径加以计算和全额编列，不允许只列收支相抵后的净额。③预算必须具有年度性。这就是要求政府预算应该按预算年度编列，不应该对本年度之后的财政收支做出任何事先的规定。④预算必须具有可靠性。这就是要求政府预算的编制和批准所依据的情况必须可靠，预算收支数不应虚列冒估，政府预算所列数据必须符合实际。⑤预算必须具有公开性。这就是要求各项财政收支必须经过议会审查批准，并向社会公布。⑥预算必须具有分类性。这就是要求各项财政收支必须依据其性质分门别类地清楚列出。这些预算原则与自由资本主义时期的"健全财政"的最高原则相一致，其指导思想是控制预算收支，以达到预算平衡。这些预算原则对实现政府对预算收支的计划管理以及立法机构对政府财政活动的控制与监督,都具有重要的指导意义。

20世纪30年代世界经济大危机后,凯恩斯主义风行于西方国家,各国政府对经济逐步进行了全面和深入的干预。政府行政机构加强了政府在预算问题上的主动权,基于它们的利益,便对以前的预算原则进行了修改和补充。其代表是1945年美国联邦政府预算局局长史密斯提出的八条预算原则:①预算必须为实施行政计划提供便利,即政府预算必须反映和支持政府行政首脑的计划。总统所提出的重要计划一旦为国会所通过即成为施政纲领,预算的制定必须为其服务。②预算实施必须赋予行政部门必要的权力和责任。预算的执行属于行政部门的职能,行政部门应当具有有效执行预算的责任。③预算的编制和执行以政府各部门的财政与业务报告为依据。④预算要有一定的弹性。预算中应包括随经济形势的变化做适当调整的内容。⑤预算的工具必须充分,即应有专业机构和配备相应人员负责预算的编制和执行。行政首脑具备调节预算资金的权力和手段。⑥预算程序必须多样化,即采取多种管理形式来适应各种财政活动,技术手段也应适应多种管理形式的需要。⑦预算要有适度的行政主动权。国会可以在原则上规定资金使用的范围、方向和目的,具体方式和途径应允许行政机构灵活决定。⑧预算机构必须在预算的编制及执行上相互联系和协调,充分发挥各自的作用。上述预算原则的提出,总体上是要加强政府的财政权,缩小国会的权力,反映出美国行政机构谋求预算主动权的一种倾向性要求。史密斯的预算原则与传统预算原则最大的不同点在于,其更强调政府行政机构在预算上的主动权,而且,史密斯提出的这些原则并非美国一国的现象,也反映了西方国家的预算原则变化的某些相同趋势。时至今日,影响较大并为世界大多数国家所接受的预算原则,主要有以下五项。

(1) 公开透明性。即全部财政收支必须经过立法机关审查批准,政府预算及其执行情况必须采取一定形式向社会公布。

(2) 可靠性。每一收支项目的数字指标,必须运用科学的计算方法,依据充分,数据确实,不得假定、估算,更不能任意编造。

(3) 完整性。政府预算应该包括它的全部财政收支,反映它的全部财政活动。国家允许的预算外收支,也应在预算中有所反映。

(4) 统一性。地方政府的预算和中央政府的预算一起编制,并共同组成政府预算。这就要求设立统一的预算科目、方法、口径和程序。

(5) 年度性。即政府必须按照法定的预算年度编制预算,不允许将不属于本年度财政收支的内容列入本年度的政府预算中。政府预算的编制和执行,一般都将一年作为基本单位,即预算年度,也称财政年度。世界各国采用的预算年度主要有两种。第一种是历年制预算年度,即从每年1月1日起至12月31日止,称为历年制。目前采用历年制的国家最多,包括中国、法国、德国、比利时、奥地利、丹麦、芬兰、希腊、冰岛、意大利、荷兰、西班牙、葡萄牙、挪威和瑞士等国家。第二种是跨年制,即人为地确定一个预算年的起止日期,这样一个预算年度就跨越两个年度,跨年制包括:其一,4月制,从4月1日起至次年3月31日止为一个财政年度。这样的国家主要有英国、日本、印度尼西亚、新加坡、新西兰、印度、缅甸、不丹和南非等国家。其二,7月制,从7月1日起至次年6月30日止为一个财政年度。这样的国家主要有瑞典、澳大利亚、孟加拉、巴基斯坦、埃及、苏丹、科威特、喀麦隆、肯尼亚、毛里求斯和坦桑尼亚等国家。其三，10 月制，从 10 月 1 日起至次年 9 月 30 日止为一个财政年度。这样的国家主要有美国、泰国等国家。除了上述四种预算年度起止日期外，还有少数国家采取较特殊的起止日期，如土耳其的预算年度是从 3 月 1 日起至次年的 2 月 28 日（或 29 日）止，伊朗的预算年度是从 3 月 21 日起至次年的 3 月 20 日止，埃塞俄比亚的预算年度是从 7 月 8 日起至次年 7 月 7 日止。

一般而言，决定一国预算年度起止日期的主要因素有：①立法机构召开会议的日期。政府预算作为立法文件，需要经过最高权力机关的审议讨论后才可组织实施，所以，预算年度起止日期的确定必须便于立法机构的审议和通过后执行。②收入旺季。预算年度开始时如正值收入旺季，可使国库较为充裕，便于执行新的预算。③历史原因。对于原来属于殖民地的国家，其预算年度一般要受到其宗主国的预算年度的影响，往往在独立后仍沿用原来预算年度为起止日期。此外，风俗习惯等也会影响到预算年度的确定，如一些有宗教信仰的国家，会自觉将最高权力机构召开会议的日期选在重要的宗教纪念日之外，避免与宗教活动发生冲突，这必然对该国的预算年度产生影响。

9.2.2 政府预算的主要类型

随着社会经济生活和财政活动逐步复杂化，政府预算由最初的政府收支一览表逐步发展形成包括多种预算形式和预算方法的复杂系统。对这些预算进行科学、合理的分类，是进一步认识和研究政府预算的前提。

（1）根据编制形式不同可分为单式预算和复式预算

单式预算是传统的预算组织形式，它是在预算年度内，将全部的预算收入与支出汇集编入单一的总预算内，通过一个计划表格反映政府财政收支计划的预算形式。复式预算是在单式预算的基础上发展演变而成的，它是将统一预算年度内的全部收入和支出按性质划分，分别汇编两个或两个以上的预算。复式预算包括双重预算和多重预算两种组织结构。双重预算是按经济性质把各项预算收支分成经济性预算和资本性预算两个部分，这是典型的复式预算结构。多重预算，即政府预算通常由一个主预算和若干子预算所构成。

单式预算和复式预算的区别主要体现在以下几方面。第一，预算功能不同。单式预算整体性较强，能够从整体上反映预算年度内政府预算收支规模和方向，也便于预算编制和执行。但是，单式预算调控经济的功能较弱。复式预算整体性较弱，但分配财政资金和调控国民经济的功能却比较强。复式预算收支按其经济性质划分得比较详细，便于政府从国民经济全局出发，灵活有效地运用预算的扩张或收缩来调节国民经济，促进资源有效配置和经济稳定增长。第二，预算形式不同。单式预算不区分预算收支的经济性质，组织形式是单一的。复式预算由两个或两个以上的相对独立平行的预算组成。在预算执行、调整等方面，复式预算的各部分保持相对的独立性。第三，预算内容不同。在单式预算下，预算支出内容主要是行政费、国防费、司法费和必要的公共工程费用等，财政投资及公债收入较少。在复式预算下，国家职能得到扩大，预算支出扩展到经济领域和社会生活的各个方面。复式预算的收支范围和收支内容要比传统的单式预算收支范围和内容丰富而广泛。第四,预算平衡方式不同。单式预算下,债务收支通常被归为一般收支项目纳入总预算。在一个预算年度内预算总收入大于总支出的部分为预算结余,预算总收入小于总支出的部分为预算赤字,如果两者相等则是预算平衡。复式预算下,各个相对独立的预算要分别进行平衡。预算收支是否平衡不是形式上收支数量的比较,而是预算收支引起的国家净资产额的增减变化。债务收入是资本预算的正常收入项目,所以资本预算总是平衡的,只有经常预算的收支才可能有差额,将这个差额转入资本预算,引起国家净资产额的增减变化,据此可判断预算收支实际平衡状况。

复式预算兴起于20世纪20—30年代,是在单式预算的基础上发展演变而成。1927年,丹麦把政府预算按经济性质划分为普通预算和资本预算两部分。复式预算产生后,曾经历了一个实行复式预算的高潮,迅速在许多发达国家和发展中国家中普及。但一些国家如美国等,实行不久后就取消了复式预算①。1970年代后期,丹麦、瑞典等一些发达国家也停止使用复式预算。从这些国家的实践看,复式预算制度的产生、推广乃至废弃,是由经济社会的发展决定的。随着政府对经济活动的干预增加,单式预算制度难以适应这一要求,复式预算得以广泛采用。而随着经济危机的结束和经济复苏,美国等国家重新调整其职责,减少了对市场的干预程度,复式预算制度也就失去了其存在的外在经济条件,甚至被部分或完全弃之不用。从预算管理的现实出发,中国作为一个发展中国家,仍旧有必要采用某种形式的复式预算。

(2) 根据确定方法不同可分为基数预算、零基预算、绩效预算和计划项目预算

其一,基数预算,又称增量预算,是指预算的财政收支计划指标建立在以前财政年度的基数上,并根据经济发展情况加以调整后确定。基数预算注重历史而不注重发展,所以会保留原来的不合理、低效率的预算支出。

其二,零基预算,是指预算的财政收支计划指标以对经济发展的预测为根据,即以零为起点而编制的预算。零基预算的主要功能是通过比较支出与获益,研究如何减少支出从而获得最大成果,或在取得相同成果的情况下如何减少支出。零基预算的基本步骤是,首先确定决策单位。决策单位由各个主管机构根据工作性质、业务内容确定,它可以是一个单个部门或一个机构中的某一级组织,也可以是一个工程项目。接着提出一揽子决策,即对决策单位进行详细的审查和分析,提出两个或两个以上的选择方案。然后对各预算单位和决策案进行分析和评价,并按效益递减顺序进行排列。最后就是编制预算。零基预算的优点是不受以前的预算的束缚,有利于控制支出规模;通过筛选非优先项目,可以把资金有效地用于重点项目,有利于资源的合理配置;通过排列项目的优先顺序,增强预算的弹性,有利于提高资金的使用效率。零基预算的缺点是预算从零开始,重新评价,所以零基预算不利于安排中长期的计划和规划项目;难以全面收集排序所需的资料,并且评价、排序的工作量较大。

零基预算方法是由彼得·派尔于1969年在得克萨斯仪器公司创立的。1973年,吉米·卡特担任佐治亚州州长时将其引入美国的政府部门,并取得了一定成效。随后,蒙大

---

① 目前美国联邦政府实行"统一预算",联邦财政预算支出主要包括全权预算支出和法定支出两部分(朱志超,2001)。美国的许多州及地方预算仍旧按照复式预算原则编制(费雪,2000)。

拿州、阿肯色州、加利福尼亚州等也先后开始在政府部门实行零基预算。卡特入主白宫后,决定从 1978—1979 财政年度在联邦政府中全面采用零基预算法。但由于零基预算在实际实施的过程中存在着工作量过于繁重等问题,并受到技术、政治和法律等多方面的制约,没有达到预期的效果。1981 年,里根就任美国总统以后,宣布联邦政府取消零基预算编制方法。因此,世界各国的预算主要采用增量预算方法,零基预算尚未成为确定的编制预算的一般方法,通常只用于某些具体收支项目上。

其三,绩效预算(performance budgeting,PB),是指根据成本—收益比较的原则,以政府职能和实施计划为中心,决定支出项目是否必要及其金额大小的预算形式。其特点是按计划决定预算,按预算计算成本,按成本分析效益,然后根据效益来衡量其业绩。绩效预算的基本做法是,首先对绩效分类,把绩效分成职能、部门、计划、产品、成本等类别。接着进行绩效评估,将政府不同的职能如经济、国防、外交等分配给不同的部门,从最终产品成本及目的来衡量和评估每一部门的各项计划和绩效。最后确定实施方案并据此编制预算。绩效预算对监督和控制预算支出,提高支出效益,防止浪费有积极作用。绩效预算不仅可以衡量预算的绩效,而且对行政责任的考核也有具体的标准。20 世纪 60 年代以后,英国、法国等国家以及联合国内部实行过类似绩效预算的预算组织形式。但是,实施绩效预算的前提是要有先进的统计技术和计量手段,这较难以达到,而且效益标准也很难具体评价和衡量,这就给绩效预算的推广和运用带来了困难。

其四,计划项目预算(planning,programming,and budgeting system,PPBS),是在绩效预算的基础上发展起来的。计划项目预算就是将目标计划、规划制定与预算编制融为一体的一种预算组织形式,它是根据国家确定的目标,着重按项目安排和运用定量分析方法编制的一种预算。根据国家现有资源、经济发展状况制定政府及其部门目标,然后根据目标制订计划,并将这些计划构成的总系统划分成若干子系统,再将这些子系统划分成若干项目,对选定的项目配置资源,并根据成本—效益分析方法从中选定成本小、效益大的方案;最后,根据选定方案编制预算并组织实施。计划项目预算的优点是,在制定目标和实施计划的基础上编制预算,这就把经济发展目标和政府预算联系在一起。政府预算建立在长远计划的基础上,有利于资源的合理配置和经济的稳定增长。但缺点在于项目实施时间不统一,预算年度性难以保证;其次,目标方案的选择需要较高的技术手段。

(3) 根据政府级次不同可分为中央预算和地方预算

一般而言,有一级政府就有一级财政收支活动主体,也就有一级预算。在现代社会,大多数国家都实行多级预算。比如,联邦制国家的政府预算通常由联邦(中央)政府预算、州政府预算和地方政府预算组成(也有国家将省或州以下的政府预算统称为地方预算)。其中,联邦(中央)预算即中央政府预算,是经法定程序批准的联邦(中央)政府的年度财政收支计划。联邦(中央)预算是联邦(中央)履行职能的基本财力保证,在政府预算体系中占据主导地位。联邦(中央)预算由联邦(中央)各部门预算组成,并包括地方向联邦(中央)上解的收入数额和联邦(中央)对地方返还或者给予补助的数额。联邦(中央)各部门是指与地方政府直接发生预算缴款、拨款关系的政府职能机构、军队、政(党)组织和社会团体。地方预算即地方政府预算,是经法定程序批准的地方各级政府的年度财政收支计划的统称,由各省级(或含以下)行政单位总预算组成。地方预算是保证地方政府职能实施的财力保证,在预算管理体系中居于基础性地位。地方各级预算由本级政府预算和汇总的下一级总预算组成。

(4) 根据是否具有法律效力可分为正式预算和临时预算

正式预算是指政府依法就各预算年度的预计收支编成预算草案,并经立法机关审核通过宣告正式成立、取得法律地位的预算。

临时预算是指预算年度开始时,由于某种特殊原因使得政府编制的预算草案未能完成法律程序,因而不能依法成立,在这种情况下,为了保证正式预算成立前政府活动的正常进行而编制的暂时性的预算。这种临时性预算不具备法律效力,只是作为政府在正式预算成立前进行必要的财政收支活动的依据。

(5) 根据预算内容分合情况可分为总预算和分预算

有两种理解方式:一种方式是如果从预算项目(科目)的分合来看,总预算就是政府财政收支的综合计划,它分列一般经费收支和各类特别收支项目;而分预算则是总预算中一般经费收支和各类特别收支基础上的详细款项。第二种理解方式在于,如果从预算的部门分合来看,部门预算如国防预算就是分预算,而各部门预算的汇总就是总预算。

9.2.3 政府预算的目的和特点

1. 政府预算的目的

首先,体现了政治目的。政府预算的政治目的是,主要解决政府行政权力的划分及关系协调问题、政府与立法机关的关系问题以及行政管理方面的其他问题。①政府行政权力的划分及关系协调问题。这一问题的实质是集权与分权的关系问题。明确这一目的是建立健全有效的预算管理体制的基础和前提。②政府与立法机关的关系问题。如何处理政府与立法机关的关系,实际上是如何确立预算的执行和授权范围。立法机关是授权机关,政府是预算的执法机关,强化立法机关的地位和作用是解决预算约束的有效途径之一。③行政管理方面的其他问题。规范公共管理部门的内在活动,合理划分预算周期各个阶段的目的和任务,强化预算管理的效率原则。

其次,体现了经济目的。政府预算的经济目的包括合理配置经济资源、有效弥补市场缺陷、保证宏观经济协调发展和实现政府经济作用最大化。①合理配置经济资源。所谓资源配置,是指在公共部门和私有部门之间,在部门行业和地区之间配置人力、物力、财力,以达到资源高效、合理利用的目标。②有效弥补市场缺陷。从根本上讲,政府预算的资源配置只能是由市场失灵引起的。市场的资源配置功能不全,不能有效提供全社会所需要的公共品和公共服务,因而需要政府以其权威来对资源配置加以调节和管理。③保证宏观经济协调发展。经济稳定协调发展是政府的基本经济目标,也是政府预算的基本经济目标。④实现政府经济作用最大化。政府作为市场经济上的构成主体,也有自身的经济职能和经济作用,政府预算必须体现这一要求。

最后,体现了社会目的。政府预算的社会目的主要表现在人文、环境、法律、宗教、科教文卫体育等诸项事业方面。

2. 政府预算的特点

政府预算作为一个独立的财政范畴,是国家财政发展到一定历史阶段的产物,从国家预算到政府预算,其内涵不断得到完善和充实,并形成其区别于其他财政范畴所特有的共性。政府预算的特点主要如下。

第一,计划预测性。政府预算是在一定时期收入与支出的数字估算表,最明显的表现是年度预算收支计划。计划具有预测性,以预测性作为政府管理的实务工具。预测性是指国家通过编制预算可以对预算收支规模、收入来源和支出用途做出事前的设想和预计。一般在本预算年度结束以前,需要对下一年度的预算收支做出预测,编制出预算收支计划,进行收支对比,进而研究对策。预测与实际是否相符并能否实现,取决于预测的科学性和民主化程度,也受预算执行中客观条件变化,以及预算管理水平和预算管理手段的影响,但提高预算性的准确度是第一位的。

第二,法律性。政府预算的法律性是指政府预算的成立和执行结果都要经过立法机关审查批准,具有法律效力。政府预算按照一定的立法程序成立之后就是法律性文件,它是国家集中性财政资金来源规模、去向用途的法律性规范。

第三,概括性。政府预算内容应包含政府的一切事务所形成的预算收支,体现预算的完整性,政府通过预算进行集中性分配以满足社会共同需要,反映国家方针政策,全面体现政府年度整体工作安排和打算,使预算成为政府各项收支的汇集点和枢纽,为了综合反映政府收支活动的全貌,预算应该包括一切收支,并以总额列入预算,不应该以收抵支,只列入收支相抵后的净额。

9.2.4 政府预算的程序

预算程序是指预算的周期过程,它起于一个财政年度开始之前,而讫止于一个财政年度之后。世界各国的预算程序分为预算编制、预算批准、预算执行和政府决算四个阶段。

1. 预算编制

预算编制是整个预算工作程序的开始。预算编制是由政府机关负责的,因而预算编制与政府行政机构体制有着十分密切的联系。预算的编制工作基本上可以分为两大步骤,一是预算草案的具体编制,二是预算草案的核定。根据世界各国主持具体编制工作的机构不同,把编制预算草案分为两种类型:第一类,由财政部主持预算编制工作。由财政部负责指导政府各部门编制支出预算草案并审核和协调这些草案;与此同时,根据各种经济统计资料和预测,编制收入预算草案;最后,综合收入和支出的两个部分,把预算草案交给有法定预算提案权或国会审议权的个人和机构核定。属于这种类型的国家主要有英国、德国、意大利、日本和中国等。第二类,由政府特设的专门预算机关主持预算编制工作,而财政只负责编制收入预算。分开编制预算的原因是想通过这种方式来加强预算编制工作,保证支出和收入有更多的合理性和科学性,避免财政部统编支出和收入预算可能带来的各种矛盾。属于这种类型的国家有美国和法国等。预算草案的核定与国家政体相联系,西方国家预算的核定有三种类型:第一,由总统核定预算草案,如美国。第二,由内阁核定预算草案,如英国、法国。第三,由委员会核定预算草案,如瑞士。

各国预算编制工作开始的时间不尽相同。美国的预算编制工作是从财政年度开始前的十几个月就开始,中国预算编制一般在财政年度开始前的一个季度开始。各国预算编制的具体过程一般是:财政部受国务院委托首先向各地方、部门发出编制预算的通知和具体规定;然后各地方、各部门编成预算估计书提交财政部门;最后由财政部门审核汇编,提交权力机构批准。

2. 预算批准

审批政府预算的机构是国家立法机构,立法机构的具体名称则随着各国政体的不同而不同。在实行民主共和制的国家中,审批政府预算的立法机构是议会,而在实行人民代表大会制的国家中,审批政府预算的立法机构是人民代表大会。

从议会制的结构看可以分为两种类型:一院制和两院制。在实行一院制的国家中,政府预算直接由其批准,属于这种类型的国家包括瑞典、荷兰、西班牙、丹麦等国。在实行两院制的国家中,大部分国家议会的两院都有批准政府预算的权力。两院中的下议院(或众议院)在预算的批准上拥有比上议院(或参议院)更大的权力,往往拥有预算先议权和最后批准权,属于这种情况的有美国、法国、意大利、日本等国。但在另一些国家中,只有下议院才有批准政府预算的权力,上议院仅限于提出建议,属于这种情况的主要是英国。在议会制(不论是一院制还是两院制)下,预算草案的具体审核是由议院中的各种常设委员会与其所属的各种小组委员会进行的。其一般程序通常是要将待议决的年度预算草案分发给负责预算收入和支出审议的各小组委员会,由小组委员会研究以后向预算委员会提出意见和报告书,由预算委员会提出决议,最后由议院大会审议表决。

由于各国政体不同,立法机构的预算控制权也各有不同。如英国、德国和日本,由于是议会的多数派才能组成政府,而且内阁成员本身就是议员,因此虽然政府编制的预算要经议会的批准,但政府对国会的影响很大,政府总是能够利用其在议会中的多数通过其预算。而在美国,由于总统是选民选举产生的,当选议员与其党派在国会中是否占多数没有必然联系,总统对国会预算审批权的影响较小。与英、德、日等国相比较,美国国会拥有的预算权力较大,不仅可以审议总统提交的预算草案,而且还可以自由增加或减少支出计划和经费额度,甚至可以自行制定预算草案,这难免会经常导致立法和行政部门之间的预算争议与冲突。中国实行人民代表大会制,各级政府预算由同级人民代表大会批准。审批的一般程序是:首先由财政部门代表本级政府向人民代表大会做预算报告并提交预算草案,然后由人大财经委员会进行具体审查并提出审查报告,提请大会审议表决。

3. 预算执行

第一,政府预算收入的执行。预算收入征收部门,必须按照法律、法规的规定,及时、正确、足额征收预算收入;有预算收入上缴任务的部门和机构,也要按照法律、法规和财政部门规定,将应当上缴的预算资金及时、足额地上缴国家金库,不得截留、占用、挪用或者拖欠。

第二,政府预算支出的执行。财政部门在拨付资金和主管部门在转拨资金时,要做到按预算拨款、按预算级次拨款、按规定的程序拨款和按进度拨款。在保证资金供应的同时,财政部门和参与预算执行的各部门、各单位要加强预算支出的控制管理。一是要控制支出用途,确保预算资金按预算规定的用途使用;二是要控制支出范围,不得任意扩大预算资金的开支范围;三是要控制支出标准,严格执行国家规定的开支标准;四是要建立健全控制管理体系,建立健全会计核算和财务管理制度,确定支出效果的考核标准,以有效发挥资金使用效益。

第三,预备费的设置。预备费是各级总预算中不规定具体用途的当年后备基金,主要用于解决在预算执行中发生的某些临时急需和事前难以预料的特殊开支。在各国的预算中,一般都设有预备费,但名称不尽相同。如美国叫后备基金,日本叫预备费,罗马尼亚叫预算后备基金。对预备费的设置比例或额度,各国法律一般未做明确规定,一般由议会在审批预算时确定。中国《中华人民共和国预算法》(以下简称《预算法》)规定,各级政府预算应当按照本级预算支出额的1%~3%设置预备费。在预算执行中,如果发生较大的自然灾害或其他临时性支出需要时,可以动用预备费。各级政府预算预备费的动用方案,由本级政府财政部门提出,报本级政府决定。

第四,预算调整。预算调整是预算执行中的一项重要工作内容。所谓预算调整,是指经过批准的各级预算,在执行中因特殊情况需要增加支出或者减少收入,使原批准的收支平衡的预算的总支出超过总收入,或者使原批准的预算中举借债务数额增加的部分变更。各国关于预算调整权限的规定,大致有两种情况:一是预算调整权集中在议会,政府如果需要追加预算或增加临时拨款,必须提出预算调整方案,经议会审议批准。例如,法国的法律规定,政府追加预算或申请补助,要以调整财政案的方式提交议会审议批准;英国的法律规定,政府如要追加预算开支或临时拨款,必须向议会提交议案,由议会审议批准;日本的法律规定,政府需对预算进行调整并追加支出时,要由大藏大臣向国会提出报告,提交国家财政状况的书面说明和追加支出的理由。内阁在法律规定的情况下,可以按制定预算的程序编制补正预算,由国会审批后实施。中国《预算法》规定,调整预算时应当由本级政府编制预算调整方案,并须提请本级人民代表大会常务委员会审查和批准。二是除议会有预算调整权外,政府也有部分预算调整权。例如,德国的法律规定,一般情况下追加支出,必须经议会批准,但在出现对联邦政府有重大威胁或者重大危害的突发性事件时,联邦政府可按《促进经济稳定和增长法》的规定追加预算;西班牙的法律规定,政府如果需要支拨临时款项,财政大臣应建议政府讨论通过并向议会提交一份法律草案,由议会批准。法案中应说明扩大公共支出的来源。政府根据财政大臣的建议,可以特殊例外地批准拨付不可拖延的支出,每年度最高限为国家预算款额的1%。

> **专栏:越南弃办亚运会**

2014年,越南总理给了亚洲乃至世界一个大"意外"——在河内赢得2019年亚运会主办权一年半之后,越南宣布放弃主办亚运会的机会。对于外界关于"差钱"的评论,越南财政部日前回应称,越南以举国之力拿出五亿美元办亚运会并非不可,但在越南当前的经济环境下,"好钱要用在刀刃上"。

越南政府放弃承办亚运会的机会,经济因素无疑是重要考量之一,但事情恐怕并非"差钱"那么简单。事实上,今年年初以来,越南发展总体呈现上行趋势,一季度GDP增长率创下四年来同比最佳表现,与2012年申办亚运会时相比,越南经济形势已明显好转。越南选择弃办亚运会,更关键的原因在于两个方面:其一,对大型赛会有了更理性的认识;其二,充分尊重民意在政府决策中的作用。

越南是一个热爱体育的国家,在足球领域的表现尤其可圈可点,但越南此前从未有过举办大型赛事的经验。正是在筹办亚运会的过程中,越南意识到自己尚未做好充分准备,越来越多的人对越南是否能办好亚运会感到怀疑。亚运会的很多项目在越南都属于冷门

运动,当地媒体认为斥巨资为这些比赛项目兴建场馆,并非理性的选择;而且从赛会本身的影响力来看,举办亚运会的价值也需重新评估。

不过,与外部环境这样的客观因素相比,八成民众反对举办亚运会才是越南政府"变卦"的根本原因。2014年3月底,越南国会曾举办听证会,对是否主办此次亚运会进行了热烈讨论;4月初,越南最大的网络媒体VNExPress进行的民意调查显示,有87%的民众认为越南应该放弃亚运会主办权。分析人士认为,如果越南政府罔顾民意坚持举办亚运会,有可能因民众的强烈抗议而招致信任危机。

弃办亚运会,将使越南政府被国际社会指责为"撂挑子";硬撑举办亚运会,不仅对民生起不到促进作用,反而会招致大部分国民的反对。在二者权衡之间,越南政府最终做出了"弃办"决策。可以这样说,越南最初申办亚运会就是一个"错误",而民意让政府意识到了这个错误,并且勇敢地及时修正了"错误"。

越南弃办亚运会,对于同处改革发展进行时的中国,显然有积极的借鉴意义。近些年,从世界斯诺克大赛、世界车王争霸赛到其他各种大型赛会,中国许多城市兴起了申办世界级比赛的热潮。地方政府认为,承办大型赛事能促进地方经济增长和基础设施升级,并且有助于提升城市的国际形象,但很多城市都对承办大型赛事的风险估计不足。有些城市,即使在承办过程中发现问题,也往往选择"打肿脸充胖子",仅用增加财政预算的方式填补窟窿,最终反倒惹来一片骂声。

政府决策失当,往往与民意未得到充分尊重有关。越南顺应民意对政府决策做出及时调整,值得中国一些头脑发热忙着申办国际赛事的城市深思和借鉴。

(选自《杂文选刊》2014年6月上半月版,第6页。原载2014年4月28日《新华每日电讯·评论·声音》,作者崔天虹。插图/民意与官意/佚名)

4. 政府决算

政府决算是经法定程序批准的年度预算执行结果的会计报告。决算是预算管理中一个必不可少的阶段,是整个预算程序的总结和终结。

政府决算包括中央决算和地方决算。中央决算由中央各部门(含直属单位)组成,并包括地方向中央上解的收入数额和中央对地方返还或者给予补助的数额。地方决算由各省、自治区、直辖市总决算组成。地方各级总决算由本级政府决算和汇总的下一级总决算组成。地方各级政府决算由本级各部门(含直属单位)决算组成。地方各级政府决算包括下级政府向上级政府上解的收入数额和上级政府对下级政府返还或给予补助的数额。各部门决算由本部门所属单位决算组成。

各级政府、各部门、各单位在每一预算年度终了后都要按规定的时间编制决算草案。决算草案是各级政府、各部门、各单位编制的未经法定程序审查和批准的预算收支的年度执行结果。编制决算草案必须符合法律、行政法规,做到收支数额准确、内容完整、报送及时。

9.2.5 政府预算的监督

预算监督是对预算资金的筹集和供应等业务活动进行考核、监察和督促,是预算管理工作的重要组成部分。预算监督的目的是保证各预算单位认真贯彻党和国家的路线、方针、政策,依法严格执行国家公共预算,坚持预算收支平衡,提高资金运用效益,增收节支,保证政府预算的完成。

预算监督的方法,按照预算监督过程与预算资金的运营过程的关系可分为事前监督、事中监督和事后监督。事前监督是指在各级政府预算和单位预算成立之前,国家权力机关和其他部门对预算法规、预算政策、预算制度制定过程所进行的监督。事中监督是指在财政总预算、单位预算以及各项财务收支计划执行过程中的监督。事后监督是指在预算、财务收支事项发生后,对执行结果进行的监督。

根据监督主体的不同,政府预算的监督模式可以划分为社会监督和国家监督两种模式。一方面,向全社会公开信息。预算反映整个国家的政策,规定政府活动的范围和方向。预算信息公开是公共财政的本质要求,是推进政务公开的重要内容。积极做好预算信息主动公开的工作,包括明确预算公开主体;主动公开预算、决算;积极推动部门预算公开;大力推进重大民生支出公开。除上述内容外,还可结合当地预算公开的实际情况,按照《条例》要求公开其他预算信息,积极主动做好预算信息公开工作[①]。另一方面,推进以议会为代表的对政府预算的实质监督、减少监督成本、提升监督能力、强化监督力度、加大惩罚效力,将人大监督作用贯穿于财政预算制定、调整、执行全过程,确保政府财政真正起到应有的作用。

9.3 公债理论与赤字

顾名思义,公债是政府以国家信用作担保、以债务人身份获取收入的一种形式。在现代市场经济条件下,国家发行政府债券以满足政府特定支出需要,已经成为各个国家常用的一种调控方式,与此相关的内容在于财政支出大于收入情况下所形成的财政赤字。本节将对上述内容进行讨论。

9.3.1 公债的一般性内容

1. 公债的起源和发展

公债的起源晚于税收。恩格斯说,"随着文明时代的向前发展,甚至捐税也不够用了,

---

① 参见中华人民共和国财政部〔2010〕31号文件《关于进一步做好预算信息公开工作的指标意见》。

国家就发行期票,借债,即发行公债。"可见,公债的产生与国家职能的扩展密切相关。根据有关文献记载,公债在奴隶社会就已经开始萌芽了。在公元前4世纪,希腊和罗马曾出现过国家向商人、高利贷者和寺院借债的情形。到了封建社会,公债有了更进一步的发展。但在前资本主义时期,由于生产力发展水平较低,商品经济规模较小以及封建势力的束缚,封建制国家在社会经济生活中所起到的作用远远不如现代。

公债真正大规模地发展始于资本主义时期。原因主要有:第一,从支出看,国家对外扩张等职能引起了财政支出的过度膨胀,迫使资本主义国家不得不扩大公债的规模。第二,从发行条件看,经济增长促使闲置资本规模的扩大,给公债发行提供了大量稳定的资金来源。第三,从利益分配角度看,在公债发行中获得最大经济利益的是资产阶级。新兴资产阶级通过大量认购公债而获得巨额利息,并借机得到一些特权,例如,东印度公司就曾以贷款方式从英国政府手中换取了对有关地区的贸易特权;同时,它们通过认购公债,向政治领域渗透,不断地同封建王室和地主贵族集团争夺国家政治权利。第四,从经济理论和财政实践看,赤字财政理论和赤字财政政策在西方各国的流行和推广,为公债的膨胀提供了理论上和制度上的保证。在20世纪30年代以前,公债发行规模相对有限,但此后,凯恩斯主义在西方盛行,为刺激总需求、缓和经济危机,不少发达国家纷纷推行赤字财政政策,大规模发行公债。在公债数额与日俱增的同时,有关的制度安排也逐渐完善,更为重要的是,公债已越来越成为各国政府干预经济的重要工具。

2. 公债的性质

公债作为政府以债务人身份取得的一种收入,主要有以下特点和性质。

第一,公债是各级政府借债的统称。中央政府的债务称为中央债,又称国债;地方政府的债务又称地方债。

➡ 专栏:中国的地方债

中共中央党校李旭章在《学习时报》(2014年7月10日)撰文。2013年年底,国家审计署公布了中国五级政府债务审计结果之后,各种研究机构就此评论。其中,比较有影响的是英国《经济学家》认为,包括或有债务在内的地方债是17.9万亿元,相当于GDP的33%;如果把或有债务按以前经验实际需要负担的部分折算,地方债为12万亿元;加上中央政府的债务,如果或有债务按面值计入,中国政府债务占GDP的比例是56%;如果按折算的部分算是41%。一时间,中国地方债成为国家层面的"负担"和国际社会的"担忧"。

客观而言,有的地方债的确存在一些问题,但不应否定其积极的一面。地方融资平台实质上是一种公私合作平台(PPP),在西方被广泛地用于地方政府的基础设施建设。20世纪70—80年代,西方各国由于宏观经济混乱而导致债务增加,政府为了鼓励私人部门投资基础设施引入PPP。从1990年到2009年,欧盟近1400个项目是通过PPP实现的,价值2 600亿欧元。

中国地方融资平台,是以政府出资和公共资源为依托,采取市场化方式运作,承担特定基础设施和公共服务融资与建设任务的"特定目的公司"。地方融资平台是在特定背景下逼出来的"公私合作平台";与之前的政府直接办公司相比无疑是一个不小的进步,为地方政府在原有体制下有所作为提供了一种尝试。

（文字选编自李旭章：如何正确认识中国地方债[EB/OL]. http://www.gmw.cn/xueshu/；图片来源 http://business.sohu.com/s2013/dfzh/）

第二，公债是政府收入的一种特殊形式。公债具有有偿性和自愿性的特点。除特定时期的某些强制性公债外，公众在是否认购、认购多少等方面，拥有完全自主的权利。有偿性和自愿性这两个特点，决定了公债不同于税收等一般财政收入形式，后者具有无偿性和强制性。

第三，公债是政府信用或财政信用的主要形式。政府信用是指，政府按照有借有还的商业信用原则，以债务人身份来安排支出，也称财政信用。公债只是财政信用的一种形式。财政信用的其他形式包括：政府向银行借款、财政支农周转金，以及财政部门直接发放的财政性贷款等。

第四，公债是政府可以运用的一种重要的宏观调控手段。公债发展到今天，其职能和作用已远远超越了平衡预算、弥补赤字，而成为政府宏观调控、促进经济稳定的一个工具或手段。

3. 公债的分类

根据谁发行、向谁发行、募集得到的资金用来做什么的划分方式，公债大致可以分为以下几种。

（1）政府公债和公共企业公债。以政府为发行主体的公债即是政府公债，这是公债的主要种类，也是我们在本章讨论的对象；但同时，公共企业也可作为公债的发行主体，这类公债被称作公共企业公债。政府公债根据发行政府的层级又可分为中央政府公债和地方政府公债，而中央政府公债特指一国的公债。

（2）国内公债和国外公债，也称内债和外债。内债是指向国内居民、企业、机构、事业单位发行的公债；外债是指向外国政府、机构、外国法人和个人发行的公共债务。

（3）生产性公债和非生产性公债。募集到的公债可以用来作为公共投资等生产性活动的投入，也可以用来弥补政府经常性开支形成的赤字，前者可以称为生产性公债，后者可以称为非生产性公债，也称赤字公债。需要指出的是，在正常时期，一国政府不应发行赤字公债，也即政府经常性开支不应超过经常性收入。因为根据成本—效益的同期负担

第 9 章　财政平衡

原则,本期收益应与本期成本相配比。政府经常性支出产生的收益主要在本期,而公债的成本需要分摊到后期,因此公债收入应该主要是用来从事公共投资等生产性行为。《中华人民共和国预算法》(以下简称《预算法》)也明确规定中央政府公共预算不得列赤字,建设投资部分资金可以通过举债的方式筹措。

同时,根据公债的发行形式、发行利率、是否流通及偿还期限等标准,公债还可以分为以下几种。

(1) 凭证式公债和记账式公债。公债发行时,可以以载明具体金额、利率、还本付息期限和债务人等要素的书面或者电子化债务凭证的形式,也可以以电脑记账的方式进行。前者称为凭证式公债,后者称为记账式公债。在美国,短期公债发行特别频繁,几乎每期都要发行 3 个月和 6 个月的国库券,由于发行量大、频率高,为了节约发行成本,往往以简单收款凭证作为购买凭证。

(2) 固定利率公债和浮动利率公债。固定利率公债是指发行时即规定其利率水平,发行后不管物价和银行利率水平的波动,到期时按该固定利率支付给债券持有人利息的公债。浮动利率公债则是规定利率将随某种经济指标浮动的公债,它是在物价水平波动较大时期为保护债权人利益而设定的一种债券债务形式。

(3) 流通公债和非流通公债。流通公债是指发行时即规定在其期限内可以自由买卖转让的公债。非流通公债则是指在其期限内不可自由买卖转让的公债,但有时规定可提前贴现。当然,这里的自由买卖转让条件是指在规定的证券市场或其他场所按规定的方式进行转让,而不是私人之间的随意转让。

(4) 长期、中期和短期公债。按照公债偿还期限的长短,一般把偿还期在 1 年和 1 年以内的公债称为短期公债,偿还期在 1~10 年的公债称为中期公债,偿还期在 10 年以上的公债则归为长期公债。公债偿还期限的长短决定了公债流动性的大小,也会影响政府到期还付本息的能力,因此研究一国不同期限组成的公债结构很有必要。

9.3.2 公债的经济效应

1. 公债有害论与巴罗—李嘉图等价定理

早期的经济学家大多对公债持有负面的态度。亚当·斯密认为,公债是将属于民间的、原本可用于生产性活动的资金转向了政府用于非生产性的活动,这导致了总资本的浪费,阻碍了本国财富的积累,进而伤害了经济的发展,并最终使一国走向衰落。在亚当·斯密之后,大卫·李嘉图继承了公债有害的思想,并对公债与税收的关系进行了深入论述。他认为,政府为筹措战争经费或进行一般开支而发行的公债与进行征税具有同样的效应,都是将生产性资本转换为非生产性活动的政府支出,损失的都是生产性资本。他指出,现在发行的公债要靠以后增加对纳税人的征税来偿还,也即公债是延期的税收。这一思想被后人称为李嘉图公债—税收等价定理。李嘉图认为,一个国家只有靠积攒收入或节省开支才能使国家资本增加,而任何浪费行为都会使得生产性资本减少。既然发行公债与增加税收具有同样的效应,并不能促进经济的增长,而且公债"会使我们不知节俭,使我们不明白自己的真实处境",会促使政府浪费奢侈,不能节约生产资本,因此,他对政府举债筹资是持反对态度的。经济学家巴罗在 1973 年发表论文《政府债券是净财富吗?》,用数学推理的方式进一步阐述了李嘉图等价定量的思想,证明了该等价定量在某些假设前提扩大化条件下仍然适用。鉴于上述观点,后人称之为巴罗—李嘉图等价定理。

需要指出的是,李嘉图等价定量隐含着许多假设前提,至少包括:①政府的活动是非生产性的,居民的支出活动属于生产性活动,民间无闲置资本;②征税是一次总额税;③纳税人具有完全理性预期,能意识到现在发行的公债意味着要全部依靠未来增加税收负担来偿还,因此会通过减少当期支出以增加储蓄应对将来增加的税收,并且减少的支出额总额将等于公债发行总额等。对于这些假设前提,许多经济学家持有争议,例如对纳税人是否具有完全理性预期的假设,不同经济学家看法不一致,这也导致了他们对公债的经济认识存在偏差。

2. 公债有益论与凯恩斯公债理论

20世纪30年代末的资本主义经济大危机,使得人们有机会重新审视政府的作用,凯恩斯主义开始流行。凯恩斯认为,政府的职能是积极干预市场,具体来说在经济萧条的时期,政府应通过减税、增加支出等措施拉动总需求,增加就业机会,带动民间经济恢复平衡;在经济正常时期,政府也要维持一定的投资额,促进经济按一定速度增长。为充分发挥政府干预经济的功能,特别是在经济萧条时期,一方面需要增加政府支出,另一方面需要减税。凯恩斯提出,可以大量发行公债来保证政府支出。公债有益论认为公债是一个有利的工具,特别是在经济萧条时期,公债可以帮助政府把民间闲散的无生产力的资本集聚到其手中,政府将其投入到具有生产性的活动中,从而拉动总需求的增长,帮助一国经济尽快恢复增长。公债有益论是建立在公债幻觉和公债的资产效应基础上。公债幻觉是指公债持有人缺乏足够理性,对公债产生一种幻觉,没有意识到公债意味着未来税收负担的增加,而是把债券当作一种资产或者财富,因此公债持有人不会减少,甚至会增加当期的消费水平。公债的资产效应是指由于债券持有人拥有的这种幻觉导致他认为总财富增加,从而增加消费并拉动总需求增长的一系列的过程,这一点是公债有益论的基础,也是他们认为李嘉图等价定理不成立的原因之一。换句话说,对于公债是否具有资产效应或者公债持有人是否有完全理性,是公债有益论和有害论分歧的根本。值得注意的是,西方国家的实践发展过程一直伴随着这种理论上的争执,尽管凯恩斯理论在西方国家曾经主导过一段时间,但是到了20世纪70年代,资本主义国家出现了一些新的难以用已有理论解释的经济现象,如滞涨等,人们又开始对凯恩斯理论包括公债有益论产生了怀疑,此时李嘉图曾提出的公债即延期税收思想又被重新搬出来加以研究。

3. 公债与通货膨胀

公债不仅作为一种财政政策手段经常被使用,它还时常被一国政府作为金融工具加以利用,对一国的货币供应量的调节也发挥着不可小觑的作用,但是具体效应发挥得如何还要视具体的购买对象而言。

(1) 中央银行购买公债。如果政府发行的公债由中央银行购买,则相当于债务货币化,即中央银行通过发行新货币来购买公债。这笔新货币经过政府的财政支出后,将会流入到居民手中或者商业银行的存款准备金中,相当于政府新注入了一笔基础货币,很可能造成货币供给大于需求的局面,从而导致物价上涨。如果新增加的货币量刚好适应了经济增长的需求,则新增加的货币需求得到满足,新的货币供给等于新的需求,物价不会上涨。但如果新发行的货币量超过了经济增长所形成的货币缺口，那么物价将会上涨，可能酿成通货膨胀，具体要视超额量的大小。正是从这一点出发，许多国家的中央银行通过在公开市场买进或卖出包括公债在内的各种有价证券来实现对货币供应量的控制，保持经济的稳定运行。

（2）商业银行和个人购买公债。商业银行和个人购买政府的公债，则是相当于民间的购买力暂时转移到了政府方面，一般不会对货币供应量造成影响。商业银行和居民将商业银行在中央银行的准备金和商业银行的超额准备金减少，等到财政支出时，这笔收入又会流回到民间，形成居民个人的储蓄，从而商业银行在中央银行的准备金和商业银行的超额准备金又恢复到原来水平。需要指出的是，如果经济处于繁荣时期，政府发行公债则会造成对货币需求的压力，致使利率提高，将对民间投资产生"挤出"效应，即民间投资将因此而减少。只有在经济萧条时期，政府发行的公债才不会产生"挤出"效应，反而能将民间的闲置资本转化为政府的生产资本，促进经济增长的恢复。

9.3.3 公债的规模与测度

1. 公债的规模及其影响因素

公债规模是指国家负债总水平，是公共收入规模的影响因素之一。其内容包括三层含义：当年公债发行总规模、历年公债累积总规模和尚未归还的公债总规模。具体来讲，当年公债发行总规模是指国家财政当年发行的公债总额，有时也指当年发行的公债总额扣除当年还本付息以后的差额；历年公债累积总规模是指国家财政历年所借而尚未到期的债务累积余额，或者说是债务累积发行额扣除已经偿还部分后的总余额；尚未归还的公债总规模是指国家财政当年到期需要还本付息的债务总额。

公债的发行并不是一个无限的量，它存在一个适度规模，即公债限度。所谓公债限度，就是指国家债务总规模的最高数量界限，它取决于一个国家的经济发展水平，表现在社会的应债能力、政府的偿债能力、社会游资总量，以及公债的使用方向、结构和效益等。

（1）社会的应债能力。社会上个人和应债机构的认购能力是制约公债规模的重要因素，公债的发行首先受认购者认购能力的制约。一般来说，公债发行规模不能超过全社会的认购能力，否则会影响全社会的积累与消费的比例关系。公债的发行对象主要是个人和应债机构，认购者的承受能力自然是个人和应债机构的承受能力。个人对公债的认购能力与其收入水平成正比关系，而与社会平均消费水平成反比关系。在社会平均消费水平相对稳定的条件下，居民个人收入水平越高，其可能用于购买公债的数额就越大，对公债的承受能力就越强；反之则越弱。在收入水平一定的情况下，社会平均消费水平越高，个人收入中用于满足自身消费需要的份额就越大，承购公债的能力就越弱；反之则越强。应债机构的承受能力是指一定时期各经济实体对公债的认购能力。制约这一能力的因素也有两个，即各经济法人实体自有资金的数量和维持正常积累及兴办各项事业对资金的正常需求量。各经济实体对公债的认购能力与前者成正比，与后者成反比。在积累规模和事业发展对资金的需求量相对稳定的情况下，各经济实体自有资金越多，其可动用的用于购买公债的份额就越大，对公债的购买能力越强；反之则越弱。在自有资金数额一定的情况下，企业积累规模及事业发展对资金的需求量越大，各经济实体自有资金中闲置部分越少,对公债的认购能力就越弱;反之则越强。

(2) 政府的偿债能力,是指政府作为债务主体对其所借债务还本付息的能力。公债在借入期可以增加财政可支配资金,但在其偿还期则要增加公共支出。公债的发行规模也要受偿债能力的制约,如果不允许考虑政府的偿债能力而过量发行公债,就有可能导致政府的债务危机和国民对政府的信任危机。

政府的偿债能力通常由公共收入增长速度和 GDP 增长速度决定。前者反映了一定时期财政收入规模扩大的趋势,后者反映了一定时期内经济发展的状况及国民经济发展对公债的承受能力。其中 GDP 的增长速度是根本,公共收入增长速度取决于政府的公共收入政策。如果 GDP 的增长速度快,则一定时期的 GDP 在满足正常的投资和消费后,有较大的余地为政府所支配,此时,如果正常的公共收入不足以抵偿债务,政府可以通过继续发行新债来归还旧债,从而缓解政府的还债负担。在 GDP 一定的情况下,公共收入的规模越大,则公共收入在满足了其他正常收支后,能用于归还到期公债本息的资金就越多,政府对公债的偿还能力就越强。

(3) 社会游资总量。一国社会游资总量的大小,实际上反映着该国可动用的物质财富的多少。社会资源多,说明可动用的物质财富多,反之就少。这是因为,在货币币值较为稳定的条件下,社会游资的绝大部分是已经实现了的物质财富,它的增加就意味着创造的物质财富的增加。如果一个国家生产力发展水平较低,物质财富缺乏,则社会游资自然不会太多。从这个角度看,社会游资在总量上的大小显然可以作为判断或断定一国公债规模的依据。如果一国的社会游资数量多,该国公债的运用量就可相应扩大;而如果一国的社会游资数量少,该国的公债的运用量就会相应缩小。社会游资多的情况多发生在经济发达国家,发展中国家的情况一般是社会游资较少。

(4) 公债的使用方向、结构和效益。公债的使用方向、结构和效益也是影响公债规模的重要因素。适度的公债规模不仅要从有关指标的相对数和绝对数来看,还要从公债的最终使用效益来评价。如果公债用于投资效益较高的生产建设项目,公债再投资的收益可以满足还本付息的需要,不会形成国家的债务负担,此时,公债的规模可以大一些;如果公债用于社会效益型项目,则公债再投资的收益相对较少,就会造成国家新的债务负担,则公债规模就应小一些。

2. 衡量公债规模的指标

1) 公债偿债率

公债偿债率是指当年的公债还本付息额占当年财政收入的比重,表明当年财政收入中用于偿还债务的份额,也反映了公共收入中政府可直接支配的数额及通过公债偿还转移给债权人的财力数额。其计算公式为

$$公债偿债率 = \frac{当年的公债还本付息额}{当年的财政收入} \times 100\%$$

根据国际经验,公债偿债率一般控制在 10% 以内是比较合理的。

2) 公债依存度

公债依存度是指当年的公债发行额占当年财政支出的比率,表明当年财政支出中有多大比例是靠公债来维持的,是控制公债规模的重要指标。其计算公式为

$$国家财政债务依存度 = \frac{当年公债发行额}{债务支出 + 国家财政支出} \times 100\%$$

$$中央财政债务依存度 = \frac{当年公债发行额}{债务支出 + 中央财政支出} \times 100\%$$

对于公债依存度,国际上没有公认的警戒线标准。据有关资料,美国20世纪90年代初期的净债务收入占中央财政收入的比重为20%左右;英国在20世纪80年代的一些年份中为10%左右;意大利在20世纪80年代中期为27%左右;日本在1991年为9.5%,1999年上升为43.7%。

3) 公债负担率

公债负担率是指一定时期的公债余额与同期国民生产总值的比率,其中公债余额是指历年发行的公债到当年为止尚未偿还的累积余额。它是衡量公债规模的宏观指标,体现了一个国家的公债负担情况,也是衡量经济总规模对公债承受能力的重要指标。其计算公式为

$$公债负担率 = \frac{某个时期的公债余额}{同期国民生产总值} \times 100\%$$

根据国际经验,发达国家公债负担率一般控制在45%以内,这是与它们的财政收入占国民生产总值的比值相适应的。

9.3.4 财政平衡与财政赤字

1. 财政平衡

财政平衡,或称预算平衡,是指在一个预算年度内,财政收支在量上的对比关系。收支对比关系不外乎三种情况:一是收支相等,即财政平衡;二是收大于支,称为财政结余;三是收小于支,称为财政赤字。

从实际经济运行来看,预算收支完全相等的情况几乎是不存在的;相反,财政赤字或财政结余则是预算执行结果的普遍现象。因此,财政收支完全相等往往只是一个理想状态,是预算编制和执行的参照系而已。那么,如何理解财政平衡呢?

(1) 财政平衡是财政收入与支出在量上大体相等。财政收支活动是政府经济活动的集中体现,财政收入量是由一国在既定的经济发展水平下政府收入政策决定的,财政支出量则主要是由政府职能的大小决定的。这种收入、支出决定因素的不同,使得政府实际财政收支往往不可能完全相等。因此,财政平衡的真实含义是财政收支大体相等。至于究竟多大差异才是大体相等,这取决于人们的习惯和认识。如在欧盟,条约规定成员国的财政赤字率应该低于3%。

(2) 财政平衡是静态平衡与动态平衡的统一。静态平衡是指年度财政收支平衡,动态平衡是指中长期的财政收支平衡。一方面,财政平衡不仅要求财政保持年度收支平衡,而且要求中长期内不能出现连续的盈余或赤字。长期盈余只能说明政府课税太多,超过了其基本的支出需要;而长期赤字有两种可能,要么是政府支出太多,超出了其基本职能,要么是税制不合理,税负太轻。显然,无论是长期盈余还是长期赤字,都是经济社会生活不正常的一种表现。另一方面,政府财政收入有经常收入与临时收入,财政支出也有经常支出与资本支出,在一定压力下,政府可以增加临时收入或压缩应有的资本支出以实现

年度平衡,但这必然为以后年度的财政平衡留下隐患。因此,真实的财政平衡是静态平衡与动态平衡相统一。

(3) 财政平衡是总量平衡和结构平衡的统一。总量平衡是指财政收支的总量大体相等,结构平衡是指财政收支各项目之间的比例基本合理。财政平衡不仅要求做到总量平衡,而且要求做到结构平衡,是总量平衡和结构平衡的统一。如果财政收支机构不合理,总量平衡就失去了意义,或者说,这时总量平衡只是一个虚假的平衡,因为政府在一定压力下可以为实现总量平衡而牺牲结构平衡。

(4) 财政平衡是横向平衡与纵向平衡的统一。横向平衡是指同级财政之间的收支平衡,纵向平衡是指各级财政之间的收支平衡。在事权划分基础上,同级财政和各级财政之间各自的支出范围要与事权范围相协调,从而实现各自的财政平衡,进而实现国家财政的平衡。中央财政与地方财政的任何一级或同级财政中的任何一地出现长期的财政不平衡现象,必然会影响其自身乃至其政府职能的履行。因此,财政平衡也需要同级财政之间和各级财政之间均保持收支平衡。

需要强调的是,财政平衡是经济社会协调发展的重要标志。虽然财政收支活动是政府经济活动的集中体现,但财政收支是否平衡,不仅取决于政府自身的理财观念、方法和能力,还取决于一国经济社会发展的水平和运行状态。在既定的政府收入政策下,财政收入是由一国的经济发展水平决定的,而财政支出在民主制度下是由公众表达的公共需求决定的。因此,如果我们假定政府理财是中性的,那么,财政是否平衡就是国民经济和社会发展是否协调的一个重要标志。

➡ **专栏:诸葛亮草船借箭——平衡预算**

草船借箭是《三国演义》中的一个故事,主要描述周瑜为陷害诸葛亮,要诸葛亮在十天之内造好十万支箭。诸葛亮算定了大雾之日,便借子敬二十只草船驶往曹营,曹操因疑雾中有埋伏,便令以乱箭射之。待至日高雾散,孔明令收船急回,船轻水急,曹操追之不得,使孔明既安全借得箭,又挫败了周瑜的暗算。表现了诸葛亮有胆有识,才智过人。由于《草船借箭》中诸葛亮的胆识才智,受到后人的赞美,因而引申创作了许多成语趣闻,戏剧表演,推动着智慧的启迪与发展。

抛开周瑜想陷害诸葛亮不谈,单纯从蜀吴联盟共敌曹军,在经济实力不如曹操的情况下,诸葛亮用智慧平衡了联盟关于武器(十万支箭)的预算。

2. 财政赤字

财政赤字,就一般意义而言,是指财政收入小于财政支出的差额,即

$$财政赤字 = 财政收入 - 财政支出$$

财政赤字是政府的经济行为违背了其预算约束的产物。预算约束是指在交换经济中,经济主体的行为能力受其收入量的限制,在经济学中用预算线表示。尽管政府同私人部门一样,都面对预算线的约束,但是,由于政府掌握了公权力,其预算线的右移远比私人部门更容易。因此,私人部门的预算约束往往相对较硬,而公共部门的预算约束则相对较软,这是预算结余是私人部门的常态,而预算赤字是公共部门的常态的一个重要原因。

财政收支的具体项目很多,在计算收支对比结果时,由于上面等式中财政收入和财政支出包括的内容不同,因此,财政赤字有不同的计算口径。

1) 软赤字和硬赤字

$$软赤字 = 总支出 - 经常收入$$
$$= (经常支出 + 资本支出) - (税收收入 + 非税收入 - 债务收入)$$
$$硬赤字 = 总支出 - 总收入$$
$$= 总支出 - (经常收入 + 债务收入)$$

上式表明,软赤字(大口径)是可以用债务收入弥补的赤字,而硬赤字(小口径)是不可以用债务收入弥补的赤字。在财政出现硬赤字的情况下,政府通常通过发行货币(即货币的财政性发行)来弥补,这就相当于政府向社会加征了一次通货膨胀税。

2) 总赤字与原始赤字

$$总赤字 = 总支出 - 经常收入$$
$$原始赤字 = 总支出 - 经常收入 - 净利息支出$$

上式表明,总赤字(与软赤字的计算口径相同)与原始赤字的区别在于经常性支出中是否包含净利息支出。区别这组概念的意义在于,两个不同的赤字概念说明了不同的问题,总赤字说明政府在该年度内需借多少债才足以支付其全部支出,原始赤字说明政府该年的经常收入是否足以支付该年的各项正常支出。净利息支出被排除在原始赤字之外,是由于它代表政府借债资助过去年度支出的费用,而不代表该年度支出项目的费用。

3) 周期性赤字和结构性赤字

这两种赤字概念不是因为计算口径不同,而是由于赤字与经济运行状况的关系不同。周期性赤字是指由于运行的周期性引起的赤字,即在经济衰退期间,由于财政支出增加而财政收入减少所形成的赤字。结构性赤字是指非经济周期性因素引起的赤字,即经济活动保持在充分就业状态时出现的赤字,故又称充分就业赤字。

3. 弥补赤字的融资机制及效应

1) 财政赤字的融资机制

当政府支出超过了收入就会出现财政赤字,那么政府如何为财政赤字融资呢? 主要有两种方式,即债务融资和货币融资。一方面,与私人融资一样,当收入不足以弥补支出时,政府就必须向公众借钱,即发行公债,发行公债为赤字融资称为债务融资或赤字债务化。另一方面,政府与私人不同的是,政府拥有货币发行垄断权,可以通过货币创造方式

弥补财政赤字。而货币融资又有两种方式：一种是直接方式，即财政部直接向中央银行借款或透支；另一种是间接方式，即财政部向公众发行公债，随后中央银行在公开市场上购入公债，即中央银行将债务货币化。这两种方式在本质上是一样的，都是政府通过增加基础货币为财政赤字融资，正是在这个意义上称之为赤字货币化。

债务融资和货币融资是弥补财政赤字的两种常规方法。在1995年以前，中国一部分财政赤字是通过向中央银行直接借款或透支弥补的。1995年通过的中国人民银行法规定，中央银行不得向财政提供借款和透支，亦不得直接购买政府债券。当然，中央银行通过公开银行业务购买公债间接地为财政赤字融资依然存在。由此可知，如果扣除通过货币融资弥补的财政赤字，那么公债就是过去所有财政赤字（财政盈余作为财政赤字的负值）累积的总额。用经济学术语来表达，公债是一个存量，而赤字则是一个流量。

2）不同融资机制的经济效应

首先，债务化融资对经济的影响。如前所述，通过发行公债弥补财政赤字只是资金在部门之间的转移，如居民、企业和商业银行购买公债，不过是这些部门将暂时闲置的资金的使用权转移给政府部门，不会增加基础货币量，从而也不会扩大货币供应量。因为居民、企业和商业银行购买公债，购买当时都表现为商业银行在中央银行的准备金减少，但财政支出后，准备金又会恢复，准备金不变，货币供给规模也不变，财政赤字只是以替代方式嵌入总需求，并不会增加总需求，因而赤字债务化一般不会导致通货膨胀。

那么，赤字债务化是否就一定不会导致通货膨胀呢？答案不是绝对的，在下面两种情况下通过发行公债融资的财政赤字仍然会导致通货膨胀。其一，当政府通过出售公债为财政赤字融资时，在利率市场化的条件下，就可能推动利率上升。中央银行为了维持利率的稳定，就会通过公开市场业务买进公债，也就是将赤字债务化转变为赤字货币化，从而导致基础货币的增加，因此举债弥补财政赤字的净效应将是货币量的增加。如果财政赤字不断持续，公债供应量不断增加，推动利率上升的压力也在持续增强，于是中央银行不断购买公债，货币供应也不断增加，最终将导致通货膨胀。尽管发达国家具有发达的公债市场和金融市场，但巨额的财政赤字和公债也有可能导致通货膨胀。其二，在公债市场和金融市场不完善的发展中国家，由于公债市场不发达，当政府出现财政赤字时，政府无法通过发行公债来为赤字融资，或者公债的规模过于庞大，损伤了政府和公债的信誉，人们对政府的偿债能力失去信心，那么政府被迫不得不印刷钞票或者向中央银行借款，结果也是将赤字债务化转变为赤字货币化。

发行公债是世界各国弥补财政赤字的普遍做法，而且被认为是一种最可靠的弥补途径。但是，债务作为弥补财政赤字的来源，会随着财政赤字的增长而增长。另外，债务是要还本付息的，债务的增加也会反过来加大财政赤字。当前有些国家就面临着赤字与债务同时增长的困境。在这些国家中，有些发达国家主要担心的是债务带来的挤出效应以及巨额债务终将导致债务货币化的结果，有些发展中国家也担心会产生不良后果，例如公债信誉下降、债券不易发行、出现债务危机、被迫发行货币偿还本息等。在已经存在赤字的情况下，一般是靠发新债还旧债，而每年连续发行，都要还本付息。财政实际可支配的债务收入是当年发行数减去当年还本付息的净收入，为了保持和加大净收入就必须扩大发行额，未偿还债务规模随之逐年增加，自然利息支出也不断增大。公债利率是公债发行中的一个重要问题。利率低甚至出现负利率，会加大发行难度，但高利率又会加大发行成本，并构成扩大财政赤字的因素。在发展中国家，迫于政府急需资金和市场利率压力，公债利率一般呈上升趋势。而公债利率只有低于 GDP 的增长速度，才有可能依靠税收的自然增长支付利息，否则也要靠借新债还旧债的利息。在这种情况下，必然出现扩大债务规模和控制利率的两难选择。因此，发行公债虽是弥补财政赤字的一种可靠手段，但是，对公债的发行和管理决不可掉以轻心。

其次，货币化融资对经济的影响。一般认为，巨额财政赤字通过扩张总需求必将导致通货膨胀，这种观点在理论界和政府决策部门都很流行，世界上一些经历过恶性通货膨胀的国家的实际经验似乎也证明了这个观点。曾经遭受过恶性通货膨胀之苦的国家，如20世纪70年代的拉美的一些国家以及90年代的俄罗斯和苏联的其他成员国，发生恶性通货膨胀的最终原因就是其庞大的预算赤字和过高的债务负担率。财政赤字对经济的影响与赤字规模大小有关，但更主要的还是取决于赤字的弥补方式。高预算赤字对总需求具有很大的扩张作用，有可能导致通货膨胀，但不是必然导致通货膨胀，必须具体情况具体分析。

通过货币创造为财政赤字融资会直接增加基础货币量，进而按照货币乘数作用扩大货币供应量，因而通过货币创造为财政赤字融资，是增加新的需求叠加在原有需求之上，从而对总需求具有较强的扩张作用，因而有极大可能导致通货膨胀。但是否导致通货膨胀，还需要进行具体分析。通货膨胀被定义为物价总水平全面、持续地上涨过程。因此，只有财政赤字在一段时间内持续存在，而且通过赤字货币化持续地为财政赤字融资，才有可能导致通货膨胀。初期，如果赤字是由货币化来融资的，那么基础货币增加，货币供应量也会按照货币乘数相应地增加，货币供应量的增加将导致物价水平的上涨。如果财政赤字在下一个时期仍然存在，而且靠货币化来为赤字融资，那么，这一过程将会继续。这个持续过程的关键是，赤字持续存在，而且持续使用货币化方式融资。如果下个时期预算平衡，没有赤字，政府不需要再通过创造货币为赤字融资，物价水平也就不会继续上涨。因此，为弥补暂时性的财政赤字而一次性增加的货币供给，只能引起物价水平的一次性上升，而不会引发通货膨胀。

但是，上述情况仅仅是财政赤字导致通货膨胀的必要条件，并不是充分条件。其理由在于，一般情况下，只有货币供给超过货币需求才可能引发通货膨胀。而货币供应量的变化不仅取决于基础货币量的变化，还取决于货币乘数的变化。货币供应量等于基础货币乘以货币乘数，即

$$M = Bm$$

式中，M 为货币供应量，B 为基础货币量，m 为货币乘数。政府通过货币创造弥补财政赤字只能影响基础货币，对整个货币供应量的影响还要看货币乘数的变化。如果政府通过货币创造弥补财政赤字增加了基础货币，但同时由于种种原因，货币乘数在降低，而且货币乘数降低的幅度等于（或超过）基础货币增加的幅度，那么货币供应量不但没有增加，反而可能减少。如果这种情况发生，政府弥补财政赤字而增加基础货币就不会导致通货膨胀。另一种可能是，尽管货币供应量增加，但货币需求也在增加，而且货币需求增加的幅度等于或超过货币供给的增加幅度，那么也不会导致通货膨胀。随着经济的增长，货

币需求必然相应增加。如果政府通过货币创造增加的货币供应量没有超过经济增长所要求的货币需求的增加量，那么也不会导致通货膨胀。

9.4 中国的政府预算与债务

9.4.1 中国的政府预算制度改革

近年来，中国相继实施了多项预算管理措施，使得预算管理水平和预算透明度得到一定提高。但是，由于政府预算改革涉及的范围较广，再加上经济转型的一些深层次问题尚未得到解决，预算改革仍处于初步阶段。

1. 中国预算制度存在的问题

预算管理制度是保证政府预算执行的基础和规范，随着社会主义市场经济体制改革的不断深入，中国原有的预算管理制度存在的问题日益暴露出来。

1）预算年度不合理

中国一直实行历年制预算年度（每年1月1日至同年12月31日），而中央和地方预算草案要待3月份以后举行的各级人民代表大会审批，这种日历年度与财政年度合一的做法导致预算实际编制时间较短，从每年11月前后布置预算编制工作到次年3月人代会讨论预算草案，通常只有两个月的编制时间。由于时间仓促，人代会审议政府预算的时间很短，很难认真、逐项地审议预算，只能对预算进行总体性、一般性审查，最终流于形式。由于时间错位，预算执行中出现法律空当。预算年度的起始日先于人代会审议日，造成国家预算获得批准并开始执行的时间远远滞后于预算的编制，这意味着一年中有1/4的时间实际上是没有预算，或者执行的是未经法定程序审批的预算，不仅影响了预算的正常进行，而且使国家预算的严肃性大打折扣。

2）预算编制缺乏前瞻性、科学性和完整性

长期以来，中国的预算编制只是在既定收支之间安排资金，缺乏科学的分析预测，没有很好地将预算编制与经济预测结合起来，并以经济预测为基础，通过对经济周期、产业结构的发展变化来确定预算收支总体水平的发展变化及收支结构的调整。中国尽管也编制财政发展的中长期计划，但在实际执行中与年度预算基本上还是"两张皮"，致使年度预算对财政经济的约束相当有限，不能两者兼顾。

预算编制方法不尽科学，主要体现在：一是各部门经费多少不是取决于事业发展的实际需要，而是取决于原来的基数；二是基数法固定了财政资金在部门间的分配格局，预算资金被套牢，财政无法根据机构和人员变动情况相应调整支出规模，制约了财政对经济规模和结构的宏观调控；三是不利于控制支出规模，基数法实际上是增量预算，即财政支出只能在上年的基数上增加，一般不能比上年基数少，因此，不利于控制支出规模。常年使用基数法，经过多年积累，基数成了常数，形成支出刚性，不管财政状况如何，支出都一味地增长，这不利于调整和优化支出结构。

预算编制缺乏完整性。中国在财政分配中把财政性资金分为预算内、预算外，财政分配实际上只对预算内资金进行分配，而没有将预算外资金作为政府宏观调控的财力来使用，导致预算外资金游离于预算管理之外，削弱了财政的宏观调控能力。此外，中国预算的非完整性还表现在部门预算的编制上，由于中国目前的支出预算是按资金性质归类编制，不同部门、单位的资金性质不同，来源渠道不同，于是各种资金如行政经费、科研经费、基建支出等分别由不同职能部门分配管理。这就使财政难以对一个预算单位的经费整体使用情况实施有效的监督和控制。加之预算编制较粗，管理水平不高，执行中随意性大，追加追减的情况时有发生。又由于预算编报没有经过预算编制部门的预算过程，所以各级人大批准的预算不能及时细化到部门、项目，财政部门难以按《预算法》规定的日期及时批复预算。

3) 预算收支的测算方法过于简单

预算收支的测算方法过于简单，缺乏科学论证，导致财政收支的测算结果与实际情况相去甚远。在收入预算的编制上，往往存在较多的人为因素和长官意志，或者是国家已经确定了当年财政收入的增长比率，地方就是一个执行的问题。结果使各预算单位对基数重视有余，而对资金使用效益却过问甚少，而且也易于形成支出刚性，不利于预算支出总量与结构的调整。

4) 预算编制有关职能不分

由于预算编制、执行、监督不分，预算编制的质量和效率不高。一方面，财政部门和有关部门职能不分。财政部门既负责预算的编制，又负责组织各部门预算的执行，这一机制制约各部门在组织预算执行中的积极性的发挥；另一方面，财政部门内部各部门的职能不分，主要问题在于财政部门内各职能部门的职责划分不清楚。财政内部除预算管理部门外其他业务部门都编制预算，经常出现财务监督部门为其管辖的部门争预算、随意调整预算的情况。由于预算管理部门掌握的情况不充分，调整的依据不十分充足，调整的结果也就难以科学准确。在预算准备、编制和执行过程中投入的时间与精力不足，形成"预算简单化，决算复杂化"局面。这体现在：一是结算项目繁杂，大量结转资金和跨年度结算项目容易对下年度预算执行产生冲击；二是强化了地方对年终总决算的依赖思想，各地对年终决算解决的期望值越来越高，中央财政面临巨大压力；三是财政工作集中，预算、决算工作效率不高；四是结算事项多，财政算账难。一方面，各种专项上缴扩大趋势明显不适应分税制的要求；另一方面，结算补助中税收返还计算复杂，且超基数返还比例太低，转移支付数额小且计算依据难以符合客观实际，其他补助项目多、数量少等问题，使地方各级财政很难精准计算财力，给预算编制带来一定困难。

2. 中国政府预算的改革

自1998年年底财政部首次提出建设公共财政的要求以来，中国初步建成了部门预算、国库集中收付制度、政府采购三位一体的公共财政框架。从本质上看，财政支出领域的上述三项改革其实是围绕着一个核心进行的，即公共预算制度改革。"部门预算"、"国库集中收付制度"、"政府采购"被称为是中国政府预算改革的"三驾马车"。

1) 部门预算

部门预算是由政府各部门编制，反映各部门所有收支，经财政部门审核后报立法机关审核通过的预算，即一个部门一个预算。

部门预算与传统功能预算存在如下区别。第一，预算编制的分类不同。传统预算也称功能预算,是采取收入按类别、支出按功能编制的预算,其特点是在编制预算时,根据政府的职能和经费性质对开支加以分类进行编制;部门预算是按部门分类编制预算,对部门内的各项资金再按功能、按预算科目把各项支出内容细化分解到具体支出项目上。第二,预算覆盖的范围不同。功能预算的编制范围仅限于财政预算内资金收支预算;部门预算编制则覆盖了预算部门的全部收支,既包括财政预算内资金收支,也包括预算外资金收支和其他收支。第三,预算作用侧重点不同。功能预算强调预算分配的计划性,有利于国家宏观经济政策和财政调控政策的实施;部门预算则强调部门各预算的全过程管理,突出预算的事前控制作用,使预算延伸到微观层次。第四,预算管理方式的不同。功能预算下,一个部门的经费在财政和各部门分别由不同的机构管理;部门预算下,一个部门的经费在财政和部门均由同一机构管理。第五,预算编制方式不同。功能预算编制过程是自上而下,由财政部门把预算控制指标下达给部门,主管部门代表基层单位编制预算,层层代编。部门预算编制过程则是自下而上,逐级审核汇总,最后由财政部门审核汇编形成财政总预算。

实施部门预算符合《预算法》的规定,促进了预算的法制建设。编制部门预算提高了中央预算的透明度,预算草案中各部门使用的资金数额、主要用于哪些项目等比较清楚,有利于人大代表有效地审查和监督。实行部门预算,要求将预算的经费来源和分配办法分开,接收各有关部门和单位的监督,有利于防止预算分配过程中的不规范行为,有利于加强廉政建设、防止腐败,有利于预算编制的公开、公平和公正。

2) 国库集中收付制度

国库集中收付制度,一般也称为国库单一账户制度,是指由财政部门代表政府设置国库单一账户体系,所有的财政性资金均纳入国库单一账户体系收缴、支付和管理的制度。国库集中收付制度包括国库集中支付制度和收入收缴管理制度。财政收入通过国库单一账户体系,直接缴入国库;财政支出通过国库单一账户体系,以财政直接支付和财政授权支付的方式,将资金支付到商品和劳务供应者或者用款单位,即预算单位使用资金但见不到资金;未支用的资金均保留在国库单一账户,由财政部门代表政府进行管理运作,降低政府筹资成本,为实施宏观调控政策提供可选择的手段。

国库集中收付是政府经济行为,是政府的财政管理活动。集中收付的对象是财政性资金,集中收付的中介是国库及其指定的代理商业银行。

中国财政国库管理制度改革的指导思想是:按照社会主义市场经济体制下公共财政的发展要求,借鉴国际通行做法和成功经验,结合中国的具体国情,建立和完善以国库单一账户体系为基础、资金缴拨以国库集中支付为主要形式的财政国库管理制度,进一步加强财政监督,提高资金使用效益,更好地发挥财政在宏观调控中的作用。

中国国库管理制度改革的主要内容是:按照财政国库管理制度的基本发展要求,建立国库单一账户体系,所有财政性资金都纳入国库单一账户体系管理,收入直接缴入国库或财政专户,支出通过国库单一账户体系支付到商品和劳务供应者或者用款单位。

国库单一账户体系由四个部门组成:一是国库单一账户。国库单一账户为国库存款账户,用于记录、核算和反映纳入预算管理的财政收入和支出活动,并用于与财政部门在商业银行开设的零余额账户进行清算,实现支付。二是零余额账户。财政部门的零余额账户用于财政直接支付和国库单一账户支出清算,预算单位的零余额账户用于财政授权支付和清算。三是预算外资金财政专户。用于记录、核算和反映预算外资金的收入和支出活动,并用于预算外资金日常收支清算。四是特设专户。用于记录和反映预算单位的特殊专项支出活动,并用于国库单一账户清算。

为了加强预算外资金收入收缴管理,实行规范化的"收支两条线"制度,财政部和中国人民银行制订了预算外资金收入收缴管理制度改革方案。根据财政国库管理制度改革要求,预算外资金收入收缴管理制度改革的主要内容是:财政部门设立预算外资金专户,取消主管部门和征收单位设立的收入过渡性账户;规范收入收缴程序;健全票据管理体系;充分运用现代信息基数,加强对预算外资金收入收缴的监督管理。

3) 政府采购

政府采购也称公共采购,是指各级政府及其所属机构为了开展日常政务活动或者为公众提供公共服务的需要,在财政监督下,以法定的方式、方法和程序,对货物、工程或服务的购买。

政府采购是一种采购管理制度,其特点是:资金来源的公共性,采购主体的特定性,采购活动的非商业性,采购对象的广泛性、政策性、规范性,影响力大。此外,财政部门实行全方位的监督,也是政府采购的一个重要特征。推进政府采购制度,有助于最大限度地节约公共资金,推动市场竞争,并防止采购活动中的腐败现象。

政府采购秉持公开透明、公平竞争、公正、诚实信用的原则。根据中国的具体情况,并借鉴国际上通行的做法,《中华人民共和国政府采购法》规定了政府采购可以采用以下方式:一是公开招标,是指采购人通过发布招标公告,邀请供应商参加投标,并从中择优选择采购方式。公开招标体现了充分竞争的原则,有利于加强对政府采购活动的监督,防止腐败行为的发生。因此,公开招标应作为政府采购的主要采购方式。二是邀请招标,是指采购人以投标邀请书的方式邀请若干特定的供应商参加投标,并从中择优选择中标供应商。三是竞争性谈判,是指采购人通过与多家供应商进行谈判,从中择优确定成交供应商。四是单一来源采购,也称直接采购,是指采购人只向唯一的供应商进行采购。五是询价采购,是指采购人向一定数量的供应商发出报价要求,在报价的基础上进行比较并确定成交供应商。

政府采购的监督主要来自四个方面:一是政府部门的监督,包括各级财政部门、政府有关部门、审计机关、监察机关的监督。二是供应商的监督,即赋予供应商知情权和监督权,既保护了供应商的合法权益,又提高了政府采购活动的透明性、公平性。供应商对政府采购活动的监督,表现为供应商对政府采购活动的有关事项可以进行质疑和投诉。三是集中采购机构的内部监督,即集中采购机构应当建立健全内部监督管理制度,采购活动的决策和执行程序应当明确,并相互监督、相互制约。经办采购的人员与负责采购合同审核、验收人员的职责权限应当明确,并且相互分离。四是社会监督,即任何单位和个人对政府采购活动中的违法行为有权控告和检举,有关部门、机关应当依照各自职责及时处理。

➡ **专栏:中国政府部门预算资金**

《中国青年报》(2013年7月14日)记者王亦君报道。财政部发出通知,要求中央国家机关各部门对 2013 年一般性支出统一按 5% 比例压减,重点压减办公楼和业务用房建设及修缮支出、会议费、办公设备购置费、差旅费、车辆购置和运行经费、公务接待费、因公出国(境)经费等。2008 年全球金融危机时期,财政部就曾于当年要求严格控制一般性支出,提出"公务购车用车、会议经费、公务接待费用、出国(境)经费"四个零增长的要求。上海财经大学教授邓淑莲认为,"这几年,中央在提出政府带头过紧日子时,都从压缩政府的一般性支出入手,说明政府为了维持正常运转的支出确实有较大的压缩空间"。一般性支出具有零散性,监督难度较大,开支过程中难以明确区分"公用和私用",缺乏统一的规定来约束,给支出水平带来过大弹性。财政部的通知下发后,公众算出了这样一个数字:根据 2012 年中央决算报告,2012 年中央行政单位的行政经费合计 1 028.52 亿元,如果今年按 5% 的比例压减,压减的规模约为 51.4 亿元。中央财经大学财经研究院院长、政府预算研究中心主任王雍君对《中国青年报》记者表示,50 多亿元的压减规模不算小,这其实反映了中国预算分配模式中的一个痼疾,即政府部门每年获得的预算资金,远远超过实际支出需要。

通常,公众对于财政部通知大都理解为,政府要大量减少包括"三公经费"在内的行政经费。而在一些财税法学者看来,按照目前中国部门预算采取的功能分类方法,行政经费并不在这种分类中,行政经费支出分散在诸如一般公共服务、外交、国防、公共安全、教育、科学技术、文化体育传媒等功能分类中,若要掌握政府行政费用,需要从这些分类中分离汇总出政府执行以上职能时自身的花费。邓淑莲说,"简单的一个几百亿、上千亿的数字,看不出来行政经费包括哪些支出,每项到底是怎样的标准,也不知道有关部门是基于怎样的目的把钱花出去的"。王雍君赞同并认为,"严格说来,行政经费支出、'三公经费'支出都不是按照科学分类的预算支出科目,由于这些支出具有很浓厚的内部服务特征,不属于政府向纳税人提供的公共服务支出,行政机关公用私用的界限很难界定,有比较大的权力寻租空间,所以政府回应公众期待,这几年逐步推动了行政经费和'三公经费'的预决算公开"。

(选摘自:http://finance.sina.com.cn/china/20130714)

9.4.2 中国当前地方政府债务

改革开放以来,随着工业化、城镇化进程的加快,地方建设性融资需求快速增长。20 世纪 90 年代起,一些地方政府开始尝试通过设立融资平台公司推行地方债,逐渐形成了相当规模的地方政府债务。

1. 地方政府债务现状

当前中国地方政府债务主要是指地方政府融资平台公司向银行的借款。融资平台公司是指由地方政府及其部门和机构等通过财政拨款或注入土地、股权等资产设立,承担政府投资项目融资功能,并拥有独立法人资格的经济实体。公司债务大体分为三类:一是融资平台公司因承担公益性项目建设举借、主要依靠财政性资金偿还的债务;二是融资平台公司因承担公益性项目建设举借,而项目本身有稳定经营性收入并主要依靠自身收益偿还的债务;三是融资平台公司因承担非公益性项目建设举借的债务。由于公司是地方政府通过财政拨款和注入国有资产注册,是为地方政府投资项目融资的,所以,公司债务构成地方政府或有债务,或是变相的地方政府或有债务。

当前地方债务具有如下特点:一是普遍性,全国各个地方政府都存在,只是多少的差别。二是数额大,增长快。新华社报道称,2013年经审计显示的地方政府性债务规模较2011年的审计结果增长几乎翻番,或已达19万亿元;另有研究人员估计已突破20万亿元。实际数额究竟是多少?穆迪发表报告称,中国地方政府债务负担或将比审计估算数字多出3.5万亿元人民币(5 400亿美元)①。

2. 地方债务的成因

地方债务的成因主要包括以下几方面。

(1) 分税制改革后各级政府间事权和财权高度不匹配。1994年实行分税制改革后,地方财政所占全国总财政收入的比例不断下降,造成地方政府事权和财权高度不对称,地方财政收支严重失衡,导致了地方财政状况不断恶化。而《预算法》又规定,"地方各级预算按照量入为出、收支平衡的原则编制,不列赤字。除法律和国务院另有规定外,地方政府不得发行地方政府债券"。这就使得地方政府无法在体制内寻求收支缺口的弥补途径,于是转向体制外,扩大预算外收入和举债成为地方政府缓解收支矛盾的主要途径,而在国家对预算外收入和收费进行约束后,举债成为地方政府更易于操作的工具而被广泛使用,导致地方政府债务大量积累。

(2) 政绩考核机制的不合理。部分地方官员对政绩工程的热衷,是推动地方债务的又一重要原因。中国目前实行的地方政府经济绩效考核模式,决定了地方政府领导为了升迁,往往通过地区经济发展成绩来谋求晋升资本。而拉动经济增长最好的方式,就是加大投资,在预算资金有限的情况下,举债投资就成为地方政府加大投资的重要方式。在以GDP增长论政绩的推动下,地方政府不顾地方偿债能力和负债结构争相举债,使地方债务规模不断上升。

(3) 地方财政制度不健全。地方财政制度不健全,也是地方债务规模不断扩大的原因。地方财政制度不健全,主要体现在分散管理、管理缺失以及多头管理方面。缺乏统一的债务管理机制,各自为政、多头管理,给债务信息统计、债务控制、债务资金使用效率以及债务监督等方面带来了严重问题,进而造成债务存量不清、权责不明、规模失控。

目前很多部门都拥有预算外收支,这些并没有纳入政府一般预算范围中,财政部门很难对这些收支进行统筹和规划。由于这些部门拥有财政收支管理权,也就可以像财政部门那样,通过举债来调节财政收支。这些具有财政收入和财政行为的部门在资金紧缺时,往往绕开财政部门的监管而进行举债,致使政府债务不断增加。财政主体的多元化,使得地方债务比较散乱,加重了统计和监管的难度。

3. 地方债务的治理

鉴于地方政府融资平台公司债务存在的问题,2010年6月13日国务院下达《加强地方政府融资平台公司管理有关问题通知》,采取措施清理和规范地方政府融资平台及其积累的债务,主要包括清理核实并妥善处理融资平台公司债务、对融资平台公司进行清理规

---

① 中国地方债务规模低估3.5万亿[EB/OL]. 财经网. http://www.caijing.com.cn/2011-07-05/110765570.html.

范、制止地方政府违规担保承诺行为、加强对融资平台公司的融资管理和银行业金融机构等的信贷管理、采取有效措施落实有关债务人偿债责任等。

治理地方政府债务的根本出路应是通过法制化途径，加强预算约束，逐步建立管理规范、运行高效、风险可控的地方政府债务管理制度和运行机制。为此，可供采取的措施包括：第一，要肯定地方债务存在的合理性。地方债务是世界各国普遍存在的，中国的实践也证明地方债务是不可避免的。中国是一个大国，实行分级管理的财政体制，特别是中国的地方政府负担和履行重要的经济建设职能，在国家预算之外通过地方债务筹措一部分建设资金是必要的，是不可能取消的，所以应当承认地方债务的合理性。第二，进一步完善预算法，制定地方债务法规，确立地方政府债务概念，确定地方债务法律依据。第三，将债务纳入预算管理，编制债务预算，加强预算约束。允许地方财政按国家规定编制赤字预算，由地方债务来弥补。第四，地方债务主要采用发行地方债券形式，公开招标发行，并允许在银行间债券市场和证券交易所市场上市流通。地方债券的市场化，可以增强债券的透明度，吸引广大群众的参与和监督。

9.5 小　　结

财政平衡是指预算年度预算收支在量上的对比关系。收支对比不外乎三种结果：一是收大于支有结余；二是支大于收有逆差，即财政赤字；三是收支相等。国家预算作为一种平衡表，收与支是恒等的，而财政赤字或财政结余不过是从某种政策含义上，就收支的经济内容特别是就收入要素的分析所得出的结果。就经济内容上分析，收支正好相等的情况在理论上是可以成立的，但从实际经济运行来看，几乎是不存在的，而且当今世界各国年年有预算结余的国家也为数很少，预算逆差倒是收支对比的常态。就现代市场经济国家而言，财政赤字已经是一种世界性经济现象。财政平衡不过是把收支对比的一种理想状态，作为预算的编制和执行追求的目标和考核目标而已。因此，在研究财政平衡和财政赤字之前，必须首先明确应当如何理解财政平衡，合理看待赤字、债务负担，这对于宏观调控经济是非常重要的。

本章要点

- 政府运行的过程要消耗一定的社会资源，形成政府支出。各国政府的支出规模普遍呈现出日益增长的趋势。发展中国家与发达国家的政府增长存在一些差异。
- 反映财政支出规模及其变化的指标主要包括以下三个种类：财政支出增长率、财政支出增长的弹性系数、财政支出的边际增长倾向。
- 瓦格纳法则认为，随着人均收入的提高，财政支出占GDP的比重也相应提高。
- 皮科克和怀斯曼的梯度渐进增长理论（替代—规模效应理论）认为，在不同的经济和社会现实条件下，财政支出不断增长的原因在于两类因素，即内在因素和外在因素。
- 马斯格雷夫和罗斯托对公共支出增长提出了阶段论。

- 鲍莫尔法则认为,随着时间的推移,既定数量的公共品价格相对于既定数量的私人产品之间的价格会上升,如果对于公共部门活动的需要是无弹性的,就必然造成财政支出不断增长的趋势。
- 政府预算是经法律程序批准的政府年度公共财政收支计划,反映着政府介入经济社会生活的范围、规模和程度,可以控制政府支出的规模。坚持以下原则,即公开透明、可靠性、完整性、统一性和年度性。
- 公债作为政府以债务人身份取得的一种收入,是各级政府借债的统称、政府收入的一种特殊形式、政府信用或财政信用的主要形式、政府可以运用的一种重要的宏观调控手段。
- 公债规模取决于社会应偿能力、政府偿债能力、社会游资总量,以及公债使用方向、结构和效益。
- 衡量公债规模的指标包括公债偿债率、公债依存度、公债负担率。
- 财政平衡(预算平衡),是指在一个预算年度内,财政收支在量上的对比关系。财政收入小于财政支出的差额是财政赤字。
- 中国预算制度存在的问题包括预算年度不合理,预算编制缺乏前瞻性、科学性和完整性,预算收支的测算方法过于简单,预算编制有关职能不分。
- 中国政府预算的改革围绕部门预算、国库集中收付制度、政府采购。

主 要 概 念

- 瓦格纳法则
- 政府预算
- 单式预算
- 复式预算
- 基数预算
- 零基预算
- 绩效预算
- 计划项目预算
- 公债
- 公债幻觉
- 公债的资产效应
- 社会的应债能力
- 政府的偿债能力
- 巴罗—李嘉图等价定理
- 公债偿债率
- 公债依存度
- 公债负担率
- 财政平衡

- 财政赤字
- 部门预算
- 国库集中收付制度
- 政府采购

思 考 题

- 简述瓦格纳法则、梯度渐进增长理论和经济发展理论。
- 什么是政府预算?它的级次组成是什么?
- 简述政府预算的原则。
- 简述复式预算和单式预算的区别。零基预算和增量预算相比有什么优点?
- 你认为公债是有益的还是有害的?
- 试分析公债的规模。
- 制约公债规模的影响因素有哪些?
- 简述中国公共预算改革内容,并谈谈你对改革的看法。
- 谈谈你对于当前中国地方债务问题的看法。

扩展部分：政策实践

第 10 章 财政选择

巴斯夏曾为国家下了一个经典的定义:"国家是一个庞大的虚伪的实体,每个人都竭力通过它以牺牲他人为代价来维持自己的生活。"(巴斯夏:《财产、法律与政府》)这是詹姆斯布坎南创立的、获得过诺贝尔经济学奖的公共选择理论的基石。

——秋风.漫说哈耶克[M].北京:中信出版社,2013:25.

在市场经济中,任何一项决策的施行,都要对其合理性进行分析与研判。对于私人部门,该项投资是否可行的关键在于其能否带来净收益。而对于公共部门,该项决策是否施行的关键则在于其能否增进社会福利,因此,对其成本—收益进行衡量仅仅是项目是否可行的虑及因素之一,很多情况下即使(账面)净收益为负的政策也是需要施行的;同时,需要考虑的因素还在于,这种政策是否能够施行还需要通过必要的选择程序,很多情况下即使是看似可行和增进福利的政策提案也无法得到施行。本章的内容在于分析财政选择的上述两个决策虑及方面,即成本—收益和政策选择。

10.1 成本—收益分析

10.1.1 成本—收益分析概述

资源是稀缺的,这决定了人们在对各种备选项进行选择的过程中首先想到的是"是否有损失",这是每个理性人心中的一杆秤。从经济角度看,计算得失,就是所谓的成本—收益分析(cost-benefit analysis,CBA)所研究的内容。私人部门进行决策需要进行成本—收益分析,公共部门做决策也广泛应用这一分析。它最初出现在美国《1936 年防洪法案》(US Flood Control Act of 1936)中,是对美国联邦政府的水利资源利用情况进行评价的一种方法。20 世纪 60 年代中期以前,这种方法没有引起公众的兴趣。20 世纪 60 年代中期,美国林肯·约翰逊总统的大社会方案导致了政府项目的范围与规模的巨大扩张,许多新项目被提出来,由此产生了对系统的评估程序的需求。约翰逊政府因此要求对任何一个项目的成本与效益进行计算,并将这些成本与效益和相关方案的收益进行比照。在 20 世纪 60 年代出现计划规划预算制度(planning-programming-budgeting system,PPBS)之后,成本—收益分析在鼓励和质疑中得到系统的应用。1981 年起,美国联邦政府拟定的所有新政策都必须进行成本—收益分析。2003 年,美国白宫办公厅的管理和预算办公室发布的 A-4 通知认为,成本—收益分析是政府监管分析的一项重要工具,成本—收益分析将待评估的政府监管政策可能产生的收益和成本用货币单位量化,为政策决策者判断备选方案的效率,也就是哪个备选方案对社会的净收益是最大的,提供了一个清晰明确的指引。

成本—收益分析是一种用于决定各个政府项目在一段时间内的相对优劣的实用技术,成本—收益分析的应用有助于提高效率,因为它确保了那些边际社会成本超过边际社会收益的新项目不会被提交给政府审议。如果应用得当,成本—收益分析还可以向政府当局和居民提供在各种政府项目之间进行选择时所要使用的重要信息。

10.1.2 私人部门成本—收益分析

对公共支出项目的成本—收益分析有必要与对私人部门投资决策的成本—收益分析进行对比。

成本—收益分析的理论基础是投入产出原理,即根据评估对象所产生的成本和收益来分析确定该评估项目实行的可行性和优越性。如果一个项目的总收益大于总成本,则这种投资是可行的、有效率的。一般来讲,私人部门投资的成本—收益分析包含以下四个步骤。

第一步,列出各种备选方案。钢铁厂要扩大生产能力,可以选择不同的投资方案,比如平炉、转炉或者电炉来熔化铁矿石;可以选择连续热轧、冷拉等钢材加工工艺。第一阶段的任务就是将各种可能达到目的的方案一一列举出来。

第二步,鉴定各备选方案的投入和产出。企业主要关心投入和产出的大小,因此,需要确定各备选方案中所需的各种投入以及产出的数量、质量。比如,每一个备选方案所需要的劳动力、铁矿石、煤炭、电力等的消耗量,每一个备选方案所生产的钢的质量、产量、产生的各类废物规模、资源消耗。

第三步,用货币衡量各备选方案投入和产出的大小。为使各备选方案的成本、收益能用统一标准衡量,并进行比较,必须将它们转化为同一个度量单位——货币单位。也就是说,企业必须估算出各备选方案所需的劳动力成本、设备的折旧费用、原材料价值以及管理费用等,并据此确定各备选方案的成本大小,同时根据不同质量钢材的市场价格,确定钢材的收益。

第四步,对各备选方案进行评价。根据各备选方案不同时期的成本收益流的大小评估其可行性,并确定最优方案。

在成本—收益分析的四个步骤中,确定不同时期发生的成本收益,并根据各时期的成本收益进行项目评估,是私人部门项目评估中的两个关键问题。

1. 现值

通常情况下,项目所需成本和所获收益发生在不同时期,那么,不同时期发生的成本和收益如何进行比较呢?需要先分析无通货膨胀下的成本收益比较问题,然后再讨论有通货膨胀因素时的成本收益比较问题。

1) 无通货膨胀下的现值(present value,PV)

比如,假设某人想把1 000元钱存进银行,银行存款的年利率为5%(不存在通货膨胀),各期收入如下:

一年后 $1\,000 \times (1+5\%) = 1\,050$(元)

两年后 $1\,000 \times (1+5\%)^2 = 1\,102.5$(元)

三年后 $1\,000 \times (1+5\%)^3 = 1\,157.6$(元)

因此,R_0元投资t年,利率为i,到第t年年末,收入为$R_0 \times (1+i)^t$元,表明现在投资的未来价值是多少。

反之，为了一年后得到 1 050 元，或两年后得到 1 102.5 元，现在只需存 1 000 元就够了。这 1 000 元就是为一年后得到 1 050 元或两年后得到 1102.5 元，在今天所愿意支付的最大数额，或者说是未来 1 050 元或 1 102.5 元的现在价值。一般来说，当利率为 i，承诺 t 年后收入 R_0 元的现值是 $\frac{R_0}{(1+i)^t}$ 元。因此，即使没有通货膨胀，将来 1 元的价值也小于现在 1 元的价值，必须按某一数额"折扣"，该数额取决于利率的高低和收到货币的时间长短。因此，i 通常被称为贴现率(discount rate)，$(1+i)^t$ 元被称为未来 t 时期的货币贴现因子。在其他条件相同的情况下，为得到 1 元钱等待的时间越长，今天愿意为其支付的货币就越少。

最后，考虑一个更具一般性的情况。现在获得 R_0 元，一年后获得 R_1 元，两年后获得 R_2 元，以此类推，直到 t 年。这笔交易现在值多少钱呢？直接将 $R_0, R_1, R_2, \cdots, R_t$ 相加是错误的，因为未来的 1 元与现在的 1 元是不等价的。正确的做法是，先把每年的钱转化为现值，然后再把它们加起来，即

$$PV = R_0 + \frac{R_1}{(1+i)} + \frac{R_2}{(1+i)^2} + \cdots + \frac{R_t}{(1+i)^t} = \sum_{t=0}^{t} \frac{R_t}{(1+i)^t}$$

贴现率在成本—收益分析中扮演着非常重要的角色。贴现率越高，未来产生收益的投资就会大打折扣。例如，一个 20 年后产生 100 万元收益的项目，如果不贴现，收益将是 100 万元。如果利率为 5%，20 年后的现值为 $\frac{100}{(1+5\%)^{20}} = 37.69$ 万元；如果 $i = 10\%$，现值只有 $\frac{100}{1.1^{20}} = 14.86$ 万元，不足 100 万元的 15%。

2) 有通货膨胀的现值

如果考虑通货膨胀，需要进一步修正上面的公式。假定某一投资项目，按现价计算，每年产生相同收益 R_0 元，如果每年的通货膨胀率为 7%，收益将随通货膨胀率而上升。因此，一年后收益的价值为 $R_1^* = R_0 \times (1+7\%)$，两年后的收益价值为 $R_2^* = R_0 \times (1+7\%)^2$。同理，$t$ 年后的收益价值为 $R_t^* = R_0 \times (1+7\%)^t$。

按成本或收益发生年份的价格所计算的价值，称为名义价值。收入流 $R_0^*, R_1^*, R_2^*, R_3^*, \cdots, R_t^*$ 即是名义收益。也可以将成本或收益都以某年的价格为标准进行衡量，这种扣除价格变化的成本或收益价值，称为实际价值。更一般地，如果以本年价格为标准计算的实际收益流是 $R_0, R_1, R_2, R_3, \cdots, R_t$，而每年的通货膨胀率为 π，那么，名义收益流就是 $R_0, R_1(1+\pi), R_2(1+\pi)^2, R_3(1+\pi)^3, \cdots, R_t(1+\pi)^t$。

另一方面，如果预期价格会上涨，债权人就不再愿意按价格稳定时的利率 i 放款。因为债权人知道，按此利率偿还的将是贬值的货币，要维持其实际价值，第一年得到的支付额必须为原值的 $(1+\pi)$ 倍，第二年的支付额为原值的 $(1+\pi)^2$ 倍。一般地，市场利率上升的幅度大致维持预期通货膨胀率，即从 i 上升到 $(i+\pi)$。

因此，当预期发生通货膨胀时，收益流和贴现率都增大，如果用名义数值表示，收入流的现值为

$$PV = R_0 + \frac{R_1(1+\pi)}{(1+i)(1+\pi)} + \frac{R_2(1+\pi)^2}{(1+i)^2(1+\pi)^2} + \cdots + \frac{R_t(1+\pi)^t}{(1+i)^t(1+\pi)^t}$$

$$= \sum_{t=0}^{t} \frac{R_t(1+\pi)^t}{(1+i)^t(1+\pi)^t}$$

显然,分子、分母中的$(1+\pi)$可以消去,与没有通货膨胀下的计算公式完全相同。因此,无论是用名义价值还是实际价值,所得到的现值是相同的。关键是价值与贴现率的计算必须一致,如果计算R采用实际价值,那么计算贴现率也必须用实际价值,即市场利率减去预期通货膨胀率;如果贴现率用的是市场利率,那么,收益也必须按名义价值来计算。

2. 成本—收益分析的评价标准

成本—收益分析中,要解决两个基本问题:一是哪些备选方案或项目是可行的,即可行性判断;另一个是如果可行方案或项目超过两个,应当选择哪个,即优先性判断。对这些问题的回答,一般有三个评价标准,即净现值(net present value,NPV)、收益—成本率$\left(\frac{B}{C}\right)$和内部收益率(internal rate of return,IRR)标准。

1) 净现值

净现值是将项目产生的所有收益以及承担的所有成本,全部折算成现值后的差值。假定项目P的初始收益和成本分别为$b_p(0)$和$c_p(0)$,第一年的收益和成本为$b_p(1)$和$c_p(1)$,最后一年的收益和成本为$b_p(n)$和$c_p(n)$(n为项目周期)。项目P的净收益流(也许为正也许为负)为

$$b_p(0) - c_p(0), b_p(1) - c_p(1), b_p(2) - c_p(2), \cdots, b_p(n) - c_p(n)$$

该收入流的现值为

$$NPV_P = \sum_{t=0}^{n} \frac{b_p(n) - c_p(n)}{(1+i)^t}, \quad t = (0, 1, 2, \cdots, n)$$

其中,P为第P个备选项目;NPV_P为项目P可能产生的净现值;t为项目建设和投产的第t年;$b_p(n)$为项目P在第t年产生的收益;$c_p(n)$为项目P在第t年支出的成本;n为所分析项目的持续时间。

由于每个备选项目均可以计算净现值,项目评估的现值标准如下。

其一,如果某一项目的净现值小于0,说明收益现值总额小于成本现值总额,项目收益不足以补偿投入成本,该项目是不可行的。换句话说,只有净收益现值是正数,项目才是可行的。

其二,当净收益现值大于零的项目超过一项,那么,优先选择的项目应该是收益现值最大的那个项目。

其三,贴现率在分析中起关键作用,贴现率不同,可能得出截然不同的结论。

让我们考虑两个备选项目,项目1立即产生900万元的净收益,项目2在两年后产生1 000万元的净收益,但项目实施当前和项目实施一年后不产生任何收益,哪个项目可行?如果两个项目都可行,哪个项目更优呢?

答案取决于所选择的贴现率。下面比较贴现率为0%、5%和10%时的两个项目的净收益现值并根据计算结果判断项目的可行性。计算结果见表10-1。

表 10-1　不同贴现率下项目的净收益现值　　　　　　　　　　单位：万元

贴现率	0%	5%	10%
项目 1	900	900	900
项目 2	$\frac{1\,000}{(1+0\%)^2}=1\,000$	$\frac{1\,000}{(1+5\%)^2}=907$	$\frac{1\,000}{(1+10\%)^2}=826$

由表 10-1 可知，项目 1 的净收益现值始终是 900 万元，因为项目 1 的收益产生在当前。项目 2 的净收益现值将随贴现率的变化而变化，贴现率为 0%、5% 和 10% 时的收益现值分别为 1 000 万元、907 万元和 826 万元。当贴现率为 0% 和 5% 时，项目 2 的现值大于项目 1 的现值，但如果贴现率为 10%，则项目 1 优于项目 2。一般地说，贴现率越高，未来净收益的现值越低。

2) 收益—成本率

收益—成本率是收益现值与成本现值的比率 $\left(\frac{B}{C}\right)$，如果 $\frac{B}{C}>1$，表明该项目投资收益大于成本，该投资是可行的；如果 $\frac{B}{C}<1$，则表明该投资是不可行的。更一般的表示在于

$$\frac{B}{C}=\frac{\sum_{t=0}^{n}\frac{b_p(t)}{(1+i)^t}}{\sum_{t=0}^{n}\frac{c_p(t)}{(1+i)^t}}。$$

但是，如果认为 $\frac{B}{C}$ 数值越大，项目越优，并把此作为判定各可行项目的优先标准，就可能导致决策失误。因为收益既可以计入分子，也可以作为"负成本"计入分母；反之，成本也可以看成"负收益"计入分子。因此，通过对成本和收益进行有目的的分类，可以人为地改变一个可行项目的收益—成本率。例如，考虑两个备选项目，项目 1 的成本和收益现值分别为 2 000 万元和 3 600 万元，项目 2 的成本和收益现值分别为 4 000 万元和 6 200 万元，项目 1 和项目 2 的收益—成本率分别是 1.8 和 1.55，项目 1 的收益—成本比率大于项目 2。现在假定，在对项目 1 的分析中，分析人员无意中忽略了一项 500 万元的成本。如果把 500 万元成本计入分母，项目 1 的收益—成本率变为 $\frac{3\,600}{2\,000+500}=1.44$，项目 2 的收益—成本率将大于项目 1。如果把 500 万元成本作为负收益，计入分子，项目 1 的收益—成本率将变为 $\frac{3\,600-500}{2\,000}=1.55$，这样，项目 1 和项目 2 的收益—成本率相同。

此外，采用收益—成本率标准在进行优先性判断时，所得结论与净现值并非总是一致的。还是上面的例子。按照收益—成本率标准，项目 1 应优先于项目 2 $\left(\frac{3\,600}{2\,000}>\frac{6\,200}{4\,000}\right)$。然而，如果从净现值角度看，项目 2 对增进福利的贡献则要大于项目 1（6 200－4 000＞3 600－2 000）。

3) 内部收益率(IRR)

内部收益率，是资金流入现值与流出现值相等、净现值等于 0 时的折现率。以 λ 表示

IRR,则

$$\sum_{t=0}^{n} \frac{b_p(t) - c_p(t)}{(1+\lambda)^t} = 0$$

如果 λ 大于贴现率 i,则说明项目可行。一般地说,内部收益率越大(前提是收益率大于贴现率),投资方案越优。

但是,当对两个规模不同的项目进行优先性选择时,采用内部收益率标准往往会做出错误的决策。比如,有两个项目1和2,项目1现在支出1 000万元,一年后回收1 100万元,则 IRR=10%;项目2现在支出6 500万元,一年后回收7 020万元,则 IRR=8%。假定贴现率为6%。从内部收益率标准看,项目1优于项目2;而从净现值的标准,项目1的收益净现值为 $\frac{1\,100}{(1+6\%)} - 1\,000 = 37.74$ 万元;项目2的收益净现值为 $\frac{7\,020}{(1+6\%)} - 6\,500 = 122.64$ 万元,很明显,项目2优于项目1。

综上所述,从私人部门项目的可行性判断,三个指标得出的结论是一致的;从项目的优先性判断,内部收益率和收益—成本率这两个标准都可能误导决策者,而净现值则相对可靠。

➡ 专栏:吕布的人生:机会主义行为与个人利益至上

三国时期的吕布追求荣华富贵的人生:见利忘义、急功近利,对个人目标的成本—收益过于"精算"。以下是他的轨迹。

随丁原,任主簿,杀宦官;

从董卓杀丁原,任骑都尉,认义父,中郎将,封都亭侯;

应王允杀董卓,任奋武将军,假节,仪比三司,晋封温侯,与王允同掌朝政;

投靠袁术被拒;

投靠袁绍,战张燕自恃有功,任领司隶校尉,互疑;

投张邈,替之任兖州牧;

与曹操战,败,投刘备,占据徐州,自任徐州牧;

与袁术联合,崩,攻打刘备;

被曹操抓,乞求,刘备提醒操,杀之。

过于功利的吕布持方天画戟,骑马飞奔于越来越高、逐渐平坦的大山坡,尽头纵然是平台,也离悬崖绝壁不远……

10.1.3 公共部门与私人部门成本—收益的差异

私人部门成本—收益分析方法用于公共支出项目分析时,尽管分析的理论基础相同,但关注的视角以及具体分析过程中对成本收益大小的衡量、贴现率的选择等方面都与私人部门显著不同,主要表现在以下两个方面。

第一,公共支出项目以社会福利最大化为目标,而私人部门以私人净收益(或利润)最大化为目标。由于考虑问题的角度不同,公共部门成本—收益分析中的成本和收益与私人部门的成本和收益在范围上有所区别。对私人部门,其进行成本—收益分析的目的在于为私人部门谋求支出的获利空间,因此,其考虑的出发点是项目承担者的成本和收益,很少包括项目承担者之外的经济负担和收益,即

$$私人部门收益 = 私人收益 - 私人成本 = 内部收益 - 内部成本$$

而公共部门承担着维护和实现社会利益的职责,其出发点是从整个社会进行考虑,寻求全社会福利最大化目标的实现。公共部门支出的成本—收益分析不仅要考虑内部成本和收益,而且要考虑外部成本和外部收益。在很多情况下,外部成本和收益数量是巨大的。比如,一项提高农田产量的水利工程项目,从成本上看,不仅包括该项目所需要的人力、物力、管理费用等内部成本,还包括该项工程对原有资源的破坏等外部成本。从收益来看,不仅需要衡量该项目所带来的农产品产量增加产生的内部收益,也需要衡量该工程对诸如养鱼业发展、洪水控制等方面产生的外部收益。因此,公共部门的成本—收益分析为

$$公共部门净 = 社会收益 - 社会成本$$
$$= (内部收益 + 外部收益) - (内部成本 + 外部成本)$$

第二,公共支出项目的成本收益通常并不能直接用市场价格来衡量。与私人部门支出项目相比,公共支出项目的成本收益一般无法直接采用市场价格进行衡量。因此,对于公共支出项目效率的评价,实际上是模拟市场运作的方式,这主要是由两个因素决定的。一是在许多情况下,与公共支出项目相联系的市场价格根本不存在。例如,清新的空气、濒临绝种生物的保护、免遭破坏的自然资源、得以保护的生态平衡等,都是无法计算出其市场价格的。二是在有些情况下,市场价格并不能完全真实地反映社会边际成本和收益。这是由于市场失灵的存在。例如,优值品反映的是人们低估的价值,而劣值品反映的是高估的价值;垄断价格高估了社会边际成本。

上述问题的存在,使得公共支出项目的成本—收益分析要比私人部门项目成本—收益分析复杂和困难得多。

10.1.4 公共支出项目成本—收益分析的一般步骤

公共支出项目成本—收益分析基本上遵循以下五个步骤:列举备选项目的成本和收益、以货币形式衡量全部成本和收益、选择社会贴现率、处理通货膨胀率和对项目进行排序。其中,第一步骤至第三步骤与私人部门决策有所区别,其余步骤与私人部门决策大致相同,则此处不再赘述。

1. 列举备选项目的成本和收益

公共项目所需考虑的成本和收益是多方面的,一般区分为四大类别:实际的或金融的、直接的或间接的、有形的或无形的、内部的或外部的。表10-2以水利工程项目为例,列示了有关的分类情况。

表10-2 某水利工程的成本和收益

成本和收益的类别			收 益	成 本
实际的	直接的	有形的	农产品的增加	水管的成本
		无形的	环境的美化	田地的损失
	间接的	有形的	减少土地的腐蚀	水源的分散
		无形的	乡村风貌的保存	野生资源的破坏
	内部的		为辖区带来的全部收益	建造、维护项目的全部成本
	外部的		有助于下游地区防洪	下游地区对该项目的支持
金融的			地价升高、农具厂职工工资提高	因地价升高和农具厂职工工资提高而使工程造价提高

其一,实际的或金融的。这是公共部门成本—收益分析要考虑的最重要的区别。实际成本和收益是指公共项目实际发生的成本和收益,反映了社会福利的减少或增加;金融成本和收益则是指因市场相对价格发生变化而产生的成本和收益,其结果是某些人所得即为其他人所失,社会福利并没有发生变化,因此又被称为虚假成本或收益。比如,修路可能使汽车价格上涨,汽车企业从中受益,消费者却需要支付较高的价格,但从整个社会来说,福利总量并没有发生变化。

其二,直接的或间接的。直接成本和收益指的是与项目本身有着密切关系的成本和收益;间接成本和收益则是项目附带产生的成本和收益。比如,国防技术的发展,直接增加了国防产品的生产能力,但也间接影响到私人部门技术的改进。

其三,有形的或无形的。有形成本和收益指的是可以用市场价格衡量,并且按惯例应该计入会计账目的一切成本和收益;无形成本和收益则是指不能通过市场价格直接估计,因而也不能入账的一切成本和收益。比如举办奥运会和世界博览会(World Exhibition or Exposition,World Expro)所带来的国家形象提升是难以通过市场价格直接估计的。

其四,内部的或外部的。内部成本和收益指的是项目在辖区范围内产生的成本和收益,外部成本和收益则是指项目在辖区范围外产生的成本和收益。比如一项兼具防洪功能的水利工程,可能使下游的多个辖区受益,在评估项目成本和收益时,也有必要考虑在内。

2. 以货币形式衡量全部成本和收益

在列举出全部成本和收益之后,下一步就是将这些成本和收益折算成货币进行评估。在折算成货币时常常遇到三个困难。第一是如果某一公共品并不在市场上出售,那么产品估值问题就难以解决。第二是有些产品虽然在市场上出售,但是其价格并不能反映其真实的社会价值,产生这种问题大致有三种原因:一是产品是在垄断市场上出售的;二是产品的生产导致外部效应的出现;三是存在补贴或税收导致的扭曲。第三是无形成本和收益难以衡量。由于以上三个困难的存在，我们有必要在市场价格之外考虑不同的度量指标。

其一，市场价格。在充分竞争的市场经济中，一种商品的价格不仅能够反映该商品生产的边际社会成本，而且能够反映该商品的边际社会收益——消费者所获得的边际价值。因此，对于那些在竞争性市场上交易的投入品可按市场价格作为评估尺度。

其二，影子价格。对于市场价格不能反映真实社会价值的产品或者投入品，必须用调整后的市场价格即影子价格（shadow price）来代替。影子价格是真正的社会价格，反映了社会成本的大小。因此，确定影子价格是正确计算投资项目成本和收益的前提之一。当市场价格存在时，影子价格的确定可以通过有效的市场价格资料计算，这些资料可以从其他途径获得，如通过发放调查表的方式来获得所需的资料。当市场价格存在但与真正的社会成本有一定差距时，可以通过调整市场价格，使之成为符合社会成本的影子价格。典型运用影子价格的场合有五个方面，即垄断、税收、经济租金、未使用的资源和发展中的经济。

其三，无形成本和收益的量化。在进行公共投资项目成本效益分析时，无形成本和收益的估价问题必须加以解决。无形成本和收益的测量，一般可以通过政治程序，经由社会抉择来加以确定，或是通过一些间接的方法估计。本书只讨论无形成本和收益估计的间接方法，主要包括以下两种。

一种是时间价值估计法。在许多无形成本和收益中，时间估值是一个重要方面，因为许多项目的成本和效益都体现在时间的节约或者增加方面。比如交通的改善可以给人们节约时间。时间价值估计方法一般有两种。第一是用节省的时间乘以工资率来估算。例如，某人每小时工资为 A 元，交通改善使他节约一个小时，则该项目给此人带来的收益就是 A 元。显然，这种方法依赖于对时间的机会成本的度量。但是，时间的机会成本并不是一样的。比如当一个人有急事要办时，他会愿意对时间支付一个超过工资率的价值，而当他休闲度假时，他对时间的机会成本就可能不太在乎。第二是考察人们对不同交通方式的选择。比如在乘坐火车和公共汽车之间进行选择。通过观察人们为节省时间而愿意为速度较快的交通工具支付多少超额的货币，就可以知道人们怎样评价时间。

另一种是生命价值估值法。如果单从伦理道德的角度来说，生命应该是无价的，因此政府用于改善人们的健康、保障公共安全等可以减少死亡人数的措施的开支也应该是无限的。然而，政府毕竟不能将国民收入一半用于交通安全的支出，因此估计生命的价值是必须正视的一个问题。针对这个问题，经济学家提出了两个办法，将有限的价值赋予人类生命之上。

第一种方法是估计一个人如果活到正常的年龄他的收入将会有多少。原则上一个人的收入是与他为社会所做的贡献相一致的，这样他的预期收入就相当于他生命的价值。我们可以通过考察一个人的既往就业情况，然后用与他经历相似的人的实际收入作为他生命价值的近似。然后这种方法也有高估人生命价值的嫌疑。因为他没有考虑到一个人为了生存必将耗费一定的社会资源，但很难精确地算出有多少成本应该从他的生命价值中减去。更重要的缺陷是，这种方法没有区分生命价值和活着的价值。按此思路，一个退休的人的生命价值为0。

第二种方法是可以用人们所要求的风险补偿来估计生命的价值。在不同的职业,人们面临的可以预知的死亡的危险不同。从事危险职业的人们一般会要求一定的风险补偿,活着的时候要求一个更高的工资,那么就可以通过考察人们为补偿较多的死亡机会而增加的收入来衡量生命的价值。此种方法的出发点是许多项目其实并没有以一种确定的方式影响一个给定的个人的生命前景,而是只改变与项目有关的个人的死亡概率。照此思路,生命的价值可以通过人们所要求的风险补偿来估计。然而对此种方法争议同样很多。有人认为这种方法大大低估了生命的价值,因为人们并不能充分地了解自己所面临的危险,另外由于心理上的原因人们往往会倾向于回避这个问题。

尽管有各种不同意见存在,我们必须肯定以上各种估计生命价值的方法对于评估一些公共项目就是有用的,我们没有更好的选择。

其四,消费者剩余。有些公共项目的社会收益可以用消费者剩余来度量。在经济学中,消费者剩余(consumer surplus)是指消费者为获得某种物品愿意支付的货币总额与实际支付的货币总额之差,它由需求曲线以下与经过市场价格的那条横线之间的面积来衡量。原则上,某一产品的社会收益应用消费者剩余来衡量,因为政府项目通常是免费提供的,所以消费者剩余就应为这一产品需求曲线以下的部分。如图 10-1 所示,DD 线为某消费者对一座桥梁的需求曲线,坐标系中横轴代表桥的通过次数,纵轴代表对于每一次特定的通过量消费者愿意支付的价格,相当于他最后一次通过这座桥所获得的效用。当这座桥由人们免费通过时,DD 线以下的部分就是这个消费者所获得的消费者剩余。桥的总收益是所有消费者的消费者剩余之和,如果总收益大于建造这座桥的总成本,则造桥计划可行。

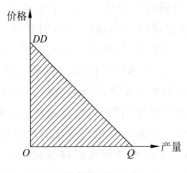

图 10-1 消费者剩余

3. 选择社会贴现率

贴现率是时间价值调整到可比水平的关键,因而在成本—收益分析中起着关键作用。私人部门投资的贴现率表示投资者个人为未来收益而放弃现在资金使用的机会成本,而公共项目支出的贴现率是整个社会为了未来收益而放弃现在资金使用的机会成本,即社会贴现率。那么,社会贴现率应该如何确定呢?对此存在两种不同的看法。

一种观点认为,应该基于私人收益率来确定社会贴现率。由于公共支出最终挤占了私人部门对资源的使用,社会贴现率应反映公共支出占用资源的机会成本,也就是这些资源没有投入私人部门的损失。公共资金支出的增加或是表现为私人投资的减少,或是表现为私人消费的减少。如果公共支出资金挤占私人投资,那么私人项目的税前收益率也即减少私人投资的机会成本。假定私人投资最后10 000元的年度收益率为10%,现在政府把私人投资中的这笔钱用于公共支出,那么这笔公共支出的代价就是1 000元(10 000×10%=1 000),因此,社会贴现率为10%,它反映资金为社会所创造的价值。

如果公共支出挤占私人消费,今年多消费1元,就意味着明年少消费1元加上这1元存起来所挣得的利息,而利息收入还要缴税,故通过减少私人消费而筹措的公共支出资金应当按税后收益率来确定社会贴现率。假定私人税前投资收益率为10%,但必须将其收益的50%向政府缴税,那么,私人现在少消费10 000元,实际上放弃了500元(10 000×10%×5%=500),因此,社会贴现率为5%。

如果公共资金同时挤占私人消费和投资,社会贴现率应该用税前私人投资收益率和税后个人收益率加权平均值来贴现。如果政府10 000元支出来自私人投资减少部分为 $\frac{1}{3}$,来自私人消费减少部分为 $\frac{2}{3}$,那么,公共支出的社会机会成本为

$$社会贴现率 = \frac{1}{3} \times 10\% + \frac{2}{3} \times 5\% = 6.67\%$$

当然,确定某一个公共支出项目所需资金到底有多少来自消费的减少,有多少来源于投资的减少,并不是一件容易的事。由于无法准确确定这些权重,该方法在指导社会贴现率方面的作用,无疑是值得商榷的。

另一种观点认为,社会贴现率不同于市场收益率所表示的机会成本,它是站在整个社会角度对牺牲目前消费的评价,一般来讲,社会贴现率低于私人收益率。其理由主要有以下几点

其一,社会贴现率是站在社会整体立场上看公共支出贴现率,如果把社会当作一个整体来考察,则公共支出的决策者(政府)不仅要关心当代人的福利,也要关心后代人的福利,然而私人部门只关心它们自己的福利,不太愿意关心后代人的福利,相应地把太多的钱用于消费和投资,而不太愿意用于储蓄,由此造成私人投资报酬的评价偏高。

其二,从家长主义的观点看,私人部门没有足够的远见对未来收益做出恰当的评价,因此,它们在对这种收益进行贴现时用的贴现率偏高。针对这种经济短视行为,政府应当从社会角度提出一种有利于社会长远发展的、体现社会整体利益的利率。因此,社会贴现率不必高于市场利率。"政府强迫私人减少现在的消费,以换取将来更多的消费,到那时,人们可能会感激政府的远见。"[1]

其三,从资源配置角度看,私人投资会产生一些知识和技术诀窍,具有一定的正外部性,因此私人市场不能提供社会最优的投资,政府通过低于市场水平的贴现率,可以纠正这种外部性。

那么,社会贴现率应当如何选择呢?对此并没有一个明确的观点,但却提供了一种思路,即按照不同的贴现率对同一个项目分别进行计算,然后看现值对于全部合理的贴现率是否都为正数。[2] 如果在所有合理的社会贴现率下现值都为正,则该项目即为可行项目。

---

[1] [美]哈维·罗森.财政学[M].第8版.北京:中国人民大学出版社,2009:215.
[2] 钟晓敏.财政学[M].北京:高等教育出版社,2010:178-179.

如果不能保证在所有合理贴现率下现值都为正，则适当降低贴现率对于公共支出项目的选择是必要的，有利于更多地发挥公共支出项目的优势，从而选择那些能够发挥长远效益的项目。

4. 处理通货膨胀率

通货膨胀给成本—收益分析带来了一个问题，即当以货币作为计量尺度来比较一段时间内的收益时其可靠性会很低。处理通货膨胀的方法是估算一段时间内的通货膨胀，以该时间内的名义价值计算收益和成本并相应提高未来的收益和成本。如果采用这一方法，在折现未来收益时也使用名义利率。名义利率等于实际利率与通货膨胀率之和。如私人部门成本收益决策显示，$(1+\pi)$都可以消去，这说明不管是使用名义量，还是实际量，所得到的答案是一样的。还是需强调的是，在进行成本—收益分析时，成本、收益与贴现率必须以一致的方式进行测度。

5. 对项目进行排序

项目的排序通常是依据净收益的现值或者收益现值与成本现值之比来进行的。所有净收益为正值的项目均可考虑予以批准。与此类似，所有收益-成本比大于1的项目也可考虑予以批准。利用这两类标准可以确保无效率的项目可能不会获得批准。

10.1.5 进一步讨论

1. 关于收入分配

在私人部门，一般很少考虑谁是项目的受益者和承担者。有些经济学家认为，在公共支出项目的分析中也应采用这种方法，即如果某一项目的收益现值是正数，不管谁受益谁受损，都应当实施。这是因为，只要收益现值是正数，受益者除了能补偿受损者之外，还能享受正的净收益。这种观点也被称为希克斯—卡尔多标准，以是否存在潜在的帕累托改进为依据确定项目，并不要求实际补偿。

而有些人则认为，政府目标是使社会福利最大化，而不是利润最大化，因此需要考虑一个项目对收入分配的影响。每1元收入尽管都能增进其福利，但收入的边际效用是递减的。如果假定每个人的收入边际效用函数大体相同，则新增1元的收入对穷人可比对富人产生更高的效用。在社会成员收入差距悬殊的情况下，对一个公共项目的社会评价如果考虑到分配因素很可能产生完全不同的结果。因此，可以在成本和收益的衡量中运用社会分配权数修正原有的成本—收益分析。具体步骤是：第一，将社会成员分成若干组别，如最低收入组、次低收入组、中间收入组、次高收入组和最高收入组等；第二，确定各组别的社会分配权数，一般来讲，收入水平越低的组别社会分配权数越高；第三，以各组别的权数乘以该组别从公共支出项目中获得的净收益；第四，将各组别的加权净收益加总，得出所分析项目总的加权净收益；第五，依据成本—收益分析标准对项目进行评价。

2. 风险的处理

前面对成本—收益分析的研究，是建立在对这一项目未来收益和成本确切了解的基础上。事实上，项目实施存在很多不确定因素，未来收益也具有不确定性。因此，有必要进一步研究项目评估的风险问题。所采用的方法包括以下几种。

第一，期望值分析法。如果决策者能够估计各种风险的概率，可以用期望值法对项目的风险进行评估。例如,某一项目在某一年度中获得的收益可能是 B_1、B_2、B_3、B_4,出现上述四种收益的概率分别是 p_1、p_2、p_3、p_4,那么,该年度的预期收益为

$$E(B)=B_1p_1+B_2p_2+B_3p_3+B_4p_4$$

第二,概率分析法。在分析者对于各种情况出现的概率并不确切知道的情况下,通常可以用贝叶斯标准,即假定各种情况下出现的概率相同。假定某项目有三个备选方案,每个方案最乐观、最悲观和中等水平下的净收益现值见表10-3。

表10-3 备选方案净收益现值比较

方案	最乐观	中等	最不乐观
1	200	180	120
2	350	200	100
3	240	180	150

资料来源:钟晓敏.财政学[M].北京:高等教育出版社,2010:185-186.

按照贝叶斯标准,相应的收益现值预期值为

$$E(B_1)=\frac{1}{3}\times 200+\frac{1}{3}\times 180+\frac{1}{3}\times 120=167$$

$$E(B_2)=\frac{1}{3}\times 350+\frac{1}{3}\times 200+\frac{1}{3}\times 100=217$$

$$E(B_3)=\frac{1}{3}\times 240+\frac{1}{3}\times 180+\frac{1}{3}\times 150=190$$

通过比较,发现三个方案中方案2更值得选择。

第三,最大最小标准分析法。最大最小标准法是指选择最坏情况下的最好项目的评价方法。它假设决策者总是厌恶风险的,因而在决策时假设最坏结果可能发生。这就需要在期望值分析中把每种方案的最坏结果列举出来,然后选择可能存在最坏结果的净收益值中最大的方案。在表10-3中,三个方案的最低净收益中,方案1为120、方案2为100、方案3为150,就其最小值比较,方案3属于所有最小值中最大的方案,因此,方案3被选中。

3. 政治程序的影响

成本—收益分析尽管可以给政府的决策者提供有用的信息,但公共支出项目最终能否被采纳是通过政治程序决定的。官员们也许更关注官员机构规模的最大化,政治人物也许更追求连任,这些都可能造成客观的成本—收益分析结果与实际结果完全不同。

此外,如果项目的受益者是人数较少却联系紧密的人群,即所谓的特殊利益集团,而成本却分摊到极为分散的人群中,一个被成本—收益分析否定的项目就很可能获得通过,相反,一个被成本—收益分析选中的项目也可能被否决。因此,成本—收益分析中的政治因素是不能忽视的。

4. 成本—收益分析方法的替代

由于对公共支出项目成本收益估价存在技术上的困难,成本—收益分析的应用也可能大打折扣。最低费用选择法、公共劳务收费法等作为评价公共支出效益的替代方法也得到了日益广泛的应用。

其一，最低费用选择法，其主要特点是不用货币单位来计量备选方案的社会收益，而只计算每个备选方案的有形成本，并以成本最低为择优的标准。最低费用选择法多被用于军事、政治、文化、社会保障等成本易于计算而社会收益很难衡量的公共支出项目分析上。该方法的缺点是作为支出项目的事前评价较为有效，而作为支出项目的事后评价则不一定全面。

其二，公共劳务收费法，即将市场价格机制引申到一部分公共品或劳务的提供和使用之中，通过制定合理的价格与收费标准，来达到对"公共劳务"有效使用和提高公共支出效益的目的。该方法适用于那些成本易于衡量而收益难以计算，但是所提供的商品或劳务可以部分或全部进行市场交易的公共支出项目分析，主要适用于两个领域：一是政府直接制定价格的自然垄断行业，如能源、通信、交通、煤气、石油、钢铁等行业；另一个是政府实行价格管制的行业，如金融、农业、教育等部门和行业。

→ 专栏：阳光财政离我们有多远？

阳光财政虽然是个已无新意的老问题。

在 2009 年年初，因为 4 万亿元巨额投资的使用问题，信息透明、让公众能够监督资金流向的呼声日高，阳光财政成为当年"两会"最热的议题。2009 年年末，广州市财政局将广州市 114 个政府部门的 2009 年度本级财政预算全部放到了广州财政网上，这是中国内地城市政府第一次在网上公开全部本级财政预算，引发了近乎狂热的关注。在预算上网公开之前，广州财政网每天只有 1 000 次左右的点击率，公开之后，点击率暴增了 40 倍。广州财政网甚至一度因为无法承受蜂拥而至的下载而瘫痪。社会的关注度如此之高，恰恰反映了政府关于财政预算的公开信息还远远不够。

为什么广州市财政预算的公开会引发如此狂热的关注？因为中国公众对财政支出一直缺少应有的知情权。

近年来，财政信息公开取得了一些进步，国家在这方面做了一些努力。比如社会各界十分关注的国家财政收支月度执行基本数据，过去三年后公开，现在已形成制度，于每月 15 日前后向社会公开上月数据。国资委公布了 100 多个央企的财务数据。社保部门提出，要把社会保障资金的运转情况、经营情况公布。但是，这也只是局部的量的变化，财政信息公开的整体情况还很不理想。

全国政协委员、上海财大教授蒋洪已经当了两年全国政协委员，他连续两年对各省财政信息透明度进行调查，结果令人震撼。每次，他和他的项目组都把精心设计的涉及 113 项基本财政信息的调查问卷发往各省政府信息公开办公室、财政厅，提出信息公开申请，同时通过对政府网站和出版物的检索来收集财政信息。

调查结果表明，2008 年，在这项研究所设定的 113 项基本财政信息中，公众能够获得的信息平均为 22 项，仅约为所调查信息的五分之一。如果 100 分为满分的话，从公民层面来看，2008 年，省级财政透明度只有福建省及格，得分也仅有 62.7 分，最低的省份不到 15 分，中国省级财政部的透明度平均得分仅为 22 分。而且，凡是涉及细节的财政信息，基本上无法获得。

需要说明的是,该项评估所采取的是一种要求非常低的评判标准,调查只考察财政信息是否能够获得,没有考虑这些信息的规范性、真实性与及时性,也没有过多地涉及信息细节。也就是说,即使按最起码的标准来衡量,中国财政透明度也处在极低的水平。

(图文选摘自晨风.阳光财政离我们有多远?[J].南风窗,2010(02))

10.2 公共选择理论(2-1):直接民主制

前面章节表明,公共品和服务既可以由私人部门来生产和提供,也可以由公共部门来生产和提供。在私人部门生产和提供公共品和服务过程中,由于偏好表露不足,免费搭车不可避免,因此,也注定是帕累托低效的。那么,由公共部门生产和提供公共品的效率如何呢?是否也存在着与私人部门提供相类似的情况呢?在一个民主的社会(社区)为什么会接受强制呢?诸如此类的问题,是本节和下一节要讨论的内容。

本节在分析民主社会对强制的自愿接受基础上,侧重分析直接民主制(direct democracy)。所谓直接民主制,是指选民或投票人自己直接进行投票,参与政治决策或集体决策的最终选择的一种公共选择方式。在直接民主制下,集体决策中所有相关利益的人都能直接参与投票决策,公众根据不同的投票规则直接参与公共预算方案的决定。

10.2.1 民主与强制

在公共品私人供给机制中,个人意愿总是可以得到充分的尊重,尽管最终的结果可能是低效率的,但并不强制个人接受某种方案,哪怕这种方案会大大提高他本人的福利水平,或者会在丝毫不减少他本人福利水平的同时极大地提高别人的福利水平。显然,这一机制的结果必然是有所得又有所失,即,它不能充分遵循帕累托改进所强调的路径。在此情况下,至少从逻辑上看,理性的个人会试图做一些改进以得到更好的结果,即既然完全的个人自行其是无法达到最优,引入恰当的强制(coercion)是否可行呢?[①]

所谓强制,一般说来,指的是刻意要通过惩罚以改变当事人面临的支付(payoff)从而迫使其服从的做法,通常是通过实施实质性的惩罚得以实现。显然,政府并不是唯一的可以实施强制的机构,例如,小集团内部的有效威胁也是一种有效的强制。但如果考虑的是全社会范围内纯公共品的提供,不妨把政府看作是最理想的强制机构,发挥着"暴力潜能"(诺思)的功能。

不过,人们最初转向政府并不是寻求上述意义上的强制,而是首先希望政府能够成为一个公共品生产和提供方面的有效组织、协调和仲裁的机构,以保证有利于各方的合作得以实现。在这种安排下,政府并不以实施惩罚为唯一手段,当事人虽然承诺接受政府的组织、协调和仲裁以约束自己的行为,但是对于违背自己利益的公共支出项目拥有否决权。维克塞尔(1896)的"全体一致同意原则"(unanimity rule)充分体现了选民的这种希望,但同时也表明这种希望是难以实现的"乌托邦"。

[①] 参考刘宇飞.当代西方财政学[M].第2版.北京:北京大学出版社,2011:115-119.

1. 维克塞尔的"全体一致同意原则"

顾名思义,可以将维克塞尔的"全体一致同意原则"理解为,有关公共品及其成本分割的所有集体决策只有在全体成员一致赞成时才能做出。维克塞尔的基本观点是,各种公共品的生产和提供应当通过个别的税收来筹资;为确定到底应提供多少公共品,需要利用政治的与集体选择的过程,具体办法是,让每个人在一开始就明确知道各自可从公共支出项目中得到的好处和需要做出的贡献,然后进行投票,直到有一个全体一致同意的组合被通过为止。

维克塞尔试图通过这一原则使个人能够免受其他成员的剥削,这一点并不难想象,当全体一致同意实现的时候肯定意味着不会有任何人的利益遭到侵犯,这一境界其实也就是前面一再提到的帕累托最优境界。这种理想的状态虽然美好,但包括维克塞尔本人在内的学者都认识到它过于理想化,主要表现在,达到全体一致同意的境界需要付出的成本过高,所以他不得不补充说,在集体选择过程中只要有一个大致相同的组合被通过就可以了。

需要指出,除成本问题外,维克塞尔过程还有一个弱点,即少数人可能会采取策略行为,威胁说若不满足他们的某些要求就将行使否决权,这实际上意味着为满足少数人的利益可能会牺牲大多数人的利益,在这个意义上,也有人称这种状况为少数人对多数人的暴政。

不可否认,少数人的利益不应因为考虑多数人的利益而被忽略;但同样,多数人的利益也不能因为考虑少数人的利益而被忽略;在很大程度上,全体一致同意原则过多地考虑了少数人的利益;如果从多数人的利益出发,应该考虑其他的投票原则,比如多数规则,而这也就意味着对少数人实行强制了。由于每个人都有可能成为少数人,因此,个人何以会赞同一种可能对他实行强制的投票制度就值得进行进一步的研究。

维克塞尔已经注意到当时存在着自愿接受强制的情形。他发现,一方面,居民总是尽可能多地逃避税收;另一方面,他们却又投票赞同包括自己在内的居民征课更高的税收。这种自相矛盾的现象可以利用个体理性与集体理性的冲突来解释,即其自身利益要求他们少做贡献,而其集体利益则要求公共品和服务能够被生产和提供出来,为此每个人都清楚,他所做的贡献(上缴的税)应达到一定的水平。

2. 布坎南和图洛克(Tullock)的"赞同的计算"

维克塞尔的上述观点在布坎南和图洛克(1962)在其《赞同的计算》中得到深入分析。他们从成本—收益的角度分析了个人自愿接受强制的可能性与条件。

假定某人最初不愿接受强制,非常看重完全的独立与自由;但后来出现了抢劫。为防止因被抢而受损,他可能愿与他人达成契约,雇人保护他的生命及财产。假设这笔费用为每月100元,显然,只有在他每月的收入高于100元时,他才有意愿雇佣别人,并且,每月这笔费用越低,他的福利水平就越高。因此,理性的个人将会考虑接受能够降低这笔费用的其他方案。

假定一群人决定在雇佣问题上合作,形成某种政府管辖或政府强制,由大家分摊保护的成本。显而易见,提供保护的成本会随人数的增加而下降,这对于个人福利水平的增进是一件好事。一般说来,理性的个人原则上会乐于接受;但究竟事实上是否也乐于接受,则取决于个人对有关成本与收益的具体的衡量,只有在他认为合算时,他才会对形成某种强制表示赞同。

如图10-2,曲线表示个人接受强制的成本和收益。假设个人同质;纵轴衡量个人预期的收益与成本,横轴衡量做出决策所需要的人数;总人数为 N^*;曲线 B_i 表示个人接受强制的收益,它不随参与决策的人数而改变。

再假设个人接受强制的成本由两部分组成:一是决策成本 C_{dm},表示做出决策需要付出的时间、金钱、精力等,做出决策所需的人数越多,个人分摊的这一成本越高;二是外部成本 C_{pe},表示决策的做出给反对这一决策的个人带来的损害,做出决策所需的人数越多,个人预期自己承担的这一成本越低。决策成本和外部成本共同构成个人接受强制的成本。将强制之下个人的收益与成本加以对比,不难发现,当作出决策所需要的人数在 N_0 到 N_2 之间时,个人接受强制的收益 B_i 大于接受强制的总成本 C_i,个人将接受强制;在这一区间之外,接受强制是不合算的。图10-2显示如下结果。

第一,若决策所需的人数小于 N_0。外部成本就会过高,当只需一个人就能做出集体决策(即独裁)时,外部成本最高,对于有些不甚重要的集体决策,外部成本可能与图10-2中的 C_{pe} 不同,要小得多。

第二,若决策所需的人数大于 N_2,则决策成本就会过高,当需要全体一致同意才能做出决策时,决策成本最高,并且有时会相当高(如跨国公司股东大会)。

第三,若决策所需人数位于 N_1 与 N_2 之间,个人将因收益大于成本而感到满意,进一步可推知,若能使个人的净收益实现最大化,则个人会感到最为满意,依此,在图10-2中可找到 N_1 点最优,因此,在投票理论中,这一点所对应的做出决策所需的选民比例 $\left(\dfrac{N_1}{N^*}\right)$ 被称为理想多数。

第四,若 B_i 过低,以至于 $B_i < C_i$,则可能不存在可接受的强制区间,个人将拒绝强制。

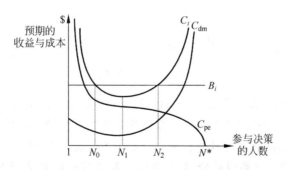

图10-2 布坎南和图洛克的"赞同的计算"

由此可见,对强制的接受是个人理性的选择结果。在强制对个人的利大于弊时,个人会接受它,而在多数情况下的确存在着利大于弊的可能性和条件,就像上例那样。当然,不同备选方案的特点和重要程度可能是不一样的,因此,个人在面对不同备选方案时愿意接受强制的条件就不一样,比如运动会穿什么样式的服装这样的问题由少数人做决定就可以了,一般不会有太大异议,因其外部成本很低;但是,对于比较重大的问题,如修改法律条款等，就需要由相当多的人共同决定，可能是二分之一多数，甚至三分之二多数等；对于个别最为重要的问题，甚至还有必要求诸全体一致同意原则。

以上虽然是对单个人的分析，但由于个人同质假定，所得出的结论也适用于所有的人，对异质个人的分析可以进一步展开。

10.2.2 一致性规则

所谓一致性规则，是维克塞尔"全体一致同意原则"的具体化，类似于我们熟知的一票否决制，是指在民主政治活动中，所有集体行动方案只有在所有参与者都同意，或至少没有任何一个人反对的前提下，才能实施的一种公共选择规则，此时，每一个参与者都对将要达成集体决策享有否决权。只有在一致同意的前提下，集体行动才能进行。在维克塞尔的基础上，他的学生林达尔（Erik Robert Lindahl,1919）进行了经典发展，也正因如此，一致性规则又被称为"维克塞尔—林达尔机制"。

林达尔将政府的作用看作一个拍卖过程，它首先将不同的税收份额提供给当事人 A 和 B，由 A 和 B 申报在这一份额结构下各自对公共支出的偏好水平；如果二人偏好的公共支出水平不一致，则政府需要重新设置税收份额，提高需求高者的份额以使其需求降低，同时降低需求低者的份额以使其需求增加；这一过程将一直持续下去，直到双方在各自不同的税收份额下偏好相同的公共支出水平为止，在这一全体一致同意之点，可实现公共品自愿交换的均衡。如图 10-3 所示。

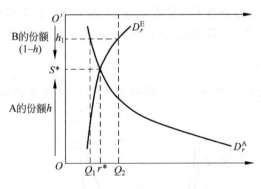

图 10-3 林达尔均衡

设图 10-3 中横轴代表公共品的供给数量，纵轴代表该产品的成本总份额（不妨把 A、B 看作两名股东），由下往上衡量个人 A 为公共品的提供所做贡献的份额，由上往下衡量个人 B 为公共品的提供所做贡献的份额，D_r^E 和 D_r^A 分别为 A 和 B 在各自的不同份额下对公共品的需求曲线。再假设政府 A、B 之间最初设置的份额分别为 h_1 和 $(1-h_1)$。由于在这一份额结构下，个人 A 对公共品的需求量 Q_1 小于个人 B 对公共品的需求量 Q_2，二者不一致，政府将调整双方的份额，调低个人 A 的份额，调高个人 B 的份额。只要调整之后双方对公共品的需求量不一致，就存在调整的空间，直到找到一种份额结构，使双方所自愿进行的贡献刚好能提供双方共同需求的公共品数量为止，即图 10-3 中 (r^*, S^*)，表示 A、B 对应的份额组合为 $[h_1, (1-h_1)]$。

林达尔均衡表明，如果有某一个社会成员对其他社会成员就表决方案有不同意见并投出反对票,那么,就经济利益的角度而言,该社会成员将因为这项方案的通过而招致损失。当然,根据"一致同意"原则,该项方案将被否决。由此,林达尔均衡保证在"一致同意"原则下所做出的选择都是符合帕累托改进的,也就是没有哪怕是一个人的利益会受损。同时,又由于信息成本为零的假定,投票人总是能够确切地掌握信息,帕累托最优将得到实现。

➡ **专栏:中国乡村直选**

1998年11月14日(戊寅年九月廿六)

中国乡村走进直选时代

来源:历史上的今天　　　　　　　　　1573人参与　0条评论 🖨打印　字号:T T

在美国总统克林顿参观中国陕西农村并与中国农民交流了农村选举情况之后不久,6月29日,全国主要报刊纷纷在重要位置全文刊发了《中华人民共和国村民委员会组织法(修订草案)》。

事实上,在这个法律草案公布之前,中国大部分乡就已经进行了直选。1997年7月6日,美国有线新闻电视网(CNN)向全球播放了一条长达17分钟的中国报道,详细介绍了CNN记者赴福建沙县、官庄两个村拍摄的村委会换届选举的全过程,"中国有这样一种民主,是许多西方人根本想象不到的"。

1998年11月14日,九届全国人大常委会第五次会议正式通过了《村民委员会组织法》,这标志着中国乡村走近了直选时代。法律颁布后不久,广州市就宣布明年1 200多个村会全部直选。

(资料来源:http://www.todayonhistory.com/11/14/china-XiangCunZouJinZhiXuanShiDai.html)

不过,并不是所有的制度变迁都是帕累托改进型的制度变迁。实际上,符合帕累托改进条件的制度变迁只是一种偶然的制度变迁,如果某个组织或者整体社会的所有制度变迁都需要符合帕累托改进的条件的话,那么该组织可能一事无成。如联合国安理会实行全体一致的选择制度,在这一制度安排下,中、英、美、俄、法五大国作为安理会常任理事国,无论哪国都可以一票否决任何联合国决议。这一制度保证五大国共同协商解决世界事务,但也使得许多需要亟待解决的国际问题由于某一大国的阻挠而无法解决。同时,由于社会成员之间的价值判断和效用函数的差异,达成一致同意需要进行反复的磋商和谈判,会产生很大的决策成本。在现实中,人们所拥有的实际政治权力并不完全一致,而且信息成本为零的假设也无法实现,但是这些都不妨碍林达尔均衡为现实中政府制度的改进提供方向和标尺。首先,通过林达尔均衡可以清楚地看到,保证公共决策既符合效率原则又符合公平原则的一个前提是尽可能地使得政府制度中的每一个人所拥有的权力是平等的。其次,如何通过适当的制度安排来尽可能多地减少政府制度运行中所要发生的巨大信息成本,是提高政府制度运行效率和保证社会公平的重大课题。最后,尽管在现实中对于某一项公共决策达到每个人都同意的程度是不大可能的,但是林达尔均衡仍然向我们传达了一个朴素而有价值的信息,即尽可能使政府制度的运行符合尽可能多的人的利益,是衡量政府制度有效性的重要依据。

10.2.3 多数票规则

一致性规则由于会引起过高的成本而很少被采纳,更为常见的是多数票规则。根据付诸表决的备选方案的重要程度,考虑到成本和收益,通过确定对方案需求人数(投赞成票)占总人数比例,比如二分之一、三分之二等多数,来确定通过多数票规则进行政策选择的办法。但是,最为基本和常用的多数票规则还是简单多数规则(simple majority rule)。一般地说,简单多数规则是指每人一票,对提案进行赞成或反对的投票,若有一半以上的人投票赞成,则提案被通过;如果有多个提案,那么对这些方案两两地加以比较,并按照传递性公理(transitivity axioms)得出结论。

所谓传递性公理,指的是不需要证明就会得到赞同的一种情形。比如,如果 X 被认为好于 Y,Y 被认为好于 Z,则可认为 X 好于 Z。这一公理使人们不需要将每一提案都赋予表决,从而可以提高选择效率。表 10-4 是一个假定仅有三个选民对三种提案进行表决的投票过程,其中每个选民对每一个方案有不同的偏好,根据传递性公理,可以得到最终的结果。选择的次序是两两选择,首先,在 A 和 B 中选择,采用多数票规则,三个选民偏好于 B>A;其次,在 B 和 C 中选择,B>C。那么 B 在三个选择中胜出,并且 B 中选与投票次序无关。

多数同意的规则的好处是在少数人反对的情况下也能够得出选择结果,由于集体的偏好代表了多数人的偏好,因此,它比较逼近公共利益。而在绝对多数票规则条件下,则更为逼近公共利益。由于在多数规则下的公共选择过程中只是多数认可,也就是说还有少数人是反对的,存在少数人的利益往往被忽略、受损的问题,因此,多数规则通常达不到帕累托最优状态。同时,在具有众多方案的情况下,简单多数规则所忽略的利益可能反而是多数人的利益。因此,只要有可能,人们就会倾向于一致同意,并且还会选择绝对多数规则。

表 10-4　三个选民在三个方案中的偏好(一)

方案 \ 选择 \ 选民	选民 1	选民 2	选民 3
第 1 种	A	B	B
第 2 种	B	B	C
第 3 种	C	A	A

1. 投票悖论

在具有若干项选择的情况下,多数票规则本身并不一定能够给出一个最终的选择结果。在比较特殊的情况下,多数法则会出现多个解;最终解如何,则取决于投票程序。因此,多数法则存在着某种内在的不一致性,会出现投票悖论(voting paradox)。投票悖论也叫周期多数现象或投票悖论现象、孔多赛悖论(condorcet' paradox),是指在多数票规则下选民的偏好前后虽然一致,但整个社会的偏好却不一致,导致提案相互循环、无法产生最终结果。表 10-5 仅仅对表 10-4 中选民 2 的偏好次序稍加改动。在表 10-5 中,选择的次序是两两选择,首先,在 A 和 B 中选择,采用多数票规则,三个选民偏好于 A>B;其次,在 B 和 C 中选择,B>C。那么按照传递性公理,A 应该在三个选择中胜出。然而,如果对 A 和 C 进行两两选择,就会发现 A<C,显然,按照多数票规则无法得到满意的结果。

此外,按照表 10-5 的偏好次序,也会产生最终结果,前提是取决于投票次序。一种次序是,可以先在 A 和 B 之间选择,A 胜出;然后在 A 与 C 之间两两比较,C 胜出。还有一种次序,可以先在 B 与 C 之间选择,B 胜出;然后在 B 与 A 之间两两比较,A 胜出。在这种情况下,控制投票顺序将决定投票结果。为了确保某种偏爱的结果得以实现而安排投票顺序的过程,即所谓的议程操控(agenda manipulation)。

表 10-5　三个选民在三个方案中的偏好(二)

选择＼选民　方案	选民 1	选民 2	选民 3
第 1 种	A	A	B
第 2 种	B	B	C
第 3 种	C	C	A

与此相关的另一个要点是,如果不控制投票顺序,这种两两配对的投票可能会一直进行下去,但永远不会产生最终的结果,这种无休止的现象被称为投票循环(cycling)。还是如表 10-5 所示,A 与 B 选择中 A 胜出,B 与 C 选择中 B 胜出,A 与 C 选择中 C 胜出。谁是最终的胜利者?

2. 峰

为什么会出现投票悖论、投票循环?早在 1958,布莱克(Duncan Black)就提出过单峰态(single peakedness)假说和单峰偏好(single-peaked preferences)的概念。所谓单峰偏好定理(single-peaked preference theorem)是指个人在某一组备选方案中,对其中的一个方案偏好程度最高,其他方案的偏好程度依次递减。如果没有依次递减,偏好曲线先降后升,出现了第二峰,则称之为"双峰偏好"。他证明,如果个人的偏好顺序在几何图形上表现为单峰,则简单多数表决机制就存在最终结果,即能够保证集体的传递性,投票悖论不会发生。言下之意是投票悖论是由于多峰偏好所致。将上面的例子转换成图 10-4,反映三人对三方案的偏好顺序。

图 10-4 中,选民 1 和选民 3 的偏好都呈单峰形式,只有一个峰值;而选民 2 的偏好曲线却先下降后上升,呈双峰形式,有两个峰值。正是因为选民 2 的偏好导致投票悖论。

从个人来说,偏好曲线呈单峰是合理的,以个人对公共品水平的偏好为例,见图 10-5 上方,个人最优选择为其预算线和无差异曲线的切点所决定的 G^*,在这一公共品水平效用实现最大化,亦即对应于图 10-5 下方的偏好曲线的最高点 P,在同样的预算约束下,其他公共品水平带给个人的效用水平都要低于 G^* 下的效用水平。

从全社会来看,所有人的偏好曲线都呈单峰在理论上并不是不可能,这样说是基于以下两点认识。首先,所有人的偏好曲线都呈单峰表明社会成员在一系列基本问题上有着广泛的认同,有学者称之为文化上的一致。其次,蒂尔伯特(Tiebout)曾证明,个人可以通

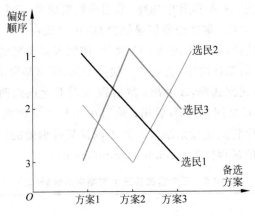

图 10-4 多峰偏好与投票悖论

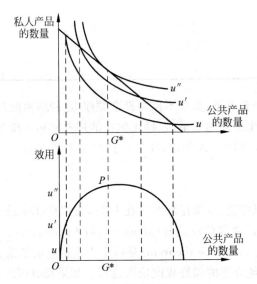

图 10-5 个人单峰偏好曲线效用

过用脚投票选择提供了他所偏好的公共品的地区居住,从而使公共品得以有效提供。作为客观效果,社会因蒂尔伯特机制而实现了人以群分,亦即,在特定社区内可以做到社会成员在一系列基本问题上的认同。

当然,蒂尔伯特的假说很难付诸现实,完全的人以群分是不可能的,即所有人的偏好曲线都呈单峰基本上是不可能的,因此,彻底消除多数规则可能出现的投票悖论就是不可能的了[①]。

无论如何,单峰偏好提供了摆脱投票悖论的充分条件。当我们确信这一点之后,进一步的判断就是,由单峰偏好所得出的确定性结果反映的是中位选民的偏好。

---

① 哈维·罗森.财政学[M].第 8 版.北京:中国人民大学出版社,2009:347.

3. 进一步分析：多维框架下的投票规则

刘宇飞(2011)进一步分析了多维框架下的多数票规则①。所谓多维问题(multidimensional issues)，指的是个人在投票时不仅只考虑问题的一个维度，比如公共支出规模，而是考虑更多的维度，比如更关心公共支出有多少用于国防、有多少用于支持经济发展的基础设施建设、有多少用于人本身的发展等。当问题超过一个维度时，就无法只用一个坐标轴加以描述了。

为便于分析，只考虑两维问题。如图10-6所示。

假设1：三人A、B、C同时关心国防与基础设施建设，分别用横轴与纵轴衡量国防支出与基础设施建设支出的规模。

假设2：三人都是单峰偏好，即每个人都只有一个最为偏好的国防支出与基础设施建设支出的组合，在图10-6中反映为个人环状无差异曲线族的中心点G_a、G_b和G_c。

依据前面的重要结论，如果所有个人的偏好都是单峰的，那么，多数规则必有最终结果。这里，已知三人偏好都为单峰，是不是也可以断言必有最终结果，不会出现投票悖论呢？

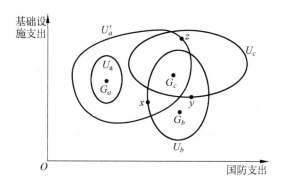

图10-6 两维度下的多数票决

答案是否定的。引入多维的考虑，需要对前面的结论加以修正和补充。

假设有三个方案x、y、z可供选择，每一方案都是国防支出与基础设施建设支出规模的一种组合，如图10-6所示，由三人无差异曲线的特点可判断以下几点。

对选民A，由于他在G_a点满足程度最高，所以，离这一中心点越远的无差异曲线所反映的满足程度就越低，由在图中的位置，可知，$x>z>y$。

同理，对选民B，有$y>x>z$。

对选民C，有$z>y>x$。

由此可见，依据简单多数规则，将出现投票循环。这表明，简单多数规则的缺陷比前面已提到的更加严重。考虑到现实中许多问题是多维的，对于这一缺陷的认识就又多了一层意义，尤其值得将分析继续进行下去。经济学家阿罗于20世纪50年代提出的不可能性定理应该说是对此问题的洞见。

---

① 刘宇飞.当代西方财政学[M].第2版.北京：北京大学出版社，2011:132-133.

4. 中位选民定理

如果选民的偏好是单峰的,那么多数投票规则一定有最终结果。布莱克进一步指出,关于这一确定的结果还可以知道得更多,即单峰偏好的选民在面对各备选方案时,必然选择中位选民所偏好的结果。

以不同公共支出规模作为不同的备选方案为例,所谓中位选民(median voter)指的是这样一类人,他(们)的偏好位于所有选民偏好序列的中间,一半选民偏好更大规模的公共支出,另一半选民偏好更小规模的公共支出。图 10-7 说明了中位选民与多数票选择最终结果之间的关系。

假设横轴表示公共支出规模,图 10-7 中 x、y、z 为公共支出规模由低到高的三个备选方案。再设纵轴表示个人偏好顺序,有三个选民 A、B、C 对三种备选方案的偏好顺序如图 10-7 所示,选民 A 偏好较低的公共支出规模,选民 C 偏好较高的公共支出规模,选民 B 对公共支出规模的偏好水平介于 A 和 C 中间。依中位选民的定义,选民 B 为这一投票过程中的中位选民。

假定投票遵循的原则是,如果选民不能选择使其效用最大化的备选方案,那么,退而求其次,他将选择满足程度离它最近或下降最小的方案。

按照多数票规则下的两两对比方法票决。当投票在 z 和 y 之间举行时,无疑选民 A 将选 y,选民 B 也将选 y,选民 C 由于偏好 z 胜于 y,所以选 z,按简单多数原则,中位选民 B 所偏好的方案 y 为社会偏好的方案。

当投票在 x 和 y 之间举行时,选民 A 将选 x,选民 B 也将选 y,选民 C 由于偏好 y 胜于 x,所以也选 y,按简单多数原则,中位选民 B 所偏好的方案 y 为社会偏好的方案。

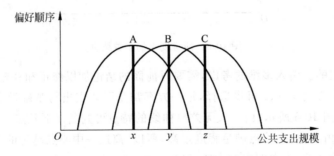

图 10-7 中位选民与多数票规则最终结果

稍微特殊一些的是,当投票在 x 和 z 之间进行时,选民 A 和 C 这回都能实现各自的效用最大化,分别选择 x 和 z,而选民 B 则无法像前两种情形那样再度实现其效用最大化,他不得不退而求其次,在 x 和 z 之间选择一个使其满足程度下降最小的方案。不难看到,偏好较低公共支出规模的个人与偏好较高公共支出规模的个人人数相等,不会决定简单多数下的最终结果,这时,对最终结果起决定性影响的还是中位选民的偏好。

综上所述,由于中位选民所持偏好中庸,他的备选方案总能在投票过程中击败其他的方案,脱颖而出。这一情形有时又被称作中位选民定理。有关这一定理的意义及其在代议制民主下的应用将在下一节做出分析。

➔ 专栏：United States presidential election, 2012

The United States presidential election of 2012 was the 57th quadrennial presidential election. It was held on Tuesday, November 6, 2012. The Democratic nominee, incumbent President Barack Obama, and his running mate, Vice President Joe Biden, were re-elected to a second term, defeating the Republican nominee, former Governor of Massachusetts Mitt Romney, and his running mate, Representative Paul Ryan of Wisconsin.

United States presidential election, 2012

2008 ← November 6, 2012 → 2016

538 electoral votes of the Electoral College
270 electoral votes needed to win
Turnout 58.2% (voting eligible)[1]

Nominee	Barack Obama	Mitt Romney
Party	Democratic	Republican
Home state	Illinois	Massachusetts
Running mate	Joe Biden	Paul Ryan
Electoral vote	332	206
States carried	26 + DC	24
Popular vote	65,915,796	60,933,500
Percentage	51.1%	47.2%

Presidential election results map. Blue denotes states/districts won by Obama/Biden. Red denotes those won by Romney/Ryan. Numbers indicate electoral votes allotted to the winner of each state.

As the incumbent president, Obama secured the Democratic nomination with no serious opposition. The Republican Party was more fractured; Mitt Romney was consistently competitive in the polls, but faced challenges from a number of more conservative contenders whose popularity each fluctuated, often besting Romney's. Romney effectively secured the nomination by early May as the economy improved, albeit at a persistently laggard rate. The campaign was marked by a sharp rise in fundraising, including from new nominally independent Super PACs. The campaigns focused heavily on domestic issues: debate centered largely around sound responses to the Great Recession in terms of economic recovery and job creation. Other issues included long-term federal budget issues, the future of social insurance programs, and the Affordable Care Act. Foreign policy was also discussed including the phase-out of the Iraq War, the size of and spending on the military, preventing Iran from obtaining nuclear weapons, and appropriate counteractions to terrorism.

Obama would go on to win a decisive victory over Romney, winning both the popular vote and the electoral college, with 332 electoral votes to Romney's 206. He became the eleventh President and third Democrat to win a majority of the popular vote more than once. Obama carried all states and districts (among states that allocate electoral votes by district) that he had won in the 2008 presidential election except North Carolina, Indiana, and Nebraska's 2nd congressional district.

(From Wikipedia)

10.2.4 互投赞成票

简单多数票规则可能存在一个问题,即它无法使人们表达他们对某一方案的偏好程度。某选民仅仅是在 A 和 B 之间勉强赞同 A,还是非常赞同 A,对投票结果没有影响。互投赞成票(logrolling)可以使人们进行投票交易,从而表达他们对不同方案的偏好程度。

对于投票交易,存在着争议。支持者认为,投票交易会导致公共品的有效供给,就像商品交易导致私人物品的有效供给一样;他们还强调,这种投票交易在表露偏好强度和建立稳定均衡方面具有潜力;而且,投票交易所隐含的妥协,是民主制度的必要条件。正如社会学家詹姆斯·Q.威尔逊(James Q Wilson,2000)所言,"投票交易被称为政治拨款或互投赞成票,但这种交易对于找到某种方法消除利益冲突是必要的……投票交易和政治拨款项目是实现强制性和语言所不能实现的结果的必由之路"。

例如,某社区有 x、y、z 三个备选项目,有 A、B、C 三位选民进行投票。表 10-6 给出了每个项目对于每位选民所产生的效益(负号表示净损失,即成本大于效益)。

表 10-6 中,需要注意的是,每个项目的净收益总额都是正值。因此,根据定义,如果每个项目都付诸实施,整个社区的境况就会变好[①]。但是,如果每次投票只对一个项目进行表决,结果会如何?选民 A 将投票赞同 x,因为 x 对 A 来说,净效益是正值;但是,选民

---

① 假定不存在使私人成本与收益不等于社会成本与收益的外部性或其他任何因素。

B 和 C 必定会投反对票,因为对他们来说,x 的净效益是负值。所以,x 会被否决。同理,y 和 z 也不能通过。

表 10-6 互投赞成票增进福利

效益＼选民＼备选项目	A	B	C	收益＝收入－成本
x	300	－50	－105	145
y	－90	275	－50	135
z	－120	－90	300	90

注：如果每一项目单独投票,即使每一项目都能产生正的净收益,也不会被通过。然而,在投票交易情况下,所有项目都会通过。

投票交易可以改变这种状况。假定选民 A 同意,如果选民 B 投票同意 x,A 就投票赞同 y。选民 A 通过这种交易结果赚了 210(300－90＝210)；选民 B 结果赚了 225(275－50＝225)。因此,他俩拍板成交,x 和 y 都获得通过。同理,选民 A 和选民 C 也可以做交易,得到双方满意的结果。有兴趣的同学可以演练一下。

因此,互投赞成票可以使这三个项目都获得通过,这正是各方都满意的结果。

另一方面,互投赞成票的反对者认为,这种交易可能导致下面结果,即特殊利益集团得到的好处不足以抵消一般损失,造成大量浪费。热映美剧《纸牌屋》(House of Cards)是一部以政治为题材的美国电视连续剧,主要讲述了众议院多数党党鞭 Frank Underwood,在晋升过程中巧舌如簧、翻云覆雨,以"没有永远的敌人,只有永远的利益"为价值观,通过包括政治交易在内的手段实现自己的目的。

对表 10-6 稍做修改,如表 10-7 所示,说明了互投赞成票导致这种不可取结果的一种情况。假定仍然有同表 10-6 的三位选民和三个项目,但是净收益情况有所不同,每个项目的净收益都是负值。因此,每个项目都应该被否决,就像每次投票只对两两票决那样。

但是,在互投赞成票制度下,有些或所有这些无效率项目都可能获得通过。假定选民 A 为使选民 B 投票赞同 x 而支持 y,这笔交易可以做成,因为两人都赚了——选民 A 赚了 210(300－90＝210),选民 B 赚了 125(275－150＝125)。在选民 A 和选民 B 相互支持下,两个项目都得以通过。同样,选民 B 与选民 C 也可以在 z 和 y 上做投票交易,从而使这两个项目得以通过。最终的结果,所有项目都会通过,尽管都是无效率的。

表 10-7 互投赞成票减少社会福利

效益＼选民＼备选项目	A	B	C	收益＝收入－成本
x	300	－150	－205	－55
y	－90	275	－200	－15
z	－220	－190	300	－110

注：如果每一项目单独投票,没有一项会通过。这是有效率的,因为每个项目产生的都是负收益。然而,在投票交易下,有些项目甚至所有项目会通过,这是无效率的。

为了理解造成这个结果的缘由,再考虑一下选民 A 和选民 B 在 x 和 y 上的投票交易。请注意,选民 C 在这两个项目上的结果都是赔的。这表明在互投赞成票制度下,大多数选民会结成联盟投票赞同有利于自己的项目,而让少数人承担大部分成本。因此,尽管对于多数人来说,项目的收益大于成本,但对于整个社会来说并非如此。结论是,虽然在某些情况下互投赞成票能改进简单多数票规则的结果,但并不必然如此。

10.2.5 阿罗不可能定理

前述表明,无论是简单多数规则,还是互投赞成票,都不能完全令人满意。人们也在考虑其他许多投票方法[①],但也都有不足。一个疑问在于,有没有一种可以接受的方法,将个人偏好转换为集体偏好而又能避开上述的不足?1951 年,阿罗(Kenneth J. Arrow)在其《社会选择与个人价值》中做了回答,被称为阿罗不可能定理(Arrow's Impossibility Theorem)。

1. 定理的表述

阿罗证明了他的"一般可能性定理",由于结论是否定的,所以通常被称作不可能定理。这一定理虽然赫赫有名,影响深远,但却并没有唯一的、标准化的表述,阿罗本人也不断接受别人的批评进行修正。一般说来,可以这样理解阿罗不可能定理的主要结论,即在满足一系列假设条件下,要想确定无疑地经由已知的各种个人偏好顺序推导出统一的社会偏好顺序一般是不可能的。通俗地说,阿罗给出的是一个惊人的判断,即集体决策很可能是要么无法做出,要么就有什么地方不合理。

理解阿罗不可能定理需要先了解它所说的合理的条件。

阿罗最初提出,在一个政治民主的社会里进行社会选择时必须满足两个公理加五项条件[②]。后来,经由多位学者的批评和重述,逐渐表述为以下五个条件。

其一,理性条件(rationality),即阿罗最初提到的两个公理,一是完备性(completeness),是指个人的偏好应能完全排序,比如对任意两个备选方案 x 和 y,任何人或者认为 x 比 y 好,或者认为 x 不如 y 好,或者认为 x 与 y 无差异;二是传递性。

其二,帕累托原则(pareto principle),即集体成员的偏好与集体整体的偏好之间的关系应是帕累托式的,即若社会每个人都认为 x 比 y 好,则集体选择的结果也是 x 比 y 好。

其三,无限制领域条件(unrestricted domain),即不能限制个人选择的自由,应允许集体成员持有任何可以想得到的偏好顺序,或者说,集体选择过程应能够针对个人对备选方案的全部可能的排序达成集体决策,而不能将某些偏好顺序从集体决策过程中排除,也就是说,不能拒绝那些拥有特殊偏好的个人参与集体决策,不能剥夺他们的投票权

[①] 包括记点投票法(给每人固定的若干点数,可以投在不同的备选方案上)、相对多数票法(得票最多的获胜)、博尔达计数法(每个选民都按照优先次序排列所有备选方案,对所有排序相加后选择)、孔多塞选举法(在两两选举中击败所有对手获胜)、穷尽投票法(把大多数选民最不支持的建议一个个否决,直到剩下最后一个)。见莱文和纳尔布夫(Levin and Nalebuff,1995)的详细论述。

[②] 两个公理包括完备性公理和传递性公理,五项条件包括自由三选择、个人价值与社会价值正相关、无关备选方案独立性、公民主权、非独裁性。参见[美]阿罗.社会选择与个人价值[M].成都:四川人民出版社,1987;黄有光.福利经济学[M].北京:中国友谊出版社,1991.

(disenfranchised)。

其四，无关备选方案的独立性(independence of irrelevant alternatives)，即两备选方案的集体偏好顺序应仅仅依赖于个人对这两备选方案的偏好顺序，而与个人对其他方案的偏好无关，也就是说，集体对于 x 和 y 选择仅仅由其成员对 x 和 y 的偏好所确定，如果已知哪些成员认为 x 比 y 好，哪些成员认为 x 与 y 无差异，以及哪些成员认为 x 比 y 差，那么，就可确知集体会做出的选择，与其他方案如 z 无关。[①]

其五，非独裁性(non-dictatorship)，是指不应有任何人完全控制集体选择的过程，即不应有这样一个人，他对于每一对备选方案的偏好比如说偏好 x 优于 y，则集体也必须选择偏好 x 优于 y，即使其他人的偏好顺序刚好相反。

以上五个条件被认为是应被民主社会普遍接受的基本条件，所以称之为合理的条件。不过，阿罗不可能定理指出，任何集体决策过程都无法保证能同时满足上面所有的合理条件。

2. 定理的影响

阿罗的不可能定理一经问世，便对当时的政治哲学和福利经济学产生了巨大的冲击，甚至招来了上百篇文章对该定理的驳斥。李特尔(Ritter Carl)、萨缪尔森试图以与福利经济学不相关的论点来驳倒阿罗的不可能定理，但最终收效甚微，这也在一定程度上证明了阿罗不可能定理具有的科学性。

阿罗不可能定理经受住了所有技术上的批评，其基本理论从来没有受到重大挑战，可以说是无懈可击的，于是阿罗不可能定理似乎成为规范经济学发展的一个不可逾越的障碍。怎样综合社会个体的偏好，怎样在理论上找到一个令人满意的评价不同社会形态的方法，成为一个世界性的难题。直到 20 世纪 60 年代中期，阿玛蒂亚在工具性建设方面的贡献减少了这种悲情主义色彩，他在这方面的研究推动了规范经济学跨越这个障碍向前发展。他的研究工作不仅丰富了社会选择理论的原则，而且开辟了一个新的、重要的研究天地。阿玛蒂亚 1970 年撰写的《集体选择和社会福利》是极其重要的一部著作，用颇具哲学的风格，为规范问题的经济分析提供了一个新的视角，克服了阿罗不可能定理衍生出的难题，从而对福利经济学的基础理论做出了巨大的贡献。

3. 定理的贡献

用阿罗不可能定理反观简单多数规则，投票悖论意味着在满足无限制领域条件(条件三)、非独裁性(条件五)、无关备选方案的独立性(条件四)、帕累托原则(条件二)诸条件的同时却无法满足理性条件(条件一)；单峰偏好虽可确保一维问题下最终结果的存在，但却违背了无限制领域条件(条件三)；考虑多维问题，即使存在单峰偏好也可能会违背理性条件(条件一)。阿罗不可能定理使人们对于简单多数规则所存在的问题有了更高层次的认识，但它的意义还不仅仅在此。

[①] 这一条件引起很多争议，黄有光认为森对此提供了透彻的见解，森指出，只要认识到任何备选方案都是对社会状况所有方面的完备的描述，那么，无关性方面的要求就是非常合理的了。参见黄有光. 福利经济学[M]. 北京：中国友谊出版公司，1991：139-140；黄有光. 经济与改革[M]. 北京：改革出版社，1994：111-112. 转引自刘宇飞. 当代西方财政学[M]. 第 2 版. 北京：北京大学出版社，2011：135.

从福利经济学的发展看,以阿罗为代表的社会选择理论的出现,被认为标志着福利经济学进入了一个新阶段,他对于加总个人偏好得到社会福利函数的过程进行了剖析,指出基于个人偏好次序(而不是基数效用)和民主社会的要求,可能找不到合意的社会福利函数①,这一结论由于其对福利经济学发展的重大影响而又被称作福利经济学第三基本原理②。

阿罗不可能定理也不只具有理论上的重大意义,它实际上从纯理论的角度提出了一个极具现实意义的问题,即不应该高估民主的集体选举过程的效率,当人们在面对市场失灵而转向政府时,对于政府行为的合意性应保持清醒的认识。诚然,阿罗不可能定理并没有断言说通过政府的集体选择过程注定会事事不尽如人意,但它却明确指出,人们不能指望这一点。这一论断为后面讨论公共部门的运行效率问题提供了重要的理论背景。

10.3 公共选择理论(2-2):间接民主制

本节将分析间接民主制(indirect democracy)。对于选民来说,在公共选择的方式中,直接民主制是一种最能充分体现大多数人的偏好的一种公共选择决策方式,也是一种能够产生最优选举结果的选举制度。但是,直接民主决策机制运行程序十分复杂,且又需要耗费大量的成本,还会因各种原因无法产生唯一的最优决策,因此在现实中尤其是非重大问题的决策往往采用代议制民主决策机制(representative democracy)。代议制民主是间接民主制的具体表达方式,是指选民(投票人)并不直接对决策进行表决,而是选举出少数代表,由这些代表来决定所需采取的集体行动的一种公共选择方式。

由于在代议制民主框架下,每一位选民不需要具体地事事投票,只需要交给个别受委托的代表进行选择,所以比直接民主制方式程序更简单、效率更高、成本更低。对代议制民主下公共决策的经济分析一般要追溯到唐斯(Anthony Downs,1957)所著的《民主的一种经济理论》。在这部书中,唐斯剖析了理性的党团和选民参与公共决策的行为方式。从此之后,唐斯的模型分析备受关注,并且得到进一步发展。一方面,对党团和选民的行为分析不断得到深化;另一方面,后继者们不断拓展研究视野,将唐斯忽略的其他影响公共决策的因素,如非选民的厂商和利益集团的行为、选民的非投票行为等纳入研究范畴。本节分别从公共决策的需求方(选民、厂商和利益集团)和供给方(政治人物、官员)等方面逐一分析,然后再对影响公共决策的其他方面进行简要分析。

10.3.1 选民理论

唐斯(1957)模型提出了理性选民假说,保留了经济学中对个人行为的理性假定,即虽然在政治生活中将个人称为选民(voter),但在投票中首先是"经济人"而追求自身利益的

---

① 可以把社会福利函数理解为社会偏好次序,社会福利函数也是试图基于个人的序数偏好导出社会政策的理想路径。

② 可将这一福利经济学第三定理表述为:满足理性条件、帕累托原则、无限制领域条件、无关备选方案的独立性以及非独裁性的阿罗社会福利函数是不存在的。参见费尔德曼(Feldman,1987)为《新帕尔格雷夫经济学大辞典》所写的"福利经济学"词条。

最大化,只会投票支持能够给他带来最大利益的政治人物或党团。遗憾的是,由于存在不确定性,即选民所偏好的结果不一定会发生,所以,他无法实现效用的最大化,而只能掂酌其投票对最终结果可能产生的影响的大小,以寻求预期效用的最大化。

1. 唐斯模型

假设 EU 表示选民得到所偏好的结果 x 时的预期效用;$U(x)$ 表示 x 带给选民的效用;P 为选民投票行为可对投票结果产生决定性影响的概率;

再假设选民从非 x 的结果中得到的效用为零。则

$$EU = P \cdot U(x)$$

考虑到无论投票结果怎样,选民都需为投票有所付出,因此有必要计算投票成本 C,修正后的预期效用可表示为

$$EU = P \cdot U(x) - C$$

选民将根据该式是否大于零来决定是否参加投票。当选民发现 P 相当小,或 $U(x)$ 相当小,或 C 相当大,以至于会出现 $EU<0$,即 $P \cdot U(x)<C$ 时,他就会决定不采用投票的方式表达对公共决策的需求。具体地说以下几点。

其一,如果 $U(x)$ 和 C 既定,当选民发现,其投票行为不可能改变结果,即 P 很小以至于使 $P \cdot U(x)<C$ 时,理性的选民将不会去投票。

其二,如果 P 和 $U(x)$ 既定,由于各种各样的原因使投票的成本 C 很高,以至于 $P \cdot U(x)<C$ 时,理性选民也将不会去投票。

其三,如果 C 和 P 既定,当选民发现没有哪一个政治人物或党团令他满意时,无论选谁给他带来的预期效用都很低,以至于 $P \cdot U(x)<C$ 时,理性的选民将选择不去投票。

其四,随着选民人数的增加和候选人的增多,可能同时出现 P 和 $U(x)$ 都很低,且 C 很高的情况,选民对无论哪个政治人物和党团当选都无所谓,投票对最终结果越来越不重要;而且,理解选举各种信息的成本相对较高,理性的选民会选择"搭便车"而放弃投票。这种选民主动放弃投票的现象被称为理性冷漠(rationally voter apathy)。

显然,投票成本是明显存在的,而预期收益也是潜在的。在权衡成本—收益之后,投票人的理性行为会驱使他不去参加投票。那么,既然不参加投票,投票人就没有必要去收集信息,保持对政治、党团、候选人的了解,只能从大众传播媒介那里获得关于候选人免费的信息,而这种信息的真实度则大打折扣,导致"无知"的结果。唐斯将这种现象称为"理性的无知"(rationally ignorant)。

2. 投票悖论(paradox of voting)

现实生活中经常出现另一种投票现象,即选民明明知道自身参加投票的预期效用为负,但还是选择去投票。这种现象与唐斯模型结果不符,通常被称为投票悖论。

为什么会出现这种结果?这种情况的合理解释可以概括为以下四种思路。

第一,参加投票可以获得伦理上的满足感。在一个具有民主传统的社会,选民参加投票,这种满足感为正;他不参加投票,这种满足感则是负数(负罪感)。考虑存在这样的情况,无论投票结果怎样,个人都会去参加投票,从投票行为本身得到某种心理上的满足或者称收益,也就是说,人们可能并不特别在乎对投票结果有无影响力,不在乎所投入的资源是否会有理想的回报,而是更愿意把投票行为看成一种"应该去做"的平常性活动,即偏

爱投票行为本身。也就是说,投票人也许并不喜欢去投票,但他所接受的教育使他若不去投票就会有某种负罪感,因此投票也会给他带来心理收益。一旦考虑了投票所产生的心理收益 D,对投票预期效用函数进行修正,则

$$EU = P \cdot U(x) - C + D$$

即选民如果从投票行为本身得到的心理收益 D 足够大,以至于可能出现 $D-C>0$,那么该选民可以完全不考虑选票结果而参加投票。

第二,选民的党团偏好。唐斯认为,选民不必费力去收集和辨别个别候选人的承诺以及相关的信息,完全可以通过了解候选人所在党团的意识形态(ideology)来判断各党团之间的差别,并投票支持在意识形态方面与自己最为接近的党团,这样做可以使投票成本大为降低,从而增加选民参加投票的可能性。

第三,选民的"最小最大遗憾策略"(minimax regret strategy)。所谓最小最大遗憾策略,即选民将不同对策下的不同结果所可能带来的最大遗憾加以比较,选择能导致最小遗憾的策略作为优选。延续上例,假设 $D=0$,则会出现表 10-8 所示的"遗憾矩阵"。

表 10-8 遗 憾 矩 阵

	无影响	有影响
投票	C	0
不投票	0	$U(x)-C$

可见,如果投票对结果无影响,则有遗憾,大小为所付出的投票成本 C;如果投票且对结果有影响,则没有任何遗憾;如果不投票且对结果没有影响,也不会有遗憾;如果不投票但其实可以对结果有(决定性的)影响,则遗憾为 $U(x)-C$(假定该式大于零)。显然,只要 $C<U(x)-C$,即 $C<\dfrac{U(x)}{2}$,则参加投票就是理性的。与原来假说下理性选民投票的条件 $P \cdot U(x)>C$ 相比,由于 P 远小于 $\dfrac{1}{2}$,所以,最小最大遗憾策略下投票的可能性要比原来的假说下的可能性大得多[①]。

第四,选民的利他偏好。一些情况下选民是利他主义的,除关心自己的效用水平外,也在一定程度上关心其他人的福利水平能够提高,通过政治能力和作用得到承认而获得满足感。此时,即使选民知道他的投票行为无法改变投票结果,也可能去投票,因为他的总效用水平比只考虑他自己时要高(预期的满足感要强)。

10.3.2 厂商行为

代议制民主下的厂商理论与选民理论相同,都是基于"经济人"的基本假设研究公共政策决策问题。唐斯的理论中对于厂商对公共决策的影响少有笔墨。客观来看,厂商虽然不能投票,但是,强大的经济实力往往使它在公共决策过程中发挥着特殊的作用,从简

---

① 该分析由费里乔恩和费奥莱纳(Ferejohn & Fiorina,1974)给出,参见格里斯和琼斯(Gullis & Jones,1992)。布朗和杰克(Brown & Jackson). Public Sector Economics,1990:114 也提及。转引自刘宇飞. 当代西方财政学\[M\]. 第 2 版.北京:北京大学出版社,2011:152.

单地要求雇员投谁的票,到为候选人或党团提供资金支持,厂商往往比单个选民更有力量,并以此谋求自身利益。由于政治市场和公共决策的特殊性,当作为公共品——政策和制度——需求方之一的厂商在通过投票这样的规则不能使自身利益得到满足时,有时会通过另外的方式来实现,这种方式就是寻租(rent seeking)。

1. 对寻租的理解

所谓租,初始含义专指地租,也就是土地作为一种生产要素投入而应该获得的报酬。现代的租理论发端于地租理论。在传统的李嘉图学派的经济租金概念中,租金是永远没有供给弹性的生产要素的报酬。随着近代工业化进程的迅猛发展,农业的相对重要性下降,地租在经济学中的受关注程度也大为减弱。不过,地租理论仍然因为其具有独特的重要性质而保留在一般经济学中。

马歇尔丰富了租的内涵,将其用以泛指各种生产要素的租,即超过机会成本的剩余。他指出,假设由于某种原因导致需求增加而价格上涨,在短期内,由于生产设备固定,又无新的竞争者,价格超过生产成本而上涨。这两者之间的差额即生产者剩余,是依靠生产设备在某种意义上的垄断而来的剩余,被称为"准地租"。在现代经济学中,租已经被进一步扩展,指供给缺乏弹性的生产要素所产生的超额报酬,也就是由于某种天然的或人为的原因,使生产要素供给量的扩大受到限制,从而使其市场价格长期稳定地高于成本而形成的一种长期超额收入。

所谓寻租,广义上是指人类社会中非生产性的追求经济利益的活动,或者说是那种维护既得经济利益或是对既得利益进行再分配的非生产性活动;狭义上是指现代社会中最多见的非生产性追求利益行为,即通过行政法律手段阻碍生产要素在不同产业之间自由竞争以维护或攫取既得利益的行为。寻租活动既有合法的形式,也有非法的形式。合法的活动如企业向政府争取优惠待遇,或者利用特殊政策维护本身的独家垄断地位,非法的行为如偷盗抢劫、行贿受贿、走私贩毒等。在现代更为常见的,也是更为高级的寻租方式则是利用行政法律手段来维护既得的经济利益,或是对既得利益进行再分配。

2. 寻租活动分析

本小节分析的寻租活动着眼于,如果厂商追求社会经济利益,通过政府干预,利用行政法律等阻碍生产要素在不同产业之间自由流动、自由竞争来攫取既得利益,或对之进行再分配的符合"合法的形式"的寻租活动。

1) 图洛克(1967)的分析

图 10-8 显示了对垄断低效率的衡量。但是,图洛克认为,该图低估了垄断的社会成本,因为消费者剩余的净损失并不仅仅是三角形 ABC 的大小。传统认为被厂商分割去的消费者剩余 ABP_0P_1 中也有一部分因为耗费于寻租活动而成为了社会的福利损失。图洛克认为,垄断很少是自发产生的,更多情况下是人为的,具有此能力的首推政府,因为它有各种政策工具,如特许权、配额、许可证制度等,可用来创造这种垄断。任何具备条件并且谋求利益的厂商都将存在为取得垄断权利付出一定代价的偏好,而这个代价就以 ABP_0P_1 的大小为限。面积 ABP_0P_1 表现为有形的福利损失(如金钱、物质赞助等),而 ABC 则是无形的福利损失,二者的和为寻租产生的耗费。

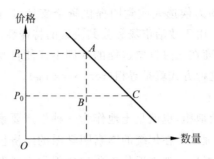

图 10-8 图洛克对寻租活动的分析

2) 波斯纳(Posner,1975)的分析

在图洛克基础上,波斯纳提出了租金追求模型。他认为,在一定条件下,寻租活动的成本最高可以达到整个 ABP_0P_1 的面积。此外,他还认为,假定寻租过程是竞争性的,长期看所有用于寻租的投入品都具有完全的供给弹性;垄断特权仅在一个周期内有效;寻租者(厂商)是风险中性的;寻租本身不具有外部性。在这些假设前提下,寻求垄断带来的消费者剩余或财富就将被耗尽。

更一般地说,假设寻租者初始效用 $U=y$,其中 y 是其收入。令投入寻租的收入为 I,可能获得的租金为 R;再假设每个厂商都有相同的概率获取租金,寻租者是风险中性的,进入"寻租市场"是自由的。在上述假定下,寻租将会持续到这样一点,寻租者的数目 n 刚好保证作为一个寻租者的预期收入等于一个非寻租者的预期收入为止,即

$$E(y) = \frac{1}{n}(y-I+R) + \frac{n-1}{n}(y-I) = y$$

当均衡实现时,得到 $R=nI$,表明投入寻租的(资金)耗费恰好等于可能产生的租金。

这个竞争的租金追求模型有极为直观的感染力,而且能够十分明确地估计出租金追求的成本,波斯纳曾经用这个模型来估计由对各行业进行调整而带来的额外的损失,他估计这个损失占行业总销售额的百分比在 10%~60%。

3) 贝新格和托利森(Baysmger & Tollison,1980)的分析

考虑到消费者有些时候希望寻求价格管制,寻租成本很可能超过的面积。如图 10-9 所示。

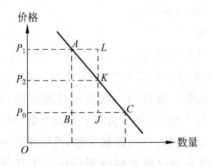

图 10-9 贝新格和托利森寻租模型

图 10-9 中，厂商希望游说政府管制机构允许它将价格由 P_0 提高到 P_1，消费者希望游说政府将价格保持在 P_0。假设双方都了解对方的行动，因此，双方都预期价格将最终等于 $\frac{P_0+P_1}{2}$，即图中的 P_2。因此，厂商将用来寻租的支出上限为 P_0P_2KJ，消费者将用来寻租的支出上限为 P_0P_2KC，二者合计相当于不规则图形 P_0P_1ALKC 的面积，超过了图洛克给出的寻租支出上限与消费者福利损失之和（ABP_0P_1+ABC），即多出了三角形 ALK 的面积。

3. 寻租的影响

寻租主要有以下几方面的影响。

第一，寻租活动会造成严重的资源浪费。它不仅会造成直接福利损失，使某些消费者的消费需求得不到满足，还会发生资源无效损耗，如寻租者要耗费时间、精力、资源等。

第二，寻租盛行将导致生产萎缩。只有生产领域才能创造物质财富，当社会将资源投入追求租的活动中，对生产领域构成负面影响，因寻租而导致生产领域效率低下。

第三，寻租活动会形成特殊利益集团，导致收入分配不公格局刚性化。而且这些利益集团会阻止改革，以保持其庞大的寻租利益。

第四，寻租阻碍创新。如果创新活动所需要的支持需要通过寻租的方式获取，那么为开办一个新企业，一个创新者必须得到商业、建筑、用水、防火等许可，往往需要耗费不必要的交易成本。如果创新者对这些政府提供的公共品的需求是紧的且无弹性，那么，它们将成为寻租的目标。

第五，寻租导致高额交易成本。寻租通过贿赂和宗派活动增大经济中的交易费用。交易费用随着行贿和小集团政治活动的流行而普遍上升，交易费用的增加必然增加成本，损害投资与资本积累，并使投资方向与结构受到歪曲。

第六，寻租带来分配扭曲。寻租成功者获得巨额利润，并形成垄断，必然造成不公平竞争，结果使得收入分配向寻租者倾斜，影响生产者的积极性。

第七，寻租破坏制度与规则。政府过多干预增加了官员干预市场和厂商活动的权力，容易产生"设租行为"，由"设租"到寻租，形成一个贪污腐化、因果联系的恶性循环圈，破坏了社会制度和规则，导致经济组织缺乏效率，损害经济增长。

10.3.3 利益集团

对于选民理论和厂商寻租行为的分析主要是针对单个选民和厂商进行的。现实中，为了更好地表达自己对公共决策的愿望，单个选民和厂商常常通过加入或形成利益集团（interest groups）来对公共决策施加影响，从而谋求有利于自身的经济政策。

1. 对利益集团的理解

从 18 世纪开始，美国一些政治学家意识到美国有组织集团的倾向性以及这些利益集团在美国政治和社会中的作用，并开始对这方面进行研究，而经济学家开始研究利益集团问题则相对较晚。20 世纪 30 年代，罗宾逊第一次比较系统地研究了不完全竞争经济学，将勾结起来的厂商作为研究对象并建立了相应的模型。20 世纪 60 年代，奥尔森（Mancur Olson）在《集体行动的逻辑》中系统分析了利益集团的形成及其内部机制。70 年代，布坎南等人首次将经济学用于政府决策研究。80年代中后期,随着新制度经济学的崛起,以诺斯、戴维斯等人为代表,许多学者将利益集团作为制度演进过程中的一个基本单元进行研究。

概括地说,可以把利益集团理解为具有共同利益的个人(自然人和法人)以某种方式组织起来,并采取行动维护自己利益的团体。利益集团的行动手段是多种多样的,比如可以采用游说、公开运动、和平示威、威胁甚至行贿与恐怖活动等达到自身目的。由于现代社会日益复杂,种种利益经常发生冲突,组成利益集团可以说是合乎理性的自利行为,从社会角度看,如果所有的利益都能形成集团,并且如果所有利益集团都能有效地影响公共决策,应该说,是可以更好地实现民主的。

2. 对利益集团的经济学分析

时至今日,不同学派对利益集团进行了分析与研究。本小节对国外学者的一些观点进行了梳理。从中可以看出,对利益集团的分析仍处于初步阶段。

奥尔森认为,在处理存在于新古典世界中的集团行为的形式时发展了新观点的规范。他发现,当个人在团体活动中收益大于成本且个人被迫卷入活动中时,一个小集团就会产生;当成员能得到排他性的个人收益而外人却不能获得时,大的集团(如美国医疗协会和工会)就会出现。他同时指出,当大集团被组建并产生变化,而这并没有给成员们带来排他性的收益时,它们将趋于不稳定和解体。总而言之,当个人仍能通过"搭便车"方式得益时,理性人就不会承受参与大集团活动的成本。也就是说,在奥尔森看来,并不是任何利益都能通过形成有效的集团加以表达的,只有小规模的集团由于可以实行诱导性激励(inducement incentive),向成员提供可将非成员排斥在外的收益,有效地解决了免费搭车的问题,才能够成功地存在。因此,利益集团只是少数人追求特殊利益的团体,社会大多数人的利益(比如公共利益),则往往无法通过形成统一的集团加以捍卫,因为它向每个成员提供的收益是微小的,不易为人所直接感知;或者由于个人认为自己的行为微不足道而不会改变结果,所以就不愿再费心为公共利益而采取行动;或者由于理性无知的存在,个人想免费搭车。总之,代表公共利益的集团或者是根本不存在的,或者就不是真正的而是假借公共利益之名谋一己之私利。

这一结论发人深省,但也遇到了一些挑战。一个基本的事实是,许多人都在做着奥尔森模型预计不会做的事而积极参与公共决策过程,并不是只想免费搭车。这又是为什么?萨里斯伯里(Salisbury,1969)对此做了解释[①]。他强调了利益集团组织者的作用,认为领袖人物的个人魅力(charisma)在利益集团形成和运作的过程中可以有效地克服免费搭车问题,而奥尔森模型低估了利益集团可能带给其成员的收益。

客观地说,由于下列事实,利益集团在很多情况下的确难以达到组建最初的预期。刘宇飞(2011)对此做了一个总结[②]。

第一,利益的多元化。这导致不同利益集团或集团内部不同派别的利益可能彼此冲突,因此,对于公共决策的影响力有可能相互抵消,并且,一旦某一集团要求过分的利益,

---

① Stevens. The Economics of Collective Choice[M]. Westview Press,1993:192-193.
② 刘宇飞. 当代西方财政学[M]. 第2版. 北京:北京大学出版社,2011:157-158.

其他相关集团就会群起而攻之,从而维持利益均衡。

第二,个人利益的多元化。一个人通常身处多个利益集团之中,比如个人可能同时加入消费者组织和某个厂商组织,从而可以在内部反对集团采取极端的行动,这被认为有助于促进不同利益集团之间的妥协。

第三,潜在利益集团转变为现实利益集团的可能性也是对现有利益集团采取过分行动的有效制衡,当潜在利益集团的利益受到严重损害以至于改变了采取集体行动的成本—收益的对比时,分散的个人就会组织起来,捍卫自身利益。

第四,利益集团受到来自道德、习俗及法律的制约,一旦越轨将会遭受舆论的谴责或国家的禁止。此外,选民对于寻租活动的洞察力会逐渐提高,这更加增大了寻租成本,从而降低寻租活动的规模。

> **专栏:政治人物=灰姑娘?**
>
> 在政治领域,也有很多潜在的逆向选择问题。
>
> 人们通常认为,现代社会的民主选举政治比君主政治体制要好。是的,但是,民主选举政治也有其悲哀之处,那就是它可能导致逆向选择——人们本来希望选举出真心为公、不贪恋权力的政治人物,但结果选举出的常常是最热衷于权力、以权谋私的政客。
>
> 为什么如此呢?原因在于政治人物如同灰姑娘,民众如同富有的王子。由于民众可以赋予政治人物权力,但是民众却难以分辨一个政治人物究竟是为了真心服务民众,还是为了谋取群众手中的权力而积极从政。一般来说,越是向民众表明自己不是为了权力而希望民众支持他的人,越有可能是贪图权力之徒。真正不贪图权力的人,就像灰姑娘一样反而对民众赋予的权力欲迎还拒。
>
> 但是政治斗争毕竟和谈恋爱不同。民众的选举是集体行动,真正图谋权力的人为权力所做的筹划往往更积极、更充分,结果在选举中就常常会成为胜利者。所以,政治选举出来的绝大多数都是贪权之辈。在这一点上,君主体制不一定是糟糕的,因为天生就被决定为君主命运的人,不一定是迷恋权力的人。
>
> 同样的问题在组织中也存在,这几乎是一个困境。在组织中,要表明自己不迷恋权力的最好信号是不接受权位的任命。但是,不接受权位的任命本身就导致不迷恋权位的人得不到权位。之所以政治领域的斗争比其他任何领域更激烈,一个可能的原因就在于,能够在政治组织中成功的人,都是把权力看得最重的人,他们本身也就是权力斗争的高手。
>
> (引自董志强.无知的博弈:有限信息下的生存智慧[M].北京:机械工业出版社,2009:79-80)

10.3.4 政治人物

1. 目标函数

在代议制民主框架下,选民需要选出自己的代理人,代表他们进行集体决策。这些代表就是所谓的政治人物。政治人物是由一个具有公共利益的党团推选出来,并代表党团利益的代理人。传统理论观点认为,政治人物代表着公众利益,为公共利益服务。但是随着以公共选择理论为代表的理论的兴起,这种传统观点发生了颠覆性的改变,认为政治人物和消费者一样,也是理性的经济人,其最大利益就是当选并执掌政权。因此,使自身获得最大的政治势力和政治收益构成政治人物的目标函数。

在唐斯假说基础上，艾纳森（Aranson）、赫里奇（Argerich）和奥德舒克（Ordeshook）进一步认为，政治人物的目标函数是多种多样而不是单一的。他们同意唐斯关于政治人物最终目标是为了在选举中获胜的假说，但是他们认为，当候选人的数量和选举环境不同时，党团的目标函数有下列不同的形式，主要包括以下几类。

其一，得票数量最大化。在竞争对手众多的场合，或在对竞争对手的情况知之甚少的场合，每个党团和其政治人物都追求尽可能多的选票。如果用 Q_i 表示党团的得票数，它的政纲为 P，预期的得票数为 V_i，那么，它的目标函数为

$$\max Q_i = V_i(P)$$

其二，得票差额最大化。在两党（或两个候选人）竞争的场合，总选票数在两党之间的分配呈此长彼消的变化，相当于一个零和博弈，一个党团获得的选票越多，它的竞争对手获得的选票就越少，它获胜的可能性就越大。因此，在这种场合，每个党团追求的目标是使自己获得的选票与竞争对手获得的选票之间的差额最大化，即

$$\max \phi_i = V_i(P) - V_j(P), \quad 其中 i \neq j$$

其三，得票率最大化。在实行比例代表制和比例多数制的选举中，一个党团所获得的选票在总选票中所占的比例越高，它获胜的可能性就越大，因此，在这种场合，追求的目标是得票率最大化。

$$\max R_i = \frac{V_i(P)}{\sum_{n=1} P}, 其中 n = 1, 2, 3, \cdots$$

其四，得票率超过一定概率。当一个党团在竞选中实力不强或它感到自己与竞争对手相比有某种劣势时，它的最优选择是使得票率超过一定概率，即

$$\max p_i = F\left[\frac{V_i(P)}{\sum_{n=1} P} \geqslant \mu_i\right]$$

其五，得票差额超过一定概率。在众多竞争对手中，如果只有两个实力最强、势均力敌的竞争者，那么这两大竞争对手中的任何一方所追求的目标都将是使它的得票差额（与那个势均力敌的对手相比）超过一定概率。在这种场合，这个概率越大，战胜那个势均力敌的对手的把握就越大，即

$$\max p_i = F\{[V_i(P) - V_j(P)] \geqslant \mu_j\}$$

其六，得票数超过一定概率。在众多竞争者中，实力较弱的党团在本次选举中取胜的可能性较小，为了从长计议，稳定自己的支持者的数量，争取在下次或以后的竞选中获胜，该党团往往追求的是使自己的得票数超过一定概率。

2. 类型

史蒂文斯(1993)在政治性公共品供给方面将政治人物划分为四种类型[1]：

其一，完美仙女模型（good fairy model），即政治人物集中于解决市场失灵问题，为社会成员提供公共服务，其结果是社会获得帕累托改善。这是所有模型中最为乐观的一种。

---

[1] Stevens. The Economics of Collective Choice[M]. Westview Press, 1993: 218-220.

其二,次完美仙女模型(semigood fairy model),即当选的政治人物尽管无法做到不使任何人的境况变差,但还是可以保证受益者在补偿受损者之后还能够有一些剩余,从而实现潜在的帕累托改善。

其三,不确定世界模型(uncertain world model)①,即当选的政治人物虽然一心谋求帕累托效率,但由于现实世界充斥着不确定性和不完全信息,从而导致好心办坏事的结果,使社会福利降低。

其四,女巫模型(witch model),即当选者一心以保住权力或获得更大权力为目标,即使经济效率恰巧得到提高,那也只是追求权力过程中的副产品。通常自利的立法者会引起效率的下降,因为他们会以经济效率为代价,提出再分配方案以获得政治支持。这些当选者并不一定就是坏人,但是政治制度与政治过程中的激励机制并不鼓励他们提高效率。

在现实的政治经济生活中,政治人物大致能够对应上述四种模型中的一种。

3. 两党制的行为特征

两党制是代议制民主的典型特征,如美国的民主党和共和党,英国的工党和保守党。主要理论包括霍特林(Harold Hotelling)—史密西斯(Arthur Smithies)的空间定点理论和唐斯的两党竞争模型。

1929 年,霍特林在《经济学杂志》第 39 卷发表《竞争中的稳定性》一文,分析了两个杂货商进行空间竞争的情形。假定一条大街上只有两家杂货商,其他条件都一样,买者在两家厂商之间的取舍只根据交通费用而定,在这种情形下,市场将按照使买者交通费用最小的原则进行分割。第一步,每家厂商可将其商品销售给位于其所在街道一端的买者;第二步,两家厂商将分享位于二者之间的买者市场;第三步,竞争将驱使两家厂商向大街的中心移动以便在保持自己原来买者的同时争取更多的买者。

霍特林模型被用来对代议制民主下投票行为进行分析,也称作大街模型。如图 10-10 所示,按照唐斯的思路,选民可以通过了解候选人所在党团的意识形态来判断各党团之间的差别,并投票支持在意识形态方面与自己最为接近的政党,因此,图中的水平线可看作是两党团向选民提供其意识形态产品的大街。

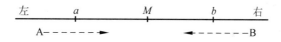

图 10-10 空间定点理论

假设 A 党政见偏左,位于 a 左侧;B 党政见偏右,位于 b 右侧;选民对于意识形态的偏好符合前面所要求的单峰正态分布,中间投票人的意识形态偏好位于点 M。可见,首先,A 党可以得到位于点 a 左边的选民的投票,B 党可以得到位于点 b 右边的选民的选票;其次,两党可以分享位于 ab 之间的选民的选票;最后,竞争将驱使两党向中间投票人的位置移动,以便能在保持原来选票的同时吸引更多的选票。最终结果将是稳定的,也就是说,为赢得选举,两党都将倾向于选择中间投票人的态度作为自己的态度,二者政见的差异将实现最小化。

---

① 也有表述为当选供给者一般模型(general model of elected suppliers),见刘宇飞(2011)。

这一模型被认为很好地解释了两党制国家里出现的两党政见趋同的客观事实。但是,该模型也遭受了一些质疑或批评。

其一,并不是实行两党制的国家都有明显的趋同现象,即并不是所有党团都一味迎合选民的口味而没有自己所坚持的主张,人们更愿意相信,优秀政治家的过人之处就在于他并不总是去迎合选民的偏好而是在适当的时候刚好相反。

其二,即使能够获得稳定的均衡,也并不意味着结果一定是合意的,中位选民定理中间与帕累托效率之间关系的分析已说明了这一点。

其三,这一模型的结论虽然简洁,但是其前提条件也是很严格的。一旦某些条件被破坏,就需要另外进行分析。

史密西斯进一步从需求弹性和运输成本的角度发展了霍特林的理论。他认为,从需求弹性来看,如果其中一个厂商将其销售地点转移到中心点以外的地方,它的运输成本就会增加,离中心点越远,运输成本越高;如果它的商品进价和其他厂商相同的话,商品售价也必须提高,这将使它失去位于厂商定点较远的消费者。即便它的商品进价低于它的竞争对手,也只能吸引一部分靠近它和竞争对手之间的消费者,而无法占领整个市场。因为,如果要由消费者来支付与商品运到销售点的距离成比例的运费的话,靠近竞争对手的消费者就近购买仍然是合算的。其结果是,两个厂商必将把它们的销售地点更靠近市场的中心位置。史密西斯把他的理论用于公共决策并认为,选民从自身利益最大化出发,总是倾向于向与自己立场接近的党团投票;如果党团的立场偏离自己立场越远,他不投这个党团的票的可能性越大,这被称作疏远效应;如果两党立场越接近,选民的选择余地越小,投票的积极性越低,这被称作无差别效应。

唐斯在《民主的经济理论》中做了进一步分析,后来,布莱克也做了进一步研究,分别分析了单峰偏好、双峰偏好下的两党竞争。在单峰偏好下,类似于前面介绍的中位选民定理所分析的内容,两党竞争的结果是都采取中间投票人的最偏好位置。如果选民偏好不是单峰的,而是如图 10-11 所示的双峰形状。此时,如果政党 A 离开它的垄断位置 a,向中间投票人 M 移动,那么,原来它的选民中就会有人因为该党过分偏离自己的偏好而弃权,不再投票,从而制约该党迎合中间投票人的举动。所以,在双峰情况下,两党竞争的结果是都不改变政策立场。

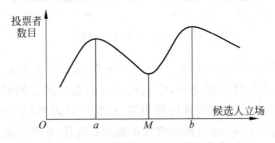

图 10-11 多峰偏好下的两党团行为

4. 多党制的行为特征

根据刘宇飞(2011)的归纳①,多党制行为主要包括以下三个特点。

---

① 刘宇飞.当代西方财政学[M].第 2 版.北京:北京大学出版社,2011:162-163.

第一,政策主张不可能趋同。与两党制下的唯一选择不同,多党制下不存在各党政策取向趋同的可能。假定选民偏好的分布为单峰并正态分布,每个选民都参加投票。由图 10-11 可以得出,当党团 A 为赢得更多的选票而将政策主张偏离 a 向中间投票人的 M 靠近时,第三个政党将会取代它原来的垄断位置 a,争得位于左端的选民的选票,同时也牵制党 A 的背离行动,使它不至于走得太远。同理,党 B 背离其原来的垄断位置时,也有可能出现新的"极端党",使党 B 不至于背离得太远。当选民偏好的分布呈多峰时,会诱致新党的诞生,新党的目标函数也许是为了谋得执政地位,也许并不是为了胜选而只是为了起到牵制作用。

第二,最小获胜联盟。如果处于少数派地位的党团谋求在选举中获胜,它将会乐于与其他党团结成联盟而构成多数派地位。在一定条件下,采取与和它最为接近的党团结成一个刚好能够获胜的联盟的策略是合适的。假定选举获胜者的收益是与失败者的损失紧密联系的,即胜者可以从败者那里获得更多收益,这样,只要能够获胜,那么,显然是胜者联盟的人数越少越好,败者的人数越多越好,即存在一种最优策略,让对手的联盟尽可能大,而自己则保持一个最小的获胜联盟①。

第三,行为前后不一致。少数派政党借联盟的优势获胜后,为谋求再次获胜,有可能寻找新的盟友,并调整它的政策以迎合新盟友的偏好,就会出现党团观点的微调,这种行为的前后不一致将会使某些选民的利益遭受损害。见图 10-12,假设有三个党 A、B 和 C,选民 L 投票支持了党 B,因为 B 的政策主张与他的最为相似。然而,后来 B 和 C 结成了联盟,B 将政策主张调整为 M。早知如此,选民 L 就不会投票选 B,而是会选党 A,因为与政策 M 相比,A 的政策主张与他的最接近。政党没有责任继续保持其原来的观点,这种前后行为不一致现象虽然在两党制下也有可能存在,但其在多党制下对于选民的伤害更为严重。

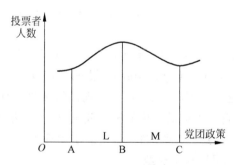

图 10-12 多党制下政党行为不一致

10.3.5 官员理论

很多文献都将这一部分命名为官僚(bureaucrats)理论,本小节认为称之为官员理论更显得措辞中性。

---

① 缪勒.公共选择[M].上海:商务印书馆,1992:113-114.

1. 范围的界定

这一用词最早出现在 18 世纪的法国,包括的范围为所有政府官员。在西方文官制度建立后,它一般指非经政治选举的、经考试进入政府、不受政府更迭影响的政府官员。

在公共选择学派看来,官员机构只是一种客观存在的组织形式,它和其他社会组织在本质上并无区别,至于具体内涵,有广义和狭义之分。广义的定义可引用 P. M. 杰克逊的观点,指的是一种特定的正式组织,其特点是复杂的管理等级制度、专业化的技术与任务以及用规章制度对官员机构权力的文明限制。按这种定义,一切公共部门均在官员机构之列,如各级政府机关、公共公司和私人非营利组织等。尼斯坎南支持这种观点,而布雷顿与温托布甚至把私人公司组织也包括在其中。按这种广义定义,国际性组织如 WTO、石油输出国组织等都属于官员机构。

狭义的定义,可引用 C. 罗利与 R. 艾尔金的观点,他们认为官员机构的特点是,组织运转所需资金或收益是从在市场上销售商品以外的途径获取,并且收益超过成本的余额不能由主管者与雇员占为己有而成为直接的个人收入。在这种定义里,政府机关是主要的组成部分。

长期以来,政府官员受到许多尖刻的批评。人们指责他们麻木不仁,制造了过多的繁文缛节和低效率,存在着"越位"(横加干涉)和"缺位"(不作为)。但是,如果没有官员体系,现代政府就将一事无成。官员们在拟订和执行计划方面有着很强的专业技术能力和知识,而且他们的任职时间往往长于党团代表(政治人物),对各种规章制度了如指掌,是极其重要的"制度存储器"(罗森,2009)。官员的另一重要长处在于,提供有关公共部门业务的准确文件,确保所有合格公民在某种公共提供的服务上都能得到同等待遇。

2. 官员的目标函数

唐斯(1967)认为,官员追求两方面的目标,一是作为野心家(careerist),希望获得权力、收入、声望及安全感等;二是作为父爱主义者(paternalist),希望能够忠诚地服务于公共事业。

尼斯卡宁(Niskanen,1971)赞同唐斯的第一类目标,把官员的目标理解为各种 P 的函数,包括权力(power)、声望(prestige)、报酬(pay)、晋升(promotion)及特权(perquisites)等,而所有这些,又都是他所在部门规模的函数,所以,官员的目标与厂商和政治家都不同,他并不为自己争取最大化的利润或选票,而是为其所在的部门争取最大化规模。这一目标使他的行为具有鲜明的特点,即追求预算规模的最大化。

3. 官员的行为特征:尼斯卡宁模型

假设预算规模为 B,公共品产量为 G,则

$$B=B(G)$$

官员将追求 B 的最大化。不过,由于官员并不负担公共品的生产成本,这一成本是由选民通过税收方式提供的,所以,官员提供公共品时并不按照公共品提供的边际收益等于边际成本原则,他的行为约束要宽松得多。

再假设公共品的生产成本为 C,它也是产量的函数,即

$$C=C(G)$$

官员追求 $\max B=B(G)$,约束条件为

$$B(G)-C(G)\geqslant 0$$

存在拉格朗日函数 L，使得

$L=B(G)+\lambda[B(G)-C(G)]$，其中 λ 为拉格朗日乘子，反映预算规模扩大给官员带来的边际效用，预算规模最大化的条件为

$$B'(G)=\frac{\lambda}{1+\lambda}C'(G)$$

由于 $\lambda>0$，因此，官员预算规模最大化的条件下，$B'(G)<C'(G)$，也就是说，官员不可能在 $B'(G)=C'(G)$ 的社会最优点停下，而是会继续扩大提供公共品，直到满足 $B(G)=C(G)$。如图 10-13 所示。

图 10-13 中，社会最优公共品供给数量为下图的 G^*，边际收益等于边际成本，表现为上图中 G^* 产量下曲线 B 和 C 的斜率相等，也表现为下图中曲线 B' 和 C' 相交于 e 点。在这一水平下，社会净收益 $B(G)-C(G)$ 实现最大化。但官员收益最大化并不在这一预算水平，他将尽可能地扩大预算规模，直到 $B(G)-C(G)$ 等于零为止，亦即到达公共品水平 G_b，此时，$B(G)=C(G)$，表现为上图中曲线 B 和 C 相交于点 h 点，也表现为下图中 $S_{\triangle ace}=S_{\triangle feg}$。

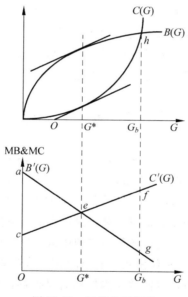

图 10-13 尼斯卡宁模型

虽然后来的文献对尼斯卡宁模型提出了很多质疑，但是，毫无疑问，该模型非常经典地分析了官员预算最大化的动机。除了该模型之外，1960 年代，哈维莱宾斯坦（Harvey Leeibenstein）提出了"X 效率"理论，其涵盖范围超出了企业效率和组织效率的范围，在家庭、政府决策中也具有非常重要的意义。20 世纪 80 年代后，委托—代理理论、官员竞争经济理论等进一步丰富了公共决策理论的内容。

10.3.6 其他因素

影响公共政策决策的因素还有很多，这里包括了主要的部分。

(1) 司法系统。司法系统通过法院裁决对政府支出有很大影响。从公立学校双语教育的公共支出到监狱改造的公共支出,法官对政府支出的强制裁定范围很广。例如,纽约州的一位州法官裁定,为了确保学生得到良好的教育,每年花费在纽约市公立学校的开支增加56亿美元;此外,该法官还要求在今后五年再拨款92亿美元,以缩小班级规模,改善学校设施(Winter,2005)。

(2) 新闻媒体。报社、记者通过引起公众对某些问题的关注,也能影响财政结果。如对倒塌的桥梁和道路进行广泛报道,使许多地区增加了基础设施支出。格尔伯等(Gerber,Karlan and Bergan,2006)研究了报纸对人们投票方式的影响后发现,经常翻阅报纸的人投票比率相对较高。但是,新闻媒体对公共决策的对程度取决于它们独立报道的能力,而记者的客观性和专业程度无疑也是决定影响力的因素之一。

(3) 信息。这是一个重要的潜在影响力量。随着大数据时代的来临,它包含了4V特征,即数据量大(volume)、数据类型多样(variety)、生成速度快(velocity)以及蕴含巨大价值(value),从而对公共决策发挥着重要的影响作用。

(4) 专家。毫无疑问,专家能够影响公共部门决策。对某些项目具有专门知识的立法助理人员,在立法起草过程中起着重要作用。还有不在政府供职的专家,许多从事学术活动的社会科学家、环境工程师以及其他人,都存在着利用他们的专长来影响经济政策的可能性。"经济学家和政治哲学家的观点,不论对错,都比常人的理解更强有力。的确,世界就是由这些人统治的,其他人无足轻重。"(John Maynard Keynes,1936)[①]但是,要想确定社会科学研究是否影响政策、通过什么渠道施以影响等,却是非常困难的。

10.4 小　　结

对于公共部门,某项决策的关键在于能否增进社会福利,因此,对其进行的成本—收益衡量仅仅是项目是否可行的虑及因素之一,很多情况下即使(账面)净收益为负的政策也是需要施行的;同时,需要虑及的因素还在于,这种政策是否能够施行还需要通过必要的选择程序,很多情况下即使是看似可行和增进福利的政策提案也无法得到施行。

资源是稀缺的,这决定了人们在各种备选项中进行选择首先要想到"是否有损失",这是每个理性人心中的一杆秤。从经济角度看,计算得失,就是所谓的成本—收益分析。如果应用得当,成本—收益分析可以向政府当局和居民提供在各种政府项目之间进行选择时所要使用的重要信息。进一步来说,民主决策过程中的投票规则和程序也是政策效率评价的重要标准。建立在新古典意义上的选择机制和行为特点具有经济人的理性最大化假定,仿佛是一幅公共决策的生态图谱。这种所谓的政治市场,既与自由竞争的商品市场相类似,又具有自身独特之处。

---

① 转引自[美]哈维·罗森.财政学[M].第8版.北京:中国人民大学出版社,2009:120-121.

本 章 要 点

- 所谓成本—收益分析,就是在资源稀缺的情况下,无论是私人部门还是公共部门都要在进行经济决策过程中衡量收益和成本负担,以求达到提高利益水平或增进社会福利的目的。
- 成本—收益分析包括四个步骤,循序三个评价标准。
- 公共部门与私人部门的成本—收益分析具有显著差异。
- 维克塞尔的一致同意原则阐述了直接民主的理想状态,布坎南和图洛克从成本—收益的角度分析了个人自愿接受强制的可能性与条件。
- 林达尔均衡表明,只有在一致同意的前提下,集体行动才能进行。
- 简单多数规则指每人一票,对提案进行赞成或反对的投票,若有一半以上的人投票赞成,则提案被通过;如果有多个提案,那么对这些方案两两地加以比较,并按照传递性公理得出结论。
- 阿罗不可能定理表明,在满足一系列假设条件下,要想确定无疑地经由已知的各种个人偏好顺序推导出统一的社会偏好顺序一般是不可能的。
- 唐斯得出结论,在权衡成本—收益之后,投票人的理性行为会驱使他不去参加投票,表现为"理性的无知"(rationally ignorant)。但是,现实生活中选民明明知道自身参加投票的预期效用为负,但还是选择去投票而出现投票悖论。
- 厂商追求社会经济利益,通过政府干预,利用行政法律等阻碍生产要素在不同产业之间自由流动、自由竞争来攫取既得利益,或对之进行再分配的寻租活动。
- 利益集团是具有共同利益的个人(自然人和法人)以某种方式组织起来,并采取行动维护自己利益的团体。
- 政治人物可以划分为四种类型,目标函数在于当选并执掌政权。在两党制乃至多党制下,政治人物(党团)具有特殊的行为特点。
- 官员的目标函数在于实现所在部门预算规模最大化。虽然尼斯卡宁模型受到很多质疑,但是该模型是分析官员预算最大化动机的经典。
- 影响公共政策决策的因素还包括司法系统、新闻媒体、信息、专家等。

主 要 概 念

- 成本—收益分析
- 净现值
- 收益—成本率
- 内部收益率标准
- 影子价格
- 赞同的计算
- 间接民主制

- 直接民主制
- 林达尔均衡
- 简单多数规则
- 传递性公理
- 投票悖论
- 双峰
- 投票循环
- 中位选民定理
- 互投赞成票
- 阿罗不可能定理
- 代议制民主
- 理性无知
- 尼斯卡宁模型

思 考 题

- 分析私人部门成本—收益中的步骤和关键因素。
- 如何理解成本—收益分析的评价标准？
- 如何理解公共部门与私人部门成本—收益的差异？
- 公共支出项目成本—收益分析的一般步骤有哪些？
- 试分析林达尔均衡模型。
- 为什么会出现投票悖论？
- 试评价互投赞成票的利弊。
- 试分析唐斯模型及投票悖论。
- 如何理解厂商的寻租活动？
- 如何理解利益集团的经济活动？
- 试分析尼斯卡宁模型。
- 试分析两党制、多党制下政治人物（党团）的行为特点。

第11章 财政分权

在一个多级政府框架下,每一个层级政府都试图促使其潜在选民的社会福利最大化。因此,地方政府会在其有限的权限范围内推动社会福利目标的实现。

——OATES WALLACE E. Toward A Second-Generation Theory of Fiscal Federalism[J]. International Tax and Public Finance,2005,12:349-373.

为什么要研究财政分权?执行财政分权的意义在哪里?简单地说,一个国家(地区)政府面临的事务是多元的,政府的经济决策涉及方方面面。如果这些职能由一个(或一级)政府部门负责,它的工作数量是巨大的,甚至可以说是"不可能完成的任务",即使是在特定时期赋予某一政府(部门)职能,比如在前计划经济时代的情况,也会是低效率的、短暂的运行。这种决策权力和行动高度集中于某一管理层面的情况被称为集权(centralization);相反,决策权力和行动分散于若干管理层面或部门的情况被称为分权(decentralization)。

近现代,随着西方国家政府职能的不断完善、财政政策的日益成熟,对财政分权(fiscal decentralization)的理论研究逐渐深入,在财政分权理论对政府间分权的合理性和必要性、政府间财政职能和财政工具的分配、政府维护市场的激励机制设计及财政分权的可持续性等方面都做了全面深入的探讨,特别是随着前计划体制国家的经济转轨和发达国家的经济转型,财政分权理论日益受到关注,而且讨论的内容已不再局限于财政领域,而是更多地考虑了财政分权对其他社会和经济问题的影响,如环境质量问题、福利改革、官僚腐败等,以满足各社会组成部分和群体的激励相容。有鉴于此,对财政分权及其在中国的实践进行学习和分析则非常必要。

11.1 政府间财政关系

研究财政分权,财政联邦制(fiscal federalism)提供了一个规范的框架,而公共品的层次性使得中央与地方政府存在各司其职才能提高效率的预期,这些理论和实践的结果为进行分权奠定了基础,也最终决定了财政收支的划分。

11.1.1 财政联邦制

联邦制(federal system)是由不同级次的政府组成,这些政府负责提供公共品,并拥有一定程度的决策权。财政联邦制又称为财政联邦主义,是处理财政关系的一种规范制度,是指各级政府为共同履行公共经济职能,在财政职能和收支上有一定的独立性和自主性,其主要内容包括不同级别政府的作用、收支如何在各级政府间进行划分以及政府间的补助等一系列问题,其实就是财政分权理论。其核心是处理中央与地方的财政关系,即中央与地方在财政关系上的集权与分权问题。历史上,围绕政府集权和分权进行了长期的争论。

1. 财政集权的理由

财政集权是财权由中央政府掌握,地方政府只是作为中央的派出机构,执行中央政策,其收入上缴中央,支出在中央规定的标准和范围内进行,并接受中央的监督。财政集权的理由主要包括以下几种。

第一,外部性内部化。为实现资源的有效配置,全国性的和准全国性的公共品应该由中央政府提供,以便适当解决地区间的经济外部性问题。

第二,规模经济。公共品由中央政府进行大规模的生产可以降低成本,实现规模经济。

第三,协调区域、私人关系。只有中央政府才有可能解决地区之间和私人之间的收入再分配问题。同时,还可以避免资源流动而带来的税收收入从一个地区转移到另一个地区的问题。

第四,协调政策关系。中央政府可以利用财政政策与货币政策来稳定和发展经济,而地方政府则缺乏两者的有效配合。

2. 财政分权的理由

财政分权与集权是相对概念,财政分权一般是指中央政府给予地方政府一定的税收权和支出责任范围,允许地方政府自主决定其预算支出规模和结构。其理由主要有以下几种。

第一,减少信息成本。由于地方政府比高层级的政府更贴近民众,更能了解民众的愿望,更能有效地掌握民众的信息,因此,地方政府能比中央政府更有效率地提供地方性公共品和服务。

第二,提高资源配置效率。斯蒂格勒认为,地方政府的存在是必要的,一是与中央政府相比,地方政府更接近自己的公众;二是一国国内不同的人民有权对不同种类与不同数量的公共服务进行投票表决。因此,地方政府的存在是为了实现资源配置的有效性。

第三,有利于财政监督。通过财政分权,中央政府管理的横向幅度缩小,监督度就相应下降。若中央计划当局高度集权,那么监督任务增加将导致监督不经济。

第四,有利于引入竞争和创新机制。实行财政分权后,地方政府有自己的独特利益。为了促进地方经济发展,地方政府之间在税收、财政支出、投资环境等领域可以展开竞争。

第五,经济发展的要求。有学者认为,当经济发展较为成熟时,从分权中可以获得收益。经济发展水平越高,财政分权的可能性也就越大。

3. 集权与分权的协调

虽然财政集权与财政分权各有其存在的理由,但现实中较少有完全意义上的集权和分权,而是两者相互协调。因为在过度集权的情况下,地方政府仅为中央的派出机构、代理机构,缺乏独立的经济利益,缺乏财政自主权,完全依附于中央。为了实现资源的有效配置,中央政府必须了解地方民众的偏好,但中央政府并不是万能的,会存在信息失灵,因此财政集权会降低资源配置的效率。

而过度的分权,会使地方政府完全独立于中央政府,财政收入的征收权完全分散到地方政府手中,中央的任何支出都需要地方政府的财政资助。在这种情况下,中央政府实际上已经没有政治独立性,没有独立的财政权力,从而无法行使其政府职能。

因此,现实生活中,各国在处理财政关系时基本上选择的是集权与分权相结合的做法,或者集权多些,或者分权多些,但都不是绝对的集权或分权。

11.1.2 公共品受益范围的层次性

公共品的层次性关系到其在中央政府与地方政府经济中发挥的作用与范围的大小。一般来说,公共品可大致分为两种类型:一是全国性的公共品,它不受或较少受空间、地域限制,这一类公共品主要由中央政府提供;二是地方性公共品,它在较大程度上存在空间、地域限制,这一类公共品一般由地方政府提供。

由于公共品层次性的客观存在,为了使有限的财政资源在公共品与服务中提高配置效率,根据不同层次的公共品的特性,由不同政府主体有效地提供。

1. 全国性公共品

全国性公共品是指由中央政府在全国范围内提供的、可供全国居民同等消费并且共同享用的公共品,如国防、教育等。全国性公共品是典型的公共品,它具有纯公共品的两个主要特点:非排他性和非竞争性。例如国防,从非排他性来看,某个人对国防产品的消费,不会影响到其他居民对国防安全的需求;从非竞争性来看,在全国范围内增加一个居民消费国防服务,其边际成本也不会因此而增加。

2. 地方性公共品

与全国性公共品的受益范围不一样,地方性公共品的受益范围一般被限定在本区域之内;地方性公共品是指在受益范围上具有地方性特点的公共品,地方性公共品主要由地方政府提供,如某地区的公安、检察、法院等提供的服务。相对于全国性公共品而言,地方性、区域性的公共品具有更强的外部性,它一般具有收益的外溢性,在本区域以外的居民也能从这一区域性公共品所提供的服务中受益而不需要支付任何的成本。而有些地方性、区域性的公共品具有成本的外溢性,本区域提供某一区域性公共品的成本小于其社会成本。因而,地方性公共品较之全国性公共品而言,其社会边际成本与该区域社会成员所获得的社会边际收益之间不存在对等性。

11.1.3 政府间职能划分

政府职能在不同层级政府之间划分主要是从职能实现的工具和有效性两方面进行分析。表 11-1 列示了部分国家政府间职责划分的具体方式。一般而言,由中央政府提供的公共品调控性强、具有全国性意义;由州以下地方政府提供的公共品调控相对较弱、具有地方性特色。在财政分权框架下,要区分不同级次政府间在职责划分上的差异性。

表 11-1 部分国家公共品和服务在政府间的划分

国别	政府职责		
	联邦政府	州	地方政府
美国	国防、国际事务、空间科学技术、大型公共工程、社会福利和救济、社会安全等	教育卫生、公共福利、道路、机场、警察、消防、社会服务等	道路和交通、公用事业、治安、消防、教育、家庭和社区服务、一般行政经济费

续表

国别	政府职责		
	联邦政府	州	地方政府
加拿大	外交、国防、货币政策、国际贸易、邮电、航空和铁路运输、法律、失业保险	医疗保健、社会福利、高等教育、自然资源、高速公路、环境保护	警察、消防、中小学教育、环境卫生、公园、地方公路等
德国	国防、外交、联邦铁路、公路、水产航运、航空和邮电通信、社会保障、核能源、外层空间、航天技术、海洋开发等高科技研究、煤田和矿山开采	环境保护、卫生保健、法律事务与司法、社会文化和教育事业	地方公路、公共交通、科学文化、教育事业、水电、能源供应、住宅建设、城市发展规划、地方公共秩序管理、卫生、医疗保健

资料来源：毛程连.财政学[M].上海：复旦大学出版社,2009:294.

(1) 在资源配置方面的分工。资源配置考虑的问题有两点：一是资源在政府与市场之间进行分配，二是政府资源由哪级政府进行配置。前一点所考虑的是政府与市场的关系问题，它要求政府要"有所为，有所不为"；而后者则是考虑何时中央政府"有所为"，何时中央政府"有所不为"；何时地方政府"有所为"和"有所不为"。根据不同类别的公共品及公共品受益空间的层次性来决定不同的公共品由哪级政府提供。概括地说，对于纯公共品的提供，根据公共品的层次性与成本收益的内在化、成本收益对等的原则决定由哪级政府提供；对于混合品的提供，由于一般的混合品存在着非竞争性和外部性的特征，提供较为复杂，通常由地方政府提供；对于自然垄断、地域性较强的公共生产，应该依据垄断地域性范围的大小确定由中央政府还是由地方政府来实施生产。

(2) 在收入分配方面的分工。收入分配职能主要是指政府通过税收、转移支付等手段进行收入再分配，使收入差距维持在现阶段社会各阶层居民所能接受的合理范围内，因此，收入分配职能不能由地方政府来实现。关于这一点，可以从地方政府实行此职能的无效性或有效性的角度来进行分析。如果政府实行倾斜性的政策，如不同地区间实行不同的税率、不同的公共服务提供，都会影响到正常的市场机制或消费者的选择。如果收入分配职能由地方政府承担，各地方政府做法不一，会导致"以足投票"的情况出现。

(3) 在宏观调控方面的分工。宏观调控职能包括实现充分就业、物价稳定和国际收支平衡等多重含义。政府的宏观调控职能，应由中央政府来承担，理由如下。其一，从总供求角度看，其平衡关系到全局及国家整体的利益，由中央政府进行调整效果更佳，地方政府实行宏观调控职能会导致漏出(leakage)；其二，地方政府不具备宏观调控的两大政策手段，即财政政策与货币政策，无法控制基础货币的发放、存款准备金率的高低等，故地方政府不能实现财政政策与货币政策的配合，无法较好地实现政府调控经济的目的；其三，地方政府从本地利益出发，有可能会做出以邻为壑、过度竞争的决策，对经济资源配置构成扭曲。

11.2 第一代财政分权理论

本节和下一节侧重从理论上分析财政分权对资源配置的作用。众所周知，财政制度变迁和体制演变是国家发展战略在一定生产力前提下进行调整的内生变量，其转变不仅要与特定条件相符合,还需要遵循历史经验判断和相对清晰的理论规律。Nelson 和 Winter(1982)认为,如果对传统理论的批评被指责为没有正确认识到一个脉络清晰的理论结构的重要性以及没有正确领会到盛行的传统理论的伸缩性和包容性,那么,对传统的辩护就会被指责为试图否认现象的重要性以及过高地估计了用传统理论框架构造的模型包容现象的潜在能力。西方经济学理论对财政分权的研究大多以对公共品的分析作为切入点,从而对政府责任与财政职能等做了经典论述[①],也为进一步分析政府间财政关系以及分权治理模式等提供了较为丰富的理论依据。

11.2.1 公共品供给"市场解"

1. 马斯格雷夫(Musgrave)和萨缪尔森(Samuelson)的观点

在诸多经典文献中,一些学者针对公共品供给进行了一系列研究,具有代表性的如马斯格雷夫(1939)和萨缪尔森(1954)等都针对财政职能及其实现机制提出了各自的观点。萨缪尔森提出了将"收入—支出过程"列入研究的"高度复杂的问题"[②]。他认为,在公共品供给过程中不存在类似于市场中自愿交换所产生的结果,"(公共品的收入和支出)两方面都可以发现自愿交换理论的反对者,因此证实了它的有限的意义。"马斯格雷夫没有对地方财政在公共品供给效率方面给出一个明确答案,但是他从一个宏观的视角对财政职能进行了非常重要的概括,提出了政府职能通过资源配置、收入分配和经济稳定三个方面来贯彻。而财政的存在,首先在于满足公共品供给,其次在于实现社会分配公平,同时要促进经济稳定,这奠定了现代财政职能的理论基础。萨缪尔森基于新古典经济学的研究方法得出结论,认为由于偏好显示、社会选择以及公共品管理等三个问题的存在,在公共品的支出水平上具有"分散自发的不可能性",即公共品供给不存在"市场解"[③]。

2. 评价

对公共品供给体制和模式的研究至少应该回答两个问题:第一,政府财政在公共品和服务中的作用和地位;第二,如何提供公共品和服务是有效率的。就第一个问题而言,福利经济学的基本框架中给出了一个比较合理的解释。目前,较多的研究在市场力量与非市场力量的互补性上做出了比较好的回答,认为国家(政府)通过包括财政在内的公共政策,以适当方式干预市场经济行为,促进社会福利最大化;同时,在市场出现"失灵"时,通过适当政府政策予以必要的纠正。就第二个问题而言,马斯格雷夫和萨缪尔森等并没有对其做出比较好的回答。理由在于,首先,现实社会对公共品和服务的需求是多元化的,而鉴于不对称信息、交易成本等原因,单一政府的财政职能作为供给主体的效率是值

[①] 政府财政职能还包括配置效率、集权与分权、政府间财政关系、税收与支出、成本—收益以及转移支付等内容。

[②] Musgrave(1939)在"The Voluntary Exchange Theory of Public Economy"的开篇写道:"(De Marco 的研究)忽略了公共经济的支出方面,在对这一问题(财政理论)的收入问题进行考察时过度强调了公平而没有将收入—支出过程列入经济理论的主要部分。"

[③] 在他看来,首先,在公共品使用过程中,居民不会像在购买私用品过程中那样显示出自己的偏好,往往存在着谎报偏好的动机;其次,不存在使非专制性、可传递性、选择的独立性以及帕累托效率同时实现的社会选择机制,导致单一财政公共品供给低效率;最后,社区居民没有或者不完全具备选择合适的公共管理者而获取信息的积极性。

得怀疑的。其次,公共品供给是市场经济中优化资源配置的比较复杂的运行过程,一味通过"收入—支出"作为衡量财政制度效率的尺度同样会是简单化的理想模式。再次,财政在提供公共品和服务过程中,由于政府财政的科层结构、公共品和服务的供求双方等诸多参与者之间的利益关系,必然面临着对运行效率评价的困难以及一系列的公共选择问题。最后,随着开放程度不断增加,政府财政对公共品的提供会产生实施效果的外溢,区域之间基于公共品使用必然存在着资源配置的动态化不确定趋势。

在一个社会中,经济条件是由社会中的制度安排决定的,经济条件本身与制度变迁密切相关(Field,1979)。财政制度变迁及其管理体制随着经济条件的改变而不断变化,并随着经济条件的变化进一步解释经济发展。正如Bromley(1985)所言,经济的制度结构决定了什么被认为是有效率的。可见,财政体制作为经济发展过程中一个不可或缺的解释变量,以不同方式对其深入研究在相当长的时期内都具有现实意义。

11.2.2 蒂伯特模型[①]

蒂伯特(Tiebout,1959)分析了地方政府财政支出的合理性及其供给效率。他认为,在一定假设前提下,人们可以将地方公共品和服务的供给看成类似于完全竞争市场上的产品供给,即如果社区间的竞争使各种不同的公共品被提供出来,居民将通过以足投票(迁徙)的方式显示他们对公共品的偏好,导致一个有效率的结果。蒂伯特模型的提出,为财政分权提供了一个较好的分析视角和思路,成为现代西方财政分权理论的标志。Fischel(2000)认为,蒂伯特"第一个证实,迁徙和地方政府有可能成为解决与某种特殊公共品有关的问题的手段。"

1. 蒂伯特模型及其假设条件

如前所述,在蒂伯特模型提出之前,一些学者针对公共品供给进行了一系列研究,得出的结论为在公共品的支出水平上不存在基于自愿交换原则的"市场解"。蒂伯特模型分析了社区[②]间流动、自愿社区形成和公共品有效提供之间的关系,认为"尽管他们的分析对联邦支出是适用的,但不适用于地方支出"(Tiebout,1956),如果考虑上述三个问题,则分权的经济效率可以得到比较好的提高,社区之间的流动能力是提高地方公共品供给效率的市场方法。

当然,蒂伯特模型是建立在比较严格的假设前提基础上的。虽然在蒂伯特的论述中没有对其进行明确的阐述,但是,众多学者对其结论进行了大量研究,试图寻找一组"精确的充分条件"。按照Rosen(2005)等人的归纳,蒂伯特模型的假设前提至少包括以下几项。

其一,社区居民具有消费者和投票人的双重身份。

其二,政府活动不产生外部性,社会的溢出效应导致无效率。

[①] 在有些学术著作中,也翻译为"蒂布特"等。在本文撰写过程中,作者参考了相关文献后,采用了由人民大学出版社出版的"经济学译丛"最新版本的译法。

[②] 西方财政分权理论对社区的理解,主要将其类似于一个俱乐部。在此范围内,人们聚在一起共享某种好处,同时也共担由此导致的一系列成本,属于成本—收益对等的、以福利最大化为目标的自愿联合体。

其三,社区居民完全流动,每个人可以无成本地找到最适合的社区,就业和收入没有限制和影响。

其四,居民对社区内公共服务和税收具有完全信息。

其五,社区数量足够多,并且具有多样化的特征。

其六,公共服务的单位成本不随社会规模增加而发生变化。

其七,公共服务用比例财产税筹资,税率在社区间可以不同。

其八,社区可以颁布排他性的区域规划法规。

正是建立在上述假设前提下,蒂伯特得出的研究结论为"如同私人领域经济的一般均衡解一样,如果偏好和资源禀赋既定,(地方政府提供公共品)就是最优的,而且可解。""这个解可能是不完美的,但这并没有降低它的重要性。"基于此,"地方政府代表了一个在公共品的配置上(作为对居民偏好的反应)不逊于私用品的部门。"(Tiebout,1956)

➡ **专栏**:CHARLES MILLS TIEBOUT

Charles Mills Tiebout(1924—1968) was an economist and geographer most known for his development of the Tiebout model, which suggested that there were actually non-political solutions to the free rider problem in local governance. He graduated from Wesleyan University in 1950, and received a PhD in economics in University of Michigan in 1957. He was Professor of Economics and Geography at the University of Washington. He died suddenly on January 16, 1968, at age 43.

Tiebout is frequently associated with the concept of feet voting, that is, physically moving to another jurisdiction where policies are closer to one's ideologies, instead of voting to change a government or its policies.

The following list major publications of Tiebout.

- (1956). "A Pure Theory of Local Expenditures". *Journal of Political Economy* 64(5): 416-424. doi:10.1086/257839.
- (1956). "Exports and Regional Economic Growth". *Journal of Political Economy* 64(2): 160-164. doi:10.1086/257771.
- (1960). "Community Income Multipliers: A Population Growth Model". *Journal of Regional Science* 2(1): 75.
- (1961). "An Economic Theory of Fiscal Decentralization". *NBER, Public Finances, Needs, Sources and Utilization*. Princeton Univ. Press. 79-96.
- &; Hansen, W. L. (1963). "An Intersectoral Flows Analysis of the California Economy". *Review of Economics and Statistics* 45(4): 409-418.

(from Wikipedia)

2. 对蒂伯特模型的争论与研究拓展

大量的文献对蒂伯特模型所提出的地方政府效率问题进行了讨论,也提出了迥异的观点。一方面,支持的意见在承认该模型的理想化前提下肯定了其见解的独到性。如Stiglitz(1983)认为只有在非常特殊和不合理的假设下,居民在社区间的选择过程才导致帕累托最优,但是,该模型对选择在政治过程中的重要性的认识十分重要。另一方面,一些学者对蒂伯特模型提出了质疑。Bewely(1982)认为如果没有更多的真实性,蒂伯特模型不会成为一般化理论,而只存在一种需要经验检验的可能性;Buchanan 和 Goetz(1972)认为,即使通过概念上的理想化形式进行解释,蒂伯特模型也因为忽视了两个导致无效率的特征而依然内在地存在无效率;Rosen(2005)从政策研究的角度认为,蒂伯特模型显然不能完全描述现实情况。

更多的学者则试图进一步修正蒂伯特模型。其中,奥茨(Oates Wallace)的贡献是显著的[①]。Hamilton(1975)推进了蒂伯特模型和 Oates 的一系列研究,认为地方土地使用法规能够排除搭便车者,即通过分区法来防止看重公共品价值的居民建造低于平均水平的住房。而 Fischel 则在此基础上进一步讨论了"重新分区"和"过度分区"的问题,认为地方公共品的质量和成本系统地影响了当地的住房价值,如果不进行分区或采取其他类似方式,在一个成功的城市内拥有一处住所的收益将很快被机会主义入侵者侵蚀掉,因此,重新分区和过度分区是没有效率的,需要进行合理的补偿。同时,还有一些学者试图将蒂伯特模型进一步扩展,Rubinfeld、Shapiro 和 Roberts(1987)在蒂伯特模型的基础上对地方性学校的需求模式进行了研究;而 Rogowski(2000)则试图以蒂伯特模型对社区间竞争的影响作为解释路径,研究全球化背景下国家之间公共品供给的竞争。

3. 蒂伯特模型的贡献

传统的财政分权理论是关于公共职能部门合理分配和不同层次的政府间资源优化配置的理论。蒂伯特首次提出了解决财政分权、地方政府职能、搭便车、财政竞争的问题以及相互之间的内在联系,在一定程度上拓展了 Musgrave 提出的财政职能,并进一步提出了政府间财政划分的基本内容。同时,蒂伯特模型描述性地分析了居民基于双重身份前提下的"进入"和"退出"问题,将公共选择与财政分权理论有机地结合起来,对于进一步分析和研究政府间财政分权、地方政府行为以及国有企业激励体制等内容都具有一定的理论意义。虽然蒂伯特模型的假设条件过于理想化,但是,其"具有丰富的政策含义"的"伟大的见解"(Stiglitz,1983)在实证研究中不失为"对现实的一个良好的(理论)概括"(Rosen,2005)。

蒂伯特模型的提出,改变了学术界此前对公共品提供的理解,它的学术贡献主要体现在以下四个方面。

其一,蒂伯特模型认为地方政府对地方性公共品的供给效率可能比单一(中央)政府要高,从而进一步修正了新古典经济学关于公共品供给体制的理论研究,丰富并拓展了这一研究领域的研究内容。

其二,蒂伯特模型提出了地方政府在地方性公共品供给过程中,可以通过社区之间的竞争实现资源配置效率,从而得出了政府公共品和服务也许并不是没有"市场解"的结论。

其三,蒂伯特模型建立了传统财政分权理论的基本框架,揭示了财政分权体制改革理论与实践的研究路径和发展方向,提出了在其之后众多学者趋之若鹜并苦苦思索的一个问题——财政分权促进经济发展的效率研究。

---

① 有关 Oates Wallace 的学术观点将专门剖析。

其四，蒂伯特模型隐含的一个结论在于，围绕地方性公共品供给，存在来自于中央和地方财政、地方财政与管辖范围内企业①、区域（社区）之间甚至社区内居民（双重身份所有者）与当局等诸多方面基于政治或经济利益的多方博弈，也必然导致分权化改革的财政绩效不仅体现在制度构建上，还需要关注制度的运行机制及其带来的结果。

➡ **专栏：以足投票（VOTING BY FOOT）**

以足投票，出自于蒂伯特的理论观点，即在满足假设前提条件下，居民可以根据各地方政府提供的公共品和税负的组合，来自由选择那些最能满足自己偏好的地方定居，从不能满足其偏好的地区迁出，而迁入可以满足其偏好的地区居住。形象地说，居民们通过"以足投票"，在选择能满足其偏好的公共品与税负的组合时，展现了其偏好并做出了选择哪个政府的决定。

如今随着时代的发展，"以足投票"这一词已经被广泛地运用于其他领域，人们以此表达对某事件、某现象、某局面的不高兴和不满意，"三十六计走为上策"，是对他们自我价值及有权选择的无声宣言。比如，在股市，投资者以其投入资本的比重，参与公司的利润分配，享有所有者权益，以其股权比重参与公司的重要决策；反之，投资者还拥有另一种选择权，即选择离开——卖掉持有的公司股票，以表达对某公司的失望或抵触。

（资料和图片来源：http://baike.so.com/doc/5400808.html）

11.2.3 奥茨的财政分权理论

奥茨通过一系列的经验研究完善了蒂伯特模型，进一步分析了地方财政与公共品的关系。值得研究的是，奥茨对蒂伯特模型的完善存在着一个渐进过程，在对模型的理解和假设条件上也存在着保留意见，甚至在很多方面进一步修正了原有的前提假设。

1. 对需求方的研究与奥茨分权定理

奥茨（1969）以税收资本化对地方公共品的影响为视角，通过对地方公共预算对社区内财产价值的影响进行经验研究，发现以财产税为代表的地方税和公共品的质量差异反映在（居民）住房价值中。在选择地方居住时，潜在居民确实会对地方公共品进行衡量。

---

① 社区内企业可以增加当地的税收、提高居民收入水平、吸纳劳动力人口等，而社区企业又可以依靠社区赋予的社会资源从事利润化经营。社区与其内部企业形成互惠的利益共同体；如果企业资本构成中存在社区或以社区投资人身份所体现的大股东，则这种联系更加紧密（如乡镇企业）。

在奥茨的研究中应用了横截面研究,为了避免可能出现的联立方程偏差,运用了两阶段最小二乘法。研究结果表明,地方财产价值与实际税率之间则表现出显著的负相关,而与社区公立学校学生的平均支出之间则表现出显著的正相关[①]。奥茨在对蒂伯特模型稍做修正后认为,理性消费者在选择社区居住时,将对地方性公共品所带来的收益与其成本(支付的税收)进行比较。如果社区公共品的质量较高,居民存在支付递增预期。可见,奥茨对蒂伯特模型的财政需求一面予以支持,认为分权化的地方财政责任(更好的公共品服务)有助于达成蒂伯特提出"以足投票"(居民进入)的选择。在此之后,奥茨对政府间财政支出效率的研究夯实了这一研究结论。

奥茨提出的分权定理指出,与中央政府相比,地方政府更接近居民,更了解其所管辖区选民的效用与需求。对某种公共品而言,如果对其消费涉及全部地域的所有人口的子集,并且公共品单位供给成本在中央和地方之间无差异,那么,由地方财政向各自选民提供"任何特定的且一致的产出量"会实现帕累托优化,即在政府间关系中,财政权力和责任向地方政府转移有助于提高效率(Oates,1972)。

2. 从制度供给方对分权的研究

奥茨(1972)认为,"尽管(蒂伯特模型)得到了容易让人接受的结论",但是,"这个纯模型包括的一组假设一点也不接近现实",同时,"它对消费者行为的本质和制度结构所提出的要求很难让人接受"。仅仅从需求方面研究居民的选择,会由于存在着太多的差异性而导致"精确地反映地方服务的边际成本是不明确的",需要加入对供给方——政府部门——的研究。奥茨认为,当用一个完全的经济效率标准来衡量时,地方财政部门具有某种"非完美性",但不应该对所有这些(地方政府的非完美性)做出过度反应,更不应该"全盘否定"。社区中单个家庭在消费地方政府提供的公共品上有一定的判断力,而地方政府也的确有一些"改进效率的重要特征",因此,财政制度从集权向分权的转变,能提高经济的长期增长率和社会总的福利水平(Oates,1993)。

可见,奥茨和蒂伯特都关注于财政分权所带来的"竞争性"促进了社会资源配置的优化。一方面,它鼓励了居民充分表露自身的消费者偏好;另一方面,它也对地方政府部门、官僚施加了(财政)压力,促使他们"寻找节约成本的合理生产技术",限制(而不是彻底消除)"地方官员谋求私利的潜在行为"。也就是说,财政向地方分权强化了地方政府的竞争机制,可以迫使政府官员的财政决策更好地反映纳税人(居民或选民)偏好,进一步强化对政府行为的预算约束。

3. 从分权与经济发展视角的研究

公共品供给效率不仅要以制度构建为依托,还需要一个相对完善的体制性框架,政府责任和财政功能在一定程度上决定了公共品的体制性供给效率[②]。奥茨系统地研究了政府财政在公共品供给方面的体制性构架,并分析了分权化改革与经济发展二者之间的

---

① 参见 Oates(1969)。

② 公共品供给存在着市场效率和体制性效率。一方面,公共品供给需要遵循市场规则,也需要核算成本—收益(虽然在某些情况下,即使是成本大于收益的产品也需要提供,但是更多的还是在履行社会责任);另一方面,公共品供给也受体制性因素影响,而财政体制属于其中比较关键的组成部分。

关系。

奥茨通过比较工业化国家和发展中国家经济发展过程中所采取的财政管理体制后认为,虽然财政分权具有"促进经济政治进步的潜力",但是,(促进经济发展的)结果只有结合所研究样本国家(地区的)特定环境进行合理评估,才能得到理想的结论。有些研究事实表明,提高财政分权水平导致经济增长,而对有些样本的研究却得到相反的结论。奥茨(1999)为发展中国家财政改革提出了方向,认为需要从三个方面着手,即构建政府间转移支付体系、完善税收管理系统和降低政府债务,从而实现政府预算约束的"硬化",同时要构建财政监督和民主化社会责任。

4. 奥茨的贡献

奥茨拓展和补充了蒂伯特关于地方性公共品提供效率方面的研究,并对财政分权所带来的经济社会影响进行了系统的理论研究和实证分析。特别是他(们)所从事的财政分权对地方经济发展的研究具有启发性。社会制度的变迁依赖于制度环境,制度体系的构建、运行机制的完善和经济发展三者之间的"交互影响"是很难分割的。财政分权在经济发展过程中是否具有促进作用及其绩效,取决于样本国家(地区)的抽取结果。

正如奥茨(1999)所言,"现有关于财政分权的文献可以提供在这一研究领域的一般性的指导,而我的感觉是,当我们这些从事这一领域研究的人在纵向财政与政治结构方面提供政策建议的时候,(我们)并不比别人知道得多。我们还有很多东西需要学习。"与此同时,奥茨试图对其多年来的研究情况予以总结,并试图深化财政分权的研究深度和广度。奥茨(2005)认为,从一个更广的范围看,"第二代财政分权理论"提出了一个十分新颖的视角,深入研究这些理论对于构建财政制度体系具有启发性。

11.3 第二代财政分权理论

以马斯格雷夫、蒂伯特和奥茨等为代表的第一代财政分权理论(The FGTs)成为1950年代以来"嵌入于公共财政理论的主流思想",其核心在于通过竞争解决地方政府的辖区与居民偏好不相符的问题(刘晓路,2007),提出了一个关于财政分权的简明扼要的标准化理论框架。但是,由于将政府作为理想化的"黑箱",因此仍旧有一些(关于财政分权的)要素需要进一步研究(Oates,2005)。在奥茨看来,相对于"第一代"而言,第二代财政分权理论(The SGTs)打开了这一"黑箱",进一步研究了多级政府之间、政府与企业(选民)之间的激励相容问题。这一理论主要有两个方面的突出贡献:一方面,与以往假定政府提供公共品供给不存在与被服务对象(居民或选民)有差别的偏好不同,第二代财政分权理论更加关注行政过程和政治代理行为,认为政府官员不仅仅关注委托人(选民)福利最大化,还关注其本身的"基于政治制度的具体化的行为选择";另一方面,与以往财政分权理论的完备信息假定不同,"第二代"则认为公共品供给存在着信息不对称而必然导致与预期不同的分权结果。近几年来,以 Qian 和 Weingast(1997),Qian 和 Gerard(1998)等为代表,对财政分权一系列问题进行了深入研究,拓展和丰富了对财政分权研究的文献。

11.3.1 地方经济发展中的公共经济政策

分权化的财政目标和实现过程内生于公共经济政策。中央或地方政府在制定管辖区经济政策的时候,面临着多元化的偏好或利益选择。政策选择可能来自于不同社会价值观念与多种社会政策目标的实现,也可能来自于公共部门内部"经济人"的理性选择。阿罗(1951)认为,在一定社会状况下,从个人选择中推导出符合某些理性条件的社会选择,一般是办不到的,将个人偏好或利益加总为集体偏好或利益存在着内在困难。因此,如果以一个"仁慈"政府的角色考虑,地方政府无法满足辖区内所有居民(选民)的偏好,理想的第一代财政分权需要进一步深化。同时,政府也是理性人,布坎南(1975)认为,在公共政策制定的过程中,并不存在根据公共利益进行选择的过程,而只存在各种特殊利益集团之间的"缔约"过程。财政分权体制下地方政府对管辖区内企业的激励机制导致不同的行为选择。

1. 地方政府利益与财政政策选择

在财政分权体制框架下,地方政府需要推动辖区内社会福利政策目标的实现。地方政府部门从自身利益出发,一方面,在所辖区域内需要获得更多的选票以"当选";另一方面,从中央政府争取获得更多可以用来支配的资源[①],因此,力求通过提供更加具有竞争力的地方性公共品和改善地方福利,以实现地方政府目标。由此可见,地方财政背负着政策压力,一方面,假定存在着成本—收益约束,地方政府需要获得丰厚的可供支配的税收收入,以满足地方性公共品的资金需求;另一方面,地方政府作为上一级政府的代理人,在辖区"经营"上为握有"政治资源"的"投资人"生产更多的"税收利润"[②]。为了缓解财政政策压力,地方政府存在着干预企业生产经营的激励。

地方财政政策与企业经营目标存在差异。单纯的企业经营目标在于实现利润的增长和效率的提高。而地方财政目标则是多元化的,效率仅仅是其中的一个组成部分。分权框架下地方政府干预企业经营的动因更多地来自于政策偏好。如果地方政府为了实现自身利益最大化而干预企业经营(特别是国有比例相对较大的企业),那么企业经营业绩会与效率严重背离,甚至会使企业演变成为地方财政的"提款机";如果地方政府也追求效率目标,政府和企业的关系则更加关注"承诺",地方政府"背诺"也会导致企业背负社会负担,成为地方政府"无效率干预的根源"。地方政府"本质上不在乎效率,它们脑袋里装的是其他目标,除非对政治的看法非常天真,这种观点很难反驳。"(Persson, Roland, Tabellini,2002)可见,在财政体制框架下,如果加入了公共选择的制度性变量,分权化的预期效果能否实现似乎变得很不确定。不同政策反映了利益集团不同的利害关系,关键之处取决于它们的利益是否"可以部分地与效率相吻合",如果是这样,"代表这些力量的政府在服务于它们的特殊利益的同时,也可能做出提高效率的决策。"(热若尔·罗兰,2002)

---

① 在多级财政体制框架下,地方政府从更加广泛的意义,需要从上几级政府中获得经济和社会资源等方面的支持。

② 地方财政在实现地方本级和中央的税收收入上,存在着动态博弈。一般而言,地方财政完成上级税收收入具有棘轮效应的基本特征;而在完成本级和上级税收收入的选择中,地方政府出于自身利益考虑,会优先保证上级财政的需要,而寄希望于从上级(政府或财政部门)那里获得更多的政治和经济的"租"。

2. 政府干预与效率

与中央政府相比较,地方政府掌握了更加丰富的信息资源,对辖区内的企业相对比较了解。地方政府无论是出于对地方性公用品支出成本——税收的考虑,还是出于对自身利益最大化的考虑,都存在着对企业各种形式的干预,并且这种对企业的"渗透"能力相对于中央政府而言,更加具有优势,其"监督"强度也比较高。在管辖区内,按照所有制形式不同,主要可分为国有企业和非国有企业。国有企业的所有权归属于政府[①],地方政府掌控了企业的控制权,企业不得不承担以地方政府为代理人所"摊派"的一系列社会责任,这种社会责任导致国有企业经营一定程度上偏离了效率目标。同时,管辖区内还存在着非国有企业,它们虽然具有相对独立的所有权,但是,政府也通过各种干预,试图对企业扩大影响能力。可见,无论是何种所有制形式的企业,在地方政府辖区范围内,都会受到来自于政府的显性或隐性的程度不同的干预。

地方政府干预对辖区内企业和地方经济增长的影响存在差异。在企业层面,地方政府的干预,无论是来自于制度内还是制度外,都对辖区内企业经营构成影响。一方面,成为了企业利润增长的减项;另一方面,企业凭借其对地方政府的贡献度与政府有关部门讨价还价,谋求尽可能多的"租",企业最终的经营绩效取决于二者的衡量结果。在财政预算框架下,地方政府通过各种干预和制度规则,增加了辖区内企业的经济负担;在预算之外,仍旧存在着出于地方政府自身利益考虑的、不规范的财务负担。这种地方政府的经济行为导致的低效率在经济转型国家尤为存在。"干预的权利是低效率的直接根源。"(热若尔·罗兰,2002)虽然很多文献表明,财政分权有利于地方政府对辖区内企业的扶植,但是不可否认的是,地方政府在实现本地区经济增长的同时,促使企业承担了程度不同的社会责任;同时,在缺少事前承诺的前提下,棘轮效应[②]的潜在影响也会抑制企业的经营动力,导致资源配置效率的降低(Schmidt,1995)。这种程度究竟有多大,是一个需要实证检验的内容。

在地方政府层面,为了实现自身利益,通过对企业的干预获得更多的可利用资源,不但可以为地方公共品提供更多的资金,而且可以弥补上级财政转移支付的不足,一定意义上可以为地方政府实现经济增长目标创造条件。Oates(1972)认为,财政权力和责任向各级地方政府的转移有助于提高经济效率,其理由在于和中央政府相比较,各级地方政府在资源配置上具有信息优势,即地方政府可以更好地提供各种公共品的服务以满足本地需要。Oates(1993)预计,财政制度从集权向分权的转变,能提高经济的长期增长率和社会总的福利水平。然而,值得关注的是,地方政府在关注经济增长和经济效率的同时,也具

---

① 在财政分权框架下,虽然存在着一些中央级企业,但是由于其坐落在地方政府所在地,也必然需要遵循一系列由地方政府制定的政策,承担辖区内部分社会责任和公共品成本。

② 棘轮效应(ratcheting effect),又称制轮作用,原意是指人的消费习惯形成之后有不可逆性,即易于向上调整,而难于向下调整,尤其是在短期内消费是不可逆的,其习惯效应较大。这种习惯效应,使消费取决于相对收入,即相对于自己过去的高峰收入。在经济转型文献中,"棘轮效应"则被用来对计划经济体制的研究,指企业的年度生产指标根据上年的实际生产不断调整,因此好的表现反而由此受到惩罚,这种期望或考核标准存在着随业绩而上升的趋向(热若尔·罗兰,2002)。在合同理论中,棘轮效应表现为对经理人的一种激励机制,属于在重复的委托—代理关系中的动态承诺问题,表现为由于信息不对称,委托人无法完全识别代理人的能力和努力程度,而存在着对高能力和努力水平的经理人不断增加经营压力的趋势。

有"经济人"的主要特征。地方政府出于自身利益的考虑,会将掌控资源投放到更加有利于自身利益最大化的分配结构中。这种情况潜藏在地区经济"繁荣"的包装之下,似乎也造成了社会福利的优化。但是,其长远影响值得研究。Qian等人借助新厂商理论打开了政府这个"黑箱",认为传统分权理论只从地方政府的信息优势说明了分权的好处,但没有充分说明分权的机制。事实上,政府和政府官员都有自己的利益,只要缺乏约束就会有寻租行为,有效的政府结构应该使政府官员与辖区选民(企业或居民)的福利激励相容。

11.3.2 预算约束

以Qian和Roland(1998)为代表的第二代财政分权理论学家,分析了中央—地方政府及各级官员等之间、地方政府—企业之间的相互关系,提出建立适宜的机制以实现经济行为主体之间激励相容和社会福利最大化,使之能够形成一种有助于保护市场的地区间财政竞争,从而硬化地方政府预算约束,促进经济发展。

1. 集权条件下的软预算约束(soft budget constraint)

在市场经济环境下,对市场机制的理解不应当仅局限于资源配置,还应该看到供给与需求背后的激励约束机制,这是市场经济活力的根本原因。其中,如何抑制软预算可以被看作是市场规范性的一个重要约束性变量。软预算约束是一个一般性动态承诺问题,即当事人由于知道他会得到追加资金而不采取有效行为,或从事无效行为。在一定程度上,软预算约束具有特定体制的内生性。一方面,对投资人而言,所有的前期投资都已成为沉淀成本,把当事人解救出来而不是清算他的经济活动似乎是事后最优的选择;另一方面,对企业而言,意料到会有追加的预算,在经营过程中存在着道德风险。因此,软预算约束是一种无效率行为,表现为零和博弈前提下事前缺少承诺的再融资。

Qian等将软预算约束模型置于财政框架内,分析了财政体制与企业的预算关系,构造了政府与(国有)企业之间的约束博弈。在他们看来,政府与辖区内企业存在一个基于时间流程的基本博弈。如图11.1所示。在零期,有n个(国有)企业项目,其中,好项目的比例为α,坏项目的比例为$(1-\alpha)$。假定项目种类等相关信息不对称。第一期,好项目获得可征税收入R_g和私人收益B_g(可视同为经理人薪酬和工人工资收入),而坏项目只有在付出高努力水平e_h的情况下才能得到相同结果(R_g, B_g)。假定私人收益B_g是扣除努力之后的净收益,如果在第一期选择低努力e_l,产出则为$(0,0)$。在此情况下,政府面临的选择,或者中止项目,使产出结果为$(0,0)$;或者注入补贴1来拯救该项目。(若采取拯救策略)第二期产出将是(R_p, B_p)。若政府拯救后$R_p=0$,假定$B_p>B_g>0$,即坏项目如果知道政府会拯救它,会宁愿付出低努力(而得到扣减努力成本后的高于B_g的净收益);相反,如果它预期政府会中止项目,则会有动力实行结构重组。

Qian等的研究发现,集权制政府存在着软预算约束。假定社会总资本量是既定的,即

$$K = \sum_{i=1}^{N} K_i$$

但是资本在地区之间完全流动,因此,存在着一个客观存在的财政竞争模型。第一期,政府收入来源是税收收入T_i,而财政支出表现为企业补贴金S_i,公共基础设施投资I_i和地方性公共品z_i。在$T_i - S_i = I_i + z_i = E_i$的预算形式下,政府如果中止坏项目,就不会产生

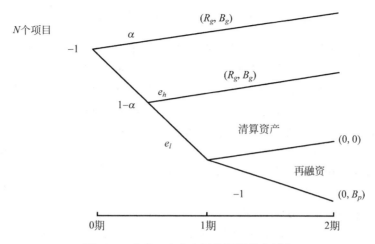

图 11-1　政府—企业之间的预算约束博弈

企业补贴 S_i，政府基础设施投资 I_i 和地方性公共品 z_i 将会以最佳的方式选定，也会产生理想的社会福利。

然而，由于

$$I_i + z_i = E_i^S = \alpha n R_g - (1-\alpha)n$$

同时，假如政府对坏项目不拯救，那么，在第二期将会损失 B_p，而不拯救的收益取决于 $u'(z_i) = \dfrac{\partial x(K_i, I_i)}{\partial I_i}$。不拯救企业的事后成本高于事后收益。

由于

$$B_p > \dfrac{\partial x(K_i, I_i^{FB})}{\partial I_i}$$

与此同时，政府存在

$$I_i + z_i = E_i^S = \alpha n R_g - (1-\alpha)n$$

可以从拯救坏项目中获利，必然以企业补贴的形式拯救企业，不会出现硬化预算约束的状况。因此可以得出结论，在集权体制下，由于中央政府与企业之间的动态博弈，必然导致软预算约束的存在，硬化预算约束以提高效率的可能性很小。

2. 财政分权与预算约束

在事权—税权完全统一的情况下，财政分权可以硬化预算约束。承接上面的假设前提，Qian 等进一步提出假设，即存在着理想化的财政分权，地方政府负责辖区范围内的公共支出，同时负责征收本地区所有的税收，存在着内部化的成本—收益预算机制。如果赋予地方政府这种权力，那么地方政府要促进社会福利优化，就必然导致基于提供公共基础设施和公共品服务的地方性竞争[①]，即会将外资[②]从其他地区吸引到本地区来，即

[①] 地方政府即使出于自身利益的选择，也会增加地方性公共基础设施和公共品服务的数量；姑且不谈质量问题，也会导致程度不同的区域竞争；如果数量和质量都提高，社会福利和竞争优势就会得到改善。然而，在一个理想化的分权竞争环境里，这种完全的改善比较困难。

[②] 在 Qian 和 Gerard(1998) 的模型中，国内非国有资本和外国资本都看作广义的外资。

$$f_{KK}(K_i, I_i) < 0 \text{ 和 } f_{KI}(K_j, I_j) > 0 \Rightarrow \frac{dK_i}{dI_i} > 0 \text{ 和 } \frac{dK_j}{dI_j} < 0$$

虽然吸引资本的财政竞争也是零和博弈,但是对于地方政府而言,竞争改变了激励机制。地方政府首先要考虑如何在约束条件 $I_i + z_i = E_i^H$ 下,尽量扩大公共基础设施和公共品服务的规模以满足好项目的高努力经营。基础设施和公共品服务的边际收益越大,则拯救辖区内企业的机会成本就越大。地方政府为了获得区域竞争优势,存在扩大公共基础设施和公共品服务规模的偏好。一方面,硬化了政府对(国有)企业的约束;另一方面,由于财政竞争导致了资源配置过多向公共基础设施和公共品服务投放的扭曲。财政分权后的地方政府需要在这两方面进行权衡。

在事权—税权不完全统一的情况下,财政分权可以导致地方政府预算约束软性和硬化企业预算约束的结果。在局部财政分权情况下,地方政府仅拥有部分税权,而中央政府保留部分财政收入,以拨款方式分配给地方政府。在此情况下会产生两种结果。从中央—地方的政府层面看,地方政府可能为争得拨款而相互竞争,试图比其他地方政府获得更多的拨款。地方政府所采取的策略一方面扩大在基础设施建设和公共品服务上的投资,进一步造成资金短缺和资源配置的扭曲,以吸引更多的中央拨款,导致地方政府预算约束软性;另一方面则存在着向企业课税,以争取更多资金来源的倾向。

3. 硬化预算约束与制度运行效率

从实践上看,财政分权所导致的政府间职能交叠的复杂性可能非常之大,其与地区经济发展的关系已经超出了模型的分析结果。其中,值得一提的是,财政分权对预算约束的硬化不仅需要完善的体制性安排,运行效率也是十分重要的因素。财政分权与经济效率的关联度,一方面体现在经济数字上,特别是在经济转型国家体现得尤为明显,竞争指标在评价政府官员业绩亦即在决定他们的仕途晋升方面起着重要作用(热若尔·罗兰,2002);另一方面,制度的运行效率也会对财政分权是否促进经济增长予以反馈。"硬化预算约束"更多地被看成一个纯粹的政策变量,或者作为对外生政策变量的一个直接的选择行为。"政策制定人决定硬化预算约束,宣布政策之后,硬预算约束就会出现"并不可信。其关键问题不是硬化预算约束的选择,而在于是否具备硬的预算约束的制度条件和运行效率。硬化预算约束不是一种简单的直接政策选择的问题,而是制度设计和制度运行效率作为附加条件的结果。

➡ **专栏:钱颖一:中国"海龟"擎旗人之一**

钱颖一(1956—),1981年在清华大学数学专业本科毕业,到美国留学并于1982年获哥伦比亚大学统计学硕士学位,1984年获耶鲁大学运筹学/管理科学硕士学位,1990年获哈佛大学经济学博士学位。1990年,钱颖一在美国斯坦福大学经济系担任助理教授,1999年转到马里兰大学经济系担任教授,从2001年到现在担任伯克莱加州大学经济系教授。钱颖一于2006年10月出任中国清华大学经济管理学院院长至今。1985年,钱颖一与他人共同发起成立"中国留美经济学会"。

钱颖一主要专注于比较经济学、制度经济学、转轨经济学、中国经济等,著有《转轨经济中的公司治理结构》、《走出误区:经济学家论说硅谷模式》、《现代经济学与中国经济改革》等书(部分是与他人共同主编)。

(资料来源:http://baike.so.com;http://www.sem.tsinghua.edu.cn)

11.3.3 财政分权理论新进展

从理论研究和不同国家财政分权的政策实践来看,财政体制的分权化改革能够有效促进经济效率、提高政策决策水平,在政策实践中得到越来越广泛的应用。近年来,对财政分权的研究又有了新的进展[①]。主要表现为以下三个方面。

1. 实验联邦主义和制度创新

奥茨认为,在不完全信息下,地方政府通过边做边学,可以从解决社会、经济问题的各种实验中得到潜在的利益。由于地方政府对当地居民的偏好和资源条件更了解,在财政分权下,地方政府就有可能找到与地方相适应的制度安排,其中蕴含的制度知识还可能通过地方政府之间的竞争而扩散出去,从而间接地促进其他地方的制度创新。这样通过地方之间开展的各种制度创新实验,最终促进了公共政策制定上的"技术进步"。这也就是许多国家将原本由中央掌握的社会保障方面的权力下放地方,进行福利改革的原因之一,承认原有社会保障福利制度的失败,希望能借助"地方政府"这一"实验室",试图找到能发挥作用的新的社会保障制度。

从目前实践来看,有关实验财政分权的理论还比较缺少,难以指导实证研究,当然,地方政府在采用一项新政策时,会产生有用的信息,带来信息的正外部性(Strumpf,1997),因而也会弱化地方政府制度创新的内在动力。如果从这个角度来说,还无法肯定到底是集权还是分权能带来更多的制度创新。此时,中央政府的转移支付政策就非常重要了,中央政府可以通过转移支付来调节地方政府制度创新的收益和成本,以确保地方政府创新的动力。

2. 财政分权与官员腐败

近些年来,一些经济学家也从政治经济学的角度考察了财政分权,有关财政分权与政府官员腐败的关系在制度设计方面引起了很大的争论,现有的一些理论都认为二者之间存在很强的关系。Buennan 和 Buchanan(1980)就强调政府间竞争会降低政府官员在提供公共服务过程中寻租的能力。Jinetal(1999)认为地方政府间竞争会抑制它们建立干预和扭曲资源配置的政策。Persson 和 Tabellini(2000)认为在分权下,政府官员作为代理者,必须对单一管辖区内某一特定的任务负责,所以评价其业绩就相对容易得多,他们的努力和报酬就可以直接挂钩,这种制度设计使得政府官员必须直接为其行为负责,也使得政府官员更愿意承担责任,这种直接的责任能改善政府官员的业绩;而在集权下,评价政府官员的业绩比较困难,致使他们的努力与回报难以挂钩,腐败的可能性也就更大。但是这些理论都缺乏相关的实证研究。Raymond Fisman、Roberta Gatti(2002)通过系统的实证研究,考察了二者的关系,认为财政分权的形式对抑制政府官员的腐败起到了很大的作用,政府间在财政支出方面的分权将能带来较低的官员腐败。

3. 财政分权对环境质量的影响

通过财政分权,由地方政府分散化提供公共品在理论和实践中都得到了广泛的认可,但是由此也带来了一个不可忽视的问题,即分权下地方政府的竞争会导致环境质量下降。

---

① 该部分的引用资料来于 http://wenda.so.com/q/1366219201068622。

在分权制下,地方政府之间为了吸引企业投资,往往会采取降低税负的策略,收入的降低可能导致公共品支出的下降,从而导致公共服务的产出达不到帕累托水平。公共服务下降的一个重要方面就是环境质量的下降:地方政府为发展本社区的经济,会降低环境质量标准以减轻辖区内企业治理污染的成本,结果辖区间政府竞争会导致过度的环境恶化。因此,有人建议环境问题应该由中央政府统一管制,以避免地方政府竞争的不良影响。不过,Rivlin认为,分税制的改革可以弱化地方政府竞争的不良后果,其设想是把增值税作为各个地方的共享税,由于增值税是针对企业经营活动的结果征收的,如果地方政府共享这一税种,单个地方政府就没有必要通过降低税率来吸引投资者,对各个管辖区来说,来自增值税的税负是统一的。

但在奥茨等人的理论模型中,地方政府不仅向当地居民提供作为消费的公共品,而且也向企业和居民提供公共投入,这些投入可以提高当地企业的生产效率,并改进当地的环境质量。所以,地方政府的竞争所带来的利与弊都将是有条件的,如果地方政府真正代表选民的利益,那么就要把选民对环境质量的偏好考虑进来,使选民自己选择一个恰当的环境质量和就业水平组合。

11.4 中国的分税制财政改革

追溯新中国成立以来以及改革开放三十几年以来,中国一直在探索行之有效的政府间财政关系改革,并经历了几次较大规模的财政制度变迁。财政体制改革的根本在于推进资源配置优化,也一定会触及各方面的利益,因此,它必然是经济体制改革和政治体制改革的交汇点。财政体制改革的实施离不开中国经济和社会的大环境,不同阶段的财税改革重点有着明显的时代烙印。盘点若干次事关中央、地方财政经济关系调整,影响最大、涉及最广、触及最深的就是从20世纪90年代开始至今的分税制财政改革。

11.4.1 分税制财政改革的背景

为了进一步理顺中央与地方的财政关系,更好地发挥国家财政的职能,增强中央的宏观调控能力,促进社会主义市场经济体制的建立,从1994年1月1日起,在中央和地方政府(省级行政单位以下)实行分税制财政体制。这次历史意义的改革的指导思想如下。

第一,正确处理中央与地方的利益关系,促进国家财政收入合理增长,逐步提高中央财政收入的比重。既要考虑地方利益,调动地方发展经济、增收节支的积极性,又要适当增加中央财力,增强中央财政的宏观调控能力。

第二,合理调节地区之间财力分配,既要有利于经济发达地区继续保持较快的发展势头,又要通过中央财政对地方的税收返还和转移支付制度,扶持经济欠发达地区的发展和改造;同时,促使地方加强对财政支出的预算约束。

第三,坚持"统一政策与分级管理相结合"的原则。划分税种不仅要考虑中央与地方的收入分配,还必须考虑税收对经济发展和社会分配的调节作用。中央税、共享税以及一些重要的地方税的立法权都要集中在中央,以保证中央政令统一,维护全国统一市场和企业平等竞争。分设国税局和地方税局,实行分级征管。

第四,坚持整体设计与逐步推进相结合的原则。分税制改革既要借鉴国外经验,又要从本国实际出发。在明确改革目标的基础上,抓住重点,分步实施,逐步完善,通过渐进式、温和式的改革,先把分税制的基本框架建立起来,在实施中逐步完善。

11.4.2 现财政体制下的基本框架

1994年开始实行的分税制财政体制是建立市场经济体制的一个重要内容,它明确按照构建市场经济体制的要求进行,初步构建了市场经济体制下政府间财政关系的基本框架。改革的主要内容如下。

1. 按照中央和地方政府的事权划分各级财政的支出范围

中央财政主要负担国家安全、外交和中央机关运转所需经费,调整国民经济结构、协调地区发展、实施宏观调控必需的支出以及由中央直接管理的事业发展支出。具体包括:中央统管的基本建设投资,中央直属企业的技术改造和新产品试制经费,地质勘探费,由中央财政安排的支农支出,国防费、武警经费,外交和援外支出,中央级行政管理费,由中央负担的国内外债务还本付息支出,以及中央本级负担的公检法支出和文化、教育、卫生、科学等各项事业费支出。地方财政主要负担本地区政权机关运转以及本地区经济、事业发展所需的支出。包括地方统筹的基本建设投资,地方企业的技术改造和新产品试制经费,支农支出,城市维护和建设经费,地方文化、教育、卫生、科学等各项事业费和行政经费,公检法支出,部分武警经费,民兵事业费,价格补贴支出以及其他支出。

2. 根据财权与事权相结合原则合理划分中央与地方收入

按照税制改革后的税种设置,将维护国家权益、实施宏观调控所必需的税种划为中央税;将适宜地方征管的税种划为地方税,并充实地方税税种,增加地方税收收入;将与经济发展直接相联系的主要税种划为中央与地方共享税。具体划分如下。

中央固定收入包括:关税,海关代征消费税和增值税,中央企业所得税,地方银行和外资银行及非银行金融企业所得税,铁道部门、各银行总行、各保险总公司等集中缴纳的收入(包括营业税、所得税、利润和城市维护建设税),中央企业上交利润等。外贸企业出口退税,除1993年地方已经负担的20%部分列入地方上交中央基数外,以后发生的出口退税全部由中央财政负担。

地方固定收入包括:营业税(不包括铁道部门、各银行总行、各保险总公司等集中缴纳的营业税)、地方企业所得税(不含上述地方银行和外资银行及非银行金融企业所得税)、地方企业上交利润、城镇土地使用税、个人所得税、固定资产投资方向调节税、城市维护建设税(不含铁道部门、各银行总行、各保险总公司等集中缴纳的部分)、房产税、车船使用税、印花税、屠宰税、农牧业税、农业特产税、耕地占用税、契税、遗产和赠予税、土地增值税、国有土地有偿使用收入等。

中央与地方共享税包括:增值税、资源税、证券交易印花税。增值税中央分享75%,地方分享25%;资源税按不同的资源品种划分,大部分资源税作为地方收入,海洋石油资源税作为中央收入;证券交易印花税,中央地方各分享50%。

在划分税种的同时,分设中央税务机构和地方税务机构,实行分别征税。中央税种和共享税种由国税局负责征收,其中共享收入按比例分给地方;地方税种由地税局征收。

3. 中央财政对地方税收返还数额的确定

为了保持地方既得利益,中央财政对地方税收返还数额以1993年为基期年核定。1993年中央从地方净上划的收入数额(即消费税和75%的增值税之和减去中央下划地方收入)全额返还地方,保证地方既得财力,并以此作为中央财政对地方的税收返还基数。1994年以后,税收返还额在1993年基数上逐年递增,递增率按全国增值税和消费税的平均增长率的1:0.3系数确定,即上述两税全国平均每增长1%,中央财政对地方税收返还增加0.3%。如若1994年以后中央净上划收入达不到1993年基数,则相应扣减税收返还数额。

4. 原体制中央补助、地方上解及有关结算事项的处理

为顺利推行分税制改革,1994年实行分税制以后,原体制的分配格局暂时不变,过渡一段时间再逐步规范化。原体制下中央对地方的补助继续按规定执行。原体制下地方上解按不同体制类型执行:对实行递增上解的地区,按原规定继续递增上解;对实行定额上解的地区,按规定的上解额继续定额上解;实行总额分成和原分税制试点地区,暂按递增上解办法,即按1993年实际上解数,并核定一个递增率,每年递增上解。

原来中央拨给地方的各项专款,该下拨的继续下拨。地方1993年承担的20%部分出口退税以及其他年度结算的上解和补助项目相抵后,确定一个数额,作为一般上解或一般补助处理,以后年度按此定额结算。

现行分税制财政体制基本维持了1994年改革的总体框架,随着时间的推移做了一些局部调整。主要调整的政策如表11-2所示。

表11-2 分税制改革以来的政府间财政收入调整变化

调整类别和项目	起始时间(年)	主 要 规 定
证券交易印花税	2002	中央与地方分享比例调整为中央97%,地方3%
所得税"两税"收入	2003	共享税,中央与地方按照6:4分成
出口退税	2004 2005	中央与地方共同负担,以2003年为基数,超过基数部分的出口退税额中央与地方各承担一部分;2005年开始中央承担92.5%,地方承担7.5%
农业税	2006	取消
转移支付	2009	过渡期转移支付现在调整为均衡性转移支付,用客观因素作为财政转移支付的依据
"营改增"	2012	在上海开始试点,将交通运输业和部分现代服务业缴纳的营业税改征增值税,进行试点并逐步在全国范围内推行

11.4.3 财政体制的绩效

本部分侧重从两个层面分析,一方面,从财政管理本身分析分税制财政改革的成功与不足;另一方面,从财政改革与经济的关系研究分税制财政体制改革的绩效。

1. 财政体制改革的成功与不足

分税制财政体制改革实施多年来取得了重大成效,主要表现在以下几方面。

第一,规范了政府间财政分配关系。实行分税制后,在全国范围内按照统一规定的税

种、分享比例等对中央和地方政府税收收入进行分配,对各地方政府统一对待,实行同样的分税制,改变了以前多种制度并存的财政体制,从制度上规范了政府间的财政关系。

第二,有利于产业结构的合理调整和资源的优化配置。分税制将消费税划为中央税,营业税等划为地方税,增值税作为中央与地方的共享税,在制约地方盲目发展高税收收入产品的同时,鼓励地方发展第三产业和重视基础型产业,推动地方由注重速度和规模转向注重经济效益。

第三,加大了中央财政收入占全国财政收入的比重。实行分税制后,全国财政收入明显增加,尤其是中央财政收入增长幅度较大,从 1993 年的 957.51 亿元上涨到 2013 年的 60 173.77 亿元;中央财政收入占全国财政收入的比重有了较大提高,从 1993 年的 22% 提高到 2013 年的 46.60%[①]。

第四,注重发挥中央政府和地方政府的积极性。分税制实行存量不变、增量调整的方式,既保证了中央财政收入的增长,同时也促进了地方政府发展经济、增加地方财政收入。

第五,实施了过渡时期转移支付办法。自 1995 年起,实行了《过渡时期转移支付办法》,按照因素法确定的标准财政收入、标准财政支出、激励机制系数来计算对某地区的财政转移支付额,后续进行了深化改革,经验值得总结。

1994 年实行的分税制财政体制改革取得了一定的成绩,但由于现行的分税制是由财政包干制转向分税制的一个过渡性制度,它距离规范的分税制还有差距。虽然分税制实施多年来也曾进行了一些调整,但仍然存在一些问题尚未解决。

第一,分税不彻底。分税制实行的是分税种的分税形式,但这种分税并不彻底,因此,这只是一个过渡期的分税制,尚需不断完善,形成规范的体系。具体措施主要是按税收划分的原则,明确划分中央政府与地方政府各自所属税种。

第二,地方政府间财力差距显著。由于分税制是在不触及地方既得利益的原则下进行的,收入划分不尽合理,导致区域间的地方政府财力差距越拉越大。

第三,基层财政入不敷出。1994 年实行的分税制,在中央与省一级是财权向中央集中、事权向地方下放。中央集中大量财力,而地方政府收入不足以满足支出的需要。在省及省以下政府间的分权也同样如此,省级政府集中了过多的财力,而事权却下放给更低层级的地方政府。这种财权上移、事权下移的做法产生了省内的纵向财政不公平,反映到县(乡)等基层政府则表现为基层财政财力不支,财政收入不足以满足基层政府提供正常公共品的需求。

第四,转移支付改革滞后。现行的转移支付制度还存在许多问题,距离规范的转移支付制度还有较大的差距。

第五,地方没有独立的税收体系。现行的分税制中,立法权限主要集中于中央。地方税权偏小。中央税收体系较为完整,但却缺乏相对独立的、规模较大的地方主体税种。

第六,分税制只划分预算内收入,不划分预算外收入。现行的分税制只是针对纳入预算管理的财政收入划分归属,而预算外收入却没有纳入到分税制体系中。预算外资金占财政收入的比重很大,在地方财政收入中更是如此,常被称为"第二预算",增速迅猛。

---

① 数据来源:国家统计局网站(1994—2013),http://data.stats.gov.cn/search.

2. 财政改革与经济增长的绩效评价

1) 评价的一个标准

政府间财政关系是经济发展的重要解释变量。虽然对于发展而言很难形成一致的度量指标,但是,人们一般都赞同,发展是改进生活质量的过程,其基本目标是满足基本需要、提高人类尊严、扩大选择自由(毕世杰等,2004)。成功的发展包含人均产出的增长、贫困的减轻以及健康和长寿的改善,而且至少不均等的情况不能有较严重的恶化(吉利斯等,1998)。因此,政府在推动经济发展过程中,对其赋予了更多的提高社会福利的内涵。一方面,需要通过资源的优化配置推动经济效率的增长;另一方面,通过一系列公共政策促进分配的相对公平。目前,绝大多数国家的政府都是由若干个层级构成的,而政府科层的存在为建立一个分权的财政体制提供了前提。政府间财政分权试图寻找"各级政府的作用及其相互联系的方式方法"(Oates,1999),并以此满足不同层级政府部门在提供公共品和服务过程中对效率的提高和社会福利改善的预期。作为政府意志的经济体现,财政政策通过搭建适当的政府间分权关系在经济发展过程中发挥作用。

中国已经实行的财政分权体制改革对地方经济发展带来何种影响仍旧存在较大争议。争议的原因一方面来自于对财政分权进行评判的价值标准;另一方面来自于所选取的测度指标、方法以及研究视角。财政体制变革的经济学依据在于通过分权来限制政府权力的过分集中,推动地方性公共品和服务在一定范围内合理分配,实现政府对资源配置的优化。但是这种与分权相伴生的多样化也带来了区域之间的差异化。我们提出的疑问在于,在经济发展过程中,效率与公平真的不可兼得之?[①] 中国的财政分权体制改革是否可以在"保增长"中"促公平"呢?如果的确无法"两全",如何进一步改进呢?已有文献主要集中于对省级数据的研究,本节选取中国县(市)一级的样本数据进行分析,试图在该层面对分税制改革以来财政政策绩效进行分析。

2) 数据描述

改革开放以来,中国经济高速增长,与此同时,中国区域之间的分配差异也日渐显著。刘树成、张晓晶(2007)对中国1952年至2006年地区间经济差异进行的研究显示,地区间人均GDP的总体差异呈现出三个先扩大后缩小的倒U形。[②] 特别是在第三个倒U形中,地区间人均GDP的总体差异在20世纪90年代有所扩大后,从2000年开始已经呈现新的缩小趋势。

在这里,我们采用测度收入分配的变异系数指标(CV)[③],在测度过程中赋予了各样

[①] 杨汝岱、朱诗娥(2007)基于居民边际消费倾向的研究也曾经提出并回答了类似的问题。

[②] 刘树成、张晓晶(2007)认为这三个倒U形分别为1952年至1962年、1963年至1992年、1993年至2006年。

[③] 目前,通过变异系数对分配差异的测度,主要分为四种形式。第一种是简单平均法,即通过样本数据与均值的离差平方和除以样本数量的平方根,再与均值相比较而得出测度结果;第二种是加入各区域的人口权数测度变异系数;第三种是直接以全部区域的人均收入作为平均数进行计算,如马恒远(1995);第四种是以各个区域的国民收入总量作为权数进行计算,如覃成林(1997)。采用变异系数测度分配差异具有的一个突出优点在于,能够全面反映各区域经济发展水平相对差异程度,使得区域之间更具可比性,有助于全面客观地认识区域间分配差异的状况。当然,万广华(2006)认为使用变异系数也可能存在一定不足,衡量分配差异的指标需要满足匿名性、奇次性、总体独立性、转移性、强洛伦兹一致性等原则,简单的变异系数在满足转移性原则上略有不足。但是,我们认为,大多数衡量收入分配差异的指标都只能对经济现象做出部分解释,通过对计算方法进行适当调整,可以提高测度值的解释能力。

本单位的人口分布权数,以反映不同地区、不同收入水平的人口在总人口中所占比重,描述并分析样本期内全国各地区变异系数的演变趋势和特征化事实。

对数据(1994—2007)的观察发现,自1994年以来全国范围内的地区经济差异呈现出略有波动但是居高不下的特点。如图11-2所示。大体分为两个阶段:第一个阶段是1994年至2002年,地区经济差异呈现出一个明显的M形,其中以1998年和2002年作为相对低点,而1996年和2000年达到两个峰值;第二个阶段是2002年之后,地区经济差异呈现小幅盘升、高位坚挺的趋势,但是变异系数的增加幅度有所缩小。

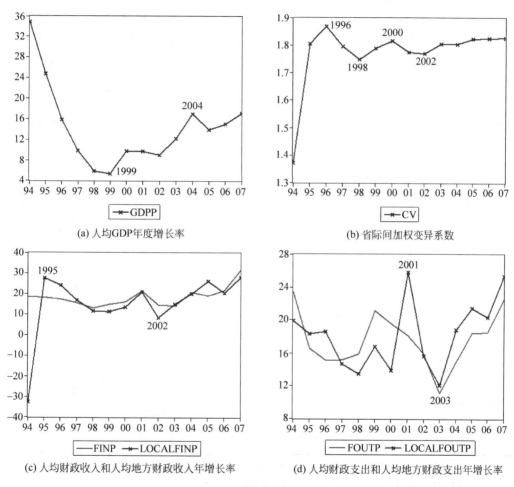

(a) 人均GDP年度增长率　　　　　(b) 省际间加权变异系数

(c) 人均财政收入和人均地方财政收入年增长率　　　(d) 人均财政支出和人均地方财政支出年增长率

图 11-2　主要经济变量变化趋势(1994—2007)

数据来源:中国国家统计局网站,http://www.stats.gov.cn/,2009-10-25.

3) 回归结果[①]

通过采用时间和实体固定效应回归模型对面板数据进行分析,再控制面板数据中的

---

① 更详细的分析结果参见邵学峰,张在茂.中国经济发展中的财政分权体制改革研究[M].北京:中国社会科学文献出版社.2013.

遗漏变量，研究财政分权对县市一级经济增长与分配差异的影响。采用的模型为

$$CV_{it} = \beta_0 + \beta_1 FD_{it} + V_i + V_t + \delta_{it}$$

其中，CV 为被解释变量，代表样本期内县（市）一级行政区域的收入分配差异，i 代表各县（市）区域的实体观测值（$i=1,2,\cdots,n$），t 代表各观测值的不同时期（$t=1,2,\cdots,T$），FD_{it} 代表的是选取 n 个县（市）中第 i 个县（市）在第 t 个年度内被观察到的财政分权的数据，β_0 和 β_1 为待估系数，δ_{it} 是误差项，V_i 代表在各县（市）之间发生变化但是不随时间而变化的解释变量，V_t 代表在各县（市）之间相同但是随时间而发生变化的解释变量。我们选择 LR 代表县（市）财政收入留存比率，用 LEXP 代表县（市）本级财政支出上级拨付比率，CAPP 是代表人均固定资产投资增长率的变量，LABP 是代表劳动人口跨年度增长率的变量，滞后一期的人均县级 GDP 增长率代表经济增长的继承性对被解释变量的影响。最终的回归结果见表 11-3。

表 11-3 估计和检验结果

自变量	(1)	(2)	(3)	(4)
LR	−0.091 5***	−0.089 4***	−0.137 3***	−0.138 5***
	(0.016)	(0.016 5)	(0.022 1)	(0.021 9)
LEXP		0.007 8	0.176 2***	0.172 8***
		(0.015 1)	(0.018 2)	(0.018 1)
CAPP			0.000 5	0.000 4
			(0.000 4)	(0.000 3)
LABP				0.158 7***
				(0.040 5)
$GDPP_1$			−0.014 6***	−0.013 9***
			(0.004 8)	(0.004 8)
R^2	0.693 4	0.693 4	0.918 7	0.920 1
$\bar{R}^2$	0.662 1	0.662	0.906 2	0.907 7
F	22.13	22.03	73.23	73.99
Hausman 检验	6.463	11.201	11.533	12.811
	(5.99)	(7.81)	(9.48)	(11.07)
观测值	2 331	2 331	2 331	2 331
组别数	205	205	205	205

注：①回归结果中加入了实体和时间固定效应的虚拟变量。②标准误差在系数下面的括号中给出。*** 表示在 1% 水平上显著；** 表示在 5% 水平上显著；* 表示在 10% 水平上显著。

通过分析显示，县（市）的财政分权留存率（LR）对变异系数的解释作用进一步增强，县（市）本级地方财政支出上级拨付比率（LEXP）与变异系数呈正相关，并且在 1% 水平下通过了显著性检验，表明县（市）财政支出来自于上级拨款的部分拉大了地区间收入分配差异（如列 3 的数据结果）。总地看，虽然分税制财政管理体制改革就建立政府间财政转移支付的数量和形式做出过规定，除以税收返还为表现形式之外，近几年还完善了专项转移支付和财力转移支付，其目的在于增加地方政府，特别是县（市）地方经济的自主支配权，促进地区间财力平衡，实现公共服务均等化和减少分配差异。然而，对数据的分析结

果表明,财政转移支付并没有实现预期目标,甚至还导致区域间分配差异进一步增大。

11.5 小　　结

　　围绕究竟是集权还是分权,历史上进行过长期的争论和实践。我们在这里从资源配置效率的角度出发,偏向于分权化的财政体制,章中对个中理由已经进行过分析。而且,第一代财政分权理论的代表人物们已经阐述清晰。但是,必须强调的是,在沿着分权化改革方向行进的过程中,从来都没有什么"绝对",在一定程度上,极端的分权与极端的集权一样可怕。这里无疑要探讨二者的区别,更愿意在不同层级的政府间职能划分的结构性内容上多泼笔墨。在第二代财政分权理论的引领下,对分权化改革的激励相容问题越发透彻。

　　实事求是地说,中国财政体制改革一直在探索有利于调动各个层面积极性的政策,几次改革都是成功和失败的教训并存。始于1994年的分税制财政体制改革"嵌入"于特定的经济发展和制度变迁的宏观背景,至今对其评价,应该是基本实现了预期目标。30年前的那次由朱镕基总理当导演的重大财政改革影响深远,但是,也存在着很多不完善、不彻底之处,比如省以下的事权—财权的不匹配、地方政府财权有限、政府间转移支付改革滞后等,有些改革的漏洞现在体现出来,比如近几年地方政府的"土地财政依赖"等。无论对中国那次财政改革的评价如何,有一点是必须认同和肯定的,中国在分权化改革过程中迈出了具有里程碑式的一步！我们值得期待。

本 章 要 点

- 财政联邦制又称为财政联邦主义,是处理财政关系的一种规范制度,历史上,围绕政府集权和分权进行了长期的争论。
- 公共品的层次性关系到其在中央政府与地方政府经济中发挥的作用与范围的大小。全国性的公共品和地方性公共品要由不同政府主体有效地提供,不同级次政府间在职责划分上具有差异性。
- 马斯格雷夫和萨缪尔森认为,在公共品的支出水平上具有"分散自发的不可能性",即公共品供给不存在"市场解"。
- 蒂伯特认为,如果社区间的竞争使各种不同的公共品被提供出来,居民将通过"以足投票"(迁徙)的方式显示他们对公共品的偏好,导致一个有效率的结果。
- 奥茨认为,理性消费者在选择社区居住时,将对地方性公共品所带来的收益与其成本(支付的税收)进行比较,分权化的地方财政责任(更好的公共品服务)有助于达成蒂伯特提出"以足投票"(居民进入)的选择。
- 第一代财政分权理论的核心在于通过竞争解决地方政府的辖区与居民偏好不相符的问题,提出了一个关于财政分权的简明扼要的标准化理论框架。
- 第二代财政分权理论研究了多级政府之间、政府与企业(选民)之间的激励相容问题。

- 以 Qian 和 Roland 为代表的第二代财政分权理论分析了中央-地方政府及各级官员等之间、地方政府—企业之间的关系,提出建立适宜的机制以实现经济行为主体之间激励相容和社会福利最大化。
- 1994 年 1 月 1 日起,中国在中央和地方政府(省级行政单位以下)实行分税制财政体制。
- 为了进一步理顺中央与地方的财政关系,更好地发挥国家财政的职能,增强中央的宏观调控能力,促进社会主义市场经济体制的建立,从 1994 年 1 月 1 日起,在中央和地方政府(省级行政单位以下)实行分税制财政体制。
- 无论从财政管理本身,还是从财政改革与经济的关系研究分税制财政体制改革,都存在成功与不足。

主要概念

- 财政联邦制
- 第一代财政分权
- 蒂伯特模型
- 奥茨财政分权定理
- 第二代财政分权
- 财政预算约束
- 软预算约束
- 分税制财政体制改革

思 考 题

- 政府财政集权和分权各有什么理由?
- 如何理解公共品供给"市场解"?
- 试分析蒂伯特模型。
- 阐述奥茨定理。
- 财政分权两个发展阶段的区别在哪里?
- 如何理解财政的软预算约束?
- 分析中国分税制财政体制改革的主要内容、成效及不足。

第 12 章 财 政 政 策

当代经济学的一大特征,就是用那些日新月异的证据来论证一些十足错误的见解,这些见解的魅力非常大,因为从它们那里推论出来的定理太令人愉快或者太方便了:支出是好事情,而储蓄是坏事情;浪费有益,节约会伤害广大群众;钱掌握在政府手里,要比掌握在民众手里更好一些;保证每个人得到自己应得的东西是政府的职责等。

——[英]弗里德里希·奥古斯特·冯·哈耶克(F. A. Hayek)

天则经济研究所理事长姚中秋(笔名秋风)曾经写到,现代文明受到的威胁,并不在于毁灭世界的非理性的狂热,而在于建构论的唯理主义者之滥用理性,试图有意识地设计现代世界,计划经济、政府干预,都是过度迷信理性的结果。而真正的理性,最重要的是意识到理性自身的局限性[1]。在成熟的市场经济下,财政政策虽然褪去已有光环,但是仍有一些"全能"的政客和依附于政治的学者宣扬着所谓的"设计",由此也引发了在遵守规则和相机选择之间的长期的困惑与争论。

12.1 主要国外经济学派的财政政策理论

我们知道,宏观经济的四大目标是经济增长、充分就业、物价稳定和国际收支平衡。然而,市场机制不能自发地实现经济的稳定与持续发展。例如,如何保持物价稳定和充分就业往往是不同经济体关注的主要问题。为了应对上述难题,政府往往借助财政政策"熨平"经济周期的波动,使通货紧缩和失业被有效控制。有趣的是,主要国外经济学派对政府是否应该以及如何参与经济意见并不统一。甚至有人认为,米尔顿·弗里德曼究其一生为经济学家理解自己的角色提供了一个标本,即经济学家所能做的主要的事情,就是在经济事务领域中设计出限制政府权力的制度,从而让个体获得最大的自由[2]。我们将在本节对国外主要流派的财政政策理论和主张进行简要的介绍。

12.1.1 重商主义与自由放任

从 16 世纪到 18 世纪长期占据着统治地位的重商主义理论认为,贸易的吸引力在于它能够提供国际收支顺差的机会。在重商主义者看来,出口是一件值得称赞的事,因为它可以促进本国工业的发展,并导致重金属的流入;与此相反,进口却是一种负担,因为它减少了对本国产品的需求,这不仅会导致国内就业的下降,而且还会使贵金属流失。基于以上立场,重商主义者非常注重国家通过财政政策增进经济福利,并借助财政政策干预对

---

[1] 秋风.漫说哈耶克[M].北京:中信出版社,2013:60.
[2] 秋风.漫说哈耶克[M].北京:中信出版社,2013:116.

外贸易,对出口和生产加以保护和奖励,而对进口则应采取保护主义的措施加以限制。

1776年,作为自由放任主义学派的先驱亚当·斯密在《国民财富的性质和原因的研究》(简称《国富论》)中明确提出,财富最好由经济个体生产,让自由市场这只"看不见的手"去调节;政府不应该干预。在该书中,亚当·斯密对国家财政进行了深入系统的研究,全面阐述了自己的观点,积极宣扬经济自由和发展自由放任的资本主义市场经济,主张国家职能越小越好。他认为,国家财政支出必须限制在国防、司法、公共工程建设和维护公共机关的需要等几个方面;国家财政收入来自君主或国家财产收入和来自赋税收入两个方面;他还提出以地租、利润和工资三种收入作为课税划分依据,提出公平、确定、便利及最小费用四大税制原则。《国富论》的问世为公共财政奠定了理论基础。亚当·斯密的财政思想及其政策主张,后经大卫·李嘉图等人的继承和发展,对西方各国财政理论长期产生极其深远的影响。

12.1.2 凯恩斯的财政理论

1929—1933年西方国家爆发了史上波及最广、最深刻、最剧烈的经济危机。在这样的经济背景下,主张国家干预经济的凯恩斯主义理论应运而生。凯恩斯主义以《就业、利息和货币通论》为理论基础,把经济危机的根源归结为"有效需求"不足,要求政府放弃自由主义原则,实行国家干预,并主张政府运用财政货币政策以刺激投资与消费的增长,最终实现充分就业的一整套理论政策。

凯恩斯不同意传统经济学保持国家财政平衡的观点,认为国家必须采取赤字财政政策才能起到刺激消费和投资的效果。在他看来,如果政府保持收入平衡,则整个社会有效需求不会增加。这是因为,政府支出虽然增加了国家的消费和投资,但税收却减少了私人消费和私人投资,这样一增一减,两者互相抵消,整个社会的有效需求并没有增加,仍然不足。因此,不能采取平衡预算的财政政策。要扩大总需求,政府必须实行"举债支出"的赤字财政政策,即政府不能采取增税的办法扩大政府支出,而应通过发行国债的方法扩大政府支出。这样既可以直接扩大投资和消费,补偿私人投资和私人消费的不足,又能间接地起到刺激私人投资和消费的作用。

凯恩斯在极力主张用财政政策"医治"经济危机的同时,并未忽视货币政策在这方面的作用。凯恩斯尽管认为利息率的降低是有限度的,但是他仍然认为,利息率的改变,对于投资仍有极大影响,特别是在经济衰退以后,降低利息率可能是增加投资的必要条件。通过中央银行扩大货币数量,既可以扩大社会支付能力,又可以降低利息率,而低的利息率不仅可以刺激投资,而且可以刺激消费,这些都有利于增加有效需求,从而增加就业。他尽管在早期著作中承认通货膨胀的危害性,可是在《就业、利息和货币通论》中却主张通过温和的通货膨胀来降低实际工资以增加利润,压低利率以刺激投资,把温和的通货膨胀看作是防止或缓和经济危机的手段。

对于实行赤字财政政策与扩张性货币政策能否引起通货膨胀的问题,凯恩斯认为,在实现充分就业以前,增加货币发行量首先会影响总需求,引起产量和就业量的增加,不会引起通货膨胀。虽然这使物价也有一定的上涨,但并不是通货膨胀,充其量只不过是半通货膨胀或准通货膨胀。只有达到充分就业之后,生产不再增长,物价与货币的增加成比例上升时,才会引起真正的通货膨胀。

在财政政策和货币政策中,凯恩斯更注重前者的作用,认为后者只起辅助作用。在凯恩斯看来,货币政策是通过利率而间接起作用,不如财政政策来得直接而有力。而且根据他自己的经验,似乎单靠货币政策不足以成功。他甚至认为"有点怀疑,仅仅用货币政策操纵利率到底有多大的成就……故我希望国家多负起直接投资的责任。理由是:各种资本品之边际效率,在市场估计办法之下……可以变动甚大,而利率可能变动范围太狭窄,恐怕不能完全抵消消费前者之变动。"

总之,在凯恩斯看来,国家对经济的干预,应以财政政策为主,货币政策为辅,两者相互配合。在经济衰退时期,实行扩张性的财政政策和货币政策,以扩大社会需求;在经济高涨时期,则实行紧缩性的财政政策和货币政策。他的理论对第二次世界大战后西方国家的宏观经济政策产生了巨大影响。以凯恩斯主义理论为基础,西方国家在这一阶段普遍推行赤字财政政策,增加国债发行,强化税收功能,扩大政府开支等,从生产、分配、流通领域试图刺激国民经济的复苏与增长。

12.1.3 货币学派和哈耶克的财政主张

凯恩斯主义政策在经济中的广泛运用,使得资本主义世界在20世纪70年代出现了失业与通货膨胀交替出现的"滞胀"。凯恩斯的财政理论及主张更加受到货币学派的激烈抨击。

货币学派强调经济机制运行中货币的作用,这与低估货币政策的凯恩斯主义形成了鲜明对比。货币学派认为,经济的不稳定源于货币的不稳定,导致经济衰退的主要原因在于货币供给不足,而货币过量的供给则往往导致通货膨胀的产生。因此,货币主义者认为,财政政策本身所产生的影响很小。为促进经济增长而制定实施扩张性的财政政策,并忽视货币政策的作用,即在货币供应量不变的前提下实施扩张性财政政策,那么财政政策就会给货币供应带来压力,导致利率进一步上升,从而挤出私人投资,弱化预期的扩张性财政政策效果。

针对凯恩斯的批判不仅仅来自于货币学派,哈耶克也对凯恩斯的经济政策进行了评价。英国著名思想家伯林曾把思想家、文学家区分为"狐狸"和"刺猬",哈耶克本人也区分过两种不同的头脑,一种是"自己专业中的大师",他们聪明过人,无所不知,一种是"困惑型"的思考者,围绕一个问题进行深刻钻研,执拗地沿着自己的思路艰难前行。哈耶克本人说,他可不想和自称无所不知的"狐狸"、"大师"相提并论,他只是一只"只知道一件事的刺猬",拥有一个困惑的头脑,这颗头脑始终在思考一个问题:如何捍卫自由市场制度?不管外界的政策、社会气氛和学术潮流如何变化,他

都坚持自己的这一思考方向；而凯恩斯则是一只聪明绝顶的"狐狸"，对短期的社会经济需求极度敏感，从而成功地影响了美国乃至世界重要工业国家的经济决策。上述的揶揄貌似认为，凯恩斯的经济政策可能是把经济拖入泥沼的原因之一。

12.1.4　理性预期学派的财政理论

20世纪70年代出现的理性预期学派，是以传统经济学的自由市场理论为基础，从货币学派中分离出来而形成的，是比货币学派更为彻底的自由主义经济学派。理性预期学派的理论体系以"理性预期"和"持续的市场出清"为理论前提。

所谓的理性预期是指，假定每个经济行为主体对未来事件的预期是合乎理性的，为了个体利益最大化，理性的经济主体总是力求对未来做出正确的预期。经济主体在做出预期时，会力图得到有关的一切信息，其中包括对经济变量之间的因果关系及有关的资料和数据，最终使自己的预期不会犯系统性错误。即人们对将来的预期是相当准确的，或逐渐接近于准确的。因此，除非发生非正常的扰乱，经济行为主体可以利用一切信息来谋取最大利益，并通过不断调整预期，最终达到对未来的正确预测。一切公开实行的规则的经济政策，包括财政政策在内，人们都有能力准确预期到将会引起的政策效果，以保护自身的利益不受侵害，这种行为最终将导致政策的无效性。

该学派另一主张，即持续的市场出清是指，只要让市场机制充分发挥作用，各种产品和生产要素的价格随着市场供求状况而相应地发生变化，那么最终每种产品和生产要素总能在一个价格上达到供求的均衡状态。在实现市场均衡时，仍存在一定的摩擦性失业，即自愿性失业。

以这种观点为基础，理性预期学派的财政政策主张主要包括以下两个方面：第一，政府应该放弃相机抉择的财政政策，并设法消除财政支出等政府控制变量的不规则变动。因为合乎理性的经济行为主体能够预测一些有规律的政策及其影响，从而采取相应的措施以抵消政策的效果。第二，财政政策的目标应放在减少或防止物价的波动而非失业上。理性预期学派认为，虽然财政政策不能对产量、就业和其他"实际"变量产生影响，但却可以对价格水平这样的"名义"变量产生影响。因此，该学派认为，为稳定物价，政府应制定一些永久不变的政策规则，使经济主体不因财政政策的频繁干预而产生错误的预期，真正实现稳定物价的目的。总之，理性预期学派积极主张政府将维持理想的价格水平作为财政政策的唯一目标。

12.1.5　供给学派的财政理论

供给学派是20世纪70年代中期在美国兴起的一个经济学流派。供给学派对当时西方资本主义所产生的滞胀问题做出了分析，并提出了独特的解决方案。

在政策主张上，供给学派和凯恩斯学派针锋相对，否定凯恩斯主义的需求管理政策，主张实施供给管理政策。供给学派倡导恢复"萨伊定律"，反对政府的过多干预，主张放宽或取消各种限制条件和规章制度，恢复企业的自主经营，通过市场的自行调节激发经营者的生产积极性，从而促进经济的增长。供给学派认为，之所以产生滞胀问题，根本原因在于供给不足，并且过度执行凯恩斯主义的需求管理政策是其产生的直接起因。他们认为，片面刺激需求,会使储蓄下降,利率上升,从而投资下降,最终导致物价飞涨而经济停滞的局面。

由于供给学派认为供给是需求的可靠的源泉,因此主张实行有利于刺激供给的财政政策,如减税、加速折旧、增加军事订货等,但反对政府扩大财政支出,主张政府应力争使预算平衡。因为,供给学派承认减税等政策的实施存在着时滞,在此情况下,若政府不大幅度削减支出,势必扩大财政赤字,导致严重的通货膨胀。总之,供给学派主张的财政政策核心是在保持政府预算平衡的基础上,实行刺激供给的财政政策。

12.1.6 公共选择学派

由于市场本身存在的种种缺陷,政府通过介入、干预经济活动来弥补市场缺陷有其客观必要性。但是,弥补市场经济缺陷的政府职能本身并不是完美无缺的。在现实的经济活动中,人们期望政府能够办好市场做不到的事,结果却发现政府在不少方面不仅不能弥补市场失灵,反而导致市场更加低效率,这一现象被称为"政府失灵"。特别是从20世纪70年代开始,西方国家出现"滞胀"及一系列社会经济问题,使凯恩斯主义的政策主张遭到了挫败,也客观上推动了人们认真分析政府与市场的关系问题,引起了人们对政府行为局限性及政府失灵的关注。这种背景导致公共选择学派得以形成和发展。

公共选择学派首先对政府失灵问题进行系统的研究。公共选择理论实际上是经济学和政治学交叉融合而产生的一种理论。公共选择理论的创立者布坎南认为,公共选择是政治上的观点,它是将经济学家的工具和方法大量应用于政府或市场决策而产生。可见,公共选择理论就是应用经济学的假定和方法来研究公共决策问题的一个研究领域,其核心主题则是用经济学的方法来说明市场经济条件下政府干预行为的局限性,以及政府失灵问题。

公共选择学派认为,政府失灵有种种表现,可以归纳为公共政策失效、官僚机构提供公共物品的低效和浪费、政府扩张、利益集团寻租及腐败等,我们在前面章节进行了分析,这里不再赘述。总之,通过对政府失败的表现、类型及根源的分析,公共选择学派得出的基本结论是:市场缺陷或市场失灵并不是把问题转交给政府去处理的充分条件,市场解决不好的问题,政府未必解决得好,甚至还会把事情弄得更糟。在市场"看不见的手"无法使私人的不良行为变为符合公共利益行为的地方,可能也很难构造"看得见的手"去实现这一任务。

12.2 财政政策的工具和目标

上一节的分析表明,在20世纪30年代以前,西方国家一直实行的是以亚当·斯密为代表的古典学派倡导的自由放任政策。而1929—1933年的世界性经济危机使宏观经济领域的市场失灵充分显露出来,凯恩斯革命应运而生。凯恩斯认为20世纪30年代大危机中大批工人失业的原因就在于有效需求不足,即投资需求加上消费需求的不足,应采取赤字财政政策,用政府投资弥补私人投资的不足以消除非自愿失业。虽然凯恩斯以后又涌现了众多的宏观经济学学派,他的观点也不断受到挑战,但世界各国政府普遍对宏观经济进行积极的干预却是不争的事实,财政政策就是其中必不可少的政策手段。

财政政策是国家经济政策的重要组成部分,有广义和狭义之分。广义的财政政策是指政府为了达到一定的经济和社会目的而制定的指导财政分配活动、处理财政分配关系的基本准则和措施的总称,表现为各级立法机构和政府机关制定的有关财政的各种法律、法规。而狭义的财政政策是指政府为了实现社会总需求与社会总供给的均衡,对财政收支对比关系进行调整的准则和措施的总称,表现为政府依据财政收支与社会总供求的内在联系,通过调整政府收支的对比关系来调节经济总量,以实现社会供求总量平衡和结构协调这一政府宏观调控预期目标。

12.2.1 财政政策工具

财政政策工具是指政府所选择的用以达到政策目标的各种财政手段,它是财政政策的关键因素,对于保证政策目标的实现起着举足轻重的作用,主要有税收、国债、各项政府财政支出等。

1. 财政收入方面

财政收入是国家参与社会产品分配和调节经济的主要方式,是财政政策的主要手段,包括税收和国债。

1) 税收

税收作为一种政策工具,通过控制社会资金的流动,对社会供求总量和结构都有直接或间接的影响。增加税收将相应减少企业和个人的收入,从而抑制社会需求;反之,则对社会需求产生相反的影响。由于税收具有形式上的强制性、无偿性和固定性特征,这些特征使税收调节具有权威性。在社会需求膨胀、供给相对不足、经济发展速度过快时,增加税收可以提高财政收入占国民收入的比重,相应地降低纳税人收入的增长幅度,起到收缩社会需求、抑制经济过快增长的效应;反之,则起到刺激经济增长的作用。概括地说,税收的调节侧重以下三方面。

第一,税收可以调节社会总供给与总需求的平衡关系,从而稳定物价、促进经济平衡发展。在总需求方面,国家可以依消费需求和投资需求为对象设立税种并调整税率,如设立消费税,从而实现对社会总需求的调控;在总供给方面,可通过提高(降低)税率,限制(刺激)有关商品和劳务的生产与供给,即借助税收工具有效调节社会总供求,从而实现宏观经济的平衡的目标。

第二,税收可以调节产业结构,优化资源配置,促进经济增长。国家可根据当前的经济形势,制定相应的产业政策,并通过降低税率、减免税等手段,鼓励、支持产业的发展;也可以通过提高税率、加重税负等手段,限制部分产业发展,以此优化资源配置、调整产业结构、推动经济增长。

第三,税收可以调节收入,促进收入分配。通过合理设置税种、制定税率,能够推动国民收入分配,实现效率和公平的统一。

税收政策的调节作用主要体现在税收比率的确定、税负分配和税收优惠及惩罚三个方面。

税收比率的确定是财政政策实现调节目标的基本政策之一。税收比率就是税收收入占 GDP 的比重。当一国把税收作为财政收入的基本来源时,税收比率就成为衡量财力集中与分散程度的一个重要指标。税收比率高就意味着政府集中掌握的财力或动员资源的能力高,反之则低。政府动员资源的能力如何,对于宏观经济运行的稳定以及经济的发展会产生巨大的影响。一般而言,政府提高税收比率,会对民间部门经济起到收缩作用。税收比率提高意味着更多收入从民间部门流向政府部门,相应地,民间部门的需求下降,民间部门的产出将减少。政府若降低税收比率,则会对民间部门经济起到扩张作用,需求将相应地上升,产出也相应地增加。

税收比率确定后,税负分配就显得十分重要。税负分配,一方面是由政府部门来进行,主要是通过税种选择和制定不同的税率来实现;另一方面是通过市场活动来进行,主要是通过税负转嫁的形式实现。税负转嫁的结果,使纳税人名义税负与实际税负不相同。因此可以说,税负转嫁是在政府税负初次分配的基础上,通过市场机制的作用而进行的税负再分配。两个层次的税负分配,对于收入的变动、相应的个人与企业的生产经营活动,以及各经济主体的行为都会产生重要的影响。

税收优惠与税收惩罚主要是在征收正税的基础上,为了某些特殊需要而实行的鼓励性措施或惩罚性措施。这种措施在运用上具有较大的灵活性,它往往可以起到正税所难以起到的作用。因此,在各国税法中都不同程度地保留着某些税收优惠性和惩罚性的措施。税收的优惠性措施包括许多内容,如减税、免税、宽限、加速折旧以及建立保税区等。与税收优惠措施相反的是税收的惩罚性措施,如报复性关税、双重征税、税收加成和征收滞纳金等。无论是优惠性的还是惩罚性的措施,对实现财政政策的某些目标都可起到一定的作用。

➡ **专栏:房产税**

房产税,又称房屋税,是国家以房产作为课税对象向产权所有人征收的一种财产税。对房产征税的目的是运用税收杠杆,加强对房产的管理,提高房产使用效率,控制固定资产投资规模和配合国家房产政策的调整,合理调节房产所有人和经营人的收入。2010 年国务院同意发改委《关于 2010 年深化经济体制改革重点工作的意见》,出台资源税改革方案,逐步推进房产税改革。重庆市、上海市为开征房产税试点,于 2011 年 1 月 28 日起正式开征房产税。

专家普遍表示,作为一种与房地产市场关系密切的税种,从短期来看,房产税能对高涨的房地产价格起到威慑作用;但从长期来看,影响房地产价格的主要因素在于供求关系和后市预期,遏制高房价不能寄希望于房产税"一剑封喉",楼市调控仍需继续打"组合拳"。房产税对房价的影响取决于最终税率。但从目前来看,上海和重庆出台的方案并不是十分严格,因此在需求没有大幅减少的情况下,目前出台的房产税对房价影响幅度很有限。与上述专家意见不同,对于房产税,绝大部分购房者则表示担忧。

第 12 章 财政政策

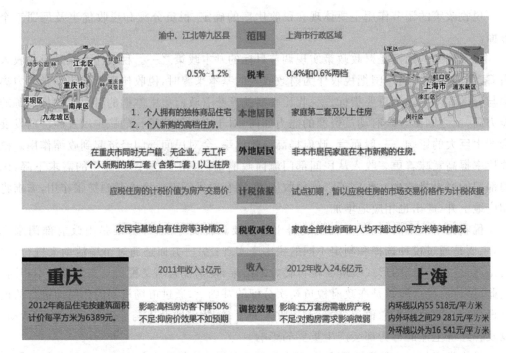

(摘自:http://finance.sina.com.cn/focus/fcssd_2013/,新浪财经)

2)国债

国债是指国家或政府以其信用为基础,向国内外举借的债务,也就是说,国家或政府以债务人的身份,采取信用的方式,通过借款或发行债券等方式取得的收入。作为一种财政信用形式,它最初是用来弥补财政赤字的。随着信用制度的发展,国债已成为调节货币供求、协调财政与金融关系的重要政策手段。国债作为凭借国家信用的筹资手段,既可以从分配领域调节社会供求结构,实现供求结构的相互协调,也可以从流通领域调节货币流通量及商品供给量,进而调节社会供求总量,实现供求均衡的总量目标,是一种非常灵活有效的政策工具。如果社会总需求过旺,那么政府通过发债以有偿的方式将私人经济部门的收入集中起来,但并不安排支出,形成财政盈余,就可紧缩需求。如果社会总需求不足,那么政府通过发债以有偿的方式将私人部门的收入集中起来,再通过安排财政支出,就可扩张需求。不管是紧缩需求,还是扩张需求,最终目的都是通过国债手段的运动使资源优化配置的状态能够维持,以实现经济的稳定增长;同时国债还是中央银行进行公开市场操作、灵活调节货币供给量,进而调节需求总量的有效手段。

概括地说,国债的调节作用表现在以下四个方面。

第一,弥补财政赤字,保持宏观经济平衡。发行国债弥补财政收支差额,是目前世界各国普遍的做法。它有利于实现社会总供给与总需求的平衡,为抑制通货膨胀,促进经济增长创造良好的环境。

第二,筹集建设资金,优化经济结构。发行国债筹集国家建设资金,可将部分消费基金转化为积累资金,弥补建设资金的不足,增加国家重点建设项目投资,优化经济结构,促进经济增长。这项功能对中国尤为重要。

第三,财政政策与货币政策的桥梁和纽带。中央银行可以根据国民经济运行的实际状况及宏观经济政策的需要,适时开展公开市场业务,通过在二级市场买卖国债,有效调节资金供求和货币流通、稳定货币、稳定物价。

第四,其他财政政策工具的补充。例如,通过国债发行,扩大公共支出,单纯地刺激供给增加。相比较,减税从速度和效果上都没有国债明显。

国债可以产生以下五种效应。

第一,挤出效应。即由于国债发行吸收了私人部门的资金,使私人或企业的消费和投资减少,对私人或企业的投资起到调节作用。在信用紧缩时期,这种对私人部门"挤出"的效应可部分地抵消政府扩大开支所引起的乘数效应。

第二,货币效应。它是指国债发行引起的在货币流通、货币供应量和通货膨胀方面的影响和变化,它一方面可能使部分"潜在货币"变为现实流通货币,另一方面则可能把存于民间部门的货币转到政府部门或由于中央银行购买国债增加货币的投放。国债发行的最终结果会增加政府开支,如果发行大量国债,则由于大幅度增加政府开支,会产生乘数效应,通货膨胀压力增大。

第三,收入(转移)效应。由于国债主要靠未来年度增加税收来偿还,而国债持有人在国债到期时,不仅要收回本金,而且需要得到利息报偿。政府发行国债主要用于社会公共需要,人人均可享用。这样,在一般纳税人与国债持有人之间就产生了收入的转移问题。此外,国债所带来的收入与负担问题不仅影响当代人,而且还存在着所谓"代际"之间收入与负担的转移问题。

第四,流动效应。所谓国债政策的流动效应,是指通过改变国债的流动性程度来影响整个社会的流动性状况,从而对经济产生扩张性或抑制性效应。国债政策的流动性效应主要通过以下两种措施来实现。一是调整国债期限的构成,即通过发行不同数量的长期国债和短期国债来实现政策目的。由于长期国债的流动性低,短期国债的流动性高,因此,在经济处于萧条时期时,增加短期国债的发行可以提高社会的流动性状况,扩大社会总需求;而当经济处于繁荣时期时,增加长期国债的发行可以减少国债的流动性,抑制社会总需求。二是改变国债资金来源。国债的认购单位可以分为银行部门和非银行部门。银行部门认购国债,会通过扩大信贷规模而增加货币供应量,在经济萧条时期,增加银行系统持有的国债份额可以刺激投资和消费需求;非银行部门认购国债,只会引起资金使用权的转移,不会引起货币供应量的增加。在经济繁荣时期,从非银行部门借入资金可以减轻通货膨胀的压力。

第五,利率效应。所谓国债政策的利率效应,是指通过调整国债的利率水平和影响其供求状况来影响金融市场的利率变化,从而对经济产生扩张性或抑制性效应。国债的利率效应主要是通过确定国债发行利率和改变国债价格来实现的。一是确定国债的发行利率。通过改变国债的利率水平可以影响金融市场的利率,从而达到影响整个社会的投资需求和消费需求的目的。调低国债的发行利率,可以带动金融市场利率水平下降,从而刺激投资需求和消费需求;调高国债的发行利率,可以推动金融市场利率水平上升,从而抑制总需求。二是改变国债价格。国债价格与利率呈反方向变化。政府大量买进债券可以刺激国债价格上升,使利率水平下降,产生扩张性效应;政府大量抛售债券则会使国债价格下降，使利率水平上升，产生紧缩效应。在经济繁荣时期和萧条时期，政府可以通过改变国债利率和价格来达到宏观政策目标。

2. 财政支出方面

政府通过实行经常项目支出和必要的投资支出，参与市场经济活动，提供市场供给不足或者市场激励不足的产品需求。主要包括以下两大类。

1）经常项目

经常项目，也称公共支出，主要是指政府满足纯公共需要的一般性支出，包括购买性支出和转移性支出两大部分。

购买性支出，包括商品和劳务的购买。它是一种政府的直接消费支出，主要包括行政支出、国防支出、科教文卫支出，以及工农商交等部门的事业费等。由于购买性支出是决定国民收入大小的主要因素之一，其规模直接关系到社会总需求的增减。因此，根据凯恩斯主义的需求管理政策，购买性支出工具的作用主要体现在对社会总需求，以及总需求与总供给的平衡的调节。当社会总需求明显超过总供给，通货膨胀压力过大时，政府可以采取减少购买性支出的政策，以减少需求；反之，当社会总需求明显低于总供给时，资源不能得到充分利用，政府可以采取增加购买性支出的政策，以刺激需求。并且，由于乘数效应的存在，政府购买性支出政策可称得上是实现反经济周期、合理配置资源、稳定物价的强有力工具。

转移性支出，是通过"公共收入→国库→政府支付"过程将货币收入从一方转移到另一方，此时民间的消费并不因此而发生变化。转移性支付的作用主要体现在：给企业和家庭提供购买力，使其有能力在市场上购买商品和劳务，并最终实现公平收入分配、反周期波动的政策目标。转移性支出一般又分为以下两类。一类是社会福利支出，是一种将高收入阶层的一部分收入转移到低收入阶层的转移支付政策，它可以实现公平分配的目标。在经济萧条时期，失业人口增加，这时候增加失业保险金等社会保障和社会福利支出，可以增加可支配收入，从而增加社会的有效需求，刺激经济增长；反之，在经济繁荣时期，失业人口降至很低，这时候就需要减少失业保险金等社会保障和社会福利支出，相对减少可支配收入，从而抑制社会的有效需求，避免经济过热。另一类是财政补贴，作为一种财政援助，将对接受补贴者产生激励作用，并且由于补贴往往针对特定的目标施行，因此补贴具有很强的针对性。根据其所针对的对象，财政补贴可分为两种形式：生产性补贴和消费性补贴。生产性补贴主要是对生产者的特定生产投资活动的补贴，如投资补贴、财政贴息等，可直接增加生产者的收入，从而提高生产者的投资和供给能力；消费性补贴则用于直接增加消费者的可支配收入，鼓励消费者增加需求。一般而言，在有效需求不足时，主要是增加消费性补贴；在有效供给不足时，主要是增加生产性补贴，可以在一定程度上缓和供求矛盾。

2）政府投资

政府投资是指财政用于资本项目的建设支出，它最终将形成各种类型的固定资产。在市场经济条件下，主要是指那些具有自然垄断特征、外部效应大、产业关联度高、具有示范和诱导作用的公共设施、基础性产业以及新兴的高科技主导产业。政府的投资能力与投资方向对经济结构的调整起关键性作用，主要体现在以下三个方面。

第一,在经济萧条情况下,若政府投资于扩大公共工程支出,大力兴建公共工程、基础设施等,则可以有效地扩大总需求,从而有助于经济复苏。

第二,由于在市场经济条件下,政府投资的项目主要是那些具有自然垄断特征、外部效应大、产业关联度高、具有示范和诱导作用的基础性产业、公共设施,而这些项目往往具有很强的积累性。因此,政府投资的结果往往是形成若干公共资产,可供居民在较长时期内消费,受益期长,尤其容易受到注重财政的生产性的国家的青睐。

第三,政府投资能力与投资方向对经济结构的调整起关键性作用。考虑到国民经济基础产业的"瓶颈"制约现状,政府投资所产生的效应,就不局限于自身的投资收益。作为一种诱发性投资,它可将受"基础瓶颈"压抑的民间部门的生产力释放出来,从而促进经济的发展。

→ **专栏:4万亿元投资影响如何?**

2008年以来,席卷全球的国际金融危机给中国经济带来了很大的冲击。面对外部需求的急剧萎缩,中国政府立足扩大内需,出台了一揽子宏观调控政策,加大了政府公共投资力度。国家发展和改革委员会数据显示,截至2009年4月底,全国增加了4万亿元人民币的投资,其中,中央投资总额为11 800亿元人民币。

官方的统计数据显示,在政府一揽子计划带动下,消费对经济的拉动作用正在进一步发挥。在2009年一季度国民经济增长6.1%中,消费拉动4.3个百分点;当年前4个月,全社会消费品零售总额同比增长15%。在投资和消费增速"双加快"的拉动下,中国经济运行显现积极变化。

但是,也有学者对4万亿元投资的政府支出提出质疑。中国社会科学院工业经济研究所投资与市场研究室主任曹建海在接受记者采访过程中认为,2008年与1998年的形势完全不同,虽然同样是面对经济危机,但过去那种重复建设、低效率、政府主导的投资拉动内需的"老路"已经不适应目前的经济形势,过分信赖投资的经济增长是不可持续的,应该叫停基础设施的过度投资。曹甚至认为,这4万亿元投资计划究竟是救了中国经济还是毁了中国经济,相信在未来一两年内就会水落石出。

(摘自新华网:http://news.xinhuanet.com/fortune/2009-05-26/;曹建海的博客:http://blog.sina.com.cn/caojianhai)

12.2.2 工具的局限性

任何政策都不是完美的,都存在着一定的不足和局限性。体现在财政政策上,我们不仅要认识到不同政策工具的作用和优势,也应该看到它们各自的不足和局限性,唯有如此,才能合理使用这些政策工具为经济目标服务。

1. 税收

税收的局限性表现在以下四方面。

第一,税收政策的制定和实施具有较长时间的时滞(time lag)。一国政府的税收政策调整、税率和税负变化都是通过法律程序来实现的,而税法的变化只有经历政治程序才能通过、付诸实施。因此,税收政策从酝酿到实施时间漫长。

第二，税收政策具有减税容易、增税难的特征。在增税过程中，往往会遭受到纳税人的反对，使得税收的执行难度增大。

第三，税收直接影响人们的可支配收入，而且是无偿且永久的影响。当政府以增加税收的办法来弥补财政赤字时，实质是将资金从个人或企业手中转移到政府手中，抑制了私人的消费需求。并且，若政府扩大支出的效率不高或无效益时，增加税收将会进一步加强对消费需求的抑制。

第四，税收政策的效果往往是通过改变消费者的可支配收入，并进一步影响消费者的消费水平而实现的。因此，税收政策的效果与消费者的边际消费倾向密切相关，而消费者的边际消费倾向对于政府来说，却是一个不确定的因素。

2. 国债

国债作为一种债务，是需要定期还本付息的，其财源来自于税收和其他收入。为偿还国债而引起的税收或其他财政收入的增加，必然导致社会公众可支配收入的减少，从而形成对国家政府及社会的国债负担。从政府层面而言，政府发行国债就是政府债务的形成过程，而还本付息便构成政府的负担，当债务过大时，就有产生债务危机的可能性；从社会公众层面而言，不论国债资金的流向和效益如何，国债的偿还在很大程度上最终还得依靠税收，这必然会形成纳税人的负担，而当政府通过"借新债还旧债"方式来暂时偿还国债时，实际上是把偿还的负担转移给下一代人，这不仅会加剧下一代纳税人的负担，而且还将给未来的经济发展带来一定的负面影响。

3. 经常项目

购买性支出工具的局限性表现在以下两方面。

第一，与转移支出政策相比，其对国民收入分配再分配的公平性差。例如，增加政府雇员工资与增加失业人员的救济金相比，前者会扩大就业者与无业者之间的收入差距。如果同时同比例提高两者的收入，对需求的影响就取决于他们的边际消费倾向。就单个消费者来说，其边际消费倾向与他的个人偏好相关；就消费者群体来说，则其年龄、职业、社会环境等方面因素对其边际消费倾向的影响较大。一般而言，一国的政府雇员的边际消费倾向往往低于失业人员的边际消费倾向，再加上与一国的其他同等素质的劳动者比较，如果政府雇员的实际收入（业余收入、灰色收入甚至是黑色收入均应包括在内）并不低，则这种支出对需求的刺激作用也是极其有限的。[①]

第二，这一支出政策的效率取决于政府工作的效率。例如，政府是否有必要设置那么多的机构，雇用那么多的雇员，政府雇员的工资是否已足够高，办公设施条件是否已足够好等。根据公共选择学派的观点，国家政府机构本身有膨胀的倾向，拥有稳定工资的政府雇员身份本已让人羡慕不已，普遍地不分功绩贡献地提高工资对机构膨胀倾向有刺激作用。

转移性支出工具的局限性主要表现在以下三方面。

第一，积累性差。转移性支出资金转化为积累资金的可能性要比上述政策小，其用于消费部分比较大。

---

① 唐朱昌.新编公共财政学——理论与实践[M].上海：复旦大学出版社，2004：410-416.

第二,由于利益刚性制约,容易形成沉重的财政负担。政府增加对个人、企业及下级政府的转移性支出时是受欢迎的,一旦削减这种支出,则易遭到反对,成为政府财政的沉重负担。

第三,对需求的影响与受益者的层次关系重大。如从年龄结构看,通常年轻人的边际消费倾向最大,中年人其次,老年人的边际消费倾向最低。因此,政府应根据不同情况选择不同组合的转移性支出政策,这对政府政策的灵活性要求较大。

4. 政府投资

政府投资的局限性表现在以下几方面。

第一,效率低下。由于信息收集成本、决策失误等各方面主客观的原因,政府投资往往规模过大,并且往往并不能集中于具有自然垄断特征、外部效应大、产业关联度高、具有示范和诱导作用的基础性产业、公共设施及新兴的高科技主导产业等,许多本应让民间部门发展的投资领域政府也包揽过多,重复建设、盲目建设现象严重,投资效率低。并且某些政府投资项目的目的是刺激经济解决就业问题,决策往往比较仓促,政府投资项目本身是否必要就成了问题。

第二,周期长。政府投资的大型工程项目的建设周期少则一两年,多则几年、十几年甚至是几十年,往往是用在劳动力和原材料上的开支还没有花出去之前,经济的形势就有可能发生变化了,使财政政策由逆调节变成顺调节,反而加大了经济波动的不稳定性。

第三,有可能加剧地方间的不平衡。政府投资的某些公共工程属于地方性公共品,本应由地方政府投资。中央政府为调节经济、刺激需求,主观选取某些特定的地方建设公共工程,这实质上是利用全国的资金为某些地方供给公共品,负担了本该由该地方政府支出的建设性投资。这不仅可能造成新的地方间不均衡,而且容易引发各地方为争项目、争投资的腐败行为,从而增大了政府投资的风险。

12.2.3 财政政策的期望目标

财政政策的期望目标就是国家通过运用财政政策所要达到的预期目的,它反映着政府制定和实施财政政策的意图。首先,它是一个期望值,受政策作用范围和作用强度的制约,超出政策功能所能起作用的范围取值是政策功能的强度所不能达到的,目标也无法实现。其次,这个期望值在时间上具有连续性,在空间上具有一致性。通常基本财政政策是一个在较长时期内发挥作用的财政政策,也称其为长期性财政政策。一般性财政政策(或称中短期财政政策)则是在一个特定时期内发挥作用的财政政策。微观财政政策、中观财政政策与宏观财政政策的划分,总量调节的财政政策与结构调节的财政政策的划分,则是从财政政策作用空间上来进行的分析。财政政策目标从时间上取值具有连续性特征,它要求中短期政策在导向上与基本财政政策保持一致。财政政策目标从空间上取值,具有层次性特征,它要求各层次财政政策目标取值方向在总体上一致。这就是人们通常讲的保持财政政策的连续性与一致性,也是政策目标确定的一般性要求。最后,政策目标作为一种期望值,它的取值受社会、政治、经济、文化等环境与条件的限制,并且取决于民众的偏好与政府的行为。

一般而言,财政政策的基本目标可以归结为以下几个方面。

1. 经济适度增长

保持经济适度增长是资源优化配置和充分利用的体现,是一定时期宏观经济保持持续、稳定、健康的增长状态。经济稳定增长是财政政策要实现的首要目标,也是最重要的目标之一。经济稳定增长表现在适度的经济增长率、稳定的物价水平、充分就业和国际收支平衡上。经济的持续均衡增长离不开合理的积累与消费的比率以及经济结构的优化,也就离不开财政政策功能的发挥。而财政政策在实现经济均衡稳定增长这一政策目标时,一方面应处理好社会积累和消费的关系,保持适度的社会储蓄率;另一方面应注意运用公共投资支出和税收杠杆,发挥财政在结构调整和推进技术创新中的作用。

2. 就业充分

就业充分一般是指一切生产要素都有机会以自己愿意接受的报酬参加生产的状态。在充分就业的情况下,已有的资源配置处于相对合理的状态,人力资源、物力资源和财力资源得到了较充分的利用。西方经济学家认为,充分就业概念必须排除摩擦性失业,因为这些因素在某种程度上总是存在的。因此,充分就业并不是指百分之百的就业。因为即使有足够的职位空缺,失业率也不会等于零,也仍然会存在摩擦性失业、结构性失业和季节性失业。

对于充分就业,凯恩斯在《就业、利息和货币通论》中认为,如果"非自愿失业"已经消除,失业仅限于摩擦性失业和自愿性失业,就是实现充分就业。另一些经济学家认为,如果职位空缺恰好等于失业人员的总额,即需求不足性失业等于零就实现了充分就业。也有经济学家认为,如果再提高就业率必须以通货膨胀为代价,就是实现了充分就业等。西方经济学家通常以失业率作为是否达到充分就业的尺度标准。失业率的大小表示与充分就业的差距。失业率越大,与充分就业距离就越大。一般而言,经济衰退期间失业率高,经济繁荣期间失业率低。具体到数量指标上,保守的观点就认为失业率在2%～3%以下才算是充分就业,激进的观点则认为只要失业率低于5%就可以算是充分就业。在美国,4%的失业率一般是作为临时性失业的正常比率,也是对充分就业来说可以容忍的最高失业水平。

3. 物价相对平稳

该目标是世界各国财政政策稳定功能的基本要求。物价相对稳定,并不是冻结物价,而是把物价总水平的波动约束在经济稳定发展可容纳的空间。一般而言,价格波动在3%～5%,即为物价稳定。财政政策的扩张和收缩直接影响社会总需求的增加和减少,从而引起价格的上升和下降。物价总水平持续不断上升的现象就是通货膨胀;反之,物价总水平不断下降的现象就是通货紧缩。通货膨胀表示货币价值或实际购买力降低,通货紧缩表示货币价值或实际购买力增加。通货的剧烈波动、物价水平的大起大落,已成为经济增长的主要障碍之一,所以财政政策的实施必须考虑到如何保持通货稳定。物价相对稳定,具体解释为避免过度的通货膨胀和通货紧缩。通货膨胀会引起收入和财富的再分配,使依靠工资和其他固定收入的人群实际收入水平下降,使债权人遭受损失,使纳税人的税收负担随着物价水平的升高而加重。由于不同商品的价格上涨速度并不一致,通货膨胀还会因改变商品相对价格而扭曲资源配置,降低整个经济的效率。通货紧缩则会严重挫伤经营者的信心,抑制企业的投资积极性,降低经济效率。因此,政府必须利用财政分配与总供求的内在联系来保持价格水平稳定,既要防止通货膨胀,又要防止通货紧缩。

4. 国际收支平衡

国际收支平衡是指一国与世界其他各国之间在一定时期内全部经济往来的系统记录。国际收支平衡表一般包括四个部分:经常性项目、资本性项目、统计误差和官方储备。国际收支平衡是指一国在进行国际经济交往时,其经常项目和资本项目的收支大体保持平衡。一国的国际收支平衡状况不仅可以反映该国的对外经济情况,还可以反映该国的货币稳定、经济稳定和资本市场稳定等一系列问题。一个国家顺差过多,意味着外币资金积压,未能及时充分地加以利用,顺差过多也会导致国内货币供给增加。一个国家逆差过多要比顺差过多更难以解决。由于一国的国际收支同国内收支是密切联系的,国际收支不平衡一般意味着国内收支也不平衡;反之,国际收支平衡一般也同时意味着国内收支平衡。所以财政政策不仅要把国际收支均衡作为一个战略目标,而且,各国在实现国际收支时要进行财政政策措施的相互协调,否则世界经济就不会顺利发展。

5. 生活质量提高

经济系统的最终目标是满足社会全体成员的需要,需要的满足程度,不仅取决于个人消费需求的实现,而且还取决于社会公共需要的实现。这种公共需要的满足,综合表现为社会生活质量的提高。比如公共安全、基础科学、教育、环境等公共物品和公共服务水平的提高都标志着社会生活质量的提高,而促进这些物品和公共服务质量的提高,必须由政府承担起主要责任。在市场经济条件下,政府职能是多方位的,公共管理、宏观调控和社会发展都是政府义不容辞的职责,而这些都离不开财政政策的支撑。通过财政政策的有效实施以及财政资金投入方向和投入力度变化所产生的导向作用,一方面可以有效地推动经济增长;另一方面也能够协调城市与农村、地区与地区、经济与社会、人与自然之间的发展,提高生活质量。因此,财政政策应把提高社会生活质量、促进社会进步作为政策目标之一。

12.3 财政政策的传导机制和效应

在前面的学习中,我们掌握了财政政策的工具、目标等。但是,财政政策在很多情况下是不会直接作用于目标之上的,往往通过某一个媒介来发挥调节作用,那么,这种媒介是什么?财政政策效应又如何评价呢?这些问题就是本节我们要分析的内容。

12.3.1 财政政策的传导机制

在市场经济条件下,财政政策的实施存在着从政策工具到政策目标的转变过程,这一过程需要特定传导媒介使政策系统与经济环境进行信息交流,并通过传导媒介作用,把政策工具变量最终转化为政策目标变量(即现实期望值)。简单地说,财政政策传导机制,就是财政政策在发挥作用的过程中,各政策工具通过某种媒介的相互作用形成的一个有机联系的整体,财政政策发挥作用的过程,实际上也就是财政政策工具变量经由某种媒介的传导转变为政策目标变量(期望值)的复杂过程。其中财政政策传导机制中的媒介主要是收入分配、货币供给和价格。

1. 收入分配机制

推动社会总需求变化的决定因素是各种收入因素,而收入又是分配的结果。财政政策正是通过对利益的调整来进行再分配,促进物价水平稳定、充分就业和经济增长等政策目标的实现。

政策工具变量的调整对个人收入分配的影响,主要体现在改变货币收入者实得的货币收入或使货币收入者的实际购买力发生变化。通过个人所得税税收的调整,可以减少高收入者的可支配收入,缩小居民收入差距。而通过社会保障支出或消费性财政补贴,可以增加低收入者的个人收入。居民个人收入的变化会影响居民的储蓄和消费行为,并影响劳动者的生产积极性,从而影响总产出水平。

政策工具变量调整对企业利润分配的影响,则主要体现在企业税后利润的分配上。国有企业的利润在上缴所得税后才能自主支配,税收上缴越多,企业留利就越少。税收政策的调整体现了国家与企业之间的分配关系。国家可以通过企业所得税影响企业税后利润的变化,从而影响企业的生产经营行为,尤其是影响企业的投资行为,最终对社会产出水平产生重要的影响。

总之,在总供求波动的背后,主要是收入因素变动影响,而收入的变动是分配的结果,或者说是利益格局调整的结果,而财政政策工具正是通过对利益格局的调整来实现政策的目标值。

2. 货币供给机制

货币供给是社会需求的载体,任何一笔财政收支的增减都必须通过货币供给量作为媒介作用于总需求。政府预算、国债等政策工具极易通过改变货币供应量影响企业的信贷行为、投资行为和物价变动,最终影响充分就业和经济增长等政策目标。一方面,财政政策对货币流通速度以及货币存量结构会造成影响;另一方面,财政收支的变化都会通过货币供给量媒介作用于总需求。例如,赤字财政要求政府融资,而政府融资受限需要扩大货币供给量,然后才可能扩大总需求。如果不扩大货币供应量,在利率市场化条件下,利率水平必然上升,就会产生对私人投资的挤出效应,使财政政策的目标大打折扣。

3. 价格机制

许多财政政策工具的作用是通过价格作用体现出来的,或者是与价格相互作用共同发挥调节作用的。比如,税收、财政补贴等政策工具就是通过对盈利能力较高的加工行业和盈利能力较低的农业、基础产业的产品价格的影响,实现物价稳定和经济适度增长的政策目标。再比如,中国产业部门间的利润率存在着不合理的差异,这种差异是导致产业结构不合理的一个重要原因。调整产业结构从某种意义上讲就是调整利益结构,而部门与行业间的利润率的差别,除了受成本变动等因素影响外,主要还与价格政策有关。如基础设施的定价偏低,加工工业产品的价格相对偏高,是导致两种行业盈利差别的重要原因,而价格不合理往往是制约基础设施发展的关键因素。尽管在市场经济体制下,价格市场化是一般性的要求,但并不是说市场形成的价格都是合理的,政府对不合理的价格进行适度控制仍是必要的。

12.3.2 财政政策的效应

财政政策的效应是指政府为了实现一定的政策目标,通过操作政策工具对社会经济活动产生作用;与此同时,社会经济各方面对财政政策做出的相应反应。财政政策发挥作用的主要对象是总收入(或总产出)。简单地说,总收入取决于以下三个主要因素。

$$Y = C + I + G \tag{12-1}$$

式中,Y为总收入;C为消费支出;I为私人投资支出;G为政府支出。其中

$$C = C_a + bY_d \tag{12-2}$$

式中,C_a为消费函数中的常数,代表人们即使在短期没有收入也要消费,这可能就需要动用原有资产(如储蓄)或借债等;b为边际消费倾向;Y_d为可支配收入,即扣除税收(t)后的收入,即

$$Y_d = Y - t \tag{12-3}$$

把式(12-2)、式(12-3)代入式(12-1)可得

$$Y = C_a + b(Y - t) + I + G = C_a + bY - bt + I + G$$

整理得

$$(1-b)Y = C_a - bt + I + G, \quad 即$$

$$Y = \frac{C_a - bt + I + G}{1 - b} \tag{12-4}$$

根据式(12-4),可以求得简单的财政政策乘数,主要包括以下的税收乘数、政府支出乘数和平衡预算乘数。

1. 税收乘数

对式(12-4)中的t求导,即可得税收乘数,即

$$\frac{dY}{dt} = \frac{-b}{1-b} \tag{12-5}$$

税收乘数表明的是税收的变动(包括税率、税收收入的变动)对总产出的影响程度。主要特点包括:第一,税收乘数是负值,说明税收增减与总产出呈反方向变动;第二,政府增税时,总产出减少,减少量为税收增量的$\frac{b}{1-b}$倍。例如,假定边际消费倾向b为0.6,则税收乘数为-1.5。可见,若政府采取减税政策,虽然会减少财政收入,但将会成倍地刺激社会有效需求,有利于民间经济的增长。

2. 政府支出乘数

政府支出包括购买性支出和转移性支出。通过对式(12-4)中的G求导,即可求出政府支出乘数

$$\frac{dY}{dG} = \frac{1}{1-b} \tag{12-6}$$

政府支出乘数表明的是政府支出的变动对总产出的影响程度。主要特点包括:第一,支出乘数是正值,说明政府支出的增减与总产出呈正方向变动。第二,政府增支时,总产出增加,增加量为支出增量的$\frac{1}{1-b}$倍。假定边际消费倾向为0.6,则政府支出乘数为

2.5。第三,同税收乘数相比,支出乘数大于税收乘数,表明增加政府(财政)支出政策对经济增长的作用大于减税政策。

3. 平衡预算乘数

政府在增加税收的同时,等量增加政府支出,以维持财政收支平衡,这种变化对总产出的影响就是所谓的平衡预算乘数。即

$$\frac{dY}{dt} + \frac{dY}{dG} = \frac{-b}{1-b} + \frac{1}{1-b} = 1 \tag{12-7}$$

平衡预算乘数说明,即使增加税收会减少总收入,但若同时等额地增加政府支出,总产出也会等额地增加。换言之,即使实行平衡预算政策,虽然总效应为1,但是由于调整了财政收支结构,因此也具有与中性财政政策不同的财政效应。平衡预算乘数效应包括正反两个方面,即当政府支出(投资或公共支出)扩大、税收减少时,对总产出有加倍扩大的作用,从而产生宏观经济的扩张效应;当政府支出(投资或公共支出)削减、税收增加时,对总产出有加倍收缩的作用,从而产生宏观经济的紧缩效应。

12.4 财政政策的功能和类型

在上几节我们主要关注于财政政策工具、传导机制及目标等。如果把政府比作一位技术工人,他身背财政政策工具箱,正在端详要修复或保养的设备。在没有动手之前,这位工人师傅必须在脑海中思考,用什么样的工具才能把这件工作既快又好地完成。这一节,我们开始从这位"工人"的角度思考,探讨怎么使这些工具发挥作用的内容。

12.4.1 财政政策功能

财政政策作为国家或政府的经济管理手段,应该发挥以下四个方面的功能。

1. 导向功能

财政政策的直接作用对象是财政分配和管理活动,而这种分配和管理关系到人们的物质利益,从而左右着人们的经济行为,财政政策的导向功能主要是对个人和企业的经济行为以及国民经济的发展方向有引导作用。主要表现在以下两方面。

(1) 配合国民经济总体政策和各部门、各行业政策,提出明确的调节目标。例如,在某一时期,宏观经济政策目标是稳定经济发展,为了实现这个总目标,财政政策就要确定抑制通货膨胀的目标。

(2) 财政政策不仅规定什么应该做、什么不应该做,同时还通过利益机制告诉人们怎样做更好。例如,政府为了增加社会投资规模,就要刺激私人投资欲望。当这一政策出台后,投资者可能就要利用这一政策。这时,财政政策可提供较多的方式以便投资者选择,如加速折旧、免税期等。

财政政策的导向功能的作用形式有两种:直接导向与间接导向。直接导向是财政政策对其调节对象直接发生作用。例如,加速折旧的税收政策;可以大大提高私人的设备投资欲望,加速固定资产的更新改造。间接导向是财政政策对非直接调节对象的影响。例如,对某些行业施以高税政策,不但会抑制这一行业的生产发展,同时还有两项间接影

响：一是影响其他企业和新投资的投资选择；二是影响消费者对这一行业的产品的消费数量。

2. 协调功能

财政政策的协调功能主要是对社会经济发展过程中某些失衡状态的制约、调节能力，它可以协调地区之间、行业之间、部门之间、阶层之间等的利益关系。财政政策的协调功能，首先是由财政的本质属性决定的。财政本身就具有调节职能，它是在国民收入分配过程中，通过财政的一收一支，改变社会集团和成员在国民收入中占有的份额来调整社会分配关系。例如，转移支出政策是为了协调个人之间的收入水平，以达到公平收入目的；又如合理负担政策旨在公平税负，使纳税人在平等的基础上展开经济竞争。其次是财政政策体系中，支出政策、税收政策、预算政策、补助政策等，从各个方面协调人们的物质利益关系，只要实现相互配合、相互补充的优化配置，就能发挥政策的整体效应。

财政政策协调功能的主要特征表现在三个方面。

(1) 多维性。财政政策所要调节的对象以及实现的目标不是单一的，而是多方面的。例如，为协调个人收入，以免走向两极分化，就需要通过财政投资政策，增加社会就业机会；通过税收政策，降低高收入者的边际收入水平；通过转移支出政策，提高低收入者的收入水平。因此，特定的财政政策在实施过程中，要注意调节对象的选择和调节目标之间的兼容性。

(2) 动态性。财政政策在协调过程中，可以依据国民经济的发展阶段和国家总体经济政策的要求，不断改变调节对象、调节措施和调节力度，最终实现国民经济的协调发展。

(3) 适度性。财政政策在协调各经济主体的利益关系时，应掌握利益需求的最佳满足界限和国家财政的最大承受能力，做到"取之"有度，"予之"适当，使国家或政府以尽量少的财政投入和调节对象的利益损失，取得尽量大的影响效果。

3. 控制功能

财政政策的控制功能是指国家或政府通过财政政策对人们的经济行为和宏观经济运行的制约与促进，实现对整个国民经济发展的控制。例如，对个人所得税征收超额累进税，是为了防止收入分配上的两极分化。这种功能主要是由政策的规范性决定的。无论财政政策是什么类型的，都含有某种控制的因素在内。它们总是通过这种或那种手段，旨在让人们做某些事情、不做某些事情，或继续从事他们本来不愿从事的活动。

4. 稳定功能

财政政策的稳定功能是指政府通过财政政策，调整总支出水平，使货币支出水平恒等于产出水平，实现国民经济的稳定发展。例如，在资源没有被充分利用时，政府通过增加支出使其达到充分就业的水平；而在通货膨胀时，政府通过将总支出减少到总供给与总需求相等的水平，抑制经济过热。

财政政策稳定功能的主要特征是逆周期性和补偿性。

(1) 逆周期性。经济发展总是会经历一个由平衡到不平衡再到平衡的过程，经济波动由此产生。当经济繁荣时，生产兴旺，国民收入水平提高。在繁荣和衰退的变化过程中，财政政策稳定功能的反周期性在自动地发挥作用。在繁荣时期，随着国民收入水平的提高，税收收入自动增加，而转移支出自动下降，相对减少了居民的可支配收入，减轻通货膨胀压力;在衰退时期,随着国民收入水平的下降,税收收入自动减少,而转移支出自动增加,相对提高了居民的可支配收入,增加有效需求。

(2) 补偿性。按照凯恩斯学派经济学家的观点,整个国民经济由私人经济部门和公共经济部门所构成,以私人经济活动为主。根据总供给等于总需求的原则,一定的国民收入水平来自一定数额的有效需求(总支出)。当私人部门支出不足,以至于降低国民收入水平时,政府通过财政政策措施,或增加公共支出,或减少税收收入,以维持总需求不变。如果私人部门支出过多,有产生通货膨胀的危险,政府的财政政策是:一方面减少公共支出,延缓公共投资;另一方面尚需增加税收,以吸收社会的剩余购买力。

12.4.2 财政政策类型

按照不同的标准,财政政策可以有多种类型。比如,按照财政政策所规范的活动内容可以分为财政收入政策、财政支出政策和财政调控政策三类;按照财政收入活动与社会经济活动层次之间的关系可以分为宏观财政政策、中观财政政策和微观财政政策;按照财政政策实施时间和目标(的期限)可以分为基本财政政策(长期财政政策)和一般性财政政策(短期财政政策、中期财政政策)等。我们在这里侧重分析以下两种划分类型。

1. 按照财政政策调节经济周期的作用机制划分类型

1) 自动稳定的财政政策(automatic financial stabilizer)

所谓自动稳定的财政政策,是指某些能够根据经济波动情况自动发生稳定作用的政策,它无须借助外力就可直接产生调控效果,是财政制度内生于经济的自动运行机制。财政政策这种内在的、自动产生的稳定效果,可以随着社会经济的发展自行发挥调节作用,不需政府采取任何干预行动,所以又被称为"自动稳定器"、"内在稳定器"或"非选择性财政政策"。

自动稳定的财政政策主要表现为税收的自动稳定机制和政府支出的自动稳定机制。

(1) 税收的自动稳定机制。打开税收这一精巧的工具包,税制要素中最重要的是税率,尤以累进税率体现了税收的自动调节作用。累进征收的企业所得税和个人所得税,对经济活动水平的变化反应相当敏感。其调节机理是将纳税人的收入与使用税率累进挂钩,即纳税人收入越多,累进所得税的边际税率越高,所得税税额相应增加,社会需求相应降低,税收对社会需求就有了一种自动抑制的功能;反之,当经济萧条、纳税人的收入水平下降、社会需求萎缩时,累进所得税的边际税率自动下降,税收收入随之自动下降;如果预算支出保持不变,就会产生预算赤字,这种赤字会自动产生一种力量,对社会需求产生维持或相对扩大的作用,以抑制国民收入的继续下降。

(2) 政府支出的自动稳定机制。转移支付是普遍的自动稳定器。一个合理的转移支付水平,与社会成员的收入呈反方向关联,经济发展速度越快,就业岗位越多,社会成员的收入水平越高,进入社会保障范围的人数越少,社会保障支付的数额自动减少,以转移支付形式形成的社会需求相应减少;反之,则相应增加。如果国民经济出现衰退,就会有一大批居民具备申请失业救济金的资格,政府必须对失业者支付津贴或救济金,以使他们能够进行必要的开支,使国民经济中的总需求不致下降过多;同样,如果经济繁荣来临,失业者可重新获得工作机会,在总需求接近充分就业水平时,政府就可以停止这种救济性支出,使总需求不致过旺。

自动稳定的财政政策是保证经济正常运转的第一条防线,它的作用就是部分减小宏观经济周期的波动,但不能完全扫除这种扰动的影响。

2) 相机抉择的财政政策(discretional fiscal policy)

相机抉择的财政政策意味着某些财政政策本身没有自动稳定的作用,它是指政府要根据社会总供求矛盾的具体表现,来灵活调整财政收支总量和结构对比关系以有效调节社会供求关系,进而实现调节目标的财政政策。相机抉择财政政策包括汲水政策和补偿政策。

(1) 汲水政策(pump priming policy)

所谓汲水政策,就是模仿水泵抽水的原理,如果水泵里缺水就不能将地下水吸到地面上来,需要注入少许引水,以恢复其抽取地下水的能力。按照汉森的财政理论,汲水政策是对付经济波动的财政政策,是在经济萧条时靠付出一定数额的公共投资使经济自动恢复其活力的政策。汲水政策有四个特点:第一,汲水政策是一种诱导经济复苏的政策,是以经济运行具有自发恢复能力为前提的萧条政策;第二,汲水政策的载体是公共投资,以扩大公共投资规模作为启动民间投资活跃的手段;第三,财政支出规模是有限的,不进行超额的支出,只要使民间投资恢复活力即可;第四,汲水政策是一种短期的财政政策,随着经济萧条的消失而不复存在。20 世纪 30 年代的世界性经济危机中,美国实施的罗斯福-霍普金斯计划、日本实施的时局匡救政策以及纳粹德国实施的劳动振兴计划等,都是资本主义各国各自采取的独立的经济政策,即所谓的汲水政策。

(2) 补偿政策(compensation policy)

补偿政策是政府有意识地从当时经济状态的反方向调节经济变动幅度的财政政策,以达到稳定经济波动的目的。在经济繁荣时期,为了减少通货膨胀的因素,政府通过增收减支等政策以抑制和减少民间的过剩需求;而在经济萧条时期,为了减少通货紧缩因素,政府又必须通过增支减收等政策来增加消费和投资需求,以谋求整个社会经济有效需求的增加。

由以上可以看出,补偿政策和汲水政策虽然都是政府有意识的干预政策,但其区别也是明显的。第一,汲水政策只是借助公共投资以补偿民间投资的减退,是医治经济萧条的处方;而补偿政策是一种全面的干预政策,它不仅在使经济从萧条走向繁荣中得到应用,而且可用于控制经济过度繁荣。第二,汲水政策的实现工具只有公共投资,而补偿政策的载体不仅包括公共投资,还有税收、转移支付、财政补贴等。第三,汲水政策的公共投资不能是超额的,而补偿政策的财政收支可以超额增长。第四,汲水政策的调节对象是民间投资,而补偿政策的调节对象是社会经济的有效需求。

2. 按照财政政策调节国民经济总量的功能划分类型

1) 扩张性的财政政策

扩张性的财政政策又称为赤字性财政政策,是指通过财政收支规模的变动来增加和刺激社会的总需求,在总需求不足时,通过扩张性财政政策使总需求与总供给的差额缩小直至平衡。扩张性财政政策实施的基本前提是社会总需求不足,社会总供给过剩,社会生产能力受限,通货紧缩。政府推行扩张性财政政策一般会使当年预算支出大于预算收入,形成财政赤字。这种财政赤字一般认为是主动赤字,是政府推行扩张性财政政策的结果,它和由于客观条件的变化而形成的客观赤字有明显区别。扩张性财政政策的载体主要是增加财政支出和减少税收,两者相比,增加财政支出的扩张效应更大一些。财政支出是社会总需求的直接构成因素,财政支出规模的扩大会直接增加总需求,增加财政支出的乘数效应大于减税的乘数效应。减税政策可以增加民间的可支配收入,在财政支出规模不变的情况下,也可以扩大社会总需求。同时,减税的种类和方式不同,其扩张效应也不同。流转税的减税在增加需求的同时,对供给的刺激作用更大,所以,它的扩张效应主要表现在供给方面。所得税尤其是个人所得税的减税,主要在于增加人们的可支配收入,它的扩张效应体现在需求方面。在增加支出与减税并举的情况下,扩张效应虽然更大,但可能导致财政赤字,从这个意义上说,扩张性财政政策等同于赤字财政政策。

2) 紧缩性财政政策

紧缩性财政政策是指通过财政收支规模的变动来减少和抑制总需求,在国民经济已出现总需求过旺的情况下,通过紧缩性财政政策可以消除通货膨胀,达到供求平衡。紧缩性财政政策的出发点是抑制社会需求,缓解供求矛盾,使经济发展保持稳定的节奏,它适宜在社会总需求膨胀、社会供给相对不足、经济增长趋于过热、通货膨胀更严重的条件下实施。实施紧缩性财政政策表现为财政收入大于财政支出,形成财政盈余,实施结果是政府将财政盈余所代表的社会需求从社会总需求中扣留下来,从而使当年的社会总需求低于总供给增长,以缓解社会需求膨胀的压力,实现社会总供求平衡。实施紧缩性财政政策的手段主要是减少财政支出和增加税收。减少支出可以降低政府的消费需求和投资需求,增加税收可以减少民间的可支配收入,降低民间的消费需求和投资需求。所以,无论是减支还是增税,都具有减少和抑制社会总需求的效应。如果在一定的经济状态下,增税与减支同时并举,财政盈余就有可能出现,在一定程度上说,紧缩性财政政策等同于盈余财政政策。

3) 中性财政政策

中性财政政策又称为平衡性的财政政策,是指政府在安排财政收支时有意识地使财政收支大体相等,以保持社会总供求同步增长,维持社会总供求基本平衡的财政政策。政府推行中性财政政策不需要增收减支,也不需要减收增支,只需要保持财政收支平衡,使政府支配的国民收入大体等于政府占有的国民收入即可。显然,中性财政政策既不扩张需求,也不紧缩需求,具有维持社会总供求原对比关系的功能,因而适宜在现实社会总供求矛盾不突出或社会总供求处于基本平衡状态的经济条件下采用。均衡性财政政策对社会总供求关系只起维持作用而不起调节作用,政府推行中性的财政政策表现为规定财政收支规模及其收支保持平衡,使收入过程减少的流通中的货币量等于支出过程增加的流通中的货币量,进而维持社会总供求平衡关系。

12.5 财政与货币政策的协调

现代市场经济条件下,研究货币政策和财政政策协调与配合十分必要。货币政策是指政府为实现一定的宏观经济调控目标而制定的、通过调整货币变量来影响宏观经济的各种方法措施的总称。货币政策所针对的是整个国民经济运行中的宏观经济问题,以及与此相联系的货币供给量、信用量、利率、汇率等宏观金融变量,而不涉及单个银行或企业的金融行为。货币政策是一种调整社会总需求的政策,任何现实的社会总需求都是一种有货币支付能力的需求,而货币政策正是通过调节货币总量来直接调整社会总需求的总量,从而促进整个社会总量的平衡。

货币政策一般也分为扩张性的和紧缩性的。前者是通过增加货币供给来带动总需求的增长。它是通过增加货币供应量来扩大社会总需求,以使其与总供给相适应的政策。一般地说,中央银行的货币政策工具有一般性货币政策工具和选择性货币政策工具等。一般性货币政策工具,即再贴现、公开市场业务和法定准备率,也称为传统的三大货币政策工具,即所谓的"三大法宝"。选择性货币政策工具是指中央银行针对不同部门、不同企业和不同用途的信贷而采取不同的政策工具,这些工具可以影响金融机构体系的资金运用方向及不同信用方式的资金利率,起到鼓励或抑制的作用,达到结构调整的目的。

12.5.1 财政政策和货币政策的比较

1. 财政政策与货币政策的影响

虽然财政政策与货币政策的目的都在于促进产出与就业,但两者对总需求结构的影响是不同的。扩张性财政政策在促进产出与就业的同时,利率也随之上升,从而排挤了非政府部门的投资;而扩张性货币政策却可以通过降低利率,促进产出与就业的增加,因而有利于鼓励非政府部门投资的增长。

2. 财政政策和货币政策实施政策的主体不同

实施财政政策的主体是政府,而实施货币政策的主体是中央银行。中央银行的主要职能是制定和执行国家的货币政策。因此,中央银行也是国家行使管理经济的重要部门,这与政府的身份有相同的一面。世界上一些国家的中央银行是政府的隶属机构,货币政策的制定和执行须听从于政府,中央银行只是名义上的货币政策主体,不能独立实施货币政策。这一模式的优点在于政府部门可以将货币政策纳入总体的发展战略,缺点是政府部门的某些不规范行为会干扰货币政策的制定和执行。在许多经济发达国家,中央银行相对于政府部门具有很高的独立性,在制定和执行货币政策方面直接对立法机构或直接对总统负责,政府无权左右货币政策的运作。在这种情况下,中央银行成为货币政策的主体,对维护货币政策的权威性和实施效果十分有利。

3. 两种政策目标的侧重点不同

财政政策与货币政策共同担负着经济增长和物价稳定的总体经济目标,但是两者的侧重点有所不同。中央银行独占货币发行,并适时进行调节,保持物价的稳定是货币政策的首要目标,即货币政策的主要调节对象是价格水平,对价格水平有较为直接的决定作用,如果用来调节生产,其作用是无效的;相反,财政与国家之间有着本质的联系,财政为满足国家实现政治和经济职能而存在,其政策目标侧重于实现经济增长。财政政策是通过财政收支活动和再分配功能而直接参与投资和生产调节的政策,与投资、产出、就业水平,以及资源配置、结构调节存在着较为直接的关系。

> **专栏:欧盟负利率时代的财政困境**
>
> 面对持续的通缩和经济增长乏力的局面,2014年6月5日,欧洲央行行长德拉吉宣布对商业银行存放在欧央行的隔夜存款征收0.1%的费用,这也意味着欧央行正式实行"负利率"的宽松货币政策。欧央行在此时推出"负利率"的政策,能达到预期目的,推高欧元区的通胀率吗?宽松的货币政策面临哪些风险?欧洲如何才能重返经济增长通道,在财政收缩和结构性改革与宽松货币政策之间如何找到平衡?这一系列事实尚有待进一步观察。

另外,一年一度的布鲁塞尔经济论坛于2014年6月10日开幕。会上,欧盟决策层和成员国政要热议未来保证欧洲经济持续稳定增长的良方,主要议题集中在继续财政整固和深化结构性改革。欧盟委员会副主席兼经济与货币事务委员雷恩当天在论坛上表示,通过结构性改革,当前欧盟公共财政状况大幅改善,未达标欧盟财政纪律的成员国由2011年时的24个下降至11个(根据欧盟《稳定与增长公约》,成员国财政赤字不得超过其国内生产总值的3%,债务不得超过国内生产总值的60%)。雷恩说,深化结构改革需要有进一步克服困难的决心和强烈的政治意愿。谈到对欧元区货币政策的评价,雷恩说,欧洲央行近期执行的负利率政策将有效应对该地区通货紧缩威胁。

受欧盟成员国普遍采取财政紧缩措施和结构性改革影响,多国民众的福利和公共部门就业岗位被削减,而经济回暖缓慢和依然高企的失业率令民众对欧盟倡导的改革措施引发疑问。葡萄牙财政部长阿尔布克尔克在论坛上表示,民众仍然对国内经济不满,是因为存在"预期落差"。她说:"需要欧盟和成员国政府做好对公众的沟通和解释,改革成效需要一定时间才能体现在就业的提高和经济增长上。"她还说,该国顺利退出国际援助计划,说明财政整固、推进结构性改革是成功的。

（摘自新华网：http://news.hexun.com/2014-06-11/165575496.html,图片来自：http://finance.sina.com.cn/world/20140615）

4. 两种政策传导过程有差异

从对国民经济宏观需求管理的角度看,财政政策和货币政策都是通过对社会总需求的调节来达到宏观经济目标的,但是两者的手段不同、操作方式不同,因而从政策调节到实现政策目标的传导机制也不同。货币政策的传导机制是指中央银行运用货币政策手段或工具影响中介,进而实现最终目标的途径和过程的机能,也就是货币政策工具通过中央银行的操作而发挥作用,借以达到最终目标的过程。财政政策的传导机制比货币政策的传导机制更为直接。财政政策一般是直接作用于企业和居民,进而对国民经济的运行产生影响。例如扩大财政支出,就会直接或间接增加企业和个人的收入,而企业和个人收入的增加,就会相应增加社会总需求,这对调节社会总需求和总供给的对比态势有积极的效果;再如政府通过调整税率、利用累进的个人所得税的自动稳定器功能,也会起到调节企业和个人收入水平的作用。

5. 政策时滞的不同

政策时滞是指从采取政策行动到政策产生效果为止所需要的时间。任何政策都存在时滞问题。政策时滞越短,政策当局越是能够对有关情况做出及时反应,政策也就越能快速地发挥作用。一般来说,财政政策的实施一般存在下列五种时滞：认识时滞、行政时滞、决策时滞、执行时滞和效果时滞。

认识时滞是指从经济现象发生变化到决策者对这种需要调整的变化有所认识所经过的时间。这段延迟时间的长短,主要取决于行政部门掌握经济信息和准确预测的能力。行政时滞是指财政当局在制定采取何种政策之前对经济问题调查研究所耗费的时间。这两种时滞仅涉及行政单位而与立法机构无关,也就是说,这两种时滞只属于研究过程,与决策单位没有直接关系,被称为内在时滞。内在时滞的长短,一方面取决于财政当局收集资料、研究情况所占用的时间以及采取行动的效率;另一方面则取决于当时的政治与经济目的,尤其是在希望实现的目标较多的情况下,必须对政策目标的优先顺序进行选择。

与内在时滞相对应的是外在时滞。外在时滞,是指从财政当局采取措施到这些措施对经济体系产生影响的一段时间。主要包括：一是决策时滞,是指财政当局将分析的结果提交立法机构审议通过所占用的时间;二是执行时滞,是指政策议案在立法机构通过后交付有关单位付诸实施所经历的时间;三是效果时滞,是指政策正式实施到已对经济产生影响所需要的时间。这三种时滞与决策单位发生直接关系,而且直接影响社会的经济活动,故称为外在时滞。

就财政政策与货币政策的时滞长短而言,内在时滞只涉及经济问题的发现与对策研究,这对财政政策和货币政策来说大体一致。因此,就内在时滞而言,无法确定两种政策孰优孰劣。就外在时滞而言,财政政策与货币政策相比优势比较明显。一般而言,财政政策的决策时滞较长,因为财政政策措施要通过立法机构,经过立法程序,比较费时;相比之下,货币政策可由中央银行的公开市场业务直接影响货币数量,时滞比较短。就执行时滞来看,财政政策措施在通过立法之后,还要交付有关执行单位具体实施;而货币政策在中央银行决策之后,可以立即付诸实施。所以,财政政策的执行时滞一般比货币政策要长。但是从效果时滞来看,财政政策优于货币政策。由于财政政策工具可以直接影响社会的有效需求,从而使经济活动迅速做出有利的反应;而货币政策主要是影响利率水平的变化,通过利率水平变化引导经济活动的改变,不会直接影响社会有效需求。因此,财政政策的效果时滞比货币政策要短。总之,就时滞方面来看,很难比较财政政策与货币政策的有效性。在研究这两种政策的时滞问题时,一定要对不同的客观经济环境和不同政策的各种时滞加以比较,才能做出正确判断,选择有效的政策措施。

6. 财政政策和货币政策对经济影响不同

首先,在短期内,价格水平不变,我们采用 IS-LM 模型进行分析。

财政政策及货币政策的效果与 IS 曲线、LM 曲线的斜率有关。IS 曲线是一条向右下方倾斜的曲线。而 LM 曲线的斜率随着利率水平的变化而有所不同,其形状如图 12-1 所示。

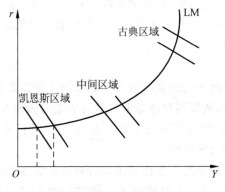

图 12-1 LM 曲线

当利率很低时,LM 曲线是一条水平线。这是因为利率水平与债券价格成反比,利率水平低说明债券的价格极高,人们都认为债券价格只会下跌不会上升,因此都不会去购买债券,宁愿持币等待。这时货币供给量的增加会被货币的投机需求完全吸收,不会引起利率水平的下降。这个区域被称为"凯恩斯区域"。在这个区域内,如果政府采取扩张性货币政策,因为货币供给量的增加无法降低利率,也就无法刺激私人投资从而增加国民收入,因此货币政策是完全无效的。如果政府采取扩张性财政政策,IS 曲线右移,收入的增加不会引起利率的上升,私人投资不会被挤出,因此财政政策是完全有效的。

当利率水平很高时,LM 曲线将成为一条垂直于横轴的直线。这是因为,利率很高说明债券的价格很低,人们都认为债券的价格只会上升不会下跌,会把手中持有的所有用于投机的货币拿去买债券,这时货币的投机需求为 0,货币需求与利率没有关系。古典学派认为人们对货币仅有交易需求,没有投机需求,因此 LM 曲线的这个区域被称为古典区域。在这个区域内,如果增加政府支出,IS 曲线将右移,因为货币供给没有改变,投机需求为 0,为了维持货币市场的平衡,货币的交易需求无法改变,也就是说国民收入无法改变。这说明政府支出的增加必然会导致利率上升到完全挤出相同数量的私人投资,使国民收入维持在原来的水平上。因为发生了完全的挤出效应,财政政策无效。而若扩大货币供应量,利率将下降,从而刺激投资需求以至于总产出增加,即货币政策是完全有效的。

以上两种情况均是极端情况,在现实中是很少见的。更为符合实际情况的是 LM 曲线的中间区域,这时 LM 曲线是一条向右上方倾斜的曲线。在这个区域内,财政政策与货币政策都是不完全有效的。如图 12-2 所示,当政府支出增加,使 IS 曲线从 IS_0 右移到 IS_1 时,因为挤出效应的存在,收入只是从 Y_0 上升到 Y_1,而不是 Y_2。财政政策不完全有效。

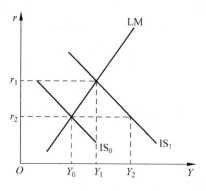

图 12-2 财政政策调整

如图 12-3 所示,当政府扩发货币供给量,使 LM 曲线从 LM_0 右移到 LM_1 时,如果利率不变,要使货币供求平衡,收入的增加部分应为 Y_0Y_2,但事实上收入不会增加那么多。因为货币供给增加引起利率下降,货币的投机需求上升,吸收了部分货币供给,因此收入只从 Y_0 上升到 Y_1,货币政策也是不完全有效的。这表明在正常情况下,财政政策与货币政策都不完全有效,这是必须注重两种政策配合运用的重要理论依据。

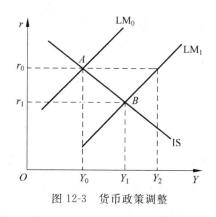

图 12-3 货币政策调整

12.5.2 协调路径:基于 IS-LM 模型的一般分析框架

研究货币政策与财政政策协调配合的分析大多以 IS-LM 模型为基础。事实上,IS-LM 模型主要研究的是两大政策的组合效应,亦即搭配问题。最初的 IS-LM 是由希克斯(John Hicks)采用并作为一个框架,以澄清凯恩斯的理论及其先行者们理论之间的关系。进一步严格地在基本的 IS-LM 模型结构中去阐释凯恩斯的理论贡献的尝试,是由汉森(Hansen,1953)、莫迪里亚尼(Modigliani,1944)、克莱因(Klein,1950)、帕廷金(Patinkin,

1956)以及其他人做出的。尽管后来不少经济学家都对IS-LM模型提出了疑问,但不可否认的是,至今它仍然在宏观经济学中具有重要的地位。如多恩布什和费希尔(1997)认为,IS-LM模型"是现代宏观经济学的核心"[①]。对IS-LM模型的讨论已经超出我们的范围,有兴趣的同学可以重新温习有关教材的内容。国内学者王旭祥曾对此做了很好的分析,这里选取相关内容予以介绍[②]。

IS-LM模型告诉我们,在一定的价格水平下,总需求水平和利率水平是如何决定的。同时,该模型还表明,政府可以通过货币政策和财政政策来影响经济活动,调节总产出水平。首先,看货币政策变动的影响。货币供应量的增加会导致LM_0曲线向右移动。在政策改变之前的利率和产出水平上,会出现超额货币供给。作为反应,家庭会将它们的货币转变为债券,结果使得债券的价格提高、利率降低。利率降低反过来又刺激消费和投资支出,引起总需求增加。如果价格不发生变化,产生新的均衡需要利率的下降和产出的增加,如图12-3中由点A至点B的移动。货币供给减少时的情况恰好与上面相反,LM_0曲线向左方移动,引起利率水平的升高和总产出减少。

进而,看财政政策变动的影响。政府支出的增加会直接提高总需求水平,而税收的减少则会增加消费者的可支配收入,进而通过增加消费支出提高总需求水平。总需求水平的提高会引起总供给水平的升高,更高的总供给水平将会增加对货币的需求,而对货币的过度需求会造成利率水平的升高。如图12-4所示,在点C,利率的升高消除了过度的货币需求。紧缩性的财政政策的作用过程与上述相反,将减少总需求,使IS曲线向左移动,从而使总产出减少,利率水平降低。

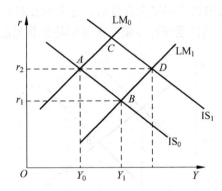

图12-4 总产出、利率与扩张性财政政策

上述分析都是短期情况,以价格水平不变为前提。而在长期中,价格水平的变化是不可避免的。尽管货币政策和财政政策在短期内可以影响总产出水平,但是在长期,这两者对于总产出水平的作用几乎为零。长期货币供给的增加只能使经济保持原有的总产出和利率水平,这种情况通常称为货币中性,它是指货币供应量的增加会导致价格水平的同比例增长,而实际货币量M/P并未发生改变,结果更多的货币供应量并未导致总产出水平的提高,而只是得到了更高的价格水平;扩张性的财政政策在长期中也会导致价格水平

---

① [美]多恩·布什,费希尔.宏观经济学[M].李庆云,等,译.北京:中国人民大学出版社,1997:74.
② 王旭祥.货币政策与财政政策协调配合:理论与中国经验[M].上海:上海三联书店,2011:66-68.

和利率的升高,造成投资和净出口的减少,以至于完全抵消政府支出增加的正面效应,也就是说,在长期中,完全挤出确实存在。

由以上分析可知,当政府面对经济衰退时,有很多可供选择的政策措施,如既可以选择调整货币供应量,也可以选择调整政府支出或税收,还可以将两种政策结合起来使用。如图12-4所示,综合使用扩张性财政政策和扩张性货币政策,将使经济移动到新的均衡点 D。这种结合的政策效应,必须根据财政政策和货币政策的有效性、灵活性以及对于总需求构成的不同影响等方面来确定。

事实上,古典主义极端和凯恩斯主义极端都是比较罕见的情况。在更多的情况下,货币政策和财政政策都会对经济发生作用。考虑到它们具有不同的特点,政府和中央银行可以根据具体情况和不同目标选择不同的组合,如双松搭配、双紧搭配、松紧搭配等政策组合模式。

12.5.3 政策组合模式

财政政策与货币政策的配合运用也就是扩张性和紧缩性类型的不同组合,现在我们来分析不同组合的效应。

1. 松的财政政策和松的货币政策("双松"政策)

松的财政政策是指通过减少税收和扩大政府支出规模来增加社会的总需求;松的货币政策是指通过调低法定准备金率、降低利息率而扩大货币供给规模。这种组合模式的措施是财政减收增支形成赤字,政府往往通过扩大财政支出或采用减税的手段以刺激社会总需求;而中央银行放松银根,可以通过在公开市场上买进债券、降低再贴现利率和调低法定存款准备金率等货币政策,扩大流通中的货币量,以刺激社会的投资。其结果表现为社会总需求增长快于即期总供给增长,并依此推动经济发展,因此它适宜于在社会总需求不足、总供给过剩的经济条件下使用。但是这种组合政策也有它的劣势。由于执行双松的宏观经济政策,尤其是执行宽松货币政策,流通中的货币量可能会因货币投放增加而过多,容易导致通货膨胀。因此,双松的宏观经济政策往往是在经济萧条特别严重的情况下采用。

2. 紧的财政政策和紧的货币政策("双紧"政策)

紧的财政政策是指通过增加税收、削减政府支出规模来限制消费与投资,抑制社会的总需求;紧的货币政策是指通过提高法定准备金率、提高利率来压缩货币供给量。这种组合模式采用紧缩的财政政策,政府会减少财政支出或增加税收,而执行紧缩的货币政策时,中央银行往往通过卖出手中的债券、上调再贴现率和法定银行存款准备金率的方式减少流通中的货币供给,从而使利率上升,进而对社会总需求起到抑制作用。因此,它只能在社会总供给不足、总需求过旺的经济条件下使用。双紧政策对社会总需求的压抑往往会引起社会总供给的减少,从而将社会总量均衡建立在社会资源配置低效率的基础上,其至会引起生产急剧滑坡和经济萎缩。因此,选用这种组合模式必须慎重,不到万不得已,一般不宜选用。

除了上述两种组合模式之外,还有"松—紧"组合政策。此模式包括扩张性财政政策与紧缩性货币政策的搭配和紧缩性财政政策与扩张性货币政策的搭配两种模式,它适宜于在社会总需求大体均衡的经济条件下对供求结构的调整。其主要目的是解决供求之间的矛盾,在兼顾宏观调控总量目标的同时,实现宏观调控的结构目标。

1. "松"的财政政策与"紧"的货币政策搭配

实施"松"的财政政策就是扩张性的财政政策,即通过政府支出的扩大及减税来刺激投资和消费需求,使社会总需求增加,以摆脱经济萧条和提高就业率。执行紧缩性的货币政策是为了防止通货膨胀的产生,维持经济的健康发展。这种政策组合的主要目的是为了在保持经济适度增长的同时,尽可能避免通货膨胀的产生。但经常性和长期执行这种政策,会导致国家财政积累起大量的财政赤字,使财政对国债的依赖程度增强,同时产生债务风险,对政府的信誉产生负面影响。

2. "紧"的财政政策与"松"的货币政策搭配

实施紧缩的财政政策可以抑制过旺的社会需求,以避免经济过快增长及由此可能产生的通货膨胀。"松"的货币政策旨在保持经济适度的扩张。折中政策组合既可对社会总需求量及通货膨胀进行控制,同时又可保持经济适度扩张。这种政策组合的难点在于对度的把握,如果财政政策过紧,将会过度地抑制社会总需求,影响经济的增长和充分就业的实现;如果货币政策过松,那么又容易产生通货膨胀。

由以上几种政策组合可以看到,所谓"松"与"紧",实际上是财政和信贷在资金供应上的松与紧,也就是银根的"松"和"紧"。凡是使银根松动的措施,例如减税、增加财政支出、扩大信贷规模等,都属于"松"的政策措施;凡是抽紧银根的措施,例如增税、减少财政支出、压缩信贷规模等,都属于"紧"的政策措施。究竟要采用何种松紧搭配政策,则取决于宏观经济的运行状况及其所要达到的政策目标。一般来说,如果社会总需求明显小于总供给,就应采取松的政策措施,以扩大社会的总需求;而如果社会总需求明显大于总供给,就应采取紧的政策措施,以抑制社会总需求的增长。究竟采取哪种配合方式,应视经济情况需要而灵活决定。只有财政政策与货币政策适当配合运用才能达到最佳的政策效果,这已经被许多国家的实践所证实。

12.6 小　　结

近年来随着财政学的飞速发展,实施财政政策的手段也越来越多样化。在当今的财政政策制定与实施中,即使把注意力集中于对宏观变量的影响方面,也往往可以通过比较迂回的途径达到目标,而不是简单地通过增加政府投资、减少平均税率等手段直接地影响宏观总需求。政策的制定与实施不是自由的,我们必须考虑相关的制约条件,准确把握客观的外部环境。第一,如何根据有关的宏观经济数据认定当前经济的客观形势是制定财政政策的首要一步。第二,财政制度的建构与执行是决定财政政策的一个重要变量。第三,技术、资源条件都影响着财政政策的可行性。第四,地域差异问题。第五,国民收入分配格局一方面对投资和消费的状况起作用,从而影响财政政策对资源配置情况的判断;另一方面,公平问题是财政政策所要面对的一个重大问题,而国民收入分配格局正是对社会公平状况的一个反映。第六,财政收支状况处于宽裕的状态,财政政策的回旋余地就大,财政的潜在调控能力就强,反之亦然。可见,影响财政政策的变量是多元的,而近年来,随着理论和实践的不断深入,对财政风险这一影响因素的关注越来越强,有必要在下一章对其进行专门讨论。

本 章 要 点

- 财政政策是指以特定的财政理论为依据,运用各种财政工具,为达到一定的财政目标而采取的财政措施的总和。
- 不同学派对经济运行中的财政政策各执一词。
- 财政政策工具有税收、国债、经常项目和政府投资。
- 财政政策目标包括经济的适度增长、就业充分、物价稳定、国际收支平衡、生活质量提高。
- 财政政策传导机制包括收入分配、货币供给和价格。
- 财政政策乘数包括税收乘数、支出乘数和平衡预算乘数。
- 财政政策的功能有导向功能、协调功能、控制功能和稳定功能。
- 根据财政政策发挥作用机制的不同,可以把财政政策划分为自动稳定的财政政策和相机抉择的财政政策,其中相机抉择的财政政策包括汲水政策和补偿政策。
- 根据国民经济总量的不同,可把财政政策划分为扩张性的财政政策、紧缩性的财政政策和中性的财政政策。
- 货币政策是指政府为了实现一定的宏观经济调控目标而制定的、通过调整货币变量来影响宏观经济的各种方法措施的总称。
- 财政政策和货币政策因为实施主体、政策目标侧重点、传导机制、政策时滞、对经济的影响不同而各具特色。
- 基于IS-LM模型可以提供分析财政政策和货币政策协调配合的基础性框架。
- 财政政策和货币政策的组合模式有四种,即松的财政政策和松的货币政策、紧的财政政策和紧的货币政策、紧的财政政策和松的货币政策、松的财政政策和紧的货币政策。

主 要 概 念

- 财政政策
- 财政自动稳定机制
- 相机抉择财政政策
- 汲水政策
- 补偿政策
- 税收乘数
- 货币乘数
- 平衡预算乘数
- 政策时滞

- "双紧"模式
- "双松"模式

思 考 题

- 财政政策的目标。
- 分析自动稳定的财政政策和相机抉择的财政政策。
- 怎样认识财政政策乘数？
- 简述财政政策的调节工具。
- 财政政策和货币政策如何发挥各自优势相互协调？
- 阐述财政政策和货币政策的配合模式。

第13章 财政风险

> 私有企业经济就像一台没有管用的方向盘或管理者的机器,而政府的财政政策则试图引入一位管理者或是温度控制装置。
>
> ——[美]保罗·萨缪尔森(Paul A. Samuelson,1915—2009)

《国际金融报》2010年4月8日报道,美国洛杉矶财政吃紧,如果再未能提出具体办法,将面临宣告破产危机。洛杉矶市政府预估,财政年度总预算支出将在5月5日当天用尽;即使说服议会,紧急动用900万美元预备金,最多也只能撑到6月底。对此,洛杉矶市长维拉戈沙(Antonio Villaraigosa)已经在4月7日宣布,除了公共安全与营收获利部门外,多数公共部门的公务员将从4月12日开始,每周休两天无薪假,以节省开支。政府面临严重的财政风险和公共危机。维拉戈沙表示,尽管这不是解决财政困境的最好方法,但却是必须的[①]。有一位网友的帖子《洛杉矶市政府要破产了吗?》描述了当时洛杉矶动物园里的场景。

去了趟动物园,哭笑不得。得有1/3以上的动物不知道是不是拎去卖钱了,空的。基本上所有哺乳动物都是无精打采的。关玻璃筐里的个把爬行类比较活泼,跟嗑药了似的。狮子都死个把月了,也没新狮子来。一个动物园只有一只狮子就够搞的了,只好挂牌关门。长颈鹿只有两只,好像很无聊的样子。斑马好老啊,一副关太久已经麻木的样子,给点专业精神好吗?这么多人围着你们呢。大象瘦骨嶙峋,皮糙肉不厚。各种猩猩很多。一群黑猩猩,跟人民英雄纪念碑上的浮雕似地戳在石洞口,跟在栏杆后的游客对望着。到底谁观赏谁呢?Oakland的招牌猩猩们,很活跃的。这LA动物园的猩猩怎么呆若木鸡苦大仇深的?没吃饱?没娱乐?拎了份地图,除了大象馆,其他均不知有无活动。像SF动物园,都写好了各馆喂食或者互动时间,赶点去串馆,一天下来,收获颇丰。这LA动物园,跟没头苍蝇似地乱转。人倒是爆多,大概年票太便宜了……

(选摘自:http://bbs.tigtag.com/thread-2209275-1-1.html)

风险是指遭受损失或损害的可能性。现代社会是一个到处都充斥着风险的社会,除了来自自然界的风险以外,社会经济运行过程中也会产生风险,并且这种风险日益成为我们生存与发展的最大威胁。对于个人而言,收入、财产、精神及生命存在着遭受损失或伤害的可能性;对于企业而言,收入、资产(有形或无形)也存在遭受损失甚至破产的可能性;对于公共权力机构的政府来说,其对全体纳税人公共福利造成损害的可能性,导致其存在着较大程度的效用损失或者说是对整个社会经济发展造成损害的可能性,如此都称为风险。本章的内容是从介绍财政风险入手,分析和介绍如何化解和规避这种风险,从而推动经济向健康的方向发展。

---

① 国际金融报,http://finance.ifeng.com/news/hqcj/20100408/2020993.shtml。

13.1 财政风险的内涵与构成

长期以来,我们的头脑中形成了这么一种观念,认为依托国家财政——以政府为信用的经济行为不会有什么风险。受这种观念的影响,我们对财政风险的认识微乎其微。然而,随着市场经济的发展,这种观点越来越不为大家所认同。从世界范围的实际情况来看,国家财政风险越来越凸显出来,对国民经济也产生了深刻影响。2000年2月,世界银行的一份材料《财富还是定时炸弹:哥伦比亚与委内瑞拉政府净值》显示,用传统方法来分析,哥伦比亚公共债务占GDP的比重只有20%;但是,从风险评估角度来分析,这一比例居然达到232%!政府面临着巨大的潜在的财政风险——用经济学角度衡量,一旦无法清偿,则存在资不抵债的破产发生!再比如,日本公共债务占GDP比重已经达到141%,有人预言,日本财政在10年内将会破产[1]。

2008年全球金融危机后,欧洲许多国家都出现了主权债务危机,作为世界第一大经济体的美国,债务危机也几近爆发。自此,在全球经济的复苏中,债务问题成为了一个各国政府不得不正视并解决的问题,在世界范围内引起了广泛的关注。对于中国来说同样如此,财政风险特别是地方政府债务风险比较突出。2013年的IMF《财政监测报告》指出,金融危机爆发后,中国政府的4万亿元刺激计划要求地方政府提供配套投资,地方政府融资平台的借款逐渐加速。"基建支出大大支撑了经济复苏,但也引发了对公共债务规模、地方政府融资可持续性以及银行资产质量恶化的担忧。"报告援引了国家审计署的一项全国调研结果称,中国的地方政府债务在2010年年底时已达到GDP的27%,其中将近一半(47%)是通过地方政府融资平台产生的。自2008年以来,中国的地方政府债务已几乎翻番,很大程度上是由于平台贷激增所致[2]。因此,在新的时代背景下,研究财政风险的相关原理并积极探讨财政风险的解决方法迫在眉睫。

13.1.1 风险与不确定性

在学习和研究财政风险之前,应首先了解关于风险(risk)的内容,而风险通常又与"不确定"(uncertainty)相关联。

传统的科学观念认为,世界是确定的,是可知的,遵循一定的规律来运转,科学的任务就是研究和揭示世界运行的各种规律。所以,科学和"确定性"是密不可分的。在20世纪初期以前,科学的世界观就是"确定性"的世界观,数学的精确性为此奠定了坚实的基础。

随着现代科学的发展,人们逐渐认识到"不确定性"才是这个世界的基本性质,自然科学常识告诉我们的确定性只是这种世界基本性质的一种例外,一种个别的情况。1926年,德国著名科学家维纳·海森堡提出了"不确定性原理",颠覆了人们以往对世界的认识。著名物理学家斯蒂芬·霍金在其《时间简史》一书中提出:"海森堡不确定性原理是世界的一个基本的不可回避的性质。"并认为这个原理对我们的世界观有非常深远的影

---

[1] 马韬.地方财政风险及其防范对策——基于湖南省财政状况的分析[D].大连:大连理工大学,2008:11.
[2] 张晓华.IMF报告警示地方融资平台,八成城市靠卖地还债[N].南方都市报,2013-04-18.

响,为科学引进了不可避免的非预见性或偶然性(斯蒂芬·霍金,2002)。而在社会科学领域,不确定性问题则更加突出。大体可以分为两类:一类是有概率分布的不确定性;另一类是没有概率分布的不确定性。第一种不确定性是可以预测的,即通过一定的科学方法、手段可以预见将来某一事件发生概率的大小,比如天气预报。但第二种不确定性却无法预测,难以被人所掌握。奈特(Knight,1921)在其《风险、不确定性和利润》一书中对上述两种类型的不确定性做了十分明确的区分,并把前一种类型的不确定性定义为风险的来源[①]。

在企业经营过程中,诸如产量、价格、成本、收入、支出等参数都是随机变量,它们与将来实际发生的情况,可能有比较大的差异,这就产生了不确定因素。而政府的公共活动也产生成本—收益问题,具有相似的特征。一般情况下,造成不确定性或风险的原因主要有以下几点:第一,统计数据的偏差。由于客观条件的制约,人们得到的统计数据可能和真实的统计数据存在一定的偏差;同时,人们针对同一对象的统计数据也可能因统计手段、渠道等因素的影响而存在差异。第二,通货膨胀因素的干扰。在现代市场经济中,通货膨胀都或多或少地存在,人们在进行生产经营或科学研究的过程中,如果只考虑历史的因素,忽视了常常存在的通货膨胀,那么就有可能对未来产生不确定的预期。第三,技术进步的影响。迈入21世纪之后,科学技术的发展日新月异,对人们的生产、生活产生了巨大的推动作用;但是,人们可能无法预知飞速发展的科学技术会给社会带来哪些不确定的因素。第四,市场供求结构的变化。企业的生产经营活动是以市场的供求情况为导向的,如果供不应求,就扩大产量,提高价格;如果供大于求,就缩减产量,降低价格。但毕竟这只是理想的情况,现实中面对市场供求的变化往往存在"时滞"的因素,企业可能要花费较长的时间来对自己的生产经营决策进行调整,这时就很可能会产生不确定性和风险。

➡ 专栏:金融危机期间的俄罗斯高额债务与信用危机

俄罗斯从1997年10月到1998年8月经历了由三次金融大风波构成的金融危机。第一次金融风波始于1997年10月;第二次金融大波动发生在1998年5—6月,主要是由国内的"信任危机"引起的。具体原因在于以下几点。

一是长达月余的政府危机引起投资者对俄政局的不安。1997年3月23日俄总统出于政治考虑,突然解散切尔诺梅尔金政府及解除其总理职务,引致政府、总统与杜马在新

---

① 刘尚希.财政风险及其防范问题研究[M].北京:经济科学出版社,2004:2.

总理任命问题上的争议,经过三次杜马表决才勉强通过基里延科总理的任命。在这一个月政府危机期间,经济领导受到很大影响,政府少收税款 30 亿美元,拮据的财政雪上加霜。

二是俄罗斯严重的财政、债务危机突然暴露在世人面前,引起投资者的心理恐慌。其实,俄自 1992 年以来一直存在财政赤字,由于政府采取发行国债、举借外债、拖延支付等所谓"软赤字"办法进行弥补,再加上偿付债息不包括在预算支出内,因此公布的财政赤字不高(除 1994 年赤字占 GDP 的 10.7% 外,其余年份均在 3%~4.6%),民众不甚了解其实际严重程度(实际在 8%~10%)。1998 年大笔债务陆续到期需要偿还,新政府要承担偿债任务,才不得不公布了财政债务危机的严重情况。俄罗斯生产一直下降,财政收入基础越来越小;再加上税种过多,税率过高,引致企业税务过重,因此逃税现象十分普遍,几乎一半单位偷、漏税;拖欠工资额不断增加,1998 年上半年又增 200 亿卢布,总数达 700 亿卢布。国际能源价格下降,使俄少收入 50 亿~70 亿美元。俄为支撑经济生活运转,不得不大量借新债还旧债,而且要借更多新债。除还内债外,还要弥补财政缺口,于是债务越滚越多,形成债务金字塔。到基里延科接任总理时,俄内债达 700 亿美元(其中,国债达 4 500 亿卢布)、外债达 1 300 亿美元。1998 年预算中偿旧债和补赤字加在一起,占国家开支的 58%。当时的财长承认,今年至少需再借 100 亿~150 亿美元才能渡过难关。

面对上述问题,俄政府采取的对策主要包括:其一,保卢布,办法是提高利率。其二,由举借内债转向举借外债,于 1996 年 11 月起大规模发行欧洲债券筹得约 45 亿美元,1998 年 7 月 13 日又从 IMF 借到 226 亿美元的贷款。其三,延长整个债务的偿还期以缓解还债高峰。俄面对还债集中、短期债台高筑、缺乏偿债能力、新债乏人购买、税收收入困难等问题,不得不改变还债的期限结构,用借长期新债来归还短期旧债,以错开还债高峰,原以为金融危机可能得以缓解,殊不料,不到一个月又爆发了更为严重的第三次金融大波动,并且导致了基里延科新政府的垮台。

(根据 http://blog.sina.com.cn/s/blog_8236096b0100w4r0.html 整理)

13.1.2 财政风险的内涵

所谓财政风险(fiscal risk),大体是指爆发财政危机的可能性。关于财政危机较为经典的解释是 1985 年美国政府间关系咨询委员会使用的一种定义,通常认为其构成包括以下类别。

(1) 政府破产,指适用于那些按照《联邦破产法》第九章的规定,要求宣告破产的正式申请情况。要想申请破产,政府必须宣布自己没有偿付能力。

(2) 政府债券、票据、支票无法兑付,无力支付到期的利息和本金。

(3) 无法履行的其他义务,例如工资、养老金的支付等。

国外关于财政风险的研究始于 20 世纪 80 年代末,而彻底深入研究则是在 20 世纪 90 年代,传统的财政风险研究领域主要集中在赤字、国债、主权外债等政府直接债务问题上。在 20 世纪 80 年代拉美国家的债务危机,90 年代苏联、东欧转轨国家债务危机和东南亚金融危机发生后,国际货币基金组织和世界银行等机构收集这些国家的政府债务资料进行了深入研究,代表人物是世界银行的 Hana Polackova Brixi(1998,2000),在其提出的财政风险矩阵中引入了"隐性债务"和"或有债务"的概念，为全面分析和评估政府债务提供了一个新视角和分析框架，如表13-1所示。

但是，或许是受所属单位要求的限制，其研究主要是政策性的和技术性的，理论性的分析和阐述显得不足。这也是国外财政风险方面文献的共同特点。

表 13-1　Polackova 债务矩阵

政府债务类别	政府直接债务	政府间接债务
政府显性债务（法律明确规定，或者政府以各种形式公开承诺偿还责任的债务）	明确偿还责任，政府必须无条件清偿的债务，如国债、其他政府借款、欠发工资、未弥补的政策性亏损、乡镇政府负债等	政府明确承认，但须具备一定的条件才转化成政府现实债务的债务，如非财政性公共部门债务、财政担保债务、政策性银行不良债权、国有资产管理公司不良债权等
政府隐性债务（政府虽未明确承诺，但政府事实上不得不承担部分或者全部偿还责任的债务）	政府未通过法律或其他方式公开承诺，但隐含于政府职能中的债务，如社会保障基金支付缺口等	政府未承诺偿还责任，甚至政府曾公开表示不承担偿还责任，如银行不良资产、国有企业经营性亏损、农村合作基金会的不良资产、其他金融机构（如信托投资公司）的不良资产等

资料来源：武彦民.财政风险评估与化解[M].北京：中国财政经济出版社，2004.

国际货币基金组织财政事务部（2001）的预算透明度手册（The Fiscal Department of IMF 2001：*Manual of Fiscal Transparency*）对财政风险的内涵给出了较为宽泛的解释：财政风险是政府的财政收入、支出（或费用）因各种原因产生出乎意料变动的可能性。这个解释说明了财政风险既可能是消极的——可能会导致政府支出增加、收入减少，政府受到损失；也可能具有积极的意义——可能会导致政府支出减少、收入增加，政府利益增加。显然，这个解释也并不够完整和合理，因为它只是说明了财政风险的一些表面原因或者表现，而对财政风险产生的深层次和根本性原因并未提及。

尽管对财政风险的研究日益增多，但对其内涵的界定还没有一个公认的说法。从国内文献来看，最早提出"财政风险"概念的是财政部的一个政策报告《国家财政困难与风险问题及振兴财政的对策研究》，该报告于 1996 年 8 月 15 日完成，对财政风险给出了一个定义："财政风险，是指在财政发展过程中由于某些经济和社会因素影响，给财政运行造成波动和混乱的可能性，集中表现为巨额财政赤字和债务危机。"

这个定义比较完整地概括了导致财政风险的两个基本因素，即经济因素和社会因素，并把财政风险通过具体的"财政赤字"和"债务危机"这两种形式表现出来。但这并不意味着没有财政赤字和债务危机就不存在财政风险。这个定义强调了把财政自身当成政府的目标，忽视了财政作为政府干预经济、社会的一个手段所应当或不应当承担的某些责任和义务，并且这些责任和义务可能是不确定的。如果不考虑财政的责任和义务的不确定性，那么财政也就无所谓风险了，单纯追求财政的平衡或者扩张的目标都是很容易实现的，只要政府运用政治权力来增加收入或者减少支出就可以实现。

财政部的这个报告提出财政风险主要来自以下几个方面。一是财政收入增长的弹性不大，"两个比重"（即全国财政收入占 GDP 的比重和中央财政收入占全国财政收入的比重)仍可能继续下降。当时预测,2000年财政收入占GDP的比重将由1995年的10.8%下降到8.8%。但这个预测和实际情况正好相反,到2000年,财政收入占GDP的比重上升到15%。二是国家财政捉襟见肘,满足不了各项事业的发展需要。三是财政收支差额可能继续扩大,入不敷出的矛盾将更加尖锐。四是债务规模继续增大,风险问题突出。上述四个方面形成了以后研究财政风险问题的一个"模板",现在普遍使用的"财政收入风险"、"财政支出风险"、"财政赤字风险"、"财政债务风险"分析思路,实际上依据的就是这个"模板"。

大体而言,国内的学者关于财政风险的定义大致可以分为广义的定义和狭义的定义。广义的定义主要有两种观点:第一种观点把财政风险当成公共风险,认为两者可以画等号,从某种意义上来讲,政府就是为了防范和化解公共风险而存在的,政府制定的每一项公共经济政策,最终都要通过国家财政来执行,其结果也会体现在财政上,所以,财政风险和公共风险具有直接意义上的同一性[1]。第二种观点认为财政风险和一般的经济风险不一样,具有自己的特点,因为财政风险是一国社会经济风险的最终承担者,银行风险、国有企业财务风险等风险最终都有可能转化为财政风险,甚至将财政风险等同于国家经济安全问题[2]。

狭义的定义也主要有两种观点。第一种观点认为财政风险是指财政收入和支出的不确定性,是由不确定性因素导致损失或由确定性因素的不规则运动形成损失的可能性,具体包括以下两方面的内容,一是财政不能提供必要的财力,致使国家机器不能正常运转的可能性;二是财政资源分配不当引起的资源浪费和资源损失[3]。第二种观点认为,财政风险是指政府资不抵债和无力偿还到期债务,不能维持政府机构正常运转的可能性。其他的学者也对财政风险做出了一定解释,如武彦民(2004)认为财政风险是财政运行在特殊阶段,由于其运行处在不能有效履行财政职能所表现出来的状态。

总之,财政风险就是财政收入和财政支出之间出现"脱节"的不良现象,这一不良现象会对国家财政和国民经济的健康运行产生消极的影响,如果任其发展而不及时采取有效地防范和化解措施,甚至有导致国家财政危机的可能。

13.1.3 财政风险的构成

根据财政风险显示程度的不同、产生原因的不同、运行环节的不同、风险主体的不同等方面,财政风险的构成可以划分为以下几类。

(1) 根据显示程度不同,分为显性财政风险和隐性财政风险

所谓显性财政风险,是指在政府预算中明确能够显示的财政风险。显性财政风险的主要表现形式是预算赤字缺口的不断扩大,包括预算收支总量差距过大和结构不合理、分配方式缺乏效率、结余方向和数额不符合社会经济现状的要求、国债发行规模失控等。预算赤字的不断增长,从财政本身来说,有可能突破财政偿债能力的界限,中断国债资金周

---

[1] 徐瑞娥.关于我国财政风险研究综述[J].财经动态资料,2001(9).
[2] 唐龙生.财政风险层次论[J].财经问题研究,2001(2).
[3] 河南省财政厅课题组.地方财政风险研究[J].财政研究,2001(6).

转和预算良性循环的可能性;从社会经济运行来说,有可能助长通货膨胀或通货紧缩,引发社会动荡。

所谓隐性财政风险,是指没有在政府预算中明确列示,暂时游离于国家预算之外的,但极具传导性且必须由政府承担的财政风险。隐性财政风险的主要内容有以下几种:一是国家财政的隐性欠款,主要是政府有关部门使用财政资金购买社会产品和服务,却未及时给付款项的直接欠账,如欠发的工资、政策性补贴挂账等;二是目前尚在非财政领域积累但最终要由财政承担的各类风险,如金融风险、社会保障基金缺口、国有企业财务风险、国家安全风险、体制改革风险等。由于这些隐性风险之间存在很大程度的相关性,它们很可能会在较短时间内通过某一个或某几个出口集中地涌向财政风险。因而,财政风险对国家财政经济的破坏性更强。

➡ **专栏:空城计——赌徒心理**

三国时期,蜀国丞相诸葛亮因错用马谡而失掉战略要地——街亭,魏将司马懿乘势引大军15万向诸葛亮所在的西城蜂拥而来。当时,诸葛亮身边没有大将,只有一班文官,所带领的5 000军队,也有一半人马运粮草去了,只剩2 500名士兵在城里。众人听到司马懿带兵前来的消息都大惊失色。诸葛亮登城楼观望后,对众人说:"大家不要惊慌,我略用计策,便可教司马懿退兵。"

于是,诸葛亮传令,把所有的旌旗都藏起来,士兵原地不动,如果有私自外出以及大声喧哗的,立即斩首。又叫士兵把四个城门打开,每个城门之上派20名士兵扮成百姓模样,洒水扫街。诸葛亮自己披上鹤氅,戴上高高的纶巾,领着两个小书童,带上一张琴,到城上望敌楼前凭栏坐下,燃起香,慢慢弹起琴来。

司马懿的先头部队到达城下,见了这种气势,都不敢轻易入城,便急忙返回报告司马懿。司马懿听后,笑着说:"这怎么可能呢?"于是便令三军停下,自己飞马前去观看。离城不远,他果然看见诸葛亮端坐在城楼上,笑容可掬,正在焚香弹琴。左面一个书童,手捧宝剑;右面也有一个书童,手里拿着拂尘。城门里外,20多个百姓模样的人在低头洒扫,旁若无人。司马懿看后,疑惑不已,便来到中军,令后军充作前军,前军作后军撤退。

(2)根据产生的原因不同,分为内生性财政风险和外生性财政风险

所谓内生性财政风险,是指源于财政系统内部各种不利因素引发的风险,该风险导致财政资源浪费或者效率低下。主要包括:源于收入方面的财政风险、源于支出方面的财

政风险、源于公共投资的财政风险、源于预算赤字的财政风险、源于国债管理的财政风险、源于政府财政的公共风险、源于政府财政的管理制度与专项管理制度的风险、源于官员道德问题和职业能力的风险以及源于政府财政的系统风险。一部分学者认为,只要找到诱发内生性财政风险的比较具体的原因,然后及时采取有针对性的制度手段、技术手段等,就可以把特定财政活动受内生性风险影响的程度降低到最小。

所谓外生性财政风险,是指源于财政系统外部各种不利因素引发的风险,比如经济运行因素、政治因素、自然因素、技术因素等导致的财政资源浪费或者效率下降的风险(徐瑞娥,2003)。

内生性财政风险具有理论意义上的风险属性,而外生性财政风险实际上属于财政活动过程中的不确定性。因此,相比之下,内生性财政风险比较容易化解,而外生性财政风险则难以控制。

(3) 根据财政政策的结构特征不同,分为收入风险、支出风险、赤字风险和债务风险

财政收入风险是指在财政收入过程中财政收入要素之间不协调和不可测因素使财政收入达不到预期目标的可能性。首先,财政收入总量和财政收入结构的不合理性,会产生一系列妨碍财政职能实现的负面作用。财政收入总量的不合理,会影响总供求的平衡关系,妨碍社会经济的动力机制的最大化,阻碍经济发展,影响财政稳定。财政收入结构的不合理,会妨碍社会经济结构和国民经济结构的合理化,影响国民经济的成长速度,不利于财政资源配置职能的发挥。其次,财政收入的频繁波动、财政收入的超速减少与增长、财政收入结构的不均衡,都会妨碍财政职能的实现,累积财政风险。最后,不论是财政活动的制度性收入波动,还是管理性收入波动,都可能成为财政职能实现的不利因素。

财政支出风险是指在财政支出过程中出现财政资金不能满足政府需求或达不到预期目标的可能性。财政支出总量过大,有可能将国民经济拖入需求膨胀、物价飞涨的境地;财政支出总量偏小,有可能降低财政对各项社会事业发展的资金保障程度,直接妨碍财政职能的实现。财政支出结构过分偏重于资本性支出,就会过分挤压消费支出,被动提升国民储蓄率,进而引发社会性消费需求不足,影响国民经济的可持续发展;反之,如果财政支出结构过分偏重于消费支出,就会过分挤压资本性支出,这又会动摇经济长期发展的后劲,不利于社会经济的可持续发展。

财政赤字风险是指经常性的、长期的、规模不断扩大的财政赤字带来的不良后果超过财政自身承受能力的可能性。有学者认为,它是财政风险的一种最主要的外在表现。

财政债务风险是指公债发行受阻或政府不能支付到期债务的可能性。在政府不得不从央行透支的情况下,债务风险是财政风险的集中体现。政府债务并不局限于国债一种形式,还可能有其他的形式。前文提到的 Hana Polackva Brixi 就提出了政府债务可以划分为直接债务与间接债务、隐性债务与显性债务四种类型的观点。

(4) 根据财政主体不同,分为中央财政风险和地方财政风险

以中国为例,按照《预算法》规定,国家预算的层次与行政机构的设置是相一致的,即国家有一级政府机构就有一级预算。从上到下,预算级次包括中央、省(自治区、直辖市)、市(自治州)、县(自治县、不设区的市、市辖区)、乡(民族乡)镇五级预算。五级预算也就是五级财政。中央财政居于主导地位,集中和掌握了主要的财力并负担着最重要的具有全

国意义的经济和文化建设支出,以及全部国防支出、外交支出等。地方预算在国家预算中处于基础地位,在进行地区经济、文化建设,支援农业和满足地方其他需要等方面发挥着十分重要的作用。在现代市场经济条件下,由于引发财政风险的因素不同,可以表现在全局上,也可以表现在地方上,因此,不同的财政层级都会产生不同的财政风险。

中央财政风险是指在各种不确定因素的影响下,中央财政资金遭受损失或财政支出出现困难而危及中央政府正常运转及其职能正常行使的可能性。中央财政风险会影响到全国的政治和经济的稳定,影响到中央政府的宏观调控能力。中央财政一旦出现支付危机,将会直接导致或者加大地方财政风险。

地方财政风险是指在各种不确定的因素影响下,地方财政资金遭受各种损失或财政支出出现困难而危及地方政权正常运转及其职能正常行使的可能性。地方财政风险是指地方财政运行过程中,由于主、客观因素,尤其是一些不确定性因素的影响,财政的正常支出发生困难而导致政府难以正常运转、地方经济停滞不前甚至下降、社会稳定受到破坏的可能性。

➔ **专栏:美国"车城"底特律**

据《长江商报》报道,美国密歇根州州长斯奈德2013年3月14日宣布,由州政府接手底特律市财政,任命一名企业破产重组专家为紧急财政管理人,以应对这座城市濒临破产的局面。曾经是三大汽车公司通用、福特、克莱斯勒总部所在地、被称为"美国的巴黎"的底特律,如今成了"最悲惨城市"。

底特律长期以来面临巨额财政赤字、现金短缺和公共福利带来的巨大债务压力,例如养老金和医疗保险缺口,政府有高达140亿美元的长期负债。市政数据显示,超过1/3的居民生活在美国"贫困线"以下;当地失业率达18.2%,远高于全国的7.7%。这座城市的一些基础服务已中断,例如街道照明灯和警察服务。如果提出破产申请,底特律将成为美国历史上因为财政问题被州政府接管的规模最大的一座城市。而曾经,它是美国的骄傲,是汽车工业的象征。

20世纪前30年是底特律发展的黄金时期。福特、通用汽车和克莱斯勒汽车这三巨头让底特律成了世界级的汽车制造中心。那时,它被人称为"美国的巴黎"。而底特律提出的破产保护不免让人欷歔。

底特律的兴衰,不仅是一个城市的故事,也折射出美国制造业的历史、城市发展模式的得失等社会症状。哈佛大学经济学家格拉泽刚刚出版了《城市的凯旋》一书,并在媒体中引起轰动。他把底特律单列出来,作为失败城市的典型。格拉泽认为,底特律是所谓"大厦集群"的受害者。底特律采用了以大企业为龙头、通过大规模地修建办公楼、体育场馆、交通设施等来刺激增长的战略。这种大工业和基础设施先行的模式,违反了城市多元化的本性,使底特律依赖单一的汽车业。最终也成为美国汽车业衰落的直接受害者。

底特律是美国制造业的象征,其衰落也给中国这一新科"世界工厂"提供了经验和教训。全球化背景下,经济转型、产业升级速度越来越快,一座城市恐难再依靠一个产业而持续繁荣。

(摘自中国网国际时事. http://news.qq.com/a/20130316/000863.htm)

(5) 根据财政风险发生的领域不同,分为自然性财政风险、社会性财政风险、经济性财政风险和政治性财政风险

所谓自然性财政风险,是指由于各种原因给国家财政运行所造成的不确定性的影响,主要是各种严重的自然灾害,如洪涝、干旱、地震、风沙等。主要体现在以下三个方面:一是灾害发生的时间不确定。有的年份风调雨顺,有的年份灾害频繁,这是自然界的自然运动状态。二是灾害程度的不可预知性。有的灾害涉及较小范围,有的灾害影响全国甚至全球,人类社会对有些自然灾害可以实现一定程度的预测性和控制性,其危害可能较小,但大部分的自然灾害人们很难做出预测和防范,造成的危害也往往较大。三是自然灾害造成的损失向财政系统转化的方式和程度存在不确定性。财政救灾程度要受到政府财政能力、自然灾害程度、企业和家庭承受能力等许多方面因素的共同影响。

所谓社会性财政风险,是指由于某些社会不确定性因素所造成的国家财政运行的失灵和国家财政行为的失控。总的来说,社会性财政风险的表现形式多样,有社会稳定风险、社会安全风险、社会道德风险等。面对越来越一体化的世界、越来越开放的全球经济体系、越来越透明化的社会管理,世界各国社会经济的各个领域都在经历深刻变化,工业化、城市化加速所产生的社会流动,使国家财政的社会稳定器和减压阀的平衡功能得到空前的强化,必然会增大社会风险对国家财政正常运行所造成的冲击的程度。

所谓经济性财政风险,是指因为经济运行的不稳定和不协调,给财政职能的正常履行所造成的困难和影响。经济运行的不确定性对财政风险的影响主要体现在以下三方面:一是经济运行周期的不规律性。由于影响经济周期性运行的因素经常发生变化,包括社会技术因素、经济体制因素、运行机制因素、消费层次因素、社会环境因素等,经济周期的长度和波动程度因此常常呈现不规律的变化,进而影响财政收支的相应不规律波动。二是由于外部性产品在社会发展的不同地区和不同时点所造成的社会运行成本的差异,使得国家财政对外部性的矫正程度出现偏差。三是面对复杂多变的国际形势,各国政府承担的经济调整责任也在随时不断变化,经济调整的及时性和滞后性往往制约着政策实施的方向性和力度。所有这些,都使经济风险转化为财政风险的程度和时滞期都难以预测和控制。

所谓政治性财政风险,是指因为社会各种政治力量的相互博弈、相互竞争所造成的一国政治生活不和谐和政权结构不合理,给国家财政的顺畅运行造成困难的可能性。政治是社会经济关系的集中体现,社会经济关系的不稳定会在不同程度上演化为政治性财政风险。

13.2 财政风险的特点和原因

上一节的分析表明,由于不确定性的存在以及政府的有限理性,财政风险在多个层面以及很多情况下都是存在的,因此,有必要分析财政风险的特点以及产生的原因。

13.2.1 财政风险的特点

财政风险除具有风险的一般特征以外,还由于其特殊的承担主体以及其在整个社会经济中的地位而具有与其他风险不同的特征。

1. 公共性

财政风险的公共性体现在以下三个方面。

一是其承担的主体是政府。政府行为属于公共行为,其履行职能的权力来自于公众,其配置的资源也是公共资源,其行为影响整个社会。二是其本身是一种公共风险。财政风险一旦出现,可能有损政府的正常运行;同时,政府为了化解财政风险采取的措施,会改变政府和全体居民的利益格局。三是表现为整个社会公共风险的最终反映。社会公共风险需要政府或社会组织去面对和化解,在此过程中,社会公共风险会向财政转化和传导,积聚财政风险。财政是一种政府行为,它不同于某个特定的行业。现代财政职能有多种,但最本质、具有核心意义的是政府参与国民收入的分配。在参与国民收入初次分配中,主要是凭借所有者身份取得国有经济单位上缴的国有资产收益,以及各种间接税收入。在参与国民收入再分配中,财政主要是通过征收各种直接税,如所得税、财产税等,对生产经营单位及个人的各类所得等要素收入或财富价值进行再分配;或通过财政支出,运用补贴、救济等手段增加某些社会集团及其成员支配国民收入的数量和份额。在现代市场经济条件下,财政在维持社会公平和公正的同时,还具有对宏观经济进行调控的职能,要不断矫正市场分配所引起的矛盾隐患,有效地向社会提供公共品和服务。政府通过提供公共品和服务与市场配置资源之间形成一种合理的、相辅相成的、互补的关系,从而推动生产力水平的提高和达到社会总福利、社会总效益的最大化。财政是社会经济各种矛盾的最终承担者,财政风险是各种政治、经济、社会矛盾的综合反映[①]。

2. 隐蔽性

财政风险的隐蔽性是由财政地位的特殊性、收支的非同期性和手段的非一致性决定的。

首先,财政风险的隐蔽性是由财政与国家的特殊关系决定的。财政分配是以国家的存在为前提,是由国家组织的全社会范围进行的集中性分配,是国家凭借其政治权力进行的强制性分配。所以,在财政这一分配过程中,国家始终处于主导和支配地位。国家进行财政分配的目的是满足其实现职能的需要。财政分配的直接目的是实现国家职能,间接目的是满足社会公共需求。可见,国家与财政是相互依存的关系,没有国家就没有财政,没有财政提供资金支持,国家的职能也就难以发挥,社会公共需要也难以得到满足,国家

[①] 牛向东,于一贫,刘朝. 财政风险与控制[M]. 北京:中国财政经济出版社,2010:10.

自身也难以存活。因此,当国家的财力难以满足国家或政府的需要时,国家就可以运用自身的强制性政治权力、以各种名义要求财税部门提高税率或者增加税种,以此来维持财政支出的需要。而税率的变动对社会公众具有强制执行力,当新的税种、税率实施以后,国家财政已经出现的严重收支脱节的情况就很有可能被掩盖起来,从而使财政风险得以隐蔽。

其次,财政风险的隐蔽性是由财政收支的非同期性与手段的非一致性所决定的。财政收入是政府为满足支出的需要,依据一定的权力,通过国家财政集中一定数量的货币收入。它体现了以国家为一方同其他缴纳各方之间的分配关系。国家取得财政收入的具体方式有以下几种。一是税收,这是国家凭借其政治权力,依照法律的规定,强制、无偿、固定地从纳税人手中取得的财政收入。二是国家投资企业上缴的利润,这是国家通过一部分的生产资料所有权取得的财政收入,体现了所有者权益,是国有资产产权参与企业利润分配的具体形式。三是国家事业单位上缴的收入,这是事业单位从其生产经营活动中取得的收入,是国家依据资产所有权而收取的。四是各种政府收费,也就是通常所说的非税收入。各种政府收费包括五种:①专项收入,包括征收排污费收入、征地城市水资源费收入、教育费附加收入等;②某些利用财政资金建造的公共设施使用费收入;③公产收入,即国有山林等公产的收入,政府房管部门主管的公房和其他公产的租赁收入以及变卖公产的收入等;④规费收入,也就是政府行政机关向居民或单位提供某种特殊服务时所收取的手续费和工本费,如领取工商营业执照费、注册商标费、办理户口证、结婚证、商品检验费、护照等费用;⑤罚没收入,这些收入基本成为政府预算外收入的主要来源。五为其他收入,主要有国际组织援助的捐款收入、基本建设"拨改贷"归还的本息收入、对外贷款归还收入等。财政收入表现为当年的年度收入,而财政预算中的支出是满足次年财政管理范围的各种花销,支付之间有一个时间差,也就是说,财政的预算支付是分行业分批支付的,直到当年年底之前支付完毕。这种分批制的支付方式,可以使财政预算中的赤字对整个社会经济运行的阻碍程度被大大掩盖①。财政运用各种各样的支付方式,在缓解财政资金供给与需求之间的矛盾时,也使财政的风险程度难以显现。

3. 传导性

财政风险是全部公共风险的中心,以财政为核心,存在逆向的两种风险传导路径。一种是社会风险向财政传导。自然风险、政治风险、金融风险等都可以向财政转化,形成财政风险。另一种是财政风险向社会转化。政府利用其特殊地位,把财政风险向社会各系统或私人转化,导致社会其他系统和私人出现风险。此外,财政风险还在财政体系内部传导。各级政府间财政既相互独立又相互联系,财政风险不管在哪级政府产生,都会向上或向下级财政传导。在单一制国家,中央和地方存在着"父爱关系"。当中央财政出现风险时,中央凭借其手中权力,通过财政制度的调整,把财政风险转移给地方政府。例如,1994年分税制改革,中央把财权上收、事权下放,把中央的财政风险转移到地方;而地方政府都依样画葫芦,最后,使得县乡政府出现严重的财政风险;而地方政府则认为有上级政府"父爱关系"的存在,产生逆向选择,财政出现风险就要求或者倒逼中央政府或上级政府来

---

① 牛向东,于一贫,刘朝.财政风险与控制[M].北京:中国财政经济出版社,2010:10.

解决,越是财政出现风险大的地方,越能得到中央或上级政府的支持。所以,从上述传导机制可以看出,在整个经济制度中,财政是防范社会性公共风险的最后一道防线,而中央财政是所有公共风险转移给财政系统以及财政系统内部逆向传导的所有财政风险的最终承担者,财政风险所带来的损失具有社会性,决定了政府是最终埋单者①。

4. 普遍性

财政作为公共经济活动的集中体现,担当着优化资源配置、公平收入分配和稳定经济发展的公共职责,所有财政活动对在经济的宏观和微观各个层面以及社会各利益集团和私人产生影响,其行使责任的范围具有全社会覆盖性;因而诱发财政风险的因素以及财政风险的损失带来的影响都表现出极大的广泛性。首先,任何国家都广泛存在着各类财政风险,不仅后发国家由于各种社会制度的变迁与不完善使得财政活动面临很大的风险,即使是公共财政制度相对完善的发达国家,由于其发展的日益复杂、社会摩擦的不断加剧也同样会面临各式各样的财政风险。其次,从国家财政系统的构成来看,财政风险不仅存在于中央一级的财政系统中,而且由于地方财政往往承担着各类社会管理和提供公共服务的政府职能,使得财政风险遍布于地方的各级财政。最后,财政风险普遍存在于财政分配活动的收入、支出和管理等各个环节中,表现为赤字风险、债务风险等多种形式,财政风险一旦形成,往往体现出全局爆发性的特征②。

5. 艰巨性

财政风险的艰巨性,是从控制和化解财政风险的具体实践过程中得出的重要特点。

第一,财政风险的控制具有艰巨性。风险意味着收益和损失共存,完全规避风险会导致行为过于保守,在避免受到损失的同时,也大大降低了得到收益的可能性。从这个角度讲,任何财政风险的化解都有一定的难度,这就需要根据行为主体的承受能力,在高风险高收益与低风险低收益之间做出选择。并且,财政风险可以发挥再次分配的作用。对于一些政府官员来说,财政风险对自己的影响不大,即使发生财政风险也不会给自身带来大的损失,最多只会对他们的某些行为产生一定限制和约束,当然这些限制和约束也是十分有限的。更为严重的是,在某些条件下,政府不适宜的财政活动所导致的财政风险,不仅把本应由大多数国民享有的公共福利转移给包括政府官员在内的少数人所组成的利益集团,而且还把财政风险所带来的福利净损失转嫁给大多数国民来负担。

第二,财政风险的化解具有艰巨性。从财政日常运转情况看,许多可能导致财政风险的因素表现得并不十分突出。表面上看财政运行良好,事实上许多可能导致财政风险的因素正在加速积累,达到一定的程度后才会表现和爆发出来。但一旦财政风险转化为严

---

① 许正中.财政风险概论[M].北京:国家行政学院出版社,2011:13.
② 许正中.财政风险概论[M].北京:国家行政学院出版社,2011:13.

重的财政困难,再采取措施来化解财政风险、解决社会经济矛盾就会变得相当艰难。

➡ 专栏:武汉的债务风险

观点地产网讯 2013 年 9 月 2 日综合媒体报道,在 8 月初开始的针对各级地方政府债务进行审计的名单中,武汉因近年兴起的大规模城市建设而债台高筑,有统计指出截至 2012 年 6 月,武汉市债务余额高达 2 037.05 亿元,被指为接近负债最高的城市。报道中,一份来自财政部驻湖北专员办的研究报告显示,2011 年年末,武汉市地方政府性债务余额为 1 964.47 亿元,相比较武汉本级政府综合财力 1 058.22 亿元,债务率达 185.64%,已超过美国最高警戒线的 1.5 倍。而到 2012 年 6 月,武汉市债务余额高达 2 037.05 亿元。而在 2012—2013 年年初,审计署公布的针对 36 个地方本级政府性债务的审计结果显示,2012 年,有 9 个省会城市本级政府负有偿还责任的债务率超过 100%,最高者达 188.95%,若加上政府负有担保责任的债务,债务率最高者达 219.57%。以此估测,武汉已接近负债率最高的城市。

但是,有些评论认为上述观点纯属断章取义,胡乱用美国等西方国家债务指标来分析武汉。理由在于:第一,从收入来讲,武汉经济在快速发展,2013 年地方一般预算收入会突破 1 000 亿元,而且地方一般预算并不含土地出让金收益,按照武汉近三年的土地出让情况,债务率会大幅降低。第二,从债务构成看,城投集团、武汉地铁集团、武汉地产集团三个平台公司占了绝大部分。截至 2012 年年底,武汉城投负债合计 1 169 亿元;截至 2011 年年底,武汉地产集团负债 407.8 亿元;武汉地铁集团负债合计 314.2 亿元。这里面真正债务压力大的是武汉城投,它大多是道路、桥梁等基础设施建设的业主,需要政府的财政资金偿付债务,但也并不是绝无造血功能,城投公司收储土地也是其债务的一部分,土地升值和出让本身可以降低一部分债务。武汉地产集团和武汉地铁集团是造血功能基本完备的公司,武汉地产集团有大量土地,统建地产也是旗下地产公司,有新楼盘在运作,武汉地产集团负债水平合理。武汉地铁集团目前负债 407 亿元,主要问题不是旧债,而是随着武汉地铁建设的加速推进,举债压力比较大。第三,地铁运营后,将有 15 亿元的商铺租金收入,扣除成本,净利润达到几亿元,用于还本付息,偿债压力不高。综合来看,武汉的债务水平目前还在合理范围内,完全没有那么夸张。

姑且不管上述观点争论如何,来自 2014 年 6 月 20 日的消息,武汉拟建高 1 000 米的世界最高建筑——凤凰塔,将赶超迪拜哈利法塔成为世界第一高楼。目前该项目在等待武汉市的最终批准……

(选摘自刘满桃.武汉负债率近 200% 被指是地方债最高城市[EB/OL]. http://www.guandian.cn/article.2013-09-02)

13.2.2 财政风险的原因

财政作为政府参与市场经济活动的重要手段,履行了提供、提高和改善社会公共福利的重要责任;但同时,财政也会存在风险。财政风险是一国政府最大的风险问题之一,在不同经济发展水平的国家都不同程度地存在着,特别是在经济转轨国家,财政风险所带来的发散性后果可能会由于体制调整、制度变迁等而变得渐趋复杂。科学的发展需要发展的合理视角,之所以不断探索这些财政运行状况和基本规律,其目的就在于减少风险和不确定性,提高选择和发展的自由空间。现代社会中,机遇与挑战并存,市场的风险与收益同在,化解财政风险,进而减缓政府的公共风险,无疑会给社会经济的发展带来规模效用。

事物的发展方向存在着多元化的可能,在某些环节和领域会对社会经济发展构成潜在或者实际的干扰。现在社会处处充斥着风险与挑战,还有很多人类无法完全掌握和预知的产生风险的可能性与潜在的隐患,成为滞化社会福利、抑制生存自由、破坏和谐安全的"杀手"。政府作为经济行为"双主体"的扮演者,参与市场经济活动,面临着公共风险的考验。"财政风险,是指在财政发展过程中,由于某些经济和社会因素的影响,给财政运行造成波动和混乱的可能性。"[1]财政风险的存在,制约了经济和社会的发展,降低了资源配置效率和政府质量。只有充分挖掘政府财政风险产生的根源,才能在可持续发展和财政风险的"赛跑"中赢得先机。概括地讲,引发财政风险的根源在于不断深化的社会分工、政府干预市场的程度和水平、社会民主化程度以及经济全球化的发展趋势等方面。

第一,社会分工不断深化扩大了财政风险发生的可能性。人类相互交往的经济形式经历了不断发展和演变的过程,从最初的自然分工到社会分工,极大地促进了生产力的发展。不同的经济发展阶段,人类的需求呈现多样化的状态[2]。单个主体无法依靠自己的独立活动满足自身的全部需要,而必须借助于他人的劳动和产品。伴随着社会对产品需求的不断增加和社会分工的不断细化,装载着风险的"潘多拉魔盒"逐渐打开了。其中,尤其是技术和货币体系的发展,加快了政府财政风险的安全隐患。其一,技术进步的双面性。社会分工由劳动分工发展到哈耶克所说的"知识分工"(邓正来,1998),使社会对知识和技术的依赖不断增大,在某些时候使人们忽视了其他构成人类生存和发展的物质性基础。代表技术进步的高科技产品的大量应用,带给社会的不仅仅是喜悦和满足,它在为人类带来前所未有的便利的同时,也带来了巨大的风险和隐患。其二,以货币为代表的虚拟经济的产生,增加了安全的隐患。随着分工的不断细化,货币作为一种特殊的交易商品逐渐与实体经济脱节,改变成为一个自我繁殖的系统而不断膨胀。金融化的经济不可能没有泡沫,而有泡沫就难以避免风险和不确定性,这是经济发展到特定阶段必然存在的内在逻辑。在缺少完善监管机制和高效运行机制的情况下,这种"泡沫"迟早会成为冲击实体经济的巨大力量。

第二,政府干预强度增强了财政风险隐患。"市场竞争机制与政府宏观调控机制的结合,是现代市场经济体制的基本特征,任何国家都不例外。"[3]随着政府干预程度的加强,政府的规模不断扩大,活动范围不断加大,财政逐渐成为政府调节的重要手段。然而,政府以公共主体身份通过财政进行经济调控,由于存在着"公共资源的不确定性"和"支出责任和义务的不确定性"[4],其调节幅度和干预强度可能会超出弥补市场失灵和提供公共服务的界限,出现政府干预的"越位"和"缺位"。一方面,财政作为政府调控经济的主要手

---

[1] 刘尚希.财政风险及其防范问题研究[M].北京:经济科学出版社,2004:10.
[2] 张维达.政治经济学[M].北京:高等教育出版社,1999:15.
[3] 池元吉.论市场和政府[J].经济评论,2001(3):4.
[4] 刘尚希.财政风险及其防范问题研究[M].北京:经济科学出版社,2004:19.

段,对经济干预的力度不断加大,必然会导致支出规模的大幅增加;另一方面,在财政支出压力越来越大而有效的财政收入机制尚未建立的情况下,面临着促进经济整体发展和经济结构转换、改革的稳步推进和社会秩序稳定等诸多方面的选择,从而导致财政承受巨大压力,其风险性也日益突出。不仅如此,政府与市场关系的复杂性、财政经济政策的局限性、政府施政能力的有限性以及不适当政府行为产生的道德风险等内生性财政风险的作用[1],会进一步导致对财政风险的放大。正如诺思所说,"没有国家办不成的事,有了国家又会有很多麻烦。"由于政府干预程度和市场失灵的方向、强度、时效性等方面的因素无法吻合,市场层面和制度层面的财政风险隐患将有所增加。

第三,民主化程度与财政风险程度逆向相关。自由和民主的政府决策和财政政策能够化解公共风险,防止公共品的选择、提供、供给方式和供给程度等方面的效率损失;相反,民主自由的缺失也会提高财政风险发生的可能性。阿玛蒂亚·森在《以自由看待发展》中指出:"自由不仅是发展的首要目的,也是发展的主要手段。"[2]"必须充分注意有助于决定个人自由的性质和作用范围的社会因素,包括政府的行为。"[3]森认为,人类社会存在着五种不同形式的"工具性"自由,即政治自由、经济条件、社会机会、透明性保证、防护性保障[2]。如果政府财政更多地关注社会经济效益的实现、经济发展的短期目标,忽视以社会公正、集体安全、福利改善甚至政治稳定为核心的长期社会发展目标,则会逐渐产生一种不利于社会自由发展的政治、社会、生态、人文环境,进而会影响到社会的持续、和谐健康发展,导致社会发展速度下降甚至停滞不前,降低在发展过程中的"可行能力"[4];反之亦然。财政对公共品提供的责任,决定了其无法通过自身的内在变迁实现优化,而社会对支出的需求又往往制约了财政对社会长远利益的关注,导致财政风险的潜在隐患。政策选择的民主性,公众的知情权、参与权,可以避免这种风险的可能性。可见,社会的民主和财政风险在某种程度上呈现逆相关,民主和自由的水平与程度可以使任何一项财政政策得到比较充分的论证和分析,从而在实施过程中具有比较明显的可操作性;否则,财政政策不稳定、财政规模和结构的不合理状况,都可能成为财政风险发生的诱因,导致财政在社会发展中出现实现与可能、长远与眼前的失衡。

第四,经济全球化的发展趋势导致财政风险传导维度的拓展。全球化导致"生产要素在全世界范围内大规模流动,使企业内部分工扩展为全球性的分工,使生产要素在全球范围内优化组合和优化配置,从而使各国相互依存和相互融合。"[5]在经济全球化发展过程中,一个国家的财政风险所导致的经济增长水平、福利状况的变化、分配水平的调整以及社会保障的下降等,都会直接或者间接地影响到生产要素的流动。全球化的经济环境为财政风险在国家之间的快速传导提供了可能性。

---

[1] 刘志超,等.财政风险——成因、估测和防范[M].北京:中国财政经济出版社,2004:10-15.
[2] [印]阿玛蒂亚·森.以自由看待发展[M].北京:中国人民大学出版社,2003:7.
[3] [印]阿玛蒂亚·森.以自由看待发展[M].北京:中国人民大学出版社,2003:34.
[4] [印]阿玛蒂亚·森.以自由看待发展[M].北京:中国人民大学出版社,2003:62.
[5] 池元吉.世界经济概论[M].北京:高等教育出版社,2003:28-29.

13.3 财政风险防范与财政安全

及时有效地化解和规避财政风险,不仅可以建立稳固、健康的财政平衡和财政政策,更重要的是,还对经济的稳定和发展意义重大。建立合理的财政风险防范机制,关系到财政和经济的有序运行,在这一方面,唐朱昌(2004)曾经进行过系统阐述[①]。概括地说,防范财政风险应建立以下机制。

13.3.1 坚持市场导向

相对于私人风险而言,公共风险产生群体影响,这种影响的消除不能完全依靠市场力量,但是这并不等于说市场在化解财政公共风险方面是完全无能为力的。从市场化改革角度来观察,减少财政风险的关键是如何进一步规范市场、完善市场机制,这要求政府财政以市场为导向来组织市场、规划市场和约束市场、采用"市场方式"来实现财政收支过程。在当前社会经济发展过程中,财政面临着许多新的挑战:社会基础设施短缺、城市公用设施不足、基础教育滞后、社会保健落后、穷人和失业者增多等。如果按照"财政就是拿钱"的思路来考虑这些问题,那所需要的资金会达到天文数字,由此产生的风险就无法化解。而"市场方式"则可以运用市场机制的力量来缓解财政风险和财政压力,如改变公共投资方式、共担风险、创造需要等。

组织市场和规范市场的过程是财政职能的实现过程,亦即化解财政风险的过程。撇开市场,把财政作为市场的对立面来看待,那么在市场与财政之间就人为地划了一道鸿沟。其实,财政和市场不是对立的,两者之间并非泾渭分明。传统的思路中,市场存在缺陷,故需要政府去弥补。这实际上仍是一种对立的观点。按照这个思路去行事,恐怕财政规模无论多大都会嫌不够。西方福利国家陷入困境,与这种理论不无关系。问题不在于市场是否有缺陷,而在于怎样去认识市场、组织市场和规范市场,甚至创造市场。只有这样,防范和化解财政风险的压力才可以大大减轻。

13.3.2 建构财政应急反应机制

社会上一旦出现某种危机,财政总是难以置身事外,因此必然要关注构建财政应急机制。构建财政的应急反应机制是一个复杂的系统工程。从学理上看,这一复杂的工程难以一蹴而就,但是至少要关注以下内容。

1. 建设目标

总的目标是尽快地化解危机和结束危机。但针对不同财政风险,具体的目标是不同的,因而存在多个目标,构成目标系统。防范财政风险大体着眼于以下三类:第一类是结构良性风险,如不可抗拒的自然灾害、流行病等,社会成员之间有共同利益,有利于形成社会凝聚力;第二类是结构不良性风险,如各种暴力冲突、恐怖活动、社会骚乱等,社会成员之间缺乏共同利益,难以通过形成共识来克服危机;第三类是介于两者之间的危机,如金

[①] 唐朱昌.新编公共财政学[M].上海:复旦大学出版社,2004:461-470.

融危机、经济危机等,社会成员的共同利益是不确定的,存在向前两类风险转化的可能,需要视不同的条件而定。而对这三类不同的财政风险,设定的具体目标也应该不同。

2. 风险决策系统

该系统主要解决在风险状况下财政权力的界定问题,如立法机构对行政部门的授权和国务院对财政部的授权等。在调整预算的权力方面,平时状态归立法机构,紧急状态下应该授予行政部门,而在行政系统内部,危机状态下的财政权力无论是纵向还是横向的都应趋向集中。

3. 风险动员系统

在风险发生状态下,可以针对不同的风险强度或根据不同的目标选择不同的工具。一般地说,可供选择的应急工具有以下10种:预备费(依据紧急状态下的权力动用)、税费(依据不同性质的风险情况实行紧急减税、费或增税)、内债(紧急增发内债,以应付突发性支出)、转移支付(紧急状态下的转移支付是全方位的,如中央向地方转移、地方向中央转移、地区之间横向转移、政府向居民转移等)、征用(主要针对实物,如征用土地、房产、人员等)、政府资产(动用政府资产,如拍卖、抵押、租让等)、透支(向中央银行借款)、担保、外汇储备、外债(即向国际金融机构借款)。

4. 风险反馈系统

对财政风险发生状态及其变化过程中的政府收支进行及时的监测、分析和反馈,包括政府资金流动过程,企业、单位和居民等各行为主体的反应,政府援助的效果,政府财政行为的社会评价等。针对不同的风险状况,需要监测、分析和反馈的对象也是不同的。例如,面对社会风险,社会各方的反应和评价是主要的监测分析对象;而对于金融风险,则主要是监测和分析居民心理和主要经济参数的变化。

13.3.3 区别不同层次的财政风险

上面论述中认为财政风险是分层次的,各种债务对财政支出的压力程度是不同的,那么我们就应区别对待不同层次的财政风险。

第一,处于第一层次的国债风险是直接的财政风险。对于国债,到期后财政要及时、足额偿还本金。对于债务依存度和偿债率较高的国家和地区,即使不考虑其他层次的风险,财政的直接风险就已经较高。因此,进一步深化财政体制改革,控制发债规模,提高国债资金的使用效率,促进经济发展,是化解国债风险的根本出路。提高国债资金的使用效率,促进经济发展,是化解国债风险的根本出路。对于外债,主要风险是外债来源结构和外债币种结构。从来源结构看,成本较高的国际商业银行贷款面临巨额的偿付成本,必然直接危及偿债能力;从币种结构看,如果结构较为单一,汇率细微变化都会对外债余额和外债还本付息产生重大的影响。因此,在外债来源结构方面,应努力降低国际商业银行贷款的份额,更多采用发行国际债券的形式;在外债币种结构上,尽量保持"软硬币"搭配的多元化局面。对于各种"准国债",虽仍可由财政担保,但也应要求各部门根据经济发展的实际情况和自身的偿还能力来确定债务的规模,以强化各部门的风险意识,降低各部门的预算外收入和债券发行规模,同时避免政府部门的自我竞争,降低筹资资本。

第二,地方债务是增长较快的潜在风险来源。对于地方政府债务,应该摸清地方政府融资的规模、渠道及负债情况,这是解决问题的基本前提。对以前形成的债务,要严格划分责任,该由地方政府负责的,应制订一个切实可行的还债计划,逐步列入地方政府预算安排;对于纯商业性的、政府未介入的融资项目所形成的债务,由企业负责,防止把一切债务风险全部推给政府。从长远来看,要建立地方政府融资体系。全面清理整顿地方政府融资行为,彻底解决地方政府融资各行其是、多头管理、无效失控的不合理状况,逐步建立规范的地方政府公债制度。在建立中央政府严格审批和监管制度的前提下,通过国家法律明确规定地方政府的发债资格、规模、方式、范围及偿债机制。

→ 专栏:地方债成中国经济隐忧

地方债的形成根源

根据中国现有《预算法》的规定,地方政府没有直接发行地方债券的权利,也不允许存在赤字。但实际上,地方政府通过种种方式举债的行为已经屡见不鲜。目前中国地方政府债务主要包括:地方政府直接承担的债务(**财政负债**)以及地方政府提供信用担保的债务(**地方政府融资平台债务**)两大类。

地方债根源:中央与地方财政收入、支出的不平衡

地方债规模:12万亿元
中国审计署发布的报告显示,截至2012年年底,抽查的36个地方政府本级政府性债务余额38 475.81亿元,比2010年增长12.94%,占全国总额的31.79%。截至2010年年底,全国地方性债务总额为10.72万亿元。穆迪基于中国审计署的报告计算得出,从2010年年末到2012年年末,中国地方政府的直接和担保债务可能已经上升13%,至12.1万亿元。

地方债的历史根源:中央地方财权与事权的失衡
中国地方财政失衡问题由来已久,由于中央和地方财权与事权的非对称性和不平衡发展,地方政府要承担大量的公共事务支出、地方税缺乏主体税种,税收渠道狭窄,必然导致财政捉襟见肘。因此地方政府长期面对资金缺口是地方债务问题的根源。为了平衡支出,地方政府不得不寻找另外财源以弥补收支失衡,因此土地财政和债务性融资成为地方财政的普遍模式。

地方债的现实根源:地方政府的举债冲动
目前中国经济增长模式依然是主要依靠投资拉动经济增长,再加上以GDP为核心的地方官员政绩考核体系,使得地方政府为了拉动GDP增长而大举借债投资。

谁是地方债的债权人?

与国外深陷债务危机的国家不同的是,中国的地方政府债务是内债,债权人主要是国内机构和个人。审计署2011年的全国地方政府性债务审计和今年的36个地区地方政府性债务审计显示,地方政府债务"债权人"主要有三方:**银行、地方债券、其他单位和个人**。

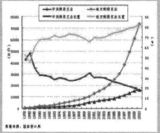

最主要的债权人——银行
银行一直是地方债的"最大债权人"。在2010年年底地方政府性债务余额中,银行贷款占79.01%;截至去年年底,36个地区的地方政府性债务余额中,银行贷款占78.07%。

地方债券
一些地方政府在监管层收紧融资平台贷款规模之后,通过融资平台发行城投债等方式进行债务融资,将地方债务转移到银行表外。这部分债权人主要是一些机构投资者。

其他单位和个人
对比36个地区2010年年底、2012年年底的债务余额发现,两年来银行贷款占比下降5.6%,而其他单位和个人125.26%。单位和个人投资者债权激增的原因主要是一些地区违规集资、变相融资,例如通过高额利息向公众集资。

第13章 财政风险

地方政府主要的融资渠道包括融资平台贷款、信托融资、城投债等。国家审计署曾经公布的《36个地方政府本级政府性债务审计结果》显示，18个省会和直辖市，有17个承诺以土地出让收入来偿债，比例高达95%。2012年6 000亿元的土地出让净收入连支付地方债的年利息都不够。继国外投行曝出江苏成中国地方债代表之后，中国的债务风险受到关注。国务院要求审计署对全国地方政府性债务进行审计。随着平台贷监管收紧，一些地方变相融资的行为越演越烈，不少地方通过信托贷款、融资租赁、售后回租、发行理财产品、垫资施工等方式变相融资。部分地方债已超地方财政收入的数倍，有破产风险。鄂尔多斯的倒下以及陕西神木债务风险爆发正在警示中国，地方债正成为中国经济稳增长过程中最大的隐忧。

（选摘自：http://business.sohu.com/20130625/n379753008.shtml）

以中国为例。近些年来，地方逐渐形成了由财政、银行和企业组成的"三位一体"的国有经济基本结构，决定了当前银行经营风险、国企财务风险与财政风险有着紧密的联系。财政实际为银行和国企提供了隐性的债务担保。"财政兜底"的思想增强了银行和企业的道德风险。因此，财政应妥善处理原先由指令性计划所造成的银行不良资产，对于银行自身经营所形成的不良贷款则由银行负责消化。规范的策略在于，除对处于国民经济命脉的国有企业进行必要的资金支持以外，对于竞争性的企业，国家职能以社会管理者的身份征收税收和以资本所有者的身份取得收益，不再干预企业的具体经营活动。对国企的债务也仅以企业所有的资产为限负有有限责任，不能再无休止地指令银行为企业贷款和为企业贷款提供担保，否则只能使今后的财政不堪重负，而且也不利于市场经济体制的建立。

13.3.4 财政安全

从财政的职能出发，所谓财政安全，就是一国财政基本处于稳健增长的收支平衡状态，不存在引发财政危机的财政机制，不存在引发财政危机的现实问题，也不存在发生财政危机的可能性，对整个经济社会发展具有一定的支持力。因此，财政安全的本质，就是一国财政处于稳健增长和持续支持经济社会的发展；相反，财政不安全，则是指存在引发财政风险的财政机制，或存在引发财政风险的重大现实问题，或存在发生财政风险的可能性。

财政安全是一国经济安全最高层次的安全问题之一。财政安全与一国个体经济安全存在极为密切的互动关系。为了确保一国的财政安全乃至整体经济安全，要注意以下几个问题。

第一，借鉴国际经验，建立和完善一套适合的科学地衡量、控制与管理财政风险的指标体系与系统。从实践上看，政府财政赤字与债务规模较大并不一定导致财政风险和危机，但巨大的财政赤字和国债规模如不加以有效地控制与管理，却极易成为危机的爆发条件。因此，应该借鉴欧盟的做法，重视对财政赤字占GDP的比重和债务余额占GDP的比重的控制与监测，这将有利于把握经济整体对赤字和债务的承受能力。加快财政结构性调整，提高政府资金的使用效率。根据政府职能的变化，不断调整与优化财政的支出结构，提高资金的配置效率。

第二,建立财政风险基金和国债偿还基金。为建立稳固的财政基础,应考虑建立专门的、稳定可靠的、可以连续使用的财政风险基金,该风险基金来源的构成可以参照总预备费的提取办法,在财政支出中按一定比例列支,它和财政后备基金共同构成财政安全的保护屏障。当然,考虑到采用通过偿债基金避免债务危机的方法,中国应该借鉴国际经验,选择建立国债偿债基金以防后患。

第三,强化各类政府债务的使用效益。政府债务(国债、地方债等)投资应遵循市场经济发展的一般规律,向基础设施和基础产业方向倾斜,为此各级经济管理部门要努力提高决策的科学性,各级人大和政府也要切实加强对投资项目的监管,严防"无效项目"和"豆腐渣"工程的出现,以确保投资的质量和效益。同时也要发挥政府投资对全社会资金投入的带动作用,引导各种经济成分参与其中,充分调动各方面的积极性,防止政府投资的"单兵作战"。首先,确保和努力提高债务资金的使用效率;其次,尽力扩大债务投资的"乘数效应"。在经济紧缩或经济萧条期,政府投资对经济的启动、刺激作用,关键不在于其数量多少,而在于其投资乘数作用的大小,发挥财政投资的"四两拨千斤"效应。

第四,规范政府收入行为。要规范收费,解决目前税收行为不规范的问题,杜绝诸如税收"空转"、寅吃卯粮、贷款缴税、包税等现象的发生。要严肃国家的财经法律,加强税收执法力度,坚决打击各种偷税、骗税和暴力抗税行为。绝不允许以言代法,以权代法,越权减免税等。

13.4 小 结

如何防范财政风险,保持财政的稳定性和可持续性已经成为一个世界性的课题。国外理论界认为财政风险是指爆发财政危机的可能性。在20世纪80年代拉美国家的债务危机,90年代苏联、东欧转轨国家债务危机和东南亚金融危机发生后,国际货币基金组织和世界银行等机构收集这些国家的政府债务资料进行了深入的研究。国内从1996年对财政风险进行研究,主要针对在财政发展过程中由于某些经济和社会因素影响,给财政运行造成波动和混乱的可能性。

财政风险的存在,制约了经济和社会的发展,降低了资源配置效率和政府质量。概括地讲,引发财政风险的根源在于不断深化的社会分工、政府干预市场的程度和水平、社会民主化程度以及经济全球化的发展趋势等方面。及时有效地化解和规避财政风险,不仅可以建立稳固、健康的财政平衡和财政政策,更重要的是,还对经济的稳定和发展意义重大。

本 章 要 点

✽ 财政风险,是指爆发财政危机的可能性。

✽ 广义的财政风险有两种观点:一种是把财政风险当成公共风险;另一种认为财政

风险具有自己的特征。狭义的财政风险也有两种观点：一种把财政风险与不确定性相联系；另一种把它看作政府资不抵债和无力偿还到期债务的可能性。

≋ 财政风险根据显示程度不同，分为显性财政风险和隐性财政风险；根据产生的原因不同，分为内生性财政风险和外生性财政风险；根据财政政策的结构特征不同，分为收入风险、支出风险、赤字风险及债务风险；根据财政主体不同，分为中央财政风险和地方财政风险；根据财政风险发生的领域不同，分为自然性财政风险、社会性财政风险、经济性财政风险和政治性财政风险。

≋ 财政风险具有与其他风险不同的特征，包括公共性、隐蔽性、传导性、普遍性和艰巨性。

≋ 引发财政风险的原因是多方面的。从理论上看，社会分工不断深化扩大了财政风险发生的可能性，政府干预强度增强了财政风险隐患，民主化程度与财政风险程度逆向相关，经济全球化的发展趋势导致财政风险传导维度的拓展。

≋ 建立合理的财政风险防范机制，应考虑建立以下机制：坚持市场导向、建构财政应急反应机制、区别不同层次的财政风险、努力实现财政安全。

≋ 财政安全，就是一国财政基本处于稳健增长的收支平衡状态，不存在引发财政危机的财政机制，不存在引发财政危机的现实问题，也不存在发生财政危机的可能性，对整个经济社会发展具有一定的支持力。因此，财政安全的本质，就是一国财政处于稳健增长和持续支持经济社会的发展。

≋ 保证财政安全，一要借鉴国际经验，建立和完善一套适合的科学地衡量、控制与管理财政风险的指标体系和系统；二要建立财政风险基金和国债偿还基金；三要强化各类政府债务的使用效益；四要规范政府的收入行为。

主 要 概 念

☞ 财政风险
☞ Polackova 债务矩阵
☞ 显性财政风险
☞ 隐性财政风险
☞ 内生性财政风险
☞ 外生性财政风险
☞ 自然性财政风险
☞ 社会性财政风险
☞ 经济性财政风险
☞ 政治性财政风险
☞ 财政安全

思 考 题

- 如何从广义和狭义两方面理解财政风险的内涵？
- 财政风险的构成主要包括哪几类？
- 如何理解财政风险的特点？
- 财政风险产生的原因是什么？
- 如何构建防范财政风险的机制？
- 财政安全要从哪几个方面予以关注？

补充部分

第14章 公共规制

> 如果公共政策的石头会溅起对经济有害的波浪,则在决定是否应丢下这块石头之前,自然应该把这些结果也列入考虑。假如某一政策在一方面可以得到50元的好处,但在别的地方却会造成30元或者70元的损失,我们至少应该知道有这些害处存在。
>
> ——[美]乔治·斯蒂格勒：人民与国家——规制经济学文集[M].吴惠林,等,译.台北：远流出版社,1991:23.

简单地说,对公共规制(regulation 或 regulatory constraint)的研究建立在市场经济条件下各种导致市场失灵的事实存在的基础上,政府活动旨在抑制市场过度和弥补市场不足,通过法律、制度等规范和制约市场内的各类行为,以此推动市场效率配置进而保证社会福利趋向最大化。在中国,与之经常容易引起似是而非的理解的另一个研究领域是政府管理,二者差异之处在于后者在经济转型之前往往将政府看作计划体制下社会生产的主体而强调它的"指令"。所以,本章的内容更希望将这两个概念区分开来,侧重从市场意义出发对政府的规制职能进行理论视角的阐述。本章在对公共规制的主要内容进行概述的基础上,侧重从经济规制出发进行分析。

14.1 公共规制基本理论

在市场经济条件下,社会产品的生产及流通由自由的市场价格机制所引导,市场在资源配置过程中发挥基础性作用。各个微观经济主体在这只"看不见的手"的指引下进行自身的经济活动,以实现资源的优化配置和经济效益的不断提高。但市场机制并不是完美无缺的,存在着诸如资源浪费、外部性、市场势力过强、分配不公平、信息不对称等难以克服的缺陷。在这些市场失灵的领域,需要政府来发挥作用,为市场经济的健康运行建立相应的法律规范和管理制度,将微观经济主体的行为活动置于一定的法律框架和管道之中,从而促进资源的优化配置和社会福利水平的提高。

14.1.1 公共规制理论的产生和发展

1. 公共规制的起源

公共规制是伴随着市场经济的不断发展而出现的。在18世纪和19世纪,随着工业革命的蓬勃展开,资本主义经济得到了极大的发展,自由资本主义的经济思想也盛极一时,人们普遍认为,只有对市场干预得最少的政府才是最好的政府,政府只能扮演"守夜人"的角色,对经济采取了自由放任的政策,极少干预市场经济活动。但自由的市场机制在资源配置方面并不是完美无缺的,随着资本主义经济的发展也逐渐暴露出了自身的缺陷,比如信息的不对称、垄断企业的出现、资本的过度集中、分配不公乃至经济波动等都严重干扰了市场机制的正常运行,欧美资本主义国家也逐渐认识到了政府干预的必要性,相继采取了一系列有针对性的规制措施来为本国经济的健康运行"保驾护航"。

在历史实践中,公共规制的具体实施可以追溯到19世纪的美国,1877年,美国伊利诺伊州政府出台了针对电梯和仓储行业进行收费规制的规定,这是美国历史上第一次以公共规制的方式来对垄断行业进行特定的管理并加以限制。到了1887年,美国国会又制定了《州际商业法案》,同时成立州际商业委员会来对铁路运输价格进行管理,以消除针对消费者的价格歧视。在美国的通信行业,著名的贝尔电话公司自从1876年贝尔发明电话以来便享有长达17年的专利保护的垄断经营期,为避免该公司长期制定高于市场价格的垄断价格以获得垄断利润、干扰市场秩序,美国政府专门设立了联邦电信委员会来对美国的电信行业实施规制。

可见,早在19世纪中叶,西方国家政府已经认识到部分行业具有自然垄断的特点,对其经济活动做出必要的规定能够保护公共利益不受损害。由此,经济理论界对公共规制进行了最初研究。如果从那时算起,对公共规制的研究已经有近150年的历史。由于公共规制理论是将以政府为主体的社会公共机构作为研究对象,因此,这一理论的产生和发展不同于以纯粹市场经济主体行为为研究对象的其他领域和研究内容。当人们认为市场和市场效率出现不完善、失灵、失调的状态时,需要通过政府的作用而不是市场原本的作用直接协调各种具体的经济关系时,公共规制得以发挥作用。当然,"政府的作用和政府的作用是否促进了效率,是两个有联系而又相互独立的问题,也是贯穿于公共规制理论的实质性问题"。① 随着对上述问题认识上的不断深化,在包括斯蒂格勒(J. Stigler)、佩尔兹曼(Sam Peltzman)、贝克尔(Gary Becker)、植草益(Masu Uekusa)等在内的众多经济学家的努力下,公共规制理论走过了不同的发展历程。

2. 公共规制理论的发展历程

1850年左右,欧美发达国家认识到铁路运输行业具有自然垄断的特点而对其经济活动加以规制,规制的目的就是保证社会公共利益免受损失。自此,人们开始了对公共规制理论的最初研究。公共规制理论是对公共规制制度和具体规制行为所进行的研究,是现代应用经济学重要的分支之一,经历了不同的发展阶段。

1) 公共利益规制理论

早期的公共规制理论主要是一种规范分析,分析的内容主要是针对市场经济运行中存在的某些弊端,对为何要进行规制,或者规制的目的是什么等问题进行研究,其中较为重要的理论是公共规制的"公共利益理论"。

在20世纪70年代之前,经济学界普遍认同的传统观点是,公共规制是为了抑制市场的不完全等缺陷,以维护公众的利益,即在存在公共物品、外部性、自然垄断、不完全竞争、不确定性、信息不对称等市场失灵的行业中,为了纠正市场失灵的缺陷,保护社会公众利益,由政府对这些行业中的微观经济主体行为进行直接干预,从而达到维护公众利益的目的。在该理论框架下,以上的市场失灵情况,尤其是在存在自然垄断和外部性条件下,不受限制的竞争会使经济效率受到损害。自然垄断产业的根本问题在于配置效率和生产效

---

① 王雅莉,毕乐强.公共规制经济学[M].北京:清华大学出版社,2011:3.

率的矛盾,政府的价格和规制可以达到配置效率和生产效率的统一。通过价格规制将价格限制在社会最优价格处,通过规制允许一家生产从而达到生产效率,进而满足配置效率的要求;而当存在外部性,市场出现失灵时,公共规制可以提高社会福利。

公共利益规制理论隐含着三个基本假设:一是市场自行运转脆弱,易发生无效率或者不公平;二是公共规制应是对社会或公众对效率和公平的要求所做出的无成本、有效的反应;三是政府是慈善的、无所不能的和无所不知的,能通过公共定价等方式实现社会福利最大化。在这三个假设之下,政府被看作是道德人,是公共利益最大化的代表,在发生市场失灵时,因应公众矫正市场活动无效率和不公平的要求而提供规制,并且能够实现效率。20世纪70年代之前,这一理论在规制领域一直处于正统地位。但实际上,此时一些国家的公共规制出现了低效率的现象,例如制度僵化、官僚腐败、规制成本过高、规制手段落后等。公共规制中出现的诸如上述的低效率甚至无效率的现象,推动了相关专家学者开始研究规制的动机以及必要性的问题。

2) 利益集团规制理论

许多经济学家通过大量实证研究发现,尽管政府宣称规制是为了保护公众利益、制约企业的不正当获利行为,但事实上,保护公共利益只不过是表面现象,进行规制与是否有必要进行规制或者规制的实际效果并不是同一个问题。实证分析表明,规制的实际效果与政府所宣称的或传统的规制理论所认为的政策目标是不一致的。这一研究促使经济学家重新思考规制本身的必要性问题,并得出政府应放松规制甚至放弃规制的结论。

在对规制本身的必要性进行分析的经济学家中,美国经济学家斯蒂格勒最为著名。他于1962年发表了《规制者能规制什么》。在这篇文章中,斯蒂格勒提出了规制经济学的根本性问题:规制者能够规制什么?他认为,应将公共规制目标与规制实际效果分开,规制者的愿望和制定规制规则是一回事,而规制能否对被规制产业产生预期效果则是另一回事。在该文中,他还对作为典型自然垄断产业的电力供给部门的规制效率进行了研究,结果发现政府对自然垄断产业的规制并没有降低收费标准,也没有解决价格歧视问题,对利润的提高也没有显著的影响。他进而分析,既然规制不能取得预期的实施效果,那么除了保护公共利益动机以外,必然存在着其他进行规制的原因。为此,他提出了规制"商品"的需求—供给论。他将规制视作由规制者所生产的一种"商品",并提出规制是利益集团对规制"商品"的需求与规制者对规制"商品"供给之间的结合,目的是实现利益的再分配。政府官员通过提供规制"商品"可以获得选票,以实现留任的目的或是取得其他形式的回报,而被规制者则可通过游说或贿赂来左右政府的规制政策,以谋取自己的利益。事实上,一些经济学家通过对电力等自然垄断行业的实证研究证明,规制使生产者可以获得高于正常水平的利润。所以公共规制并不一定有利于社会公众,但可能有利于垄断生产者。

在对规制目标进行实证分析的理论中,规制俘获(regulatory capture)理论(或者称作政府俘获理论)是一种比较重要的理论主张。该理论最初是由斯蒂格勒在20世纪70年代提出的,旨在揭示政府与被规制集团之间相互利用关系的理论。其核心内容是:具有特殊影响力的利益集团——被规制企业,通过贿赂政府官员等寻租活动,使规制者成为被规制者的"俘虏",并参与其共同分享垄断利润的活动,这就使公共规制者成为被规制企业追求垄断利润的一种手段。20世纪70年代以后,斯蒂格勒与佩尔兹曼对规制俘获理论做了进一步发展,解释了为什么规制者容易被生产者俘获。他们认为,组织完善、规模较小的利益集团更容易俘获规制者,因为这些利益集团更容易组织起来形成支持或者反对规制者的决策。相比之下,规模较大的利益集团形成统一决策的成本较高,并且在某种程度上,对规制者的俘获活动存在一定的正外部性,非常容易产生免费搭车的行为,使集团中的成员缺乏足够的激励来维护本集团的利益。由于消费者利益集团的规模远大于生产者利益集团,故后者更容易俘获规制者,并从中获益。规制俘获理论最初只是一个假说,随着交易费用理论及信息经济学的出现,规制机构为被规制企业所俘获的原因得到了更好的解释:即由于交易费用和信息不对称等的存在,被规制企业可以通过向规制机构提供有利于自己的虚假信息,使规制机构制定有利于自己的规制政策,从而导致规制机构为被规制企业所俘获。

尽管利益集团规制理论可以解释某些规制政策有利于被规制企业的现象,但该理论过分强调利益集团的作用,忽视规制者的作用,从而无法解释规制者的自由裁度权以及利益集团的利益和权利所在,也无法解释规制政策受到被规制企业的反对,最终导致该行业放松规制等现象。

> **专栏:乔治·J. 斯蒂格勒(George J. Stigler)**
>
> 乔治·J. 斯蒂格勒(George J. Stigler),1911 年 1 月 17 日生于美国华盛顿州雷登的西雅图郊区,是信息经济学和规制经济学的创始人,诺贝尔经济学奖获得者。
>
> 斯蒂格勒是芝加哥学派在微观学方面的代表人物。他的一大贡献体现在规制政策的精辟分析,他力图论证"看不见的手"在当代仍可获得良好的效果,而政府规制则常常不能达到预期的效果。他主张实行自由市场制度,反对垄断和国家干预。他被称为规制经济学的新的重要研究领域的主要创始人。弗里德曼赞誉斯蒂格勒是"以经济分析方法来研究法律与政治问题的开山祖师"。
>
>
>
> 斯蒂格勒还是信息经济学的创始人之一,他认为消费者在获得商品质量、价格和购买时机的信息成本过大,使得购买者既不能也不想得到充分的信息,从而造成了同一种商品存在着不同价格。斯蒂格勒认为这是不可避免的、正常的市场现象,并不需要人为干预。斯蒂格勒的观点更新了微观经济学的市场理论中关于一种商品只存在一种价格的假定。在研究过程中,斯蒂格勒还把这种分析延伸到劳动市场。这些研究开创了信息经济学这一研究领域。

3) 激励性规制理论

20 世纪 70 年代以来,传统的公共规制方式越来越被发现存在太多的问题,如企业内部无效率、规制关联费用增加和由于规制滞后使企业蒙受损失等[①],这些问题的出现引发了世界各国政府和学者的关注,并开始寻找新的替代传统公共规制体制的更为有效率的

---

① [日]植草益.微观规制经济学[M].朱绍文,胡欣欣,等,译.北京:中国发展出版社,1992:192.

规制方式。同时,博弈论、信息经济学和其他框架下的委托—代理理论等得到了迅猛发展,为分析公共规制问题提供了新的工具。在这种情况下,激励性规制理论应运而生。

激励性规制理论是针对传统公共规制制度的缺陷,在保持原有公共规制框架的条件下,给予被规制企业提高内部效率的激励,是对传统公共规制制度的改革,其目的在于通过设计科学合理的制度来减少公共规制成本,提高社会资源配置效率与企业生产效率。罗埃比和马盖特(M. Loeb and W. Magat,1979)最先用委托—代理理论来研究公共规制问题,并设计了一个与拍卖理论中的激励相容显示机制和公共物品理论相关联的激励合同模型,并提出了一种支付规则。在这种规则下,公共规制部门应该向被规制企业支付与消费者剩余相当的补助,从而其目标与被规制企业的目标存在一定程度的一致性。随后,伯胜科和莎平顿(D. Basanko and D. Sapinton,1987)、拉丰和泰勒尔(J. Laffont and Tirole J.,1988)等也对激励性规制经济理论进行了相关阐述[①]。

激励性规制理论的产生和发展改善了传统规制制度存在的问题,对相关政策的出台产生了巨大的影响,并在实践中取得了重大成功。主要的规制方法包括:特许投标权制度、区域间竞争、社会契约制度和价格上限制度等。随着中国改革开放的不断深入,这些对未来中国的铁路运输、公用事业等部门的改革具有较强的借鉴意义。

14.1.2 公共规制的存在理由

从理论上讲,要想实现经济资源的优化配置,需要以完全竞争的市场作为先决条件。只有市场是完全竞争的,生产者才会以最低的生产成本生产适销对路的产品,消费者才会以最低的价格购买到最理想的产品。这种完全竞争市场是以任何一个生产者或者消费者都不能影响市场价格作为假设条件的,但在现实经济中这种条件很难得到满足,市场失灵经常出现。因此,公共规制是政府对市场失灵所做出的一种积极反应。

1. 不完全竞争

不完全竞争包括垄断、寡头垄断、垄断竞争和自然垄断等表现形式。现实中的市场,不完全竞争是经济常态,比如美国学者认为,美国就是一个不完全竞争的市场:"在市场经济部分中,6%~7%大体上属于纯垄断活动,近50%是寡头活动,只有13%~14%的活动大致算得上是竞争活动(不过竞争活动还存在着不同程度的不完全性)"(何大隆,1985)。可见,垄断竞争的市场已经成为现代市场经济中的一个典型现象,而完全竞争却是经济学中的"乌托邦"。不完全竞争形成的原因有很多,如资源禀赋特性、技术创新、竞争的赢家、成本特性、非经济力量等。传统的产业组织理论把固定成本和规模经济视为市场进入障碍,由此造成了不完全竞争,但斯蒂格勒和鲍莫尔等人认为,真正的市场进入障碍是沉淀成本(sunk cost)。沉淀成本和固定成本十分接近,但沉淀成本的显著特征在于其资产专用性,这实际上是垄断力量的表现,除了人为垄断因素外,更多地表现为自然垄断。

由市场进入障碍所导致的不完全竞争的存在往往形成所谓的市场强力(market power)。一个市场中如果存在一部分人操纵供给,那么肯定会有一部分的垄断行为发

[①] 曲振涛,杨恺军.规制经济学[M].上海:复旦大学出版社,2006:122.

生,这些人不是市场价格的接受者而是操纵者。但一个市场要想高效率地运行,必须以任何人都不能影响市场价格作为前提条件。此时,假如有某个企业形成了市场强力,那么它就会成为价格的操纵者,其制定的价格会远远高于边际成本,这就会造成配置非效率(allocative inefficiency),即 $P>MC$。依据资源最优配置理论,价格应当和边际成本相等,因为市场强力的存在,形成了垄断力量,价格要高于边际成本,因此产生了效率损失。与市场强力相关的第二类损失叫作生产无效率,意即在完全竞争的市场条件下,企业面对来自对手的竞争压力会积极进行技术改造,以减小自己的生产成本;但对于拥有市场强力的企业,由于掌握了市场的定价权,因此进行技术改造、降低生产成本的愿望并没有那么强烈,这对于经济来说是一个损失。

2. 外部性

外部性是西方经济学产权理论中一个包括外在成本和外在收益的概念,前面章节已经对其基本原理进行了分析。概括地说,外部性可以是正的,即经济主体在市场中不付费用而得到收益,又称为外部经济或效益溢出;外部性也可以是负的,即某一经济主体不支付代价但提高了另一经济主体的成本,又称为外部不经济或成本溢出。由于外部性的存在,完全竞争市场的价格信号不再能够完全反映商品生产的社会成本或者社会收益,导致市场状态不再是社会最优的。科斯定理表明,只要产权界定清晰,自由市场经济可以克服外部性约束的影响使社会福利达到最大化,并且社会产出、效率的最优水平与产权归属无关,产权只影响分配,不会对产出和效率产生影响。如果交易成本的数额可以接受,还可以通过谈判来协商以解决问题。科斯定理实际上说明,在外部性的问题上,公共规制是不必要的,只要产权界定清晰,市场就可以实现帕累托效率。

但是在现实情况下,交易成本可能非常高,当事人之间的讨价还价并不能有效解决问题,此时,公共规制则显得更有效率。经济学家一般认为,公共规制可以从以下三方面努力:一是对该产品课税(或补贴);二是外部性内部化,将社会成本转化为企业成本;三是对数量进行限制,即政府直接实施行政干预。

3. 内部性[①]

内部性指的是在两个市场主体的交易过程中所发生的成本或收益超出了双方事先的约定。内部性可以是正的,称为内部经济,如雇主为雇员提供的上岗培训;也可以是负的,称为内部不经济,如一方违约带给另一方的损失。内部性主要发生在金融、运输、建筑、制造等行业中,主要原因是在这些行业的市场交易中,存在着信息不对称(asymmetric information)或不确定性,参与市场活动的微观经济主体往往不了解市场情况。信息不对称表明在一项交易中,交易一方拥有产品或者服务的充分信息,但另一方却只有不充分、不全面的信息,后者便处于不确定的情形下。比如,当买者或卖者在进行市场交易时,作为买者可能由于支付了较高的价格、购买了劣质产品或不适用的产品而受到损害,作为卖者可能由于要低了价格、贻误市场时机、使用低劣原材料或支付不必要的成本而受到损害。为了避免内部不经济,通过进入规制,以充分提供信息为条件,防止过度竞争是很有必要的。

---

① [美]丹尼尔·F.史普博.管制与市场[M].余晖,等,译.上海:上海三联书店,1999:83.

4. 收入分配不公平

完全竞争市场的假设主要考虑的是效率问题,并没有过多地提及收入分配。由于市场是按照个人在经济活动中所做贡献的大小来进行收入分配,这必然会导致分配结果的不均等,从而出现收入分配不公平。这里的不公平指的是分配结果的不公平,并非收入分配规则的不公平,只是由于个人所拥有的资源和禀赋不同,加之个人主观努力程度和机遇等因素,使收入分配的结果出现了不公平。要指出的是,如果对这种不公平现象不闻不问任其发展的话,必然会使市场经济的正常运行受到干扰和破坏,最终影响到效率的提高。因此,需要通过公共规制对这一现象进行调节和矫正,使这种分配结果的不公平处于社会经济所能忍受的限度之内。

5. 经济波动

在完全竞争市场条件下,虽然可以得到在已有技术基础上的最佳经济增长,但是,在现实的市场中,经济增长往往伴随着巨大的经济波动,表现为有时存在大量的失业人口,有时出现严重的通货膨胀,或者两者兼而有之。因为完全竞争市场条件下的均衡应该是基于有限理性的,主张试错程序,但这需要较长的时间。伴随从一个均衡到另一个新的均衡的是大量的资源浪费和可能出现的社会动荡。因此,保持经济的稳定增长自然成为了一个社会普遍承认的价值评判标准,而实现这一目标在某种程度上有赖于政府的政策导向,那么对经济实施一定的公共规制也就成为题中应有之意。

14.1.3 公共规制的内涵和分类

1. 公共规制的概念和特征

对公共规制的研究始于对政府职能的理解。面对现实复杂的市场经济,人们的共识在于:政府干预是必要的,以此来修正和维护市场机制运行的有效机能,以期增大社会福利。基于这种认识,学者们对公共规制的内涵各有表述。

王雅莉、毕乐强(2011)丰富了这一概念的具体内涵,认为,"一般意义上的规制,是指根据一定的规则对构成特定社会的个人和构成特定经济关系的经济主体的活动进行限制"。规制的主体一般有私人和社会公共机构两种形式。由私人进行的规制,譬如父母约束子女的行动可以称为"私人规制";由社会公共机构进行的规制,是由国家司法机关、行政机关以及立法机关进行的对私人以及经济主体行为规制,可以称为"公共规制"(public regulation)[1]。

肖兴志(2011)认为,"政府规制主要是指政府行政机构制定并执行的直接干预市场配置机制或间接改变企业和消费者供需决策的一般规则或特殊的行为"[2]。公共规制的主体是规制者,一般是国家行政机关,国家行政机关通过国家立法或者其他方式被授予进行规制的权力。公共规制的客体也就是被规制者一般是参与市场经济活动的各个微观经济主体,其中又以企业为主要部分。政府进行规制的根据是国家制定的各种法律法规、相关的制度和政策。公共规制的目的是通过政府的适度干预来矫正市场失灵,促进本国经济

---

[1] 王雅莉,毕乐强.公共规制经济学[M].北京:清华大学出版社,2011:15.
[2] 肖兴志.现代规制经济分析[M].北京:中国社会科学出版社,2011:75.

的健康运行和社会福利水平的提高。公共规制的具体形式受制于规制主体的法律行政权限和被规制者的具体经济行为,主要有政府直接对市场机制配置资源进行干预的规制、通过影响需求方即消费者的经济行为而影响市场机制的规制和通过影响供给方即企业的经济行为而影响市场机制的规制。

如上所述,公共规制是由公共行政机构制定、执行并监管的直接干预市场资源配置或间接改变供求决策的规则或制度安排。政府对微观经济主体进行规制的根据主要是国家制定的各种法律法规和相关的制度政策等,因此,如果从制度经济学的视角来看,那么这些由国家制定的法律法规和制度政策在本质上就是政府提供的一种公共品,从而公共规制就可以划分到公共品的范畴。由自身特点所决定,公共规制并不局限于对某个特殊的经济主体行为的规范,还可以作用于所有的社会经济主体,具有广泛性的特征。与一般的公共品相比,公共规制还具有自己的特点。这主要体现在:第一,从具体形态来看,一般的公共品都具有实物形态,是有形的公共品;但公共规制,例如法律、制度等则没有实物形态,是无形的公共品。第二,从提供方式来看,一般的公共品既可以由政府提供,也可以由市场来提供,甚至可以由二者混合提供,提供方式具有多元化的特征;而公共规制则只能由政府来提供,其他任何的社会组织、机构团体并没有权力来提供,因此,提供方式比较单一。

2. 公共规制的类型

公共规制根据不同的分类属性,可以划分为不同的类型。概括而言,主要包括以下几个方面。

第一,按照微观经济干预政策的性质划分,分为经济性规制和社会性规制。

经济性规制是指一国政府通过价格、产量、进入与退出等方面的规定而对企业等经济利益主体的决策所实施的各种强制性约束。经济性规制的领域主要包括带有较强自然垄断性的领域和存在信息不对称的领域。有的学者还把经济性规制进一步区分为反自然垄断的经济性规制和针对一般竞争性行业的反垄断规制。

社会性规制指的是以保障劳动者的安全、健康、卫生、环境保护、防止灾害等公益政策为目的,对产品和服务的质量以及相关活动制定一定标准,并禁止、限制特定行为的规制。与经济性规制相比,社会性规制是相对较新的规制。尽管早在20世纪初期,就有对食品、药品等方面的规制,但是直到1970年之后,发达国家才开始重视社会性规制。在美国,社会性规制通常局限于健康、安全和环境保护等方面,故又被称为"HSE"规制(health, safety and environmental regulation)。社会性规制并不针对某一特定的行业行为,而是针对所有可能产生外部不经济或内部不经济的企业行为。任何一行业内的任何企业行为,如果不利于改进社会或个人的健康、安全,不利于提高环境质量,都要受到相应的政府社会性规制措施的约束。

第二,按照公共规制的方式划分,分为直接规制和间接规制。

直接规制是政府直接实施作用于经济主体并对其经济决策行为施加影响的规制。针对外部性、信息不对称、自然垄断等市场失灵现象,政府干预都具有直接干预的特点,构成了直接规制的主要内容。经济性规制和社会性规制通常都是直接规制。

间接规制指的是形成并维持市场竞争秩序的基础,即以有效发挥市场机制职能、建立完善的制度为目的,不直接介入经济主体的决策而仅仅制约那些阻碍市场机制发挥作用的行为的政策。间接规制一般由司法部门通过司法程序来实现,其法律基础通常包括反垄断法、民法和商法等。

一般来说,直接规制和间接规制的关系是政府放宽直接规制时,间接规制往往得到加强,这是因为政府放宽对某一领域的价格或进入市场的规制后,需要通过加强反垄断来维持公平竞争和市场秩序。

第三,按照公共规制的作用和效果划分,分为管制性规制和激励性规制。

管制性规制,又称为消极性规制,是指通过设立一系列条款以控制私人行为而维护公共利益为目的的规制。管制性规制是传统规制的主要方式。

激励性规制,又称为积极性规制,指的是在保持原有规制结构的条件下,给予被规制企业以提高内部效率的刺激,即给予被规制企业以竞争压力或提高生产效率和经营效率等正面诱因的规制。激励性规制主要是针对信息不对称所进行的规制改革和创新,当前在激励性规制方面比较成熟的规制措施主要有价格上限法、特许投标制和区域间竞争制度。

第四,按照公共规制的特殊目的划分,分为非对称性规制和对称性规制。

非对称性规制指的是在从打破垄断到形成充分竞争的过渡时期,为了尽快改变不对等竞争的局面,政府对原有企业和新进入企业实行待遇有所不同的规制。这种规制主要对原有企业实行比对新进入企业更严格的规制,或者对基本和重要业务的新进入者实行比对原有垄断经营者更优惠的待遇,目的是使新进入的企业能够较快发展。

对称性规制则是针对非对称性规制所提出来的,是指无论对原有企业还是新进入的企业,都实行无差别的规制政策。

14.2 公共规制效率

公共规制的目的是尽可能地弥补或调节市场机制,使市场失灵的现象得到纠正。这种纠正是否有效率必须通过对有规制下的市场经济运行情况进行分析。公共规制的制度或政策设计是基于这样一个经济运行基础,即每出台一项公共规制法律、政策或行政规则,虽然是针对某一经济主体的行为而设计的,但是它的实施必然要对市场交易双方都产生影响,即对市场交易一方进行制约的规制行为对另一方具有相同或者相反的效果。例如,一个企业必须遵守的最高限价会导致消费者支付更好的价格,而对某一商品出售必须达到的最低质量标准会使消费者购买到的商品质量维持在这个标准上。因此,任何能影响消费者或者生产者经济决策的公共规制政策都会直接或间接地影响市场均衡。在进行公共规制的制度设计时,研究该制度或政策对市场均衡及市场效率的影响就非常必要。

14.2.1 公共规制的制度设计

植草益认为,以最大的可能性矫正市场失灵为目的的法律制度的建立,是"制度设计"①。也就是说,现代市场经济中,国家干预是以法律为依据的,法律作为从公众整体利益出发制定的社会行为准则,是任何国家干预政策的行为规范,从而为公共规制的制度安排提供了理论支持。概括地说,针对某种特定的市场失灵现象,有多方面的制度约束方式,但究竟选择哪一种约束方式效果最好呢?这是当前制度设计过程中热议的问题。在这方面,王雅莉、毕乐强(2011)对适宜于市场失灵条件下的国家干预经济可能选择的制度安排做了很好的归纳②,主要包括以下几种。

(1) 反托拉斯政策,是指为禁止某些市场行为(如企业联合制定价格)或控制某些市场结构(如纯粹垄断和高度集中的寡头)的法规。它的主要作用就是限制企业的垄断行为和垄断意向。如表14-1所示,列举了美国反垄断的部分政策。依据这些法律原则,派生出许多反托拉斯的具体条例,这些规定在竞争企业间规定价格、限制产量或瓜分市场的协定是具有典型意义的非法行为。此外,掠夺性价格(售价低于边际成本或可变平均成本)、捆绑性契约或合同(搭配销售)、价格歧视等也属于非法行为。

表14-1 美国反垄断的部分制度安排

名 称	时间	主 要 内 容
谢尔曼法	1890年修正案	① 每一个限制各州之间和外国的贸易和商业往来契约,以托拉斯或其他形式出现的联手或勾结,都被宣布为非法 ② 每一个将要垄断、企图垄断或与他人联手或勾结起来,以垄断任何环节的洲际或国际贸易或商业往来的人,都被认为犯有重罪
克莱顿法	1914年修正案	① 对于规格和质量相同的商品的不同购买者实行区别对待价格……是非法的……这种歧视的影响实际上使竞争减少或倾向于引起任何一种商品的垄断……其前提是,不包含任何因素会限制只是由于成本不同而引起的价格差异…… ② 以租借者或购买者不使用或不经营一个竞争者的商品的合同、契约或协定为条件,若租借、出售或签订合同由此内容……对任何一个人都是非法的……其影响……实际上是可能在任何一个商业中减少竞争或形成垄断 ③ 任何一家(公司)……不可以获得……另一家(公司)的全部或任何一部分……在这种获得的影响可能实际上是减少竞争或引起垄断的情况下
联邦贸易委员会法	1914年修正案	不公平的竞争方法……和不公平的或欺诈的行为或实践……被宣布为非法

(2) 鼓励正当竞争的政策。该政策主要内容包括:一是鼓励幼小企业的发展;二是在大公司之间推进有力竞争;三是把国外竞争引入国内市场,同时干预市场竞争的质量。鼓励竞争的政策在广泛遏制反竞争弊端时是重要的方法,它对减少不同层次的企业进入壁垒起着非常关键的作用。

(3) 公共规制。这是近些年来在市场经济发达国家形成的一种控制市场的新工具。公共规制允许专门的管理机构监督受管制行业(如公用事业和交通运输业)的价格、产量以及企业的市场进出。与规定不能做什么的反托拉斯法不同,公共规制告诉企业的是应

---

① [日]植草益.微观规制经济学[M].北京:中国发展出版社,1992:16.
② 王雅莉,毕乐强.公共规制经济学[M].北京:清华大学出版社,2011:55-57.

该做什么以及如何给产品定价。实际上,这是没有政府所有权的政府管制。在这里,政府既可以用行政命令也可以用市场激励的方法控制经济活动。历史上,规制的主要形式是直接干预,即政府发出命令和控制性指令,宣示从事或放弃某些经济行为的内容。如政府可能要求企业只能在商业区选址,不能将化学废料倒入河流和湖泊。在当代,政府的命令几乎包罗万象,不仅包括污染和土地规划,还包括信息披露、劳动工资和时间标准。在某些行业,诸如使用杀虫剂、制造新药、从事国际贸易等方面,也都有许多规制措施。这几年来,理论和决策机构正致力于倡导政府实行一种全新的规制,即市场激励。这方面的案例可见1990年美国颁布的《空气洁净法》,这一法律形成了一种买卖"可交易的污染许可证"的市场,也即污染许可证交易。这种控制市场的办法可能要比行政命令方式更加有效。

(4) 国家垄断,也称为垄断的政府所有制,即由国家或政府直接举办某种行业,形成公共企业,如中国提供公共品的国有企业。这种方法在许多国家得到广泛运用。通常认为,一些自然垄断行业,如自来水、煤气和电力供应等,有效率的生产或提供要求只有一个厂商。这样,就存在一个难题,即究竟是实施政府所有制还是对这些企业进行政府规制呢?在当前的各国实践中,似乎是发展中国家大多数采取了政府所有制,由政府企业提供公共品和服务;而发达市场经济国家则较多选择了政府规制的方法,并且在最近几年中,许多国家甚至将曾经"国有"的政府企业实行了"私有化"。究竟哪一种形式更有效率,也是仁者见仁,智者见智。

(5) 价格管制,是指对市场价格水平进行限制,而不是指公共规制中干预企业的定价方法,是一种宏观调控方法。在战争时期大多数市场经济国家曾使用过对大多数物品和劳务实施价格管制的政策,这种方法部分是用来抑制通货膨胀,部分是为了压低某些市场集中度较高的行业的价格。研究结果表明,尽管这种管制政策在经济的强劲发展过程中可以稳定经济,但总地说来它是一种效率较差的工具,破坏了市场经济的效率。20世纪70年代,美国曾经对汽油进行过价格管制,当汽油的价格被定得过低的时候,出现了购买汽油的长队;在汽油价格变化的同时,在其投入—产出链条上的产品,如牛肉、天然气,甚至像卫生纸等必需品都出现了不同程度的短缺。一些经济学家认为,为了制止几个垄断者而把整个经济置于价格管制之下,就像是为了消灭几个害虫而毁坏整个花园的行为一样。

(6) 税收。通过对非市场和影响市场效率的行为征税,可以减少非市场的和影响市场效率的行为。但是征税机制需要良好的设计,如果考虑不周全,可能会带来相反的效果。如通过对垄断者征税,也许可以减少垄断利润,但这种方式也可能给供应量带来影响。设计合理的税收政策可以把利润全部抽走,但对产量却没有影响。如果税收提高了边际成本,那么它可能把垄断者进一步推离有效率的产量水平,甚至更大幅度地提高价格和降低产量。

这些国家干预方式的作用方式有区别。国家垄断和价格管制是特殊的国家干预方式,在纠正市场失灵方面,缺乏普遍意义。而税收则是一种配合性政策,在纠正市场失灵中缺乏独立意义。因此,针对市场失灵,有效的方式是前三种,这三种方式形成两大类,即规制类政策和竞争类政策。反垄断和鼓励竞争政策属于竞争类的制度安排,公共规制政策属于规制类的制度安排。两类制度安排对于上述市场失灵哪一种方法更好呢？王雅莉、毕乐强(2011)认为，二者各有特点，不可互相取代，而是相互补充的关系，从而驳斥了认为公共规制作用逐步弱化、直至被反垄断制度渐趋取代的观点。

14.2.2 公共规制的制度选择

公共规制行为是以法律为依据，体现在对机构的授权立法、机构自身的程序规则以及行政程序中。采用哪一个政策对市场失灵进行必要的规制，体现了行政机构和市场参与者之间的逆向互动和利益关系。斯蒂格勒(1971)断言，规制是一系列受行业所需并控制的政府给予的"恩赐"。波斯纳(1975)补充道，国家的强制力为行业卡特尔化提供了一种更为有效的工具。佩尔兹曼(1976)建立了一种规制的政治或立法模型，在这一模型中，立法者做出规制决策以使他们所期望的选票数最大化。政治家的这一目标函数取决于利益集团财富水平的"多数生产函数"(majority-generating function)。对价格或进入规制来说，利益集团可以是消费者和企业。如果我们设定 $S=S(p)$ 代表消费者剩余，$\pi=\pi(p)$ 代表行业利润，它们都是市场价格 p 的函数。则公共规制的生产函数为

$$M = M(S, \pi)$$

式中，又设 $m_1 = \dfrac{\mathrm{d}M}{\mathrm{d}S} > 0$，$m_2 = \dfrac{\mathrm{d}M}{\mathrm{d}\pi} > 0$。这时，消费者剩余在竞争性价格 p^c，$\pi(p^c) = 0$ 时最大，而在垄断价格 p^m，$\pi'(p^m) = 0$ 时最小。于是，我们可以推导出一个公共规制政策的生产可能性边界

$$S = S[p(\pi)] = S[\pi^{-1}(\pi)]$$

在此，π 在 $\pi(p^c)$ 与 $\pi(p^m)$ 之间取值。图 14-1 描述了这种情况。

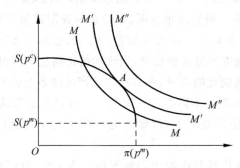

图 14-1　佩尔兹曼模型

假定 M 表示递减的边际替代率，"同等多数生产函数曲线"与图 14-1 中的 MM 曲线相似。则政治家所选择的规制政策，不仅要满足选票数的最大化，还将使政治的边际替代率等于企业利润与消费者剩余之间相互转移的边际替代率，从而达到一种均衡。可见，这种规制均衡使规制价格的解 $\max p^m [S(p), p]$ 一定会分布在 $p \in [p^c, p^m]$ 之内，因此，规制价格 p 满足

$$\frac{M_2(S, \pi)}{M_1(S, \pi)} = \frac{-S'(\bar{p})}{\pi'(\bar{p})}$$

其中，$S = S(\bar{p})$，$\pi = \pi(\bar{p})$，对应于图中的点 A。就是说，规制价格一定在竞争性价格

与垄断性价格之间取值,这意味着某一规制价格不会长时间地偏向某一利益集团,因为任意偏袒一方都可能失去另一方的选票。当然,这种均衡的存在是以较完善的代议制为前提的。

14.2.3 公共规制的效率分析

1. 规模经济的规制效率

规模经济及公共品的特征形成了市场进入壁垒,因而常常是政府干预的主要侧重方面。在传统的一般均衡模型中,基于市场均衡和最优化的前提假定条件,往往认为所有商品都是私人商品、商品完全可分、不存在递增的规模报酬。但在现实世界中,存在着单个商品递增的规模报酬或商品间成本互补的现象,于是单个企业里的联合生产能带来规模性成本收益。此时,公共规制作为一种方式,不仅要得到规模经济收益,而且还要降低单个生产时产生的递增垄断租金。这也是通常对电力、电信及管道运输业等所谓的"自然垄断"产业进行规制的原因。这种规制一般可以分为两个部分,即限制新厂商进入的"进入规制"和降低已有厂商垄断租金的价格规制。

要对这种规制的效率进行分析,必须要确定在递增的规模报酬下竞争性进入是否会出现过度。根据冯·韦莎科克(Von Weizsacker,1980)利用古诺模型的观察,发现在没有规制的情况下,过度进入很可能发生,但这个问题在理论上还没有得到最后解决。因为鲍莫尔、潘则和威利格关于伯兰特型(Bertrand-type)价格竞争、可竞争市场的文献证明,在某些情况下,自然垄断能够持续抵制进入。因此,由规模经济原因引起的进入壁垒导致了对行业利润率的规制,这实际上是对被规制企业的定价进行规制。

2. 沉淀成本的规制效率

沉淀成本是一种不可重新使用的、市场特殊化的成本,只有在承担了这种成本以后,进入者才能变客为主,成为行业中的一员。沉淀成本是进入者的一种递增成本,也是一种递增风险,因为它必须在进入市场后通过若干年的收益来弥补,而已建立起来的企业在当前或将来的决策中完全可以不考虑这种已经付出的支出。可见,已进入者可以凭借由沉淀成本造成的垄断租金处于竞争优势,欲进入者必须一次性投入已进入者在若干年投入的固定费用,且只能在若干时间以后才能陆续收回。沉淀成本的垄断租金和资源不良配置的程度是公共规制的对象,也是需要积极探讨的一个课题。

沉淀成本是一种普遍现象。在行业中,投资对象可能只是适合于某种特殊目的的设备,因而是一种特殊的市场或交易行为,企业为了承担一项特殊任务可能需要具备某种专门知识,一项生产开支可能仅用于为某特殊顾客生产某特殊产品。在劳务市场中,求职者可能为掌握某一特殊领域的技术而投入无法转移的开支,而某些固定期限的就业合同常常涉及特殊的人力资本投资。长期契约规制针对许多与长期契约的谈判和执行有关的问题做出规定,以防止道德风险、逆向选择以及违约等问题。

3. 信息不对称的规制效率

信息不对称使交易双方处于一种不确定的状态中,势必给企业或者消费者带来风险。如果企业想开发一种新产品,并且拥有关于此种新产品开发费用和未来需求、投资额和生产费用等方面的完全信息,保证产品开发确实盈利,这个企业就会开发这种产品,金融机构也确实会贷款给这个企业。然而,企业一般不可能拥有这方面的充分信息。所以企业一般都要在一定预测下,常常伴随着风险进行开发活动,这时资金能力有限的企业往往会因为风险大而取消投资。这样,某些从社会角度看应当投资或应扩大生产建设的项目,常常会达不到社会需要的水平,特别是事业领域。事业领域的建设项目大多投资大,建设周期长,投资回收期也长,如果政府没有规避风险的制度设计来保障投资者的利益,这一经济循环的生产、交换和消费就无法顺利进行。因此对具有较大风险的事业领域,必须通过合适的法规或采取合理的政策来规避风险,才能保证事业投资经济的良性循环。

为了尽量减少信息不对称,提高资源配置效率,尤其是尽量实现事后效率,各国政府都通过法规形式对交易双方行为做出了相应规定,通过政府的制度设计来减少信息不对称给交易双方带来的损失,尽可能使资源配置达到最优水平。应该看到,政府对信息不对称的规制政策并不总是有效的。比如政府对产品质量或安全标准的规制就有可能因为产品种类的减少从而限制选择范围,使消费者获利减少。如果企业由于规制而付出较大的成本,同时减少了可供消费者选择的产品种类,那么这种规制就是不合意的。因此,面对信息不对称,公共规制的实行与否取决于实施规制的成本与规制取得的效果的权衡比较。

可见,当存在不对称信息时,公共规制确实有着重要的作用。由于信息不对称的存在,交易双方可能无法获得应得的利益。公共规制机构通过向市场提供信息,把私人信息变成公共品,或者减小市场信息的成本,或者为信息公开制定相应的标准,从而都会降低消费者获得信息的成本。与此同时,公共规制通过鼓励竞争,还可以激发企业提供更多产品信息的积极性。实践表明,合意的有效率的公共规制政策要建立起关于信息公开的一般规则,在这些规则的基础上,依靠市场力量促使私人信息有效地公开。

→ **专栏:地沟油:公共规制失灵**

2012年9月10日上海交通大学陈宪教授在《文汇报》撰文报道,有关部门调查发现,自2007年12月至案发,河南惠康油脂有限公司采购大量地沟油,掺入食用油后出售给60多家制药、饲料企业;而这些企业在知情或不知情的情况下,把这种油用于生产,比如某上市公司的一家全资子公司在长达1年半的时间里,采购了价值1.45亿元的掺进地沟油的豆油用于生产抗生素中间体7-ACA,而后流向医药市场。

地沟油主要来自餐厨废弃物。一方面,餐厨废弃物遍布于社会的每个角落;另一方面,它又有着一定的利用价值,这就决定了餐厨废弃物的管理和利用是一个不大不小的公共问题。说"不大",管好用好就"不大";说"不小",没有管好用好就"不小"。近年来,正因为没有管好用好餐厨废弃物,地沟油屡屡成为全社会关注的公共事件。对餐厨废弃物及地沟油的公共规制,主要是因为它可能产生负的外部性,即严重危害消费者健康;它一旦以某种方式进入食品和药品,消费者与生产者之间就有信息不对称的问题,而且,消费者试图取得信息对称的成本很高,以至于最终不可能做到。因此必须通过公共规制,对餐厨废弃物及地沟油做必要的监管。

现在的问题是,相关的法律法规缺失。针对地沟油,国务院曾于2010年7月13日发布《关于加强地沟油整治和餐厨废弃物管理的意见》,专项部署地沟油和餐厨废弃物的整治与管理工作,提出了五条意见。然而,这仅仅是一份政府文件,还不是法律,甚至都不是法规性文件。所以,这方面的公共规制失灵,首先表现在相关立法滞后上。

当然,尽管这份文件还不是针对餐厨废弃物及地沟油的法律法规,但它对问题已经有了正确的认识和把握。但是,政府文件仍然不足以全方位规范和监管这件事,因此需要进行相关的立法。公共经济学告诉我们,相关法律的出台是公共规制过程的第一步。

最近曝出的这起地沟油事件的一个焦点,是涉事企业均宣称,采购来的油脂经检测是合格的。为何掺入地沟油的油脂能达到众多企业的各项检测标准?一个可能的原因是,标准规制失灵。这里至少涉及两个问题:其一,标准规制的与时俱进,标准要及时针对各种新情况,不断完善,就像三聚氰胺事件发生后,我们对奶粉质量标准做出了修订;其二,加强标准管制的执行,以及对执行的监管。也就是说,除了企业需要执行标准规制,负有相关监管责任的公共部门,要对企业执行标准规制的行为进行有效的监管。这是在目前食品药品安全事件频发的情况下,公共部门必须加强的一项工作,主要体现在相关立法、规制力度和监管执行上。

(选摘自:http://opinion.hexun.com/2012-09-10/145656839.html)

4. 负外部性的规制效率

对负外部性进行规制,政府通常采用充当中间人,通过明确产权、明晰产权交易的规则、排放许可证制度等措施,这些措施在提高市场效率、增进社会福利方面各有利弊。

第一,政府充当调节人。"当事人直接交涉原则"在某些情况下能够解决或者弥补由于负外部性造成的市场失灵,但这取决于当事双方交涉的交易成本。当交易成本为零时,积极的讨价还价可能带来有效率的结果,即谈判成功;当交易成本过高时,交易者因为支付不起或者不愿支付交易成本导致无效率的结果,即谈判失败。此时,公共规制可以在降低或消除交易成本中发挥作用,具体方法就是公共规制机构在大量或潜在的受害双方之间充当调节人。如在污染治理方面,个人谈判常常不会有效,而公共规制的听证制度可以取代无结果的个人谈判。听证制度允许代理人进行谈判,通过在公开听证会上提出证据和向规制者提供信息,产业集团和消费者集团的代理人就可以间接地就污染的标准、排除的技术和排污费进行谈判。这种方式根据受影响的当事人所表达出的利益,能够强调环境规制的互动性,通过污染给工业带来的净收益和施加于消费者与其他厂商的污染外部成本进行比较,使规制者通过听证会来了解情况,并制定相应的规则和标准对排污行为进行限制。因此,在解决负外部性所导致的问题时,政府通过制定相应的法律制度对产生负外部性问题的厂商进行规制和约束,一般要比私人的直接交涉更为有效。

第二,对产权进行规制。如果产权制度不完善,市场就不能称其为市场。有效率的市场要以产权明晰并且可以交换为基础,这里隐含的市场规则就是既用于界定排他性权力的初始分配,也建立产权的有效交易和合法认可的机制。但是这些规则的形成和执行是有成本的,这种成本源于对财产的初始产权界定的成本、产权交易的成本以及由产权界定与交易对资源均衡配置的影响所带来的社会成本。在发达的市场经济国家,产权界定与交易规则一般表现为财产的普通法和民法。但由于自然资源的产权不可能明确界定,于是政府就被视为环境资源的所有者,由此派生出许多规制机构作为贯彻公共资源管理政策的手段。但这种通过政府而建立的"完整产权",并不能解决公共资源的竞争性使用问题。波纳斯认为,这种资源使用的冲突问题是可以通过财产法和民法解决的,前者可以将使用权转让给能最有效利用资源的团体,后者则可使使用者承担义务。这种观点经实践证明是行不通的。它对自然资源仍无法实现彻底的排他性使用,外部性或溢出现象还是必然的结果。例如石油开采中的"公共矿床"问题,根据普通法的"捕获规则",土地所有者拥有开采其土地上原油的采矿权,然而,许多土地所有者拥有同一个矿床或油田。因此会出现由于油田无法分割而形成的过度竞争、重复投资和过度开采等突出现象,这对自然资源的竞争性开采是一种典型的浪费行为。

因此,"捕获规则"并不能形成一种排他性的产权,那么产权的普通法定义便不适宜作为公共油田的地主之间合约安排的基础,因为它的交易成本相当高。因此,与对私人合约解决方式的依赖相比,地方政府的规制成本就要降低不少。联合化、规制性开采或以地域面积、特性及位置为基础的产权定义,可能会使公共规制下的资源利用产生更高的效率。这就说明了在产权安排上,行政方法比法律方法更有效。

5. 负内部性的规制效率

对负内部性进行规制,政府常采用交易和合约成本规制、道德风险规制等措施,与负外部性相似,从提高市场效率来看,这些方法也是各有利弊。

第一,交易成本规制。交易成本规制的基本目标是使个人和企业市场交易成本达到最小化。波纳斯在1977年曾指出,合同法降低签约成本一般有两条途径:一是通过提供一套在缺乏合同法情况下交易者必须坦白谈判的正式条款,以减少复杂性从而降低交易成本,法律的这一功能类似于标准或格式化合同的功能;二是为未来的交易者提供有关可能损害某一交易的诸多信息,从而帮助交易者合理规划他们的交易。如果合同法可以有这些有利之处,那么我们也能看出行政规制在另一种情况下可以发挥作用:一是在拥有新产品特征或新生产技术的市场中,标准的程序或合同格式还没有形成时,行政规制特别需要;二是在某些市场中,长期演变而来的标准程序由于许多种原因可能会不尽适用,需要辅以行政规制。

较高的交易成本的存在会严重妨碍市场机制的作用,这时政府配置资源的效益一定要和规制成本进行比较。如在环境规制中,即使产权是明确界定的,也要实行一个可转让的许可体系的成本和实施排污罚款及标准体系的成本体系。虽然可交换的排污许可制度中存在许可证价格由竞争性投标决定的优势,但建立一个许可体系并监督其运行仍然要付出成本。因此,政策手段在设定正确的价格(如排污费)方面处于劣势,在行政管理成本上却有优势。

第二,合约成本规制。合约成本是指由交易中意外事件引起的费用。合同法提供了一种能够减少预防意外事件成本的方法,简明的合同能降低谈判的精力和时间。度量毁约危害可作为完全性意外合约的一种替代,违约罚金的目的在于使签订者对合约行为做出有效的选择,并在其未履行合约条款时对受害方进行补偿。在市场中缺乏明确合同的情况下,公共规制也具有类似的作用。市场中隐含性合同的被违背经常出现,与其采用昂贵的法律手段解决,不如由公共规制机构制定违约标准罚金并强制执行。民法中也有对偶然事件的弥补措施,可以代替意外性合同条款。把这种民法责任与风险性规制加以比较可以看到,在减少由勒令毁约者承担罚款引起的风险方面,公共规制的违约罚金与民法责任具有相似的作用;然而如果同诉讼相比,公共规制的罚金措施可能会使交易成本更低。特别是在当事人不容易估计危害的程度,以及搭便车现象及相应问题使集体行动难以进行时,公共规制更便于达到预期效果,因为公共规制直接强制执行制度规范,而不必提起诉讼。将民法体系成本与直接规制行政成本比较,主要区别在于,在规制情况下,不管是否发生规制行为,行政成本都存在。因此,在减少由产品质量和不安全工作条件引起的风险时,公共规制和民法形式的结合使用可能是比较好的选择。

第三,道德风险规制。负内部性的来源有许多,道德风险便是其中一个,世界各国的专家学者也对此进行了广泛的研究。道德风险不仅仅出现在保险市场上,也广泛存在于商品和劳务的市场交易中。例如,消费者在其风险由保险合同投保后,可能粗心大意地使用商品;工人们由于享受工人补贴,在工作中也许不会投入充分的注意力以避免工伤事故。这些产品和劳务市场上的市场失灵的可能性是这方面公共规制的依据,公共规制以共担成本的社会制度为消除某些道德风险提供了担保。虽然政府的某些计划(如医疗保险)与私人合同一样,也存在着道德风险行为,然而,公共规制对于解决道德风险问题还是很有效的,如产品质量和工作场所安全标准以及检查制度方面的公共规制,对于企业和职工无法预料的由于责任心造成的事故或风险有重要的积极意义。针对道德风险的公共规制范围大小,要通过规制措施的行政成本和规制措施实施后可能取得的收益进行比较分析。

14.3 公共规制主要方式

公共规制不是从来就有的,它是随着现代市场经济的发展而逐步建立并不断完善的。为了弥补这些市场失灵所导致的经济效率损失和社会福利下降,公共规制便应运而生并逐步扮演着越来越重要的角色。可以说,只要有市场经济的地方,就会有市场失灵,就会有公共规制。随着时代的发展,公共规制的方式也推陈出新,以适应不断变化着的社会经济发展形势。

14.3.1 公共规制弥补市场失灵的一般原则

从公共规制的角度出发,弥补市场失灵,是指政府运用公共规制政策弥补属于公共规制对象的市场失灵。也就是说,政府要运用法律制度及其相应的政策措施规制市场主体的行为及其经济关系,防止发生外部性、内部性、不完全竞争、不完全信息等市场失灵现象,使市场机制能够充分发挥作用。如何运用公共规制来弥补市场失灵呢?运用公共规制来弥补市场失灵应当本着怎样的一个基本原则呢?根据帕累托效率实现的必要条件,总的原则就是要使社会福利最大化,即使全民福利状态得到改进。根据这一总的原则,采用适当的规制方式弥补市场失灵,主要遵循以下原则。

1. 公共品原则

在市场经济条件下,存在着两类性质截然相反的物品,即一种物品是兼具排他性和竞争性的私人产品;另一种物品是指任何人都可以同时享用、具有全部或部分的非排他性和非竞争性的公共品。由于消费没有排他性,公共品的社会潜在收益远远大于购买这种产品的个人收益,它的价格不能由购买者的出资来衡量;由于消费没有竞争性,公共品可以不增加费用而使更多人受益,因而它的成本和收益是完全不对称的;如果强行实行排他性使用,如对并不拥挤的桥征收过桥费,则会损失公共品的效率,造成市场失灵。

可见,公共品造成市场失灵的突出经济特征是由于非排他性和非竞争性特点无法形成或不能完全形成市场价格。因此,对公共品的生产和交易,要求政府实施干预。但是,由于公共品消费排除和消费区分的困难性所导致的价格形成困难,其强烈程度不同,从而造成市场失灵的程度也不同,要求政府的干预政策也应有所不同。这需要对公共品的特性实行分类认识,以便正确选择公共规制的原则和政策。

首先,对于具有强烈的消费排除困难和消费区分困难所导致的价格形成的严重困难的公共品(纯公共品),如消防、国防、警察、环境保护、基础教育等,单纯靠市场机制调节,会出现供给严重不足现象,因为人们总是企图以较少支付或不支付费用(非排他性可以实现这一点)而得到对公共品的使用效益(非竞争性可以实现这一点)。对此,一般需要由政府提供。

其次,对于具有不太强烈的消费排除的困难和消费区分的困难、价格形成的困难不太严重的公共品(准公共品),如垃圾处理、道路清洁、公园、卫生保健、残疾人与老人福利性服务等,不一定完全难以形成价格,并非不可能区分其个别消费,即具有一定的"消费的集团性"①。根据这一特征,对使用者收取费用是可能的。对于这类准公共物品,可以依据"受益者负担的原则"①,向消费者征收其收益费用。

2. 受益者负担原则

受益者负担原则的本质是使经济活动体现市场效率,是使一些缺乏市场、缺损市场的现象向市场机制内部化的政策。就是说谁受益谁就要负担其一部分费用,以便使已消耗的资本得到一定的补偿,从而使公共品的提供得以继续;或者,能够促使施害者承担成本、施益者得到收益,纠正非市场的低效率现象。可见,某些市场缺损的外部性和公共品导致的市场失灵问题,可以通过使其回归市场内部,运用市场机制得到解决。

一方面,公共品的受益者负担。市场机制下公共品短缺的根本原因在于其很难形成价格而不能收回其生产损耗。这里的受益者负担原则就是要通过一定的方式收回公共品生产中的资源耗费成本。在政府直接供给纯粹公共品的情况下,政府收回耗费的基本手段是税收。这种用于公共投资的税收应来自于个人所得税和企业所得税这样的"直接税",以避免享受公共品的支出被转嫁,形成新一类外部性的市场失灵;在政府提供的是准公共品的情况下,政府收回耗费的基本手段是收费。这时就有一个如何收费、收费多少的问题,这些问题形成公共品价格规制的主要内容之一。而在非政府主体(包括政府委托的供给公共品的生产单位)供给公共品的情况下,主要体现为公共品的收费制度。后者一般是公共事业法的主要对象之一。

另一方面,外部性问题中的受益者负担。对于外部性问题,这一原则主要体现为对产生负外部性的公司(个人)罚以承担社会成本的补偿,产生正外部性的公司(个人)奖以得到社会收益的报酬。由于不可能精确计算负外部性的社会成本和正外部性的社会收益,

---

① [日]植草益.微观规制经济学[M].北京:中国发展出版社,1992:15.

政府也就不可能精确确定受罚和受奖的数量,政府只是根据经验的积累对造成负的外部效果的企业征收一种附加税(如庇古税),对造成正的外部效果的企业给予一定的社会补偿。这种税收或补贴对抑制外部性具有一定效果,但其操作的难题主要是政府很难得到充分的信息,从而难以设计出适当的税收或补贴结构。

3. 当事人直接交涉原则

当事人直接交涉原则实际上是一个产权让渡的问题,即在出现负外部性的情况下,通过一定途径和方法使当事人直接交涉,以图予以解决。运用产权概念可以考察当事人双方如何就这些权利进行交易。从法律观点来看,在一定法律界定下,交易每一方均可能拥有某种权利。为了解决市场失灵中的负外部性问题,可以促使当事人双方通过直接交涉来协商解决产权的让渡,使外部性问题得到解决。这种当事人直接交涉的原则基本体现在以下两种情况中。

其一,产权未界定时的当事人直接交涉。以环境经济问题为例,在法律没有对环境污染进行权利界定的情况下,外部性的引发者把污染物排入空气、水或地面;同时,外部性的受害方有权得到清洁的环境、空气和水,或者免受由空气或水的污染引起的损害。双方所拥有的权利是互相排斥的。当外部性发生时,需要双方通过协商,确定对环境经济的产权。这时,政府除了应积极策划对环境经济现象制定法律外,应本着当事人直接交涉的原则提供产权有效交涉的社会组织和管理程序以及国家的政策影响,使当事人双方对外部性问题能够取得共识,有一个相对满意的解决途径。

其二,产权已界定时的当事人直接交涉。产权的法律界定对市场均衡,尤其是对那些需要承担负外部性的经济活动具有深刻的意义。在产权已经法律界定的情况下,根据科斯定理,如果交易费用为零,就可以无成本地就资源配置进行协商,通过私人谈判,当事人就可以解决外部性问题,实现帕累托效率。但是,现实中的交易费用往往不为零,直接影响负外部性的解决程度。也就是说,当事人双方直接交涉中所需要承担的交易费用,即双方讨价还价与谈判的费用将决定直接交涉的经济效率。如果产生负外部性的一方在讨价还价过程中,扣除交易费用,其收益大于其成本,则负外部性行为可能还要继续,即当事人双方的直接交涉失败;如果受害方在讨价还价过程中,扣除交易费用,其收益大于其所付成本,外部不经济行为就有可能消失,当事人双方的直接交涉就解决了这个市场失灵问题。该内容在前面已经通过模型分析过,这里不再赘述。

4. 合并原则

合并原则是指能够使外部性的产生者和其受益或受害者的经济关系由原来的相互独立改变为相互融合,使外部性问题通过企业等社会组织的合并转为内部化。它是"受益者负担"原则的一个特殊表现。在这一原则下,由于外部性的双方合并,二者融为一体,使原来在不同企业内要解决的外部性问题,变成了由一个经济主体自己制造和吸收溢出效果的问题,就是说外部效果内部化了。合并通常有两种情况:一是纵向合并,即处于生产和销售连续阶段企业的相互合并;二是横向合并,即处于竞争关系中的企业的相互合并。如果双方谈判成功,那么合并可以满足资源配置最优化的条件。

14.3.2 公共规制的政策工具

公共规制的政策工具主要包括以下几项。

1. 价格规制

价格规制主要用于对不完全竞争现象的公共规制中。由于市场的不完全竞争,在竞争中占据主导地位的企业可能单独或者串通别的企业制定价格以排挤其他竞争者或获取垄断利润,结果会使资源配置无效率或者使社会福利受到损失。政府为了避免这种现象的产生,采用的主要手段之一是价格规制,即规定企业所制定价格的上限或者下限,以尽量促使企业按照边际成本定价。

大多数商品、服务和生产要素的价格是在竞争中形成的,但是,在某些产业部门的商品或劳务价格的形成过程中,竞争机制、供求机制是难以发挥作用的,即存在市场失灵。这为政府实施价格和收费规制提供了必要性。价格规制具体包括以下几个方面。

第一,对垄断行业的价格规制。垄断企业在追求其利益最大化时,会以垄断价格获取垄断利润,从而影响到资源的有效配置,损害非垄断行业和消费者的利益。所以,政府对垄断行业需要实行价格规制,由政府确定垄断企业产品或服务的价格。

第二,对保护行业的价格规制。为使得生产周期长的大宗商品的价格相对稳定,政府需要对一些农产品和矿产品的生产行业实行保护性的价格规制,由政府以专项基金和专门储备制度为基础,对这类商品设定最高价格和最低价格作为指导价格。

第三,对金融等行业的价格规制。在银行、证券、保险等金融业以及大部分运输业等由多数企业构成的产业中,由于消费者未必拥有充分的信息以决定在多种多样的服务和价格中选择哪种为好,所以难以实现资源的优化配置。一旦竞争的结果使这些行业的企业发生倒闭,则难以保证客户的资产安全。因此,政府有必要对银行利率、保险利率等金融产品的价格进行规制。

第四,对通货膨胀的价格规制。通货膨胀是一种宏观经济现象,但治理通货膨胀往往需要从微观上采取一些措施,价格规制就是其中较为强硬的一种。当发生通货膨胀时,政府可以对各类商品、服务和生产要素采取的价格规制措施包括:冻结部分或全部物价、实行最高限价、规定价格上涨率等。

第五,对不正当价格行为的规制。由于存在着信息不对称,市场上还经常出现不正当价格行为,如价格欺诈。对此,须由政府制定物价管理法规,对物价的一般水平和浮动幅度加以限制,对价格欺诈等行为进行处罚,并采取措施解决信息不对称问题。

第六,对事业单位收费的规制。为防止事业单位出现乱收费现象,政府对收费实行规制,规定事业单位按平均成本确定收费水平,并严格监督执行。

2. 市场进入规制

市场进入规制手段广泛地应用于对不完全竞争、信息不对称和外部不经济的公共规制中。在不完全竞争中,政府为维持自然垄断的规模效益和避免过度竞争所带来的资源浪费,以及确保垄断企业一定程度上的合理利润,政府对该市场实行进入规制。在某些存在信息不对称的行业,如金融证券业、保险业等,政府为了保护消费者权益,需要对进入该行业者进行资格评审认定,拒绝那些政府认为可能会因信息不对称而导致消费者利益损失的进入者。在外部不经济现象未能得到很好控制前,为限制这种不经济现象的增加与扩展,政府常采用市场进入规制手段,对这个行业确定一定的经营规模,当规模达到后,便禁止新企业进入该市场。

对于市场进入规制手段的使用,公共规制机构往往是通过建立选择申请者制度或者配合以营业执照的发放制度来进行,每个申请者应该陈述其资格证明以备公共规制机构审查。这个制度的运行要求公共规制机构首先要对受规制行业给出一个精确的定义,然后提出标准,以清除那些不合格的企业。最后,公共规制机构在相互竞争的申请者之间做出选择,根据他们各自的描述决定哪些企业可以为"社会公共利益"服务。

政府对市场进入规制的目的是纠正市场缺陷、改善资源配置状况和增加社会福利。应当说,在某些方面和某些时候的确收到了一定的效果。由于无须根据企业的成本和费率进行规制,这种规制手段的使用可能会作为实现高效率标准的方法而得到拥护。不过,在实践中它从来就不是对价格或外部不经济的成本进行规制的重要替代物。在使用这一规制手段时,要找到任何有意义的首尾连贯的准则系列,往往非常困难。因此,这个制度趋于官僚化并容易产生腐败,有可能被特殊利益集团所利用。

3. 数量规制

数量规制主要是指政府对企业生产和供应的产品的数量进行限制,以及对进口和出口的商品数量进行限制等。在市场经济条件下,政府对企业生产和供应的产品数量的规制一般仅限于少数的物品,如武器装备、能源、运输服务等。数量规制的一个重要方面是对有害物品的生产和供应进行规制,例如,烟草、烈酒、不健康出版物等。对进出口商品的数量实行规制,主要是为了保护国内新兴产业,调节国内市场的供求。

4. 质量规制

质量规制又称为标准规制,是政府为了防止自然垄断产业由于竞争不足而导致企业提供的产品和服务质量下降,以及在信息不对称条件下,督促企业建立有关产品和服务的质量标准和不同的档次体系,以保护消费者的利益。主要的方式有:第一,制定有关产品和服务的质量标准和质量规范制度,规定有关产品和服务必须达到的最低限度的质量标准体系;第二,在有关产业中建立产品和服务的申报制度,只有达到一定质量标准的产品和服务,才可能通过政府发放许可证或者以政府许可的方式进行生产经营;第三,建立并强化对有关产业产品和服务质量的专门检查制度和监督制度,实施对产品和服务质量的行政检查与监督,防止有关产品和服务质量下降导致不合格的产品和服务进入市场。例如,各国大多对医疗药品规定了标准要求,药品上市要经过有关规制机构的审批;各国对环境污染的规制是以经营者污染物排放标准为主要依据,对汽油含铅量、含氯氟烃类物质的排放和二氧化硫的排放等做出了详细、明确的规定。

5. 资源环境规制

鉴于经济发展过程中存在着大量的资源浪费、环境污染、生态破坏等负外部性,需要通过公共规制来解决这些负外部性。例如,矿产资源的采掘,需要在政府的统一规划下,选择适当规模的有一定技术水平的企业进行开采;对国有森林的采伐,必须规定采伐量及采伐后的造林护林任务;在公共的江河湖海中捕鱼,可能会出现过量捕捞问题,都需要政府通过一定的规制措施来解决。政府对自然资源的使用实行的规制措施,除征收资源税和收取使用费外,主要还包括:通过资格审查等方式控制使用资源的企业的数量;规定资源开采使用的标准;划定资源使用范围,并与企业签订承包合同,督促企业合理开发利用资源等。政府根据环境方面的法律法规,对工厂排放的废水、废气等有害物质所造成的环境污染问题进行规制,正成为公共规制中越来越重要的一个部分。

此外,在市场经济条件下,公共规制还包括会计和统计规制、社会保障规制等方面的内容。会计、统计规制是政府通过有关财务会计、统计、审计等法律法规,责成企业定期向政府如实报告生产经营情况的过程。这既是实行微观规制的需要,也为国家的宏观调控提供了必要的客观依据。社会保障规制是通过强制征收社会保险税,建立社会保险基金,从而将其用于失业救济、退休津贴、医疗教育补助等方面的社会福利项目的一种公共规制方式。

14.3.3 公共规制的新方式

随着市场经济的不断发展,政府面对的经济问题层出不穷,对经济的规制已不可或缺。相比以往,规制的手段也有了新的发展,主要表现在激励性规制与放松规制的出现,社会性规制的领域不断扩大,公共规制进一步体现市场原则,出现了公共规制活动与市场机制相融合的趋势。为了提高企业的内部效益,各国规制机构通过设计合理的制度来克服传统公共规制存在的不足,从而减少规制的成本、提高资源配置效率。

1. 特许投标制度

特许投标制度的基本思路是:通过拍卖或招投标的方式,引入多家企业竞争某一产品或服务的特许经营权,以使最有效率的企业能够中标,同时也使中标企业的经营最大限度地符合公共规制的意图。如果政府给予特定企业垄断性的经营特许权,由于缺乏竞争刺激,便有可能产生企业不努力提高内部效率的问题。为了提高效率,政府在提供公共服务和某种公用事业服务时,如果认定由一个特定企业承接效率较高时,应当给予这个企业垄断经营的权利。但同时又以提高企业内部效率的刺激为目的,在一定时期以后,由竞争投标来保证特许权能够授予那些以更低的价格提供更优质服务的企业。

2. 区域间竞争制度

区域间竞争是指将被规制的全国性垄断企业划分为若干个地区性的企业,使特定地区的企业在其他地区企业竞争的激励下提高内部效率的一种规制方式。

3. 放松经济性规制

放松规制有两个方面的含义:一是完全撤销对被规制产业的各种价格、进入、投资、服务等方面的限制,使企业处于完全竞争状态;二是部分取消规制,即有些方面的限制性规定被取消,而有些规定则继续保留使用,或者原来较为严格、烦琐、苛刻的规则条款变得较为宽松、开明。例如,在进入规制中,将原来的审批制改为备案制等。放松规制的目的在于引入竞争机制、降低规制成本、改进服务、提高企业效率,主要应用于经济性规制。20世纪70年代以后,美国、日本、英国等国家对电信、运输、金融、能源等许多产业实行了放松规制的管理模式并取得了一定的积极效果。虽然在2008年国际金融危机之后,诸多研究对此提出了质疑,甚至有人认为放松规制是加速危机爆发的原因之一,但是这种观点的确值得商榷。

4. 强化社会性规制

随着近年来经济社会发展进程的加快,各国居民对生活质量、社会福利等问题的关注程度日益提高,在逐步完善和放松经济性规制的同时,社会性规制在公共规制中的地位与作用正在逐步提高,社会性规制领域不断扩大,成为公共规制发展中的一个重要组成部分。

14.4 公共规制理论在中国的应用

中国正处在经济发展的转型期和成长期,也是市场失灵经常出现的时期,因此,在立足中国基本国情的基础上,借鉴西方发达国家公共规制的经验,对中国市场经济运行进行合理的管理和调节是十分必要的。

14.4.1 国外公共规制理论在中国的适用性

国外公共规制的制度设计需要遵循必要的公共选择程序,即规制政策的制定和执行要通过广泛的公共谈判。消费者和企业为了寻求最佳的市场利益,要求政府实施公共规制;规制者则斡旋于消费者与企业利益集团之间,通过组织公共谈判解决市场交易矛盾。在这个过程中,消费者和企业通过与规制机构的疏通(communication)来影响规制的结果,使规制决策更有利于自己。因此,规制过程是"由被规制市场中的消费者和企业、消费者偏好和企业技术、可利用的战略以及规制规则来定义的一种博弈"。

前面我们以佩尔兹曼模型为例,介绍了国外的公共规制选择程序。我们发现,佩尔兹曼的规制模型在中国可能并不适用[1]。因为,中国的国有企业从某种意义上来说,还没有最终成为完全的市场主体,很多方面和政府的利益还纠缠在一起;或者说,政企同盟的存在使公共规制的博弈过程无法形成[2]。因此,政府规制机构不必追求选票最大化,可以直接追求税收和政府效用最大化。这种追求在中国目前税收大部分仍然来自间接税收,即与企业利润收入密切相关的情况下,相对于企业目标来说就往往是不独立的,因此,政府往往支持企业的利润行为,从而较少关注消费者的利益。只是中国市场经济的不断发育和企业之间不断加剧的竞争使消费者收到实惠。中国消费者还远远没有成为一个相对独立的社会利益集团来参与公共规制的决策活动。因此可以说,中国公共规制的博弈过程还没有形成,即公共规制的逆向互动过程还没有形成。如果说有一些表现,目前也仅仅表现在消费者协会就某些商品和服务质量向政府进行的投诉行为上。

当然,中国也正在尽可能加大改革力度,使公共规制过程得以规范化。比如自2001年7月16日开始正式实施《政府价格决策听证暂行办法》(以下简称《办法》),表明中国今后水、电、煤、电信、铁路等关系到群众切身利益的公用事业价格、公益性服务价格、自然垄断商品价格在制定和调整时必须召开听证会,必须广泛征求消费者、经营者和有关方面的

---

[1] 王雅莉,毕乐强.公共规制经济学[M].北京:清华大学出版社,2011:86-87.
[2] 余晖.受管制市场的政企同盟[J]//张昕竹.中国规制与竞争:理论与政策[M].北京:社会科学文献出版社,2000:26-27.

意见,在上述各方论证其必要性和可行性后才能颁布实施。有关人士认为,该《办法》的出台,标志着中国价格决策民主化进程进入了一个新阶段。

综上所述,中国规制制度和机制建设还处于初始阶段,而在理论研究上更是刚刚开始。对于理论研究,分析方法多种多样,美国学者史普博建议大家不应该轻易地放弃福利经济学的方法。如果企业或特殊利益集团的利益因规制者的决策而增加,就有可能把这些间接影响因素结合起来,作为规制机构偏好来考虑。运用偏好显示分析法,规制决策的结果就能够被努力发现其规制的偏好所在。通过分析规制者的法规制定行为,有可能增进对规制目标的理解。他同意乔斯科(P. Joskow)的观点,即合法的政策制定单位(无论是规制机构,还是其他行政机构或法院)的决策规则应该是可观察的,并且能够借助来源于具体案例的集中信息和标准的统计技术加以估计。运用福利经济学的模型,可以在一个相对倾向于经济当事人的框架里来认识规制政策,便于研究可替代的政策目标,也可以将规制者市场的互动关系纳入一个直接关注规制者选择机制和外部控制效果的模型中。

14.4.2 公共规制理论的启示

20世纪70年代以来,公共规制经济学理论是经济学研究领域中较为前沿的一个分支,其研究成果在国外公共规制的具体实践中得到了广泛的应用。当前,中国正处于向市场经济转轨的进程中,这些公共规制理论的研究成果和具体实践对中国社会主义市场经济的发展完善具有很好的借鉴意义,西方的公共规制改革与当今中国的体制改革既有不同之处又有相似之处,其中许多现象值得我们去认真思考和研究。

21世纪以来,中国加强了公共规制的政策研究和具体实践过程,在电信等行业的改革取得了较大进展,但仍需借鉴西方公共规制理论的研究成果和取得的成功经验。在中国社会主义市场经济的发展过程中,尤其要明确以下几个方面。

第一,市场经济不等于政府放手不管。中国已经进入市场经济体制,需要管理好市场。国外经验证明,为了创造自由竞争的市场环境,恰恰需要实行严格的市场管理。发达市场经济国家在某些方面要比我们规制严格得多,在西方,中国人最有感触的往往不是市场竞争如何,而是政府法律条文和规章制度的详尽、管理机构的严密和职能岗位责任的清楚性、官员和国民照章办事的一丝不苟的态度。

第二,公共规制是现代市场经济的一个重要特征。西方公共规制实践表明,市场经济是法制经济。从这一意义出发,公共规制也许就是市场经济的一种内生现象。如果这一认识得到肯定,主动地研究公共规制理论,使政府成为积极的市场主体,以取得规制的良好效果,则是完善社会主义市场经济体制的重要任务。

第三,国外公共规制的实践表明,经济学在公共规制研究上有着重要的作用。中国的公共规制和经济体制改革有丰富的实践经验值得总结,需要上升到经济学的理论高度。与国外对公共规制的改革相比,中国改革涉及的范围要大得多,内容要复杂得多,但在理论上研究的数量、详尽程度、规范化都不够。在市场经济中,哪些方面、哪些部门政府要管,哪些方面不管,运用经济学理论提出一种解释应当成为规范性的惯例,并逐渐形成有中国特色的公共规制理论。

第四,公共规制理论及其变迁对中国的经济体制改革和政府在市场经济条件下的职能定位与职能转换具有重要的借鉴意义。目前,中国正在进行的自然垄断行业的改革取得了初步成效,公共规制政策和竞争机制的引入已经给消费者带来了很大实惠,也成为了推动企业技术创新的巨大动力。政府对部分产业的管理方式也由原来的行政直接干预向以经济性和社会性规制为主的方向转变,在这一改革进程中,广泛借鉴国内外公共规制理论与实践发展的丰硕成果,将使中国政府职能转变和公用事业等产业体制改革得到实质性的推进。

14.5 小 结

1877年美国伊利诺伊州授权对电梯和仓储的收费进行规制,这是美国首次通过规制提出对垄断剥削加以限制的法案。公共规制的产生源于市场失灵,客观条件有不完全竞争、外部性、内部性、收入分配不公平和经济波动等。自20世纪70年代以来,公共规制经济学理论是经济学研究领域中较为前沿的一个分支,其研究成果在国外公共规制的具体实践中得到了广泛的应用。当前,中国正处于向市场经济转轨的进程中,这些公共规制理论的研究成果和具体实践对中国市场经济的发展具有借鉴意义,外国公共规制改革与当今中国的体制改革既有不同之处又有相似之处,其中许多现象值得我们去认真思考和研究。

本 章 要 点

- 公共规制是伴随着市场经济的不断发展而出现的,是政府对市场失灵所做出的一种积极反应。
- 公共规制经历了公共利益规制理论、利益集团规制理论、激励性规制理论等几个阶段。
- 公共规制的存在理由体现在不完全竞争、外部性、内部性、收入分配不公平、经济波动等。
- 公共规制是由公共行政机构制定、执行并监管的直接干预市场资源配置或间接改变供求决策的规则或制度安排。从具体形态来看,公共规制没有实物形态,是无形的公共物品。从提供方式来看,公共规制只能由政府来提供,其他任何的社会组织、机构团体并没有权利来提供。
- 公共规制可以划分为不同的类型。按照微观经济干预政策的性质划分为经济性规制和社会性规制,按照公共规制的方式划分为直接规制和间接规制,按照公共规制的作用和效果划分为管制性规制与激励性规制,按照公共规制的特殊目的划分为非对称性规制和对称性规制。
- 针对市场失灵,有效的调节方式包括反托拉斯、鼓励正当竞争和公共规制,这三种方式形成两大类,即规制类政策和竞争类政策。反垄断和鼓励竞争政策属于竞争类的制度安排,公共规制政策属于规制类的制度安排。

- 公共规制行为是以法律为依据,体现了行政机构和市场参与者之间的逆向互动和利益关系。佩尔兹曼对此有一个很好的归纳。
- 公共规制的效率可以从规模经济、沉淀成本、信息不对称、负外部性、负内部性等方面进行分析。
- 公共规制主要遵循公共品原则、受益者负担、当事人直接交涉原则和合并原则等。
- 公共规制的政策工具包括价格规制、市场进入规制、数量规制、质量规制、资源环境规制等,还包括特许投标制度、区域间竞争制度、放松经济性规制、强化社会性规制等。
- 国外公共规制理论对中国改革具有启示意义,在制度选择上需要结合中国实际。

主要概念

- 公共规制
- 公共利益规制理论
- 利益集团规制理论
- 激励性规制理论
- 特许投标制度
- 俘获理论
- 内部性
- 佩尔兹曼模型

思 考 题

- 公共规制的起源。
- 公共规制理论的发展历程。
- 公共规制的内涵和特点。
- 公共规制的一般原则。
- 佩尔兹曼模型的基本原理。
- 公共规制制度的效率分析。
- 公共规制的存在理由。
- 公共规制的类型。
- 公共规制的主要方式。
- 公共规制理论对中国市场经济发展的启示和借鉴。

第 15 章 开放条件下的财政问题

全球公共品是国际集体行为的主要根据。但今天,国际范围的管理需要自愿和合作的行动,包括制定支持国际知识产权的协议,以推动某些知识的私人生产……现行体制是一个自愿和合作的体制。国际社会面临的挑战是,能否使这个体制为所有人的一致利益而工作。

——Joseph E Stigiliz. Knowledge as a Global Public Good[M]//Isabelle Grunberg, Marc A Stern. Global Public Goods: International Cooperation in the 21st Century. New York: Oxford University Press, 1999: 308-325.

本书此前的章节,分析的重点在于财政基本理论框架下公共支出、公共收入的规模和结构问题,这些一般性理论适用于不同经济体国家,当然,我们不否认国家之间的差异性,也正因如此,教材中更多地对中国的相关内容进行了深入分析。我们注意到,上述基本理论同样也适用于开放经济条件下的研究。所谓开放经济,是指一个国家的经济活动跨越了国界并和外界发生要素或服务交换关系的具有特定功能的系统。开放经济也促进了国际间财政关系的发展,随着国家间经济的依赖性愈益加强,国际间的财政问题也成为各国不断关注的对象。

对于国际财政,目前有两种观点[①]:一是把国际财政置于全球或世界视角来看待的财政,即全球财政或世界财政;二是把国际财政看作是国际经济中各国政府财政行为的相互交往。前者是以世界性的权力机构或世界政府为后盾的,并在此基础上建立一个全球或世界范围的财政当局;后者则是国家财政在国际经济中的延伸,是国际经济中的国家财政。后者通常涉及两个或两个以上国家的财政,从而形成国与国之间的财政关系。

本章围绕近年来出现的开放条件下的财政问题,侧重从公共支出方面对国际公共品、从公共收入方面对国际税收协调进行研究;同时,以欧盟财政为例,分析跨越政治主权意义上的财政政策实践。

15.1 国际公共品

众所周知,纯公共品具有两个主要的特点,即非竞争性和非排他性。所谓非竞争性,是指一个人的消费并不减少其他人的消费;所谓非排他性,是指这种产品一旦被生产出来,排除其他人从中受益将会很难。虽然存在着公共品私人供给的可能,但是,如果没有集体行动,纯公共品会出现供给不足,出现所谓的"免费搭车"问题,每个人在追求自利的过程中,会从别人的贡献中免费得到收益。至少目前,提供公共品被看作(某一级)政府的

---

① 匡小平. 财政学[M]. 北京:清华大学出版社,2008:431.

主要职责，也被认为是政府存在的理由之一。然而，过去的几十年间，全球变暖、环境污染、传染病跨境传播、金融危机等具有全球影响的问题日益严重。针对这些问题，单个政府往往不愿而且也无力解决。因为它们的解决都具有正外部性，即所有国家都可以从任何一个问题的解决中获取收益。在全球范围内，这些问题本身及其解决都可以看作是具有公共品性质的活动。按照成本—收益原则，此类公共品应该由所有受益方共同承担。如何在成员国之间进行成本分摊与资金筹集，就需要各国政府间国际支出的共同协调。可以说，财政的国际支出正是针对国际公共品供给而产生和发展的。

15.1.1 基本内涵

对国际层面的公共品研究始于20世纪60年代。目前，对于国际公共品的一个比较完整的解释在于，国际公共品是这样一些物品，从受益范围看，不仅包含一个国家团体；从成员构成看，能够扩展到几个甚至全世界的人群；从世代上看，既包含当代又包含未来数代，或者至少在不妨碍未来数代发展选择的情况下满足当前几代[①]。

总结上述观点，所谓国际公共品，主要体现四个方面的内容：一是符合公共品一般特征，受益者无论是哪个国家的国民，从中受益时都是非竞争、非排他的；二是受益者广泛，突破了国家、地区、集团等界限，不但包括发达国家，而且能够使发展中国家都将得益；三是影响深远，国际公共品不但使当代人受益，而且必须考虑未来数代人从中受益，未来数代人虽然不会参与目前决策，但是在未来同样属于世界的一部分；四是供给不足，国际公共品跨国家、区域的范围更广，因此，其供给不仅仅存在理性"免费搭车"，还由于信息不对称而供给不足。从某种意义上看，国际公共品既是全球化的结果，也是全球化的推动者。

➡ **专栏：跨国传染病控制：国际公共品**

近30年来，全球出现了40多种新型传染病，其中如HIV/艾滋病、多重耐药结核、AH1N1/H7N9流感等并非源于中国，但却无可避免地给中国的人民健康、经济发展和社会安全带来了严重的危害。以HIV/艾滋病为例，近年来中国艾滋病病例报告数一直以平均每年30%～40%的速度快速增长，已经日益成为一个严峻的公共安全问题。再如2009年在墨西哥爆发的AH1N1流感，迫使中国中断了与墨西哥的航班，并在口岸恢复了健康申明卡填报、体温筛检等检疫措施，国内卫生、疾控、交通、公安、教育等多部门，以及企事业单位、社区组织等纷纷行动起来，对发现的疑似病人迅速采取隔离诊治等措施。疫情对中国的影响是巨大的，此类非本土性传染病，在全球一体化的结构下难以将其完全拒之于国门外。因此，现代公共卫生应具有全球视野，并应着手采取全球战略来共同遏制传染病。

传染病全球化威胁，使各国产生了安全利益上的"共性"，使整个国际社会的卫生安全成为一个不可分割的整体。在此基础上，《国际卫生条例》(*International Health Regulation*, IHR)最新修订版于2005年生效，是WHO在各成员国认可的基础上颁布的重要的国际卫生公约，由各国政府参与的世界卫生大会批准生效。其目的是最大限度地

---

① 匡小平. 财政学[M]. 北京：清华大学出版社，2008：432.

防止疾病在国际间的传播,同时又尽可能小地干扰世界交通运输。新的《国际卫生条例》从更广阔的视角对国际社会提出了全球传染病控制的努力方向。但是,即使不断调整策略和改进措施,WHO 仍无法单独面对当今全球的卫生问题。全球卫生治理(Global Health Governance)是全球化时代解决人类共同面临的卫生问题的发展方向,全球卫生按照科学原则,以系统论和整体观为基础,超越了受主权和疆域限制的传统卫生防控模式,是需要各国政府、国际组织、非政府组织、跨国公司甚至个人广泛参与的多维卫生治理模式,是人类全球化活动和传染病流行态势的必然要求。

(摘自卜宏磊,刘智勇.全球卫生背景下的中国卫生检疫与跨国传染病控制[J].口岸卫生控制,2012(1):32-35)

15.1.2 国际公共品的主要类型

根据《执行联合国千年宣言的进行图》的报告,在全球公共领域,需要集中供给 10 类公共品,即基本人权、对国家主权的尊重、全球公共卫生、全球安全、全球和平、跨越国界的通信与运输体系、协调跨越国界的制度基础设施、知识的集中管理、全球公地的集中管理、多边谈判国际论坛的有效性。斯蒂格利茨认为,尤其要重视以下四类国际公共品,即国际稳定和安全、国际开发和人道主义援助、与科学研究有关的问题、与环境有关的问题[①]。

1. 国际稳定和安全

这是最重要的国际公共品,主要体现在三个方面。

第一,经济上世界各国相互依赖。世界出口从 20 世纪 50 年代中期的不到 1 000 亿美元增长到 2013 年的 4.16 万亿美元。这意味着世界经济相互影响,一个地区的经济波动在这个地区之外会有反馈。世界各国通过本国的货币和财政政策对宏观经济进行调控,从每个国家各自的利益来看也许是合理的;但是当考虑到各国之间的相互依赖,从国际视角看,则是值得质疑的。这里的问题是,扩张政策的一部分收益被那些经济运行于平均生产能力以下的贸易伙伴得到。在没有政策合作的情况下,各国决定自己的经济政策时不太可能考虑这种溢出效应。当然,对于特定的政策选择,各个国家间会有不同的利益权衡;但是在未来,随着各国经济变得更加相互依赖,认识到保持经济稳定所带来的共同利益就很重要。一个国家的事件可能引起全球市场的波动,比如 2008 年开始的发端于美

---

① 改写于[美]斯蒂格利茨.公共财政[M].纪沫,严焱,陈工文,译.北京:中国金融出版社,2009:328-336.

国的国际金融危机对全球经济的影响就可见一斑,七国集团的哈利法克斯(Halifax)高峰会议不仅承认了这种联系的重要性,而且表明问题只有通过这些国家正在推动的国际合作才能解决。

第二,国际贸易和投资体系的维护和扩展。自由贸易的优点以及由此带来的收益显而易见,但是各国政府的保护主义势力也非常强大,这一点毋庸置疑,甚至以牺牲消费者和社会福利为代价。目前,自由贸易秩序的益处越来越得到世界各国认同。伴随着乌拉圭回合的成功,与其集中注意力进一步削减关税,不如将注意力集中于大量的非关税壁垒上面。非关税壁垒有多种形式,最邪恶的一种是政府和国内厂商之间默契合作以阻止外国生产者的产品进入。例如,实践中存在着多种措施,一些企业(国内生产者)可以创造新企业(特别是外国生产者)进入的壁垒。在某些情形下,政府事实上方便了非竞争行为。例如,通过某些管制条例对外国生产者施以不同影响;或坚持只在它们自己的市场上检验产品,并实行某些标准以更多地增加外国竞争者的成本。毫无疑问,它们代表了阻碍商品、服务和要素自由流动的一组很重要的壁垒。但是,保证自由贸易秩序在全球得到维持并扩展需要世界上所有国家的决心。

第三,经济转型国家的改革。前计划经济国家(包括中国)改革的成功,不仅在制度上为世界各国相互融合进一步提供了保证,而且通过由此带来的生活标准的提高来促进政治改革。在某些领域,它们会存在比较优势。在短期,这种比较优势有可能是在原材料方面,像铝和铀。这些商品的西方生产者——就像任何商品生产者一样,特别是生产集中并且存在垄断利润的领域——不愿意存在竞争,它们会寻求使用不公平的贸易法和政府权力,通过政治手段得到它们通过市场无法得到的地位。在这里存在美国和欧洲的保护主义势力的合谋,每一方都盯着另外一方的保护主义行动,将其作为自己行为的辩护,而不是采取更高的姿态。在集体商品中应该有集体行动,发达国家应该做出更大贡献。

2. 国际开发和人道主义援助

这种援助可以从两种不同的视角来看——第三世界的经济发展是长期国际稳定的重要前提,并且"再分配"是任何集体供给的商品列表中的关键一项。在第三世界内部,我们看到国际危机接踵而来——索马里、海地以及卢旺达的危机都发生在过去几年内。当看到饿死的儿童时,发达国家愿意倾囊相助数百万美元,但是它们不愿意提供预防这种悲剧发生的发展基金。如果自利本身不足以提供动机去帮助这些国家发展,纯粹从道德上考虑也应该这样做。当然,欠发达国家中的许多政府使问题变得复杂化,使得援助更加困难,但也更加必要。在过去 20 年间,我们对于发展过程的理解有了巨大进步。事实上,几十年前,很少有国家从落后状态中摆脱出来。东亚奇迹说明了这一点,在中国富有活力的乡镇企业也说明了这一点。我们知道发展的基础必定是这些国家政府实行的明智的经济政策,但是我们也知道发展援助可以影响发展的步伐。

3. 知识、科学与研究

知识是一种公认的公共品,尤其是基础知识的利益被全人类所共享。在过去的几个世纪,经济乃至整个社会的转化都是以发源于世界各大学的知识和启蒙为基础的。基本研究在性质上是不能授予专利的,但是科学和工程的所有主要发展,从计算机到激光到晶体管,都依赖于基本科学。

4. 生态、环境与资源

我们分享一个星球。《里约热内卢公约》(Rio Convention)和《蒙特利尔公约》(Montreal Conventions)确认了我们所面临的两种重要的道德风险——由温室气体和全球变暖导致的风险和氟化物(HFC)导致的臭氧耗竭问题。尽管在臭氧耗竭型化合物方面也许有显著进步,在温室气体方面却很少有进步。生态、环境面临着破坏和退化,人类所面临和赖以生存的资源也存在着枯竭的危险。全球暖化和温室气体是全球性问题,只能在全球框架下得到解决,这需要所有国家的承诺,包括那些欠发达国家。然而要使那些穷国面对这些问题,需要来自更发达国家的援助,这种援助同样要在集体的基础上进行。

15.1.3 国际公共品的供给问题

我们知道,公共品理论的研究表明,如果没有政府支持,公共品供给将会不足,因此,某种形式的集体供给将是公共品供给的必需条件。然而,一个国际公共品,既没有一个独立而稳定的集体作为供给方,又在如此长的时间维度内(很多公共品都是代际传递的),如何保证公共品供给效率呢?主要有两个思路。

第一,"领头羊"。在第二次世界大战后出现的世界经济格局中,美国占有了世界经济产量的很大份额。在这种情形下,美国有激励并且有能力以合理的高水平提供这些国际公共品。并且,尽管为这些集体商品融资需要增加税收,这会对其竞争力有不利影响,但美国安全的经济地位意味着它不需要为此担忧。因此,作为世界大国,美国有义务、有能力在国际公共品市场上发挥富有建树的"领头羊"作用。要说明的是,一是强调美国有这个实力仅仅是一个例子,世界重要的经济体——中国、欧盟成员国、俄罗斯、东亚国家都如此,只是截至目前,很多经济体并没有发挥应该发挥的作用;二是这里提出的作用方式仅仅是经济义务。

第二,合作行动。第二次世界大战后的世界经济表明,合作和协调是实现资源帕累托效率的更好的解决方式,制定经济制度,在合理的国际秩序中共同发展是国家公共品的基本要义,是一个新的国际关系的基础。比如,考虑对基础研究的支持。有强烈的意见认为各国没有平均分担国际公共品的费用。某些国家成功地获取其他国家基本研究的成果,开发出可获取专利的发明,从而得到巨额回报,但却没有合理承担基础研究的成本。它们是"搭便车"者。当然,那些有大量基础研究项目的国家也有巨大收益。在很多具有国际公共品特征的领域,我们事实上既没有建立国际承诺,也没有建立一种国际制度,保证以适当方式承担本文讨论过的许多重要的集体责任。

幸运的是,某些证据表明经济学家夸大了公共品供给的困难。有证据表明,自愿的集体行动能够——如果人们认识到有必要采取集体行动——有助于弥补供给不足导致的问题。那么,如何发展一种国际组织的"体系"以帮助集体行动提供国际公共品呢?必须承认集体行动是自愿的,必须通过一种共同分享的规则运行,必须考虑成本共担问题,也必须是根本自愿的,因此,即使是在国与国之间也是争论不休的。除非经过全球各国的共同努力,包括发达国家和欠发达国家,否则这个问题就不会有解决办法。

基于各国政府的"经济人"角色和"搭便车"的行为倾向,要保障国际公共品的供应就必须采取措施协调各国的国际支出,主要方式如下。

第 15 章 开放条件下的财政问题

第一,国际组织协调。世界范围内存在大量的国际组织,可以促进国家间的合作,共同为国际公共品的供给出资。联合国、世界银行、IMF 等国际组织在国际公共品的供给中都起着极其重要的作用。例如,联合国促进和维护世界和平的努力;世界银行减少全球贫困的措施;国际货币基金组织减少金融波动、促进金融稳定;世界卫生组织在全球范围内降低疾病传播等。在地区层面上,各大洲的复兴开发银行等都是为了供给区域公共品而建立起来的。它们一方面是为了弥补国际公共品供给的不足,另一方面也是为了解决单个国家所无法解决的问题。

第二,国家间的选择性激励。奥尔森曾经提出"选择性激励"促进利益集团的形成。人们在消费公共品的同时,也同时需要消费私人品。如果将公共品的供给与具有私人品性质的活动联系起来,就有可能促进公共品的提供。也就是说,可以把国际公共品的供给与具有明显收益的更广泛协定联系起来,使单个国家在进行私人性质活动的同时,增加公共品的供给。例如,国家贸易活动发生在国家之间,各国在签订国际贸易协定时,就可以将有关解决全球环境问题的条款放入其中,形成一揽子协议。发达国家在进口发展中国家的农产品时规定农药残留的标准非常苛刻,虽然这可能是从维护发达国家利益出发,但减少农药使用有助于生态环境的保持和维护。这样,通过某些更广泛的协定,将国际公共品供给与各国具有私人性质活动联系起来,可以协调国际间对全球公共品的支出,促进其供给。

第三,托宾税与特别提款权。在全球公共品的筹资方式中,经常提及和讨论的是托宾税与特别提款权建议。

1978 年,詹姆斯·托宾首次提出了对外汇交易征税。他认为对外汇交易征收很少的税(不高于 0.5%),就可以减少导致货币波动的投机活动。当这个利率足够低,以至于还不会对有更高收益的长期投资产生影响时,它将会减少投机者为获得货币波动的短期收益而在全球范围内大规模转移资金的可能。它具有三个方面的好处:通过减少投机活动降低汇率波动;降低国家经济政策在面临外部冲击时的脆弱性;增加国际组织的收入,为国际公共品提供资金。托宾税是否可行依赖于两个问题的解决:一是主要国家之间在实行统一的税收方面必须达成一致;二是税款征收和收益分配方面也必须达成一致。目前对于征收托宾税既有支持者也有反对者。支持者的理由即前面提到的三个好处,而反对者的理由包括:征收托宾税能否降低金融波动值得怀疑,以及征收托宾税会减少金融交易,不利于全球资本流动和金融市场的发展。托宾税既然是一种税,就应该由主权政府征收,然而短时期内建立世界性政府却仿佛空中楼阁,那么在全球征收托宾税就不太现实。有学者曾经提出是否需要建立一个国际税收组织的问题,其研究结论表明:也许建立一个世界机构来监督、鼓励国家间税收协调并且提出解决方案更为可行,该机构的作用应当是监督、发布信息和提供论坛,在较长的一段时期内还不能够赋予其直接征税的职责。

1969 年,国际货币基金组织发行了一种国际储备资产,可以用作记账单位,也可以作为支付手段在基金组织各成员国间、基金组织本身和指定的"其他持有人"之间使用,称之为特别提款权(special drawing right,SDR)。特别提款权主要包括美元、欧元、日元和英镑四种货币①。乔治·索罗斯多次提到"发行由富国捐赠的专门指定用于国际援助的特别提款权"筹集资金,以提供国际公共品。他认为,采用特别提款权提供国际公共品的步骤如下。首先,由美国国会批准发行214亿的特别提款权专款(数额约为270亿美元),富有的成员国也要按照某些规则来增加额度。其次,成立一个在国际货币基金组织领导下、独立于该组织的国际委员会来决定哪些项目有资格接受特别提款权捐助;委员会的成员有固定任期,且不接受其政府的直接领导,以有助于解决国际公共品供给中的"免费搭车"问题。特别提款权被提出之后,也有很多方面的问题无法有效解决。其一,特别提款权建议将主要由发达国家来承担这笔费用,并且用于国际援助,但是,发达国家是否同意承担会直接决定国际公共品能否得到提供;其二,全球问题越来越多,是否应该把全部国际公共品都纳入特别提款权提供值得商榷;第三,特别提款权是国家间签订的一种协议,国际货币基金组织也主要通过国家间的协议来维持,因此通过发行特别提款权协调全球公共品的国际支出也会受到国家之间合作可能性的影响。

15.2 国际税收

开放经济条件下,财政问题突破了已有的政府框架,而表现为国家与国家之间的关系,其中,财政收入是国家经济实力的重要体现,尤其以税收作为最重要的财政来源之一。也正因如此,税收主权在国家之间的让渡与协调,成为国际间经济活动的重要组成部分。

15.2.1 国际税收的内涵和本质

目前,对国际税收的理解主要存在两种不同的观点。

所谓广义国际税收,是指由于跨国经济活动征税所引起的国家间经济关系。据此观点,国际税收包含了两类关系:一类是以关税为代表的商品税的国际关系;另一类是包括所得税、财产税的直接税的国际关系。所谓狭义国际税收,则是指将关税的国际关系排除在国际税收之外,仅仅把由于各国对跨国经济活动获取的所得(和财产)征税所引起的国家间关系称为国际税收。从严格意义上说,国际税收实质上体现的是一种税收权利和利益的分配关系,而不是泛泛而谈的经济关系。关税尽管会影响国家贸易及其他经济关系,但并不涉及国家间税收权利和利益的分配关系;而间接税的其他税(如增值税、消费税等)也是价外税,不涉及收益分配关系。因此,综合国际税收的研究趋势,将关税引起的一般经济关系归纳为国际税收并不妥当。有鉴于此,本节所认为的国际税收指的是狭义国际税收,并且据此也只对所得税的国际税收问题进行阐述;关税的内容在下一节进行阐述。

我们将国际税收定义为,所谓国际税收,是指两个或两个以上的国家政府,凭借其政治权力在对跨国纳税人征税过程中所形成的国家之间对税收权益的分配关系。概括地说,国际税收包括以下几个方面。

第一,国际税收离不开国家这一分配主体。国际税收体现的是一种以国家为主体的

---

① 2011年11月,"欧元之父"罗伯特·蒙代尔呼吁将人民币纳入特别提款权。

分配关系,没有国家税收,国际税收就失去了存在的条件。因此,国际税收是以两个或两个以上国家分配主体为基础的。

第二,国际税收离不开跨国纳税人这一关键因素。作为一个一般的而不是跨越国境的纳税人,通常只承担一个国家的纳税义务,仅仅涉及一个国家征纳双方当事人之间的关系,并不会由此而引起这个国家和其他国家政府间的税收分配关系。因此,在国际税收概念中必须特别指明,国际税收所赋予国家税收中的缴纳者,必须是跨国纳税人。

第三,国际税收体现了国际间经济活动中的税收权益分配关系。国际税收作为税收,体现为由一定的征收者与缴纳者双方所形成的征纳关系,然而它又不可能有自己特定的征收者和缴纳者。事实上,不存在一种在某个国家政府与它的纳税人之间所发生的征纳关系是属于国际范围的。国际税收所体现的关系,是由于国际间经济活动中两个或两个以上国家对同一纳税人征税时,所形成的国家与国家之间的税收权益分配关系。

第四,国际税收所涉及的征税对象是跨国课税对象,即对某一国人所有但来源于或存在于另一国的课税对象,具体包括跨国所得和跨国财产。所得税和财产税属于对人课税,课税对象与其所有者直接相联系。如果一国的征税权越出国境,将该国纳税人在境外取得的所得或拥有的财产纳入该国的所得税和财产税征税范围,则该跨国课税对象面临本国和来源国或所在国同时行使征税权。

第五,国际税收除了税收权益的分配关系外,还包括征税权及税收制度的协调关系。在开放的国际环境中,一国固然有权决定对什么征税或对什么不征税,也有权决定征多征少,但由于国际税收既是主权国家利益的体现,也是国际经济交往的障碍,国与国之间的经济往来应该遵循国际惯例。因此事实上,各国并不能随意行使自己的征税权。有关国家应依据国际税收的惯例,缔结国际税收协定,协调各自征税权,协调利益关系。

第六,国际税收与国家税收之间虽然有密切的联系,但毕竟有所区别。国家税收是以国家政治权力为依托的强制性课征;而国际税收虽然是国家主权利益的体现,但不是凭借其某种政治权力的强制征收,实质是国家之间税收的分配和协调关系。

15.2.2 税收管辖权和国际重复征税

所谓税收管辖权,是指任何一个主权国家都拥有的一种基本权力,它表现为一国政府有权决定向哪些人征税、对什么征税及征多少税等。对于行使税收管辖权的原则,并没有统一的国际法规,但它的行使客观上要受到国家政治权力所能达到的范围的制约。

与国家政治权力所能达到的范围相适应,税收管辖权在国际上采用两种基本原则:一是收入来源地管辖权,按照政府只能在本国行使政治权力的地理概念确立的属地原则;二是公民管辖权和居民管辖权,按照政府对该国公民和居民行使权力的属人原则。此外,对外交人员有例外的税收豁免权。这样,就形成了三个类型的税收管辖权。

第一,按属地原则确立的收入来源地税收管辖权。属地原则是指按照纳税人取得收入或从事经济活动是否在本国境内,来确定政府是否应该行使税收管辖权的征税原则。按照这一原则,跨国纳税人具有来自本国国境以内的收入,存在于本国的财产,或在本国境内从事经济活动,政府就可以行使税收管辖权,无论是否本国公民或居民,均要依照本国的税法进行征税;而对属于国境外的收入,即使是本国公民或居民的境外收入也不征税。按这一征税原则确立的税收管辖权,通常称为收入来源地管辖权或地域管辖权。

第二,按属人原则确立的居民税收管辖权。属人原则是指按照纳税人是否有本国国籍,或是否居住在本国,来确定是否应该行使税收管辖权的征税原则。按照这一原则,凡是本国的公民、居民或法人,其来源于国内外的一切,以及在国内外的财产,都要依据本国税法征税。也就是说,只要纳税人是本国的公民、居民或法人,不论其收入来源于本国或是国外,都要行使税收管辖权进行征税,按这一征税原则确立的税收管辖权范围,通常称为居民管辖权,或称居住管辖权。

第三,按属人原则确立的公民税收管辖权。公民税收管辖权也称国籍税收管辖权,是指具有本国国籍的公民,包括自然人和法人,无论在本国境内或是在境外居住,对其在全世界范围内的全部所得都要行使税收管辖权。

目前,世界上绝大多数国家都是同时行使两种税收管辖权,即收入来源地税收管辖权和公民(居民)税收管辖权同时使用。征税依据截然不同的税收管辖权在世界范围内并存,不可避免地带来了双重甚至多重税收管辖权的情况,也就是两个或两个以上国家对同一纳税人的同一课税对象同时行使不同的税收管辖权,国际重复征税便由此而产生。国际重复征税严重阻碍了国际间经济关系的发展,主要表现在:一是国际重复征税会增大有关纳税人的税收负担,使得同额收益或同一财产的国际税负要高于某一国内的税负;二是阻碍了商品、劳务、人才、技术的国际间流动,不利于资源在国际范围合理配置;三是阻碍了国际性的专业化分工和落后国家、地区的经济开发,从而制约了全球经济的发展。因此,这不仅有悖于各国税收立法的税负公平性原则,而且降低了从事国际经济活动的企业或个人的税后收益水平,形成国际间正常交往的障碍。避免或减轻国际重复征税是各国政府在国际税收实践中致力于解决的主要问题,也是国际税收权益分配关系的核心问题。

15.2.3 避免国际重复征税的方法

国际间重复征税的消除,一般由居住国通过承认收入来源国有限或独占行使收入来源管辖权来实现,具体方法有以下几种。

(1) 抵免法,是指居住国政府在对居住纳税人世界范围内的所得或财产汇总计算的基础上,允许其在本国境外所得或境外财产已向有关国政府缴纳的同类或类似税收,全部或部分地充抵应在本国缴纳的税额。抵免法的目的在于免除或减轻国际重复征税,它承认收入来源管辖权的优先地位,同时居住国并不放弃行使居民管辖权。主要包括两种形式:一种是直接抵免,指允许抵免的外国税收必须是本国居民纳税人直接向有关外国政府缴纳的税收,其适用于同一经济实体的跨国纳税人的抵免;另一种是间接抵免,允许母公司将其所得股息中应归属的外国子公司的所得税测算出来,冲抵在本国的应税税额。

(2)扣除法,也称列支法,即居住国政府对本国纳税人世界范围内的所得或财产向有关外国政府缴纳的税收作为费用从应税所得中扣除,或作为扣除项目从应扣财产价额中扣除。扣除法是一些国家单方面免除国际重复征税的一种方法。

(3)低税法,是一国政府对本国居民的国外所得按单独制定的较低税率征税。一国对本国居民来源于国外的所得征税的税率越低,越有利于缓解国际重复征税。由于税法仍要求居住国政府按一定的税率对本国居民的跨国所得征税,只不过是来源于国外的所得较国内的所得使用了较低的税率,所以它与扣除法一样,也仅减轻而不能免除国际重复征税。正因为如此,单独采用低税方法的国家也较少。它只是一些国家在采用抵免法的同时,对重复征税问题灵活处理的一种方式。

(4)豁免法,又称免税法,即居住国政府对本国居民纳税人已被有关外国政府征收同类或类似税种的境外来源所得或境外财产,在一定条件下放弃行使居民管辖权免予征税。主要包括两种形式:一种是全额豁免,又称充分豁免,即居住国在运用其对居民纳税人的境内所得或财产征税所使用的税率时,不考虑纳税人已被本国免予征税的那一部分境外所得或境外财产。由于这种方法对居住国政府的财政损失较多,所以采用全额免税法的国家仅有法国、澳大利亚及部分拉美国家。另一种是累进豁免,即居住国对居民纳税人已向有关外国政府纳税的境外来源所得或财产虽然免税,但是在确定应在本国纳税的所得或财产使用税率时,需将已免予征税的境外所得或财产考虑在内。

通过税收抵免协调各自税收管辖权,有利于实现税收的资本输出中性,解决所得税的国际重复征税问题。然而,这是以全球视角出发所得出的结论。世界经济效率不等于国家的经济效率,世界整体经济福利的提高也不一定等于每个具体国家经济福利的提高。资本的跨国流动固然有利于整个世界的经济效率,但对于一个具体的资本输出国来说,资本输出过多并不一定对其有利。这一点正如自由贸易一样,从全球角度出发自由贸易是有利的,但落到具体国家上就不一定十分有利。既然对于每个具体国家来说完全无限制的资本输出并不是最优,那么抵免法是否应该被其他方法所替代以解决国际重复征税,就成为一个目前国内外热点研究的问题。匡小平(2008)分析了上述几种方式的经济效率表明,资本输出中性对于一个国家来说并非最优,而扣除法解决国际重复征税有利于单个国家的福利最大化[①]。

如图 15-1 所示。横坐标代表居住国和东道国的资本总量,纵坐标代表资本的边际产量。假定最初的资本配置为居住国 OK_1,东道国 O^*K_1。由于居住国资本量较大,其资本收益率 r_1 低于东道国的资本收益率 r_1^*。如果两国资本流动没有任何障碍,K_1K_2 的资本量会流入东道国,从而使两国的资本收益率相等,为 r_e。此时从两国总体角度上看,资本

---

① 匡小平.财政学[M].北京:清华大学出版社,2008:444-445.

达到了有效配置,世界福利也实现了最大化。从图 15-1 中可以看出,虽然资本减少 K_1K_2 给居住国造成的产量损失为梯形 ACK_1K_2,但居住国通过其国外投资 K_1K_2 取得收益为 $r_e \cdot K_1K_2$,即图中面积 ADK_1K_2。除去资本减少带来的损失,居住国因其国外投资而增加的净福利为三角形 ACD。东道国因引进投资产量增加梯形 ABK_1K_2,除去交付给居住国的部分,东道国净福利为三角形 ABD。

但是,假设居住国限制资本输出,只向东道国投资 K_1K_3,居住国可能获取更大收益。因为东道国输入的资本量较少,资本收益率只会下降到 r_2^*,此时居住国的国外投资收益为矩形 HEK_1K_3。与限制资本输出前相比,居住国的净福利增量相当于矩形 $HEDF$ 减去三角形 AFG 的面积,所以适当限制资本输出对于居住国的福利增加可能是有利的,但限制资本输出给两国造成的总福利损失相当于三角形面积 AGH,因此两国的整体福利水平下降了。

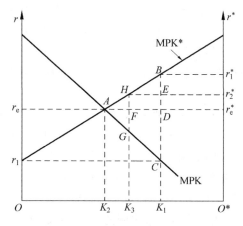

图 15-1 抵免法与扣除法对于福利的影响

如果居住国优先考虑的是世界福利最大化,很显然应当通过抵免法解决所得税的国际重复征收问题。但如果本国福利最大化是居住国目标,那么可以充分体现税收的资本输出中性的抵免法就不再是理想手段。相比较而言,采取扣除法可以有利于本国福利最大化。因此,扣除法虽然不能像抵免法那样可以有效避免国际重复征税,但是它具有限制资本过度外流的功能,这对于追求本国福利最大化的居住国而言是一个好选择。然而,在现实社会中,一国往往既有资本输出,又有资本输入,如果各国采取扣除法以追求本国福利最大化,那么不仅各国的目标不能实现,整个世界经济福利都将因此而受损。鉴于这种原因,国际社会并不主张采用扣除法解决国际重复征税问题,联合国和经合组织也没有把扣除法写入关于解决所得重复征税协定的范本里。至于后两种方法——低税法和豁免法,由于其放弃对本国居民来源于国外所得的征税权利,会造成居住税款的损失,尤其是采用豁免法的国家较少,特别是资本输出较多的发达国家更是很少采用。对比之下,抵免法因其既可体现税收的资本输出中性,又同时兼顾了收入来源国和居住国的利益,故自从产生以来已经被广为接受,现在被视为避免国际重复征税问题的最基本方法。

15.2.4 国际税收协调的路径和趋势

客观地说,国际间重复征税发生前就应该力求避免,而发生后应力求消除。国际间一般可以通过两种方式来达到解决国际重复征税的目的,一是通过本国国内税法的规定,主动限制本国行使的税收管辖权,单方面处理国际重复征税的问题;二是通过两个或两个以上国家政府间签订税收协定或条约的做法,使协定中的一些具体规定在这些国家间得到贯彻,达到解决国际间重复征税问题的目的。多数国家将会逐渐采用后一种方式来解决重复征税问题。另外,从近年来的发展趋势看,又出现了一些新的路径和方式。

(1) 单边方式。实行居民管辖权的国家,为了鼓励本国居民积极从事国际经济活动或到国外投资,大多在其国内税法中单方面地做出一些限制本国税收管辖权的规定,以便解决对本国居民取得来自国外所得的国际重复征税问题。从世界情况的运用来看,单方面处理国际重复征税问题的办法大致可划分为抵税法、扣除法、低税和免税等方式。前面已经介绍,不再赘述。单方面采取措施以避免国际重复征税现象的发生,在一定程度上起到了积极的作用,保证了国际间正常的经济交往与合作。然而,由于不同国家所采用的境内所得及境内财产确定标准存在较大的差异等原因,这种单边方式在解决国家重复征税问题上的作用仍是有限的和不彻底的。

(2) 双边或多边方式。为了更好地避免国际重复征税,以有利于各自国家的各项经济政策的顺利贯彻和对外经济交往的正常发展,通过国与国之间的协商,签订国际税收协定来对各自的税收管辖权实施范围加以规范,乃是世界各国为消除国际重复征税的又一重要途径。各国签订的为避免或消除国际重复征税的税收协定可以是两个国家参加的双边协定,也可以是由两个以上国家签订的多边协定或公约。前者为避免国家重复征税的双边方式,后者称为多边方式。按照税收协调的程度,可划分为合作方式和税收协定方式两种。一是合作方式,是指一种非正式的国家间税收协调。两个或多个国家通过定期或不定期的税收官员的接触和互访来交换各自国家税制结构和税收改革的信息,并试图建立关于跨国纳税人的信息互换的机制,以防止和打击国际逃避税的产生。此种方式的协调程度最低,往往缺乏对于合作国的约束机制。二是税收协定,是指相关国家之间通过签订国际税收协定,寻求解决税收制度之间的相互冲突所引起的重复征税等问题。其基本特征是在不触动缔约国各自税收制度的前提下,缔约国可以在相当程度上保留各自的财政主权,可以自主决定各自税收制度的一些基本要素,不必要求缔约国限制其税收制度之间的差异特征。由于不必要求各国限制其税收制度之间的差异,此方式易为国际社会广泛接受。目前国际税收协定的发展也日趋成熟,税收协定的内容也扩展到赠与税、遗产税、社会保障税及某些消费税的跨国来源问题,同时其规范化和多边化的趋势也正在加强。由于各国经济和社会发展水平差异较大,财政经济利益也各不相同,在国际税收实践当中,签订双边税收协定的方法是解决国际双重征税问题的主要途径。目前,世界上生效的避免双重征税的双边协定达数百个之多,几乎涉及所有的国家和地区。

近年来,从国际税收协调的发展趋势看,国家之间联系得越来越紧密,协调方式也出现新的变化,产生了诸如协作趋同、区域税收一体化等安排方式。所谓趋同方式,是指经济发展水平、政治体制相似的国家通过某些共同规则或国际惯例的约束作用,使得各自的税收制度具备相同或相似的特征,消除各自在税收制度方面的差异。因此这属于某些国家适应经济全球化税收发展的自主调整行为,也是在税收竞争压力下,一国消除其外部性影响的被动选择。所谓区域税收一体化,是指区域经济组织成员国之间通过部分主权的让渡,相互协调税收制度,其目标是达到成员国税收制度的无差异。这是区域经济全球化发展的较高层次,也是国际税收协调的较高层次。区域税收一体化安排的进程是阶段性的,因为税收制度的无差异是一个缓慢的过程,在较低的阶段时,区域税收一体化只是要求部分税种及其税基、税率和计税方法上达成一致,而不苛求整个税收制度完全相同。此外还值得注意的是,区域税收一体化安排是基于各成员国经济发展水平、政治体制相似的基础之上。就其本身来说,完全消除各成员国间税制的差异也只是一个理想目标。从世界范围看,让所有国家采用统一的税制结构是不现实的。因为一个国家的税制结构是建立在各主权国家的财政收入、公共支出及国家资源配置效率基础之上的,各国税制的统一有可能取得外部平衡,但却丧失了内部平衡。同时还要考虑经济水平的差异和国家间的公平问题,尤其是发展中国家和发达国家间的不平等。

▶ **专栏:国际税收协定**

第二次世界大战后,欧洲经济合作组织开始着手修订现代意义上的税收协定范本,以及执行该协定的具体建议。1961年,改为由24个成员国组成的经济合作与发展组织的财政委员会继续这一工作。1963年,该组织首次公布了《关于对所得税和财产税避免双重征税的协定范本》草案。1967年,经济合作组织财政委员会修订了1963年的范本草案,并于1977年发表了该草案的修订范本。该协定的全称为《经济合作与发展组织关于避免对所得和财产双重征税的协定范本》即OECD范本。该协定比较强调对居民的税收管辖权,而对收入管辖权有所限制,但是由于经济合作组织成员经济实力比较接近,资金、技术等流向均等,所以该范本为这些发达国家所接受。

另一个也具有广泛影响的协定范本是联合国《关于发达国家与发展中国家间避免双重征税的协定范本》(即联合国范本)。20世纪60年代以来,大批加入联合国的发展中国家认为,OECD范本倾向于保护发达国家利益。为此,联合国经济与社会理事会在1967年专门成立了一个由发展中国家和发达国家代表共同组成的专家小组,经多次磋商后于1979年通过了联合国范本。

就国际间税收协定的协调而言,目前指导各国缔结双边或多边税收协定的,主要是依据这两个协定范本。另外,世界贸易组织的有关税收的协定,也是国际间进行税收协调的重要依据。

15.3 关　　税

15.3.1 关税的内涵

关税(tariff),是指国家海关对进出关境的货物或物品征收的一种税。关税是一个国家海关法令全面实施的境域。其范围一般包括一国的领陆、领海和领空在内的全部国家领土。通常情况下一个国家的关境与国境是一致的,但二者又不完全相同。当几个国家结成关税同盟、组成一个共同关境时，彼此之间的货物进出国境不征收关税，只对来自和运往非同盟成员国的货物进出共同关境征收关税，这时关境就大于成员国各自的国境；当一国在境内设立自由贸易港（区）、保税区等特殊监管区域或者场所时，对进出自由贸易港（区）、保税区等特殊监管区域或者场所的货物不征收关税，关境就小于该国的国境。货物通常是指贸易性商品；物品通常是指非贸易性物品，包括入境旅客或交通工具上的工作人员随身携带的物品及个人邮寄的自用品。

在整个税收体系中，关税是专为处理商品进出口中的税收问题所设立的一个特殊的税种。目前世界各国的关税大部分由海关部门进行征收管理，这与其他税种大都归财政、税务部门征收和管理是不同的，特别是对于对外贸易发达的国家而言，关税往往是国家税收乃至国家财政的主要收入。

15.3.2 关税的发展阶段

关税的起源很早。随着社会生产力的发展，出现了商品的生产和交换。关税正是随着商品交换和商品流通领域的不断扩大，以及国际贸易的不断发展而产生和逐步发展的。

关税也是一种古老的税种，最早发生在欧洲。据《大英百科全书》对 Customs 一词的来源解释，古时在商人进入市场交易时要向当地领主缴纳一种例行的、常规的入市税 Customary Tolls，后来就把 Customs 和 Customs Duty 作为海关和关税的英文名称。

希腊在公元前5世纪成为地中海、爱琴海沿岸的强国。这个地区的经济在当时已比较发达，商品贸易往来很普遍，雅典成为当时的贸易中心。外国商人为取得在该地的贸易权利和受到保护，便向领主送（贡）礼。后来，雅典以使用港口的报酬为名，正式对输出入的货物征收2%～5%的使用费。其后，罗马帝国征服了欧、非、亚的大片领地，欧洲经济也有了进一步的发展，海上和陆地贸易昌盛，各地区之间和各省之间的商业往来发达。早在罗马王政时代，就对通过海港、道路、桥梁等的商品课税2.5%，其后关税就作为一种正式的间接税征收，对进出境的一切贸易物品（帝国的信使除外）均须缴纳进出口税，正常税率是12.5%，有的地区还按商品分类征税，对不同地区的进口货物税率也有差别。例如，针对来自印度和阿拉伯的货物，在红海岸的征税高达25%。罗马帝国境内曾形成很多关税势力圈，在各自边界上征税。另外，很多都市对食品还征收入市税。征税的目的主要是为了财政收入。

关税在英文中还有一个术语名称是 Tariff。据传说，在地中海西口，距直布罗陀21英里处，古时有一个海盗盘踞的港口名叫塔利法（Tariffa）。当时，进出地中海的商船为了避免被抢劫，被迫向塔利法港口的海盗缴纳一笔买路费。以后 Tariff 就成为关税的另一通用名称，泛指关税、关税税则或关税制度等。

配第在《赋税论》中说："关税是对输入或输出君主领土的货物所课的一种捐税。""我认为，关税最初是为了保护进出口的货物免遭海盗劫掠而送给君主的报酬。"

马克思、恩格斯在谈到关税的起源时也说："关税起源于封建主对其领地上的过往客商所征收的捐税，客商缴了这种税款就可免遭抢劫。后来各城市也征收了这种捐税，在现代国家出现后，这种捐税便是国库进款的最方便的手段。"

封建社会自然经济占统治地位，商品生产和商品流通受封建制度的束缚，规模很小，发展缓慢，对外贸易比重很小，关税收入虽然有一定的财政收入作用（在当时来说也许数量不小），均为官府享受。但由于关卡林立，重重征税，限制了对外贸易和国际交往，阻碍了社会生产力的进一步发展。

封建社会后期，出现了资本主义生产方式，新兴资产阶级为了发展资本主义生产和商品交换，便极力反对封建制度对商品生产的束缚，极力冲破封建特权所分割的国内市场，争取国内的自由贸易和商品的自由流通。当资产阶级掌握政权后，就废除了因封建割据而形成的关卡林立的内地关税，实行了统一的国境关税，进出国境的货物统一在边境口岸缴纳一次关税，以后在同一国境内不再重复征税。

英国资产阶级通过革命在1640年首先取得政权，成立了资产阶级掌权的近代国家，它立即开始实行了这种国境关税，废除了内地关税。法国于1660年开始废除内地关税，至1791年年初才完全实行国境关税。比利时、荷兰受法国影响相继使用统一的国境关税。其后，世界各国开始普遍实施。

统一的国境关税是针对封建割据的内地关税而言的。它是在封建社会解体和出现了资本主义近代国家后产生的，所以我们也称它为近代关税。它主要的特点就是针对进出国境的货物在进出国境时征税，进口后不再重复征收。而且近代国家一般不再把财政收入作为征收关税的主要目的，而是把关税作为执行国家经济政策的一个重要手段。

进入20世纪以后，尤其是近几十年来，科学技术迅速进步，社会生产力不断发展，国际贸易大量增多，国际间的经济斗争和国际间的经济分工与合作的形势复杂。为了减少关税对国际贸易和经济发展的障碍，自由港、自由区等大量出现，几个国家地区性的经济一体化、关税同盟的成立，成为国际新潮流。目前，国际上，国境关税与关境关税同时并存。

有人把关税的历史发展分为以下三个阶段[①]。

第一阶段，使用费时代。因为使用了道路、桥梁、港口等设施得到了方便，货物和商人受到了保护，向领主缴纳费用作为报偿。

第二阶段，国内关税时代。封建领主在各自的庄园或都市领域内征税，除了有使用费的意义外，也具有了强制性、无偿性的税收特征。关税的征收也从实物形式逐渐转变为货币形式。这时在一国境内征收的关税与对进出其国境货品征收的关税并存。

第三阶段，国境关税或关境关税时代。近代国家出现后，不再征收内地关税。关税具有了它自己的特性。它除了有财政收入的作用外，更重要的是成为执行国家经济政策的一种重要手段，用以调节、保护和发展本国的经济和生产。这一时期的关税仅以进出国境或关境的货品为课税对象。

15.3.3 关税的类型

依据不同的标准，关税可以分为以下几类。

---

① 参考：http://www.mof.gov.cn/pub/guanshuisi/zhuantilanmu/guanshuizhishi/200806/t20080625_53516.html。

(1) 以应税货物或物品的流向分类，包括进口关税、出口关税和过境关税。

进口关税是海关对输入本国的外国货物或物品征收的关税。进口关税通常在外国货物进入本国关境或者国境时进行征收，或者在外国货物从保税仓库提出运往国内市场时进行征收。世界各国不论采用国境还是关境关税，都以进口关税作为关税的主体。人们通常所说的关税一般是指进口关税，在各种国际性贸易条约、协定中所说的关税一般也是指进口关税。进口关税是执行关税政策的主要手段，一国的关税税款主要来源于进口。征收进口关税的主要目的在于保护本国产品和市场，增加本国的财政收入。

出口关税是海关对输出本国的货物或物品征收的关税。征收出口关税可以增加本国的财政收入，在19世纪之前，出口关税曾是各国财政收入的重要来源。到了19世纪末期，一些迅速强大起来的资本主义国家，为了增强本国产品在国际市场的竞争力，发挥价格优势，逐渐废除了出口关税。然而，时至今日，一些发展中国家为了使自身的税收利益最大化，仍然保留着出口关税。如一些国家对其独占资源或具有垄断地位的产品征收出口关税，既不会削弱其独占资源或具有垄断地位的产品的国际竞争力，又能为国家财政筹集税收收入。

征收出口关税可以调节本国稀缺资源的流向。一些国家有些资源比较稀缺，为了有效地防止这些资源外流，可以对其进行税收调节。如中国就对比较稀缺的铅、钨、锑、鳗鱼苗等资源征收出口关税。有时，一国为了政治、经济或军事上的特殊需要，也会对其出口产品征收关税。如在战争时期，为了防止战略物资流向他国，就会对这些物资的出口征收高额关税；再如，发展中国家对其初级产品征收出口关税，既可以抵制国外的低价收购，又能鼓励本国厂商对这些初级产品进行深加工，以提高其价值①。

过境关税是以通过关境的货物和物品为征税对象的关税。在15世纪和16世纪的欧洲，过境关税曾经盛行一时，19世纪后半叶起，由于过境关税不仅妨碍国际贸易，而且不利于发展本国口岸经济，各国相继取消了过境关税。

中国现行关税主要是对进口货物征收进口关税，对大部分出口货物不征收出口关税，只对少部分货物征收出口关税。

(2) 以关税计征方式分类，包括从量关税、从价关税、复合关税、选择性关税和滑动关税。

从量关税，以征税对象的数量为计税依据，按每单位数量预先制定的应税额计征，如中国目前原油与部分鸡产品、啤酒、胶卷进口分别以重量、容量、面积计征从量关税②。

从价关税，以征税对象的价格为计税依据，根据一定比例的税率进行计征。

复合关税，是指对一种进口货物同时制定出从价、从量两种方式，分别计算出税额，以两个税额之和作为该货物的应征税额的一种征收关税标准。

选择性关税，对同一种货物在税则中规定从价、从量两种税率，在征税时选择其中征收税额较多的一种，以避免因物价波动影响财政收入，也可以选择税额较少的一种标准计算关税。

----

① 马海涛.中国税制[M].北京：中国人民大学出版社，2012：97.
② 谭光荣.税收学[M].北京：清华大学出版社，2013：181.

滑动关税,又称滑准关税,是指对某种货物在税则中预先按该商品的价格制定几档税率。价格高的该物品适用较低税率,价格低的物品适用较高税率。目的是使该物品的价格在国内市场上保持相对稳定,如中国目前仅对新闻纸实行滑动关税。

(3)歧视关税和优惠关税。

歧视关税是对同一种进口货物,由于输出国或生产国不同,或输出国情况不同而使用不同税率征收的关税。歧视关税的通常做法是通过提高关税税率,使出口商的关税负担加重,这样既可以起到保护本国厂商利益的作用,还能够抵消出口商低价倾销货物而给本国市场带来的消极影响。此外,在互惠互利的原则下,它可以作为争取本国与外国签订友好贸易协定的一种手段。具体包括以下几种。

一是反倾销税。即为了对付和抵制进行倾销的外国货物进口而征收的一种附加关税。倾销是指他国产品以低于本国同类产品正常价格挤进本国市场的竞销行为,且对本国领土已建立起来的某项工业造成重大威胁,或对本国新建的工业产生严重阻碍。因为倾销行为对本国市场和生产带来伤害,所以进口国可以对倾销商品征收数量不超过这一产品的倾销差额的反倾销税。一般而言,实行反倾销税的国家都要制定有关的反倾销法律和法规。可见,反倾销税并不是可以随便征收的,必须具备一定的前提条件才能征收。即必须根据进口国有关反倾销法规的规定,经国内、国际有关部门认定其进口产品确属于倾销行为,并对本国的市场和生产构成危害,对投诉的进口产品才有可能征收反倾销税。

二是反补贴关税。即出口国政府直接或间接给予本国出口产品津贴或补贴,进口国在进口该产品时征收相当于津贴或补贴部分的附加关税,以抵消出口国政府给其出口商的资助。征收反补贴税,其目的是抵消该产品所享受的津贴或补贴的好处,增加进口货物的成本,进而削弱进口货物在本国市场的竞争力。同样,反补贴关税也是不能随意征收的。只有经过国内、国际有关部门认定,接受过补贴的出口商确实对进口国国内市场和生产造成重大损失或重大威胁时,才可以征收反补贴关税。对于补贴的认定,在国际贸易中是一个非常复杂的问题,WTO专门设立了有关的机构,负责处理缔约国之间有关补贴与反补贴的争端。

三是报复性关税。即他国对本国货物、船舶或企业实行歧视性税收待遇,本国也对他国的货物、船舶或企业实行歧视性税收待遇以报复。报复性关税必须以国家的经济实力作为后盾,经济弱小国家往往屈服于经济强国的压力,难以对强国实施关税报复,而经济实力相当的国家之间的关税报复,会造成两败俱伤。在国际多边贸易体制下,任何一国实施报复性关税,都有可能给整个国际贸易秩序带来混乱。所以,为了保证正常的国际贸易新秩序的建立,一般情况下,各国不轻易采取报复性关税的措施。

优惠关税。优惠关税是指对来自某些国家的进口货物使用比普遍税率较低的优惠税率征收的关税,是对特定受惠国在税收上给予的优惠待遇。优惠关税一般是互惠的,即协议双方相互给予对方的优惠关税待遇;但也有单方面的优惠关税,即给惠国单方面给予受惠国优惠关税。具体包以下几种。

一是互惠关税。在国与国之间的贸易中,双方协商签订协议,对进出口货物征收较低的关税甚至免税。可见,互惠关税有利于发展两国之间良好的经贸关系,促进双方经济的增长。

二是特惠关税。一个国家或某一经济集团对某些特定国家的全部进口货物或部分货物单方面给予低于关税或免税待遇的特殊优惠。英国实行这种非互惠的特惠关税,对英联邦国家给予照顾。

三是最惠国待遇关税。最惠国待遇是指缔约国一方承诺现在或将来给予任何第三方的一切优惠、特权或豁免等待遇,缔约国另一方可以享受同样待遇。最惠国待遇可以分为有条件和无条件两种情况:有条件最惠国待遇是指缔约国一方给予第三国的优惠待遇是有条件的,即缔约国另一方必须提供相同的条件,才能享受这些优惠待遇;无条件最惠国待遇是指缔约国一方给予第三国的一切税收待遇,必须立即无条件地、自动地适用于缔约国对方。最惠国待遇提供的关税税率并非最低税率,而主要是为了体现这种关税优惠是非歧视的。

四是普遍优惠制关税。即发达国家单方面给予发展中国家的制成品和半制成品的普遍优惠待遇的关税制度。普遍优惠制关税的特点是普遍性、非歧视性和非互惠性。普遍性是指所有实行普惠制的发达国家的普惠制方案应向所有的发展中国家或地区提供同样的优惠待遇;非歧视性是指给予所有的发展中国家或地区以同样的优惠待遇,不能有所例外;非互惠性是指发达国家给予发展中国家的优惠待遇是单方面的,无须发展中国家给予发达国家关税优惠待遇。

➡ **专栏:"入世"后的中国关税**

中国是关贸总协定的创始缔约国之一。由于国内外各种原因,中国长时间被排挤于WTO大门之外。2001年12月11日,《中华人民共和国加入WTO议定书》生效,标志着中国正式成为WTO第143个成员国。为了加入世界贸易组织,中国政府进行了长达15年的艰巨的谈判历程。1996年,中国政府宣布,调低4 971个税目的进口税率,关税税率平均水平从35%下降到23%;1997年,又降低了4 874个税号商品的进口关税税率,关税平均水平从23%下降到17%。2001年1月1日,再次自主降低关税,关税总水平下降为15.3%。中国政府对世贸组织承诺,到2005年,关税税率下降到发展中国家平均水平以下,工业品进口平均关税税率下降到10%左右。

考虑到GATT和WTO在诸多原则上的一贯性,中国在加入WTO后,关税政策也将在上述GATT确定的规则下进行。总体包括:①继续降低关税总水平,调整关税结构,采用关税结构升级手段,制定合适的关税策略;②继续清理关税减免政策,完善加工贸易的制度管理,提高关税减免的产业结构能力,创造公平的竞争环境,符合WTO的"国民待遇"原则;③按照WTO原则规范非关税管理措施行为,加大反倾销、反补贴力度。

另外,为了保护民族产业和民族工业的发展,也应该充分利用WTO的某些例外条款保证国民经济的健康、有序和稳定。在关税保护方面,可利用的例外条款主要有四类:一是保护幼稚工业的例外条款。对于汽车工业这样的幼稚工业,便可以利用该条款,对国外汽车采取提高关税、实行许可证、征收临时附加税等措施,限制进口,以保护中国的汽车工业。二是保障例外条款。当外国某种商品出现大量进口,国内生产同类产品的企业出现开工不足、工人失业、利润下降时,可以临时性限制该种商品进口。例如目前中国的粮食价格高于美国等发达国家,过多地进口会对中国农业生产和粮食安全产生影响,可以利用该条款,限制粮食进口。三是国际收支平衡例外条款。当遇到国际收支极度不平衡时,可以提出对进口实行限制,以保证国际收支平衡。四是对发展中国家政府补贴例外条款。

按照加入WTO的降税承诺,自2010年1月1日起,中国进一步降低了鲜草莓等六个税目商品的进口关税,经过此次关税调整,加入WTO的降税承诺已经全部履行完毕。当前,中国经济形势总体向好,但基础尚不稳固,存在着一些不稳定因素,特别是对外贸易发展面临的形势仍然严峻。2010年关税调整在完善调控措施手段,发挥积极财政政策框架下关税的调控杠杆作用,促进对外贸易稳定增长和结构优化,推动经济结构调整和发展方式转变方面采取了若干措施。

(摘自陈共.财政学[M].北京:中国人民大学出版社,2012:333)

15.4 小　　结

如果从全球或世界视角来看待财政,即全球财政或世界财政,那么国际公共品就是"世界国家"提供的具有非竞争性、非排他性的产品和服务;同样,也具有在国家、社区视角下公共品的共性特点。联合国列出了10种类型的国际公共品,本章详细分析了其中四类。如果没有(各国)政府或者某种"超国家"机构的支持,国际公共品同样供给不足,因此,某种形式的集体供给将是有效供给的必需条件。目前能够得到的解决策略在于:一是某个富有责任的大国承担更多的责任,在国际舞台的"大猪小猪博弈"中扮演大猪的角色去按下那个食槽的按钮,而其他国家在这个游戏中扮演小猪[①]。第二个思路是,合作行动。然而,实践表明,上述思路在不同情况下可能会变得更加复杂。

如果从国际经济中各国政府相互交往的视角出发去研究财政问题,国际税收、关税问题比较典型,都体现了国家之间在相互协调过程中的财政关系。一方面,国际税收涉及跨国经济活动征税引起的国家间的经济关系,国际重复征税以及相应的规避规则和办法不仅影响着居住国、东道国的社会福利和经济效率,也影响着国际福利和经济效率,因此,合理规定有利于资源配置和福利水平的提高;另一方面,关税表面上看似乎只是国家之间相互联系的税收问题,其实一国采取什么样的关税政策直接关系到国与国之间的主权和经济利益,时至今日,关税作为各国政府维护本国政治、经济权益的一种方式,在国际关系和国际合作等领域发挥着重要作用。有鉴于此,下一章研究不同国家的财政政策,可以和本章的内容相辅相成互为补充。

本 章 要 点

- 对国际财政的认识有两种观点:一是把国际财政置于全球或世界视角来看待的财政,即全球财政或世界财政;二是把国际财政看作国际经济中各国政府财政行为的相互交往。
- 国际公共品是指符合公共品的非竞争性、非排他性的一般特征,受益者在全世界范围内分布广泛,对当代人和未来数代人都有影响,存在供给不足特征的公共品。
- 国际公共品主要包括国际稳定和安全,国际开发和人道主义援助,知识、科学与研

[①] 对这个经典的博弈模型如果略显生疏的话,可以阅读张维迎的《博弈论与信息经济学》。

第15章　开放条件下的财政问题

※ 究、生态、环境与资源四种类型。
※ 国际公共品存在供给不足的问题,解决的思路一方面是"领头羊",另一方面是国际合作。主要方式包括国际组织协调、国家间的选择性激励、托宾税与特别提款权。
※ 国际税收是指两个或两个以上的国家政府,凭借其政治权力在对跨国纳税人征税过程中所形成的国家之间对税收权益的分配关系。
※ 任何一个主权国家都拥有的一种基本管辖权,表现为一国政府有权决定向哪些人征税、对什么征税及征多少税等。对于行使税收管辖权的原则,并没有统一的国际法规,但它的行使客观上要受到国家政治权力所能达到的范围的制约。包括收入来源地管辖权、公民管辖权和居民管辖权。
※ 消除国际重复征税,一般由居住国通过承认收入来源国有限或独占行使收入来源管辖权来实现,包括抵免法、扣除法、低税法和豁免法。
※ 多数国家通过两个或两个以上国家政府间签订税收协定或条约的做法,使协定中的一些具体规定在这些国家间得到贯彻,达到解决国际间重复征税问题的目的。
※ 国际税收协调包括单边方式、双边或多边方式。近年来,国际税收协调方式出现了新的变化,产生了诸如协作趋同、区域税收一体化等。
※ 关税是指国家海关对进出关境的货物或物品征收的一种税。
※ 关税分为以下几类:以应税货物或物品的流向分类,包括进口关税、出口关税和过境关税;以关税计征方式分类,包括从量关税、从价关税、复合关税、选择性关税、滑动关税、歧视关税和优惠关税。

主 要 概 念

☞ 国际公共品
☞ 特别提款权
☞ 国际税收
☞ 税收管辖权
☞ 国际重复征税
☞ 抵免法
☞ 扣除法
☞ 关税
☞ 歧视关税
☞ 滑动关税

思 考 题

☞ 如何理解国际公共品的内涵和主要内容?
☞ 国际公共品主要包括哪几种类型?

- 试分析国际公共品供给的基本思路和主要方式。
- 简述国际税收的内涵和本质。
- 试述国际税收管辖权及其主要类型。
- 国际重复征税的内涵及方式。
- 避免国际重复征税的方式。
- 如何理解抵免法和扣除法对福利的影响?
- 如何理解国际税收协调的路径和趋势?
- 关税的内涵和类型。

第 16 章　国别财政

一个民族的精神风貌、文明程度、社会结构,以及政策可能酿成的行为方式,所有这些甚至更多都记录在它的财政史上。那些明白怎样读懂这个历史所蕴含的信息的人们,在这里比其他任何地方都更能清醒地预感到震撼世界的惊雷。

——[美]约瑟夫·熊彼特(Joseph A. Schumpeter)

国家财政是一个国家政府权力的重要组成部分,是政府履行公共职权的基础,财政权的配置与运行机制的合理化是国家政治经济良性运行的前提和保证。因此,研究财政的理论问题离不开不同国家的实践与检验。不仅如此,由于所处的历史背景、文化、意识形态、社会结构等不同,财政政策在不同国家具有明显差异,因此,研究财政的相关问题必须嵌入于这种制度所存在的地域背景、时代背景,也就是在新制度经济学(NIE)理论中所归纳的非正式规则。近些年来的财政实践表明,一方面,即使是相同的财政政策(如宽松的财政政策)在不同的国家也会产生迥然不同的政策效果;另一方面,一些联系紧密的国家(如欧盟成员国),试图突破国家主权的限制,在财政政策上实现统一化的制度建构。本章分别对世界上重要的几个经济体——美国、欧盟、日本——的财政政策进行讨论,并进一步探讨中国的财政改革方向和路径。

16.1　美国"新经济"以来的税制改革

20世纪90年代以来,美国经济持续增长了十余年,在此之后,受多方面因素影响,经历过一段缓慢增长时期,近几年来的经济颇显波折。如2004年美国的经济增长率达到4.2%的水平①。有专家预测,从2004年起,美国经济将驶入经济增长的快车道②,凸显世界经济的"火车头"作用。然而,近几年来,尤其是金融危机爆发以来,美国经济"在一定意义上颇显颓势",尽管美联储祭出了量化宽松政策、美国政府大幅减税增债,然而依旧长袖难舞。图16-1显示了美国1945—2013年的经济增长水平的一般趋势,显示美国20世纪90年代以来在多数年份经济呈现平稳增长的状态。

16.1.1　"新经济"的由来

"新经济"(new economy)一词最初出现在1996年美国《商业周刊》的一篇文章上③。该文章分析了20世纪90年代以来美国经济发展的轨迹,发现了与之前年代不同的经济

---

① 资料来源:http://news.stock888.net/040514/101,1278,780413,00.shtml.
② 王振华.2004年美国经济将驶入增长快车道[EB/OL]. http://finance.anhuinews.com.2004-01-05.
③ 资料来源:http://wenda.so.com/q/1364058025068200.

特点,认为美国经济出现了"新经济的胜利"。概括起来,所谓的"新经济"体现了信息化、全球化等特点,主要包括以下几个内容。

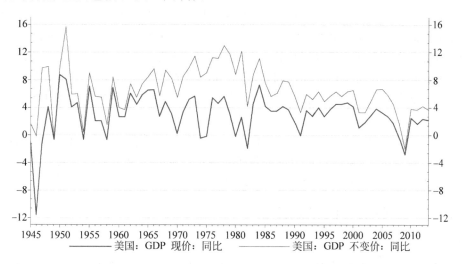

图 16-1　美国第二次世界大战以来经济增长情况

注：经济增长水平按照现价和不变价同比测度。不变价是指国家各级统计部门在计算不同时期工业总产值时,对同一产品采用同一时期或同一时点的工业产品出厂价格作为不变价,又称W定价格。采用不变价计算工业总产值,主要是用于消除价格变动的影响。时间周期为1945—2013年。

数据来源：Wind 资讯。

(1) 经济结构优化调整。美国从20世纪80年代开始,经历了战后以来最深刻的结构性调整,以信息业为核心的高科技产业得到了长足发展,传统产业也得到了有效改造,国际竞争力显著增强,再加上政策的有效实施,赢得了美国经济的繁荣。高新技术的广泛运用使劳动生产率大幅度提高并成为推动美国经济增长的一个重要因素。同时,高新技术企业的丰厚利润和高回报率造成了股市的繁荣,从而通过巨大的财富效应刺激了美国的个人消费,并对其经济增长起到了重要的刺激作用。高科技产业的发展使美国的就业空间得到了深层次拓展,从而美国的失业率也一直保持在较低的水平。高科技产业还有一个特点,就是虽然投资巨大,但随着需求和产量的上升,高科技产品价格和生产成本都下降很快,从而在促进经济增长的同时不会带动物价上涨,这对于美国经济在增长的同时伴以低通胀起了很大的作用。

(2) 政府有效调控。首先,财政赤字长期以来一直是困扰美国经济发展的顽症。克林顿(William Jefferson Clinton)政府采取双管齐下的财政政策,即通过减税以刺激供给和通过节支以控制需求,并且同国会达成协议,计划用10年时间消灭财政赤字。需要指出的是,这种注重财政结构性调整的政策举措,不是一味地减少支出,而是在具体实施过程中做到有增有减。由此,1998年美国实现了30年以来联邦财政的首次平衡。其次,美国联储的货币政策,格林斯潘坚决摒弃相机抉择的传统做法,谨慎地推行以控制通货膨胀为首要任务的稳定货币政策,使利率保持中性,即对经济既不刺激也不抑制,从而使经济能以其自身的潜在增长率,在低通胀率和低失业率并存的情况下保持稳定增长。

(3) 经济全球化。所谓经济全球化,是指世界各国、各地区在贸易、金融、生产、投资、政策协调等方面超越国界和地区界限,相互依存、相互联系、相互融合,进而形成一个不可分割的有机整体。经济全球化趋势为美国产业结构的调整升级与高科技的发展创造了条件。世界各国在全球化中加快了市场化的步伐,美国企业利用跨国购并或直接设厂,向不发达国家转移相对劳动密集型产业、环境污染严重的产业或其他成熟技术和产品生产线,利用他国廉价资源和生产要素,从而使美国可以集中力量发展高技术产业并通过进口满足劳动密集型产品和其他日常消费品。在此浪潮下,各国市场更加开放,美国跨国公司对外直接投资和开拓销售市场更加便利,获取利润的渠道越来越广,扩大了美国的世界市场份额及其贸易利益,也刺激了国内经济的增长。此外,全球性的国际资本流动和各国金融市场的逐步开放,更为美国资本谋求巨额利润创造了条件。

以"新经济"为契机,美国经济出现了第二次世界大战后罕见的持续高速增长,从一个侧面考察,"新经济"为美国乃至全球提供了重要的机遇和战略发展期;从另一个侧面考察,"新经济"的存在也导致了一定的隐忧和挑战。

16.1.2　克林顿时代的税制改革

1. 经济和社会背景

克林顿当选美国总统之时,美国财政经济已陷入困境。从短期性问题看,美国经济尽管已从1990—1991年的短暂衰退中脱身,但恢复状况令人担忧。GDP实际年增长率从1991年第一季度到1992年第三季度仅为2.2%[①],还不到恢复期增长速度的一半;失业率上升,1992年年底失业率甚至达到7.3%。从长期性问题看,情况更为严重。其一,生产率增长过度缓慢。尽管美国仍保持着世界最高的劳动生产率,但20年来增长很慢,导致实际小时报酬率和人均GDP增长水平较低,中等家庭实际收入陷于停滞。其二,社会分配不公加大。战后美国社会陷入分配最不平等的状态中,许多中低收入家庭的实际收入下降,导致消费信心低下和消费增长缓慢,需求乏力阻碍着经济恢复和发展。其三,健康保障制度存在着诸多不合理的因素。美国用于健康保障的相对资金规模超过其他发达国家,但接受保障的人数所占比重却较小,综合性健康指数,如寿命预期和婴儿死亡率等较差;超过15%的美国人即将近3900万人没有纳入保险范畴;还有几千万人保险额度不足,一旦失去工作也将失去保险。健康保险成本不断上升,加大了美国家庭的保险费与医药费,也加深了政府财政预算危机,从而直接或者间接地对经济长期发展构成威胁。其四,联邦赤字和债务急剧膨胀。里根(Ronald Wilson Reagan,1911—2004)上台前的1979年,联邦赤字仅为402亿美元,1990年达到2 214亿美元,同比增长31.12%;1991年达到2 695亿美元,增长17.85%;1992年达到2 904亿美元,增长209亿美元,比率达到7.20%。巨额赤字通过发行债券来弥补,"挤"走了巨额的私人资本,引起的高利率又影响到私人投资信心,阻碍了美国经济的恢复和发展。

可见,克林顿当选总统之初,美国经济在恢复的摇摆中趑趄不前,经济形势严峻,在各个层面都需要尽快恢复美国经济的颓势,使经济早日步入正常增长的轨道,以避免可能导致的更为深刻的危机。为了尽快扭转经济发展的不利局面,克林顿政府认为应该改变税收政策,解决已成为历届政府沉重负担的巨额财政赤字,刺激停滞的经济良性发展。一方

[①] 高金钿,朱国俊.当代世界经济和政治[M].北京:中共中央党校出版社,1995.

面,通过大规模增税以弥补赤字;另一方面,鼓励私人投资和储蓄,缩小贫富差距,进而带动经济增长。在克林顿的两届总统任期内,对税收制度改革做了必要的调整,取得了比较明显的实施效果。

2. 税收改革具体措施

1) 克林顿首任期的税制改革

美国税收改革主要是采取了有增有减的制度调整,以此达到对税收制度的结构性改革,使税收政策更加适合经济发展和社会发展的基本需要。具体来讲,包括以下两个方面。

一方面,采取了行之有效的增税措施。就消费税而言,提高汽油、烟、酒、航运等方面的消费税税率,其中包括将客运机票税率由原每张机票 3 美元上调至 6 美元;开征电话使用税,提高对化工产品课征的污染税税率,同时还规定开征汽车、游艇、皮毛制品、珠宝等特别消费税。就个人所得税而言,最高税率由原来的 28% 提高至 31%,并限制免税额和扣除额。就薪金税而言,扩大州和地方政府的课税范围。通过诸多措施,提高美国三级财政体制在实现财政收入方面的调控和资源配置能力。

另一方面,针对税收政策有争议的方面,采取了果断减税措施。一是减轻资本利得税,美国曾一度规定对资本利得按照 25% 的税率课税,并按资本持有期限的长短分别给予相应的扣除优惠;而后又进一步削减资本利得税率,对持有三年期的资本利得税减按 15.45% 征收,对持有两年期的资本利得税减按 19.6% 征收,对持有一年期的资本利得税税率则为 23.6%。二是对家庭储蓄的优惠,从 1991 年起,每个纳税人每年可从其应税所得中扣除 2 500 美元作为非课税储蓄存入银行,不计征个人所得税。但对此项政策规定了严格限制,即凡作为非课税储蓄而存入银行的存款,为期七年不支用,可完全免税;在 3～7 年间支用,则须按支用数额课征 10% 的税款;不足三年支用,则须全部补征原应征税款。三是对企业投资给予减税优惠。如对新设备的投资给予加速折旧,简化折旧的计算程序,对研究和发展费用继续给予 20% 的税收抵免等。四是降低房产业者和购房者的税负,房产业主可以用房产投资损失冲抵其他项目的利得,允许首次购房者享受 5 000 美元的税收抵免。

由上述情况可见,克林顿政府的税收措施是适度提高公司所得税率和个人所得税税率,加强对外国企业的税收征管,开征新的能源税,对低收入者给予税收减免,对新兴产业及科研开发企业实行税收优惠等。这些税收政策改善了美国的财政状况,对经济复苏起到了比较好的刺激作用。因而在 1997 年 7 月底,克林顿总统又进一步签署了与以上方案一脉相承的税改法案。

2) 克林顿连任后的税制改革

在此期间,美国税法修正案主要针对以下部分进行调整。一是资本利得的减税。美国 1997 年的税改法案中对资本利得的减税主要包括降低长期资本利得的最高税率,调整了对出售自用住宅所取得的资本利得的税收优惠政策。二是调整所得税中未成年人的税前扣税。根据美国 1997 年税改法案,在 1998 年中,每一个 17 岁以下的子女有 400 美元的扣税额;从 1999 年起,每一个 17 岁以下的子女有 500 美元的扣税额。个人申报应纳税所得额达 7.5 万美元,夫妇共同申报应纳税所得额达 11 万美元,结婚但单独申报应纳税所得额达 5.5 万美元的纳税人,不完全适用这种儿童扣税额。此类纳税人的申报应纳税所得额每超过这三种数额 1 000 美元,儿童扣税额就要减少 50 美元。三是调整社会保障税,提高对个人退休账户的税收优惠。美国 1997 年税改法案除了提高一般个人退休账户的免征额,还增加了对教育专用个人退休账户和一般个人退休账户的税收优惠政策。四是增加对个人教育费用的税收优惠。增加了大量对个人教育费用的税收优惠。具体来说,除了对新的教育专用个人退休账户的税收优惠以外,还增加了教育专用扣税额及其他一些税收优惠。五是增加遗产和赠与税的免征额。该税改法案增加了遗产税和赠与税的免征额,将原来的 60 万美元免征额逐步增加到 2006 年的 100 万美元。

3. 实际效果

总的来看,克林顿政府致力于实行促进经济发展为目标的税收政策,并取得了良好的预期效果。

1) 税收改革的政策意图

克林顿政府政策意图主要有以下几个。首先,以削减赤字为基础。克林顿政府认为,经济的实际扩张应以健全的财政为基础,不大力压缩赤字,是无法解决美国经济的实际问题的,这也是以前经济政策失败的原因所在。为此,削减赤字成为新政府经济政策的基石所在,希望通过赤字的大幅度削减,根本扭转私人部门需求冷淡的局面,以带动经济的全面增长。其次,"为未来投资"是政策的核心和出发点。为了利用科技发展和全球经济增长带来的各种机会,迎接可能产生的挑战,通过投资促进生产率提高和经济长期发展,在公共投资方面,政府支出应从经常性消费支出转向增加对儿童、教育和培训、科学和技术以及基础设施等的投资。在私人投资方面,应通过税收鼓励私人投资于有形的、科学的和人力资源等方面。再次,建立较公平的社会环境。将减少低收入家庭和小企业税收,增加最富裕阶层税收,将负担加诸于最有承受能力的阶层身上,这才能纠正社会分配的严重不公状态。为防止规模减税冲垮压缩赤字的结果,又规定了"每一美元税收的削减,都必须以相应支出压缩为前提"。最后,提高美国经济的竞争力。立足于全球贸易自由化而制定对外经济战略,提高美国经济的国际竞争力,扩大国际市场。可见,通过具体的经济措施,克林顿政府形成了一套与以往历届政府不同的、以缩减赤字为中心的、促进经济发展的税收政策。

2) 税收改革的绩效评价

克林顿政府围绕其政策意图所实行的一系列税收政策,取得了较好的成效。政策的实行使得美国联邦赤字迅速下降,1993 年减到 2 547 亿美元,比上年压缩 357 亿美元[①],成为历史上年度压缩赤字的最大数额,减幅达到 12.3%,联邦赤字占 GDP 比重 4.0%,同比下降 0.9 个百分点;1994 年赤字 2 032 亿美元,比上年再减 515 亿美元,再创压缩赤字新纪录,减幅 20.2%,占 GDP 比重 3.1%,再降 0.9 个百分点;在此基础上,1995 年赤字为 1 925 亿美元,比上年再减 107 亿美元,减幅 5.3%,占 GDP 比重 2.7%,又降 0.4 个百分点。克林顿政府由此将取得自杜鲁门政府以来第一次连续三年联邦赤字下降的成果,相对于里根时期洪水一般的赤字膨胀状态,克林顿政府在削减财政赤字上取得了巨大成功。

---

① 郭吴新. 90 年代美国经济[M]. 太原:山西经济出版社,2000.

图 16-2 显示了在克林顿执政期间(1993—2001 年)美国财政收入和支出情况(季度数据)。

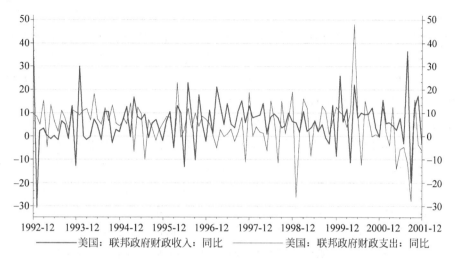

—— 美国：联邦政府财政收入：同比　　—— 美国：联邦政府财政支出：同比

图 16-2　美国联邦政府财政收入、支出同比增长率(季度)趋势(1992Q4—2001Q4)

数据来源：Wind 资讯。

大幅度压缩的财政赤字带动了各项经济指标的全面好转，表现在以下几个方面：一是 GDP 增长强劲，1994 年 GDP 比上年实际增长 4.4%，是以往六年中的最高增长率；二是就业增加，失业率从 1992 年以来逐年下降，到 1994 年 12 月已降到 5.4%，其中 1994 年制造业就业呈现逐月增长的状况；三是消费者信心增强，汽车和其他耐用消费品的需求增加，对住房需求也达到较高水平，消费品零售量以 10 年以来的最快速度增长；四是私人投资出现景气状态，在 1993 年、1994 年两年中，对机器设备的实际投资，特别是新一代个人计算机及其相关设备的投资，增长了 18% 以上；五是劳动生产率迅速提高，1994 年非农部门小时产出率上升 2%，这是 20 多年来所不曾有过的；六是通货膨胀得到有效控制，尽管国内外需求都得到不同程度的增长，但 1993 年和 1994 年第一季度城市消费者价格指数一直在下降，低通货膨胀率提高了企业和个人的投资和消费信心，有助于需求扩大和促进经济增长；七是美国经济的国际竞争力得到加强，通过 1993 年签署北美自由贸易协议(North American Free Trade Agreement, NAFTA)和完成关贸总协定乌拉圭回合谈判，美国在其之后 10 年中增加国民生产总值达到 1 000 亿~2 000 亿美元；八是政府支出规模缩减到 30 年来的最低水准，到 1999 年削减超过 27 万个联邦雇员职位，降低了财政支出成本，有效地提高了制度效率。

综上所述，克林顿政府的税收政策，在美国 20 世纪 90 年代经济的超常规增长中起到了十分有效的调节作用；同时，也改善了社会经济生活中存在的诸多问题，这对各国政府在实行财政政策调节经济时都有很好的借鉴意义。

16.1.3　小布什政府的税制改革

1. 经济和社会背景

小布什(George Walker Bush)当选美国总统后，面临着日渐复杂的国内、外局势。体现在经济上,他继承了克林顿政府留下的经济衰退和财政盈余。一方面,美国"新经济"日渐颓废,克林顿时期由高度繁荣所孕育出来的泡沫经济破灭,使美国经济逐渐陷入短暂衰退,这是经济周期波动的必然结果;另一方面,小布什继承了克林顿任期遗留下来的为数不小的财政结余[①]。小布什在这一任内,实行了包括税收制度改革在内的诸多改革,但是效果不尽如人意[②]。盘点小布什前四年的总统任期,其经济成绩欠佳,美国经济复苏乏力,实际 GDP 虽在增长,但速度较慢,年平均增长率为 2.5%,是自第二次世界大战以来,美国历届总统任期内最疲软的一段时期[①]。

小布什政府所依据的经济理论,与里根时期的供应学派所主张的"利益逐层渗透"基本上是一致的。这种理论认为对大公司和大资本实行低税率是促进经济增长的关键所在。只有这样做,资本家才愿意投资,工人才愿意工作,老百姓才愿意储蓄。在这种理论的指导下,小布什的经济纲领中,减税似乎是一个永恒主题。小布什一直对税改抱有极大的预期,视之为拯救美国经济的重要法宝之一,他曾多次强调要将减税措施永久化[③],旗下的首席经济顾问们也早就对修改税法摩拳擦掌,跃跃欲试。美国前财政部部长奥尼尔在接受路透社的采访时说,他认为现行税法是妨碍经济复苏的主要障碍,他一直希望能对税法进行大修改。而对共和党人而言,改革联邦税收体系也是他们多年来最热门的话题,但他们一直无法讨论出一个可供实施的最佳方案。不过,绝大部分民主党都不赞成共和党的个人所得税修改方案,他们认为,共和党的税改议案等于把高收入者的税收负担转嫁给中低收入者,并不符合公平原则。

2. 税收改革具体措施

小布什当选总统后,就职不到 20 天就向国会提交 10 年减税 1.6 万亿美元的庞大减税计划,国会批准了其中的 1.35 万亿美元的减税额度;2003 年 1 月,小布什又提出减税 6 700 亿美元的新减税计划,旨在降低公司和个人所得税[④]。在已经进行了大规模减税的基础上,小布什再次当选美国总统之后,于 2004 年 11 月 4 日在华盛顿举行的首次记者招待会上表示,他在该任期内将致力于在与民主党合作的基础上推动税收制度和社会保险改革。白宫发言人都菲(Trent Duffy)称,"总统已明确表示,税收改革为其第二任期内的首要任务"[⑤]。小布什表示将致力于推动税收制度改革,通过增加收入和控制开支来削减财政赤字;继续推动社会保险制度改革,以保障社会保险的持续稳定;继续推动反恐战

---

① 陈宝森.布什连任后的美国经济政策走向[EB/OL]. http://www.zaobao.com/special/newspapers/. 2005-02-03.

② 就经济政策而言,布什奉行的是保守的、亲资本的新保守主义政策。布什在经济领域的初步策划包括:一是实行有利于资本的政策以创造就业,二是实行医疗制度改革,三是实行税制改革。对此,美国经济学界的评论是,这些的确是美国必须解决的问题,也被民主党人列入他们的议事日程,但在多数情况下,解决的方针政策和结果则完全不同。资料来源:布什今后四年的经济政策走向[EB/OL]. 瞭望,2005-02-03.

③ 陆燕.2005 年世界经济:趋势、影响及对策[J].国际经济合作.2005(01):4.

④ 资料来源:国家税务总局政策法规司.中国税收政策前言问题研究(2002)[M].北京:中国税务出版社,2003(06).

⑤ 美国政府:税收改革时间表未改变计划正在推进[EB/OL].中新网,2004-12-30.

争,传播美国的自由与民主。① 虽然没有透露细节,但是小布什的助手们说,税收改革的轮廓体现在"更低的个人和公司所得税税率,扩大所得税税基,并且通过减少投资课税,使企业在决策时,不必再考虑税收因素,以促进经济的增长"。②

在改革方向上,针对美国现行税制的主要弊端,对于今后的税制改革,目前有两种不同的思路,一种是根本性的改革,从以收入税为主体改为以消费税为主体;另一种是在原有体制内进行局部改革③。由于第一轮税改力度有限,联邦税制总体上存在着的"复杂化、低效率、欠公平和不可预见性"的痼疾并没有得到有效改善,因此小布什在第二届任期内将推动更大规模的税制改革。

美国财政部综合各方面的意见,就小布什第二任期内的新一轮税制改革提出了五种方案。第一种方案是单一税率消费税方案,是用单一税率的个人和企业消费税取代现有的联邦个人所得税、联邦公司所得税、联邦礼品税、联邦遗产税,同时保留现有的社会保障税;第二种方案是单一税率所得税方案,用单一税率的个人和企业所得税取代现有的联邦个人所得税、联邦公司所得税、联邦礼品税、联邦遗产税,保留现有的社会保障税;第三种方案是引入增值税与改良的所得税方案,即用企业增值税与改良的个人和企业所得税取代现有的联邦个人所得税、联邦礼品税、联邦遗产税、联邦公司所得税,保留现有的社会保障税;第四种方案是实行收入型增值税与所得税并重的方案;第五种方案是对现有税制的改良,即改良的所得税附加社会保障税整合方案。总体上讲,这五种方案各有短长,

---

① 布什阐述第二任期内外政策:改革税制 推动反恐[EB/OL]. http://news.fjii.com/2004/11/05/266479.htm.

② 陈宝森.布什连任后的美国经济政策走向[EB/OL]. http://www.zaobao.com/special/newspapers/. 2005-02-03.

③ 从理论上说,以收入税为主体和以消费税为主体各有利弊。以消费税为主体可以把纳税人从个人或家庭转移到企业或经营者,能够在相当程度上减轻个人或家庭用于纳税的时间和精力,减少个人或企业的行为扭曲,促进经济增长。但是要进行这种根本性的改革,需要获得民众的理解和支持,还需要支付税制转换的许多成本。目前的这种以直接税为主体的税制虽然存在很多弊端,但是改革的难度比较小一些。虽然该《报告》没有表示对其中任何一种思路的赞同,但是实行根本性的改革的可行性并不是很大,比较可行的还是对目前的税制进行局部的、技术性的改革,适当增加间接税在税收总额中的比重,使税收政策和制度更加简便,更加公平。正如美联储主席格林斯潘2005年3月3日在参加"总统税收改革咨询研讨会"时所做的讲话中指出的,尽管许多经济学家主张实施消费税模式,这种税制有利于增加储蓄(积累)和资本形成,但从现行制度转到这种制度,要面临一系列转轨问题的挑战。这也是在第二次世界大战以来历次税制改革没有实行这种税制的主要原因。他还提出要从鼓励储蓄和提高劳动参与率的目标来考虑税制改革措施的选择。资料来源:美国税收制度的改革设想[EB/OL]. http://www.js-n-tax.gov.cn/Page/NewsDetail.

但都具有税基拓宽、税率降低、税率级次缩减、重复征税现象减少、中性税收政策凸显,更简单、效率、公平的特点,既鼓励个人工作、储蓄与投资,也鼓励企业投资①。

3. 实际效果

1) 税收改革的政策意图

总的来看,小布什税制改革的最根本原因在于小布什政府对美国经济前景的担忧②。根据白宫宣布的计划,小布什的减税政策有三个主要意图:鼓励消费者增加开支、促进经济持续复苏;促进推动经济增长和创造就业机会的个人与企业投资;对失业人员给予重要帮助。其中最主要的意图是鼓励投资,因为"投资意味着工作"。具体来讲,主要包括以下三个方面。

第一,刺激疲软的股票市场。小布什执政期间,困扰美国股市的病因是疲软的经济、缓慢的公司利润增长率和相对偏高的股票估价,取消股息税虽然并不能立即解决其中的任何一个问题,但是,这种举措确实得到了大多数美国人的欢迎,有可能吸引更多的投资者进入股市。

第二,增加投资支出和促进生产。小布什减税政策遵循的供给学派认为,税收直接影响劳动力和资本的供求关系,强调边际税率的变动对经济活动的重要影响,主张通过降低边际税率进行减税,达到增加投资支出和促进生产的目的。在供给学派经济学家们看来,投资不足是因为过高的税收抑制了投资者的投资积极性,减税能够调动民间投资的积极性,刺激经济的复苏增长。

第三,对其政治形象加以修复。小布什当选不久,就爆发了至今仍然影响美国和全世界的"9·11"事件,美国经济形势日渐严峻,反对派对小布什班子不断施压;不仅如此,美国出兵阿富汗和伊拉克,大打"反恐"大旗却"越反越恐",使小布什政治形象受到不同程度的贬损。虽然这无法撼动小布什总统的执政地位,但是对他来讲,也需要尽快拿出一项能够淡化投票人不满情绪的具体举措。

2) 税收改革的绩效分析

自 2002 年下半年以来,美国经济受各种因素的影响起伏不定,短期内无法完全走出衰退的阴影,而个人消费和企业开支不足成为困扰美国经济持续复苏的两大主要因素。因此,小布什刺激经济新方案就是要解决刺激投资和拉动消费这两大难题,进一步推动美国人的消费,促使美国企业增强投资的意愿,拉动美国经济尽快走上强劲复苏的道路。

对于小布什的刺激经济新方案,各界人士褒贬不一。有人认为它只会拉大美国的贫富差距,对美国经济根本起不到刺激作用。也有人担心减税计划有可能使美国联邦政府预算从盈余转为赤字,导致美国的长期利率上升,不利于投资和美国经济的长期发展;同时,如果白宫取消个人股息税的提案获得通过,上市公司将面临更大的股东要求派息的压力。图 16-3 显示了小布什执政期间的财政收支情况从不派息转向派息,有可能会导致公司扩张和创新资金的减少,也不利于企业的投资。正像华尔街分析家认为的那样,目前困

---

① 周卫民. 布什政府新一轮税改新在哪里——浅析美国财政部五种联邦税制改革方案[N]. 经济参考报,2005-01-15.

② 苗迎春. 布什减税拉开大选序幕[N]. 国际金融报,2003-01-10.

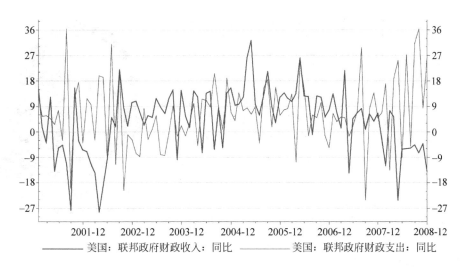

图16-3 美国联邦政府财政收入、支出同比增长率(季度)趋势(2001Q1—2008Q4)

数据来源：Wind资讯。

扰美国股市的病因是疲软的经济、缓慢的公司利润增长率和相对偏高的股票估价，取消股息税并不能立即解决其中的任何一个问题。但是，取消股息税确实得到了大多数美国人的欢迎，有可能吸引更多的投资者进入股市。只要小布什的后续配套政策，尤其是削减政府支出政策实施得当，该项刺激经济一揽子政策完全有可能为美国资本市场繁荣的复归和经济形势走向好转带来希望。美国学者罗伯特·巴罗(Robert J. Barro)明确撰文支持小布什的减税计划，认为它将提高经济的发展速度。虽然他并不认为小布什的减税计划是一项能够在短期内实现经济扩张的"一揽子刺激方案"①，但是通过推动经济走向快速增长的轨道，小布什的减税计划将为经济扩张助一臂之力；同时，他还对减税进一步加剧美国财政赤字的顾虑加了一个注解，认为预算赤字对实际利率的影响是不确定的，而且也微乎其微，主要取决于税收计划的具体细节。罗伯特·巴罗为小布什鼓劲说，小布什的减税改革是一个良好的开端，可以继续筹划推动经济增长的一揽子税改方案②。

16.1.4 奥巴马政府的税制改革进展

2008年，美国民主党籍、第一位非裔、同时拥有黑(卢欧族)白(英德爱混血)血统的巴拉克·侯赛因·奥巴马二世(Barack Hussein Obama Ⅱ,1961—   )当选美国第44任总统，并于2012年成功连任至今。奥巴马上任初期，面临着一系列政治经济形势，在医疗、税制、债务等方面面临很大的改革压力。

1. 经济和社会背景

奥巴马上任伊始，面临着来自于经济基本面和政策层面的考验。

在经济基本面上，必须面对金融危机以来的经济大幅波动。金融危机(financial crisis)，也称次贷危机、信用危机、2008年金融崩溃、金融海啸和华尔街海啸，是一场在

---

① 这种凯恩斯主义的做法太过强调消费者需求，却忽视了激励家庭和公司企业进行生产和投资的动因。
② [美]罗伯特·巴罗.不必担心：布什的减税计划不会抬高利率[EB/OL].http://www.ce.cn/ztpd/hqmt/.

2007年8月9日开始浮现的金融危机。自美国次级房屋信贷危机爆发后，投资者开始对按揭证券的价值失去信心，引发流动性危机。即使多国中央银行多次向金融市场注入巨额资金，也无法阻止这场金融危机的爆发。到2008年9月，这场金融危机开始失控，导致多间相当大型的金融机构倒闭或被政府接管，并引发经济衰退。

在政策层面上，有三件事将使奥巴马政府必须和国会深入讨论财政问题①。这三件事分别是：其一，前总统小布什的减税政策到期；其二，再次提高具有法律约束力的联邦政府借款上限；其三，国会强制封存机制，该机制将在2013年自动削减国内支出。这些内容将在很大程度上深刻影响奥巴马时代及其后续时期。

2. 政策思路

奥巴马面对的问题是：在对富人增税与削减教育与医疗支出之间做出选择，这一财政政策在其两届任期内一直持续至今。他曾在国会的一次演讲中提到，他的减赤计划的核心是，年收入超过100万美元的美国富人所承担的税率应与中产阶级相仿。略显遗憾的是，奥巴马至今尚未明确颁布其增税计划的细节及其时间表，而白宫（White House）形象地将该计划称为"巴菲特规则"（Buffett Rule），因为亿万富翁沃伦·巴菲特（Warren Buffett）曾声称自己的税率比秘书的更低。奥巴马表示，他不认为"要求对冲基金经理承担与管道工和教师相同的税率是在搞阶级斗争"。同时，奥巴马称，国会提交的任何削减老年人医疗而不同时对富人增税的法案，他都将否决，以此加强他的减赤立场，也旨在提振他萎靡不振的执政支持率。但是，他的上述政策引发了由共和党控制的美国众议院（House of Representatives）的强烈反对。

当然，奥巴马的减税政策也不乏支持者。盖洛普（Gallup）的民调显示，2/3的美国人支持对那些年收入在25万美元以上的富人增税。对富人增税有着坚实的基础②。巴菲特公开表示，2010年自己负担的有效联邦所得税率是17.4%。这种低税率无疑基于以下事实，即巴菲特的大部分收入来自股利和资本利得，而自2003年以来这部分收入适用的最高税率仅为15%。然而，巴菲特秘书的大部分收入很可能是以薪资形式取得的，这些收入适用的税率高于15%，而且她还得为美国社保和医保等福利项目纳税。根据美国税收政策中心（Tax Policy Center）的估算，在那些年收入只有3万～4万美元的人群当中，大约1/4负担的综合税率高于巴菲特。假设巴菲特秘书的收入相当不错，属于年收入7.5万美元到10万美元这一人群。在这部分人群中，中间收入者承担的税率与巴菲特大致相当，还有四成人缴纳的税率要高得多——他们收入的18.3%～23.8%都上缴了联邦政府。引人注目的是，根据美国国税局的数据，富人的税率在过去25年里大幅下降。收入最高的1%纳税人（在2008年指那些年收入超出38.0354万美元的人）在20世纪80

---

① ［美］劳伦斯·萨默斯.美国减税行不行［EB/OL］.http://www.ftchinese.com/story/001043491. 2012-03-06.

② ［美］布鲁斯·巴特利特.奥巴马对富人增税有理［EB/OL］.http://www.ftchinese.com/story/001040976. 2011-09-30.

年代和90年代中期的有效所得税税率分别是33%和29%,到了小布什政府时期,有效税率已降至23%。

此外,奥巴马的税改方案也受到很多质疑。英国《金融时报》社评认为,富人税是奥巴马控制中期赤字的最新方案里的新想法,在提出新方案前,奥巴马呼吁施行新的刺激举措,推动美国经济复苏。共和党人将这个想法称作"阶级斗争",认为这是一种伪善的夸大其词,认为此举更大程度上是一种政治把戏,而非可靠的政策努力。具体的经济效果几乎无法评价,一方面是因为奥巴马对细节语焉不详;另一方面是因为除非作为全面中期财政规划的一部分,否则这一想法就几乎没有意义①。图16-4显示了奥巴马执政以来的财政收支情况。

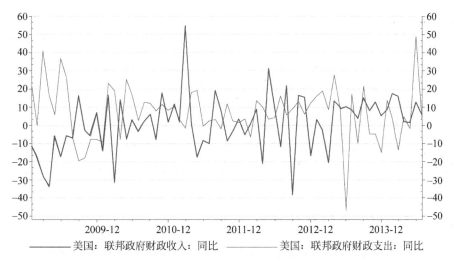

图16-4　美国联邦政府财政收入、支出同比增长率(季度)趋势(2009Q1—2014Q2)

数据来源:Wind资讯。

16.2　欧盟财政一体化

欧盟成立以来,财政一体化(fiscal integration)一直是欧洲一体化进程的重要内容之一。随着2009年10月希腊爆发主权债务危机以及此后危机的迅速蔓延,各界关于积极推进包括财政契约(financial contracts)在内的财政一体化的呼声就越来越强烈。欧盟财政契约全称为《欧洲经济货币联盟稳定、协调和治理公约》,是欧盟②各国为了应对主权债务危机、强化财政管理而制定的一项政府间条约。这一契约需要获得至少12个欧元区成

---

① 奥巴马的"富人税"是政治把戏[EB/OL]. http://www.ftchinese.com/story/001040788. 2011-09-20.
② 欧洲联盟(European Union),简称欧盟(EU),是一个集政治实体和经济实体于一身的区域一体化组织,总部设在比利时首都布鲁塞尔,由欧洲共同体(European Community,又称欧洲共同市场)发展而来,主要经历了三个阶段:荷卢比三国经济联盟、欧洲共同体、欧盟。1991年12月,欧洲共同体马斯特里赫特首脑会议通过《欧洲联盟条约》,通称《马斯特里赫特条约》(以下简称《马约》)。1993年11月1日,《马约》正式生效,欧盟正式诞生。目前,欧盟共有27个成员国。

员国[①]批准才能生效。2012年3月欧盟25国签署财政契约,标志着欧盟财政一体化得以推进[②]。

在欧盟范围内存在欧盟中央财政和成员国财政之分,前者的行使主体为欧盟委员会,后者为成员国政府。由于欧盟不是一个主权国家,而是众多主权国家的联盟,因此欧盟中央财政规模很小,且无法有效发挥其在欧盟范围内的资源配置、收入分配和经济稳定的财政职能。财政一体化是成员国政府向欧盟中央财政逐步让渡财政主权的过程,最终目的是建立起统一税收和预算政策的财政联盟[③]。

16.2.1 财政一体化的理论依据

作为欧元区成立和扩大的理论基础,最优货币区理论曾指出货币区进行财政一体化的必要性。罗伯特·蒙代尔(Roberta Mundell,1961,2003)在详细分析共同货币的劣势后认为,货币区应具有高度的劳动力流动性或工资灵活性,以便在需求变化或遭遇其他"不对称冲击"时,通过劳动力流动或降低实际工资来恢复受冲击地区的经济增长。否则,就需要地区间的财政转账来支持受冲击地区并保证货币区的稳定。事实上,欧洲发达国家普遍拥有强大的工会力量,导致工资灵活性较低。而Corden(1975)指出,欧洲的劳动力要素流动受到两国文化、语言、工作经验、法律等方面的制约。由此可见,在成员国经济差异较大的欧元区,建立地区转账等财政一体化安排是很有必要的。此外,也有学者指出最优货币区应满足共同税收和支付的财政一体化标准。

16.2.2 欧盟财政一体化的历程回顾

自2008年发端于美国的国际金融危机以来,欧洲难以独善其身。2009年10月希腊陷入主权债务危机。欧盟、国际货币基金组织和欧洲中央银行先从"治标"入手,通过建立临时性的欧洲金融稳定基金向希腊"输血",同时要求该国大幅削减财政预算和公共开支实现"止血"。但希腊的形势尚未好转,爱尔兰和葡萄牙又相继遭难,意大利和西班牙随之告急,标准普尔和惠誉等国际信用评级机构相继下调上述国家主权信用评级,致使这些国家国债收益率大幅攀升,有的一度超过7%的高危警戒线。欧盟成员国预算居高不下、债务攀升。图16-5显示了德国债务、公共预算收支在近些年来的攀升趋势,数据显示,金融危机以来,作为欧盟的大户,德国财政存在着巨大的债务压力。主权债务危机已经从经济层面影响到政治变更,影响范围之大在欧洲一体化史上未有。

为有效应对危机,欧盟领导人从最初通过建立救助基金为希腊等重债国脱困,转向解决欧元区货币统一但各成员国财政独立等深层次矛盾,着力推动货币一体化向财政一体化过渡,以期从根本上解决危机。围绕"治标"和"治本",欧盟、欧洲央行、国际货币基金组

---

① 欧元区成员国,欧元区是指欧洲联盟成员中使用欧盟的统一货币——欧元的国家区域。1999年1月1日,欧盟国家开始实行单一货币欧元和在实行欧元的国家实施统一货币政策。2002年7月,欧元成为欧元区唯一的合法货币。欧元区共有17个成员国,包括奥地利、比利时、芬兰、法国、德国、爱尔兰、意大利、卢森堡、荷兰、葡萄牙、西班牙、希腊、斯洛文尼亚、塞浦路斯、马耳他、斯洛伐克、爱沙尼亚,人口超过三亿三千万。

② 参考:http://tfs.mof.gov.cn/zhengwuxinxi/faguixinxifanying/201211/t20121122_700951.html.

③ 本节内容主要参考:姜云飞.债务危机背景下欧盟财政一体化的进展[J].世界经济研究,2013(04):41-45.

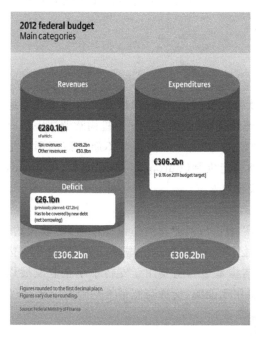
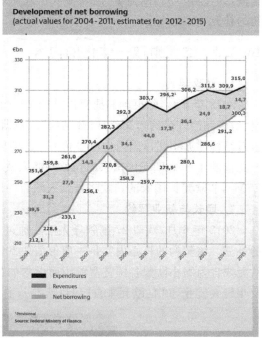

图 16-5　德国债务、公共预算收支情况及预测(2004—2015)
数据来源：https://www.destatis.de/EN/Homepage.html.

织以及欧盟成员国特别是英法德等大国先后提出多种解决方案，包括增加"输血"力度、发行"欧元债券"、让欧洲央行担当"最后贷款人"等。为了应对债务危机，欧盟领导人从 2011 年开始酝酿并逐步推进财政一体化进程。仅在 2010 年，欧盟及欧元区领导人就召开了七次峰会，欧盟委员会多次出台改革建议，以期强化欧盟财政纪律和协调成员国经济政策，通过完善经济治理防止危机重演和蔓延。2011 年，欧盟领导人又提出扩大现有救助机制规模和用途、减少希腊等重债国债务以及对银行进行新一轮压力测试等举措，同时提出深化经济治理和改革、建立欧元区永久性救助机制和借助创新推动经济复苏等长效措施。2011 年下半年，欧债危机持续恶化并不断蔓延，甚至开始危及法国等欧元区核心国家，同时威胁到匈牙利等中东欧非欧元区国家。在 2011 年 12 月欧盟峰会召开前夕，标普将法国、德国和奥地利等 15 个欧元区国家列入负面观察名单，威胁调降其信用评级，紧接着又将矛头指向 EFSF 和整个欧盟。危机的快速演变逼迫欧盟领导人迅速做出决策。2011 年 12 月 9 日，欧盟召开峰会，被看成是拯救欧元最后的机会。德法两国领导人赶在峰会召开前统一了立场，提出加强财政纪律的共同方案，要求明确对财政赤字占国内生产总值比例超过 3% 的国家实施自动处罚措施，并建议将欧元区永久性救助机制提前一年于 2012 年启动。德、法方案成为峰会的主导议题。经过与会领导人长达 10 个小时的艰苦谈判，欧洲理事会常任主席赫尔曼·范龙佩(Herman Van Rompuy)宣布：欧元区 17 国以及欧盟其他 6 个成员国就欧盟财政契约达成一致，同意签署政府间条约。2012 年 3 月初，除英国和捷克以外的欧盟 25 个成员国签署了欧盟财政契约。但弗朗索瓦·奥朗德于 2012 年 5 月当选法国总统后，提出在欧盟财政契约中增加促进增长的条款。经过反复磋商,2012年6月,欧盟27国领导人正式通过了《增长与就业契约》,以作为欧盟财政契约的补充。

16.2.3 欧盟财政一体化的内容

1. 财政契约

2012年3月,除英国和捷克以外的25个欧盟成员国正式签署《欧洲经济货币联盟稳定、协调和治理公约》,又称"财政契约"。根据契约规定,欧盟最高司法机构欧洲法院将有权对结构性赤字超过国内生产总值0.5%的国家进行处罚,最高金额不超过该国国内生产总值的0.1%,欧元区国家的罚款将缴入欧洲稳定机制(European stability mechanism, ESM),非欧元区国家的罚款将被纳入欧盟一般预算①。

2. 增长与就业契约

2012年6月,欧盟27国领导人正式通过了"增长与就业契约",以此作为"财政契约"的补充。该契约的核心内容是一项价值1 200亿欧元的刺激经济增长计划,其中550亿欧元来自为缩小欧盟各国贫富差距而设立的"结构基金",主要用于支持中小企业发展以及年轻人就业,50亿欧元来自"项目债券",主要用于能源、交通与宽带等基础设施建设②。

3. 统一金融交易税计划

欧盟委员会2011年9月提议在欧盟范围内统一开征金融交易税,但是由于英国、瑞典等非欧元区国家的强烈反对,该计划在2012年6月暂时搁置。同年10月,德国、法国等10个欧元区国家提出征收金融交易税的提议。2013年2月,欧盟委员会正式推出金融交易税,从2014年1月开始,在德国、法国、意大利、西班牙、奥地利、葡萄牙、比利时、爱沙尼亚、希腊、斯洛伐克以及斯洛文尼亚11个欧元区国家对所有金融工具的买卖征税③。

4. 欧元区中央预算计划

欧元债券在2012年6月因德国坚决反对而被搁置之后,欧元区各国于同年9月开始讨论建立欧元区统一中央预算,这是各国向建立财政联盟做出的新一轮努力。虽然这项最初由法国提出的建议受到了荷兰和奥地利的反对,但却得到了德国的认可。依照该计

---

① Francois Heisbourg. In the Shadow of the Euro Crisis[J]. Survival,2012,54(4):25-32.
② Mundell R A. A Theory of Optimum Currency Areas[J]. American Economic Review,1961,51(4).
③ Martin Feldstein. The Failure of the Euro[J]. Foreign Affairs,2012,91(1):105-116.

划的构想,预算资金将来自于成员国的部分税收,包括企业税和增值税等[①]。

"财政契约"的签订标志着财政联盟雏形的建立,对于欧盟财政一体化进程具有里程碑式的意义。但对于建立真正意义的财政联盟的目标而言,"财政契约"的签订也只是欧盟财政一体化的序曲而已。从内容上看,虽然在酝酿阶段经历了转移联盟和紧缩计划的版本,但最终签订的"财政契约"在实质上早已成为失去效力的"稳定与增长公约"的修订版(Feldstein,2012),并没有为财政一体化带来实质性进展。从功能上来看,"财政契约"旨在加强成员国的财政纪律,并不能增强欧盟中央财政的职能,也无法改变成员国的财政职能,对财政一体化只能起到增强成员国协调性的作用。

"增长与就业契约"是对"财政契约"的补充,而且本质是经济刺激计划,并未在财政职能方面带来实质性变化。

相比之下,统一金融交易税和欧元区统一中央预算的计划如果能够实施,则会对财政一体化带来实质性影响。根据欧盟委员会的设想,欧盟范围内开征统一的金融交易税将为欧盟中央财政每年增加收入 570 亿欧元,相当于 2011 年欧盟财政总预算的 46%[②]。但目前的进展只是在 11 个欧元区成员国进行征税,而税收收入也不会纳入欧盟财政。但从统一税制和对金融部门收入的再分配角度来看,金融交易税首先在 11 国开征有其积极意义。

欧盟甚至欧元区的统一中央预算是一个非常难以实现的目标,因为这牵涉到成员国部分主权的让渡。统一的中央预算是财政联盟的重要特征,若能在欧元区范围内达成计划,则会大大推进欧盟的财政一体化进程。

➡ **专栏:新预算案未果:欧盟财政一体化吃了闷棍**

汇通网 2012 年 11 月报道,欧盟 27 国领导人连续两天齐聚一堂,似乎未能就 2014 年

---

① Martin Feldstein. Europ's Empty Fiscal Compact[EB/OE]. Project Syndicate. http//www.project-syndicate.org /commentary/europe-s-empty-fiscal-compact. 2012-02-27.
② Paul Krugman. A Money Too Far[N]. New York Times,2010-05-06.

至 2020 年的中期财政预算状况达成一致。新预算案未果,预示着欧盟财政一体化道路依然坎坷。

会前欧盟各成员国的不满情绪以及两天峰会上那种剑拔弩张的会议气氛,就决定了这次会议万难达成令人满意的结果。在 10 月 23 日开始的调解程序期内,欧盟财长会议本要协商 2013 年预算,但由于成员国的财长们在今年的第六号追加预算案上出现分歧,而欧洲议会表示如果这些问题不解决,他们将拒绝参与 2013 年的预算会谈。果不其然,欧盟财长会议在 2013 年预算上无果而终。这就加剧了这次欧盟峰会期间审议 2014—2020 年预算的不确定性。而且,这 7 年预算总额将近 1 万亿欧元,相当于欧盟国家 GDP 的 1%,不是一笔小数目。所以,尽管在会前欧盟相关官员在使出全身解数,已基本说服英国及德国方面认可了这份预算案,但伦敦方面还是表示,欧盟选择在各成员国为应对欧债危机纷纷削减国内开支时增加预算,是极端错误的行为。再加上峰会准备提交讨论的削减农业补贴在内的让步措施,又让法国与波兰这样的农业大国大感不快。而意大利也表示,如果欧盟预算拟削减多项财政补贴拨付项目,则对于意大利是非常不公平的,为此,意大利将坚决抵制。

这次峰会不欢而散,也意味着预算谈判将会拖到明年,又会使数千亿欧元的欧盟经济刺激计划的投资资金无从着落,进而使欧洲业已不景气的经济雪上加霜。

(资料来源:汇通网,http://www.fx678.com/C/20121128/201211281157521626.html)

16.2.4 欧盟财政一体化的挑战

欧盟的财政一体化进程涉及成员国的主权让渡,势必在众多挑战中艰难推进。从短期来看,虽然"财政契约"在芬兰完成国内法批准后已经取得 12 个成员国批准,并于 2013 年 1 月生效,但产生效力的契约能否有效执行将是一大挑战。从长期来看,不断推进财政一体化进程并构建财政联盟也将面临一系列经济和政治的难题(姜云飞,2013)。

(1)"财政契约"能否有效执行存在疑问。从经济周期来看,经济公约往往在繁荣时期可以顺利执行,但遇到经济衰退时期执行公约就会困难重重。从政治角度看,公约往往对小国具有较强的约束力,但对大国而言约束力可能会打折扣。1997 年签订的"稳定与增长公约"就由于执行不力而最终流于形式,导致公信力下降的原因就是在 2004—2005 年经济减速期间德国、法国等大国违反规定并最终修改公约。"财政契约"作为稳定与增长公约的修订版,其执行力如何需拭目以待。

(2) 欧盟经济陷入滞胀可能性增加。主权债务危机爆发以来,欧盟经济增长十分缓慢。再加上欧盟国家普遍存在经济竞争力弱、劳动生产率低、劳动力市场僵化等问题,欧盟实现经济增长的前景十分暗淡,经济低迷将会长期存在。同时,欧洲央行为了应对危机先后放松银根,实行量化宽松货币政策,导致欧元区的通货膨胀率自2009年起一路攀升。意识到赋予欧洲央行最终贷款人的职能比实现财政一体化容易得多(徐明棋,2012),2012年年底,欧洲中央银行宣布无上限持有成员国国债计划后,债务危机得到一定缓解,通货膨胀率略有下降。但数据显示,截至2012年年底欧洲央行持有危机国家的债券总额达2 087亿欧元。经过一定的时滞,这一增加货币供应操作的效应将会逐渐显现。况且,2013年欧洲还面临多国领导人的大选,债务危机还存在很多变数,欧洲央行可能需要继续大量购买国债进而增加货币供应。总之,如果欧盟经济陷入滞胀,任何形式的一体化进程都无法推进,这是财政一体化面临的最大挑战。

(3) 债务危机使成员国经济更加趋异。最优货币区理论强调的是经济趋同指标,然而金融危机和债务危机的双重影响使欧元区成员国经济的趋异性增强,这会危及已经取得的货币一体化成果,财政一体化也很难推行。

(4) 让渡财政主权的政治阻力。第一种政治阻力来自于德国、法国、英国等大国的博弈。成员国的利益各不相同,使得欧盟的经济政策重点常常被政治目的所左右(黄立新,2003)。在"财政契约"的酝酿阶段,大国博弈不仅使计划内容一再变更,而且使最终出台的契约效力大为降低。另一种政治阻力来自成员国退出的可能。Jim O'Neill 曾指出,欧元区财政整合政策可能促使西班牙、葡萄牙、爱尔兰、芬兰、希腊等成员国无意继续留在欧元区[①]。Heisbourg(2012)也分析了英国在深化一体化的压力下离开欧盟的可能性。

总之,在债务危机的背景下,欧洲财政一体化得以艰难推进。但"财政契约"的签订只是财政一体化的序曲,并没有从实质上推进财政一体化。从财政职能的角度来看,推进财政一体化对债务危机的缓解作用有限。而财政一体化意味着危机国家在货币统一的前提下又受到了财政政策的制约,不利于危机的缓解。推进财政一体化的努力还可能会掩盖债务危机的真正根源,不利于危机的最终解决。作为欧洲一体化的重要内容,财政一体化的不断推进和深化有其必然性,但这个财政主权让渡的过程将会非常漫长。

16.3 日本财政政策的新进展

20世纪90年代以来,日本经济发展和此前相比经历了"炙热和深寒"的更迭。此前,日本经济在"资本泡沫"的推动下,实现了较长时期的经济增长。然而,进入90年代后,以地价下降为导火索,日本资本泡沫瞬间破灭,经济陷入了"十年萧条"。GDP增长率从1990年的5.1%大幅下降,甚至在个别年份出现了负增长;失业率由1990年的2.1%上升到2003年3月的5.8%,为日本自第二次世界大战结束以来的最高;日本经济出现了

---

① Corden W M. The Adjustment Problem, European Monetary Unification and Its Meaning for the United Stagtes[P]//Krauseand Salant. Brookings Institution, 1975.

明显的通货紧缩,自 1995 年以后物价连续下跌,消费物价指数呈现下降趋势;泡沫化的资本严重缩水,日经指数大幅下滑,土地价格持续下跌,日本经济失去了繁荣的时代,在低迷中走向徘徊,如图 16-6 所示。

图 16-6　日本 GDP 现价(季度)同比增长率(1956Q3—2014Q2)

数据来源:Wind 资讯。

为了使经济早日走出低谷,日本政府曾经试图通过扩大公共支出和国债发行规模、降低宏观税收负担的扩张性财政政策刺激经济复苏,然而,在财政收入和支出规模不断拉大的同时,经济增长依旧"微效"[①],日本财政政策陷入了迷茫的"左右为难"的境地。

16.3.1　政策的简要回顾

20 世纪 90 年代初,日本经济泡沫破灭后,经济陷入困境,以凯恩斯的依靠扩大财政支出来刺激有效需求的财政政策为理论基础,日本政府自 1991 年下半年开始采取扩大财政支出规模的办法来挽救经济萧条的局面,并且由于日本人口老龄化程度不断加深,日本政府财政支出规模也不断地扩大[②]。财政支出占 GDP 比重也由 1991 年的 15.4% 持续上涨到 1996 年的 24.8%。大规模财政支出导致国家财政赤字日益严重。面对日本财政状况日趋恶化的局面,桥本内阁自 1996 年下半年起推行紧缩的财政政策,大规模降低财政支出,1997 年的财政支出占 GDP 比重降至 23.8%。但由于当时的日本经济并没有真正走出颓势,紧缩性财政政策导致日本经济恶化,尤其是 1997 年下半年爆发的亚洲金融危机使日本经济大幅度衰退,1998 年出现了 24 年来的首次负增长。其后日本政府不得不重新选择扩张的财政政策来刺激其经济恢复,1998 年、1999 年财政支出持续增加,占 GDP 比重分别为 24.1% 和 25.1%。在积极的财政政策刺激下,日本经济于 2000 年实现

---

①　日本 1990 年代以来的财政政策[EB/OL]. http://www.china256.com/.
②　庞德良,夏子敬. 日本财政支出结构对经济增长的回归分析(1969—2011)[J]. 现代日本经济,2014(3):1-10.

了正增长。与此同时,受经济不景气的影响,日本私人部门经济活动收缩,主要是依靠扩大财政支出来减少金融危机冲击。由于前期大规模的财政支出,2000 年以后,日本政府财政风险加大。2000 年日本政府债务余额占 GDP 的比重达到 122.9%,居发达国家首位[①],如图 16-7 所示。

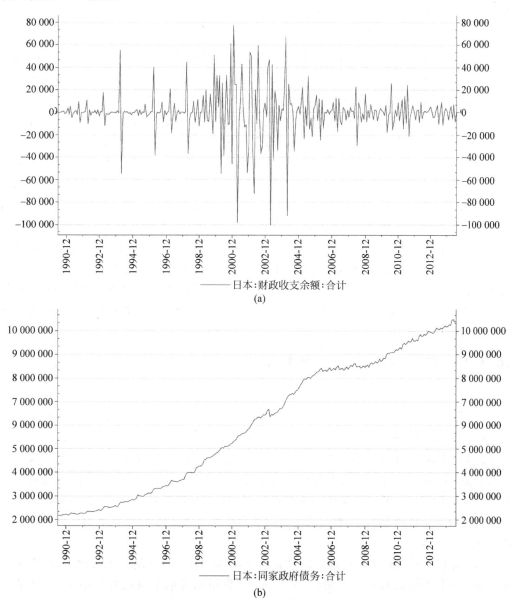

图 16-7　日本中央政府财政收支余额和债务情况(月度数据,1990 年 6 月—2014 年 7 月)
数据来源:Wind 资讯。

---

① 李彬.日本财政危机的走势及根源分析[J].现代日本经济,2012(1):30-39.

面对这样的状况，2001年，小泉内阁开始实施紧缩性财政政策，压缩了政府支出。财政支出占GDP的比重由2001年的25%降至2007年的21.9%。日本成功实现了由"大政府"向"小政府"的转变。2008年，金融危机爆发使全球经济受到严重影响，日本经济在当年再度出现负增长。日本福田内阁和其后的麻生内阁都再次使用财政扩张政策来降低金融危机的不利影响，2009年的财政支出占GDP的比重上升至23.8%，其后两年该指标保持稳定水平。

综上所述，泡沫经济破灭后，日本的财政政策可以概括为紧缩→扩张→紧缩→扩张。日本财政支出相对规模扩张的年份，经济增长率有升高态势，可以认为日本财政支出对低迷的经济确实起到了一定的作用，尤其是在1997年、2007年的两次金融危机后，日本实际GDP连续出现负增长，扩张的财政政策对经济的稳定起到积极作用。但是，尽管日本政府财政支出大幅度增加，也并未能彻底改变泡沫经济破灭后的经济颓势，反而导致财政赤字大幅攀升。可见，依靠大规模财政支出来维持经济景气存在着很大的局限性，不能简单地认为实施积极的财政政策就一定能刺激经济的增长，必须综合考虑社会实际需要。由于财政支出本身就是构成GDP的一部分，所以财政支出对经济增长到底有多大的影响以及财政消费性支出和生产性支出各自对经济增长的影响，需要通过实证分析进行判断。

庞德良、夏子敬(2014)认为，泡沫危机之后，日本经济也并没能依靠财政支出快速走出低谷，20世纪90年代日本经济年均增长率只有1%，通货紧缩和失业问题也没有得到缓解，没有达到财政政策的预期效果。不可否认，日本战后大量的财政支出对经济的复苏起到了一定作用，但是财政支出的规模未必是最优的，不能断定日本财政支出对刺激经济复苏起到了积极作用。

16.3.2 "安倍经济学"的主要内容

在小泉纯一郎于2006年卸任之后，日本走马灯似地先后换了六位首相[①]，2012年12月，安倍晋三再次当选日本首相。他上台之后，实施了一系列刺激经济的政策，被外界称为"安倍经济学"(Abenomics)，是由安倍晋三的安倍(Abe)和经济学(economics)组成的一个造语，其措施包括：一是将通胀目标设置为2%；二是促使日元贬值；三是政策利率降为负值；四是无限制实施量化宽松货币政策；五是大规模的公共投资(国土强韧化)；六是日本银行通过公开市场操作购入建设性国债；七是修改日本银行法，加大政府对央行的发言权等。概括起来，主要包括宽松的货币政策、积极的财政政策和对经济的结构性改革这三项内容。

(1) 宽松的货币政策。通过拉低日元汇率，刺激出口，同时制造通胀预期，改变企业坐拥现金不愿投资的局面。安倍将"日元先生"黑田东彦推上央行行长的宝座，这是自1998年日本银行取得独立地位以来，首位来自财政系统的官僚执掌日央行帅印。黑田一向以敢言和发散型思维著称，一贯批评日本银行的谨小慎微。深得首相和政府支持的黑田，实施了超常规的货币政策，扩展风险资产的购买范围，将弱势日元政策常态化，并向纵

[①] 这六位首相分别是安倍晋三、福田康夫、麻生太郎、鸠山由纪夫、菅直人、野田佳彦，在此之后，安倍晋三于2012年12月再次当选日本首相。

深发展。统计显示,从安倍履新的 2012 年 12 月 26 日到 2013 年 2 月 15 日不到两个月的时间,日元对美元贬值幅度就超过 8.4%。图 16-8 显示了近年来日本汇率和 CPI 变动情况。

图 16-8　日本 CPI 和汇率变动情况(截至 2014 年 9 月)

数据来源:Wind 资讯。

(2) 积极的财政政策。通过巨额的公共开支计划,希望打破增长、就业、消费的恶性循环。安倍在 2013 年 1 月 11 日通过了 1 170 亿美元(总数 2 267.6 亿美元)的政府投资。在日本政府负债余额已超过 GDP 的 200%,高于全世界任何一个发达国家,这样大规模的政府举债支出存在着高额的财政风险。

(3) 对经济的结构性改革。安倍在上述货币政策和财政政策上,通过经济改革,刺激经济良性发展。

总之,大胆的货币政策、机动的财政政策、以刺激民间投资为中心的经济产业成长战略是安倍经济学的三个主轴,这三大主轴又被称为安倍执政应对经济问题的"三支箭"。

→ 专栏:安倍的"三支箭"

《金融时报》撰文报道,立题在于该如何理解日本市场的大逆转?"安倍经济学"能否奏效?长期而言,日本走出通缩的希望又在何方?

目前,相当一部分分析人士相信"安倍经济学"并无方向性问题,市场振荡属于短期调整,并非根本性的趋势性变化,但瑞银特约首席经济学家汪涛并不完全赞同短期调整的说法。她在与本报记者连线时指出,作为一种均衡到另一种均衡的转换,从通缩到通胀必然伴随资产价格的剧烈波动。眼下,市场正在经历从极端状态回归常态的不可避免的调整,也反映出投资者对日本央行激进货币政策的乐观情绪正在消退。短期来看,日元会重拾弱势,投资者仍能从股市获得正回报。长期而言,日本经济前景仍不甚清晰,走出通缩还寄希望于扩张性财政政策和一系列经济结构改革。安倍新政的"三支箭"十分关键。

自 2012 年 10 月到 2013 年 5 月中旬,日本金融市场表现亮眼,股市和美元兑日元汇率经历了长时间的单方向上升,峰值相比 2012 年 10 月分别上涨超过 75% 和 30%。然而,这一切已被打破。5 月下旬以来,日本金融市场剧烈动荡引发外界关注。长期国债收益率的不稳定表现对股市和汇市造成巨大冲击。近三周来,日经指数和美元兑日元汇率已分别下跌约 20% 和 10%,且波动显著。

从市场传递出的信息看,前所未有的超级宽松货币措施所产生的积极影响正在减退,如今只剩下了高收益率、波动性以及日经指数与日元汇率的高度相关性。不仅如此,如果用通胀互换(inflation swap)或平准通胀率(break-even inflation)等指标来考察,近期通胀预期也有所下滑。研究表明,尽管日本政府"再通胀"的努力正在被市场认可,但该国长期通胀预期并没有因为出台超宽松货币政策而出现显著变化,反而出现回调。而这一切注定跟"安倍经济学"脱不了干系。

2012 年 12 月,安倍晋三打出了一套政策"组合拳",试图从灵活的财政政策、激进的货币政策以及深化结构性改革这三个维度,对通缩进行立体包抄。这也被誉为政策组合的"三支箭",构成了"安倍经济学"的基本框架。在强大的政策预期指引下,做多日本股票和做空日元一度为投资者带来十分丰厚的回报。"目前看来,市场对日本央行激进货币政策有效性的怀疑程度正在与日俱增,加之安倍经济学有关结构性改革的部分内容平淡,以及日本央行上周按兵不动的政策决议也令市场失望,可以说,目前投资者的情绪已十分敏感和脆弱。"汪涛告诉记者。她进一步分析指出,由于日经指数与日元汇率的高度相关性,前者对后者的变动极其敏感,美元兑日元汇率每变动 1 个百分点,对应的日经指数就会变动两个百分点。短期内,如果日元按预期重拾贬值步伐,那么即使对于一个不进行对冲的投资头寸而言,海外投资者仍然能够从日本股市获得正回报。但长期来看,激进的货币政策并不足以使日本摆脱通缩预期。本次 G8 峰会首脑宣言也对"安倍经济学"表示支持的同时,希望安倍政府做进一步的财政重整。

(资料来源:金融时报,2013-06-20,第 8 版,张环译)

16.3.3 现阶段日本财政经济政策影响

有人认为,在美联储考虑逐步退出 QE 后,日本"安倍经济学"也将难以为继,理由在于安倍经济政策有得有失、得不偿失、难以为继。

第一,货币市场巨幅波动。黑田上任央行行长后,日本银行每月增加购入资产 7 万亿日元,并以每年 60 万亿~70 万亿日元的速度增加基础货币,直至实现 2% 的通胀目标。

随着日本的量化宽松政策的实施,日本股市持续大幅度上扬,日元汇率也不断贬值,国内生产总值(GDP)、私人消费、进出口的增长速度近年来都罕见。同时,2013 年 5 月以来,随着美国年底前会减少债券购买的传闻后,金融市场再度骚动。日本股市也陷入波动之中,每日跌幅平均超过 3%,2013 年 6 月 13 日暴跌 6.35%,日经 225 指数报收 12 445.38 点,创 2011 年 3 月 11 日东日本大地震以来的最大降幅。

第二,巨额的债务。日本政府债务已经超负荷,并且人口老龄化、经济持续低迷、工资不升反降、民间储蓄减少的问题。更重要的是大地震后,日本电力供应不足、能源进口大幅增加,而日元贬值又导致日本贸易连续 10 个月逆差,经常收支顺差也逐步收窄,不久的将来可能出现"日本版的双赤字",即贸易赤字与经常收支赤字。日本曾在 G20 峰会上向全世界承诺,2015 年实现基础财政赤字减半,2020 年实现顺差。日本虽然在 2014 年 4 月将消费税税率提高至 8%,但仍旧在短期内远离"财政悬崖"。

第三,经济成长战略短期内效果难以显现。2013 年 6 月 14 日安倍提出经济成长战略。但是,这非但没有稳定股市,反而使波动更加频繁,表明日本的实体经济并未感受到"安倍经济学"的实际效果。

如图 16-9 所示,截至 2014 年 9 月 8 日,日本内阁府报告显示,日本二季度 GDP 环比年率修正为下滑 7.1%,幅度创下了 2009 年一季度来最大,比此前估计的下滑 6.8%的跌幅更为严重。安倍经济学正面临上调消费税后的最大挑战。

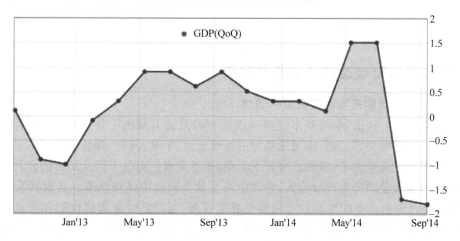

图 16-9 日本 GDP 走势

资料来源:环球网,http://business.sohu.com/20140909/n404158013.shtml.

这种令人沮丧的数据,原因在于 2014 年 4 月日本上调消费税,造成经济下滑。高盛首席日本经济学家马场直彦认为,这是日本经济复苏遭受的沉重一击,"安倍经济学"正处在失败边缘[①]。他认为,对于提高消费税所导致的负面影响,日本政府和央行表面假装淡定,其实内心早已燃起熊熊烈火。如果不能成功提高税率,则意味着安倍通过税收政策提高经济效率的措施宣布无效。日本经济在 2014 年第一、二季度出现的"大起大落"现象并

---

① 日本第二季度 GDP 下滑 7.1%,创五年来最严重收缩[EB/OL]. http://business.sohu.com/20140909/n404158013.shtml. 2014-09-09.

非首次出现。1997年亚洲金融危机重创了日本经济,时任首相的桥本龙太郎选择提高消费税后,提前消费使当时的日本国内个人消费支出环比增幅创历史纪录,但税率上调后使日本经济遭受了约1280亿美元的损失,持续数月的通货紧缩随之而来,零售业规模直至今日还没有恢复。

日本政府此次上调消费税的主要目的是为了增加财政收入。日本财政赤字飙升的主要原因是财税收入不足,同时日本因为严重的老龄化问题导致社会福利支出在不断膨胀。日本当前的政府债务占GDP的比重达到200%以上,债务规模是其政府财政收入的约20倍,预计在2020财年之前政府债务占GDP的比重有望降至185.5%。但与此同时,日本公民承担的税负一直以来在全世界却处于较低水平。因此,作为财政整顿计划的内容之一,安倍晋三在2013年10月正式宣布将按计划于2014年4月将消费税由5%上调至8%,并于2015年10月再次将其上调至10%。该计划一经宣布,瞬间爆发了来自日本国内外的激烈讨论。支持者认为,安倍此举在向市场表明巩固财政实力的态度,从而缓解市场对日本债务的忧虑,同时显示对经济增长前景的信心,展现其推进结构性改革的决心;反对者则指出,提高消费税可能会打击刚有起色的日本经济,此外,如果2015年无法按计划再次提高消费税,可能让国内外投资者质疑安倍政府的还债诚意,进而要求更高的国债收益率作为风险补偿,推高长期利率,进一步打击消费者和企业的消费、借款热情,最终造成灾难性的后果。安倍晋三及其经济主张前景堪忧。

16.4　中国财政改革方向

16.4.1　中国财政改革的依托和始点

1. 依托:中国的基本经济制度和国情

刘尚希(2013)谈道,中国基本经济制度的核心是公有制的主体地位[①]。这不是指各种经济成分之间的关系,而是指宪法规定的城镇土地、矿藏、河流、森林等属于国家所有的事实。在市场经济条件下,各种经济公平竞争,平等发展。但属于国家所有的公共资源进入市场会产生大量的公共产权收入,并在中央与地方财政中体现出来。这就涉及一个重大问题:公共资源在中央与地方之间如何界定权属,也就是国家所有权的各项权能——占有权、使用权、处分权和收益权等,如何在中央与地方之间分解并明晰界定。从现实来看,这个问题长期悬而未决。1994年的财税改革也暂时性地回避了该问题,只是"分税",而没有"分产"。面对当前地方实际控制的国有公共资源,如何给地方"确权"也迫在眉睫。社会热议的"土地财政",其背后实质上就是公共产权制度改革的问题,即所有者如何给作为占有者、使用者的地方授权?其产生的公共产权收入如何分配?就此来看,还需要把缺了的一块补充进来,以在公有制这个特殊国情条件下实现财政体制的"完整性"。

2. 始点:1994年"分税制"财政改革的制度成就

贾康(2013)认为,1994年分税制改革的里程碑意义和历史性贡献,主要体现在:"三

---

① 刘尚希. 财政体制改革应把握三个要点[EB/OL]. http://finance.people.com.cn/n/2013/1105/c1004-23435124.html.

位一体"地规范政府与企业、中央与地方、公权与公民关系,从行政性分权转为经济性分权,绝非所谓的"重启集权时代"之举。分税制内洽于市场经济体制,是邓小平"南方谈话"和党中央确立社会主义市场经济目标模式后,现实地构建社会主义市场经济、实现"三步走"现代化战略的必然选择,坚持深化分税制改革必须坚定不移,使之在统一市场中横向到边、纵向到底地全覆盖。近年来批评之声不绝于耳的"地方隐性负债"、"土地财政"、"基层财政困难"等问题,其产生的根源绝不是分税制,而恰恰是由于中国省以下财政体制至今迟迟不能真正进入分税制状态,实际上是五花八门、复杂易变、讨价还价色彩还较浓厚的分成制与包干制。正是这种不能适应市场经济目标模式的分成制和包干制等,造成了上述种种为人诟病的问题。所以,在大思路上,要以分税制在省以下的实际贯彻落实为重点,设计可行的深化改革方案。

16.4.2 中国财政改革的关键环节

建立"现代财政制度"是匹配于中国建设现代国家、现代社会的"伟大民族复兴"宏伟蓝图的。结合十八届三中全会后的整体改革设计思路,把财政服务经济社会发展全局的任务,落实到一套以"现代性"为取向的"路线图与时间表"上[①]。

1. 深入理解分税制的具体内涵

一是分税制的逻辑起点,是市场经济目标模式取向下政府的职能定位和从立法机关(中国的最高权力机构——人民代表大会)所获得的收支权,所以"完善立法"是中国经济社会转轨中必须高度重视、正确把握的动态过程。二是政府事权范围事关正确处理政府与市场关系、让市场发挥决定性的资源配置作用这一核心问题,对政府收入规模(广义宏观税负)起着大前提的作用,所以,合理明确各级政府的事权划分,是深化分税制改革中制度设计和全程优化的始发基础环节,要使事权明晰合理落实到各级财政支出责任的"明细单",即支出规范化、制度化的分工合作方案。三是广义税基收入划分主要取决于税种的属性与特点,且要求地区间税基配置框架大致规范一律,但各地实际税收丰度必然高低不一,客观存在财政收入的"地区间横向不均衡",所以,在稳定现阶段宏观税负大致水平的同时,要在税制改革中积极构建和完善地方税体系与复合税制,形成各级政府组织收入的规范化支撑框架。四是因收入与支出二者在政府间划分遵循不同原则,各地税收丰度和供给品成本又必然不同,中央本级、地方本级必不可能各自收支平衡,客观上需要以基于"中央地方纵向不均衡"的自上而下的转移支付制度,调节"地区间横向不均衡"。五是财权与事权相顺应和财力与支出责任相匹配都十分重要、不可偏废,但二者属递进关系而非平行关系,较适当的"中央地方财力占比"是在正确处理经济性分权制度安排各环节后自然生成的。中央、地方"两个积极性"的充分合理发挥,需要以理顺体制、通盘安排为关键。

2. 继续深化省以下分税制改革

"地方"的概念在中国至少有省、地级市、县(含县级市)、乡镇四个层级,加上中央,整个政府财力分配体系中至少共有五个层级,如何将二十个左右的税种实行五级"分税",在

[①] 贾康.在全面改革中深化财政体制改革[EB/OL]. http://theory.people.com.cn/n/2013/1115/c107503-23547682.html.

技术上是无解的,因而 1994 年以来实际上仅在中央和以省为代表的地方之间维系了分税制框架的基本规范,而省以下迟迟未能进入分税制状态。出路在于,逐步推进"乡财县管"和"省直管县"两个层面的"扁平化"改革,把财政的实体层次减少到三级,使省以下的分税制由无解变有解。

3. 进一步优化和重构中央—地方财税关系

以合理界定各级政府职能即"事权和支出责任相适应"为始发环节,构建"一级政权,有一级合理事权,呼应一级合理财权,配置一级合理税基,进而形成一级规范、完整、透明的现代意义的预算,并配之以一级产权和一级举债权"的三级分税分级、上下贯通的财政体制,加上中央、省两级自上而下的以"因素法"为主的转移支付和必要的"生态补偿"式的地区间横向转移支付。这一体制安排如能建设到位,将使中国所有地区包括欠发达区域,都形成推行基本公共服务均等化所需的财力与其事权相匹配的境况,在"国家长治久安"的全局概念上消除基层困难和隐性负债的隐患,矫正土地财政,服务于"五位一体"的科学发展。

4. 稳步推进税收制度结构性调整

在优化和改进地方税体系过程中,结合短期可做之事与中长期追求目标,设计和推进税制改革的分步渐进配套方案,包括:为处理"营改增"进度较快而地方未来主体税种打造较慢之间的矛盾所需安排的过渡方案——不排除在流转税领域区别对待地开掘消费税的潜力空间,把优化生产、消费结构的意图与增加地方政府税源相结合;资源税改革应抓住煤炭市场价位自然回调的宝贵时间窗口,把"从价"机制扩大到煤炭,并拉动新一轮理顺基础能源产品比价关系与价格形成机制的税价财联动配套改革;房产税应稳妥扩大试点范围,积累经验,徐图进展;环境税改革应在"十二五"期间推出一轮实际动作;个人所得税应实行分类与综合相结合并按家庭赡养因素调整扣除的改革方案等。地方的合理收费、使用者付费制度,也应借鉴国际经验结合地区情况走向规范化,将收入纳入预算体系管理。

5. 构建以信息系统和预测能力为依托的预算体系

积极编制和发展完善中期滚动预算。在提高透明度的前提下,加强全口径政府财力的统筹调节,消除以往诸多"法定刚性"项目的"板块化"效应、过多过滥的补助项目,以及税收优惠措施的副作用,加强财政支出全流程绩效约束,压缩行政成本,追求预算资金综合绩效水平的提升。应强化和优化中央、省两级自上而下的转移支付,提高一般转移支付比重,整合专项转移支付并取消"地方配套"附带条件。在民生支出方面,继续加大力度,同时需要更加注重伴随机制创新与合理激励形成财政的可持续性。

楼继伟在十八届三中全会后回答记者提问时给出了当前财政改革的时间表和侧重点。他认为当前中国财政改革面临三方面的主要任务:一是预算改革,二是税制改革,三是中央和地方事权和支出责任划分。到目前为止,改革将向纵深挺进。

16.5 小　　结

发达国家近几年的财政税收政策实践表明,在经济波动过程中按照凯恩斯的财政政策理论"熨平"经济周期,一系列的事实已经比凯恩斯所处的时代复杂得多,有的时候甚至会产生政策失效的结果。有很多经济学家都对目前的经济现象做出解释,试图从财政政策的药房中寻找治理经济的处方,然而,无论是"温水煮青蛙"还是急风暴雨式的治理策略,都会有成本或代价。财政政策遵循着一种不完全契约的发展路径,在演变过程中与经济不断契合。1994年以来,中国以分税制为出发点的财政体制改革对目前的财政政策发挥着深刻影响。如何从以往的改革中吸取成功的经验和失败的教训?如何从国外的经验中寻找有益的启示?如何依托中国经济基础和国情走出一条富有特色的财政治理路径?这些问题考验着现在专注于财政理论的专家学者及后来者。

本 章 要 点

- 国家财政是一个国家政府权力的重要组成部分,是政府履行公共职权的基础,研究财政的理论问题离不开不同国家的实践与检验。
- 美国"新经济"一词最初出现在1996年美国《商业周刊》的一篇文章上,主要体现了信息化、全球化等特点。
- 克林顿执政期间的结构性税收改革取得了良好的效果,甚至出现了财政盈余,也发挥了有效的经济调节作用。
- 小布什从鼓励消费者增加开支、促进经济持续复苏;促进推动经济增长和创造就业机会的个人与企业投资;对失业人员给予重要帮助出发进行减税,但是对其刺激经济新方案,各界人士褒贬不一。
- 奥巴马不仅面临税收问题,还面临医保、债务等问题。从税改上看,他面临很大的挑战和质疑。
- 欧盟视图通过构建财政一体化的政府间条约,推动成员国应对主权债务危机、强化财政管理。
- 2012年3月欧盟25国签署财政契约,标志着欧盟财政一体化得到推进。财政契约的签订是欧盟财政一体化的序曲。
- 安倍经济学包括大胆的货币政策、机动的财政政策、以刺激民间投资为中心的经济产业成长战略,这是安倍经济学的三个主轴,这三大主轴又被称为安倍执政应对经济问题的"三支箭"。
≋ 安倍的财政经济政策能否提振日本经济值得观察。
≋ 中国财政改革依托于中国基本经济制度和国情,以1994年分税制财政体制改革为阶段性始点。
≋ 当前中国财政改革面临的三个主要任务包括预算改革、税制改革、中央和地方事权和支出责任划分改革。

主 要 概 念

- 美国新经济时代
- 欧盟的财政一体化
- 财政契约
- 安倍经济学

思 考 题

- 试比较新经济时代以来不同时期的税收政策及绩效。
- 试分析欧盟理论依据、过程、主要内容及面临的挑战。
- 日本安倍经济学的主要内容及政策影响。
- 简述当前中国财政改革的政策依托、始点及关键环节。

参考文献

[1] Arrow K J. The Organization of Economic Activity: Issues Pertinent to the Choice of Market versus Non-Market Allocation[M]//Joint Economic Committee. *The Analysis and Evaluation of Public Expenditures: The BB-system*. Washington, D C:Government Printing Office,1969:48.

[2] Head J G. Merit Wants: Analysis and Taxonomy[J]. *Retrospectives on Public Finance*,1992:229-252.

[3] Musgrave Richard A. A Brief History of Fiscal Doctrine[J]//Martin Feldstein, A J Auerbach. *Handbook of Public Economics*. Amsterdam: North Holland,1985.

[4] Samuelson. *The Pure Theory of Public Expenditures*[J]. The Review of Economics and Statistics,1954.

[5] Stigler G J. *The Law and Economics of Public Policy: A Plea to Scholars*[J]. Journal of Legal Studies,1972(1):1-12.

[6] Williamson O E. The Economics Institutions of Capitalism[M]. *New York: FreePress*,1985:1.

[7] [美]R.A 马斯格雷夫,P.A 马斯格雷夫.美国财政理论与实践[M].北京:中国财政经济出版社,1987.

[8] [美]阿罗.社会选择与个人价值[M].成都:四川人民出版社,1987.

[9] [美]阿特金森,斯蒂格利茨.公共经济学[M].上海:上海三联书店,1992.

[10] [美]埃里克·弗鲁伯顿,[德]鲁道夫·芮切特.新制度经济学——一个交易费用分析范式[M].上海:上海三联书店,2006.

[11] [美]奥肯.平等与效率:重大的抉择[M].北京:华夏出版社,1987.

[12] [美]罗伯特·H.弗兰克,本·伯南克.微观经济学原理[M].第5版.潘艳丽,吴秀云,等,译.北京:清华大学出版社,2013.

[13] [美]丹尼尔·史普博.管制与市场[M].余晖,等,译.上海:上海人民出版社,1999.

[14] [美]多恩·布什,费希尔.宏观经济学[M].李庆云,等,译.北京:中国人民大学出版社,1997.

[15] [美]范里安.微观经济学:现代观点[M].上海:上海三联书店,1992.

[16] [美]哈维·罗森.财政学[M].第7版.北京:中国人民大学出版社,2006.

[17] [美]哈维·罗森.财政学[M].第8版.北京:中国人民大学出版社,2009.

[18] [美]米德.效率、公平和产权[M].北京:经济学院出版社,1992.

[19] [美]缪勒.公共选择[M].北京:商务印书馆,1992.

[20] [美]尼尔·布鲁斯.公共财政与美国经济[M].北京:中国财政经济出版社,2005.

[21] [美]斯蒂格里茨.政府经济学[M].北京:春秋出版社,1988.

[22] [美]斯蒂格利茨.公共财政[M].纪沫,严焱,陈工文,译.北京:中国金融出版社,2009.

[23] [美]约瑟夫·E.斯蒂格利茨.公共部门经济学[M].第3版.北京:中国人民大学出版社,2005.

[24] [日]植草益.微观规制经济学[M].朱绍文,胡欣欣,等,译.北京:中国发展出版社,1992.

[25] [印]阿玛蒂亚·森.以自由看待发展[M].北京:中国人民大学出版社,2003.

[26] [英]大卫·休谟.人性论[M].北京:商务印书馆,1983.

[27] 白重恩,钱震杰.国民收入的要素分配:统计数据背后的故事[J].经济研究,2009(3).

[28] 卜宏磊,刘智勇.全球卫生背景下的中国卫生检疫与跨国传染病控制[J].口岸卫生控制,2012(1).

[29] 陈共.财政学[M].第7版.北京:中国人民大学出版社,2012.

[30] 董志强.无知的博弈:有限信息下的生存智慧[M].北京:机械工业出版社,2009.

[31] 高鸿业.西方经济学[M].北京:中国人民大学出版社,2010.

[32] 高金钿,朱国俊.当代世界经济和政治[M].北京:中共中央党校出版社,1995.
[33] 龚六堂.公共财政理论[M].北京:北京大学出版社,2006.
[34] 郭庆旺,赵志耘.财政学[M].北京:中国人民大学出版社,2002.
[35] 郭庆旺.公共经济学大辞典[M].北京:经济科学出版社,1999.
[36] 郭庆旺.现代经济增长模型比较研究[M].大连:东北财经大学出版社,1995.
[37] 郭吴新.90年代美国经济[M].太原:山西经济出版社,2000
[38] 河南省财政厅课题组.地方财政风险研究[J].财政研究,2001(6).
[39] 黄有光.福利经济学[M].北京:中国友谊出版公司,1991.
[40] 匡小平.财政学[M].北京:清华大学出版社,2008:431
[41] 赖平耀.公共财政原理[M].北京:北京大学经济学院内部讲义,1987.
[42] 李彬.日本财政危机的走势及根源分析[J].现代日本经济,2012(1).
[43] 刘惠民,邓慧萍.全球气候变化影响研究进展[J].安徽师范大学学报,1999(4).
[44] 刘尚希.财政风险及其防范问题研究[M].北京:经济科学出版社,2004.
[45] 刘宇飞.当代西方财政学[M].北京:北京大学出版社,2003.
[46] 刘宇飞.当代西方财政学[M].第2版.北京:北京大学出版社,2011.
[47] 刘志超,等.财政风险——成因、估测和防范[M].北京:中国财政经济出版社,2004.
[48] 马海涛.中国税制[M].北京:中国人民大学出版社,2012.
[49] 苗迎春.布什减税拉开大选序幕[N].国际金融报,2003-01-10.
[50] 牛向东,于一贫,刘朝.财政风险与控制[M].北京:中国财政经济出版社,2010.
[51] 庞德良,夏子敬.日本财政支出结构对经济增长的回归分析(1969—2011)[J].现代日本经济,2014(3).
[52] 平新乔.财政原理与比较财政制度[M].上海:上海三联书店,1995.
[53] 平新乔.微观经济学十八讲[M].北京:北京大学出版社,2001.
[54] 秋风.漫说哈耶克[M].北京:中信出版社,2013.
[55] 曲振涛,杨恺军.规制经济学[M].上海:复旦大学出版社,2006.
[56] 宋凤轩.税收理论与实务[M].第2版.北京:经济管理出版社,2007.
[57] 谭光荣.税收学[M].北京:清华大学出版社,2013.
[58] 唐龙生.财政风险层次论[J].财经问题研究,2001(2).
[59] 唐朱昌.新编公共财政学[M].上海:复旦大学出版社,2004.
[60] 王旭祥.货币政策与财政政策协调配合:理论与中国经验[M].上海:上海三联书店,2011.
[61] 王雅莉,毕乐强.公共规制经济学[M].北京:清华大学出版社,2011.
[62] 王兆高.税收筹划[M].上海:复旦大学出版社,2003.
[63] 吴继锋,蔡晓秋.美国高速公路发展的启示[J].交通管理,2005.
[64] 武彦民.财政风险评估与化解[M].北京:中国财政经济出版社,2004.
[65] 肖兴志.现代规制经济分析[M].北京:中国社会科学出版社,2011.
[66] 徐日清,金国相.对我国宏观、中观和微观税负的探索[J].财经问题研究,1992(2).
[67] 徐瑞娥.关于我国财政风险研究综述[J].财经动态资料,2001(9).
[68] 许正中.财政风险概论[M].北京:国家行政学院出版社,2011:13.
[69] 余显财.EITC、最低工资与福利制度创新[J].财贸经济,2010(3).
[70] 张晓华.IMF报告警示地方融资平台,八成城市靠卖地还债[N].南方都市报,2013-04-18.
[71] 张昕竹.中国规制与竞争:理论与政策[M].北京:社会科学文献出版社,2000.
[72] 张馨.公共财政论纲[M].北京:经济科学出版社,1999.
[73] 钟晓敏.财政学[M].北京:高等教育出版社,2010.
[74] 周卫民.布什政府新一轮税改新在哪里——浅析美国财政部五种联邦税制改革方案[N].经济参考报,2005-01-15.

术 语

阿罗不可能定理(C10)
埃奇沃思框图(C2)
安倍经济学(C16)
奥茨财政分权定理(C11)
巴罗-李嘉图等价定理(C9)
庇古税(C4)
避税(C8)
补偿政策(C12)
不对称信息(C2)
部分积累制(C5)
部门预算(C9)
财政安全(C13)
财政赤字(C9)
财政风险(C13)
财政联邦制(C11)
财政平衡(C9)
财政契约(C16)
财政预算约束(C11)
财政政策(C12)
财政支出增长边际倾向(C9)
财政支出增长的弹性系数(C9)
财政支出增长率(C9)
财政自动稳定机制(C12)
超额税收负担(C6)
成本—收益分析(C10)
传递性公理(C10)
代议制民主(C10)
单式预算(C9)
道德风险(C2)
道德风险(C4)
等比例法则(C7)
抵免法(C15)
第二代财政分权(C11)
第一代财政分权(C11)
蒂伯特模型(C11)

分税制财政体制改革(C11)
俘获理论(C14)
福利经济学定理(C2)
复式预算(C9)
个人所得税(C8)
公共定价(C7)
公共规制(C14)
公共利益规制理论(C14)
公共品(C4)
公共资源(C4)
公债(C9)
公债偿债率(C9)
公债的资产效应(C9)
公债负担率(C9)
公债幻觉(C9)
公债依存度(C9)
关税(C15)
国际公共品(C15)
国际税收(C15)
国际重复征税(C15)
国库集中收付制度(C9)
互投赞成票(C10)
滑动关税(C15)
货币乘数(C12)
基本保障额(C5)
基尼系数(C5)
基数预算(C9)
激励性规制理论(C14)
汲水政策(C12)
极大极小准则(C5)
计划项目预算(C9)
绩效预算(C9)
间接民主制(C10)
简单多数规则(C10)
交易费用(C3)

经济发展阶段论(C9)
经济性财政风险(C13)
经验费率(C5)
净现值(C10)
俱乐部产品(C4)
科斯定理(C4)
扣除法(C15)
拉姆齐法则(C7)
劳动所得税收抵免(C5)
理性无知(C10)
利益集团规制理论(C14)
林达尔均衡(C10)
零基预算(C9)
垄断(C4)
洛伦兹曲线(C5)
美国新经济时代(C16)
免费搭车者(C4)
免征额(C6)
纳税客体(C6)
纳税主体(C6)
内部收益率标准(C10)
内部性(C14)
内生性财政风险(C13)
内生增长理论(C9)
尼斯卡宁模型(C10)
逆弹性法则(C7)
逆向选择(C2)
逆向选择(C4)
欧盟的财政一体化(C16)
帕累托改进(C2)
帕累托效率(C2)
帕累托准则(C2)
佩尔兹曼模型(C14)
平衡预算乘数(C12)
歧视关税(C15)
起征点(C6)
契约曲线(C2)
软预算约束(C11)

社会保障(C5)
社会的应债能力(C9)
社会性财政风险(C13)
生产过剩论(C3)
市场失灵(C2)
收益—成本率(C10)
双峰(C10)
"双紧"模式(C12)
"双松"模式(C12)
税负转嫁(C6)
税式支出(C6)
税收乘数(C12)
税收筹划(C8)
税收管辖权(C15)
税收归宿(C6)
税收能力(C6)
税收努力(C6)
税收楔子(C6)
税收中性(C6)
税制结构(C8)
税制类型(C8)
税制模式(C8)
私人产品(C4)
索洛(Solow)模型(C3)
逃税(C8)
特别提款权(C15)
特许投标制度(C14)
投票悖论(C10)
投票循环(C10)
瓦格纳法则(C9)
外部性(C2)
外生性财政风险(C13)
完全积累制(C5)
无关性定律(C6)
五分法(C5)
显性财政风险(C13)
现收现付制(C5)
线性所得税(C7)

相机抉择财政政策(C12)

消费税(C8)

信息不对称(C4)

一体化(C4)

隐性财政风险(C13)

影子价格(C10)

优效品(C2)

月均指数化收入(C5)

赞同的计算(C10)

增值税(C8)

Polackova 债务矩阵(C13)

政策时滞(C12)

政府采购(C9)

政府的应债能力(C9)

政府机械论(C2)

政府有机论(C2)

政府预算(C9)

政治性财政风险(C13)

直接民主制(C10)

中位选民定理(C10)

准公共品(C4)

自然性财政风险(C13)

最适商品税(C7)

教学支持说明

尊敬的老师:

您好!为方便教学,我们为采用本书作为教材的老师提供教学辅助资源。鉴于部分资源仅提供给授课教师使用,请您填写如下信息,发电子邮件或传真给我们,我们将会及时提供给您教学资源或使用说明。

(本表电子版下载地址: http://www.tup.com.cn/sub_press/3/)

课程信息

书　　名			
作　　者		书号(ISBN)	
课程名称		学生人数	
学生类型	□本科　□研究生　□MBA/EMBA　□在职培训		
本书作为	□主要教材　□参考教材		

您的信息

学　　校			
学　　院		系/专业	
姓　　名		职称/职务	
电　　话		电子邮件	
通信地址		邮　编	
对本教材建议			
有何出版计划			

　　　　　　　　　　　　　　　　　　　　　　　　　　_____年___月___日

清华大学出版社

E-mail: tupfuwu@163.com　　　　　　　网址: http://www.tup.com.cn/
电话: 8610-62770175-4903/4506　　　　传真: 8610-62775511
地址: 北京市海淀区双清路学研大厦B座506室　　邮编: 100084